언약신학과 종말론

윌리엄 J. 덤브렐 지음 • 장 세 훈 옮김

기독교문서선교회

The Search for Order

Biblical Eschatology In Focus

By
William J. Dumbrell

Translated by
Se-Hoon Jang

Copyright © 1994 by William J. Dumbrell
Originally published by Baker Books
as *The Search for Order* by William J. Dumbrell
Translated by permission from Baker Books
P.O.Box 6287, Grand Rapids, Michigan 49516-6287, U.S.A.
All right reserved

Korean Edition
Copyright © 2000 Christian Literature Crusade
Seoul, Korea

추천사

　성경의 종말론을 생각할 때 구약성경으로부터 출발할 것을 누가 생각할 수 있을까? 그동안 우리의 종말론에 대한 토론은 주로 "천년왕국"을 중심으로 이루어져 왔으며, 최근에 와서는 불건전한 신비주의적 종말론과 세대주의 종말론이 희석되어 큰 사회적인 문제로까지 번지게 되었다. 『언약신학과 종말론』의 저자 덤브렐 교수는 성경 전체가 종말론적인 구도로 짜여져 있음을 인식하며, 천지창조를 종말론의 출발점으로 삼고 있다. 왜냐하면 최후에 완성될 신천신지는 첫 창조의 완성이기 때문이다. 이와 같이 그는 천지창조와 인간창조와 타락으로부터 시작하여 구약의 구속사를 꿰뚫으면서, 신약 종말론의 기초를 구약 역사와 신학 속에 놓고 있다. 특히 구약의 뼈대를 이루는 출애굽, 시내산 언약, 시온신학을 종말론적인 관점에서 다룰 뿐 아니라, 포로기를 중심으로 그 전과 후와 "묵시문학적" 종말론까지 포괄적으로 다루고 있다. 가끔 구약 역사를 다루는 책 같은 느낌을 주지만, 저자의 궁극적인 관심인 종말론과 역사를 묶었다는 점에서 구약의 주제를 발전시키는 데 모델이 되고 있다.

　덤브렐은 구약적인 바탕 위에서 신약의 종말론을 신약 저자들을 중심으로 전개해 나가고 있다. 이리하여 그는 구약과 신약의 통합을 튼튼하게 이루고 있다. 그는 신약의 종말론에서 4복음서 저자들의 종말론과 바울의 종말론을 다룰 뿐 아니라, "다른 종말론적 음성"까지도 듣기 위해 노력하고 있다. 그가 "요한계시록의 종말론"을 "요한의 종말론"과 달리 취급하는 것에 대해서 우리는 주목해야 한다. 즉 "요한의 종말론"과 "계시록의 종말론"은 별도로 다루어져야 하며, 우리는 전자로서 후자를 조명해야 할 것이다.

저자 덤브렐은 호주의 대표적인 복음주의 신학자로서, 오늘날 세계에 흩어진 많은 신학자들과 대화를 나누고 있음을 우리는 이 책을 읽으며 느낄 수 있다. 구미 중심의 신학적 토론에서 벗어나서, 아시아와 아프리카와 남미의 신학자들까지 인용하며 폭넓은 대화를 이끌어 가고 있는 모습이 아름답다.

역자 장세훈 목사는 이 어려운 책을 잘 소화하여 깔끔한 문체로 의미전달을 잘 하고 있다. 이 건전한 성경신학적 작품이 우리의 신학적 작업에도 자극이 되며 모델이 되길 바란다.

2000년 1월
총신대학교 구약학 교수
김 정 우

저자서문

　우리는 성경을 읽을 때 먼저 성경 전체의 목적을 이해함이 필요하다. 그러므로 성경의 각 권들을 설명하기에 앞서 성경의 개괄적인 대요(大要)를 살펴보아야만 한다. 성경은 첫 시작부터 하나님께서 궁극적으로 이루시려고 계획하셨던 바 곧 새 창조, 하나님의 나라, 새 예루살렘, 새 에덴을 향해 나아간다. 하나님께서 계획하신 이 모든 것들은 온전케 된 인류, 곧 하나님을 세세토록 영화롭게 할 구속받은 백성들을 위한 하나님의 목적을 그려준다.

　『언약신학과 종말론』(원제: *The Search for Order: Biblical Eschatology In Focus*)은 창세기 1-2장에서 시작된 하나님의 목적이 어떻게 아브라함과 이스라엘을 거쳐 지속되며, 이 목적이 어떻게 그리스도의 죽음과 부활을 통해 확증되는지를 증명해 나간다. 하나님의 목적으로부터 빗나간 인류의 타락이 창세기 3장에서부터 시작되기 때문에 창세기 1-2장은 하나님의 목적을 보여 주는 열쇠를 제공해 준다. 하나님의 전(全) 구원과정을 추적한 『언약신학과 종말론』은 온 만물을 창조하신 하나님 속에 감춰진 비밀의 경륜(엡 3:9)을 독자들에게 알려주는 종말론에 대한 성경신학이 된다. 이 책이 한국 독자들에게 축복이 되기를 소망한다.

1999. 8. 28
윌리엄 덤브렐

THE SEARCH FOR ORDER

언약신학과
종말론

역자서문

먼저 본인의 부주임 교수이신 덤브렐 박사의 『언약신학과 종말론』(원제: *The Search for Order: Biblical Eschatology In Focus*)을 번역토록 인도해 주신 하나님께 영광을 돌린다. 덤브렐 박사는 호주를 대표하는 세계적인 복음주의 신학자이다. 특히 본서는 저자가 말년에 심혈을 기울여 쓴 작품이다. 저자는 종말론이라는 큰 그림 속에 언약의 성취과정을 그리면서 신구약의 연속성을 강조한다. 더욱이 본서는 극단적 종말론을 경계시켜 줄 뿐만 아니라 독자들로 하여금 사변적인 종말론 연구로부터 탈피하여 성경신학에 기초한 싱경직인 종말론을 정립할 수 있도록 도와준다. 아무쪼록 독자들이 본서를 읽고 새로운 성경신학적 안목을 얻게 되기를 기대한다.

본서의 번역을 위해 아낌없는 사랑과 관심을 보여 주셨고 친히 한국어판 서문까지 써 주신 덤브렐 교수님, 본서의 출판을 맡아 주신 박영호 목사님 그리고 추천서를 써 주신 김정우 교수님께 심심한 감사를 드린다. 아울러 유학중인 자식을 위해 새벽마다 기도해 주시는 어머니와 학업중인 남편을 위해 헌신적 내조를 아끼지 않는 사랑하는 아내 사미에게도 진심으로 감사드린다. 끝으로, 슬픔을 당한 장모님께 이 지면을 빌어 위로의 말씀을 전해드리고 싶다.

1999. 9. 17
호주 브리스번에서
장 세 훈

약어표

ABR	*Australian Biblical Review*
AnBib	Analecta Biblica
AOAT	Alter Orient und Altes Testament
AV	Authorized Version
Bib	*Biblica*
BJRL	*Bulletin of the John Rylands University Library of Manchester*
BR	Biblical Research
BSac	Bibliotheca Sacra
BT	The Bible Translator
BTB	Biblical Theology Bulletin
BZ	Biblische Zeitschrift
BZAW	Beihefte zur Zeitschrift fur die alttestamentliche Wissenschaft
CBQ	*Catholic Biblical Quarterly*
CBQMS	*Catholic Biblical Quarterly* (monograph series)
ConBNT	Coniectanea biblica, New Testament
ConBOT	Coniectanea biblica, Old Testament
E Asia J Th	*East Asia Journal of Theology*
EncJud	*Encyclopaedia Judaica*
ETL	*Ephemerides théologicae lovanienses*

EvQ	*Evangelical Quarterly*
ExpT	*Expository Times*
HAR	Hebrew Annual Review
HSM	Harvard Semitic Monographs
HTR	*Havard Theological Review*
HUCA	Hebrew Union College Annual
ICC	International Critical Commentary
Int	*Interpretation: A Journal of Bible and Theology*
JBL	*Journal of Biblical Literature*
JETS	*Journal of the Evangelical Theological Society*
JSNT	*Journal for the Study of the New Testament*
JSNTSup	Journal for the Study of the New Testament-Supplement-Series
JTS	*Journal of Theological Studies*
KJV	King James Version
NASB	New American Standard Bible
NEB	New English Bible
NF	Neue Folge (new series)
NICNT	New International Commentary on the New Testament
NIGTC	The New International Greek Testament Commentary
NIV	New International Version
NKJV	New King James Version
NovT	*Novum Testamentum*
NOvTSup	Novum Testamentum Supplements
NRSV	New Revised Standard Version
NTAbh NF	Neutestamentliche Abhandlungen
NTS	*New Testament Studies*
OBO	Orbis biblicus et orientalis
OTL	Old Testament Library
OTS	*Oudtestamentische Studiën*
OTWSA	*Die Ou-Testamentiese Werkgemeenskap in Suid-Afrika*

Res Q	*Restoration Quarterly*
RSV	Revised Standard Version
RTR	*Reformed Theological Version*
RV	Revised Version
SANT	Studien zum Alten und Neuen Testament
SBL	Society of Biblical Literature
SBLDS	SBL Dissertation Series
SBLSP	SBL Seminar Papers
SE	*Studia Evangelica*
SJT	*Scottish Journal of Theology*
SNTSMS	Society for New Testament Studies Monograph Series
SNTSU	Studien zum Neuen Testament und Seiner Umwelt
TDNT	*Theological Dictionary of the New Testament*
TEV	Today's English Version
Th Ev	*Theologia Evangelica*
TynB	Tyndale Bulletin
VOX Ev	*Vox Evangelica*
VT	*Vetus Testamentum*
VTSup	Vetus Testamentum, Supplements
WTJ	*Westminster Theological Journal*
Wunt	Wissenschaftliche Untersuchungen zum Neuen Testament
ZAW	*Zeitschrift für die alttestamentliche Wissenschaft*
ZNW	*Zeitschrift für die neutestamentliche Wissenschaft*

차 례

추천사 /3
저자서문 /5
역자서문 /7
약어표 /8
서론 /15

제 1 부 구약의 종말론

제 1 장 창조, 타락 그리고 언약 / 23

  1. 창조(창 1장-2:4a) ··· 23
  2. 에덴동산과 인류의 타락(창 2:4b-3:24) ······················· 33
  3. 창조의 언약(창 6:17-18; 9:8-17) ································ 42
  4. 바벨탑(창 11:1-9) ··· 44
  5. 부름받은 아브람(창 12:1-3) ·· 46
  6. 아브라함 언약과 족장들(창 1장-2:4a) ······················· 48
  7. 유다의 종말론적 축복(창 49:10) ································ 49

제 2 장 출애굽 언약 그리고 약속의 땅 / 53

   1. 출애굽 ··· 53
   2. 시내산 언약 ··· 57
   3. 성막(출 25-31장) ·· 63
   4. 중보자로서의 모세와 이스라엘의 남은 자(출 33-34장) ··············· 66
   5. 약속된 땅(신 26장) ·· 70

제 3 장 왕권 / 75

   1. 왕권과 관련된 논쟁 ·· 75
   2. 왕정 제도를 요구한 이스라엘 ·· 78
   3. 이스라엘의 요구가 이루어짐 ··· 85

제 4 장 시온 신학과 포로기 전 종말론 / 97

   1. 시온 신학의 시작 ·· 97
   2. 예언자들의 종말론 ·· 101

제 5 장 포로기 종말론 / 123

   1. 예레미야 ··· 124
   2. 에스겔 ··· 130
   3. 요엘 ··· 137
   4. 오바댜 ··· 139
   5. 이사야 40-66장 ··· 140

제 6 장 포로기 후 종말론과 묵시 종말론 / 161

   1. 예언적 종말론 ··· 162
   2. 묵시 종말론 ··· 166
   3. 역대기 기자 ··· 191

제 2 부 신약의 종말론

제 7 장 마태의 종말론 / 197
    1. 예수의 초기 시절(마 1-2장) ·· 197
    2. 예수의 사역준비(마 3:1-4:11) ··· 204
    3. 예수의 사역(마 4:17-25:46) ·· 209
    4. 예수의 고난과 위임명령(마 26-28장) ·································· 226
    5. 이스라엘이신 예수 ·· 227

제 8 장 마가의 종말론 / 231
    1. 예수 사역을 위한 준비(막 1:1-13) ····································· 231
    2. 예수의 사역(막 1:14-13:37) ·· 234
    3. 종교 재판과 수난(막 14-15장) ·· 260

제 9 장 누가복음과 사도행전에 나타난 누가의 종말론 / 265
    1. 성취, 약속 그리고 예수의 유년기 기사(눅 1-2장) ············· 266
    2. 예수의 사역(눅 4:14-21:38) ·· 269
    3. 수난, 부활 그리고 승천(눅 22-24장) ·································· 279
    4. 사도행전의 시작(행 1:1-5) ·· 281
    5. 성령의 약속(행 1:6-11) ·· 282
    6. 성령의 은사(행 2장) ··· 286
    7. 예루살렘의 증인들(행 3:1-8:1) ··· 289
    8. 예루살렘을 넘어 이방세계로 향하는 증인들(행 8:1-28:31) ······· 294
    9. 누가복음-사도행전에 나오는 구원과 유대인 ······················ 298

제 10 장 요한의 종말론 / 303
    1. 로고스와 새 이스라엘(요 1:1-18) ······································· 303

2. 초기의 증인들(요 1:19-51) ·········· 310
   3. 유대인, 사마리아인 그리고 예수(요 3:1-4:42) ·········· 313
   4. 갈등과 예루살렘 여행(요 5-12장) ·········· 317
   5. 예루살렘에서의 친교(요 13-17장) ·········· 327
   6. 수난과 위임(요 18-20장) ·········· 330

제 11 장 바울의 종말론 / 335

   1. 바울 종말론의 배경: 공존하는 두 세대 ·········· 336
   2. 예언자적 소명과 종말론적 역할 ·········· 338
   3. 로마서 ·········· 346
   4. 고린도전후서 ·········· 362
   5. 갈라디아서 ·········· 378
   6. 에베소서 ·········· 382
   7. 빌립보서 ·········· 392
   8. 골로새서 ·········· 394
   9. 데살로니가전후서 ·········· 398
   10. 목회서신(디모데전후서, 디도서) ·········· 406

제 12 장 다른 종말론적 음성들 / 409

   1. 히브리서 ·········· 410
   2. 야고보서 ·········· 420
   3. 베드로전후서 ·········· 420
   4. 유다서 ·········· 424

제 13 장 요한계시록의 종말론 / 427

   1. 예수에 대한 이해(계 1장) ·········· 428
   2. 현재에 대한 이해(계 2-5장) ·········· 430
   3. 하나님의 계획(계6:1-22:5) ·········· 432

참고문헌 /445

서 론

　　19세기 한 독일 작가에 의해 만들어져 1845년경 영어로 옮겨진 "종말론"(eschatology)이라는 단어는 종말에 대한 지식을 언급하는 말이다. 옥스포드 영어 사전(The Oxford English Dictionary)은 종말론을, "마지막에 일어날 네 가지 일들-죽음, 심판, 천국 그리고 지옥-에 관심을 기울이는 신학분야"라 정의한다. 그러나 이 단어는 폭넓은 의미와 좁은 의미 모두를 지니고 있다. 어떤 사람들은 이 단어를 독점적으로 역사의 마지막과 새 시대의 시작을 뜻하는 협소한 의미로서 사용한다. 다른 이들은 이 단어가 역사의 목석을 뜻하는 넓은 의미로 사용된다고 이해한다. 또한 이들은 성경이 이 목적을 향해 나아가며 성경의 모든 요소들과 사건들이 이 목표와 깊은 관련을 맺는다고 본다. 이 책에서 밝힌 바대로 본인은 종말론을 넓은 의미로 이해하려 한다. 그러나 역사의 목적을 향하고 있는 이슈들(issues)은 무엇인가? 본인은 이러한 이슈들의 범위와 한계를 어떻게 한정하였는가를 개괄적으로 서술할 것이다.

　　성경 해석은 세부적인 사항들을 묶어주는 하나의 틀(framework)을 요구한다. 우리는 구체적인 사항들을 살펴보기에 앞서 먼저 큰 그림을 그려볼 필요가 있다. 실패한 인간의 과거와 현재의 관점에서 비추어 볼 때 성경은 미래에 관한 책이다. 성경이 인류와 사회를 향한 하나님의 목적을 성취하는 하나님의 나라의 도래에 집중하고 있으므로, 이러한 관점에서 성경은 종말론적이라 할 수 있다. 광의적(廣義的)인 의미에서 볼 때, 성경의 범위는 창조에서부터 시작하여 (창조의 갱신이라고 할 수 있는) 구속을 통해 새 창조까지 포함한다.

　　그러나 그 종말은 단지 시작으로 되돌아가는 것이 아니다. 왜냐하면 창세기를 시작할 때 드러나는 하나님의 목적보다 더 포괄적인 하나님의 목적이 성경 전체를 통해 밝히 드러나기 때문이다. 그러므로 우리는 창세기부터 시작하여 마지막 요한계시록까지 드러나는 하나님의 목적과, 이와 관련된 종말론이라는 주제가 어떻게 성경 속에서 발전되어 가는지를 깨달아야 한다.

창조와 에덴 동산의 이야기를 소개하는 창세기 1-2장 기사는 우리로 하여금 하나님의 목적을 처음으로 이해할 수 있도록 안내해 준다. 그리고 타락(창 3장)은 하나님의 계획에 대한 우리의 이해를 더 진전시켜 준다. 그러므로 창세기 1-3장에서 일어나는 이슈들은 성경적 종말론의 확대된 이슈들을 미리 보여 준다. 창조기사는 여호와의 보편성(普遍性)을 소개해 줄 뿐만 아니라 "이스라엘의 여호와 이해"와 (아브라함으로부터 기원된) "이스라엘의 배경"을 잘 소개해 준다. 그러므로 우리가 이스라엘 민족형성 이전 이야기들과 이스라엘 역사 사이에 직접적인 연관성을 발견할 수 있음은 그리 놀라운 일은 아니다. 아담과 이스라엘이 지니고 있는 소명과 역할간의 긴밀한 조화는 이스라엘을 통해 이루어지는 (온 세상을 향한) 하나님의 통치 목적을 우리가 계속해서 수행할 수 있도록 예비시켜 준다.

그리고 창세기 1-2장에서 나타난 이러한 목적들은 이스라엘의 메시아이며, 둘째 아담이신 예수 안에서 성취된다. 본인은 이 책에서 아담, 이스라엘 그리고 예수—성경에 등장하는 이러한 인물들은 성경의 목적을 구체적으로 실현시켜 나간다—를 서로 이어주는 연결점을 찾아볼 것이다. 이스라엘은 아담에게 주어진 그 역할을 다시 회복하며, 아담처럼 질서가 필요한 이 세상 속에서 하나님의 대리자(代理者)로서의 그 역할을 수행한다. 예수는 이스라엘의 둘째 아담이 되심으로 말미암아 하나님의 목적을 그분이 의도하신 바대로 끝까지 수행해 나가신다.

선지자들의 시대에 구속받은 하나님 백성들이 소유할 새 예루살렘과 새 에덴 동산에 대한 이해가—하나님의 목적과 관련하여—추가된다. 8세기 예언자들이 활동하던 시대는 종말론과 관련된 두 가지 주목할 만한 변화와 발전이 나타난다. 종말론의 첫 번째 발전은 구원과 관련된다. 즉, 이사야서에서 구원은 남은 자 곧 회복된 이스라엘로 제한된다. 비록 남은 자가 한 민족 이스라엘(a national Israel)로 간주되는 것 같지만, 오직 신앙만이 언약 안에 머물 수 있는 근거가 된다. 예루살렘과 성전을 신학적 관심으로 삼는 믿음의 백성들, 곧 하나님의 백성들을 대항한 이방인들의 최후(결국 하나님에 의해 저지될) 공격, 세계 정부의 중심으로서의 예루살렘 재건립—이 예루살렘을 향하여 모든 민족들이 순례의 길을 떠나게 될 것이다—과 같은 요소들은 종말론의 두 번째 발전을 반영해 준다. 이러한 관점에 비추어 볼 때, 선지자시대에 등장한 종말론의 두 번째 발전은 성경적 종말론의 개괄적 서술이라 볼 수 있다. 이사야서는 시온에서의 "하나님 통치"와 "하나님 왕권"이라는 두 요소가 이스라엘 백성들의 종말론 가운데 가장 결정적 요소임을 말해 준다. 특히 이 요소들은 이스라엘과 유다 왕조들이 몰락한 상황에서도 끝까지 지속된다.

주전 587-586년 예루살렘의 함락은 이스라엘의 미래와 희망에 대해 심각한 의문을 야기시켰다. 이와 같은 이유로 인해 성경적 종말론은 또 다른 주요한 발전을 보여 주게 되며, 그 결과 한층 더 발전된 우주론적인 묵시 종말론이 등장하게 된다. 묵시 종말론은 악의 실재를 강조한다. 특히 이 묵시 종말론은 이 악의 실체가 이 세상의 권력을 행사하는 정치구조 속에 깊이 역사하고 있음을 말해 준다. 묵시는 예언적 종말론(모형)과는 다르다. 왜냐하면 역사의 발전과정을 반영해 주는 예언과는 달리, 묵시는 하나님의 개입에 의한 새 시대의 도래에 강조를 두기 때문이다. 구약이 끝나갈 때 즈음 새 시대의 희망은 이스라엘 민족 역사의 발전과는 거리가 멀게 되고, 결국 이 희망은 오는 시대에 종말을 가져다 주실 하나님의 개입에 의존하게 된다.

불순종으로 인해 상실해 버린 이스라엘의 세계선교의 사명은 복음서에서 이스라엘의 과업(課業)을 감당하실 예수에게로 옮겨진다. 예수는 이스라엘의 메시아이며 죽음으로써 종의 사역—이스라엘과 세상을 위한 구속—을 성취하실 고난받는 종으로서 그 사명을 감당하기 위해 십자가의 길로 향하신다. 사도행전이 기록하는 바대로, 회복된 이스라엘은 오순절 성령강림 후 이 세상 속에서 그 역할을 다시 수행한다. 하나님의 새 백성이 선민(選民) 이스라엘 백성들을 향한 선교를 통해 마침내 신약에 등장한다. 이러한 새 백성의 출현으로 말미암아 신학이 생겨나게 되고 이 신학은 바울 서신에서 잘 소개된다.

바울의 시대는 옛 세대와 새 세대가 서로 공존하고 있으며 긴장이 일어난다. 본인은 바울 서신들을 정경 순(順)으로 살펴보면서 새 시대와 관련된 이슈들을 다룰 것이다. 바울 사역과 관련된 연대기(年代記) 문제가 논쟁 중에 있지만, 바울 신학이 그의 사역 초기부터 정립된 것처럼 보이기 때문에 본인은 이와 같은 정경의 순서를 택하게 되었다. 바울의 종말론은 에베소서에서 그 절정에 이른다. 왜냐하면 이 서신이 둘째 아담을 통해 확연히 드러난 하나님의 목적, 곧 하나님 백성을 향한 종말론적 성취를 구속사적으로 소개하기 때문이다. 특히 유대인과 이방인과의 막힌 담을 헐어 버리고 서로 하나가 되도록 연합시켜 주는 바울의 종말론은 이 서신의 주요 특징이라 할 수 있다.

끝으로, 본인은 요한계시록의 내용을 개관해 볼 것이다. 요한계시록의 대부분의 내용들은 로마 통치 아래 고난에 직면한 교회가 겪고 있는 어려움들을 반영해 주는 그 시대의 상황적 분석을 다룬다. 요한계시록 21-22장은 하나의 종말의 그림을 그려준다. 그리고 이 그림은 앞선 성경기사들의 역사와 모든 상징들을 사용하고 있다. 요한계시록의 마지막 부분은 에덴 동산의 회복과 함께 창조세계를 향한 하나님의 목적이 성취되고 하나님의 백성들이 아담과 이스라엘의 역할—이 땅에 도래하는 새 예루살렘의 왕과 제사장으로서—을 다시 수행하게 될 것임을 우리에게 알려주고 있다.

이 책은 성경이 지향하는 미래의 방향과 그 개괄적인 연구에 초점을 둔다. 본인은 이 책이 종말론에 대한 하나의 성경신학이 되기를 희망한다. 미래를 향한 성경의 방향이 구원역사의 과정을 통해 발전되어 나가므로, 본인은 그와 같은 방식으로 종말론을 연구하려 한다. 그러므로 『언약신학과 종말론』(*The Search for Order: Biblical Eschatology In Focus*)은 가장 적절한 제목인 것 같다. 처음부터 실패하고 말았던 인간의 손에 주어졌던 것은 미래처럼(구속의 완성이 필요한) 일시적이고 순간적인 것들이었다. 특히 창세기 1-2장의 창조기사는 이것을 잘 보여 준다. 비록 인류의 과업이 이 세상을 에덴 동산으로 만들어 가는 것이라 해도, — 이러한 과업과 아울러 — 이 과업을 통해 이루어질 개인과 사회의 새로운 질서는 하나님의 개입과 그분의 시간 계획표에 의해 성취될 수 있다.

본인이 선택한 개괄적인 종말론적 접근 방법은 이 책을 읽는 사람들로 하여금 성경의 종말론적인 방향을 설정하도록 요청할 것이다. 또한 이 접근 방식은 이 책을 읽는 사람들에게 성경의 주제들(새 창조의 종착점에 이르도록 안내해 주는)에 대한 하나의 주관적인 판단을 내리도록 요구할 것이다. 이 점에 대해 본인은 창세기 1-2장이 이러한 종말론의 근거를 마련해 준다고 본다. 왜냐하면 창세기 1-2장이 창조세계를 향한 하나님의 목적을 잘 반영해 주기 때문이다. 본인은 구원역사의 변천과정을 통해 드러난 이러한 주제들을 다루기 위해 점진적이면서도 정경의 순서를 따라 이 주제들을 선택해 왔다.

배타성과 관련하여 "무엇을 포괄(包括)하고 무엇을 배제(排除)하는가"라는 질문은 구약보다는 신약에서 더 어려운 질문인 것 같다. 구약의 계시는 특수한 민족의 역사와 관련되어 있다. 하지만 신약에 와서 이 땅에 선포된 예수의 하나님 나라 메시지, 그와 관련된 기독론과 구원론 그리고 이스라엘 민족의 운명은 앞선 질문에 대한 해석을 필요로 한다. 이러한 상황 속에서 본인은 복음서를 통해 폭넓은 해석을 제공해 왔다.

바울 서신의 경우 인간의 경험을 반영해 주는 필요한 접근 방법, 즉 "이미"(a now)와 "아직"(not yet)의 도식(圖式)을 통해 본인은 어떤 의미에서 종말이 유대인의 메시아 예수 안에서 이미 현재에로 앞당겨졌다고 본 사도들의 견해를 주요한 이슈로 고찰해 보았다. 바울의 종말론은 에베소서에 이르러 절정에 도달한다. 왜냐하면 이 종말론이 유대인과 이방인에 대한 교리를 제시하기 때문이다. 특히 이 교리는 유대인과 이방인이 하나님의 새 백성, 즉 새로워진 존재로서 서로 하나가 되었음을 소개한다. 본인은 구원론과 교회론의 주제들―이러한 주요한 이슈들과 관련해서―도 살펴보았다. 아브라함 언약에서 모세 언약으로의 대치, 화해, 구원 그리고 부활은 모든 구원론의 기본적인 내용들이다. 교회론―교회론은 구원이 공동체 안에서 경험되기 때문에 구원론과 거의 분리될 수 없다―은 한 사람(예수 그리스도) 안에서 이루어진 유대인과 이방인과의 하나됨, 에클레시아, 그리스도의 몸을 다룬다.

처음에 언급했듯이 비록 더 많은 주제적 접근들이 바울 서신을 통해 이루어질 수 있다고 해도 본인은 정경의 순서를 채택하였다. 그러나 바울 서신은 서신의 목적과 관련하여 토론되어야 한다. 이 책에 언급된 방법과 해석에 대해 어떤 이들은 분명히 생각을 달리할 수 있다. 그러나 본인은 성경적 종말론이라는 주제를 통해 이 책을 설명해 왔음을 밝혀둔다. 나를 위해 수년 동안 가장 소중한 동반자로서 헌신해 왔던 나의 아내, 노르마(Norma)의 사랑 어린 관심은 이 책에 대한 기본적인 구상을 제안할 수 있는 기회를 제공해 주었다.

THE SEARCH FOR ORDER

언약신학과
종말론

제1부
구약의 종말론

제1장 창조, 타락 그리고 언약

제2장 출애굽, 언약 그리고 약속의 땅

제3장 왕권

제4장 시온 신학과 포로기 전 종말론

제5장 포로기 종말론

제6장 포로기 후 종말론과 묵시 종말론

제1장
창조, 타락 그리고 언약

종말론에 대한 이해는 인류와 세상을 향한 하나님의 구원 계획이 구약과 신약에 걸쳐 분명하게 드러나기 때문에 성경의 한 구절, 한 장 혹은 성경의 어느 한 권을 살펴봄으로써 파악될 수는 없다. 그러나 창세기 창조기사(創造記事)의 첫 시작부터 하나님의 계획을 알려주는 최초의 표현이 발견됨은 그리 놀라운 일이 아니다. 비록 창세기 1-3장이 완전한 하나님의 목적을 드러내지 않는다 해도, 그것은 새로워진 세상 속에서 구속받은 인류에 대한 이야기의 첫 출발점이 된다.

1. 창조(창 1장 – 2:4a)

창조기사의 세 가지 특징은 성경적 종말론의 이해를 위한 열쇠가 된다. 이 특징들은 (1) 드러난 우주론(창 1:1-2); (2) 창조의 사역(창 1:3-31)—이 사역은 창조된 세상 속에서 인간이 수행할 역할과 창조에 대한 하나님 자신의 평가를 포함한다— 그리고 (3) 선행된 6일간의 창조와 일곱째 날과의 연관성(창 2:1-4 상반절)이다.

(1) 태초에(창 1:1-2)

창세기 1:1-2은 창조기사와 함께 창세기와 구약 전체의 서론이 된다. 이 두 구절에 대해 공통적으로 일치된 번역이 없기 때문에, 이 구절들을 해석할 때 많은 어려움이 수반된다. 1절은 독립적으로—"태초에 하나님께서 천지를 창조하셨다"—혹은 종속적으로—"하나님께서 천지 창조를 시작하실 때"—번역될 수 있다. 비록 문장 구성상으로나 문맥상으로 볼 때 두 가지의 해석이 가능하다 할지라도, 창세기 1:1은 "장엄한 창조의 시작 곧 완성된 모든 피조 세계를 향한 하나님의 통치선언(統治宣言)"으로 해석됨이 가장 바람직하다.

하나님의 통치는 히브리어 동사 "바라"(bārā, 창조하다)를 통해 설명된다. 이 동사는 피조물들의 형성기원이 되는 어떤 실체를 가리키지 않는다. 오히려 이 동사는 그 창조의 주체가 되시는 하나님께 초점을 둔다. "천지"(天地)라는 어구는 구약의 다른 사건들 속에서 뜻하는 바와 마찬가지로 창조의 전체성(全體性)을 가리킨다. 그러므로 창세기 1:1은 모든 성경적 사상의 근원이시요, 창조주이신 하나님의 섭리와 초월성을 강조한다. 또한 하나님은 성경의 첫 시작부터 우리 자신과 우리가 살고 있는 이 세상에 대해 자세한 설명을 제공해 주신다.

2절은 땅에 초점을 맞추면서 창조기사를 설명하기 시작한다. 특히 2절은 "땅"이라는 단어가 문장 서두에 위치하고 있어 매우 두드러져 보인다. 동사보다 명사가 첫 부분에 위치하는 2절의 문장구성은 2절이 1절의 논리적 귀결(歸結) 혹은 자연스런 결과가 아님을 분명히 해 준다. 더욱이 2절에 나타나는 단어배열 순서는 소위 갭 이론(gap theory)—이 이론은 2절을 (1절과 2절 사이에 존재하는) 혼돈의 시간들로부터 벗어나도록 해주는 회복의 문서로 간주한다—을 지지하지 않는다. 2절에 등장하는 두 명사는 땅의 상태를 설명한다. 맨 처음 소개되는 명사 "혼돈"은 역동적 의미를 지닌다. 그리고 두 번째 명사 "공허"는 "혼돈"의 역동적 의미를 강화시켜 준다. 그리하여 이 단어들은 땅의 상태가 사람들의 거주지로 아직은 마땅하지 않음을 알려준다.

그러나 "흑암"이 "땅"과 병렬하고 있는 점을 감안할 때, "흑암이 깊음 위에 있고"라는 어절은 "땅이 혼돈하고 공허하며"라는 어절을 해석해 주는 것 같다. 아마도 이 같은 표현은 수면에 의해 뒤덮인 지면의 상태를 묘사하고 있는 듯하다. 더욱이 히브리 단어 "테홈"(tĕhôm, 깊음)의 용법은 혼돈과 무질서로 뒤덮인 바다로부터 발생하는, 질서에 대한 일반적인 위협을 소개하는 고대 근동—특히 바벨론과 가나안—의 우주관(宇宙觀)을 반영해 주는 듯하다. 이 우주론에 따르면, 바다는 전사(戰士)인 신들—가나안 신화의 "바알", 무질서의 괴물 티아맛("테홈"과 어원적으로 연관성이 있는 이름)이 등장하는 바벨론 창조신화 에누마 엘리쉬의 "말둑"—에 의해 길들여진다. 즉, 창세기 1:2은 고대 근동 우주관의 매우 두드러진 특징 곧 혼돈과 질서간의 투쟁을 반영한다.

비록 성경기사가 그 같은 세계관에 대해 비평적이라 할지라도, 고대 근동 우주관은 창세기 창조기사와 에누마 엘리쉬 사이에 많은 일치점이 있음을 시사해 준다(Heidel, 1961:129). 이러한 창조 갈등의 메아리는 계속해서 후대의 유대 시(詩) 가운데서도 발견된다(cf. 욥 7:12; 26:12; 시 74:13; 93:3-4; 사 51:9-10; 아마도 바다라는 단어가 줄곧 부정적 용법으로 쓰이는 경우, 혼돈과의 투쟁과 관련된 또 다른 이야기는 성경의 다른 본문에서도 찾아볼 수 있다. 예를 들면, 혼돈의 권능이 삼켜졌을 때 임하는 새 하늘과 새 땅의 도래에 대한 요한계시록의 증언을 살펴보라. 계 21:1은 "더 이상 어떤 바다도 없었다"라고 주지시킨다).

만약 창세기 1:2의 첫 두 어구—혼돈과 공허—가 위협 아래 있는 창조의 일시적인 성격을 나타낸다면, 셋째 어구—하나님의 영(한글개역성경은 "하나님의 신으로 번역함"—역자주)—는 어려움을 극복하는 하나님의 능력을 증언한다: "그러나 하나님의 영이 수면 위로 운행하시니라"(Gibson, 1985:15). "하나님의 영"이라는 어구에 주목하라. 구약성경에 등장하는 "바람"이라는 의미로 번역될 수 있는 "영"이라는 단어는 능력과 헌신적인 삶과 관련된다(삿 6:34; 14:6; 욥 33:4; 시 139:7; 사 61:1). 창조기사에 등장하는 "엘로힘"(ĕlōhîm)이라는 단어는 분명히 하나님의 이름을 가리킨다. 그러므로 셋째 어구(語句)의 주어는 "권능으로 임하는 바람"(NEB)이 아니라 "하나님의 영"으로 번역함이 가장 바람직하다.

더욱이 만약 혼돈과 투쟁하시는 성령의 역할을 받아들이게 되면(2절 첫 부분의 접속사를 "그리고"가 아닌 "그러나"로 번역할 때), 2절은 무질서의 요소들을 제압하는 창조질서의 그림을 그려준다. 그리고 혼돈과 질서와의 투쟁을 반영해 주는 이 같은 창조사상은 후기 시가서(詩歌書)에서도 발견된다. 위협이나 혼돈의 요소가 무엇이든지 간에 우리는 창조의 첫 시작부터 악의 세력이 존재했다는 가능성을 배제해서는 안 된다.

(2) 첫 6일간의 창조(창 1:3-31)

창세기 1:2은 아마도 태초에 하나님께서 제압하셨던 영적인 싸움을 암시하지만, 3절에 시작되는 창조의 사역들은 1절에 나타나는 모든 피조 세계에 미치는

"하나님의 절대적이고도 주권적인 다스림"이라는 관점에서 이해되어야만 한다. 창세기 1:3-31은 첫 6일간 일어났던 여덟 가지 창조사역을 보여 준다. 이 여덟 개의 창조사역은 각 3일씩의 기간동안 이루어진 네 사역들로 나누어져 두 그룹으로 분리될 수 있다(창 2:1-3에 발견되는 일곱째 날의 기사는 먼저 선행된 6일간 창조의 절정이 된다).

첫 번째 그룹에 속하는 3-13절은 하나님에 의해 이루어진 주도적인 네 사역이 첫 3일간 일어났음을 설명한다. 두 번째 그룹에 속하는 14-31절은 나머지 3일간 이루어진 하나님의 네 사역을 설명한다. 두 그룹 속에 하나님의 창조사역은 하늘에서부터 물로, 물에서 땅으로 이동한다. 다음과 같은 단계적 분리는 첫 3일간 신적 창조사역의 특징이 된다: "어둠으로부터 빛을 분리하심(첫째 날), 위의 물과 아래의 물로 분리하심(둘째 날) 그리고 아래의 물과 뭍으로 분리하심(셋째 날)". 그리고 난 뒤 하나님은 나머지 3일 동안 필요한 생명체(生命體)를 그의 창조사역에 채워 넣는다. 넷째 날 하나님은 빛을 비추셨다. 다섯째 날은 바다의 생물과 새들을, 여섯째 날은 이 땅을 점유할 인류와 동물들을 창조하셨다. 창조의 연대기(年代記)가 문자적으로 이해되어야 하는가, 아니면 상징적으로 이해돼야 하는가—문학적 배열의 결과—를 우리가 결정하는 일은 이 연구의 범위를 벗어난다. 비록 후자의 견해가 대체적으로 인정받는다 할지라도, 여하튼 여섯째 날은 하나님께서 인류를 창조하셨다는 관점에서 볼 때 특별한 의미를 지닌다.

① 하나님의 형상으로(창 1:26-28)

창세기 1:26에서 인간, 곧 인류의 유일성(唯一性)은 몇 가지 표현들을 통해 소개된다: "우리가 우리의 형상으로 사람을 만들자." "우리가"라는 복수표현은 고대신화의 흔적, 왕의 복수개념 혹은 천상회의를 반영해 주는 표현으로 다양하게 해석되어 왔다. 그런데 후자의 견해가 가장 설득력이 있다. 비록 기독교 주석가들이 "우리가"라는 말을 "영" 혹은 "지혜"를 가리키는 표현(즉, 신적 존재의 속성)으로 해석해 왔지만(예를 들면, 잠 8:30), 이 같은 해석은 충분한 증거가 없다.

구약에 나타난 영은 어떤 신적 특성이 아닌 권능으로 역사하는 하나님이다. 그리고 지혜는 총명으로 역사하는 하나님이다(더욱이 신적 존재의 통일성은 창세기 1:27에 있는 단수동사에 의해 증거된다). 어쨌든 하나님은 인류를 "자신의 형상으로, 자신의 모양대로" 만드시려고 결심하셨다. 비록 "우리의 모양대로"라는 어구가 본질이나 기능면에서 어떤 유사 관념을 설명한다 할지라도, 이 어구는 "똑같은 복사"(複寫)라는 개념을 배제하기 위해 의도된 것으로 보여진다. 형상과 모양, 이 두 단어의 병렬(竝列)은 무제한적으로 자행되는 인류의 우상숭배에 대한 착상(着想)을 피하도록 해 준다.

하나님의 형상, 그의 모양대로 창조되었음은 무엇을 의미하는가?(비록 창 5:3이 하나님의 형상을 소개하고 있으며, 하나님의 형상인 인간의 대표적인 기능이 출산을 통해 자손을 번성시키는 것임을 말해 준다 할지라도, "하나님의 형상대로"라는 어구는 단지 창 1:26-27 그리고 창 9:6에서만 언급된다) 히브리어 단어 "첼렘"(celem, 형상)은 구약에서 항상 가시도(可視度)를 암시하며, 그 단어의 아카디안 어원은 모델이나 복사보다는 어떤 대표자나 그 주변의 신분 및 그 위치를 암시한다. 그렇지만 비록 "형상"이 분명히 외적 개념을 암시해 준다고 할지라도, 우리는 구약의 인간이 영적 통일체임을 항상 기억해야만 한다. 그러므로 히브리어 명사 "첼렘"(celem, 형상)은 이 세상의 대리자로서의 역할을 감당하는 전인으로서의 인간을 가리킨다(하나님의 형상으로 지음받은 인류에게 성적 차별 〈gender distinctions〉이 없었음에 주목하라).

창세기 1:27 하반절에 등장하는 남성과 여성이라는 생물학적 표현은 다음 구절(18절)의 축복을 예고해 준다(Bird, 1981:146-50). 그러므로 성적 차별은 하나님 형상의 한 단면이 될 수 없다. 형상이라는 단어의 정확한 이해를 위해 또 다른 주의를 요한다. 비록 "형상"이라는 단어가 전인을 가리킬 때 존재론적 특성들을 포함한다 하더라도, 이 단어는 합리성, 직관성 혹은 인격적 인식이라는 개념으로 좁게 해석되지 말아야 한다. 더욱이 창세기 1:26("자 우리의 형상에 따라 사람을 만들자")의 "전치사"가 함축하는 의미에 주목하면서 이 구절을 살펴보도록 하자. 만약 "우리가 사람을 만들자"라는 말이 하나님의 천상적 존재로서의 자기 표현이라면, "우리의 형상"—인류는 이 형상에 따라 지음받을 것이고 이 형상을 반영할 것이다—은 천상에 속하며 하나님 홀로 이 형상을 소유한다(Wenham, 1987:32). 그러므로 인간이 하나님의 형상에 따라 지음받았으므로 인간은 천상에 속한 존재의 형상이요, 하나님의 대리자가 된다(골 1:15-20에 바울이 그리스도를 하나님의 본래적 형상으로 증거하고 있음을 주목해 보라).

신 형상(神 形象)으로서의 인간 이해가 고대 이집트와 메소포타미아에서도 잘 나타난다. 이집트에서 바로는 창조신 레의 화신이요 그의 형상으로 간주되었다 (Metinger, 1974:413). 메소포타미아 신화에서 형상이란 단어는 대개 신이나 왕의 신분을 설명하기 위해 사용되었다. 그러나 이 단어가 제사장 혹은 왕의 호칭으로 사용될 때, 이 인간 대리자(왕, 제사장)는 신의 권위와 능력을 소유한 자를 의미한다. 예를 들면, 신 형상인 왕은 신들의 종으로 간주되었다. 그의 왕적 기능은 신들로부터 위임받았고 그는 신적 능력을 소유한 자였다.

형상과 왕권간의 연결점이 성경 외의 자료들뿐 아니라 성경 자체에서도 발견된다. 창세기 1:26 하반절—목적절로 번역됨—은 그 첫 실례가 된다. "그들이 모든 것을 다스리도록"—왕적 기능, 더욱이 창세기 1:26-28의 주해라 할 수 있는 시편 8편은 천상의 존재보다 좀더 못하게 창조된 인간(5절)이 영광과 권능의 신적 성품으로 면류관을 쓰게 될 것임을 선언한다. 창세기 1장에 소개된 인간에 대한 묘사는 왕 직(職)과 관련된 표현이다. 인류는 모든 만물을 통치하고 다스리기 위해 선택된 하나님의 대리자이다. 하나님의 다스림 아래 인간은 모든 만물 위에 왕이 된다.

인간의 임무는 정복하고(창 1:28) 다스리는 것(창 1:26, 28)이다. 히브리 동사 "라다"(rādāh, 다스리다)라는 단어는 하등한 존재 위에 있는 상관이 권위를 행사함을 의미한다. 그러나 이 단어는 전제적이고 독재적인 통치를 행사하는 힘을 뜻하지 않는다. 왜냐하면 이러한 생각이 요구될 때 그 상황이 적절한 제재를 가져다 주기 때문이다(Bird, 1981:151-55): "가혹함으로"(레 25:43, 46, 53 NKJV), "강포와 잔학으로"(겔 34:4 NKJV) 그리고 "분노로"(사 14:6). 히브리어 동사 "카바스"(kābaš, 정복하다)는 땅과 인간과의 관계를 구체적으로 연결시켜 주고 있으며, 더욱이 28절의 축복과 연관시켜 준다(Westermann, 1984:151-59).

구약성경에 등장하는 이 동사의 용법은 갖가지 무력을 행사함을 의미한다. 이 동사는 가나안 정복과 가나안 족속의 진압(민 32:22, 29; 대상 22:18), 그리고 노동자에 대한 압제와 관련되어 사용된다. 또한 미가 7:19— "하나님께서 우리의 죄악을 그의 발로 밟으시고"—에 등장하는 "카바스"는 "짓밟는"이라는 의미를 지닌다. 구약에 사용된 이 단어는 저항하는 대상을 제압하기 위해 행사되는, 통치 아래 이루어지는 힘을 뜻한다(Bird, 1981:154).

여하튼 창세기 1장에 나타난 인간의 역할은 아마도 다음과 같이 요약될 수 있

다: 인간이 하나님의 형상에 따라 창조되었으므로, 인간은 모든 피조물을 다스리고 통제하며 자신이 가지고 있는 잠재력을 활용할 수 있는 능력을 지닌 하나님의 대리자로서 임명된 존재이다. 이 모든 권세가 연약한 인간의 손에 주어졌다. 우리는 이제 인간의 다스림을 받는 이 세상에 대해 좀더 면밀히 살펴볼 필요가 있다.

② 완전한 창조인가?

창세기 1장에서 하나님은 구체적으로 드러난 창조의 다양한 특징들에 대해 여섯 번씩이나 "좋았다"라고 평가하셨다: "빛, 바다, 마른 땅, 식물, 천체, 해양생물과 조류 그리고 살아 있는 생물체들과 동물들." 하나님을 화자로 소개하는 각각의 구절들은 구체적인 창조사역에 대한 하나님의 승인(承認)을 보여 준다. 하나님은 창세기 1:31에 "매우 좋았다"라고 선언하심으로써 창조에 대한 최종적인 평가를 내리신다.

"좋았다" 혹은 "매우 좋았다"가 뜻하는 바에 대해 전통적으로 많은 해석들이 소개되어 왔다. 이러한 하나님의 선언을 "완전(完全)한 창조"라는 견지에서 해석하는 사람들은, 이 선언을 창조를 통해 성취된 "완전한 조화와 완성"을 언급하는 표현으로 이해한다. 그들은 선(全) 피조 세계의 그 부분 부분들이 하나님의 손길을 통해 완전하게 드러났다고 해석한다. 그러나 고통, 고난, 자연적 재해 그리고 우리가 아는 사회악(社會惡)의 불가피성(不可避性)으로 말미암아 우리가 살아가는 이 시대에 이와 같은 완전한 조화를 보지 못한다.

다른 이들은 "좋다"를 윤리적 관점에서 이해한다. 즉 그들에 따르면, 창조기사는 인간 창조를 첫 육일간 창조사역의 극치로 묘사한다. 그리하여 인간은 동물들 그리고 그 외 다른 생물들과 함께 완벽한 조화 속에서 살아간다. 어떤 이들은 "좋았더라"라는 어구가 심미적 평가(an aesthetic judgment)를 뜻한다고 해석한다. 즉, 피조 세계는 아름다웠을 뿐만 아니라 특별히 하나님의 목적에 순응했다는 것이다. 그러므로 피조 세계는 하나님께서 계획하셨던 그분의 목적에 일치하는, 하나님의 뜻에 부합하는 세계로 볼 수 있다는 것이다.

그러나 클라우스 베스터만(Claus Westermann, 1984:166)이 지적하는 바처럼, "좋았다"라는 표현에서 암시되어 있는 "심미적 조화"와 "기능적 의미"가 히브리 단어에 구별되지 않기 때문에 "심미적 조화"와 "기능적 의미"는 반드시 함께 이해되어야만 한다. 기타 다른 단어들을 살펴볼 때, "좋았다"라는 선언은 기능적인 의미를 내포하기도 한다. 하나님에 의해 창조되어 "좋았다"라고 평가받은 이 세상은 역사가 시작된 곳이요 창조된 피조 세계를 향한 하나님의 목적이 성취됨으로 말미암아 창조의 궁극적 목표에 도달할 종착점이 된다.

히브리어 단어 "토브"(*tôb*, 좋다)는 광범위한 의미를 지닌다. 그리고 이 단어의 번역은 그 당시 문맥에 따라 총체적으로 이해되어야만 한다. 가끔 윤리적 혹은 "미학적 좋은 상태"를 뜻하는 이 형용사는 창세기 1장의 문맥에서 볼 때, 반드시 (완성된) "완벽한 상태"(perfection)라는 뜻으로 이해될 필요는 없다. 그렇지만 만약 누가 최종적 완성 개념을 설명하기 위해 "토브"를 사용하려 한다면 그것은 가능할 것이다. 왜냐하면 "토브"가 의미하는 바가 무엇이든지 간에 그 단어는 하나의 비교기준(比較基準)을 전제하기 때문이다.

그러나 만약 창세기 1장의 "토브"가 (완성된) "완벽한 우주"라는 개념으로 설명된다면, 그 같은 개념은 구약성경 어디에서도 찾아볼 수 없다. 즉, 이러한 개념과 흡사한 유사점은 구약에서는 결코 나타나지 않는다. 그러므로 창세기 1:31의 문맥에서 볼 때, "토브"는 "적합한"(efficient)이라는 의미로 해석됨이 가장 바람직하다(Köhler and Baumgartner, 1958:349). 창세기 1장의 창조기사가 강조하는 바는 하나님의 목적을 성취하는 데 적합했던 온 우주만물과 하나님의 목적 사이에 완전한 일치가 있었다는 점이다.

피조 세계가 하나님의 목적과 완벽하게 조화를 이루었다는 견해는 하나님께서 궁극적으로 완성된 세상을 창조하셨음을 뜻하지 않는다. 실로 최종적 완성을 지향하는 피조 세계는 궁극적으로 완성될 새로운 피조 세계에 대한 여지를 남겨둔다. 왜냐하면 요한계시록 21-22장이 최종적으로 완성될 종말의 모습을 그려주기 때문이다. 타락의 결과로 말미암은 범죄와 탈선으로 인해 완성된 창조 개념은 지지될 수 없고, 이를 지지할 만한 논리적 증거도 존재하지 않는다. 고통, 죽음, 창조질서의 본능 곧 생계를 위한 투쟁을 전제하지 않는 창조관(創造觀)은 지지될 수 없다.

우리가 아는 바대로, 자연의 변천과정과 그 과정 속에서 발생하는 재난들을 고려하지 않는 창조관은 과학적 근거를 상실한다. 자연을 다스리는 인류의 통치를 위한 여지를 남겨 두지 않는 과학적 창조개념은 있을 수 없다. 그러나 만약 우리가 창세기 1장의 완전한 질서를 병과 고통, 생물들의 죽음 및 자연재해로부터 벗어난 완전한 창조로 해석한다면, 우리는 이를 증명하기 위한 더 많은 과학적 통계를 추가해야 할 것이다. 분명히 말하자면, 우리는 변화될 세상 속에서 살아가고 있는 것이다.

우주의 운동 법칙, 곧 엔트로피(entropy)는 "무질서로 말미암아 파멸로 향하려는 경향"을 설명해 준다. 이러한 에너지의 일반적 소멸과정은 질서의 파괴로 말미암아 무질서가 증가하게 되는 필연적인 과정이다(Patterson, 1983:100-102). 이러한 경향은 지구뿐만 아니라 전 우주에로 확대된다. 자연세계 속에서 부인할 수 없는 파괴적인 사건들이 나타난다. 화염이 숲을 불태우고 화산은 경작지를 황폐화시키며 대기를 오염시킨다. 또 지진은 강한 태풍을 일으키고 폭풍이 지면을 휩쓸어 간다.

그러나 이와 같은 현상들은 자연을 주관하시는 하나님의 허락 속에서 일어난다. 생물학적 세계 속에서 생명체는 기생적(寄生的)이며, 약육강식(弱肉强食)에 의해 유지된다. 시작부터 죽음과 싸움이 동물세계의 한 단면이 되어 왔음을 우리는 모든 증거들을 통해 분명히 깨닫게 된다. 우리는 다른 생물들의 고통이나 재난이 인류의 죄로 기인한다는 성경의 증언을 그 어디에서도 찾아볼 수 없다. 그러므로 인간 외 생물들에 나타나는 죽음과 부패는 창조된 질서의 자연스런 한 단면인 것 같다.

물론 우리는 자연질서 가운데 발생하는 고난과 죽음의 탓을 인간의 타락으로 말미암은 문제들로 돌릴 수 있다(또는 그 탓을 인간의 타락한 상태나 이 세상에 대한 책임감의 상실로 돌릴 수 있다). 그러나 철학적 관점에서 볼 때, 생물과 육축의 고통 및 고난을 도덕악으로써 간주함은 도덕적 영역을 자연적 영역으로 확대시키는 부적절한 변화를 야기시킨다. 동물들의 고통, 자연재해 그리고 재앙이 문제를 초래한다 해도, 그것들은 도덕적 문제를 뜻하지 않는다. 비록 타락이 자연과정에 수반되는 이러한 고통을 가중시켰음에 틀림없다 할지라도, 그것은 우리가 살아가는 세상의 한 단면이다. 루이스(C. S. Lewis)는 이러한 상황을 다음과 같이 적절하게 표현했다: "자연과 자유의지의 질서 속에 존재하는 고통의 가능성을 배제하도록 노력해 보라. 그러면 당신이 삶 그 자체로부터 배제되었음을 발견하게 될 것이다"(1962:34).

창세기 1:31에 나오는 창조세계에 대한 평가, 곧 "매우 좋았더라"는 말은 완전한 세상을 의미하지 않는다. 왜 우리가 이 주제에 대하여 이처럼 자세히 고찰해 왔었는가? 그것은 아마도 자연—다스림을 받고 통제받아야만 할 의존적 피조세계—을 다스릴 인간의 통치에 관한 여러 가지 의문들이 일어날 수 있기 때문이다. 에덴 동산—인류를 향한 하나님의 목적을 상징적으로 보여 준다—을 소개하는 창세기 2장은 외부 세계로부터 자연에 이르기까지 이 동산이 구별되었음을 분명히 한다. 그러나 성경적 종말론이 궁극적 완성—이때 늑대가 양과 함께 누워 있을 것이고, 질병, 슬픔, 고통도 없을 것이다—을 지향하기 때문에, 우리는 이러한 종말의 완성과 창세기 1-2장의 창조 및 그 한계점 사이에 큰 차이점이 있음을 주목해야 한다. 창세기 1장은 하나님의 의도에 전적으로 부합하는 인류와 세상에 대한 그림을 그려준다. 그러나 우리는 이 창조를 "완전함"이라는 추상적 개념으로 생각할 수는 없다.

(3) 안식일(창 2:1-4a)

창세기 2:1에서 창조기사(創造記事)는 다음과 같이 끝맺는다: "천지와 만물이 다 이루니라." 그 다음 두 구절에 설명된 하나님의 안식은 피로로 인한 안식이 아닌 완성의 결과로 말미암는 안식이다. 이 구절들은 칠일간 진행된 창조이야기를 완료한다. 비록 일곱째 날이 창조 계획의 한 일부라 할지라도, 이날은 확실히 특별하고도 영속적인(unending) 날이다. 이 일곱째 날은 선행된 6일간 있었던 아침과 저녁에 대한 언급이 없다. 창조의 안식은 창세기 2장에 등장하는 인류가 이 안식을 통해 그의 사역을 수행할 것임을 분명히 암시한다.

안식일 개념이 확실히 중요함에도 불구하고, 성경 외 기타 다른 문헌들은 안식일의 기원에 대해 전혀 언급하지 않는다. 안식일과 유사한 의미를 지닌 한 아카디언(Akkadian) 단어는 아마도 어떤 축제의 날을 가리키는 것 같다. 그러나 이것은 확실하지 않다. 비록 안식일과 보름달이 뜨는 날과의 어떤 연관성이 있다 할지라도, 정기적으로 돌아오는 제칠일은 음력과는 상관없다. 어떤 이는 고대 세계에 시장이 매주 칠일마다 열렸다고 주장하지만 구약성경은 이것을 소개하지 않는다. 이 외에 다른 제안들(혹자는 이스라엘 남부지역에 거주하던 세공업자 Kenites가 이스라엘 안식일의 기원이 된다는 증거로서 출 35:3을 인용한다) 역시 거의 도움이 되지 못한다.

창세기 2:2-3은 하나님께서 창조사역을 마치신 후 안식하셨다고 선언한다. 이

"안식하셨다"라는 단어는 기본적으로 "멈추다" 혹은 "그치다"를 뜻하는 히브리어 동사 "사바트"(šābat)를 번역한 말이다. 비록 이 동사가 가끔 "안식을 지키는 것"으로 번역될 때도 있지만, 이러한 의미는 후일에 만들어진 의미이다. 일반적으로 주어 인칭과 함께 사용되는(Robinson, 1980:32-42) 이 동사는 구약에 일곱 번 등장한다. 이 동사의 기본적 용례를 살펴볼 때, 이 동사는 그 어느 곳에도 (중대한 사역으로부터) "끝마침" 혹은 "쉼"의 개념으로 사용되지 않는다. 그러므로 제칠일을 한 주간 창조의 마지막을 장식하는 날 혹은 일련의 모든 창조사역이 완성된 날로 이해함이 가장 바람직한 듯하다. 히브리어 동사 "사바트"는 (정해진 목표를 위해 세워진 계획이라는 관점에서 볼 때) 완벽 혹은 완성이라는 뉘앙스를 가져다 준다. 일곱째 날이 지니는 특수성, 즉 일곱째 날을 완성된 창조의 결과로 이해할 때 그 뉘앙스는 분명하다.

고대 세계의 많은 창조문헌들도 창조의 신을 위한 창조의 안식 개념을 소개한다. 그렇지만 창조이야기에 의미를 부여해 주고 창조세계가 지향하는 궁극적인 목표를 설명해 주는 안식 개념은 특히 구약에서만 발견된다. (이 안식일의 끝이 언급되지 않기 때문에) 칠일에 하나님께서 안식에 들어가신 것은 인류에게 함축적인 의미를 가져다 준다. 이 안식은 수고나 노력에 의해 성취될 수 없다. 실로 창세기 2장에 등장하는 인류의 안식은 단순히 이미 끝난 노동으로부터의 쉼을 말하지 않는다. 그러므로 안식일은 에덴 동산의 이상적 삶이 시작되어 그것이 영원히 지속될 수 있는 배경을 마련해 준다. 하나님의 안식은 창조세계를 향한 하나님의 보증(保證)이요, 인류와 교제하시려는 그분의 뜻이다. 그리하여 창조세계는 이제 안착하게 된다.

2. 에덴 동산과 인류의 타락(창 2:4b - 3:24)

낙원의 시작과 상실에 대한 슬픈 이야기는 창세기 2:4 중반절-3:24에 자세히 언급된다. 창세기 2:4 중반절-25은 하나님과 인류가 함께 나누어야 할 교제의 본질을 소개한다. 그러나 하나님의 안식에 참여하여 그 안식을 누려야 할 인류가 타락으로 말미암아(창 3장) 하나님과의 직접적인 대면이 불가능하게 될 것임은 계시의 역설이다.

창세기 2:4 중반절-7은 첫 6일간의 창조사역을 요약한다. 이 기사에 의하면, 정원 밖에서 지음받은 남자는 세상으로부터 구별된다. 하나님은 인간을 동산 안에 두셨다(8절). 9-17절은 인류가 동산 안에 배치된 것에 대한 함축적 의미를 설명한다. 즉, 9-14절은 동산의 본질을, 15-17절은 동산을 가꾸고 돌봐야 할 인류의 역할을 서술한다. 여자와 동물들을 소개하는 18-25절은 창조기사의 결론을 내리고 그것을 절정으로 이끈다. 그 다음 장 도입부는 유혹의 기사를 소개한다(3:1-5). 6-7절은 타락에 대해 자세히 설명한다. 즉, 8-13절은 관계의 깨어짐과 그 결과에 대해 자세히 상술한다. 하나님은 세 가지 선언을 통해, 뱀, 여자 그리고 남자를 책망하신다(14-19절). 이 최초의 부부가 정원 밖-창세기 2:4 중반절에 인간이 있었던 장소-에 머물고 있었음은 이 기사의 절정이라고 할 수 있다.

(1) 세상으로부터 구별됨

하나님께서 계획하신 동산에 대해 우리는 무엇을 알 수 있는가? 창세기 2:9을 보면, 이 동산 중앙에 선악과와 생명나무가 서 있었다(cf. 잠 3:18; 11:30; 13:12; 15:4). 고대 근동 문헌은 이 나무들과 직접 비견(比肩)되는 유사개념을 소개하지 않지만, 길가메쉬 시(Gilgamesh epic)는 생명의 식물(植物)에 대해 언급한다. 아다파 신화(the myth of Adapa)는 불멸을 제공하는 생명의 식물(食物)에 대한 이야기를 소개한다. 수메르 신화(Sumerian myths)는 낙원의 두 강 어귀에 자라는 마법의 성격을 지닌 나무들에 대해 언급한다(Wallace, 1985:32).

동산에 대한 또 다른 특징은 동산의 성격을 규정하는 히브리어 동사 "간"(gan)으로부터 추론될 수 있다. 이 히브리어 동사는 "덮다" 혹은 "둘러싸다"라는 의미를 지닌 동사로부터 파생되었다. 에덴 동산은 울타리나 담장으로 둘러싸여 있었다. 구약에 나오는 담은 왕의 정원(왕하 25:4; 느 3:15; 렘 39:4; 52:7)과 포도원-동물들의 공격으로부터 보호받음-을 둘러싸고 있었다(잠 24:30-31; 사 5:5). 그리하여 정원은 공간적으로 볼 때 그 주위로부터 분리된 특별한 장소였고, 샘이 솟아나는 가치있고 비옥한 곳이었다(이곳은 지속적인 관리가 필요한 곳이었다). 헬라성경인 70인경은 이와 같은 동산 개념을 더욱 더 지지한다. 히브리어 동사 "간"과 같은 동사는 페르시아어에서도 발견되는데 이 페르시아 동사는 담장으로 둘러싸인 것, 울타리로 둘러싸인 것을 뜻하며, 나아가 "돌이나 흙으로 건축된 담장으로 둘러싸인 행복의 동산"을 뜻한다(Keil and Delitzsch, 1975:80-81). 벌게이트 역을 맡았던 제롬은 동산을 "기쁨으로 가득 찬 낙원"으로 번역했다.

고대 근동 문헌은 특별한 장소로서의 정원이나 동산에 대한 사상을 소개하는 풍부한 증거들을 제공한다. 이집트 문헌 혹은 문학작품에 등장하는 동산은 사랑과 행복의 처소이다(Pritchard, 1969:37-41). 메소포타미아의 왕들은 광대한 동산을 경작하였고 또한 그것을 자랑스러워했다. 어떤 왕조는 신의 동산지기로 묘사되기도 했다(Hunter, 1986:258-62). 더욱이 왕권을 암시하는 창세기 1:26의 관점에 비추어 볼 때, 창세기 2:15에 나타난 동산지기로서의 인류의 역할은 인류를 왕적 존재로 소개한다. 다른 외부 세계, 히브리어 명사로부터의 유추, 생명나무로 향하는 길(동산의 입구)을 지키는 그룹의 위치(3:24)는 동산이 바깥 세상으로부터 구별되었음을 보여 준다.

(2) 성소로서의 동산

고대 세계의 창조 이야기는 대개 창조와 성전을 연결시킨다(Weinfeld, 1981:502). 창세기 2.9-17이 인간을 성스러운 동산(곧 세계의 중심인 에덴)의 제사장, 왕으로 묘사하고 있음은 그렇게 놀라운 일은 아니다. 동산에 대한 묘사(8절 상반절, 9-14절)는 고대 근동 문헌에 소개된 신의 거처를 설명할 때 사용되는 모티브들을 포함한다. 그 모티브들 가운데 하나는 하나님의 현존이며 또 다른 모티브는 동산을 비옥한 세상 및 거대한 네 강들의 근원으로 묘사한다. 그렇지만 동산 이미지를 신의 거처로 설명하는 또 다른 모티브는 천상 회의를 설명하는 창세기 3:22에 발견된다(cf. 창 1:26). 마침내 동산은 계명이 나오는 장소 곧 인간관계의 전 과정에 영향을 미치는 처소로 묘사된다(창 3:16-19, 22).

특히 구별된 처소, 곧 성소로서의 동산 개념은 성경적 종말론을 연구함에 있어 매우 중요하다. 에덴 동산은 세상의 다른 거처들과는 달리 하나의 특별한 성소로서 규정됨이 가장 바람직하다. 구약의 출애굽기 15:17과 시편 78:54에서 확실히 거룩한 성소로 간주되는—에덴과 비교될 수 있는(사 51:3; 겔 36:35)—가나안은 창세기 2-3장의 제한된 공간 속에 임재하신 하나님 현현(顯現)의 중요성과는 거리감이 있다.

더욱이 고대 근동 세계의 산들은 하늘과 지상을 이어주는 근원적인 접촉점으로 간주되었기 때문에, 에덴-에덴은 필수적으로 세계 수로체계의 근원으로 볼 수 있다-은 분명히 거룩한 산으로 인식되었다(겔 28:13-14). 에덴은 하나님의 동산이었고 하나님을 드러내는 지상의 중심이었다(사 51:3; 참고로 겔 36:33-36을 살펴볼 때 에덴 동산은 비옥함의 상징이요, 회복될 팔레스타인 땅에 대한 가장 적절한 비유이다. 또한 에스겔에서 하나님의 동산은 시온과 성전을 언급할 때 사용된다. 47:1-12; Wallace, 1985:85-86).

인간은 창세기 2장의 동산 곧 하나님의 성소에서 제사장의 역할을 감당한다. 출애굽기 28:17-20에 나오는 대제사장의 흉패 속에 있는 값비싼 돌들과 에스겔 28:13에 나오는 두로 왕-최초의 동산 거주자로 비견됨-의 장식품 사이의 일치점에 주목해 보라. 이것은 최초의 동산 거주자 아담이 제사장이요 왕 같은 인물이었음을 암시한다. 만약 창세기 1장이 인간의 왕권을 강조하고 있다면, 창세기 2장은 아담을 하나님의 제사장으로서 강조한다.

(3) 다스림과 질서

타락 이전 왕이요 제사장인 인간은 하나님의 존전(尊前)에서 예배와 봉사로 자연을 다스렸다. 기본적으로 "일하다" 혹은 "봉사하다"라는 뜻을 지닌 히브리어 동사 "아바드"(âbad)에 의해 설명되는 인간의 봉사는 창세기 2:15의 문맥에 비추어 볼 때 땅을 갈고 경작함을 의미한다. 그렇지만 후일에 예배의 전문적 의미로서 자주 사용되는 이 동사는 (하나님을 체험할 수 있는) 거룩한 동산에서 행해지는 인간의 임무에 종교적인 의미를 부여한다. 동산으로부터 인간이 추방된 후 (창 3:23), 이 동사는 줄곧 땅에 대한 인간의 임무를 설명하곤 한다. 표면적으로 볼 때 이 동사는 땅을 다스리는 인간통치의 근본적인 특성을 나타내기 위해 사용되었다.

거룩한 봉사, 즉 창조주와 세상을 위한 헌신은 인간의 임무인 바, 출애굽기 19장에서 이러한 임무는 이스라엘 백성들에게 주어졌고, 마가복음 10:45은 인자가 이 임무를 감당해야 하는 것으로 설명하고 있다. 동산에서 인간이 지켜야 할 임무의 본질은 창세기 2:15의 "그것을 지키기 위해"라는 표현을 통해 잘 드러난다. 지키고 감시하고 순종하고 유지하며 살피는 것은 이 히브리어 동사(ābad)를 통해 전달되는 또 다른 뉘앙스들이다. 동산이라는 맥락에서 볼 때, 이 동산을 살피는 역할은 아마도 두 가지 의미로 이해될 수 있다. 첫째, 이 동사는 위임통치를 명하시는 창조주의 현존 앞에서 동산을 위한 헌신적 보살핌의 본질이 무엇인지를 잘 말해 준다. 둘째로, 파수꾼으로서의 인류는 창세기 3장에 등장하는 뱀을 잘 대처해야만 함을 암시한다.

이상적인 환경 아래 존재하는 일종의 모형처럼, 창세기 2장의 에덴 동산 기사는 인류의 (그리고 그 이후 이스라엘의) 다스림이 이 세상에 안전을 가져다 주었음과 그로 말미암은 조화를 잘 소개한다. 동시에 이 이야기는 인류의 다스림이 무엇이며, 또 그것이 어떻게 수행되는지를 보여 준다. 하나님을 대신하여 수행하게 될 인류의 다스림은 하나님과의 궁극적인 관계에서 일어난 동기로 말미암은 자발적 봉사라고 할 수 있다. 그러나 인간은 에덴 동산 안에서 하나님께서 부여하신 권위를 자위적으로 수행할 수 있는 가능성을 지니고 있었다(16-17절).

하지만 우리는 이것이 창세기 3장에서 발생하게 될 것이며, 결국 인류의 위임통치와 역할에 치명적인 결과를 초래하게 될 것임을 안다. 타락은 에덴 동산이 인류에게 제공했던 더 많은 가능성을 인류로부터 앗아갈 것이다. 만약 인류가 하나님과의 깊은 관계를 발전시켜 나갔다면, 인간의 생명은 하나님과의 관계 속에서 영속되었을 것이다. 피조된 존재로서 인류가 조건적인 영생을 부여받았지만, 성경의 기대는 "썩지 아니하고 더럽지 않고 쇠하지 아니하는" 기업(벧전 1:4)을 염두에 두고 있었다. 성경이 궁극적으로 지향하는 영생은 창조의 여명이 동터오던 에덴 동산에 거하던 한 쌍의 부부에게 부여된 그 영생보다 훨씬 더 진전된 것이다.

(4) 깨어진 질서와 조화

창세기 2장에 나오는 창조질서의 조화는 타락으로 말미암아 파괴되고 만다. 그리고 창세기 3장에 나오는 이 타락은 관계질서조차 바꿔 버렸다(Walsh, 1977:173-77). 창세기 2:18-25에 소개된 최초의 관계질서는 하나님, 남자, 여자 그리고 동물 순이었다. 그러나 창세기 3장은 뒤바뀐 순서로 시작한다. 뱀은 여자로 하여금 선악을 알게 하는 나무를 먹도록 종용함으로써 하나님과 같이 되라고 유혹하는 데 앞장선다. 뱀의 제안이 결코 헛된 말이 아님은 하나님 자신에 의해

확증된다: "이 사람이 선악을 아는 일에 우리 중 하나같이 되었으니"(22절). 6-7절에서 여자와 남자는 선악을 알게 하는 나무의 열매를 먹고 말았다. 그리하여 14-19절에서 하나님은 역전된 관계질서에 따라 심판을 선언하신다. 즉, 하나님은 먼저 뱀에게, 그 다음 여자에게 그리고 마지막으로 남자에게 심판을 선언하신다. 뒤바뀐 질서는 죄가 단지 단순한 도덕적 실수가 아님을 강하게 암시한다. 즉, 그것은 정해진 창조질서를 파괴한 인류의 고의적인 행동이었다.

① 선과 악을 아는 지식

"선과 악을 앎"이라는 어구의 함축적 의미는 성경의 종말론 연구와 아주 밀접하게 연관되어 있다. 왜냐하면 이 지식은 이 세상으로 내던져진 인간 존재의 특성이기 때문이다. 그러므로 이 지식은 구속이 필요한 인간 존재의 특성이다. 일반적으로 아는 바와 같이, 이 어구("선과 악을 앎")는 전(全) 지식을 뜻하지 않는다. 왜냐하면 이 같은 지식은 타락한 인간의 실존적 상태와 잘 부합하지 않기 때문이다. 이 지식은 성적인 경험이나 도덕적 지식을 의미하지도 않는다. 왜냐하면 이러한 지식이 획득된다 하더라도, 이 지식이 아담과 하와를 "하나님과 같이" 되도록 만들어 주지 못할 것이기 때문이다.

이 어구는 도덕적 자율에 대한 요구, 스스로 법률을 제정할 수 있는 능력, 다시 말해 도덕적 문제에 대한 결정권을 요구하는 인류의 주장(Clark, 1969:274-78) —모든 삶의 영역에서 하나님의 뜻에 순응함을 거절하는 태도—으로 해석함이 좋을 듯하다. 인간은 도덕적으로 자율적인 존재이다. 즉 인간은 스스로 선택할 수 있다. 그러나 인간은 그 선택이 과연 옳은 것인지를 판단할 수 없다. 선과 악을 결정할 수 있는 권리는 하나님께 속한 것이다. 우리의 삶의 방향을 인도받기 위해 우리는 여전히 하나님을 전적으로 의존해야 한다.

② 타락의 결과

에덴 동산에서 발생한 불순종의 결과는 창세기 3:14-19을 통해 계속되는 저주로 소개되고 있다. 그리고 이 저주들은 뱀, 여자, 남자 순(順)으로 선언되고 있다. 이러한 저주는 다른 이들과 세상과의 기본적인 관계를 맺는 데 필수적인 것들로부터 시작한다. 뱀은 비천해질 것이다(14-15절). 그리고 남자와 여자간의 친밀감이 파괴될 것이며, 여자는 해산의 고통을 감당해야 할 것이다(16절). 또한 남자는 땅과의 관계에서 저주를 받는다(17-19절).

특히 15절에 나오는 뱀에 대한 저주는 종종 종말론적 메시아 해석을 제공해 준다. 사실상 이 같은 전통적 해석을 지지하는 초기 증거는 70인경(the Septuagint)에서 발견된다. 70인경에서 15절의 "후손"(seed)이라는 대명사는 문장 구성상 메시아를 지시하는 남성으로서 해석된다. 구약 아람어성경 탈굼(Targums)에서 히브리어 명사 "아켑"(heel, end)의 여자적(literal), 비유적(figurative) 기능은 메시아 이해를 제공해 준다. 15절은 뱀과 그 후손이 여인의 후손의 발꿈치를 상하게 하겠지만 메시아의 날에 최종적인 "구속"이 있을 것임을 말해 준다(Vorster, 1973:111, 유대 랍비 문헌들은 메시아 해석에 관한 증거를 제시하지 않는다).

이레니우스나 교부들에 의하면, 여인의 "후손"은 일반적으로 인류를, 더 나아가 구체적으로는 그리스도를 의미한다. 문제의 핵심은 "후손이라는 단어가 무엇을 뜻하는가" 하는 것이다. 여인의 후손이 뱀의 후손과 병치(竝置)되고 있기 때문에, 여인의 후손이 집합적인 인류를 가리키고 있음은 의심할 나위가 없다. 그렇다면, 초대 그리스도인들은 창세기 3:14-19(특히, "후손"과 관련된 문맥)을 신약의 관점(특히, "후손"과 관련된 문맥)에서 다시 재해석했다고 볼 수 있다(갈 3:16 비교). 그렇지만 이와 같은 다양한 메시아 이해는 창세기 3:15의 직접적 문맥 곧 저주가 뱀에게 임했다는 사실을 소홀히 취급한다.

남자에 대한 심판으로 넘어가면서 하나님은 "땅은 너로 인해 저주를 받고"라고 선언하셨다. 저주의 실제적인 본질은 무엇인가? 구약에 나타난 대부분의 저주는 심판의 선언, 징계의 선포 속에 발견되며, 혹은 법 선포와 함께 수반된다(신 27:15-16은 저주 언약의 확대된 표현이다). 이러한 경우에 이 저주는 하나님과의 관계 및 그 관계에 반역을 시도할 때 찾아오는 반응이다. "저주하다"라는 동사는 축복의 반대어이다. 축복한다는 것은 생명의 가능성을 제공하고 존속할 수 있는 힘과 번영 혹은 생식을 부여해 줌을 의미한다. 어떤 인간 중보자(仲保者)가 중재할 때에라도 이 축복은 항상 하나님의 선물이었다. 저주한다는 것은 은혜의 처소로부터 쫓겨나 고립되고 결핍됨을 뜻한다. 땅이 축복을 받을 때 그 땅은 풍요를 가져다 주지만(창 27:27-28; 신 28:11), 그 땅이 저주를 받으면 그 땅은 자연의 수확을 상실하고 만다(신 11:17; 렘 23:10).

창세기 3:17의 저주는 타락전 인간과 땅 사이에 이루어진 자연스런 관계를 완전히 깨뜨려 버리고 말았다. 타락후 인간과 땅과의 관계는 수고, 고통, 노역 그리고 번민으로 특징지어진다(히브리어 명사 "잇사본"은 육체적 정서적 고통〈예를 들면, 슬픔과 고통〉을 의미한다). 인간이 범죄하기 전 인간의 의무는 "일하는" 것이었다. 그러나 이제 타락후 인간은 괴로운 수고와 함께 고생해야만 한다(cf. 창 3:16; 5:29). 18-19절은 우리들의 타락의 결과에 대한 이해를 돕기 위해 다음과 같은 이미지들을 소개한다: "가시와 엉겅퀴 그리고 이마에 흐르는 수고의 땀."

타락전 에덴 동산에서 인간의 사역은 탄식과 고통으로부터 자유로웠다. 그러나 타락후 인간의 수고는 고통과 절망으로 가득하게 되었다. 이러한 변화는 인간에게 일어난 현상인가 아니면 주변 환경에 일어난 변화인가? 아니면 인간과 주변 환경 모두에 일어난 변화인가? 땅은 타락으로 말미암아 많은 수확을 얻지 못하게 되었고, 결국 이 같은 변화는 인간과 주변 환경에 나타나기 시작했다. 타락후, 아픔, 고통 그리고 싸움은 인간뿐만 아니라 자연질서 속에도 깊숙이 스며들었다. 사자가 양을 잡아먹고 전염병이 인간의 영역 속에 침투하고 말았다.

그렇지만 과학적 견해는 이러한 고통과 싸움이 처음부터 진행되어 온 자연과정의 한 단면이라고 지적한다. 창조세계에 일어난 불의 사태에 대한 논의를 계속해 오면서, 타락의 결과로 말미암아 땅을 다스리는 인간의 통제권이 손상을 입고 말았다. 창세기 3:17("땅이 너로 인해 저주를 받고")을 다시 살펴보자. "너로 인해"로 번역된 이 어구(語句)는 "너를 위해", "너 때문에" 혹은 "너의 유익을 위해"라고 번역될 수 있다. 그러나 창세기 1-3장의 문맥에 비추어 볼 때 "너로 인해"로 번역됨이 의미상 가장 적절하다. 즉, 땅에 대한 인간통제의 부적절함으로 말미암아 땅은 저주를 가져다 줄 것이다.

타락후 발생한 문제는 인간이 땅을 올바로 사용할 수 있는 능력을 상실했다는 것이다. 타락은 인간을 "하나님과 같이" 되도록 내버려두었다. 즉, 인간은 자의적 결정을 내릴 수 있는 능력―이러한 결정에 따라 인간의 삶과 세상의 모든 과정은 통제받게 된다―을 소유한다. 그렇지만 인간은 그가 내린 결정이 옳다고 확신할 수 없다. 인간은 자신의 결정이 의로운 결과를 만들어 낼 것이라 단언할 수 없다. 타락의 결과로 말미암아 인간은 더 이상 (창 2장에 나오는) 자연에 대해 올바른 통치를 수행하지 못한다. 하나님이 임재(臨在)하시던 에덴 동산에 주어진

썩지 않을 영생-동시에 조건적 영생-은 상실되고 말았다.

그렇지만 궁극적인 영생은 더럽지 않고 쇠하지 아니할 것이다(벧전 1:4). 자연 환경적 관점에서 볼 때 창조세계를 잘 관리하고 다스리는 데 실패한 인류는 결국 지구촌의 수많은 문제들을 야기시키고 말았다. 그리고 우리는 이러한 문제에 직면해 있다. 인류는 자연과 조화하지 못한 채 재난으로 가득한 세상 속에서 살아간다. 인류의 잘못된 경영과 소홀 그리고 이기적인 착취는 자연 세계-인류는 청지기로서 이 창조세계를 위해 헌신해야만 했다-가 안고 있는 본질적인 문제들을 증폭시키고 확대시키고 말았다.

③ 창조와 타락의 종말론적 의미

아담과 이스라엘민족으로부터 추론할 수 있는 몇 개의 유사점들은 성경적 종말론에 중요한 의미를 제공해 준다. 이스라엘은 아담처럼 곧 차지하게 될 거룩한 처소 바깥에서 창조되었다. 이스라엘과 아담은 거룩한 처소로 옮겨진다: "가나안의 이스라엘과 에덴 동산의 아담." 이스라엘은 아담처럼 거룩한 처소를 보존하기 위해 법을 수여받았다. 그러나 이스라엘은 아담과 같이 그 법을 어기고 말았고 아담과 같이 기록한 처소로부터 추방되었다(Lohfink, 1969:59-60). 창조기사는 한때 아담에게 속했던 이스라엘의 특별한 지위 및 그 역할의 목적과 본질을 반영해 준다. 제사장/왕(priest-king)으로서의 아담이 창조세계를 올바로 통치하는 데 실패한 후, 이러한 역할은 왕 같은 제사장 공동체 곧 민족적 이스라엘로 넘어간다(출 19:5-6).

어떤 이는 타락에 의해 발생한 자연의 파괴현상을 성경적 종말론의 본질적 요소라고 주장한다. 바울은 자연 파괴가 새 창조의 도래와 함께 사라질 것임을 분명히 한다(롬 8:18-23; 11장 참조). 타락 이후 이와 같은 회복의 소망은 성경이 고대하는 종말의 한 요소가 된다. 이러한 소망-땅에 대한 저주가 제거되기를 소망하는 것-은 이스라엘에게 주어진 선물 곧 약속의 땅에서 어느 정도 상징적으로 성취되었다. 그러나 그러한 소망은 계속해서 이어질 것이며, 바벨론 포로기 후 "새 창조"(the new creation)의 교리 속에 더 구체적으로 소개될 것이다.

3. 창조의 언약(창 6:17-18; 9:8-17)

새 창조의 교리가 창조와 타락에 대한 성경적 종말론에 기초하는 것처럼, 이스라엘의 운명을 결정 지워주는 새 언약의 교리는 구약의 언약에 기초한다. 언약이라는 뜻의 히브리어 단어 "베리트"는 구약에서 280번이나 등장한다. 이 단어는 창세기 6:17-18에 처음 사용된다. 노아와 아울러 아담의 자손 곧 셋의 경건한 계보는 처음 소개된 하나님 언약의 자손이다. 창세기 6:17-18의 문맥에서 볼 때 언약의 하나님은 홍수의 검은 그림자로부터 인류를 구원하신다: "그러나 너와는 내가 내 언약을 세우리니"(18절). 이 구절에서 몇 가지 의문들이 떠오른다: "세울 것이다"가 의미하는 바는 무엇인가? 왜 미래 시제를 사용하고 있는가? "언약"의 의미는 무엇인가? 왜 서론도 없이 표면적으로 사용되는가? 그리고 왜 그 언약은 "나의"(my) 언약인가? 노아와 맺은 그 언약은 개인적인 것인가 아니면 대리적인 것인가?

우리들이 보통 생각하는 것처럼 언약은 상호적인 개념을 시사해 준다. 그리고 구약에서 사람들 사이에 맺어지는 언약들은 상호적(相互的)이다. 하지만 하나님과 인간 사이에 맺어진 언약은 상호적이지 않다. "내 언약"이라는 어구가 암시하는 바와 같이, 신적인 언약은 언약의 수납자(受納者)에게 일방적으로 부과되는 것이다. 비록 언약이라는 단어의 어원이 속박 혹은 구속을 뜻한다 할지라도, 우리는 이 단어가 구약의 유사문맥들 속에서 어떻게 사용되는지를 살펴보아야 한다. 이러한 문맥들은 아브라함과 이삭 그리고 야곱의 기사들 속에 잘 나타난다(창 21:22-23; 26:26-33; 31:43-54). 각각의 세 기사들 속에 언약은 이미 존재하고 있던 관계를 다시 세우지 않는다(McCarthy, 1972:65-85). 오히려 언약은 이러한 관계에 합법적 보증을 부여해 준다. 이것이 바로 창세기 6:17-18이 가르쳐주는 바이다. 이러한 관점은 우리가 언약 관계의 기원이 되는 배경에 대해 반드시 살펴볼 필요가 있음을 시사해 준다.

하나님과 노아와의 관계가 창세기 6:18 사건보다 앞서 존재했을 것이라는 암시는 그 구절의 어법에 의해 한층 강화된다. 언약체결을 뜻하는 일반적 표현은 언약을 "자르다"라는 표현이다. 사실상 구약의 언약체결 시 언약의 법적 효력은 이 언약을 자름으로 시작된다(Dumbrell, 1984:24-25; "언약을 자르다"라는 관용어는 분명히 성경 이전 시대에 언약체결 시 행해졌던 저주 의식의 한 형태로부터 기원한다). 그렇지만 창세기 6:17-18과 9:8-17을 살펴볼 때, 언약은 "자르는 것"이 아니라 "세우는 것"이다(문자적으로, "서게 하다"). "언약을 세우다"라는 어구가 등장하는 구절들 가운데 이 어구는 언약의 시작이 아니라 이전(以前) 언약과의 영속성을 가리킨다(창 17:7, 9, 21; 출 6:4; 레 26:9; 신 8:18; 왕하 23:3; 렘 34:18). 우리는 창세기 6:18(그리고 창 9:9, 11, 17)의 "나의 언약을 세우라"는 어구가 전(前) 언약관계와의 유지를 뜻하고 있음을 짐작할 수 있다.

그럼 이제부터 이전(以前) 언약에 대한 단서들을 찾아보도록 하자. 통상적으로 비록 창세기 6:17-18이 9:8-17의 선취(先取)로 이해되어 왔다 할지라도, 언약에 대한 용어를 조사해 본 결과 9:8-17은 6:17-18이 가리키는 언약이 아님을 알 수 있다(그렇지만 9장의 언약은 다시 세워진 것도 아니다). 물론 9장은 6장에 발견되는 노아의 약속을 자세히 다루고 있다. 하지만 창세기 9장의 약속은 노아의 자손들을 포함시키기 위해 더 세밀화된다(9절). 그리하여 이 약속은 노아가 홍수의 위험 아래 있는 동물들과 인류의 대리자임을 분명히 한다(9절). 그러므로 홍수 진 이미 있었던 이전 언약의 형식에 따른 보증이 노아에게 주어진 것이다. 홍수 후 그 언약은 확증되고 그 언약의 의미가 설명된다. 무지개는 장차 미래의 홍수에 대해 하나님께서 창조 질서를 보증하기 위해 주신 약속의 표시이다.

홍수 후 창조 질서 유지를 위한 하나님의 약속—노아에게 주어진 언약의 확증—은 창조 사역을 통해 인류에게 주어졌던 창조 질서 보존을 위한 위임 명령을 가리키는 듯하다. 창세기 1:28("생육하고 번성하여 땅에 충만하라 땅을 정복하라")의 위임명령이 홍수 후 9:1과 9:7에서 노아에게 다시 반복됨을 주목해 보라. 확대된 언약을 개괄적으로 소개하는 9:8-17을 살펴볼 때 우리는 인간, 동물 그리고 땅 순으로 배열되는 창조세계의 기본적인 구조가 계속 지속되고 있음을 발견한다. 더욱이 창세기 9장의 노아의 약속 및 명령이 가리키는 창세기 1:26-28은 인간과 세상에 의해 성취될 하나님의 목적을 보여 준다. 이것은 노아의 언약이 창세기 3장의 타락한 인간상태와 창세기 1-2장의 인간과 창조세계를 향한 하나님 계획과 연결되어 있음을 말해 준다(우리는 세상과 창조세계를 타락한 것으로 보지 않도록 주의해야 한다. 왜냐하면 창조의 질서, 질료로서의 세계는 항상 중립적이기 때문이다. 타락은 중립적인 창조세계를 통치해야만 했던 인간에게만 속하는 것이다).

하나님의 창조 계획을 재수립한다는 의미에서 노아의 언약은 종말론적이라 부를 수 있다. 새 언약과 새 창조라는 후기 종말론적 사상은 창조, 구속 그리고 만물의 회복(골 1:20) 개념을 이끌어 낸다. 창조와 언약이 인류역사의 시작부터 연결되어 있는 것처럼 이 둘은 종말에도 그렇게 될 것이다.

4. 바벨탑(창 11:1-9)

타락으로 말미암은 인간의 핍절(乏絶)한 상태는 바벨탑 기사를 통해 설명된다. 인간은 타락의 또 다른 단계로 옮겨간다. 인류는 인상적이고 상징적인 주요 건축물—"하늘"까지 다다르는 탑이 있는 도성(창 11:4)—을 쌓아올림으로써 그들 스스로 영생하기 위해 시날평지에 모여들었다. 일반적으로 사람들은 이 탑—종종 요새로 이해됨—을 하늘에 대한 도전으로 해석해 왔다. 그러나 흥미롭게도 이러한 견해가 확실하다고 간주할 수는 없다. 왜냐하면 탑을 묘사하는 히브리어 단어의 용법은 단지 그 탑 구조의 높음을 말해 줄 뿐이기 때문이다. 그렇지만 또 다른 차원에서 볼 때, "하늘"이라는 히브리 단어의 용법은 건축자들의 교만함을 드러내 준다(Fokkelman, 1975:18-19). 하지만 이러한 숙련된 건축작업은 5절부터 반전된다. 즉, 하나님께서 그들의 건축공사를 감찰하시려 강림하셨다. 1-4절에 설명된 전(全) 인간들의 행위는 6-9절에 등장하는 하나님의 대응하심에 직면한다. 1-4절이 정착과 건축에 집중되어 있다면 6-9절은 분산과 파괴에 초점을 둔다.

바벨탑 기사는 원시 역사를 서술하는 창세기 1-11장의 마지막 부분에 위치함으로써 그 자체의 중요성을 나타낸다. 표면적으로 볼 때 이 이야기는 어군(語群)과 집단이주(集團移住)의 기원을 설명한다. 그러나 이 이야기는 결과보다는 원인에 대해 더 많이 상고해 보아야 한다. 인류는 하나님을 전혀 고려하지 않고 하나님이 창조하신 세상에서 자신의 이름을 만들려 함으로써 통일성을 오용하고 말았다(사람들이 건축하려던 그 도성과 실제적으로 대조되는 이상적인 도성은 하늘로부터 내려오는 새 예루살렘이다〈계 21:2〉. 역으로 생각해 보면 바벨은 종말을 암시한다).

그로 말미암아 사람들은 흩어졌고 그들이 사용한 언어의 통일성은 깨지고 말았다. 창세기 3장에서 시작된 죄는 점점 더 퍼져 나가 창세기 11:1-9에서 절정에 이른다. 창세기 3장의 타락 기사가 한 인간의 타락을 다루고 있다면, 창세기 11장의 기사는 한 집단의 타락을 보여 준다. 홍수심판 후 인류는 다시 새 출발을 시작하지만, 그들에게서 배울 수 있는 교훈들은 하나도 발견할 수 없다. 바벨탑 기사는 인류의 분열에 대해 자세히 소개한다. 그 이후 이 분열은 세상의 사회구조의 특징이 되고 말았다.

성경의 첫 주요 단락이 끝날 즈음 우리는 미래의 희망이 여전히 남아 있음을 발견한다. 바벨탑 기사 이후에 소개되는 셈의 계보(창 11:10-32)는 교만한 건축자들의 모습과는 사뭇 대조된다. 왜냐하면 하나님은 아브람(Abram) —이 계보는 아브람 때에 그 절정을 이룬다—의 주변을 새 중심지로 삼으실 것이기 때문이다. 미래를 향한 인류의 모든 희망은 바로 이 사람(아브람)에게 집중된다. 이 희망— 이 희망은 시날평지 건축 이전부터 존재했었다—은 새로운 사회와 인류의 연합이라는 종말론의 한 단면이 된다.

창세기의 11개의 장들—창세기 1장-11장—은 정경으로서의 독특한 위치를 점하고 있다. 이 모든 장들이 성경적 종말론을 제시하고 있음은 그리 놀라운 일은 아니다. 이 11개의 장들은 한편으로는 질서를 향한 창조세계의 잠재적 가능성을 기술하면서도, 다른 한편으로는 타락의 결과로 말미암은 인간과 자연의 영속되는 무질서를 묘사한다. 창세기 1-2장은 우리에게 한 세상을 소개한다. 인간은 바로 이 세상 중심에 있었고 하나님 앞에서 이 세계를 다스려야만 했다. 인간이 하나님을 향해 살아가는 한, 세상을 향한 하나님의 목적은 성취될 수 있었다. 창세기 3-11장은 인류 타락의 결과와 죄의 만연함을 잘 보여 준다. 우리는 창세기 11장에 이르러 하나님 지향적 삶을 상실해 버린 한 인간사회를 목격한다.

그러나 11장 이후부터 하나님의 공동체가 출현할 것이며, 이 백성은 미래의 기대를 점진적이고도 점차적으로 발전시켜 갈 것이다. 그리고 제도의 출현은 창세기 3-11장의 무질서의 특성들을 회복시키기 위해 이 백성들을 서로 결속시켜 줄 것이다. 백성과 제도는 하나님의 새 창조 안에서 그 자체의 궁극적 목적을 발견할 것이다. 하나님의 백성과 제도가 역사를 통해 발전됨으로 말미암아 성경의 종말론은 신학적이고 역사적인 문맥에서 다루어져야만 한다. 구약의 종말론은 하나님의 백성 곧 이스라엘의 발전과정과 결코 분리될 수 없다.

5. 부름받은 아브람 (창 12:1-3)

창세기 11장에 소개된 바대로 인류 사회집단은 분열되고 말았고 그 후 인류는 함께 협력할 수 없는 지경에 이르고 말았다. 이와는 대조적으로 하나님의 부르심 (아브람을 부르심)은 한 사람을 통해 이 세상이 축복과 연합에 동참케 됨을 보여준다. 바벨의 무질서로부터 질서를 재수립하시려는 하나님의 거룩한 행진이 다시 시작된다.

창세기 12:1에서 하나님은 아브람에게 그의 과거 친척 본토를 떠날 것을 명하신다. 구조상 창조 시 하나님 말씀(창 1:3)과 흡사한 이 하나님 명령은 새 시대의 역사를 열어준다. 인류의 실패와 그 슬픈 기록들을 극복할 수 있는 가능성과 함께 이 소명은 궁극적으로 새 창조로 인도해 주는 성경적 증거를 제시한다.

하나님은 아브람을 위해 약속의 땅을 정하시고(1절) 그의 자손들이 크고 위대한 민족이 될 것임을 말씀하신다(2절). 바벨의 헛된 건축자들이 추구했던 그 이름(11:4)이 이제 아브람에게 주어진다. 더욱이 아브람의 이름은 창대케 될 것이다(2절). 아브람은 구원의 중심지를 제공해 줄 것이다. 다시말하면 세상의 구원이 이스라엘을 통해 이루어질 것임은 명확하다.

(1) 큰 민족

아브람을 향한 하나님의 계획은 그의 자손들로 "큰 민족"을 이루는 것이다(2절). "민족"(nation)이라는 단어의 용법은 면밀한 연구를 필요로 한다. 왜냐하면 이 단어는 일반적으로 "실패한 이스라엘"이라는 손상된 의미로 이스라엘에게 적용되기 때문이다(신 32:28; 삿 2:20; 사 1:4; 10:6; 렘 5:9). 구약에서 "민족"이라는 단어는 보통 이스라엘 지경 바깥 백성들에 대한 정치적, 윤리적 또는 지질학적 서술로 볼 수 있다.

전형적으로 이스라엘에게 적용되는 단어는 가족적 용어인 "백성"이라는 단어이다. 그렇지만 이 단어가 보통 "구별됨", "선택됨"이라는 뜻을 지니기 때문에, 이 단어는 세상을 향한 아브람 자손들의 역할과 쉽게 연결되지 않았을 것이다. 아마도 "민족"은 창세기 11장의 바벨에 모여든 집단과는 다른, 하나의 정치적 대안을 제시해 준다. 이 단어는 정치적 통일이 세상에서부터 자체적으로 성립되는 것이 아니라 하나님으로부터 주어지는 것임을 말해 준다. 하나님은 아브람을 부르실 때 아마도 궁극적인 통치 구조—지상의 하나님 나라—를 염두에 두셨던 것 같다.

지상 통치의 중심지를 바벨에 건설하려던 인간들의 시도는 실패하고 말았다. 그리하여 하나님은 새로운 한 중심지(아브라함)를 마련하신다. 구속받은 하나님의 새 백성들이 창대케 되어 이 중심지로 모여들 것이다. 이러한 관점에서 볼 때 이스라엘은 새 백성을 예상하고 있다. 그리고 이스라엘은 창조 위임명령—이전 아담에게 부여된 위임—을 맡은 자로서 그 역할을 계속 수행할 것이다. 아브람 소명기사 가운데 아브람 자손이 큰 민족을 이룰 것이라는 약속은 이 세상의 헤아릴 수 없는 많은 족속들(3절; peoples)을 염두에 두고 있다. 만약 이 족속들이 하나님께로부터 오는 축복을 받아 누리기를 원한다면, 그들은 또한 이 축복이 아브람과 이스라엘—신약에서 계속 등장하는 개념—을 통해 온다는 것을 깨달아야만 한다. 이스라엘이 아브람 안에 있으므로 구원은 먼저 유대인을 통해 온 세상에 퍼져 나갈 것이다(롬 1:16).

(2) 하나님의 축복

창세기 12:1-3에 등장하는 축복은 즐거운 주제이다. "축복하다"와 "축복"이라는 단어는 세 구절에 다섯 번 등장하는데, 죄의 만연함을 소개하는 성경기사들 속에 다섯 차례 등장하는 "저주"라는 단어와 예리한 대조를 이룬다(창 3:14, 17; 4:11; 5:29; Wolff, 1966:145). 비록 저주가 관계를 소원하게 한다 해도 축복은 그 관계를 연합시킨다. 우리는 지금 아브람의 소명을 통해 (창 3-11장에 나타난) 인류의 불행에 대한 하나님의 반응에 대해 논의하고 있다.

아브람의 소명에 등장하는 "축복하다"라는 단어의 궁극적인 용법은 종말론의 쟁점(issue), 곧 이스라엘 선교와 관련된 의문사항들을 불러일으킨다: "그리고 땅의 모든 족속들이 너로 인해 복을 받을 것이니라"(3절). 어떻게 땅의 족속들이 아브라함에게 연결될 수 있는가? 어떻게 선교가 아브람과 이스라엘을 통해 그들에게 미치게 되는가? 이와 같은 모든 논의들은 "축복하다"라는 단어의 번역에 달려 있다. 이 단어는 (NIV에서 번역된 것처럼) 수동형으로 해석되어야 하는가, 아니면 재귀형(reflexive; RSV "너를 통해 온 땅의 족속들이 자신들을 축복할 것이다")으로 해석되어야 하는가?(아브람의 약속이 다시 언급되는 창세기 이후 문맥을 살펴보면, 이 단어는 18:18과 28:14에서 수동형으로 22:18과 26:4〈RSV〉에서 재귀형으로 번역된다)

극적인 의미를 가져다주는 3절의 마지막 부분은 아브람을 축복의 중보자로 소개한다. 하지만 아브람을 복의 근원보다는 모델로서 제시하는 재귀형은 극적인 절정을 이루지 못한다. 아마도 이 두 가지 해석(수동형이나 혹은 재귀형)은 이 구절에 의도된 사상을 모두 공평하게 취급하지 못한 듯하다. 그러나 두 해석을 다음과 같이 하나로 합쳐서 해석함이 필요할 것 같다: "그들 스스로를 위해 복을 쟁취하다." 이와 같은 극적인 표현은 이 세상 족속들이 (후대 이스라엘의 전파보다는) 아브람 자손들에게 나아옴으로써 그 축복을 발견하게 될 것임을 말해 준다. 그리고 이 해석은 구약의 선교 방식―열방이 순례 여행을 통해 이스라엘의 하나님께로 나아올 것이다―과 일치한다.

6. 아브라함 언약과 족장들

땅과 자손의 약속은 나중에 소개될 아브라함 언약의 내용을 구성한다. 이 아브라함 언약은 창세기 15:18에서 아브람과 체결된다. 그 약속은 이전부터 하나님을 통해 아브람에게 전달되었기 때문에(창 12:1-3; 15:1-17), 이 언약은 약속이 성취될 것임을 아브람에게 확증시켜 준다. "잘라지지 아니하고 세워진" 노아의 언약과는 달리 아브람 언약은 "자르는(cut)" 언약이다. 노아 언약과 같이 아브라함 언약도 일방적이다. 즉, 하나님에 의해 일방적으로 주도된다.

"아브라함 언약"이라는 용어는 창세기 17장에서 재언급된다. 비록 하나님께서 이스마엘 계보(系譜)를 축복하신다 할지라도(20절), 언약은 이삭 및 그의 계보를 통해 세워질 것이다(19, 21절). 4-6절은 셀 수 없이 많은 아브라함 자손들을 언급한다. 즉, 아브라함은 열국의 아비가 될 것이다. 그 약속이 16절의 사라에게 다시 반복되기 때문에 이 약속은 이스마엘(그리고 에돔, 미디안 등)을 통해 나타날 아브라함 자손들을 뜻하지 않는다. 더욱이 그 언약은 아브라함을 믿음의 조상으로 삼고 있는 믿음의 후손들에 대해 설명한다(cf. 롬 4:16-17). 하나님은 자손에 대한 약속을 상징적으로 강화시키기 위해 아브람(높임을 받는 아버지)의 이름을 아브라함(열국의 아버지)으로 바꾸셨다. 하나님과 아브라함과의 관계는 이제 "영원한 언약" 관계이다. 이 영원한 언약은 이스라엘의 경험을 통해 이루어질 언약의 역사적 영속성을 보여 준다. 또한 이 용어는 이스라엘 역사를 초월해 있는 상황들을 평가하고 적용할 수 있는 길을 제공해 준다.

아브라함 언약 이후 등장하는 족장 기사들은 아브라함, 이삭(다른 두 사람들 보다는 상세히 다루어져 있지 않다) 그리고 야곱, 이 세 인물이 그들의 시대 및 그 주변 세계를 위해 축복의 전달자가 될 것임을 말해 준다. 각 족장들은 아브라함 약속의 상속자가 된다(26:2-5; 28:13-15). 그리고 족장들의 생이 끝날 때 그 약속은 다시 재확증된다(22:15-18; 26:24; 35:9-12). 창세기 18장에 나오는 소돔과 고모라를 위한 아브라함의 중보기도는 약속의 구조가 어떻게 바깥 세상과 연결되고 중재되는지를 잘 보여 준다. 언약의 약속들은 이삭을 통해 계속 이어져 간다.

그러나 야곱의 일대기(창 25:19-35:29)는 이스라엘이라는 주제의 발전을 살펴보는 데 있어서 더욱 중요하다. 야곱의 이야기는 야곱이 에서, 이삭 그리고 땅(가나안)으로부터 분리하게 된 사건들을 단계적이고도 연속적으로 소개한다. 라헬이 요셉을 낳게 됨으로 말미암아, 이러한 분리에 반전(反轉)이 이루어진다. 왜냐하면 요셉의 출생 후 약속의 땅으로의 귀환이 시작되고 화해가 일어나기 때문이다. 약속의 땅을 떠난 후 다시 그 땅으로 돌아옴으로써(창 28:10-17; 32장), 야곱은 그의 모든 삶의 여정이 하나님의 백성을 발전시키려는 하나님의 목적 아래 있음을 재확인한다. 천사와의 씨름—이 씨름은 야곱의 생 가운데 어려운 상황을 반영해 준다—이 끝난 후(Fokkelman, 1975) 야곱은 "하나님과 싸우다"라는 뜻을 지닌 "이스라엘"이라는 이름을 부여받는다. 그는 새로운 이름—이 이름은 열두 지파의 조상이라는 새 역할을 예고한다—을 가지고 약속의 땅에 들어간다.

7. 유다의 종말론적 축복(창 49:10)

유다의 축복은 요셉의 기사를 통해 나타난다(창 37-50장). 이 요셉의 기사는 큰 재난의 시기에 어떻게 하나님이 이스라엘 백성들을 지키셨는지를 보여 준다. 그의 형들로 말미암아 애굽의 노예로 팔려간 요셉은 죄수의 신분에서 크게 존경

받는 총리대신의 신분으로 승격(昇格)한다. 애굽과 그 주변 국가에 찾아온 극심한 기근 때 인근 지역 모든 주민의 생사(生死)는 요셉의 손에 달려 있었다. 요셉이 생명의 보호자였으므로(41:57) 이스라엘은 생존할 수 있었다. 요셉 기사의 절정은 45:1-11에 나타난다. 이 구절에서 요셉은 자신의 신분을 그의 형들에게 밝히고 열두 형제들의 가족들과 야곱을 애굽으로 인도한다. 그러므로 요셉은 열두 지파를 보존하려는 하나님 섭리의 수단이었다. 창세기가 끝날 즈음 이스라엘 백성들은 많은 무리를 이루었다. 그러나 그들은 여전히 약속의 땅밖에 있었다.

야곱은 임종할 때 그의 열두 아들에게 축복을 선언한다. 10절의 유다와 관련된 중요한 신탁(oracle)은 매우 종말론적이다:

> 홀이 유다를 떠나지 아니하며,
> 치리자의 지팡이가 그 발 사이에서 떠나지 아니하시기를
> 실로가 오시기까지 미치리니
> 그에게 모든 백성이 복종하리라.

이 신탁의 해석과 번역은 셋째 줄의 "실로"라는 핵심단어에 달려 있다. 그리고 이 실로의 해석은 본문의 불명확성 때문에 매우 복잡하다. 많은 사본들은 이 단어가 "평안 속에서 잠잠하라, 번영하라"는 의미를 지닌 어원으로부터 파생된 단어라고 말한다. 그러므로 이 단어는 메시아에 대한 적절한 이름 곧 중보자—평화를 가져다 주는 자(peacemaker)—로 번역될 수 있다(Monsengwo-Pasinya, 1980:358). 그러나 일치된 해석은 없다. 그리고 이 단어의 해석과 번역은 많은 논쟁의 대상이 된다.

게다가 "실로가 오시기까지 미치리니"의 번역에 대해, NIV번역성경은 두 가지 해석을 그 대안으로 다음과 같이 제시한다: "실로가 올 때까지", "얻을 자가 이를 때까지." 그러나 이러한 해석들이 다른 지파들에 비해 보다 뛰어난 유다의 우월성을 변경시키지 못함을 주목해 보라. 그렇다면 셋째 줄은 "정말로 그의 보좌 실로에게 나아올 것이다"라고 번역될 수도 있다. 그렇지만 실로가 유다가 아닌 에브라임에 있으며 다윗 왕조와는 전혀 상관이 없으므로 이 번역은 지지될 수 없다. 그것보다는 "영광을 얻기 위해 올 때까지"나 "그가 홀을 가지고 올 때"로 번역됨이 더 좋다.

그러나 이 구절에 대한 번역과 해석들이 다양함에도 불구하고 창세기 49:10은 구약의 첫 메시아 선언으로 간주된다. 후대의 해석가들은 이 구절을 다음과 같은 방식으로 이해했다. 예를 들면, 왕조 계보에 속한 사람들의 잘못된 행실로 말미암아 격분한 에스겔은 왕조의 계보가 끝나게 될 것임을 예고한다. 에스겔은 창세기 49:10과는 정반대의 진술을 한다. 즉, 에스겔은 느부갓네살에 의한 예루살렘의 함락으로 말미암아 야곱의 유다 예언이 뒤바뀌게 될 것임을 선언한다: "마땅히 얻을 자가 이를 때까지 회복되지 못할 것이다"(21:27). 70인경은 분명히 에스겔 21:27과 창세기 49:10을 메시아를 가리키는 구절로 이해한다.

창세기는 요셉의 기사를 통해 아브라함의 성취된 약속(자손)과 보증된 약속(땅)을 소개하면서 마무리한다. 이스라엘의 역할과 결속되어 있는 이 약속들은 우리들로 하여금 아담의 지위를 감당하도록 인도해 준다. 성경적 종말론은 이 약속들이 어떻게 이스라엘 안에서 성취되며, 그 약속의 축복들이 어떻게 모든 인류의 몫이 되는지를 단계적이고도 분명하게 밝혀준다.

THE SEARCH FOR ORDER

언약신학과
종말론

제2장
출애굽, 언약 그리고 약속의 땅

　자손에 대한 아브라함 언약은 창세기 마지막 부분에서 확실히 성취된다. 출애굽 전 애굽사람들이 열두 지파를 핍박하면 할수록 이스라엘 백성들의 수는 점점 더 증가했다(출 1:12). "노예 상태의 이스라엘"로 시작하여 "하나님을 경배하는 이스라엘"로 끝맺고 있는 출애굽기는 큰 무리를 이룬 이스라엘을 위해 땅의 약속을 성취하시는 하나님의 섭리방식을 설명해 준다. 출애굽의 최절정인 시내산 언약은 이스라엘의 소명을 아브라함 축복의 근원으로 규정한다. 이스라엘이 구약의 이 소명을 깨닫지 못해 하나님께로 나아가는 길을 이방인들에게 제시하지 못함으로 말미암아, 이스라엘 언약의 성취는 하나의 종말론적 기대-신약은 이 기대에 응답할 것이다-가 되었다. 언약과 약속의 땅에 대한 더 많은 토론은 신명기에 소개된다. 신명기는 언약의 요구를 반영하는 민족의 삶을 보여 줌으로써 약속의 땅을 차지할 이스라엘의 모습을 소개한다.

1. 출애굽

　모세의 소명과 위임은 출애굽 사건보다 먼저 일어난다(출 1-4장). 하나님의 산에서 하나님은 자신을 "여호와"로서 계시하신다. 그리고 하나님은 이스라엘 역사 속에서 어떻게 자신을 알릴 것인가를 소개하신다. 여호와의 권능을 증거해 주는 재앙들과 유월절 사건(7:8-13:16)은 이스라엘 백성들에게 육체의 구원을 가져다 준다.

(1) 바다의 노래(출 15:1-18)

바다의 노래는 이스라엘 백성들이 그들의 구원을 어떻게 해석하는지를 잘 소개해 준다. 승리의 노래는 바다(14장과 15:1-12의 핵심단어)를 이용해 애굽을 물리치신 여호와를 송축하고 있다. 3절은 여호와를 전사로 묘사한 첫 성경구절이 된다. 1-2절에서 여호와는 자연과 역사의 주인이시며 바로의 권능을 물리치는 분이시다(겔 32:2과 같은 후기 성경 본문들은 바로를 무질서의 괴물〈dragon〉로 의인화시킨다). "찬송", "바다" 그리고 "승리의 신"과 같은 모티브는 우가릿과 메소포타미아 신화에서 발견된다. 우가릿 바알 서사시에서 바알(하닷, "천둥을 내리는 자"으로 불려지기도 함)은 얌(바다)을 무찌르고 자신의 왕권을 선언한다. 메소포타미아의 에누마 엘리쉬(Enuma Elish)에 따르면, 말둑(Marduk)은 티아맛(Tiamat)—바다의 무질서를 상징함—을 물리친 후 만신전(萬神殿)의 동료신들에 의해 왕으로 등극된다.

출애굽기 15장과 상기 신화들이 사용한 바다의 용법을 서로 비교해 보라. 5절은 큰 물(어원적으로 볼 때, 히브리어 "테홈"은 티아맛과 관련이 있다)이 애굽의 군대를 휩쓸어 버렸음을 소개하며, 8절은 "테홈"이 바다 가운데 엉키게 되었다고 말한다. 비록 이 모든 기사들(1-2, 5, 8절)이 "바다" 모티브를 언급한다 하더라도, 이 기사들은 "바다" 모티브를 동일한 방식으로 사용하지는 않는다. 이 성경 기사들은 바다를 물리쳐야 할 적으로 보지 않는다. 그것은 단지 여호와의 손에 있는 도구에 불과하다. 그렇지만 또 다른 요소들이 이 구절에서 다루어진다. 바다에서의 승리는 이스라엘에게 여호와의 왕 되심(18절; Day, 1985:97-101)을 확신시켜 주며, 여호와의 거룩한 처소를 위해 자신들이 선택되었음(17절; cf. 25:8)을 분명히 깨닫게 해 준다. 바알과 말둑의 승리는 왕권수락(王權受諾) 및 처소건립(處所建立)과 관련되어 있다.

1-12절의 여호와를 위한 경축은 13-18절의 행진을 위한 경축으로 변형된다. 이스라엘은 수벽(水壁)을 통과했던 것처럼 완고한 백성들의 벽을 통과해 나갈 것이다(Lohfink, 1969:67-68). 어려움 없이 약속의 땅을 향해 전진할 수 있는 길은 단연코 하나님의 왕권에 달려 있다. 여호와는 이스라엘의 목자—목자는 그 당시 인간과 하나님의 왕권을 칭하는 용어였음—로서 열두 지파를 이끌어 나가시며, 그들을 안전하게 약속의 낙원으로 인도해 주신다. 하나님의 능력과 관심은

11절에서 분명히 드러난다: "여호와여 신 중에 주와 같은 자 누구니이까 주와 같이 거룩함에 영광스러우며 찬송할 만한 위엄이 있으며…". 시편 89:6-8이 하나님을 그 누구와도 비교할 수 없는 분으로 재차 강조하고 있음에 주목해 보라. 6절 후반부는 "대저 궁창에서 능히 여호와와 비교할 자 누구인가?"라고 묻는다. 흥미롭게도 이 시는 바다와 무질서의 괴물(9-10절)을 무찌르신 하나님을 찬양하고 있으며, 다윗 왕조를 향한 하나님의 자비(19-37절)를 보여 준다(McCurley, 1983:37).

(2) 출애굽의 목적

이스라엘을 구원하신 하나님의 목적에 대해 우리가 배울 수 있는 무엇이든지 성경의 종말론 연구에 중요하다. 왜냐하면 출애굽의 목적이 그리스도인들이 고대하는 구원의 모습을 미리 보여 주기 때문이다. 우리는 출애굽기 15:17에 나오는 세 가지 그림언어가 여호와의 구원사역 및 그 목적을 나타내고 있음을 발견한다. 하나님은 이스라엘을 애굽으로부터 구원하여, 그들을 (1) "주의 기업의 산"에 심고, (2) "주의 처소로 삼으시려고 예비하신 곳"과 (3) "주의 손으로 세우신 성소"로 인도하셨다. 이 구절들을 통해, "산", "처소", "성소"와 같은 비유언어들은 하나님의 백성을 향한 구원의 목적 및 그 본질을 잘 보여 준다. 더욱이 이 세 그림언어가 담고 있는 희망은 이제까지 다스리셨고 앞으로도 영원 무궁히 통치하시며 인도해 주실 이스라엘의 전능하신 왕, 곧 여호와의 본성을 보여 준다. 그렇다면 우리는 "산", "처소", "성소"를 어떻게 이해해야만 하는가?

고대 근동 우주관은 지상 중심부에 우뚝 서서 온 우주를 관할하는 거룩한 산을 소개한다. 이 우주론의 관점에서 볼 때 우주 위의 물과 우주 아래의 물이 이 산을 통해 서로 만나며, 하늘과 땅 그리고 지하세계가 이 산을 통해 서로 연결된다. 민족의 번영을 주관하는 신이 이 땅을 다스렸기 때문에, 성소(聖所)와 성전(聖殿)은 인간과 신들이 서로 교통하기 위해 건립되었다. 가나안의 신 엘(El)이 다스리던 그의 안식처는 산이었고 이 산에서 우주 아래의 물과 우주 위의 물이 서로 만나게 되었다. 메소포타미아에 있는 산들은 이러한 주요 역할을 하지 않는다. 그러나 메소포타미아 성전은 이러한 우주적 산을 상징할 수도 있다.

고대 근동 지역에 거주하던 사람들은 "지구랏"(Ziggurat)이라 불렸던 성전탑

(聖殿塔)을 성전주변에 건축했었던 것 같다. 그리고 그들은 신들이 성전꼭대기에 거주한다고 믿었던 것 같다(McCurley, 1983:131). 에누마 엘리쉬(Enuma Elish)는 말둑의 승리-말둑(Marduk)은 티아맛(Tiamat)을 이기고 만신전에 거하는 다른 신들로부터 왕으로 인정받는다-를 이야기한 후 성전에 대해 소개한다. 시편 78:54은 출애굽기 15:17에 나오는 거룩한 산이 "팔레스타인"(약속의 땅)임을 분명히 한다. 약속의 땅은 하나님과 인간이 서로 접촉할 수 있는 곳, 다시 말해 이스라엘 하나님을 만날 수 있는 장소이다.

그러면 "처소"와 "성소"는 어떻게 이해해야 하는가? 히브리어 명사 "마콘"(처소)의 의미는 이 단어와 비슷한 뜻을 지닌 유사한 단어, "마콤"을 살펴볼 때 한층 더 쉽게 파악될 수 있다. 여러 성경본문들 속에 발견되는 이 "마콤"이라는 단어 (출 23:20; 삼상 12:8; 렘 7:7; 16:2-3 참조)는 "약속의 땅"을 지칭하는 전문적인 용어이다. 17절에 나오는 "성소"라는 단어는 이스라엘 하나님께서 임재(臨在)하심으로 말미암아 거룩하게 된 처소를 말한다(창 2장에 나오는 에덴 동산이 거룩했다는 사실을 상기해 보라).

이 모든 세 가지 그림언어들은 약속의 땅이 보여 주는 다양한 모습들이다. "산"은 "약속의 땅"을 계시의 장소로 소개한다. "처소"는 지리적으로 구별된 장소로서 이해될 수 있다. "성소"는 이 세 가지 비유 언어 가운데 가장 극적인 의미를 가져다 준다. "성소"는 "약속의 땅"이 하나님께서 쓰시기 위해 특별히 구별된 장소임을 암시해 준다.

그러면 이 세 가지 그림언어들을 통해 여호와께서 우리들에게 전달하시고자 하는 바는 무엇인가? 18절을 주목해 보라. 18절은 이 노래 전체에 담겨 있는 모든 사상을 관통하는 매우 중요한 말씀이다: "여호와의 다스리심이 영원 무궁하시도다." 출애굽기 15장에 나타나는 우주적 승리, 계속되는 이스라엘의 주도, 그리고 구원의 목적은 하나님의 왕권을 반영해 주며, 이스라엘을 다스리시는 여호와의 역사하심을 잘 보여 준다. 이제부터 이 세상이 여호와를 만나려 한다면, 이 세상은 반드시 아브라함 언약의 상속자인 이스라엘을 통해서 만나야만 한다.

우리가 이미 살펴본 대로 출애굽기 15:1-18은 우가릿과 메소포타미아 창조신화에 나타난 여러 가지 많은 특성들을 반영해 준다. 이 창조신화는 신들이 안정시켜 놓은 질서(order)에 대항하는 혼돈(chaos)의 세력 및 그 위협, 거룩한 용사의 승리-천상회의에서 투쟁하는 자-(아마도 11절은 이것을 암시해 주는 듯하다), 거룩한 용사의 왕권 경축, 거룩한 용사의 성소 그리고 성전 건축에 대해 소개한다. 그 외의 구약본문들 가운데에도 "무질서의 구조", "혼돈과의 투쟁"과 관련된 모티브가 창조 사상과 연관되어 있다(시 74:12-17; 89:5-12; 93장; 104;1-9; 사 51:9-11 참조).

바알(Baal)과 얌(Yamm)간의 투쟁 및 그와 관련된 사상이 일반적으로 만연되어 있던 환경 가운데 이 같은 본문들이 기록됐다는 점은 의심할 여지가 없다. 어떤 이는 이 가나안 신화를 신이 다스리는 영원한 세상의 질서에 대항하는 싸움, 혹은 우주의 혼돈을 일으키는 무질서의 요소들을 제압하고 질서를 유지하려는 신의 투쟁으로 해석한다. 그렇지만 그보다는 가나안 신화를 창조기사의 관점에서 살펴볼 수 있는 좋은 근거들도 있다(Day, 1985:179-89; Groenbaek, 1985:36). 비록 가나안 사람들이 그 신화를 해석했다 하더라도 그 요소들은 분명히 구약의 창조와 관련된다.

출애굽기 15:1-18에 나타난 찬양시는 새로운 창조적 사역을 보여 준다. 그러므로 이 점에 있어서 창조와 구속은 나머지 성경 본문들 속에 계속해서 다루어진다. 바다의 노래는 창조 모티브를 사용함으로써 하나님의 백성을 향한 그분의 원대한 구원역사를 새로워진 창조의 위임명령으로 설명한다. 에덴 동산의 질서를 이 세상에 세우려던 여호와의 목적은 구속받은 이스라엘을 통해 드러날 것이다. 더욱이 성경에 나타난 질서의 완성은 하나님의 구원 방식을 통해 반드시 성취될 것이다. 출애굽기에 나타난 하나님 백성을 향한 여호와의 간섭하심은 마침내 악을 물리치고 새로운 창조를 가져다 주실 하나님 아들의 성육신을 미리 예고한다(롬 8:18-23; 골 1:15-20).

2. 시내산 언약

창조세계를 향한 하나님의 목적—이 목적을 통해 이스라엘은 아담이 상실한 역할과 아브라함의 축복을 전달해 줄 수 있는 지위를 양도받게 된다—을 수행해 나가는 자요 하나님의 백성인 이스라엘의 출현은 우리들의 관심을 시내산 언약으로 돌리게 한다. 성경을 연구하는 자들의 공통된 입장은 출애굽기 19-24장의 언약이 아브라함 및 다윗 언약과 다른 성격을 보여 준다는 것이다. 일반적으로 사람들은 이 두 언약(아브라함 언약과 다윗 언약)이 왕의 재가 후 만들어진 "약속", 다시 말해 왕이 주권적으로 그의 신하와 자유로이 맺은 서약형식(誓約形式)이라 주장한다(Weinfeld, 1972:74-81).

반면에 시내산 언약은 일반적으로 봉주와 봉신이 서로 동의한 후, 그 동의한 형식에 따라 만들어진 언약형태라 본다. 이 같은 언약체결 방식은 이스라엘의 상황이 그 언약을 필요로 했음을 뜻한다. 많은 성경학자들은 시내산 언약의 율법의 위치, 곧 언약준수를 요구하는 율법의 특성을 강조하면서, 이 언약을 아브라함 및 다윗의 무조건적(無條件的) 언약과 근본적으로 다른 조건적(條件的) 언약으로 이해해 왔다. 그러나 시내산 언약에 대한 본인의 구체적인 주해연구는 사실상 시내산 언약이 구약에 나타난 다른 언약들과 특별한 차이가 있는가에 대해 의문을 제기한다(Dumbrell, 1984:84-90 참조).

종말론적 관점에 비추어 볼 때 이스라엘 민족의 미래는 시내산 언약에 기초한다. 예레미야 31:31-34의 "새 언약"은 시내산 언약의 완전한 성취—시내산 언약의 완전한 성취는 예레미야를 통해 예언된다—로 이해된다. 에스겔과 이사야 40-55장의 놀라운 회복의 말씀은 출애굽기의 시내산 언약을 상기시켜 준다. 왜냐하면 이스라엘의 회복 과정 속에 등장하는 예루살렘이 시내산 언약의 상속자, 곧 우주의 중심지—이 중심지를 통해 이방인들은 이스라엘의 하나님을 알게 되며, 민족들은 이 중심지를 향해 순례의 길을 떠날 것이다—로 묘사되기 때문이다. 가장 분명한 사실은 이 선지자들의 신학이 시내산 언약에 나타난 (이스라엘을 위한) 하나님의 목적 및 그 이해에 기초한다는 것이다.

(1) 이스라엘의 소명(출 19:3a-6b)

시내산 언약 본문의 첫 부분(19:1-3 상반절)은 시내산으로 향하던 이스라엘 행진(출애굽의 직접적인 목적)이 완료되었음을 기록한다(cf. 출 3:12). 출애굽기 19:3 상반절- 6 중반절은 이스라엘을 향한 여호와의 역사와 그분의 미래 계획을 함께 보여 주는 하나의 자체 단락을 구성한다. 4절은 출애굽기의 발전과정을 일목요연하게 보여 주는 세 가지 진술을 소개한다. 특히 4절은 여호와의 과거 사역을 다음과 같이 요약한다:

(1) 애굽의 속박으로부터의 구속("너는 내가 애굽사람에게 어떻게 행했는지")

(2) 행진하는 이스라엘을 위한 보호와 인도("그리고 어떻게 내가 너희를 독수리 날개로 업어")

(3) 시내산에 모인 언약의 회중("너희를 내게로 인도했음을 다 보았느니라").

5절과 6절은 여호와께서 이스라엘을 염두에 두고 계셨음을 밝혀준다. 이제 시내산에 도착한 이스라엘은 자유를 안겨다 주신 하나님의 역사하심을 기뻐하면서 하나님을 경배하는 백성으로 변화될 것이다. 그리하여 출애굽의 목적은 이스라엘의 경험 속에 실현될 것이다.

하나님께서 계획하셨던 이스라엘의 소명을 이해하려면, 우리는 먼저 5-6절의 심오한 신학적 진술을 면밀히 살펴보아야만 한다. 이스라엘의 구원이 구현될 수 있는 모든 가능성들은 5절에 소개된 두 가지 조건들에 달려 있다: "만약 네가 나를 전적으로 순종하고 내 언약을 지키면." 대부분 주석가들은 "내 언약을 지키라"는 어구가 곧 체결된 시내산 언약을 가리킨다고 주장한다. 그러나 구약성경에 나오는 이 어구("내 언약을 시키라")가 하나님의 언약에 대한 인간의 반응을 요구하는 것임을 기억할 때, 이 요구사항은 미래에 체결될 어떤 언약이 아니라 이미 체결되어 있는 언약에 대한 헌신을 뜻한다(사실상 이와 같은 표현을 살펴보려면 창 17:9-10; 왕상 11:11; 시 78:10; 103:18; 132:12; 겔 17:14을 참조하라).

더욱이 출애굽기에서 19:5 상반절 이전에는 "언약"이라는 말이 거의 발견되지 않는다. 그러나 2:24과 6:4-5에 "언약"이 등장하고 있으며 이 언약은 족장언약을 가리킨다. 그리고 3장에 등장하는 (모세에게 전달된) 계시를 통해, 이 족장언약은 계속해서 지속된다. 그러므로 5절 상반절에 등장하는 언약("내 언약을 지키라")은 아마도 아브라함과 맺어진 족장언약을 뜻하는 것 같다.

5절의 "이스라엘 소명"을 나타내는 핵심단어는 과거에 많이 연구되어 왔던 "보배로운 소유"(treasured possession)라는 명사이다(Fiorenza, 1972:140). 이 명사는 "특별한 용도를 위해 구별해 둔 자산"이라는 의미로 설명된다. 비록 구약에 나타난 이 명사의 용법이 대부분 시내산 언약의 문맥에 의존한다 하더라도(신 7:6; 14:2; 26:18; 시 135:4; 말 3:17), 이 단어는 두 가지 용법을 지니고 있지는 않다. 전도서 2:8은 이 용어가 왕의 개인적인 소유를 언급하는 것임을 말해 준다. 그리고 역대상 29:3에 나오는 이 단어 역시 비슷한 의미를 지닌다. 성전 건축을 위해 많은 재료들과 자원들을 축척해 왔던 다윗은 자신이 공정하게 사용할 수 있었던 국가의 재원과 세금뿐만 아니라 자신이 홀로 관리했던 개인 소유의 "자산"을 성전 건축을 위해 바치려 했다. 그러므로 여호와는 "여호와의 보배로운 소유"로서 부름받은 이스라엘의 소명을 통해 이스라엘을 향한 당신의 주권이 특별하다는 것을 분명히 밝히고 있다.

5절은 "모든 족속이 내게 속하였고"라는 어구로 끝맺는다. 어떻게 이 어구("모든 족속이 내게 속하였고")가 앞 어구 및 뒤 어구와 연결될 수 있는가? NIV 성경은 5절의 마지막 표현을 6절을 소개하는 특별한 어구로 취급한다("비록 모든 세상이 내 것이라 해도, 너는 나를 위해 거룩한 민족과 제사장 나라가 될 것이다"). 사실상 6절이 전치사를 생략한 채 시작되기 때문에 이 번역은 6절을 주요한 진술로 취급하고 있으며, 또한 이 번역은 "모든 족속이 내게 속하였고"라는 어구가 하나님께서 이스라엘을 선택하신 이유를 진술하는 것으로 소개한다. 그러나 이 어구가 하나님의 이스라엘 선택 이유를 언급한다고 볼 수는 없다. 여호와는 당신이 설명해야 할 의무가 있는 분이 아니시고 그분 스스로가 여호와(스스로 있는 자)이시기 때문에 선택하신다.

5-6절을 다시 살펴보자. 6절은 선행 구절과 연결되지 않고 분리되어 있음을 시사해 준다(5절 서두의 "그리고 지금"이 암시해 주는 분리도 이와 마찬가지임). 그러므로 우리는 5절이 하나님 선언의 주요 핵심이며, 6절은 그에 대한 세부 설명으로 해석할 수 있다. 달리 표현하자면 6절은 이스라엘의 소명을 자세히 소개한다. 즉, 이 소명은 5절에 나타난 하나님 선택하심의 결과이며 이스라엘이 감당해야 할 역할을 제시한다. 그러므로 5절의 마지막 어구("모든 족속이 내게 속하였고")는 애굽으로부터의 이스라엘 구원을 계획하셨던 하나님의 목적을 확증해 준다. 온 민족이 여호와의 보호 대상임으로 말미암아 이스라엘은 부름을 받았다(보편주의적 맥락에 비추어 볼 때 우리는 가나안 땅을 제한된 장소로 생각할 필요는 없다). 만약 4절이 구원을 설명하고 5절이 하나님의 계획을 서술한다면, 6절은 이스라엘 백성들이 역사 속에서 체험한 결과들을 알려준다.

이스라엘은 여호와의 보배로운 소유로서 "제사장 나라와 거룩한 족속"이 되어야만 한다(6절). 그러나 이것이 의미하는 바는 무엇인가? 일반적으로 사람들은

"나라"(kingdom)라는 단어가 왕정, 왕권을 가리킨다는 데 동의한다. 그렇지만 어떻게 "나라"라는 단어가 뒤따르는 단어("제사장"으로 번역된 단어)와 연관될 수 있는가? 이스라엘은 (1) 모두 제사장으로 구성된 나라 (2) 한 제사장 집단을 구성하고 있는 나라 (3) 혹은 성격상 제사장과 같은 나라인가?

엘리자벳 피오렌자(1972:114-16)는 여기에 대해 세심한 연구를 한 후 세 번째 언급된 해석과 마찬가지로, "제사장"은 "나라"의 속성을 뜻한다고 결론짓는다. 거룩한 족속을 "제사장 나라"와 함께 병행해서 이해하는 것이 가장 바람직하기 때문에, 피오렌자의 해석은 건전하다고 할 수 있다. "거룩한 족속"이라는 어구의 "족속"이라는 단어는 매우 주목해 볼 만하다. 왜냐하면 이 단어는 출애굽기 19장뿐만 아니라 아브라함의 소명 가운데서도 이스라엘에 대해 긍정적인 의미로 사용되기 때문이다. "족속"(나라)은 분명히 정치 구조를 암시해 주는 단어이다.

그리고 이 단어의 용법은 선행 구(句)에 나오는 "백성들"과 대조를 이룬다("모든 백성들 가운데 나의 보배로운 소유", NRSV). 아마도 이 단어를 통해 전달되는 메시지는 "이스라엘 밖에서는 규정된 정치 구조가 있을 수 없고, 하나님의 나라보다 더 적합한 정치 모형이 있을 수 없다"는 것일 것이다. 제사장 나라요 거룩한 족속인 이스라엘의 역할, 구별된 존재로서 그 백성을 위해 헌신했었던 제사장처럼 구별된 백성으로서 이 세상을 위해 봉사해야만 함을 의미한다. 이스라엘은 구별된 백성으로서 이 세상을 이끌어 가야만 한다. 거룩한 족속이요 여호와의 "보배로운 소유"가 된 이스라엘은 민족의 특성, 즉 그에 합당한 정결함을 드러내 보여야 한다.

그리고 제사장 나라 이스라엘은 하나님을 경배하는 공동체가 되어야 한다. 아담이 창세기 1-2장에서 수행했던 제사장-왕으로서의 역할은 시내산에서 이스라엘에게 다시 위임되었다. 신구약 중간기 시대에 이스라엘은 아담과 비견되는 하나님의 참 인간으로 이해되었다. 에녹1서는 이스라엘을 아담의 참 후손으로 간주한다(Wright, 1983:363-64). 에스라4서 3:3-36; 6:53-59 그리고 바룩2서 14:17-19도 이와 비슷한 증거를 제시한다.

출애굽기 19:5에 나오는 이스라엘의 소명은 이스라엘의 관심을 온 세상으로 향하게 한다. 이스라엘은 여호와께서 모든 사회를 위해 계획했던 정치적 조화와 안정을 보여 줄 수 있어야 하고, 이러한 삶의 방식을 실천하는 공동체가 되어야만 한다. 그리고 이스라엘의 소명은 그 자체로 끝나서는 안 된다. 종말론적 관점에서 볼 때 이스라엘의 신정체제는 마침내 온 세상의 정치체제가 되어야 한다. 이스라엘을 향한 하나님의 통치 모델은 온 우주를 향한 하나님의 통치 모델이 되어야 한다. 그러므로 출애굽기 19:5은 구원역사가 지향해야 할 종말론적인 목표를 우리에게 설정해 준다. 또한 이 구절은 이스라엘 바깥 외부의 모든 세상을 향한 하나님의 왕 되심을 분명히 깨닫게 해 준다(사 2:2-4 참조).

그러나 우리가 아는 바와 같이 이스라엘은 출애굽기 19장에 나오는 그 소명을 결코 수행하지 못한다. 그리고 도래할 하나님의 나라는 이스라엘의 메시아가 출현할 때까지 연기되고 만다. 그러나 이러한 결과에도 불구하고 이스라엘의 출애굽 사건은 하나님 나라의 신학을 처음으로 우리에게 소개해 준다. 하나님의 다스리심은 이스라엘을 통해 분명히 드러난다. 비록 공관복음서가 하나님 나라의 신학을 확장시켜 나가고 있지만, 이 복음서는 하나님 나라의 신학 그 자체를 소개해 주지는 않는다.

(2) 율법의 수여(출 20-23장)

성경학자들은 십계명의 독특한 특성을 인정한다. 왜냐하면 고대 근동 문헌 가운데 이와 비견될 만한 문서들이 발견되지 않기 때문이다. 출애굽기 21-23장에 언급된 율법조항들과는 달리 출애굽기 20장의 십계명은 단순히 "너"를 향해 선언되고 있다(2인칭 단수). 이것은 십계명이 어떤 특수한 집단이나 사회의 정황에 제한될 수 없음을 의미한다. 이 십계명은 본질상 의무적이기는 하지만 사실상 규정된 형벌은 포함하지 않는다. 그리고 십계명은 모든 사회구조를 초월한다. 비록 십계명이 언약을 통해 이스라엘에게 구체화되었지만, 이것은 인류사회를 향한 하나님의 보편적인 요구라 할 수 있다. 그러므로 직접적인 표현이든 함축적인 표현이든, 이 십계명의 모든 표현들이 출애굽기 20장의 선행 본문들 속에도 발견된다는 사실은 그리 놀라운 일이 아니다(Kaiser, 1983:82).

십계명 이후 계속 연결되는 세 장들은 고대 근동 사회의 관습법을 반영해 주는 소위 언약법전(言約法典)을 소개한다. 출애굽기 20장이 열 가지의 "계명"으로 규정되는 반면(1절), 21-23장은 "판례법"(precedents)으로 볼 수 있다. 판례법은 그 법에 적용되어야만 하는 범죄자들과 세부적인 형벌조항 그리고 상황들을 한정시켜 준다. 그러므로 출애굽기 21-23장의 판례법은 더욱 일반적인 성격을 지니고 있는 십계명을 고대 이스라엘 사회에 적용시켜 준다(Durham, 1987:316). 십계명은 구원으로부터 자연스럽게 생겨난다. 그리고 이 계명은 여호와와 구속받은 백성들과의 관계를 유지시켜 주는 "율례"(律例)가 되고 지침이 된다(구약의 "율법"을 지칭하는 단어, "토라"는 삶을 위한 "지침" 혹은 "방향"으로 이해됨이 가장 바람직하다는 것을 주목해 볼 필요가 있다).

그러므로 언약 관계는 한계를 설정해 주는데 이것이 바로 십계명이다. 성경적인 관점에서 볼 때, 율법은 언약의 전제조건이라기보다는 언약의 결과로 보아야 한다. 언약이 율법을 암시하고 그것을 요구하는 바 이 율법은 언약 관계를 더욱 친밀하게 해 준다. 출애굽기에 나타나는 두 가지 형태의 율법—십계명과 언약법전(판례법)—에 대해 우리는 무엇을 생각할 수 있는가? 이 두 가지 형태의 율법에 대한 모세의 입장은 이 두 가지 율법의 차이점을 강조해 준다. 십계명은 여호와가 모세에게 직접적으로 전달해 주었고, 판례법은 모세가 이스라엘 백성에게 전달해 주었던 것이다. 그러므로 이 차이점은 십계명의 일차적인 특성과 언약법전(판례법)의 이차적인 특성을 반영해 준다.

십계명이 참된 언약 관계를 증명해 주는 소중한 가치들을 보여 주는 반면, 예상되는 위반사항들과 규정된 형벌들을 포함하는 언약법전(판례법)은 가나안을 향해 진군하던 중 하나님을 향해 불평하는 이스라엘 백성들의 역사적인 모습과 실재를 반영해 준다. 그러므로 이 두 율법의 차이점을 통해 우리는 (출 20장의) 이상주의와 (출 21-23장의) 현실주의가 함께 조화를 이루고 있음을 깨닫는다. 이 언약법전들의 배열은 (19-20장에 나타난) 도전과 (21-23장에 암시된) 실패가 구약 이스라엘의 역사 속에서 긴장을 일으키고 있음을 알게 해 준다.

3. 성막(출 25-31장)

표면적으로 볼 때 출애굽기 25-31장은 성막의 청사진을 그려준다. 그리고 출애굽기 25-31장은 성막 제도에 대한 계획을 매우 상세하게 설명한다. 이와 같은 이유로 인해 많은 성경 주석가들은 출애굽기 25-31장을 대부분 소홀히 취급해 왔다. 그러나 출애굽기 25-31장은 언약의 비준(창 24장)을 즉각적으로 따르고 있으며 그 언약의 비준을 해석해 준다. 모세에게 주어진 청사진은 하늘의 양식

(pattern)을 본떠서 주어진 것이다(25:9). 그러므로 이 성막은 하나의 모형이며, 성막의 원형이 하늘에 이미 존재함을 깨닫게 해 준다. 그리고 여호와는 이 성막을 세우는 참 건축가이다. 이스라엘 역사 속에서 예루살렘 성전으로 대치되어 수행될 이 성막의 기능에 대해 놀라지 않을 사람은 한 사람도 없을 것이다.

출애굽기 25-31장은 성막/성전이 하늘 하나님의 처소를 상징하고 있음을 분명히 밝힌다. 뿐만 아니라 출애굽기 25-31장은 정치적인 관점에서 볼 때, 이 세상의 구조가 하나님의 다스리심을 암시하고 있음을 분명히 한다. 이스라엘 민족은 언약의 비준을 통해 여호와의 왕 되심을 받아들인다. 이스라엘의 전투진영 한가운데 위치한 성막은 하나님의 다스리심을 구체적으로 증명해 보여 준다. 이스라엘을 애굽에서 구원한 여호와의 목적 가운데 하나가 약속의 땅을 거룩한 처소로 예비하는 것임을 다시 한 번 상기해 보라. 약속된 땅 주변을 맴돌던 성막의 행진은 약속의 땅이 이 세상의 성소가 될 것임을 보여 준다(다윗과 솔로몬에 의해 완성된 성전은 "예배"와 "제의"(祭儀)라는 신학적 이해에 집중된다).

그러나 성막의 건립은 또 다른 의미에서 매우 중요하다. 성막건립(聖幕建立)은 이스라엘을 제사장 나라로 부르셨던 하나님의 또 다른 목적과 직접적인 관련이 있다(19:6). 이스라엘이 여호와로부터 직접적인 통치를 받는 공동체가 되려면 여호와를 주권자로 경배해야만 한다. 성막에 나아오는 여러 부류의 사람들과 "거룩"에 대한 서로 다른 기준들(성전 뜰, 성소, 지성소)은 성막의 제의구조(祭儀構造)를 특징지어준다. 성막과 성막 뜰에 마련된 기구들 그리고 제사장이 입는 의복들이 서로 다른 점은 이 모든 차이점들이 지성소에 거하는 거룩한 왕의 처소, 즉 성소 안으로 좀더 쉽게 접근할 수 있도록 고안된 규약임을 말해 준다. 출애굽기는 금송아지 숭배(32장)와 언약의 갱신 이후에도 제의제도의 중요성을 강조한다. 35-40장은 성막의 준공과 함께 출애굽기를 마무리한다.

(1) 성막과 안식일

안식일 준수 명령은 성막 건축 계획을 소개하는 단락 끝부분에 위치할 뿐만 아니라(31:12-17), 성막의 실제 구조를 설명하는 단락의 시작이 되기도 한다(35:1-3). 브레바드 차일즈(Brevard Childs, 1974:541)가 지적한 바와 같이, 성막과 안식일은 서로 밀접히 연관되어 있으며 사실상 성막과 안식일은 한 실재의 다른 두 측면이라 할 수 있다. 천지 창조에 나타난 바와 같이, 안식일은 6일 간 이루어진 천지 창조의 완성을 뜻하며 천지 창조의 의미와 목적을 반영해 준 다. 고대 근동 신화들, 특히 메소포타미아 신화는 창조 사역이 완성된 후 성전 건축이 뒤따르고 있음을 보여 준다(Weinfeld, 1981:501). 예를 들면, 이 신화는 신들이 "말둑"(Marduk)의 거처를 위해 바벨론의 "에사길라" 성전을 건축했다고 소개한다. 이러한 관점에 비추어 볼 때, 우리는 여호와께서 모세에게 성전 건축을 명한 날이 안식일이었음을 주목해 볼 필요가 있다(출 24:15-16).

(2) 안식일의 종말론적인 특성

안식일, 성막 그리고 안식 이 세 개념은 출애굽기에 서로 함께 다루어져 있고 모든 이야기를 구성해 준다. 이 개념들이 하나님의 백성들이 수행하게 될 이상적인 미래의 역할을 미리 보여 주기 때문에, 구약의 종말론이 지향해야 할 방향을 고려해 볼 때 이 개념들은 가장 중요하다 할 수 있다. 우리가 관찰해 왔듯이 안식일과 성막은 긴밀한 연관을 맺고 있다. 출애굽기 20:8-11은 제4계명으로서 안식일과 안식을 함께 언급한다. 그러나 우리는 "안식하다"—"정착하다" 혹은 "거주하다"라고 번역됨—라는 말을 어떻게 이해해야 하는가? 구약성경은 이 단어를 어떻게 설명하는가? 기본적인 대답은 단순하다. 안식하고 있는 상태는 움직이고 있는 상태와 반대된다. 그러므로 이 동사는 기본적으로 정착하고 있는 상태 혹은 어떤 고정된 상태를 설명하는 단어이다. 하지만 노동으로부터 쉰다는 개념의 뉘앙스는 이 단어에 전혀 암시되어 있지 않다(Robinson, 1980:33-37).

이스라엘을 향한 여호와의 목적은 이스라엘 백성들을 약속된 땅으로 인도하여 정착할 수 있는 환경을 제공해 주는 것이다. 그러므로 이스라엘 백성들은 내외부로부터 오는 근심, 걱정으로부터 완전히 자유하여 새 에덴 동산의 복락을 이 땅에서 마음껏 향유하게 될 것이다. 구약의 종말론이 나아갈 기본적인 방향은 명확하다. 왜냐하면 에덴 동산을 다스리던 아담의 역할을 소개하는 창세기 2장이 이미 이러한 방향을 잘 반영해 주기 때문이다. 아담의 역할을 수행할 이스라엘은 장차 온 세상의 중심지가 될 약속의 땅에서 일어나는 위협과 방해로부터 온전히 벗어나 오직 하나님을 경배할 것이다. 그러나 우리는 아담의 제사와 이스라엘의 제사 사이의 근본적인 차이점에 주목해야 한다. 에덴 동산에서 하나님께 드렸던 제사는 즉각적이고도 직접적인 체험이었다.

그러나 하늘 하나님 처소의 모형인 성막의 제사는 에덴 동산에서 드려졌던 직접적인 제사와는 분명히 달랐다. 이스라엘을 향한 여호와의 목적은 무엇인가? 이스라엘은 아담의 범죄를 계속해서 거듭할 것이며 그의 과업을 이루지 못할 것이다. 역사의 실재인 약속된 땅을 정복하고 그 땅을 유지하는 것은 여간 힘든 일이 아니었다. 달리 말하자면 약속된 땅에서 안식하는 것은 매우 어려운 일이었다. 이스라엘 지도자들은 여호수아와 다윗이 가져다 주었던 안식을 이스라엘 백성들에게 가져다 주는 데 실패하고 말았다. 구약의 실패는 안식을 누리기 위해 약속된 땅을 차지했던 이스라엘 백성의 실패를 말해 준다.

이러한 결점에도 불구하고 이스라엘은 우리의 모형이 된다. 이스라엘, 성전 그리고 약속의 땅은 신약의 종말론으로 계속 이어질 것이며, 마침내 그리스도 안에서 새로운 실재로 변형될 것이다. 더욱이 히브리서 기자에 따르면 이스라엘이 이루지 못한 안식은 우리의 안식이 될 것이다: "그런즉 안식할 때가 하나님의 백성에게 남아 있도다"(히 4:9). 신구약의 가장 큰 축복은 하나님 현존 앞에서 즐거워하며, 에덴의 축복을 다시 한 번 만끽하는 것인 바 이러한 축복은 "안식"이라는 단어에 모두 축약되어 있다. 안식은 하나님의 모든 계시가 지향하는 최상의 목표이므로 이 목표는 요한계시록 21-22장에서 궁극적 완성을 이룬다.

그러나 창조세계를 향한 하나님의 목적(창 2:1-4 상반절)을 상기하려면 우리는 매주마다 돌아오는 안식일도 간과해서는 안 된다. 이러한 관점에 비추어 볼 때 인류와 세상을 향한 하나님의 목적은 계속해서 회복되어 나갈 것이다. 그리고 인간이 겪는 긴장들이 창조세계를 반영해 줌으로 말미암아 매주 안식일은 신자들의 최종 안식과 연결된 종말론적 개념이라 할 수 있다.

4. 중보자로서의 모세와 이스라엘의 남은 자(출 33-34장)

이스라엘 민족의 금송아지 숭배 사건을 소개하는 출애굽기 32장은 출애굽기 기사의 흐름을 차단시켜 버린다. 그러나 여호와는 당신의 놀라운 은혜와 함께 아브라함의 약속을 갱신하신다(33:1-2). 3절 중반부는 불길한 징조를 보여 준다. 즉, 여호와는 가나안 땅을 향하는 이스라엘 백성들과 동행하지 않겠다고 선언하신다. 그러므로 모세의 중보(仲保)는 한 소수 민족에 불과한 이스라엘 백성들에게 가장 절실한 요청이 된다. 33-34장은 이스라엘의 미래와 시내산 언약의 운명이 지금 모세의 중보 사역―모세는 이 사역을 긍정적으로 고려한다―의 결과에 의해 결정될 것임을 말해 준다.

"회막"은 출애굽기 33:7-11에서 처음으로 언급된다. 이 회막은 성막을 지칭하지는 않는다. 왜냐하면 성막은 아직 건립되지 않았기 때문이다. 출애굽기 19장에 진술된 바와 같이 여호와와 이스라엘이 서로 얼굴을 대면할 수 없음으로 말미암아 시내산에서와 마찬가지로 이 회막은 모세가 하나님의 임재(臨在)를 계속해서 체험할 수 있는 신성한 장소였다. 그러므로 모세와 이스라엘은 구별된다. 즉, 오직 모세만이 하나님 임재―이스라엘은 하나님의 임재를 직접적으로 체험할 수 없다―를 체험할 수 있다. 계속해서 반복되는 7절의 "진 밖에"라는 표현은 모세와 백성들 사이에 분명한 구분이 있었음을 강조한다(Moberly, 1983:32-34). 출애굽기 33:7-11(회막 기사) 이후 이스라엘을 위한 모세의 중보기도가 소개된다(12-17절).

그렇지만 모세의 중보에도 불구하고 단지 모세만이 안식의 축복을 보장받는다(14절은 단수 대명사 "너"만을 언급한다). 여호와의 이 같은 제한적 조치에 대해 모세는 이스라엘과 여호와 사이에 존재하는 기다린 간격을 인정하는 듯하다. 모세는 18-23절에서 짓누르는 책임감을 안고 하나님의 현현(顯顯)―이스라엘은 이전에 약속을 수여받을 때 이 같은 체험을 했었다(출 19장)―을 다시 요청한다.

그러나 하나님의 영광을 보려 했던 모세의 간구는 허락되지 않는다. 왜냐하면 숨겨진 하나님의 본질과 그 특성은 아직도 여전히 드러나지 않았기 때문이다(McConville, 1979:153-54). 그 대신 여호와는 처음 이스라엘에게 선언하셨던 것과 마찬가지로 그의 이름을 모세에게 선포하신다(19절; cf. 출 3:13-15). 이것은 약속에 대한 신실하심의 표현이다. 그리하여 여호와는 이스라엘 백성들과의 동행을 요청한 모세의 간구를 수락한다(17절). 그리고 이것은 이스라엘이 여전히 하나님의 도구로서 구별되었음을 나타내 준다. 그러나 출애굽기 19-20장에 소개된 전(全) 민족적 체험은 이제 철회된 듯하다.

출애굽기 34:1-7에 나오는 하나님의 현현과 모세의 반응은 이 기사의 전환점이 된다. 8-9절에서 모세는 언약이 단지 여호와의 은총 때문에 다시 갱신되어야만 함을 분명히 밝힌다. 여호와는 이스라엘이 행군할 때 함께 동행하실 것이다.

이스라엘의 합당치 않음에도 불구하고 다시 맺어진 갱신된 언약은 여호와의 성품인 "헤세드"(성실한 사랑)의 놀라운 증거라 할 수 있다. 이 "헤세드"라는 단어는 어떤 관계 속에서 상대방에게 무엇을 기대하거나 얻을 만한 가치가 있어서 주는 사랑이 아니라 그것을 초월한 신실한 사랑을 표현해 주는 단어이다(Sakenfeld, 1975:317-30). 10절에 따르면 여호와께서 이스라엘 백성 앞에서 행하실 것이라는 이 놀라운 사실은 언약이 모세를 통해 갱신되었음을 보여 주는 듯하다(Moberly, 1983:94). 70인경 출애굽기 34:10이 모세를 언약의 최초 수납자로 소개하고 있음은 매우 놀라운 사실이다. 이러한 관점은 NIV성경에서도 찾아볼 수 있다: "내가 너와 언약을 세울 것이다."

언약이 갱신되기 전 여호와는 우상숭배를 경고하시면서 많은 규정들을 상세히 열거하신다(출 34:11-26). 여호와는 모세에게 계속 말씀하시면서(2인칭 단수) 이스라엘 중보자에게 의존해야 함을 강조하신다(이스라엘 백성들에게 주어진 우상숭배와 관련된 구체적인 규정들이 13-14절에 언급되며, 말씀을 듣는 상대자는 복수로 소개된다). 27절에서 언약 갱신이 일어난다. 여기서 우리는 이스라엘과의 갱신된 언약이 모세를 통해 체결되었음을 발견한다. 여호와는 언약의 기초가 되는 십계명을 다시 기록하신다(28절 중반절; cf. 34:1). 그리고 모세는 이 새 돌판을 가지고 산으로부터 내려온다.

출애굽기 34:29-35 – 수건을 쓴 모세의 기사 – 은 19-34장에 소개된 언약을 마무리할 뿐만 아니라 시내산 언약에 속한 이스라엘의 위치를 간결하게 설명한다. 출애굽기 34:29-35은 갱신된 언약의 함축적 의미와 이스라엘을 위한 규정사항을 알려준다. 동시에, 민족 이스라엘의 운명은 약속의 땅으로 이끌 모세의 지도력에 달려 있다. 이제 모세의 중보 역할이 크게 강조된다. 돌판을 들고 산에서 내려오는 모세의 얼굴은 영광의 광채로 가득 찼으며, 이로 인해 아론과 이스라엘은 두려움에 사로잡힌다(30절). 그리하여 모세는 그들의 두려움을 진정시키면서, 얼굴의 광채는 결코 두려워하거나 무서워할 것이 아님을 알려준다. 오히려 이 광채는 시내산 언약의 수납자 곧 모세가 하나님과 함께 누렸던 친밀한 교제를 증명해 준다. 먼저 지도자들이 모세에게 다가간다. 그 다음 회중이 모여든다(32절). 그 다음 그들은 여호와가 모세에게 말씀하신 것을 이스라엘에게 전달한다. 모세는 말을 마친 후 수건으로 그의 얼굴을 가린다(33절).

수건으로 얼굴을 가리운 모세의 행동을 우리는 어떻게 해석해야 하는가? 여호와 현존 앞에서 이스라엘을 위한 계시를 전달받을 때 수건을 쓰지 않았던 것처럼, 모세는 이스라엘에게 계시를 전달할 때 수건을 쓰지 않았다. 그러므로 백성들을 진정시키기 위해 모세가 수건으로 얼굴을 가리웠다는 것은 근본적인 이유가 아닌 것 같다. 모세는 계시의 중보자 혹은 수납자(receptor)로서 사역할 때에만 수건으로 얼굴을 가린다. 또한 우리는 모세가 사라져 가는 영광의 광채를 숨기기 위해 자신의 얼굴을 수건으로 가렸다는 견해를 받아들일 수 없다.

이러한 견해는 문맥상으로나 전통적인 유대인들의 해석에 비추어 볼 때에 수용될 수 없는 해석이다. 모세의 얼굴에 비치는 광채가 두려울수록 그 현상은 위협보다는 일종의 표적(a sign)이었다. 이 표적은 모세가 하나님의 말씀을 전달하고 있음을 확증해 주며, 갱신된 언약이 효력을 발휘하고 있음을 입증해 준다. 바울은 고린도후서 3:7-18에서 복음이 전파되고 그 복음이 받아들여졌을 때 이 수건은 효력을 잃게 되며 더 이상 하나님께로 나아가는 길이 될 수 없음을 설명한다.

출애굽기 19-34장의 언약기사는 장차 시내산 언약의 성취가 민족 이스라엘의 손에 달려 있지 않음을 분명히 한다. 이스라엘 민족은 애굽에서 시내산에 이르기까지 여호와 앞에서 자신들의 추함을 드러내고 말았다. 이스라엘은 광야의 고된 생활을 시내면서 또다시 불평할 것이다. 그러므로 그 누구도 이스라엘 민족의 흥망성쇠를 예측할 수 없다. 그러나 모세의 역할은 시내산 언약의 희망이 이스라엘에 의해 계속 유지될 것임을 말해 준다. 시내산에서 범죄한 민족 이스라엘의 타락으로 말미암아 하나님은 모세를 세우셨다. 그리하여 이스라엘을 향한 언약의 희망은 모세를 통해 계속 발전되어 나갈 것이다. 그렇지만 모세는 단지 신실한 이스라엘의 대리자에 불과하다. 왜냐하면 하나님은 이스라엘 안에 있는 경건한 남자와 여자들의 마음을 계속해서 감동시킬 것이며, 이들을 통해 시내산 언약의 예배 공동체의 사상이 마침내 실현될 것이기 때문이다. 간략하게 말하자면, 시내산 언약의 성취를 위한 기대는 이스라엘의 체험을 통해 종말론적인 희망으로 계속 이어질 것이다. 후기 예언서에 좀더 발전되어 나타나는 이러한 기대는 처음 언약을 맺었던 민족 이스라엘이 아닌, 모세를 통해 갱신된 언약을 맺었던 이스라엘 민족 안에 존재하던 바로 그 남은 자에 의해 수행될 것이다.

여전히 또 다른 주요한 핵심이 언약기사 속에서 발견된다. 특히 출애굽기 19:3 중반절-6에 나오는 시내산 언약은 아브라함 언약과 관련이 있다(주위 환경으로부터 구별된 이스라엘; 언약의 순종을 위해 부름받은 이스라엘; "이방인의 빛"〈눅 2:32〉으로 소명받은 이스라엘; 이 세상 모형으로서의 이스라엘〈출 3:13-15; 6:1-8 참조〉). 성경은 아브라함 언약이 계속해서 지속되고 있음을 분명히 증거한다(출 3:13-15; 6:1-8). 시내산 언약은 사실상 창세기 12:1-3의 아브라함 언약에 대한 이스라엘의 체험을 서술한다. 이스라엘은 아브라함처럼 자신이 소유하게 될 약속의 땅 밖에서 부름을 받았다. 이스라엘은 아브라함처럼 약속의 땅을 차지할 큰 민족이 될 것임을 약속받았다. 그리고 이스라엘은 아브라함처럼 이 세상의 축복의 원천이 될 것이다.

비록 민족 이스라엘이 실망을 안겨다 줄지라도 출애굽기 19-34장 기사는 종말론의 기틀을 마련해 준다. 시내산 언약은 왕이요 제사장으로서 하나님을 경배하는 하나님의 새 백성의 삶을 통해 성취될 것이다(계 1:6; 5:10; 20:6). 그러나 구약에 소개된 시내산 언약의 목적 및 그 성취는 기대해야 할 미래의 것이 되었고, 이것은 궁극적으로 요한계시록(정경의 마지막 책)에서 실현될 것이다. 달리 말하자면, 시내산 언약은 종말론적 성취―하나님께서는 인간의 노력이 수포로 돌아갔음에도 불구하고 이 언약을 성취하실 것이다―및 그 필요성을 말해 준다. 비록 구약이 시내산 언약의 민족적 성취를 언급하고 있지는 않지만 신약은 예수 그리스도의 사역으로 말미암은 하나님의 믿음의 백성들이 이스라엘 안에서 점진적으로 등장하게 될 것임을 알려준다. 그리고 이 백성들의 출현은 이방인들도 하나님의 백성 가운데 함께 참여할 수 있는 모형을 제공해 줄 것이다.

5. 약속된 땅(신 26장)

출애굽기는 35-40장에서 성막 건축과 이스라엘을 기다리고 있는 약속의 땅으로의 여정을 소개하면서 마무리한다. 정경 순(順)으로 볼 때 출애굽기 이후에 이어질 레위기와 민수기는 이스라엘 민족의 특별한 관심사들을 주로 취급한다. 약속의 땅과 관련된 종말론의 기초들은 신명기 26장에 와서야 비로소 더 많이 제시된다.

이 땅이 이스라엘의 유업이라는 개념은 족장 언약에 나타난 "땅의 선물"과 직접적인 관계가 있다. 사실상 신명기는 족장들에게 주어진 약속의 땅과 관련된 열

여덟 가지 분명한 말씀을 소개한다(Miller, 1969:454). 이 말씀 속에 나타난 선택 개념은 선택받은 약속의 땅이 여호와께 속한 모든 자산으로부터 분할 받은 소유의 일부임을 의미한다. 비록 그 땅이 하나님의 선물로 이해된다 하더라도 정복의 필연성을 간과해서는 안 된다. 오히려 "하나님의 선물" 개념은 정복을 위한 전투에 참여하실 하나님의 본성을 강조한다. 이스라엘은 그 땅을 유업으로 차지할 것이다. 왜냐하면 여호와께서 홀로 약속의 땅 거민(居民)들을 그 땅에서 몰아내실 것이기 때문이다.

(1) 약속의 땅

신명기 26장은 토지의 첫 소산을 거둔 후 성소에서 이루어질 이스라엘의 감사축제를 보여 준다. 여호와를 경배하는 자들은 약속의 땅을 선물로 받은 보답으로 자연의 첫 소산을 바침으로써, 온 땅을 다스리시는 여호와의 주권을 인정하게 된다. 그리고 첫 소산의 봉헌을 통해 그들은 이스라엘이 자연의 소산을 잃을 수 없는 약속의 땅 밖에 있었음을 고백하며 그 과거를 되새긴다(1-3절). 12-15절은 레위인을 위한 십일조의 추가사항과 약속의 땅으로부터 얻을 소산의 올바른 배분(配分)을 소개한다. 16-19절은 수체를 바꾸어 이스라엘이 율법을 준수할 것은 요구한다. 왜냐하면 이 땅에서의 삶은 언약에 순종하는 민족의 다스림을 통해 보호받기 때문이다. 그러므로 이스라엘의 약속의 땅 점령은 전적으로 여호와의 선하심에 의존한다.

신명기가 서술하고 있는 약속의 땅은 이스라엘의 기대를 훨씬 초월한다. 풍족한 삶을 위해 마련된 자연의 선물은 부족함이 없다. 약속의 땅에 거주하는 자들은 하늘의 양식—젖과 꿀—을 먹게 된다(신 11:11). 하늘에서 내리는 비로 인해 깊은 골짜기에서 샘물이 솟아나고 시냇물과 수로가 풍족해져 약속의 땅은 윤택해질 것이다(8:7). 그리고 이 땅에서 이스라엘은 그들이 파지 아니한 우물과 심지 아니한 감람나무와 그들이 건축하지 아니한 성읍을 얻게 될 것이다. 또한 이 약속의 땅에서 이스라엘은 모든 방백들보다 더 많은 축복을 받게 될 것이다(7:14). 이스라엘의 안전을 위협하는 모든 위험과 질병(7:15)은 떠나가지만 하나님의 보호하심은 약속의 땅을 영원히 떠나지 않을 것이다. 그의 눈동자가 항상 약속의 땅을 지켜볼 것이고 영원토록 그 땅을 권고하실 것이다(11:11-12).

신명기는 약속의 땅을 회복된 에덴으로 표현한다. 출애굽기에서 예고된 바대로 이 약속의 땅은 제사장 겸 왕이 여호와를 위해 다스리는 에덴의 성소가 될 것이다. 약속의 땅과 에덴, 아담과 이스라엘 사이의 많은 유사점은 이스라엘을 아담의 영적 계승자로 위치시킨다. 그러나 불행하게도 이스라엘은 아담의 실패를 반복하였고, 그 이스라엘의 타락은 약속된 땅의 상실을 초래하고 만다.

(2) 안식의 약속

신명기는 땅과 "안식"을 자주 연관시킨다(3:20; 12:9-10; 25:19). 예를 들면, "사면을 둘러싼 적으로부터 벗어나 얻게 될 안식"의 기대는 26장—약속의 땅을 선물로 주신 여호와께 대한 감사의 보답으로 벌어진 잔치에 대한 이야기—보다 먼저 언급된다(25:19). 이 안식 개념은 약속의 땅에서 지속적으로 영위할 안정된 삶의 목표를 이스라엘에게 제시한다. 안식은 이스라엘이 약속의 땅에서 창조세계 속에서 드러난 무한하신 하나님의 선하심을 맛보며 풍요로운 삶을 누리게 될 그 날을 말해 준다. 이 땅에 나타난 하나님 임재로 말미암아 축복받은 이스라엘은 약속의 땅을 여호와의 성소로 향유할 것이다.

그러므로 안식과 여호와의 성소는 서로 밀접하게 연결되어 있음을 발견할 수 있다. 신명기는 이것을 잘 말해 주는 것 같다. 안식의 목표가 달성되었을 때 하나님은 이 약속의 땅에서 그의 거룩한 임재(臨在)를 위해 한 처소를 선택하실 것이다(12:5). 비록 신명기 12:5이 흔히 "한 유일한 성소"를 언급하는 구절로 이해된다 하더라도, 이 구절은 많은 성소들 가운데 "중심이 되는 한 성소"를 언급하는 구절로 이해됨이 좋을 듯하다(여호와께서 성소에 자기 이름을 두시기 원하심〈cf. 5절〉은 이스라엘 가운데 나타나신 하나님의 임재 사상을 반영해 준다. 이 임재 사상은 출애굽기에 등장하는 하나님의 임재—출애굽기에서 하나님의 현현은 이스라엘 백성들 앞에 가끔씩 나타났다—보다 더 정교하고 실제적인 임재 개념을 보여 준다. 그렇지만 "거처할 곳에 이름을 두다"라는 표현이 이스라엘에게 이미 익숙해 있던 소유권에 대한 일반적 선언으로 이해될 필요는 없다; Wenham, 1971:114). 이스라엘이 유업으로 받은 땅에 들어가서 안식한 후 그들은 여호와의 중앙성소를 세우게 될 것이다. 가나안 족속들이 우상을 숭배하던 것과는 달리 (12:2-4), 이스라엘은 중앙 성소에 제물을 봉헌함으로써 온 땅에 대한 여호와의 주재권(主宰權)을 인식하게 될 것이다(12:5-12).

우리가 아는 바대로 신명기가 기대하는 바는 여호와께서 임재하시는 이 땅에서 민족 이스라엘이 선한 삶을 계속해서 실천해 나가는 것이었다. 그러나 그 기대는 결코 실현되지 않았다. 오히려 약속된 그 축복 대신 언약의 저주, 이 땅을 덮치는 재앙(28장)이 이스라엘에게 임하게 된다. 비록 다윗과 솔로몬에 의한 통치가 이루어지고 정치가 안정되며 중앙 성소가 건립된다 하더라도, 안식은 이제 구약의 이스라엘이 기대할 수 있는 희망일 뿐 더 이상은 되지 못한다. 그렇지만 이스라엘은 "약속의 땅 신학"을 포기하지 않았다.

신약, 특히 히브리서와 요한계시록은 하늘의 가나안과 하늘의 예루살렘이 회복된 에덴을 고대하는 그리스도인들의 희망을 반영해 주는 그들의 처소임을 보여 준다. 구약의 "약속의 땅 신학"을 구현할 회복된 에덴의 이상(idea)이 하나님의 백성을 위한 목적 가운데 필수적 요소이므로 그 희망은 포기될 수 없다. 요한계시록이 최종적으로 밝혀주는 바와 같이, 하나님의 백성들은 가나안 땅에서 부여된 이스라엘의 역할을 완전히 성취하여 하나님의 정하신 처소에서 세세토록 하나님을 경배해야만 한다.

THE SEARCH FOR ORDER

언약신학과
종말론

제3장
왕 권

1. 왕권과 관련된 논쟁

사사의 통치가 끝나갈 무렵 이스라엘이 도시 사회로 변모해 가는 과정 중 왕권과 관련된 논쟁이 일어난다. 왕권의 출현과 그와 관련된 논쟁을 자세히 살펴보는 것은 매우 필요한 일이다. 왜냐하면 왕권이 이스라엘의 종말론(메시아 직⟨職⟩과 관련하여)에 없어서는 안 될 필수적인 요소이기 때문이다. 당시 이스라엘 주변 민족들이 석어도 300년 동안 왕정 체제하에 있었음에도 불구하고, 이스라엘의 왕권은 기원전 1020년 사울이 왕으로 선출될 때까지 이스라엘에게 허락되지 않았다. 왜 왕권이 이렇게 늦도록 이스라엘에게 허락되지 않았는가는 의문이 아닐 수 없다. 이러한 현상을 이해하기 위해 우리는 사사기로 돌아가서 왕권에 대한 그 당시의 다양한 입장을 살펴봄이 좋을 듯하다. 그리고 이러한 상황을 연구함으로써 우리는 왕권과 관련된 이스라엘의 모순을 이해하게 될 것이다.

(1) 기드온의 전통주의(삿 8:22-28)

이스라엘은 미디안과의 전투를 성공적으로 마치고 귀환하는 기드온에게 왕권뿐만 아니라 (그의 후손들도 계속해서 왕으로 계승되는) 왕조를 수락할 것을 제시한다: "당신이 우리를 미디안의 손에서 구원하셨으니 당신과 당신의 아들과 당신의 손자가 우리를 다스리소서"(삿 8:22). 사사기 8:18은 기드온을 왕과 닮은 자로 소개한다. 사람들은 이처럼 기드온이 그와 같은 높은 직위에 적합한 인물이라고 생각했다. 그러나 기드온은 왕 직을 거절한다. 기드온이 왕 직을 거절한 이유는 이스라엘의 신정체제를 입증해 주는 전통적인 입장에서 볼 때 그 설명이 가능하다: "내가 너희를 다스리지 아니하겠고 나의 아들도 너희를 다스리지 아니할 것이요 여호와께서 너희를 다스리시리라"(삿 8:23).

계속되는 이야기는 이 위대한 사람의 실수들을 보여 준다. 우상—미디안 족속으로부터 탈취한 물건으로 만든 우상—숭배에 빠져 버린 기드온의 타락은 이스라엘이 므낫세 지파의 영웅, 기드온의 왕권 통치를 받지 않은 것이 얼마나 다행한 일인가를 잘 보여 준다.

(2) 아비멜렉의 배반(삿 9장)

기드온의 기사가 끝난 후 사사기는 이스라엘의 지도체제를 독재 왕권체제로 대치하려 했던 아비멜렉—기드온이 세겜 여인에게서 낳은 아들—의 기사를 소개한다(9:2). 헛된 통치를 꿈꾸던 아비멜렉은 자신을 스스로 세겜의 왕으로 추대하였다. 아비멜렉은 사사기에서 단지 "왕"으로 묘사되기 때문에 이 기사는 동족을 살해한 이 배교자의 생애를 왕권과 관련시키면서 이 왕정체제를 비평한다(Malamat, 1976:163-64).

또한 이 아비멜렉 기사는 기드온 가문의 군주체제가 결국 이스라엘을 위한 것임을 밝혀준다. 더욱이 아비멜렉 기사 중반부에 등장하는 한 우화는 왕권을 실질적인 위협으로 간주했던 시대적 상황 속에서 만들어진 것 같다. 전통주의의 입장을 대변하는 요담이 소개하는 이 우화는 왕권을 협잡꾼이나 기회주의자들이 동경하는 것으로 비웃고 있다.

사사시대에 실질적인 왕권을 행사했던 한 사람, 아비멜렉은 사사들이 따라가서는 안 되는 인물로 그려진다(Malamat, 1976:163-64). 교활함으로 권력을 쟁취하고 지위를 얻기 위해 사람을 고용한 아비멜렉의 행위는 그의 직위에 영적 자발성이 전혀 없었음을 보여 준다. 요담의 우화와 아비멜렉 기사를 통해, 사사기 9장은 왕권을 잇따른 영웅들의 용맹을 통해 이스라엘의 지위를 유지시켜 왔던 하나님의 원대한 계획에 대한 인본주의적 대안으로 설명한다. 그러므로 사사기 기자가 왕권에 대한 자신의 입장을 분명히 피력하고 있음은 의심할 여지가 없다.

(3) 편집 후기(삿 21:25)

왕권에 대한 또 다른 평가가 사사기에 소개되고 있다. 즉, 사사기의 마지막 구절은 다음과 같이 선언한다: "그때에 이스라엘에 왕이 없으므로 사람이 각각 그 소견에 옳은 대로 행하였더라"(21:25). 첫눈에 우리는 이 구절이 엄격한 군주 체제 아래 있게 될 이스라엘의 미래와 극심한 무정부 상태에 빠져 버린 이스라엘의 현재를 서로 대조시키고 있음을 발견할 수 있다. 그리고 이러한 대조는 사사시대에 대한 저자의 부정적인 평가를 설명해 주는 것 같다. 사사시대의 마지막과 왕정체제의 중간에 끼여 있는 25절은 이스라엘이 지닌 문제의 근원을 강력한 리더쉽-이러한 지도력은 다음에 등장할 왕정체제에 의해 제공될 것이다-의 부재(不在)로 이해하고 있는 듯하다. 그러나 25절은 과연 사사의 권한을 비난하고 왕권을 옹호하고 있는가? 이 질문에 답하기 위해 우리는 사사들이 보여 주었던 지도력의 형태에 대해 반드시 살펴보아야 한다. 20세기초 막스 베버(Max Weber)의 연구 이후 사사기시대 이스라엘의 리더쉽은 줄곧 카리스마적인 것으로 이해되어 왔다. 이 카리스마적이라는 용어는 뛰어난 용맹과 타고난 자질을 갖춘 사람들의 재능이 외적으로 드러날 때 사용되는 말이다. 그리고 역사적인 상황들은 이들이 이와 같은 재능을 사용할 수 있는 기회를 제공해 주었다. 그러나 사사들의 지도력에 대해서 우리가 생각해 볼 때, "카리스마적"이라는 수식어는 성령의 인도함을 받는 지도력-이스라엘이 직면한 위기의 상황 속에서 이 위기에 대처하기 위해 여호와께서 세워 주신 지도력-의 특성을 언급하는 말이다. 즉, 사사들은 시내산 언약 이후 줄곧 이스라엘 백성들에게 익숙해 있었던 모세와 같은 지도력을 계속 수행하고 있었던 것이다. 우리는 왕권 지지자들이 사사제도에 불만을 품고 있었을 것이라 예상해 본다면, 사사기가 왕정에 대한 긍정적인 평가와 함께 끝맺고 있다고 추측하기는 어렵다.

사사기 21:25은 왕정제도를 추천하기보다는 오히려 그치지 않는 이스라엘의 혼탁한 무질서 상태를 보여 준다. 사사시대 당시 사회적, 종교적 혼합주의는 사사기 기자를 고통스럽게 한다. 비록 사사기가 시작할 때 이스라엘이 한 지도자의 통치아래 통일되어 있었다 하더라도 종국에 가서는 이스라엘 지파의 통일은 깨어지고, 사실상 이스라엘은 절망적인 상태에 이르고 만다. 그리하여 사사기 21:25은 한 가지 단순한 사실을 우리에게 지적해 주는 듯하다. 그것은 바로 이스라엘의 타락에도 불구하고, 이스라엘의 이상은 계속해서 유지되어 왔다는 것이다.

사사시대가 끝나갈 무렵 통일된 정치체제나 지파간의 동맹은 이스라엘에게서 전혀 찾아볼 수 없었다. 그러나 이스라엘의 이상은 계속해서 보존되어 왔다. 그런데 이스라엘의 이상(理想)이 지속적으로 유지되어 온 것은 사회적 혹은 정치적 형태의 제도나 왕정체제와 같은 관료제도에 의해서가 아닌, 끊임없이 역사를 주관하시는 하나님의 간섭하심 때문이다. 이스라엘은 거듭 언약을 위반했다. 그러나 여호와가 파기(破棄)하지 않은 이스라엘을 위한 약속이 사사시대에도 여전히 남아 있었다. 이스라엘의 미래는 오직 한 가지 사실, 곧 이 백성들과 함께 하시려는 여호와의 열심에 달려 있다.

요약해 보면, 사사기 21:25은 무질서한 정치체제나 사사시대의 지나친 독재체제를 묵과하지 않는다. 그 시대의 엄청난 사회적 격변과 강력한 지도력을 갖춘 지도자의 부재에도 불구하고, 소중한 그 무엇이 그 시대적 말기(末期)에 여전히 잔존하고 있었다. 백성들의 심각한 타락 후에도 여호와는 "통일된 이스라엘"(an united Israel)이라는 이상을 유지하셨다. 이러한 의미에서 볼 때, 사사기의 저자가 21:25에서 말하고자 했던 것은 직접적인 하나님의 간섭하심 및 신정체제의 지도력과 같은 유형들이 사사시대를 통해 결코 완전히 발현되지 못했다는 것임을 알 수 있다. 이스라엘 백성들이 정치 제도를 요구했을 때, 여호와는 이스라엘을 지키기를 원하셨고 언약파기를 원치 않으셨다. 시내산 언약이 제공해 주었던 이스라엘의 이상은 하나님의 목적과 결속되어 있었고, 지도력이나 정치 형태의 결과가 아닌 하나님의 선택하심의 결과로 유지될 것이다.

2. 왕정 제도를 요구한 이스라엘

사사시대가 끝난 후 이스라엘에 왕정 제도가 출현한다. 사무엘상하는 왕정 이전 시대에 일어났던 이슈들, 특히 이스라엘의 지도력과 관련된 문제들과 씨름한다. 사무엘상은 타락한 제사장들이 언약궤를 지키고 있던 "실로"와 함께 이야기를 시작하며, 사무엘하는 성전 부지를 매입한 다윗의 이야기로 끝을 맺는다(24장). 사무엘상하는 이스라엘 예배구조의 안정된 기틀을 마련해 준다. 이스라엘의 예배가 여호와의 왕권에 대한 공동체의 응답이었기 때문에, 사무엘상하에 나타난 종교개혁(악습을 제거하고, 예배를 정화시키며, 중앙 성소 건립을 위해 준비하는 것)은 민족 위에 뛰어난 여호와 왕권에 대한 합당한 자세를 강조한다. 타락한 예배에서 합당한 예배로의 발전과정은 왕직 및 예언의 출현—이것은 여호와께서 이스라엘을 향해 당신의 권위를 행사하고 있음을 증명해 준다—과 분리될 수 없다.

(1) 메시아와 같은 지도력과 하나님의 뜻(삼상 1-7장)

사무엘상의 첫 세 장은 한나의 찬양을 통해 하나님의 목적의 성취를 보여 준다(2:1-10). 이 한나의 찬양은 겸손한 자는 높아지고 교만한 자는 낮아질 것임을 노래한다. 사무엘의 등장과 엘리 가문의 몰락을 소개하는 1-3장은 사무엘 집안의 배경 및 그의 탄생과 관련된 특별한 상황—이 상황들은 그가 높은 직무를 수행할 것임을 보여 준다—들을 자세히 소개한다. 그러나 한나의 찬양은 하나님께서 천한 자를 구원하시고 공의로 행하셔서 인간의 기대하는 바를 완전히 바꾸어 버리심을 강조하면서도 사무엘의 삶 배후에 있는 하나님의 목적, 특히 메시아적 직무와 관련되어 있다(10절). 그러므로 사무엘상 1-3장은 하나님께서 메시아와 같은 리더쉽의 모형을 제공해 주실 것을 확신시켜 준다. 뿐만 아니라 우리는 사무엘상 1-3장을 통해 장차 발생할 권력 투쟁을 짐작하게 된다.

이스라엘을 향한 하나님의 권세와 현현은 사무엘상 4-6장 기사의 주 핵심이 된다. 여호와는 부패한 제도로부터 떠나셨고 실로에 위치한 (오염된 제의의 상징인) 법궤는 다른 이들에게 넘어가고 말았다. 법궤의 상실을 설명하는 용어들을 살펴볼 때, 블레셋 족속의 법궤 탈취는 여호와의 약속의 땅 포기와 이스라엘의 포로생활 복귀를 말해 준다. 출애굽기의 표현들이 사무엘상에서 반복되고 있음—우상숭배에 빠져 버린 모든 민족의 심각성을 부각시켜 준다—은 그렇게 놀라운 일이 아니다(cf. 삼상 4:8; 5:6; 6:6). 그리고 모든 이스라엘이 죄로 오염되었다는 사실에 대해서도 놀라서는 안 된다.

만약 실로의 중앙 성소가 죄로 오염됨으로 말미암아 여호와께서 그 성소와 그 성소에서 행해지는 제사를 거절하셨다면, 예배의 중심적인 역할을 주도했던 이 민족의 앞날은 어떻게 될 것인가? 사무엘이 등장하지 않는 4-6장은 이스라엘이 직면한 위기를 구체적이면서도 상세하게 설명하고 있다. 그리고 그 다음 장에서 이 위기를 직면해 나가기 위해 여호와께서 세우신 사람, 곧 사사시대의 가장 위대한 마지막 인물인 사무엘이 다시 등장한다. 왕정 제도의 서막(prolog)을 알리는 7장은 사무엘을 블레셋 족속이라는 외세로부터 이스라엘을 구원할 자로 묘사한다(5-14절). 뿐만 아니라 7장은 사무엘을 현명한 지도력으로 내적인 부패를 척결하여 이스라엘을 지키는 자로 거듭 소개한다(15-17절).

(2) 왕권체제로의 전환(삼상 8-12장)

8-12장은 사무엘시대를 공식적으로 마감하고 사울 통치의 시작을 알려준다. 8-12장은 극복해야 할 문제를 안고 있던 왕권에서 시내산 언약에 기초한 왕권으로 그 관심을 옮겨간다.

① 언약 파기(삼상 8장)

엘리 가문과 비슷한 길을 걸었던 사무엘 가문의 지도력에 회의를 품고 이들의 지도를 거절한 이스라엘은 사무엘에게 왕을 임명해 줄 것을 요구했다(5절). 비록 이와 같은 움직임이 신명기에서 이미 재가(裁可)되어 있었지만(17:14-20), 장로들은 이 약속을 기다리지 못하고 왕정 제도를 요구한다. 다음과 같은 장로들의 요구는 이스라엘 언약의 배타성(排他性)이 부인됨을 뜻한다: "열방들과 같이 우리에게 왕을 세워 우리를 다스리게 하소서"(5절; cf. 19-20절). 만약 이스라엘의 왕정 제도가 다른 열방들의 왕정 제도가 시행된 후 하나님의 주도하에 시행되어야만 했다면, 지금 장로들이 왕정 제도를 요구하고 있는 행위는 이스라엘의 지도력과 지도자의 계승을 결정하실 여호와의 특권을 부인하는 것이다. 더욱이 장로들의 요구는 내부적인 긴장을 비춰 주고 있다. 어떤 면에서 볼 때, 왕을 요구함은 과거와의 이별을 요청한다.

다른 한편으로 재판할 자를 요구함은 과거—과거 이스라엘이 위기에 직면할 때 지도자들은 여호와에 의해 직접 세워졌다—와의 영속성을 추구한다. 무엇보다도 장로들의 이 요구사항은 언약의 일방적 파기와 같다. 이스라엘은 시내산에서 여호와의 통치를 받는 하나님 나라로 부름을 받았다. 이로써 이스라엘은 그 주변 민족들과 확연히 구별되었다. 그리하여 이 세상으로부터 구별된 이스라엘은 영적인 감화를 통해 이 세상을 섬겨야만 했다.

그러므로 장로들의 요구는 시내산 언약에 기초한 이스라엘의 구별됨이 거부되고 마침내 언약이 거절당할 것임을 의미한다. 실로 5절에 나오는 이 요구 사항은 신명기 17:14에서 이미 언급된 요구들을 반복하는 것이다. 그러나 신명기 17:14이 기대하는 바는 그 이후에 나오는 신명기 본문들에 의해 조정된다. 왕권이 이스라엘에게 부여될 것이기 때문에 왕권 그 자체는 문제되지 않지만 이스라엘이 정착시킬 왕권의 형태는 문제될 수 있다.

② 이스라엘의 요구에 대한 하나님의 조정(삼상 9장)

비록 사무엘상 8장이 왕권을 언약과 여호와의 리더쉽을 위협하는 요소로 소개하지만, 그 다음 장(9장)은 왕권을 고려해 볼 수 있는 제도로 소개한다. 그리고 이러한 생각은 언약을 위협할 수도 있는 모든 사항들을 내포하고 있는 왕 직(職)의 형태를 염두에 두고 있다. 사무엘상 1-9장은 모세의 예언적 직무—이 직무는 시내산 언약의 의미와 그 실체를 이스라엘에게 상기시켜 주었다—를 소개한다. 이 예언 직무는 그 기능의 우월성을 보여 준다.

그러므로 선지자는 이스라엘의 정치 제도를 여호와의 말씀으로 다스리기 위해 대리자—여호와로부터 권세를 받아 보냄을 받은 자—로서 그 사역을 수행한다. 선지자는 이스라엘의 지도체제, 특히 왕권 제도를 감독하기 위해 이스라엘의 정치적 일들을 관할하기 시작한다. 그러므로 선지자는 하나님의 권세를 가지고 자신의 임무를 수행하며, 다윗 왕의 궁정으로 직접 들어갈 수 있는 하나님의 최고의 사자(使者)로 묘사된다.

③ 기름부음 받았지만 하나님의 뜻을 저버린 사울(삼상 10-11장)

사무엘은 사울을 이스라엘의 첫 왕으로 임명하는 첫 단계로써 사울을 "지도자"로 세웠다(삼상 10:1). 이 직무는 왕정 제도의 발전을 위해 필요했던 것 같다. 실로, 역사서(歷史書)에서 지도자로 기름부음을 받은 모든 이들은 사실상 왕이 되었다(삼상 13:14; 25:30; 삼상 5:2; 6:21; 7:8; 왕상 1:35; 14:7; 16:2; 왕하 20:5; 대하 11:22). 그리하여 사울은 왕으로 임명된다.

기름을 붓는 의식은 고대 세계에서도 발견된다. 애굽의 관리들은 시리아의 애굽 봉신들처럼 기름부음을 받았다. 비록 이집트나 메소포타미아의 왕들이 기름부음을 받지 않았다 하더라도, 그들은 이집트나 메소포타미아보다 더 큰 권세를 지닌 통치자가 있었던 소아시아의 힛타이트 제국에 속하고 있었다. 기름을 붓는 본질적인 목적은 다른 권세나 권력에 대응할 수 있는 권위를 부여해 주는 것이다. 이 같은 이유로 인해 이스라엘의 왕(초기의 왕들)은 여호와의 기름부음 받은 자, 곧 메시아로 인식되었다. 구약에서 메시아라는 단어는 "여호와(나의, 너의, 그의와 같은 소유대명사로 소개되기도 함)의 메시아"를 뜻하는 어구에 항상 나타나기 때문에, 이 단어는 왕과 백성들간의 관계체결보다는 여호와와 왕 사이에 맺어진 관계체결을 분명히 보여 준다.

더욱이 사울 왕과 다윗 왕은 비공개적으로 기름부음을 받게 되며 이 의식은 왕을 대중들과 관련시키지 않고 하나님과 관련시키고 있음을 분명히 한다(예수의 세례와 비교해 보라). 사울, 다윗 그리고 솔로몬 이후 기름부음 받은 자로서 사역을 수행하는 자들은 가끔 등장하지만, 결국 이러한 자들은 바벨론 유수와 함께 사라지고 만다. 비록 여호아하스(그의 왕위 계승은 논쟁이 되었을 것이다)가 기름부음 받은 남유다의 왕이었다 하더라도(왕하 23:30), 사울 이후 북이스라엘 왕 가운데 메시아로 불리운 왕은 한 사람도 없었다.

사울은 기름부음을 받고 암몬 족속을 대항하여 그의 왕위를 떨쳐 나갔음에도 불구하고, 왕권을 성실히 수행하지 못하고 만다(삼상 11:11-12). 그러나 왕권이 이스라엘 가운데 설립될 것이기 때문에, 사무엘상 8-12장이 언급하는 왕정제도가 반(反)왕정 제도라고 말할 수는 없다. 왜냐하면 여호와께서 스스로 그 제도를 원하셨기 때문이다(8:22). 사무엘은 사무엘상 8-12장에서 왕권에 부정적인 입장을 일시적으로 표명한다(Eslinger, 1983:66). 그리고 이 같은 그의 태도는 왕권 제도를 제안했던 장로들의 요구에 대한 최초의 반응이었다.

하지만 여호와는 왕권 선택 및 그 개념을 설명하셨고, 그 후 사무엘은 여호와의 뜻에 따르게 된다. 여호와께서 스스로 견책하는 분이시기에 선지자는 주변 민족들처럼 되기를 희망하는 이스라엘 백성들에게 견책하기 시작한다. 여호와와 사무엘은 왕정 제도를 반대하지 않았다. 오히려 여호와와 사무엘은 언약을 소중히 여겼다(Vannoy, 1978:239). 하지만 이스라엘은 왕—블레셋의 위협에 맞설 군대사령관의 역할을 수행할 자—을 요구함으로써, 그들의 미래를 보장받을 수 있는 대책과 안전을 찾는 데 급급했다. 왕권 요청의 부적절한 동기를 예리하게 간파한 사무엘은 기쁨을 상실하고 만다.

(3) 왕권의 신학적 기초

왕정 제도를 요구한 장로들의 동기가 복합적이고, 왕권을 둘러싼 애매모호한 점들이 많기 때문에, 이스라엘의 새 직무(왕권)의 본질은 분명히 규명되어야만 하며 또한 언약과 연결되어야만 한다. 왕권과 언약은 사무엘상 9-12장에서 서로 연결된다. 그리고 사무엘상 9-12장은 왕권 제도를 뒷받침하며 그것을 수행하도록 해 주는 왕권 신학의 발전을 보여 준다.

여기서 사울과 다윗의 (왕으로서의) 선출을 서로 비교해 보는 것은 매우 중요하다. 왜냐하면 이들을 통해 이상적인 왕권의 틀(framework)이 세워지기 때문이다. 사울과 다윗 이 두 사람은 하나님께서 계획하신 선택의 주체가 된다(cf. 삼상 9:16; 16:1). 아버지의 잃어버린 나귀를 찾아 나섰던 사울은 사무엘을 만난다. 사무엘은 다윗을 만날 때까지 이새의 일곱 아들들을 지나친다. 이러한 상황들은 사무엘이 여호와의 선택하신 자 다윗과 연결될 것임을 미리 보여 준다. 사울과 다윗은 사무엘에게 기름부음을 받았으며, 사무엘은 사울과 다윗을 주님의 메시아로서 여호와와의 특별한 관계로 인도해 주었다(10:1; 16:13).

그리하여 사울과 다윗은 여호와의 대리자로서 그 사역을 수행할 수 있는 권위를 지니게 되었고, 이들은 성령의 감동으로 권능을 입어 권세있는 사역을 감당한다(10:10; 16:13). 사실상 사울은 성령의 감동을 받은 선지자와 같이 그의 사역을 시작한다. 사무엘상 16:14에 성령이 사울로부터 떠나자마자 다윗이 성령의 감동을 받게 됨을 주목해 보라. 이러한 변화는 지도자가 바뀌었음을 암시한다. 마침내 사울과 다윗은 강력한 지도력을 수행함으로써 모든 이들 앞에서 왕으로 인정받는다(cf. 11장과 17장). 11장에서 사울은 나하스와 암몬 족속을 심판하기 위해 모든 이스라엘을 동원한다. 17장에서 다윗은 여호와의 메시아로서 하나님의 성전(聖戰)을 수행한다.

사울과 다윗의 왕위 등극에 따라오는 여러 가지 사건들(선택, 기름부음, 성령의 은사 그리고 공적인 승인)은 이스라엘 왕정 제도의 첫 시작부터 왕 직(職)의 기초를 세워 준다(Knierim, 1968:31-35). 나아가 우리는 왕정 제도의 역사적인 실패로 말미암아 메시아 직이 이스라엘에 의해 세워진 것이 아님을 알게 된다. 그렇다고 메시아 직이 실패한 왕권에 대조되는 미래의 이상적 왕권을 반영해 주는 것도 아니다. 오히려 메시아 직은 왕 직이 시작될 때부터 이스라엘 왕권의 구조 속에 구성되어 있었다. 그리고 메시아 직은 왕권에 독특한 이스라엘 백성의 특성을 부여해 주었다.

사울과 다윗의 (왕으로서의) 선출이 지니고 있는 특성들(선택, 기름부음 받음, 성령의 감동 그리고 공개적인 인준)을 지닌 이스라엘 왕들은 더 이상 찾아볼 수가 없다. 이 두 왕들은 이상적인 왕권으로서 묘사된다(후기 남유대와 북이스라엘의 왕조들은 이러한 왕권과는 거리가 멀다). 그 외 다른 구약본문 속에(사 7:14-16; 9:1-7; 11장), 다윗과 같은 메시아 직은 성령의 감동으로 사역을 수행하여 고대하던 종말의 날을 도래시킬 이상적인 메시아를 그려준다. 또한 고난받는 이스라엘의 이상적인 인물, 곧 종을 소개하는 이사야 40-55장은 다윗과 사울의 선출 이야기와 비슷한 언어 형태로 표현되어 있다. 오직 성경의 한 인물(예수)의 선택이 다윗과 사울의 소명이 지니는 특징들을 완전히 반영하고 있음은 그리 놀라운 일이 아니다. 나사렛 예수가 이스라엘의 메시아로서 부름받았을 때, 우리는 메시아 직에 대한 유대인들의 모든 기대가 예수 안에서 온전히 이루어질 것임을 알고 있다.

(4) 왕권과 언약

암몬 족속을 물리친 사울의 승리 후 사울의 왕권은 길갈에 모인 모든 이스라엘 총회 앞에서 언약과 연결된다. 14절은 총회가 모인 목적을 설명한다: "그리고 그곳에서 나라를 새롭게 하자." 4절에 사용된 "새롭게 하다"라는 단어는 "타락으로 쇠퇴한 것을 다시 회복시키다"라는 뜻을 지닌다(Vannoy, 1978:64; cf. 대하 15:8; 24:4; 사 61:4). 사울이 미스바에서 공개적으로 알려졌으나(10:12), 사무엘로부터 공식적인 왕으로 등극하지 않았기 때문에 사울의 왕권은 무언가 부족했었는가? 그렇지 않다. 그러나 여호와와 이스라엘의 언약관계는 무감각해지고 말았고 다시 회복될 필요가 있었다(Vannoy, 1987:66-67). 그러므로 "나라를 새롭게 하자"는 말은 이스라엘을 다스리던 여호와의 왕권을 암시한다. 이스라엘의 왕직 요구로 말미암아 언약은 큰 어려움에 직면하였고, 여호와와 이스라엘의 관계는 실로 심각한 위기에 처해 있었다.

이스라엘은 왕권에 한층 더 친숙해져 갈수록 백성을 다스릴 왕의 통치가 어떻게 시내산에서 세워진 하나님 나라와 연결될 수 있는가를 씨름한다. 사무엘상

11:14은 이 질문의 해답을 제시한다. 즉, 왕권은 이스라엘을 향한 여호와의 계속적인 통치 수단이 되어야만 한다. 사울의 왕권이 모든 이스라엘로부터 공적인 인준을 받을 것이기 때문에(삼상 11:15), 이스라엘은 여호와 하나님 나라를 위한 열심이 새 정치 제도 곧 왕권에 종속되지 않을 것임을 재확인해야만 한다. 그리고 사울의 왕권은 15절에 나오는 화목제(和睦祭)를 통해 갱신된 새 언약관계라는 폭넓은 구조 속에 위치하게 될 것이다. 여호와의 왕권을 재확인한 후 사울은 처음으로 왕으로 등극한다.

사울의 왕위 등극 기사는 12장에 소개된 사무엘의 권고에 의해 일시적으로 중단된다. 이 사무엘의 권고는 우리로 하여금 새로이 등극한 왕 이외에 또 다른 한 사람—선지자—을 인식하도록 해 준다. 사무엘은 그의 공적인 사역과 사적인 행실을 옹호하면서 이야기를 시작한다(1-5절). 그 후 사무엘은 이스라엘의 왕위 요구 사건으로 이야기의 방향을 선회한다. 애굽과 사사시대에 나타났던 여호와의 손길을 간략하게 소개한 후(6-11절), 사무엘은 이스라엘이 지금 새로운 왕을 맞이하게 되었음을 선언한다(12-13절). 14-15절은 언약적 조항들—이 언약적 조항들 위에 왕권은 허락된다—을 소개한다. 16-22절은 새 질서 속에서 언약에 신실할 것을 이스라엘에게 촉구한다. 흔히 23-25절을 사무엘의 공적 지도력의 철회로 해석하는 자들이 있지만 이 구절은 결코 그런 의미로 이해될 수 없다. 오히려 이 구절에서 사무엘은 새로운 체제 곧 왕정체제와의 관계를 고대한다.

3. 이스라엘의 요구가 이루어짐

사무엘상 13:1에서 사울 왕권 기사는 다음과 같이 공식적인 선언으로 시작한다: "사울이 왕이 될 때에 사십 세라 그가 이스라엘을 다스린 지 이 년에." 사울의 나이와 통치 기간을 말해 주는 숫자는 히브리 성경에 빠져 있다. 그러나 더욱 중요한 것은 그 다음 기사의 내용이다. 사울 통치의 종말이 통치의 시작과 아울러 곧 임박해 있는 것 같다.

(1) 사울의 거역(삼상 13-15장)

블레셋에 의해 포위된 사울은 그의 권위를 수행할 수 있는가? 사울은 계속되는 블레셋 족속의 외세에 직면한다. 사무엘은 전투에 앞서 칠 일을 기다리라고 사울에게 권고했다(삼상 10:8). 그러나 계속해서 사무엘을 기다려도 그가 나타나지 않자 사울은 자신이 번제를 드리고 만다. 사울이 번제 드리기를 필하자마자 곧 사무엘이 나타난다. 10:8에 사무엘이 사울에게 명한 내용은 다음과 같다: "내가 네게로 갈 때까지 너는 칠 일을 기다려야만 할 것이다." 이 사건이 암시해 주는 바는 매우 심오하다. 왕권은 반드시 예언자의 명령—이 명령은 일정하게 전달되지는 않았다—에 순종해야 한다.

간단히 말해 메시아적 권위는 반드시 하나님의 뜻에 항상 순응해야 한다. 사울의 운명은 14장에서 더 심각한 상황으로 치닫게 된다. 사울은 제사를 경홀히 여기지 말아야 했고 하나님의 요구를 이루어야 했다. 그러나 그는 전쟁터에서 얻은 노략물에 대한 금지조항에 대해 왜곡된 명령을 내림으로써 더욱더 어려운 궁지에 몰리게 된다. 그 결과로 사울은 대중의 지지를 잃어버리고 만다. 사울의 왕권은 결국 15장에서 종말을 고한다. 비록 사울이 아말렉 족속을 완전히 섬멸하라는 지시를 받았음에도 불구하고, 그는 아말렉 족속을 완전히 섬멸하지 못했다. 더욱이 사울은 적군을 철저히 섬멸함으로써 여호와의 정결함을 보여 주어야 할 성전(聖戰)의 의미를 깨닫지 못하고 말았다.

사울이 사무엘의 명령을 거역한 후 13장은 사울 왕조의 미래가 버림받았음을 보여 준다(13-14절). 사울은 사무엘이 지시한 금지 조항을 어긴 후 왕 직을 잃어버린다(15:23, 26). 우리는 사울의 경험을 통해 이스라엘 통치자들에게 부여됐던 요소들이 매우 중요한 사항이었음을 알 수 있다. 그리고 이러한 요구 사항들은 하나님의 은사가 없이는 도저히 수행될 수 없었다. 그러므로 이스라엘의 메시아는 하나님의 은사를 통해 그 임무를 온전히 수행해야만 한다(Knierim, 1968: 38).

(2) 선택받은 다윗(삼상 16장—삼하 5장)

사무엘상 16장은 여호와로부터 거절당한 사울과 다윗의 "선출, 선택 그리고 기름부음 받음"을 다루고 있다. 사무엘상 17장에서 다윗은 모든 백성들로부터 그의 새로운 권위를 공개적으로 인준받는다. 이스라엘의 새 메시아는 여호와의 승리를 쟁취하는 자로 묘사된다(45-47절). 그 뒤 17장 이후 나머지 본문들은 다윗의 등장, 그의 사려깊은 행동 그리고 버림받아 몰락하는 사울의 이야기에 집중한다.

사울과 요나단이 길보아 전투에서 전사한 후(31장), 다윗-그는 사울 암살제의를 거절했다-은 헤브론에서 유다의 왕으로 등극한다(삼하 2:1-4). 사울의 딸 미갈의 귀환을 요구한 다윗은 자신의 입지를 더욱더 강화시킨다. 마침내 다윗은 전 이스라엘의 왕으로 등극한다(삼하 5:1-5). 특히 사무엘하 5:17-25은 블레셋 족속을 계속해서 물리친 다윗이 사울이 이루지 못했던 일들을 성공적으로 수행했음을 보여 준다.

(3) 선택된 예루살렘(삼하 6장)

다윗은 예루살렘-여부스 족속들이 거했던 곳-을 빼앗은 후 그곳을 정치적인 수도로 삼았다(삼하 5:7-9). 그렇지만 예루살렘을 수도로 정하기 위한 기초작업은 이미 오래 전부터 준비되어 있었다. 왜냐하면 다윗은 자신이 지향해야 할 방향이 무엇인지를 주의 깊게 판단하고 결정했기 때문이다. 예를 들면, 왕이 되기 전 권세를 얻기 시작할 때, 다윗은 남쪽과 그외 다른 지역으로부터 그의 입지를 강화시키기 위해 정략결혼을 통한 동맹을 결성하였다. 그러므로 "예루살렘으로의 이전"은 사회적, 지질학적, 종교적 그리고 정치적 요인을 고려하여 이해되어야만 한다.

예루살렘이 정치적인 수도로 세워졌을 때, 다윗은 법궤를 옮겨와 예루살렘을 종교적인 수도로 삼음으로써 예루살렘으로의 이전을 합법화시키려 한다(삼하 6:1-15). 법궤는 20년 동안 기럇여아림에 안치되어 있었다. 법궤의 송환(送還)을 통해 다윗은 오래된 지파들을 서로 연합시키며, 이스라엘의 제의 전통을 중앙으로 집중시킨다. 더욱이 법궤의 송환은 다윗이 갈망하던 성전 건축의 기초단계가 될 수 있다(삼하 7장). 법궤의 송환에 대해 살펴보기 전 우리는 먼저 왜 그것이 그렇게 필요한 것인가를 주의 깊게 살펴보아야만 한다.

다윗의 예루살렘과 이스라엘의 정치적, 사회적 주변 상황은 메소포타미아 도시국가의 주변 정황과 가장 흡사한 유비(喩比)를 이룬다. 메소포타미아 도시국가가 신의 소유로 인식되었기 때문에, 그 도시국가는 신의 통제 아래 있었다(Frankfort, 1948:158-61). 신의 청지기 곧 신의 영역을 관리하는 자인 왕은 도시와 성전이 건축되었을 때 국가와 백성들의 보호자로 간주되었다. 그리고 이 성전은 신이 거처한다고 믿었던 거룩한 산의 모형, 곧 신의 우주적인 현현(顯顯)으로 이해되었다. 그러므로 성전 건축 명령은 사실상 도시국가에 거처를 정하려는 신의 계획 및 그 계획의 선언을 의미했다.

성전 부지 선택은 지엽적인 일이 아니었다. 오히려 이 일은 신의 뜻을 드러내는 증거가 되어야만 했다. 성전의 선택 역시 도시국가의 정치적, 종교적 삶을 주관하는 신의 통제하심의 증거로 자연스럽게 해석되었다. 그러므로 이러한 메소포타미아 주변상황의 맥락에 비추어 볼 때, 법궤의 송환과 성전을 건축하려는 다윗의 열망과의 관계는 분명해진다. 사무엘하 6장은 여호와께서 법궤의 귀환을 통해 새로운 다윗의 수도(예루살렘)에 거하실 것임을 시사해 준다. 다윗은 처소가 정해지면 성전을 건축하려는 그의 열망을 실행할 수 있게 된다.

사무엘하 6:1-15에 소개된 법궤 송환 기사는 다윗, 여호와 그리고 선택받은 예루살렘과의 관계에 대한 지침을 마련해 준다. 다윗이 법궤의 송환을 주의 깊게 생각했었음은 의심할 나위가 없다. 그러나 하나의 걸림돌이 있었고 다윗은 그의 계획을 잠정적으로 보류해야만 했다. 결국 그의 첫 시도는 실패로 돌아간다(10절). 그 후 법궤는 오벳에돔의 집에서 석 달 동안 있게 된다. 다윗은 오벳에돔과 그의 집이 복을 받음으로 말미암아 여호와의 은총을 확신한 후 다시 그의 계획을 시도한다. 12절에 등장하는 "왕"이라는 칭호는 이 두 번째 시도가 성공할 것임을 암시해 준다(Carlson, 1964:85-91).

예루살렘으로 향하던 중 여호와의 궤를 멘 사람들은 여섯 걸음을 내디딜 때마다 제사를 드렸고, 이러한 제사는 법궤가 통과하던 변방 지역의 단계적 정화(淨化)를 암시한다. 법궤가 성공적으로 예루살렘으로 옮겨진 것은 다윗의 성급한 결정에도 불구하고 여호와께서 이 도시(예루살렘)를 선택하셨음을 말해 준다. 여호와께서 법궤 탈취를 책임졌던 것처럼(삼상 4장) 오직 여호와만이 이 법궤를 다시 옮겨오실 수 있다.

법궤의 부재는 이스라엘 역사 속에서 신학적인 공백을 가져다 주었으나, 이제 그러한 시대는 막을 내린다. 법궤의 등장은 이스라엘의 거룩한 왕이 예루살렘에 있음을 의미한다. 여호와는 이제 자신이 이스라엘 백성들의 삶 중심에 거하시기 위해 준비를 끝마치셨다. 하나님께서 좌정(坐定)하시는 거룩한 보좌인 법궤는 새로이 정해진 하나님의 거처로 옮겨진다(삼하 6:17). 고대 근동 사회는 문서화된 맹세나 정치적 조약들을 신의 발 앞에 보관하거나 혹은 성전 안의 신상 아래 그 문서들을 묻어두는 관습이 있었다. 이러한 관습에 비추어 볼 때, 이스라엘은 시내산 언약의 문서들을 언약궤 안에 보존했다.

모든 이스라엘의 제의적 상징 곧 법궤를 기쁨으로 송환함으로써(삼하 6:15), 이스라엘은 법궤의 송환 가운데 역사하신 하나님의 손길을 깨닫게 된다(다윗이 배설한 잔치와 제사와 관련된 비슷한 유비는 새로이 정해진 수도에 안착하게 된 부족 신들에 대한 이야기를 소개하는 앗수르 연감〈年監〉에 발견된다; McCarter, 1984:178-82). 법궤의 귀환은 다윗의 운명과 그의 가문의 새로운 시작을 예고해 주며, (삼하 7장에 발견되는) 언약 협정이 이루어질 수 있는 길을 마련해 준다. 그리고 이 법궤의 귀환은 법궤와 관련이 없던 사울 가문의 종말을 알려준다. 사무엘하 6:20-23에 다윗은 사울의 딸 미갈을 거절함으로써, 사울 가문이 다윗 가문의 왕위 계승에 참여하지 못하도록 배제시켜 버린다.

(4) 선택된 다윗의 집(삼하 7장)

사무엘하 7장은 다윗 왕권의 본질을 보여 준다. 다윗과 그의 집에 영원한 보좌를 보장해 주는 약속으로 말미암아 사무엘하 7장은 다윗 왕조의 헌장(憲章)과 같은 역할을 한다. 그렇지만 이 헌장은 다윗의 집이 아닌 여호와의 집에 대해 깊이 다루고 있다. 다윗은 법궤를 다시 송환해 옴으로써 그 법궤가 안치될 합당한 장소에 대해 나단 선지자에게 질문한다. 즉 그가 왕으로 있는 이 시점에서 "성전이 이스라엘에 건축되어야 하지 않는가"라는 질문이다(1-2절). 여호와께서 다윗에게 베풀어 주신 평안("사방의 모든 대적을 파하사 평안히 거하게 하신 때")은 성전 건축을 향한 다윗의 열망을 자극시켰다(1절).

신명기 12:10에 미리 예고된 이 평안은 두 가지 관점에서 이해되어야 한다. 평화가 이스라엘로 하여금 여호와께서 베풀어주신 일에 대해 감사하지 못하고 자기 만족에 빠지게 할 수도 있는 반면(신 8:12-14), 안식(약속의 땅에서 윤택한 삶을 영위할 수 있는 큰 복)을 가져다 줄 수도 있다. 사무엘하 7:1이 함축하고 있는 의미는 매우 분명하다. 광야의 유랑 시절 적진을 향해 먼저 앞서가던 (이스라엘 진영 안에 있었던) 법궤는 승리의 대리자로 인식되었다.

이스라엘이 이 법궤와 함께 함으로써 이 법궤는 약속의 땅에서 얻게 될 안식에 대한 소망을 촉진시켜 주었다(민 10:35-26). 다윗이 블레셋 족속을 물리침으로써 가나안의 점령 곧 정복의 직접적인 목표는 성취되었다. 법궤가 예루살렘으로 옮겨진 뒤 예루살렘은 안식을 가져다 주는 도성이 되었다. 평안에 대한 다윗의 반응은 매우 칭찬할 만하다. 왜냐하면 주어진 평안을 기회로 삼아 중앙 성소 건립을 제안했기 때문이다. 그러므로 성전 건축을 할 수 있는 상황이 무르익을 때 다윗이 제안한 것은 신명기 12:11이 이스라엘에게 요구한 사항과 일치하고 있다(Calson, 1964:100-102).

성전 건축을 제안한 다윗에 대해 나단의 적절치 못한 답변은 예언자로서 너무 성급했다 볼 수 있다. 왜냐하면 바로 그날 밤 여호와께서 나단에서 다윗의 계획에 대한 말씀을 하시기 때문이다(4절). 5-16절은 여호와께서 말씀하신 메시지의 내용을 소개한다. 그리고 이 메시지는 "좋은 소식과 나쁜 소식"을 모두 포함하고 있다. 긍정적인 입장에서 보면, 여호와께서는 다윗의 지위를 높이시며 그를 "나의 종"(8절)—아브라함, 모세 그리고 여호수아에게 주어졌던 호칭—으로 부르실 것이다. 더욱이 이 호칭(나의 종)은 10-11절에 암시된 다윗이 수행할 지도자로서의 역할을 암시한다. 다윗은 사사들이 이루지 못했던 일들을 달성했다. 확실히 사무엘상 5:2은 다윗을 이스라엘의 이상적인 목자로 소개하면서 여호와께서 다윗을 높이셨음을 확증해 준다. 한편 부정적인 측면에서 보면, 여호와는 성전 건축을 갈망하는 다윗의 요구를 거절하신다.

왜 다윗은 계속해서 성전을 건축하려 했는가? 어떤 사람들은 이 거절을 오래된 이스라엘 예언 전승—아마도 나단이 표현했었던 전승—의 승리로 이해해 왔다. 이와 같은 관점(예언 전승)에 따르면, 이스라엘 종교는 적절한 준비가 없는 하나님의 고정된 처소라는 사상을 생각할 수 없었다. 왜냐하면 여호와는 그의 백성들과 함께 했었고(삼하 7:9) 성전을 요구하지 않았기 때문이다. 이스라엘 전역으로 옮겨졌던 법궤의 이동은 약속의 땅 전체가 하나님의 성소임을 입증해 주었다. 법궤가 일시적으로 실로에 머물고 있었을 때, 제사장들이 타락하고 국가가 부패하는 결과를 초래하였다(삼상 1-3장). 즉, 여호와를 위해 성전을 건축하는 것은 전혀 생각할 수 없었던 것이다. 그러나 과연 그러한가? 사무엘하 7:13은 성전 건축이 다윗의 아들 솔로몬에게 허락되고 있음을 말해 준다.

의심할 바 없이 성전 건축은 주요한 신학적 변화들을 야기시킨다. 그러나 사무엘하 7장은 이스라엘이 성전 건축을 인식하고 있음을 증거하고 있으며 왕권과 언약을 조화시키려는 갈망을 보여 주고 있다. 뿐만 아니라 사울의 통치 기간 동안 이스라엘 왕권이 겪었던 어려움을 극복할 수 있는 해결책을 찾으려는 노력이 사무엘하 7장을 통해 역력히 나타난다. 다윗의 성전 건축을 여호와께서 거절하신 사건에 대해 좀더 깊이 생각해 보자. 사무엘하 7:5에서 여호와는 나단을 통해 다윗에게 다음과 같이 질문하신다. "네가 나를 위하여 나의 거할 집을 건축하겠느냐?" 어떤 의미에서 볼 때 이 질문은 하나의 책망으로 받아들여질 수 있다. 다윗이 법궤를 예루살렘으로 옮겨올 때 깨달아야만 했던 것처럼(삼하 6:1-15), 성전 건축은 반드시 먼저 하나님에 의해 주도되어야만 한다.

다른 측면에서 살펴볼 때, 여호와께서 다윗에게 던진 이 질문은 어떤 단어에 강조를 두느냐에 따라 다양하게 해석될 수 있다. 예를 들면, 만약 "거하다"(dwell)라는 단어를 강조하게 되면, 이 질문은 "여호와께서 좌정하실 성소 건축이 불가능함을 의미한다. 만약 "나를"(me)이라는 단어에 강조를 두게 되면, 이 질문에 대한 여호와 자신의 대답은 11절에 잘 나타난다. "여호와가 너를 위하여 집을 세울 것이니라." 만약 "네가"(you)라는 단어에 강조를 두게 되면, 이 질문에 대한 여호와의 답변은 13절에 나온다. "저는 내 이름을 위하여 집을 건축할 것이니라." 비록 5, 11, 13절에 등장하는 이러한 단어들이 반복되어 나타나 있다고 해도, 5절과 13절이 극적인 대조를 이루고 있음을 발견할 수 있다(5절의 "네가"는 13절의 "저가"와 대조된다). 비록 다윗이 건축하지 못한다 하더라도, 다윗 가문을 계승해 나갈 솔로몬이 이 성전을 건축하게 될 것이다.

우리는 여호와께서 다윗이 아닌 솔로몬을 성전 건축할 자로 선택하신 것을 독단적인 처사라고 말할 수 없다. 여기에는 합당한 사유가 있었고 그것은 나중에 언급될 것이다. 열왕기상 5:3은 다윗이 대적을 물리치고 나라를 건설하는 일에 너무 깊이 관계하였기 때문에, 성전 건축의 기회를 얻지 못하고 결국 그 계획을 연기할 수밖에 없었음을 말해 준다(cf. 대상 28:3). 그리고 사무엘하 7장은 성전 건축이 지체하게 된 신학적인 배경을 설명해 준다. 한편 그럼에도 불구하고 다윗은 평안을 누려왔다(1절). 뿐만 아니라 다윗은 이 안식을 계속해서 누리고 있다(11절). 그러므로 사무엘하 7장에 암시된 다윗의 안식(계속 누리고 있는 평안)은 다윗을 위해 예비된 축복의 단면을 보여 준다(9절 중반절-11절; Calson, 1964:114-14).

이 축복이 지니고 있는 세 가지 요소들은 다음과 같이 요약될 수 있다: "여호와께서 (1) 다윗의 이름을 "존귀케" 만들어 주실 것이며(9절 중반절), (2) 이스라엘을 위해 "한 곳"을 정하실 것이요(10절), (3) 모든 대적에게서 벗어나 "평온케" 해 주실 것이다(11절 상반절). 아마도 이미 주어진 일시적인 평안은 이제 앞에서 열거한 지속적인 안식의 축복으로 발전하게 될 것이다(cf. 11절). 이 세 가지 요소들이 열거된 후 곧바로 다윗 왕조와 관련된 약속들이 뒤따라온다(11절 중반절). 하나님께서 다윗을 위해 예비해 두신 축복은 아브라함과의 약속을 연상케 한다. 다윗 왕국은 아브라함 언약에서 이미 예고된 약속의 땅의 이상적인 경계가 될 것이다(cf. 10절과 창 15:18; 이러한 경계가 신 11:24에 이스라엘의 "처소"로 소개되고 있음을 주목해 보라). 동시에 다윗은 이 왕국의 건설을 통해 아브라함에게 주어진 존귀한 이름을 자신도 얻게 된다(cf. 9절과 창 12:2).

사무엘하 7:9 중반절-11에 따르면, 약속의 땅이 완전히 정복되고 안식이 주어졌을 때 다윗 왕조는 여호와의 약속을 확신하게 될 것이다. 그리하여 다윗의 계보는 견고히 설 것이며 성전은 솔로몬에 의해 건축될 것이다(삼하 7:12-13). 13절은 여호와의 집이 "내(여호와) 이름을 위해" 건축될 것임을 구체적으로 설명한다. 어떤 이들은 이것을 5절에 나오는 (성전의) 여호와의 임재 개념에 대한 신학적인 적용으로 이해하려 한다. 즉 이들에 따르면, 여호와께서는 성전 안에 좌정하시는 것이 아니라 여호와를 반영해 주는 "그의 이름"이 성전에 있을 것이라는 것이다. (여호와의 임재 개념을 약화시키는) 이러한 해석을 받아들이는 이들은 그들의 해석을 정당화시키기 위해 하나님 임재의 초월성을 강조하는 신명기 저자의 입장을 첨가시킨다.

그러나 우리는 "자기 이름을 두시려고"(신 12:11 참조)라는 어구가 성경 이전 시대에 소유권을 입증해 주는 표현이었음을 발견할 수 있다(Wenham, 1971:114). 그러므로 13절의 "내 이름을 위해"라는 표현은 이스라엘을 향한 여호와의 왕권과 그분의 주재권(主宰權)에 대한 선언으로 볼 수 있으며, 이러한 문맥(여호와의 왕권과 주재권에 대한 선언) 속에서 오직 다윗 왕조는 영구히 지속될 수 있게 된다. 그러므로 13절은 하나님과 인간의 왕권이 매우 밀접한 연관성을 지니고 있음을 재확인시켜 준다.

특히, 다윗 왕조의 영원한 왕위는 사무엘하 7:13 중반절에서 확고한 표현으로 설명되고 있다. "나는 그 나라 위(位)를 영원히 견고케 하리라." 비록 14절이 징계를 언급하고 있지만, 새 언약의 약속들은 결코 철회되지 않을 것이다. 하지만 다윗의 위(位)가 영원히 설 것이라는 하나님의 선언은 역사 속에서 발생한 다윗 왕국의 몰락과 사실상 뚜렷하게 대조되는 것처럼 보인다. 이러한 갈등 때문에 다윗의 약속이 "조건적인 약속인가 아니면 무조건적인 약속인가"에 대한 논란이 제기된다. 구약은 이 두 가지 입장을 모두 지지하는 명백한 증거들을 지니고 있다.

사무엘하 23:5은 다윗에게 한 언약을 다음과 같이 언급한다: "그가 나와 함께 영원한 언약을 세웠기 때문에"(NRSV). 또한 시편 89:33-37은 변치 않는 다윗 언약의 특성을 강조하기 위해 길게 나열하고 있다. 그렇지만 열왕기상 2:4; 8:25; 9:4-5; 시편 89:29-32 그리고 13:12은 이 언약이 조건적인 것으로 소개한다. 그렇다면 어떻게 이 언약이 조건적이면서도 무조건적일 수 있는가? 성경은 약속의 무조건적인 보편성과 다윗 왕조의 개개인들에게 주어진 약속의 조건적인 특수성을 서로 구분하고 있다. 즉, 비록 다윗의 계보는 지속된다 하더라도, 언약의 약속들은 (언약을 위반함으로써) 다윗 가문에 속한 개개인들로부터 철회될 것이다. 육신적인 관점에서 볼 때, 다윗의 계보는 주전 587-586년 예루살렘이 느부갓네살 왕에 의해 함락됨으로써 몰락하고 만다. 그러나 영적인 관점에서 보면, 나사렛 예수는 종말론적으로 다윗 왕조에 주어진 약속들을 모두 성취하신다.

비록 "언약"이라는 단어가 사무엘하 7장에 발견되지 않는다 하더라도, 이 단어는 사무엘하 7장의 전반부를 차지하고 있는 다윗에게 주어진 약속으로 분류되곤 한다. 어떻게 다윗의 약속이 이스라엘과 하나님 사이에 맺어진 언약과 관련될 수 있는가? 다윗은 펼쳐진 이스라엘의 역사와 운명을 함께 하게 되며 이스라엘의 대리자로서 그 약속을 받게 된다. 더욱이 다윗은 출애굽의 구원, 즉 약속의 땅에 보장된 궁극적인 안식을 가져다 줄 중보자이다. 그래서 이스라엘에게 적용되는 "양자권"(養子權)이라는 용어(출 4:22)가 이제 다윗에게로 적용된다(14절).

왕으로서 다윗은 이스라엘의 약속을 수행하는 대리자인 것이다. 사무엘하 7장이 창세기 12:1-3을 암시하고 있으므로, 다윗 언약은 아브라함 언약을 따르고 있다고 볼 수 있다. 더욱이 하나님의 거룩한 임재를 통해 보장된 안식의 축복은 창조 언약의 축복이 회복될 것이라는 희망을 불어넣어 준다. 심지어 다윗의 왕권은 사무엘하 7장에 언급된 약속들을 훨씬 뛰어넘어 이스라엘 언약과 관계를 맺고 있다. 예를 들면, 시편 110편은 예루살렘 그리고 다윗의 왕권이 지니고 있는 제사장으로서의 특성을 언급하고 있다(4절). 왕은 출애굽기 19:6에 나오는 언약의 기대-이스라엘이 왕 같은 제사장이 될 것이라는 언약-를 구현할 것이다. 언약의 이 모든 조화는 다윗 언약이 이스라엘 언약의 구조와 잘 부합하고 있음을 분명히 밝혀준다.

사무엘하 7:18-29에 나오는 다윗의 기도는 그가 하나님 언약의 중요성과 그 언약이 전 인류에게 끼칠 영향을 충분히 이해하고 있었음을 시사해 준다. 그리고 19절에 등장하는 특이한 어구는 다윗이 자신과 언약 사이에 맺어진 관계를 정확하게 이해하고 있었음을 암시해 주고 있다. 하지만 이 어구에 대한 번역성경들의 다양한 설명은 일치를 보지 못하고 있다. 개역 표준 번역 성경(RSV)은 "이것은 사람을 위한 법이다"라고 한계를 정하고 있는 듯하다. 새 개역 표준 성경 (NRSV)은 이 어구를 권고(exhortation)로서 취급하고 있다: "이것이 백성들을 위한 율례가 되게 하소서."

그러나 번역 성경과 다른 입장을 살펴볼 때에, 이 어구는 "그리고 이것은 모든 인류를 위한 계약이 된다"로 번역됨이 가장 바람직하다(Kaiser, 1974:315). 다시 말하자면, 다윗은 그에게 전달된 신언(oracle)을 통해 인류의 운명과 미래를 정확하게 알 수 있었다. 창조로부터 시작된 하나님의 언약이 계속해서 발전해 가기 때문에, 다윗의 약속은 인류의 발전을 위한 하나님의 의도를 설명해 주고 있다. 그러므로 다윗은 언약과 관련된 모든 사항들을 분명히 깨닫고 있었다고 볼 수 있다.

(5) 다윗 왕권의 종말론적 중요성

다윗 왕권의 역할과 발전에 대한 이해는 성경적 종말론을 이해하는 데 매우 중요하다. 다윗 왕권은 이스라엘의 왕위를 차지함으로 말미암아, 시내산 언약이 이스라엘에게 요구하는 가치들(values)을 반영해야만 한다. 다윗 왕은 백성의 대리자이며 그의 백성들을 연합시키고 백성들의 역할과 기대를 서로 엮어 준다. 다윗 왕은 이 세상의 모든 민족을 향한 여호와의 통치를 수행할 여호와의 대리자 (vice-regent)로서 그 역할을 수행한다. 다윗 언약은 단지 시내산 언약을 통해 나타난 이스라엘을 향한 하나님의 목적뿐만 아니라, 아브라함을 통해 나타난 인류를 향한 하나님의 목적으로까지 소급되어 올라간다.

그리하여 창세기 3-11장에 나타난 인류의 실패는 재역전될 것이고 에덴은 다시 회복될 것이다. 그리고 다윗 왕권을 통해 하나님께서 정하신 중보자—온 세상은 그에게 복종할 것이다—를 통한 다스림이 온 땅에 이루어질 것이다. 그리하여 인류를 향한 여호와의 충만하신 목적은 이스라엘 메시아의 지혜로운 사역을 통해 실현될 것이다. 인류를 향한 언약, 통치 그리고 (다윗의 대리자로서 역할을 수행했던) 왕권 사상은 아브라함과 다윗의 후손이시며, 하나님의 아들이신 나사렛 예수의 인격 속에 모두 함께 조화되어, 마침내 최종적인 성취를 이루게 될 것이다.

THE SEARCH FOR ORDER

언약신학과
종말론

제4장
시온 신학과 포로기 전 종말론

솔로몬의 통치는 아브라함과 다윗 언약의 성취를 보여 준다. 약속의 땅은 두로와 시돈을 제외한 나머지 전체가 이스라엘의 손에 놓여지게 된다. 이스라엘은 큰 민족(엄청난 숫자로 증가해 가는 인구와 함께)을 이룬다(왕상 4:20). 그리고 정치적 안정을 이룬 솔로몬은 성전 건축을 시작한다(왕상 5:4-5). 모든 약속의 땅과 동일하게 취급되었던 성소는 이제 완성된 예루살렘 성전이 되었으며, 이것은 신명기 12:5-11의 말씀을 성취한 것이다. 법궤가 성전의 성소에 안치될 때 구름이 성전을 가득 채운다(왕상 8:10). 이러한 관점에서 볼 때 시내산 언약과 다윗 언약은 서로 연결되어 있으며, 성전은 구원과 역사의 희망을 가져다 주는 핵심적인 중보 역할을 감당하게 된다.

1. 시온 신학의 시작

솔로몬의 기사(왕상 1-11장)는 아브라함과 다윗의 약속이 성취된 범위와 (이 세상에서) 이스라엘 왕국의 영향력을 보여 주고 있다. 솔로몬의 통치 기간 동안 예루살렘은 국제적인 중심지가 되었다. 더욱이 시온 신학으로 알려진 도시와 관련된 종말론의 기대가 이때부터 등장하기 시작한다. 남동쪽 성전이 위치하고 있는 산을 지칭하는 "시온"이라는 이름은 구약의 예루살렘을 지칭하는 신학적 용어이다. 시온 신학은 예루살렘—이스라엘의 구원받은 남은 자들이 거하게 될 곳—이 도래하는 새 시대에 하나님 나라의 중심지(온 세상의 열방들이 이곳을 향해 순례의 길을 떠나게 될 것이다)가 될 것이라는 믿음에 기초하고 있다.

(1) 세계 중심으로서의 예루살렘(왕상 10장)

사람들이 솔로몬의 소문을 듣게 되자 온 열방들, 이 땅의 모든 왕들이 그의 지혜로운 모사를 듣기 위해 예루살렘을 향하여 여행을 떠나기 시작했다. 비록 예루살렘으로 향하는 순례여행이 많았지만(왕상 10:24), 특별한 한 사람의 방문은 솔로몬시대에 법정이 끼친 영향력이 어디까지 미치게 되었는가를 잘 반영해 준다. 열왕기상 10장은 그때 당시 가장 큰 무역 국가였던 아라비아 반도의 스바 제국의 통치자였던 스바 여왕의 방문을 기록한다.

10장에 묘사된 솔로몬은 지혜를 갖춘 왕이었고 그의 지혜는 세상을 놀라게 했으며, 그가 다스린 법정은 다른 나라의 법정들 보다 훨씬 뛰어나 그것들을 압도하였다. 이스라엘의 정치적인 힘이 무르익기 시작할 때, 이스라엘 법정의 명성이 온 세상에 알려지기 시작했다. 그리고 스바 여왕은 그녀가 직접 보고 목격한 놀라운 일―그녀가 이미 전해들었던 것들은 이 일에 절반도 채 되지 못한다―로 인해 압도당하고 말았다.

스바 여왕은 이스라엘이 특별히 하나님으로부터 선택받은 것과, 이 세상에서 가장 높은 곳에 위치할 것과, 하나님의 계획에 따라 영원한 처소에 거하게 될 것임을 고백하면서 경의의 표현으로 그녀가 가져온 선물을 솔로몬에게 바친다. 예루살렘을 방문한 스바 여왕의 이야기는 아마도 종말에 온 열방들이 시온을 향해 순례 여행을 떠나게 될 것임을 예언하는 후기 예언서의 모형이 된다(사 2:2-4; 60-62장). 스바 여왕이 지혜를 보기 위해 예루살렘을 방문한 것처럼, 이방 민족들도 지혜와 토라(율법)를 받아들이기 위해 시온을 찾아올 것이다.

(2) 신실한 남은 자 사상(삼상 17-19장)

시온 신학의 기초가 되는 또 다른 사상이 열왕기상에 등장한다. 그것은 바로 남은 자 사상이다. 17-19장은 북이스라엘에서 활동한 엘리야 선지자에 대한 기사로 구성되어 있다. 이 선지자는 이스라엘에서 성행했던 혼합종교로부터 비교적 덜 영향받았던 요단 동편(길르앗)에서 어느 날 갑자기 그 모습을 드러낸다. 엘리야는 삼 년간 가뭄이 있을 것이라고 선언한 후, 가나안 신들을 향해 전면적인 도전을 시도하면서 인생의 생명과 부귀가 바알 신이 아닌, 오직 여호와께 달려 있음을 단호하게 선포한다(왕상 17:1-7). 엘리야는 생명을 회복시켜 주시는 분은 오직 여호와 한 분뿐이심을 강하게 증거하면서 못(Mot)—죽음과 지하세계를 다스리는 가나안 신—의 우월성에 정면으로 도전한다.

이 사건은 아합과 아합의 아내 이세벨—두로의 공주이며 미디안 지역의 가나안 풍습을 주도하던 자의 딸—의 비호 아래 발흥하였던 혼합종교와 엘리야간의 피할 수 없는 정면 대결을 초래한다. 열왕기상 18:19은 바알 선지자 450인과 아세라—가나안 만신전의 최고신의 짝—선지자 400인에 대한 엘리야의 도전을 기록하고 있다. 바알과 아세라를 섬기던 이 모든 선지자들은 갈멜산 부근으로 모두 모여든다. 그리고 이곳에서 엘리야는 바알과 여호와 사이에 누구를 섬길 것인지를 결정하라고 촉구한다: "너희가 어느 때까지 두 사이에서 머뭇머뭇 하려느냐 여호와가 만일 하나님이면 그를 좇고 바알이 만일 하나님이면 그를 좇을지니라" (21절).

엘리야는 이스라엘 백성들 앞에서 십계명의 제 일계명의 말씀을 선언하면서 사실상 이스라엘에게 언약의 말씀으로 돌아올 것을 촉구한다. 엘리야의 도전에 대해 백성들이 침묵하지, 그는 불로써 인하는 자가 하나님이라고 문제를 제기한다. 바알 선지자들은 긴 시간 동안 그들의 신을 불러 보았으나 아무런 반응이 없었다(29절). 그 후 엘리야는 이스라엘 백성을 향한 여호와의 언약이 변치 않음을 상기시키면서 갈멜산에 여호와를 위해 열두 제단을 쌓는다(30-32절). 그리고 여호와께서는 극적으로 엘리야에게 불로써 응답하신다(38절). 그리하여 바알 선지자들은 모두 죽임을 당하게 되고(40절) 3년 동안 오지 않았던 우로가 다시 내리기 시작한다(45절).

엘리야 선지자의 승리를 소개하는 18장의 관점에서 볼 때, 19장이 이세벨의 격노와 엘리야의 두려움 그리고 남쪽 광야로의 도피로 이야기를 시작하고 있음은 매우 놀라운 일이다(19:2-3). 이 기사에는 모세의 모형이 분명히 나타난다. 즉 19장에서 엘리야는 모세와 같은 인물로 변모되며 호렙산은 시내산과 서로 연결되고 있다. 천사가 나타나 힘을 북돋아 줌으로써 엘리야는 사십 주 사십 야를 행하여 호렙에 이르게 된다(4-8; cf. 출 24:18). 그리고 엘리야는 호렙에 도착한 후 "굴" 속에 유한다. 19장의 많은 부분들이 모세와 관련되어 있다는 관점에서 볼 때, 이 "굴"은 (출 3:22에 나오는) 하나님께서 모세에게 나타나셨던 바로 그 장소인 것 같다. 더욱이 엘리야는 신앙을 잃어버린 이스라엘 백성들 가운데 거하면서 모세가 경험한 출애굽의 체험을 자신이 홀로 다시 재현하려는 듯이 보인다.

엘리야가 갈멜산에서 변절자들을 처단했던 것처럼, 모세도 이와 비슷한 배교와 반역에 직면했었고 범죄한 동족 이스라엘을 칼로써 심판했었다(출 32:25-29). 그러나 하나님께서 모세에게 직접 현현하셨던 것과는 달리, 책망처럼 들려지는 하나님의 질문 섞인 목소리가 호렙에 있는 엘리야에게 임한다: "엘리야야 네가 어찌하여 여기 있느냐"(9절). 이스라엘에서 하나님의 사역을 감당해야 할 엘리야는 왜 여기에 있는 것인가? 엘리야는 하나님의 질문에 대한 대답으로서 자신에게 일어났던 상황들을 다시 설명하기 시작한다. 즉, 이스라엘의 선지자들이 변절자들에 의해 죽임을 당하였고, 언약이 버린 바 되었으며, 출애굽기 32장에 나오는 모세처럼 예언자로서는 엘리야 자신만이 유일하게 생존하였다는 것이다.

시내산에 임하셨던 하나님의 현현이 엘리야에게도 임하게 된다. 지진, 바람 그리고 불과 같은 전형적인 요소들은 하나님의 현현을 알려준다. 그 후 "부드러운 속삭임" 혹은 구체적으로 말해 "세미한 음성"이 엘리야에게 임한다(12절). 이때까지 엘리야에게 그 어떤 소리도 들려오지 않았고 이 소리의 출처를 알 수 없게 되자, 엘리야는 당혹해 하기 시작한다. 그리고 엘리야가 굴 어귀에 섰을 때 하나님은 다시 그에게 질문을 던지신다(13절). 분명히 엘리야는 아직까지 하나님의 현현에 대해 전혀 깨닫지 못했다. 그러므로 하나님은 시내산에서 모세와 대면하셨던 것처럼 엘리야에게 나타나지는 않았던 것 같다. 엘리야가 하나님께서 던지신 질문에 대답하자마자, 여호와께서는 정치적인 위임과 관련된 예언 직무를 엘리야에게 맡긴다(14절; 10절과 비교하라).

간략하게 말하자면, 엘리야는 그가 어려움에 직면했던 그 장소로 다시 돌아가서 여호와 신앙에 기초한 그의 직무를 성실히 감당해야 한다. 그리고 여호와께서는 이스라엘이 증인들을 아직도 잃지 않았음을 말씀해 주신다. 즉, 실제로는 아직도 바알에게 무릎을 꿇지 아니한 칠천 인이 예비되어 있었던 것이다(18절). 이것은 민족 그 자체와는 구별된 민족 안에 믿음의 그룹이 있음을 분명히 보여 준다. 비록 역사적, 정치적 난국 속에서 살아남은 생존자들에게 적용되었던 "남은 자"라는 용어가 이전에 이미 있었다 하더라도, 이 용어가 신학적으로 사용된 것은 이것이 처음이다. 그리하여 여호와께서는 엘리야에게 이스라엘의 신앙에 대한 더 이상의 언급을 하지 아니하신다. 왜냐하면 그럴 필요가 없기 때문이다. 신앙의 공동체—칠천 인의 경건한 믿음의 사람들—는 이미 이스라엘 왕국에 존재하고 있었다.

2. 예언자들의 종말론

열왕기서(상하)는—다윗의 약속들, 솔로몬에 의한 약속의 성취, 왕국의 분열, 남유다와 북이스라엘의 타락, 개혁의 시도, 주전 722년 사마리아의 함락과 함께 찾아온 북이스라엘의 종말 그리고 예루살렘의 함락과 함께 찾아온 남유다의 종말과 주전 587-586년 바벨론 포로생활의 시작을 포함하여—다윗 왕국의 발흥(發興)과 몰락(沒落)을 잘 소개해 준다. 그리고 선지자들은 이러한 정치적인 상황들로부터 제기되는 많은 문제들과 씨름하게 된다. 만약 하나님께서 다윗 왕조와 예루살렘을 선택하셨다면, 그들의 종말은 무엇을 의미하는가? 이스라엘은 하나님의 백성으로서 계속될 것인가? 만약 그렇다면 어떻게 그렇게 된다는 말인가?

임박한 북이스라엘의 패망과 계속되는 남유다의 배교에 직면한 8세기의 선지자 아모스, 미가 그리고 이사야는 예루살렘의 신학적인 역할을 재평가하고, 하나님의 백성 이스라엘을 향한 하나님의 목적과 선택의 문제를 더 깊이 생각하게 되었다. 그 결과로 예루살렘과 이스라엘의 역할은 다시 정의된다: 첫째, 예루살렘이라는 도시는 물리적 심판에 직면할 것이고, 둘째, 언약의 희망을 수행할 자는 민족 이스라엘이 아니라 타락한 민족 안에 존재하는 신실한 남은 자들이 될 것이다. 7세기의 선지자 스바냐는 남은 자—유다에게 임할 하나님의 거룩한 전쟁으로부터 구원받을 자—사상을 계속 전개한다.

(1) 아모스

아모스서는 전(全) 이스라엘, 즉 남유다와 북이스라엘에게 있어서 예루살렘이 갖고 있는 종교적인 중요성에 대해 의문을 제기한다. 실로 시온과 유비(喩比)되는 예루살렘과 관련된 언급들은 이 책의 토대가 된다. 이 책의 시작부터 주님은 아모스를 통해 우상숭배로 물든 산당을 정죄하시면서 예루살렘 성소에서 외치신다(1:2). 산당(山堂)에 대한 선지자의 계속되는 비난은 "예루살렘 성전의 중앙화"라는 신학적인 기초를 제공해 준다. 이 책의 끝 부분에서 아모스는 다윗을 통해 종말에 회복될 이스라엘 통일 왕국의 모습을 그려준다(9:11-15). 11절의 "다윗의 무너진 천막을 일으키고"라는 난해한 표현은 예루살렘과 관련되어 있다. 왜냐하면 도시 예루살렘의 희망은 미래에 나타날 다윗의 통치와 연결되고 있기 때문이다(cf. 사 1:8).

만약 무너진 천막이 성읍(예루살렘)을 의미한다면, 이것은 새 예루살렘에 대한 종말론적인 기대를 말해 주는 최초의 표현이 될 것이다. 그리고 "에돔의 남은 자와 내 이름으로 일컫는 만국"을 소유할 것이라는 이스라엘의 종말론적인 기대(12절)는 악을 물리칠 하나님의 백성들의 최종적인 승리를 반영해 준다(하나님의 백성들의 최종적인 상태를 말해 주는 이 구절은 후에 이방인들을 믿음의 공동체 안에 포함시키는 것을 정당화하기 위해 행 15:16-18에서 인용된다).

남은 자라는 용어는 신학적인 맥락에서 볼 때 아모스서에서 사용되고 있다. 예를 들면, 이 용어는 하나님의 자비를 보게 될 사람들을 설명하기 위해 다음과 같이 사용된다: "요셉의 남은 자를 긍휼히 여기시리라"(5:15, 비록 이 구절이 경건한 남은 자를 언급한다고 볼 수 있다 하더라도, 이 구절이 반어적 혹은 조소적 표현이라는 해석도 무시되어서는 안 된다; Hunter, 1982:94). 게하르드 하젤(Gerhard Hasel)이 주장하듯이 남은 자 사상은 항상 9장에 근거한다(1974:207-15). 특히 9장에서 "멸망받을 죄인들"(8-10절)과 "포로생활로부터의 귀환"(11-15절)은 대조를 이루고 있다. 또한 8절의 "야곱의 집은 온전히 멸하지는 아니하리라"는 여호와의 약속을 주목해 보라.

(2) 미가

미가는 그와 동시대에 사역을 했던 이사야보다 훨씬 더 강한 메시지를 가지고 하나님의 백성들(북이스라엘과 남유다)을 향해 심판을 선언한다. 미가서는 심판과 구원의 메시지를 번갈아 가면서 소개한다. 4-5장에서 구원의 선지자 미가는 시온으로부터 오는 하나님의 통치가 미래의 희망임을 말해 준다. 각각의 일곱 개의 신탁(oracles)은 시온에 대한 위협과 그 위협이 제거될 것임을 기록한다. 그리고 이 신탁들은 예루살렘의 종말론적인 축복을 반영해 준다. 예를 들면, 5장의 시작부터 앗수르의 위협이 등장한다(이 위협은 6장에 가서 해결된다).
　이 신탁(5장)의 중반부에 가서 아마도 민족의 정치적인 어려움을 해결해 줄 수 있는 이상적인 통치를 반영해 주는 다윗의 이상적인 통치(2절; cf. 마 2:6)가 소개되고 있다. 선지자 미가는 선지자 이사야가 진술하고 있는 것(이 도시는 세계의 예배 중심지가 될 것이고 온 열방이 이 도시를 향해 순례의 길을 떠날 것이다)과 동일한 예루살렘의 종말론적인 모습을 미리 보여 준다.
　미가는 이사야처럼 경건한 남은 자와 민족을 구별한다. 왜냐하면 미가는 하나님의 구원 역사가 오직 신실한 자들에게 전달될 것임을 예언하고 있기 때문이다. 미가 4:7에서 미가 선지자는 어떻게 여호와께서 철저히 실패한 무리들—저는 자와 소외된 자—을 회복시킬 것인지를 설명한다. 미가는 이러한 초자연적이고 놀라운 역사를 통해 권능이 시온으로 다시 올 것이라고 말한다(8절). 남은 자 사상은 신실한 자의 역할을 다루고 있는 미가 5:7-9에서 더욱더 확장된다. 여호와로부터 내리는 이슬처럼(7절) 남은 자는 이 세상의 축복의 통로가 될 것이다. 그러나 수풀짐승 중에 있는 사자처럼 남은 자는 국제적 심판의 대리자—이스라엘의 심판자로부터 임하는 징벌을 수행할 것이다—가 될 것이다.
　미가서는 희망의 노래와도 같은 긴 표현으로 이 책을 마감한다(7:7-20). 예루살렘은 8-10절에서 여호와께 대한 강한 확신을 표현한다. 그리고 미가 선지자는 11-13절에서 장차 예루살렘에게 임할 좋은 일들을 말하고 있는 반면, 14-17절에서 다시 고통중에 있게 될 이스라엘을 보여 준다. 이 시점에서 미가는 민족들이 당하게 될 창피와 굴욕을 막아주실 (출애굽을 통해 역사하셨던 것과 같이) 하나님의 간섭하심을 간청한다. 그리고 미가 선지자는 아브라함 언약을 지키시는 하나님의 신실하심과 측량할 수 없는 그분의 사유하심 때문에 하나님께서 자신의 호소에 응답하실 것임을 확신하다(18-20절).

(3) 이사야 1-39장

　이사야서, 특히 전반부(1-39장)는 예루살렘의 역할, 거룩한 남은 자 그리고 다윗의 왕권과 같은 신학적인 이슈들을 다룬다. 1장은 이 책의 서론으로서뿐만 아니라 첫 소(小)단락으로서의 역할을 한다(1-2장). 그리고 1장에서 이사야 선지자는 예루살렘의 배교 행위를 비난한다. 주전 701년 이사야 선지자가 고발한 내용에 따르면, 국가를 하나로 뭉쳐 주는 삶의 중심이 되는 예루살렘과 유다의 예배 구조는 심각한 배교 행위에 오염되어 있었다. 그리하여 하나님께서는 제사에 바쳐지는 예물을 더 이상 받지 않으신다. 왜냐하면 하나님께서 그 예물을 가증스럽게 여기셨기 때문이다(11-13절).

더욱이 하나님께서는 더 이상 이스라엘의 기도에 귀기울이지 않으실 것이다(15절). 이제 형식적인 회개의 모습들은 곧 임하게 될 하나님의 심판을 돌이키지 못할 것이다(18-20절). 예루살렘은 반드시 정화되어야만 한다. 그리고 예루살렘은 반드시 심판받아야만 한다. 그러나 이사야 2:2-4에 나타난 종말론적인 신탁(oracle)은 예루살렘이 하나님께서 다스리실 이 세상의 중심―의롭게 된 자들의 도시, 즉 시온―으로 다시 등장하게 될 것이라는 확신을 제공해 준다. 그렇지만 우리는 이사야 1장에 나타난 예루살렘이 저지른 반역의 본질을 예언 전체의 관점에서 반드시 살펴보아야 한다.

이사야서는 예루살렘에 대한 심판이 오직 이스라엘을 정화시키려는 하나님의 목적임을 강조하고 있으며 이 사실을 분명히 한다. 비록 이사야 선지자가 심판 아래 놓여 있는 예루살렘을 언급하면서 이야기를 시작하지만, 끝에 가서는 새 예루살렘의 선택과 새 예루살렘을 향한 하나님의 목적과 함께 마지막을 장식한다(65-66장). 하나님의 계획 속에 있는 예루살렘의 역할과 기능은 이사야서를 하나의 신학적인 통일체로 묶어 주는 주제들이 된다. 이 사실을 파악하기 위해 이사야서에 나타난 이 주제들의 발전과정을 더욱더 면밀히 살펴보도록 하자. 이사야서 전반부를 끝맺고 있는 39장에서 이사야 선지자는 바벨론에서 온 사자들에게 성전과 궁전의 보화들을 보여 주었던 히스기야 왕의 어리석음으로 인해 임하게 될 성전 훼파와 예루살렘의 심판을 미리 예고해 준다.

이사야는 예루살렘이 파괴될 것이고 유다 백성들은 유배될 것이라는 사실을 분명히 밝혀준다. 바로 그 다음 장―40:1-11, 이사야서 후반부의 서막―에서 이사야 선지자는 포로생활의 종결과 하나님의 도시로 다시 높임을 받게 될 예루살렘에 대한 기대를 보여 준다(우리는 40-66장이 제시하는 포로기 그리고 포로기 후 상황에 대해서 나중에 다시 상고해 볼 것이다). 그리하여 1-39장은 확실히 임하게 될 예루살렘의 심판에 대해 전망하고 있으며, 40-66장은 바벨론 유수로부터의 귀환과 새 창조의 꽃이라고 할 수 있는 새 예루살렘의 출현을 기대하고 있다(65-66장). 예루살렘은 이사야서의 발전과정을 파악하는 데 중요한 열쇠가 된다.

그리고 "예루살렘의 중앙화"라는 개념과 예루살렘-하나님의 도성-의 역할은 이사야서의 전(全) 예언들을 서로 묶어 주고 있으며 구약 종말론의 기대를 한정시켜 준다.

① 예루살렘/시온의 종말론적인 역할

예루살렘이 황폐화될 것임을 예고해 주는 1장에 이어 2장은 이사야의 희망의 예언을 소개하고 있다. 비록 이사야 2:2-4이 예루살렘을 세계 통치의 중심으로서 역할을 수행할 시온으로 묘사하고 있다 하더라도, 이것은 이사야 1장에서 예고된 그 심판이 임한 이후에 이루어질 것이다. 실로 이사야 2:2-4에 나타난 신탁(oracle)은 먼 훗날에 있을 시온이 높임받게 될 것을 보여 주는 한 단면이다. 우리는 예루살렘의 발전과정을 살펴봄으로써, 이사야의 예언이 예루살렘/시온에 대한 종말론적인 희망의 범위 안에서 발전했으며, 이러한 미래의 종말론적인 기대들이 이사야의 예언에 전제가 된다는 것을 발견할 수 있다. 달리 말하자면, 이사야시대 혹은 그 이전에 살았던 예루살렘의 거주자들과 유다 백성들은 예루살렘이 하나님의 도성, 다윗 왕의 도성 그리고 성전이 될 것이라는 기대를 분명히 지니고 있었다.

시온은 결코 시내산과 완전히 대체될 수 없다. 그러나 특히 이사야서에서 이 도성은 성전이 있는 성산(聖山)으로 소개되고 있으며, 이스라엘이 기대하는 미래의 희망을 수행할 주요한 상징으로 점차적으로 발전해 간다. 왕정시대에 시온은 예언적인 관점에서 볼 때, 예루살렘에 좌정하셨던 온 세상을 다스리실 여호와의 우주적인 처소로 인식되었다. 하나님의 처소가 될 "우주적인 산" 개념은 고대 근동 지역에 널리 퍼져 있었고, 심지어 별 특별한 특징이 없었던 이집트까지 확산되어 있었다. 신의 사역과 임재로 말미암아 구별되어 있었기 때문에, 이 우주적인 산은 세상을 위한 질서의 원리 혹은 안정의 원리로서 이해되었다(Clifford, 1972:7).

고대 근동 지역에 거주하던 사람들은 우주적인 산의 바닥이 지하 세계에 기반을 두고 있으며 이 산의 꼭대기가 천상으로 연결된다고 생각했다. 즉 그들은 이 산을 두 세계(지하 세계와 천상 세계)가 서로 만나서 교류할 수 있는 곳으로 이해했던 것이다. 신의 현현과 다스림은 이 개념 안에 서로 하나가 된다(우가릿 문헌에서 가나안 만신전(萬神殿) 최고신이었던 엘의 산은 신들의 회의가 열린 곳이었으며, 여기에서 신들은 온 세상에 일어나는 일들을 결정하였다; Clifford, 1972:190-91).

시편 48:2은 시온을 가나안에 위치하고 있었던 바알의 산과 비교하고 있으며 우주적인 산으로 인식하고 있다. 에스겔 28:11-15은 우주적인 산이 하나님의 동산인 에덴으로 간주될 수 있음을 분명히 밝히고 있다. 후기 유대 랍비들의 신학 속에 시온은 혼돈의 세력을 계속해서 제압하는 거대한 반석으로 이해되고 있으며, 이 반석의 통제를 통해 창조와 문명은 가능하게 된다(Levenson, 1985: 133). 더욱이 성전의 반석은 지하 세계(sheol)로 가는 길을 차단한다.

이사야서는 시온 신학에 대해 무엇을 반영해 주고 있는가? 시온 신학이 다음에 소개될 몇 가지 요소들을 포함하고 있음은 대체로 인정되고 있다.

(1) 시온은 우주적인 산, 세계의 중심이며(사 2:2; cf. 시 48:1-2), 세계 통치의 중심으로서 여호와께 선택받게 되었다(사 2:3-4; 시 78:68; 132:13).
(2) 시온은 신들의 회의를 주재하시는 만남의 장소이며, 신화적인 관점에서 볼 때, 이곳은 만신전의 최고신이 다른 (열등한) 신들을 다스렸던 장소이다(사 6:8; 시 82장; 89:5-7).
(3) 시온으로부터 여호와의 율법이 나오게 될 것이며 시온은 그 중심이 된다 (cf. 사 2:3; 14:26-27과 시 2:4-7; 50편; 93:5).
(4) 시온은 낙원에서 흐르는 강물과 그 강물로부터 흘러 넘치는 물결의 근원이 된다(cf. 사 33:21과 시 46:4; 겔 47:1-12).
(5) 시온에서 여호와께서는 혼돈의 세력(cf. 사 27:1; 시 46:3)뿐만 아니라 혼돈의 세력이 구체적으로 역사 속에 드러낸 실체(즉 왕들과 그들이 다스리던 족속들)를 물리치셨다(시 46:6; 48:4-7; 76:5-8). 그리고 그 결과로서 여호와께서는 시온에서 (모든 전쟁터에서 사용되는) 무기들을 없애버리신다(시 76:3).
(6) 에덴 동산 혹은 에덴 동산의 구현된 모습으로 간주되는 시온은 풍요와 완성이 이루어지는 곳이며 하나님의 백성들은 이곳에서 이 모든 것을 함께 누리게 될 것이다(cf. 사 11:6-9과 시 36:8-9; 50:2).
(7) 종말에 모든 열방들은 시온을 향해 순례 여행을 떠나게 될 것이다(cf. 사

2:2-4; 60-62장과 시 72:8-11; 102:12-22). 왜냐하면 이 시온에서 모든 인류의 삶과 그 가치는 변형될 것이기 때문이다(사 35:1-10; 65:17-18).

위에서 살펴본 바대로 시온 신학이 함의하는 바는 시온이 어떠한 적들에게도 결코 쓰러지지 않을 것이며, 여호와의 임재하심으로 인해 보호받을 것임을 보여준다(시 46:5, 7, 11; 76:2). 오래 전부터 내려온 전승, 즉 시온의 불가침(不可侵)교리는 다윗이 예루살렘—여호와께서 법궤의 귀환과 성전을 위해 선택한 도성—을 빼앗은 후 시작된 것 같다.

여호와께서 성전에 임재하심으로 그의 백성들 가운데 함께 거하신다는 교리는 시온 전승의 핵심이라고 볼 수 있다. 시편에서 언급되고 있는 바와 같이, 여호와께서는 시온에 거하시면서 그의 성소—이사야는 이 성소를 여호와의 산으로 묘사한다(11:9)—에 들어가시는 영광의 왕으로 묘사된다(시 24:7-10). 왕의 등극을 노래하는 시들(47장; 93장; 96-97장; 99장)은 여호와를 시온의 왕으로 묘사한다. 예루살렘은 다윗이 차지하게 되었고 성전은 건축되었다. 그리하여 이곳에서 오래된 창조와 구원의 모티브는 변형되었던 것 같다(사 14:32). 시온은 여호와의 창조로 간주된다(사 14:32). 실로 여호와께서는 시온을 견고한 반석, 즉 그의 집의 모퉁이 돌로 세우셨다(사 28:16). 그러니 시온은 항상 다윗 왕권과 긴밀한 관계를 맺고 있다(시 132편). 왜냐하면 여호와께서는 시온을 통해 그의 기름부음 받은 자, 곧 이스라엘의 왕을 보호하시기 때문이다.

② 시온의 미래 (사 2:2-4)

2장에 발견되는 시온에 대한 이사야의 확신은 "그날 후일에"(2절; '말일에' NIV)라는 어구로 시작한다. "그날 후일에"라는 어구는 고대 이스라엘 백성들이 종말을 어떻게 이해했는가를 잘 보여 준다. 이 어구("그날 이후에")는 이스라엘에게 주어진 야곱의 축복에서 처음 언급된다(창 49:1). 우리는 야곱의 축복을 통해 이스라엘의 미래가 이미 하나님께서 언급하신 과거의 약속에 고정되어 왔음을 발견하게 된다. 그리하여 과거에 약속된 기대에 대한 성취는 적어도 어떤 의미에 있어서는 미래에 달려 있게 되었다. "말일에"라는 어구는 확실하지 않은 미래(가까운 미래인지 먼 미래인지 분명하지 않으며, 이 어구 '종말에'의 일반적인 의미는 더 깊이 나아갈 수 없고 반드시 그 문맥에 따라 결정되어야만 한다)를 언급하고 있다. 이사야 2:2의 문맥은 먼 훗날의 예루살렘 혹은 예루살렘의 최종적인 미래를 보여 준다.

이스라엘 하나님의 지상의 성소인 예루살렘 성전은 이사야 2:2에서 하늘과 땅을 이어주는 세계의 산으로 묘사된다. 그러므로 이 구절(2:2)은 성경적 종말론의 지질학적인 실재를 그렇게 중요하게 취급하지는 않는다. 왜냐하면 시온 산의 낮은 능선은 신학적인 관점에서 볼 때, 하늘과 지하세계가 만나는 곳, 세계의 중심, 세계의 산들 중 가장 높은 곳으로 높임을 받게 될 것이기 때문이다. 이 구절은 하나님의 산에 대한 보편적인 인식을 제공해 준다. 즉, 이 구절은 대적들이 사라지고 온 열방들이 이 도시(예루살렘)에 대해 새로운 태도를 취하게 될 것임을 강조한다.

말일에 시온은 말할 수 없는 엄청난 힘-중력을 무력화시키는 끌어당기는 힘-을 드러내 보일 것이다: "그리고 만방이 그리로 흘러 들어갈 것이리라"(2절; NKJV는 강조를 추가함). 3절에서 야곱의 하나님의 전(殿)에는 소리나는 족장 반지가 있으며, 이 반지는 우리들로 하여금 시온을 향한 여호와의 선택과 족장 언약의 성취를 다시 생각하도록 해 준다. 왜냐하면 이스라엘 가운데 임재하신 하나님은 이스라엘을 축복하셨고, 그들을 위한 삶의 공간을 제공해 주셨으며, 아브라함 언약의 정치적인 성취를 가져다 주었기 때문이다.

시온으로부터 이스라엘의 율법(이스라엘의 언약법)이 나올 것이다(3절). 언약이 등장하는 성경의 문맥들이 율법과 필수적으로 연결되기 때문에, 토라의 출현은 아브라함 언약이 보편적으로 적용될 것임을 암시해 준다. 이러한 보편성은 이방인의 빛이 될 이스라엘의 선교를 완성시켜 줄 것이다(사 42:6; 49:6). 하나님께서 예비하신 모든 것들은 한 민족을 넘어서 온 세상이 함께 누리게 될 것이다. 그리고 우주적인 관점에서 볼 때, 만유의 주이신 여호와께서는 평화(4절)를 가져다 주실 것이며 창조 때 계획하셨던 그 목적대로 구속받은 인류들을 통치하실 것이다.

이사야 2:2-4은 1장에 나오는 예루살렘의 심판 메시지에 대해 다시 반응하면서, 이 책의 마지막까지 확대되는 견고한 종말론을 요약해 준다. 이 세 구절은 예루살렘과 이스라엘을 향한 전형적인 예언적 희망을 담고 있으며 예언적 종말론의 본질이라고 할 수 있다. 미가 4:1-4이 사실상 이사야 2:1-4을 반복하고 있기 때문에, 두 선지자는 그들보다 앞서 있었던 전승에 의존하고 있는 것처럼 보인다. 하지만 고대 신탁(oracle)이 끼친 영향을 과대평가하기는 어렵다. 1장은 거룩한 도시를 향해 떠나는 순례 여행을 포함한 유다의 모든 종교적인 것들을 거부하고 있지만, 이 신탁(사 2:1-4)은 우리에게 종말론적인 순례 여행의 최종적인 모습을 보여 준다. 이방인들은 세계 온 사방으로부터 시온 산으로 몰려올 것이다.

비록 유다가 여호와의 지혜와 권고를 거절해 왔다 하더라도, 열방은 그것(여호와의 지혜와 권고)을 받아들이기 위해 시온을 향한 순례 여행을 떠나려 할 것이다. 그렇지만 이 구절은 여호와의 존재와 그분의 현존에 대한 인식이 급진적으로 변경될 것임을 시사해 준다. 즉 여호와께서 경외함을 받기 위해 최후 심판의 날이 도래할 것이다. 그리고 이스라엘의 경우 포로생활, 용서받음, 귀환의 과정을 거쳐 온 세상, 모든 민족을 받아들일 새로운 마음의 준비를 하게 될 것이다. 또한 온 열방을 위해 하나님의 선교가 정말로 필요하다는 인식을 가지게 될 것이다. 뿐만 아니라 이사야서가 분명히 밝힌 바대로, 멸시받고 무시당하지만 결국 이스라엘과 이방인들이 속죄 제물로써 깨닫게 될 종에 대한 선교가 등장하게 된다.

출애굽기 15:17은 하나님께서 모든 약속의 땅을 거룩한 산으로 선택하실 것임을 분명히 한다. 그렇지만 시온은 약속의 땅과 온 세상을 함께 다스리실 하나님의 선택하심 속에서 발전해 나갈 것이다. 이스라엘 종말론의 범위가 보편적이라는 사실은 그렇게 놀라운 일이 아니다. 왜냐하면 이스라엘의 시내산 소명이 좀더 넓은 세계를 바라보고 있기 때문이다. 이스라엘의 선교는 여호와와 함께 누렸던 그 관계에로 이 세상을 인도하는 것이다. 여호와의 토라에 따라 지시함을 받고 인도함을 받았던 삶의 방식은 온 세상이 추구해야 할 삶의 방식이 되어야만 한다.

고대 세계에서 산과 언덕은 교만을 상징했다. 그리고 이스라엘의 경험에 비추어 볼 때, 이 산과 언덕은 일반적으로 타락한 제사의 장소였다(사 1:29-30; 2:12-16). 그러나 이사야는 2:2-4에서 시온이 합법적인 제의처소(祭儀處所)가 될 것이며 오직 유일하신 여호와께서 경배의 대상이 되실 것을 알려준다. 장차 여호와의 거룩한 산에 대항하여 도전할 수 있는 산—변덕스러운 신들로 가득한 산—은 있을 수 없다. 백성들과 민족들이 시온으로부터 나오는 것(율법)을 받아들이기 위해 시온으로 들어갈 것이다. 삶을 보증해 주는 여호와의 율법과 주님의 말씀이 시온으로부터 올 것이다.

어떤 주석가들은 이사야 2:2-4에 나오는 시온 신탁(oracle)을 창세기 11장에 나타나는 바벨탑 사건의 반전으로 이해하기도 한다(물론 이들은 납득할 만한 이유를 제시한다). 이 땅의 백성들이 하늘까지 이르는 우주적인 모조 산(pseudo-cosmic mountain), 즉 하늘과 땅을 연결하는 바벨탑을 건축하였기 때문에 그들은 흩어지고 말았다. 여호와께서 이 교만한 건축자들을 흩으시기 위해 다음과 같이 아주 강한 표현을 사용하셨다. "오라 우리가 내려가서…"(7절).

시온을 우주적인 산으로 간주하고 있는 이사야에 따르면, 역사의 종말이 이를 때 흩어진 백성들은 다음과 같이 말할 것이다. "오라 우리가 올라가서"(2:3). 시온산은 이 세상을 분리시키지 않을 것이며 치유와 평화를 가져다 줄 것이다. 여호와께서 (인간의 중재 없이) 최종적인 권위와 절대적인 심판자가 될 것이기 때문에 인간의 삶은 지혜롭게 다스려질 것이다. 전쟁터에서 사용되던 무기들이 삶을 윤택하게 해 주는 도구인 쟁기와 낫으로 바뀌게 될 것이다(4절). 그리고 시온으로 오는 자들은 그들이 받아들일 새로운 삶을 전하기 위해 이 도구(쟁기와 낫)들을 사용할 것이다.

이사야의 종말론적인 신탁(oracle)은 예루살렘에서 수행된 다윗과 같은 메시아 직(職)을 전혀 언급하지 않는다. 그럼에도 불구하고 이사야는 다윗 왕권이 이 세상의 중심으로서 그 역할을 수행할 것임을 가정하고 있는 것 같다. 왜냐하면 다윗과 같은 메시아 직에 대한 생략에도 불구하고, 이사야 7-11장에 메시아를 언급하는 신탁들이 발견되기 때문이다. 그 외에도 이사야서는 이스라엘을 향한 하나님 통치의 본질적인 요소로서 다윗 왕권을 다루고 있다(9:1-7; 11장). 그 후 시온에 대한 선지자의 확신이 뒤따라온다. 그리고 이 확신은 그의 동시대 사람들이 그의 메시지를 긍정적으로 받아들이지 않을 것임을 시사해 준다(5-22절). 그리하여 이와 같은 이사야의 깨달음은 3장에 잘 나타나고 있는 바, 그는 시온과 시온의 지도자들을 정결케 하고 이스라엘 남은 자의 구원을 선포하기 위해 부름받게 된다(4:2-6; Sweeney, 1988:36).

③ 거룩한 남은 자

거룩한 남은 자의 신학 사상은 엘리야의 기사에서 처음으로 등장하며 또한 아모스서에서도 발견된다. 그러나 "이스라엘 안에 있는 이스라엘"이라는 사상이 이사야서에서 매우 현저하게 드러난다. 이사야 4:2-6은 하나님의 백성들을 불러모으시는 여호와의 종말론적인 모습을 소개한다. 이사야 4:2-6은 다음과 같이 시작한다. "그날에 여호와의 싹이 아름답고 영화로울 것이요"(2절 상반부). 이 희망의 신탁(神託)은 이스라엘의 심판과 이스라엘의 사회적 역할에 대한 반전을 보여주는 3장을 뒤따르고 있다. 비록 "여호와의 싹"이 예레미야서(23:5; 33:15)와 스가랴서(3:8; 6:12)에서 메시아에 대한 전문적인 용어로 사용된다 하더라도, 여기서는 그렇게 사용되기 어렵다.

2절 후반부에 "여호와의 싹"과 비교되는 "땅의 소산"은 우리가 기대하는 것처럼 다윗 왕조를 말하지 않는다. 2절의 나머지 표현—이스라엘의 생존자를 위한 영광과 영화—은 이사야가 이스라엘의 남은 자를 언급하기 위해 "싹"이라는 단어를 사용했음을 분명히 밝혀주고 있다. 이사야는 이스라엘, 시온 그리고 예루살렘과 같은 이름을 많이 언급하고 있으며, 이사야의 이러한 표현은 이와 같은 이름들과 관련된 전통적인 선택 개념이 남은 자에게로 대체될 것임을 시사해 준다.

5-6절에 서술된 바대로, 보호하시는 하나님의 임재(臨在)—출애굽기는 구름과 불을 하나님 임재의 상징으로 표현하고 있다—가 구속받은 예루살렘에 늘 있을 것이다. 남은 자를 위해 하나님의 심판은 파괴하기보다는 오히려 정화시킬 것이며, 구속받은 백성들은 여호와와 그의 신실함으로 인해 그들의 삶을 계속해서 영위해 나갈 것이나(Hasel, 1974:269-70). 여호와께서 이 백성들을 심판하시고 정화시키실 것이기 때문에, 남은 자는 "거룩한 자"로 간주된다.

이사야 6장은 선지자가 수행해야 할 사역의 목적을 소개해 준다. 그가 감당해야 할 사역은 패망해 가는 이 땅에 임하게 될 끔찍한 재난을 선언하는 것이다. 유다 백성들은 포로가 될 것이요, 이 땅의 거주민들은 사라질 것이며, 성읍들은 황폐화될 것이다(11절). 한때 무성한 민족의 나무들이 꺾이게 될 것이다(13절). 즉, 이것은 황폐화된 참혹한 상황을 보여 주는 그림이라고 볼 수 있다. 그렇지만 이사야는 또한 거룩한 씨가 (민족을 상징하는) 나무의 그루터기로부터 나올 것임을 선언한다(13절). 비록 단지 그루터기만이 남겨져 있게 된다 하더라도, 그 그루터기 속에 새로운 가능성이 남아 있으며 모든 것이 상실된 것이 아니다.

7장은 이와는 다른 장면을 소개해 준다. 7장에서 이사야 선지자는 다시 남은 자의 회망을 계속 언급한다. 유다 요담 왕이 통치할 동안 시리아와 이스라엘은 앗수르의 침입을 막기 위해 동맹을 결성했으며 유다가 이 동맹에 함께 참여하기를 원했다. 유다가 이 제의를 거절하자, 이 동맹은 군사력으로 유다가 이 동맹에 가입하도록 강요하려 했다. 요담을 계승한 아하스가 예루살렘을 방어하려는 계획을 세우자, 여호와께서는 아하스의 계획을 저지하기 위해 이사야와 그의 아들을 보내신다(3절). 남은 자 사상은 이사야 선지자의 아들의 이름에 잘 나타난다.

이사야 선지자 아들의 이름인 스알야숩은 "오직 남은 자만이 돌아오게 될 것이다"라는 뜻을 지니고 있다(히브리어 액센트의 위치 때문에 번역상 명사가 강조된다). 언뜻 살펴보면, 이 단어가 패망한 민족 가운데 소수의 사람들만이 생존할 것이라는 상징적인 의미를 비쳐준다. 그러나 "돌아오다"라는 동사가 종종 "회개하다" 혹은 "여호와 신앙으로 다시 돌아가다"라는 뜻의 은유적인 용법으로 사용되기 때문에, 아마도 더 많은 의미를 함축하고 있는 듯하다(Hasel, 1974:281-82). 그리하여 예언을 통해 소개된 이 이름이 상징하는 바는, 오직 남은 자만이 (다윗의 전을 위한) 이사야의 예언적 권고를 받아들일 것이며, 결국 그렇게 됨으로써 그들만이(남은 자들) 여호와의 신앙으로 돌아올 것이라는 것이다.

정치체제가 몰락함으로써 등장하게 되는 신앙 공동체에 대한 메시지는 이사야 1-39장에 널리 퍼져 있는 주요 사상이 된다(예를 들면, 1:24-26; 4:2-3; 7:1-9; 10:20-23; 28:5-6; 30:15-17). 이제 국가 이스라엘은 신앙 공동체에게 양보하게 되어 물러가게 될 것이다. 이사야를 시점으로 하여 신앙 공동체인 남은 자 사상은 대표적인 선지자들이 선포하게 될 새로운 개념이라고 볼 수 있다. 남은 자 공동체의 출현을 알리는 이사야의 메시지는 포로기 후 예언에도 계속 언급되고 있다(미 4:6-7; 5:7-9; 습 2:9; 3:12-13). 그리고 이 남은 자 사상은 포로기와 포로기 후 시대를 반영하고 있는 본문들, 즉 이사야 40-66장, 예레미야 그리고 에스겔과 같은 본문들 속에서 더 많이 발전되어 간다.

④ 다윗, 하나님 그리고 메시아의 왕권(사 6-11장)

시온 신학에 대해 우리가 꼭 논의해야 할 사항은 리더쉽에 관한 문제이다. 즉 "누가 도시를 통치하는가, 혹은 통치할 것인가"에 대한 문제이다. 간단하게 말하면, "누가 왕인가" 하는 문제이다. 6장에서 선지자 이사야는 실로 매우 복잡하게 얽혀 있는 왕권과 관련된 문제에 직면하게 된다. 왜냐하면 그때 당시 세 가지 스타일의 왕권, 즉 다윗, 하나님 그리고 메시아의 왕권을 생각할 수 있었기 때문이다.

이사야 6장은 전성기의 절정에 이른 유다의 이야기로 시작하여 오직 신실한 남은 자의 구원을 언급하며 이 장을 마무리한다(13절). 유다 백성들이 포로로 잡혀가게 되고 오직 그루터기―잠재적인 가능성, 베임을 당한 나무들로부터 남아 있는 부분―는 남아 있게 된다. 이사야는 웃시야 왕이 죽던 해에 환상을 보게 된다(1절). 22년을 통치한 웃시야는 정치적으로 볼 때 모범적인 통치를 수행했다. 그는 유다를 팔레스타인 서부 변방까지 확장시키고 남쪽 에돔을 통합시킴으로써 남유다 왕국을 다시 재건시켰다. 웃시야는 남부의 농업을 회생시키기 위해 도량형을 실시했으며 예루살렘을 요새화하였다.

이제 웃시야가 죽음으로 인해 이사야는 유다의 정치체제가 더 나빠질 것이라고 보았던 것 같다. 그리고 아마도 이사야는 누가 이 국가를 이끌어 가며 유다의 정치적 안정이 어떻게 이루어질 수 있는가에 대해 의문을 품었던 같다. 가장 탁월하고 뛰어난 왕(웃시야)이 죽은 후 이사야가 유다의 미래를 깊이 생각하고 있을 때 그는 모든 역사를 주관하시는 여호와를 보게 된다. 더욱이 이사야가 여호와를 둘러싸고 있는 천상에 속한 존재들(천사들)을 보았기 때문에, 그는 여호와의 천상의 위엄과 그 본질을 깨닫게 된다. 영원히 그치지 않고 송영을 올리는 스랍의 무리들이 보좌에 앉으신 여호와를 섬기고 있다(3절). 성전 터가 흔들리고 집은 연기로 가득하게 된다(4절).

5절은 이 모든 현상에 대한 선지자의 반응을 설명하고 있다. 밀려오는 죄의식을 극복하려고 이사야는 다음과 같이 외치기 시작한다. "화로다 나여 망하게 되었도다 나는 입술이 부정한 사람이요 입술이 부정한 백성 중에 거하면서 만군의 여호와이신 왕을 뵈었음이로다." 그러나 선지자의 이러한 고백은 단지 예언의 침묵 혹은 과업을 충분히 완수하지 못한 죄의식을 의미하지는 않는다. 이사야는 유다의 보편적인 죄악으로 인해 큰소리로 외친다. "입술이 부정한 백성들."

그러나 이와 같은 백성들의 특성이 의미하는 바는 무엇인가? 3절은 이 질문에 대한 하나의 실마리로써 대조적인 표현을 제공하고 있다. 스랍의 입술은 하늘과 땅의 왕이신 하나님의 영광을 선포한다. 스랍들은 경배를 통해 여호와의 왕권을 인정하고 있으며 왕권에 대한 합당한 자세가 어떤 것인지를 은연중에 드러내고 있다. 이사야와 유다의 죄는 스랍들처럼 여호와를 경배하고 그분의 왕권을 인정하려 하지 않았거나 혹은 이 일에 무기력했다는 것이다. 여호와께서 유다의 제사를 거절하시고 그들을 심판하게 된 이유는 이사야 1:10-20에 분명히 밝혀져 있다.

유다 제사의 기초는 여호와께서 언약의 주인이 되심을 인정하는 것이었다. 백성들은 제사장 나라가 되었으며 여호와께서는 그들의 왕이 되셨다. 온전한 제사는 항상 여호와의 통치권을 인정한다는 것을 의미했다. 그러므로 기도와 희생을 바치며 드리던 백성들의 제사가 형식화되고 무관심한 채 내버려졌기 때문에, 이것은 유다를 다스리시는 여호와의 왕권에 대한 반역을 의미한다. 아마도 이사야처럼 이스라엘 민족은 웃시야가 이룬 국가적인 번영으로 인해 이 중요한 일들을 잊어버렸던 것 같다.

6:5에 나오는 이사야의 고백, 특히 여호와께 향한 고백은 이사야 6장의 주제(다윗 왕권 대 하나님의 왕권)를 보여 준다. 1절에서 선지자는 사망한 웃시야를 유다의 왕으로 소개하고 있지만, 5절에서 그는 모든 피조 세계를 향한 여호와의 다스리심을 선포한다. 이 선지자 앞에서 하늘과 땅은 서로 교차한다. 그렇지만 여호와를 "그 왕"으로 소개하고 있는 5절은 전치사를 사용하고 있다. 그리고 이러한 전치사 사용은 왕권의 전능함을 분명히 보여 준다. 이사야가 보았던 것과 그가 반드시 유다에게 선포해야 하는 것은 역사를 간섭하는 자가 웃시야가 아니라 여호와라는 사실이다.

그리하여 이사야는 백성들과 지상의 왕국에게 임할 피할 수 없는 심판의 메시지를 유다에게 전한다(6:8-13). 실로 6-9장은 다윗 왕권에 대한 반역을 다루고 있다. 18세기 후기 사건들은 선지자의 예언이 극적으로 이루어질 것임을 보여 주고 있다. 시리아와 이스라엘이 맺은 동맹에 대한 앗수르의 반격으로 인해 722년 북이스라엘은 종말을 고하게 된다. 그 후 앗수르의 반격은 점차적으로 유다를 황폐화시켰고, 마침내 701년에 유다가 소유했던 약속의 땅은 포위당한 예루살렘으로 축소되고 말았다. 오직 하나님의 개입만이 완전한 패망으로부터 돌이킬 수 있다(사 36-38장). 비록 이사야가 선언한 심판이 극심하다 하여도, 선지자의 메시지는 희망(즉 남은 자와 새로운 왕에 대한 희망)이 전혀 없는 것은 아니었다.

이사야 7-11장은 이스라엘의 메시아에 대한 놀라운 예언을 포함한다. 먼저 이사야와 그의 아들 스알야숩은 시리아와 북이스라엘 왕국의 공격에 대비하여 예루살렘을 강화시키고 요새화를 시도하였던 아하스 왕을 저지하려 한다(7:1-3). 이사야는 아하스 왕에게 유다의 구원을 위해 방어 공사에 의존해서도 안 되며, 앗수르에게도 도움을 청하지 말라고 충고한다. 4절의 "너는 삼가며 종용하라"는 표현은 유다에게 현재의 위협을 피하기 위해 동맹을 맺지 말고 오직 여호와만을 철저히 의지하라고 촉구한다. 더 나아가 선지자는 시리아와 이스라엘이 승리하지 못할 것이며(7절), 이스라엘 왕국이 장차 곧 끝나고 말 것임을 알려준다(8절).

9절에서 이사야는 불신의 결과에 대해 다음과 같이 선포한다. "만일 너희가 믿지 아니하면 정녕히 굳게 서지 못하리라." 이 신탁은 단지 아하스뿐만 아니라 다윗 왕가에게도 전달된다. 그리고 다윗 왕가의 영원한 왕위에 대한 약속을 나타내 주는 사무엘하 7:16의 "세우다"라는 동사는 다윗 왕가의 미래를 반영해 주는 바, 이 신탁(9절)은 다윗 왕가의 이러한 미래를 염려하고 있다. 아하스가 자신이 취해야 할 행동 방향에 대해 의문을 품고 있었다고 생각해 볼 때, 선지자는 아하스에게 징조를 구하라고 말한다(11절). 스스로 분명히 결정을 내릴 수 있는 이 왕(아하스)은 이사야의 이 요청을 위선에 찬 대답으로 거절한다. 선지자와 왕이 서로 뒤바뀌어짐으로써 아하스의 미래는 소유 대명사의 변화 속에 분명히 나타난다. 즉 11절에서 여호와는 아하스("너의")의 하나님으로 소개된다. 그러나 13절에서 여호와는 선지자("나의")의 하나님으로 소개된다. 달리 말하자면, 비록 아하스가 신앙의 가문에 속해 왔다 하더라도, 징조를 구할 것을 거절한 그는 사실상 신앙의 가문으로부터 배제되고 말았다.

비록 아하스 왕이 징조를 구하지 않고 거절했지만 여호와께서는 아하스에게 한 징조를 보여 준다. 7:14-17에 나오는 메시아 예언은 다음과 같이 시작한다. "처녀가 잉태하여 아들을 낳을 것이요 그 이름을 임마누엘이라 하리라"(14절). 우리는 이 예언을 어떻게 이해해야만 하는가? 이 여인과 아이는 누구인가? 이 구절을 해석하는 데 많은 어려움이 수반된다. 그리고 이 구절에 대한 다양한 해석들로 인해 심각한 논쟁을 야기시켜 왔다. 만약 "알마"라는 히브리어 단어가 문자적으로 결혼 적령기에 있는 젊은 여인으로 해석된다면, 이 여인이 처녀라고 추정할 수 있을 것이다. 어떤 이들은 이 처녀를 이사야의 아내로 간주한다. 그러나 이사야의 아내와 이사야에게 한 아들이 있었기 때문에 이 해석은 틀린 것 같다.

또한 이 예언이 아하스의 아내와 아하스의 아들, 히스기야를 언급한다는 해석 또한 맞다고 볼 수 없다. 왜냐하면 이 예언이 있기 전 히스기야가 이미 출생했기 때문이다. 어떤 해석은 이 예언이 집합적인 특징을 지니고 있다고 본다. 이 해석에 따르면 이 예언은 다윗 왕가에게 전달되었으며, 또한 그것(예언)은 다윗 왕가의 미래를 미리 보여 준다는 것이다. 즉 장차 메시아와 같은 구원자가 나타날 것으로 보는 것이다. 그러므로 이사야의 예언은 궁극적으로 예수의 출생을 고대하게 된다. 이와 같은 해석을 취하게 되면, 16절은 15절보다 먼저 일어나야만 한다. 이러한 순서를 위해 꿀과 버터가 선택된 목적을 소개하는 15절을 먼저 이해할 필요가 있다. 즉, 임마누엘은 악을 버리고 선을 택할 줄 알 때에 광야의 양식을 먹을 것이다. 16절에 따르면, 이상적인 통치자가 출생하기 전 유다를 침공할 시리아와 북이스라엘의 침략은 끝나겠지만 앗수르의 공격이 임할 것이다(17절-25절).

이 구절들(15-16절)은 701년 앗수르의 침공을 다루고 있다. 비록 앗수르가 예루살렘을 함락시키지는 못했지만, 이 침공으로 인해 유다는 극도로 황폐화된다(유다가 황폐화될 것이라는 메시지는 8장에도 계속된다). 이사야는 7:14에 아이의 이름을 임마누엘("하나님께서 우리와 함께 하시다")이라고 선언한다. 확신하건대, 하나님은 심판 가운데 있는 유다와 함께 하실 것이다. 그렇지만 아이의 이름이 지니고 있는 다양한 의미를 고려해 볼 때, 하나님은 구원받은 남은 자들과 함께 할 것이다. 결국 다윗 계보의 미래는 보장되어 있다고 볼 수 있다.

9:1-7에서 이사야는 메시아적인 회복(이것은 11장에서 더 많이 발전된다)에 대한 또 다른 예언을 다루고 있다. 1절은 역사적인 정황(즉, 북이스라엘 지파인 스불론과 납달리에 대한 앗수르의 침공 그리고 주전 732년에 일어난 북이스라엘에 대한 앗수르의 병합)을 설정한다(왕하 15:29). 선지자의 선언은 이스라엘의 최종적인 (여호와에 의한) 통치 모델인 이상적인 메시아 왕권에 대한 민족적인 신앙을 다시 확인시켜 준다. 비록 어떤 이들은 1-7절이 주전 715년 히스기야의 즉위를 경축하는 것이라고 제안하고 있지만, 그 표현은 경축과는 거리가 먼 것 같다. 무력을 나타내는 극도의 군사적인 용어들은 하나님의 주도하심의 결과로 인해 어두움에서 기쁨으로 변화될 것을 보여 준다.

2절은 북이스라엘에 대한 앗수르의 침략이 결과적으로 유다에게 구원을 가져다 주었다고 설명한다. 그리고 3절에서 하나님은 백성들이 발견한 새 희망으로 인해 찬양을 받으신다. 즐거움의 이유를 나열하고 있는 4-6절은 남유다에 대한 북이스라엘의 우세함이 이제 끝나게 되고 북이스라엘의 군사력이 종말을 고할 것이며 실로-에브라임의 위협이 철회될 것임을 언급하는 것 같다. "미디안의 날"이라는 4절의 표현은 안정되지 못한 사사시대에 이루어졌던 대대적인 군사적 반격을 시사해 준다(cf. 삿 7:15-25).

하나님의 간섭하심이 늘 왕과 함께 할 것이며 이것이 왕의 선물이 될 것이다(6절). 비록 왕이라는 단어가 6절에 사용되지 않는다 하더라도, 7절은 다윗과 같은 대리자를 염두에 두고 있음을 분명히 한다. 6절은 왕의 출생이나 혹은 왕의 대관식을 언급하는 듯하다. 하나님의 아들(양자됨)과 같은 용어는 구약에서 관례상 왕에게 사용된 칭호였다(삼하 7:14; 시 2:7; 89:26-37). 6절 끝부분에 가서 선지자는 메시아와 같은 아들이 감당하게 될 왕위의 명칭 혹은 칭호를 연속해서 소개한다. "놀라운 권고자, 전능하신 하나님, 영원한 아버지, 평강의 왕."

히브리 성경은 네 가지 이중 이름을 언급하고 있으며, 대부분 영어 번역 성경은 이 히브리 성경을 따르고 있다. 대관식 축제 때 바로가 수여받았던 이집트 왕위의 이름에 기초하여, 어떤 이들은 다섯 가지 이름들이 이 본문 속에 발견된다고 논증하지만 이 이론은 지나친 억지에 불과하다. 그렇지만 연속된 네 가지 이름들이 바벨론과 앗수르 왕들(세상의 사방〈동서남북〉을 다스리는 왕)과 일치하는 이름들에 맞서서 대응하는 것으로 이해함은 가능한 것 같다.

정말로 만약 네 가지 칭호가 있다면 다소 흥미 있는 연구가 이루어질 수 있다. 각각의 타이틀에서 한 가지 요소는 지상의 통치와 관련되어 있고(권고자, 전능, 아버지, 왕) 또 다른 한 가지는 천상과 관련되어 있다(놀라운, 하나님, 영원한, 평강). 윌리엄 홀리데이(William Holladay)는 또 다른 견해를 제공해 준다. 그는 두 가지 통치자로서의 칭호(놀라운 모사와 평강의 왕)를 두 가지 신적인 칭호(전능하신 하나님과 영존하시는 아버지; 1978:108)와 관련시켜 관찰한다. 놀라운 권고자(Wonderful Counselor)라는 첫 번째 칭호는 왕의 계획이 결국 성취될 것이기 때문에 왕이 그 누구의 조언에도 의존하지 않을 것임을 의미한다. 전능하신 하나님(Mighty God)이라는 칭호는 그분의 충만하신 능력을 설명해 준다. 시편 45:6에 나타난 바대로, 오직 이 구절(사 9:6)에서 왕은 하나님으로 불려진다. 세 번째 칭호, 영존하시는 아버지는 아버지와 같은 지속적인 통치를 반영해 준다. 한편 네 번째 칭호인 평강의 왕은 인류의 삶의 목적과 방향을 일깨워 줄 메시아를 나타낸다(삼하 23:1에 다윗이 본질상 네 번째 칭호와 매우 일치하고 있음을 주목해 보라: "이새의 아들 다윗, …높이 올리운 자, 야곱의 하나님에게 기름부음 받은 자, 이스라엘의 용사들을 총애하는 자"; Kaiser, 1972:130).

메시아와 같은 왕이 도래할 때 인류는 싸움과 불안 그리고 참혹한 상황을 모두 끝내고 깊은 평강의 시대를 맞이하게 될 것이다. 하나님 나라의 대리자로서의 역할을 감당함으로써, 약속된 자(메시아)는 이 땅에 구원을 가져다 줄 것이다(이사야는 4절에 미디안의 날을 언급하면서, 아마도 메시아와 같은 인물이 사사시대처럼 신정 정치를 직접적으로 수행할 것임을 뒷받침하고 있는 듯하다). 9:1-7에 사용된 찬양 언어들이 지상의 어느 왕에게도 적용되지 않았기 때문에, 이사야는 역사적인 왕들의 한계를 넘어 멀리 내다보고 있는 것이다. 즉, 이 선지자는 다윗 계보의 최종적인 왕, 곧 왕 같은 메시아를 고대하고 있다.

그러나 다윗과 같은 왕이 다시 돌아오고 메시아시대가 도래하기 전 많은 일들이 일어날 것이다. 이사야 9:8-10:4은 엄청난 재난의 시기를 서술한다. 그리하여 회복으로 가는 과정은 하나님의 심판의 도구인 앗수르로부터 시작할 것이며 이스라엘은 그들의 교만으로 인해 심판받게 될 것이다(10:5-34; Sweeney, 1988:42)

6:13과 주전 701년 앗수르의 침략으로 인한 황폐함과 아울러, 이사야는 11장에서 메시아와 같은 왕에 대한 더 많은 예언을 제공한다. 이 왕은 다윗의 계보의 뿌리에서 돋아난 새 가지로 묘사된다(1절). 1절은 다윗 계보를 이새로부터 시작함으로써 단지 다윗 계보의 연속성보다는 다시 회복될 새 계보를 전제하고 있는 것 같다(von Rad, 1965:170). 그리하여 이사야 선지자는 새 다윗의 특성을 나타내고 있다. 여호와의 신이 새 다윗에게 머물 것이므로 그는 항상 여호와의 신을 소유하게 될 것이다(2절). 그러면 여기서 언급된 이 여호와의 신은 무엇인가?

2절에서 설명한 대로 이 여호와의 신은 지혜와 총명의 신이다. 그리하여 이사야는 메시아의 놀라운 지혜를 강조하기 위해 "모략"(counsel)과 "지식"(knowledge)이라는 단어를 덧붙이고 있다. 이와 같은 묘사는 메시아가 자신의 계획을 수행하고 완성하는 데 필요한 재능과 분별력을 지니고 있음을 미리 전제하고 있다. 모략과 재능의 신을 소유함으로써 이 메시아와 같은 왕은 올바른 판단을 내릴 것이며, 그것을 수행하는 데 필요한 권세를 가지게 될 것이다. 지식과 여호와를 경외하는 신을 은사로 받음으로써, 이 메시아는 뛰어난 지식을 소유할 뿐만 아니라 여호와의 성품을 반영할 것이다. 왜냐하면 "여호와를 경외함"은 하나님께로 나아가는 올바른 태도를 발전시키고 그분의 거룩한 성품을 드러내는 데 필요한 생각과 마음이라고 할 수 있다.

여호와의 신을 소유한 왕이 결코 평범한 통치를 수행하지 않을 것임은 그리 놀라운 일이 아니다. 그는 외모나 지엽적인 흥미에 따라 판단하지 않을 것이다(3절 중반부). 세상의 경험주의적 지식에 제한받지 않는 그의 판단능력은 그가 관찰할 수 있는 것을 훨씬 초월할 것이다(Gowan, 1987:35). 메시아는 공의와 정의를 세우고 혜택받지 못한 사람들을 보호함으로써 왕권이 수행해야 할 주요한 요구들을 성취할 것이다. 이 거룩한 직무에 맡겨진 권위는 말씀으로서 즉각적인 죽음을 가져다 줄 수도 있다. 그는 성실과 공의(즉, 언약 관계에 대한 합당한 태도와 여호와와 맺은 언약에 대한 신실함)로 옷 입을 것이다. 6-9절은 메시아 통치의 결과―우주의 평화와 에덴의 회복(동물의 왕국에서 이루어지는 관계처럼)―를 예언하고 있다.

그리하여 평화가 하나님의 거룩한 산에서 그 모습을 드러낼 것이며(약속의 땅 혹은 예루살렘), 하나님의 지식이 온 세상에 퍼져 나갈 것이다. 이사야 11:10은 국제적인 분쟁에 대한 다윗의 판결을 그려준다. 열방이 메시아의 깃발을 향해 새 예루살렘에 있는 메시아의 권능의 보좌로 몰려올 것이다. 그리고 하나님 백성의 정치적인 운명 또한 바뀌게 될 것이다. 그들(열방)은 사방으로부터 와서 서로 연합할 것이며(11-12절) 남과 북이, 에브라임과 유다가 하나가 될 것이다(13절). 더욱이 회복된 이스라엘은 안전을 위협하는 모든 위험을 제거할 것이다(13절). 그리고 이 모든 것은 남은 자를 위한 이집트와 앗수르로부터 이루어질 새로운 출애굽을 통해 성취될 것이다(15-16절).

⑤ 혼돈의 도시와 하나님의 도성(사 24-27장)

심판은 이사야서 전체를 연결하고 있는 실과 같다. 5-12장은 유다와 이스라엘을 향한 심판을 다루고 있고, 13-23장은 이방 민족에 대한 심판을 소개한다. 그리고 다음 네 장(24-27장)들은 또 다른 심판을 설명한다. 이 심판은 세상에 대한 마지막 심판이며 이때 의로운 자들의 부활이 있을 것이다. 또한 이 심판은 이 세상 질서에 대한 마지막 심판이 될 것이다. 24-27장에서 이사야 선지자는 민족들의 흥망성쇠(興亡盛衰), 심지어 죽음을 건너 새로운 세계를 향해 바라본다. 하나님의 백성들이 오는 마지막 날, 큰 나팔 소리가 울려 퍼질 것이며 예루살렘 거룩한 산에서 여호와를 경배할 것이다.

후기 성경본문들이 취하고 있는 종말론적 주제들이 24-27장에 나타나고 있으며, 이 저작들은 이 종말론적 주제들을 유형론적 혹은 모형론적으로 다루고 있다. 24-27장은 아마도 하나님의 도성 시온을 대항하는 혼돈의 도시―이 세상을 상징함―를 밀어내고 예루살렘/시온을 크게 강조한다. 우리는 세상이 심판받을 때 이 혼돈의 도시가 파괴될 것이고 하나님의 도성이 보호받을 것임을 안다. 그러나 이보다 더 상세하게 이 도시들에 대해 설명하기는 어렵다.

이사야는 24:1-6에서 이 땅에 대한 심판을 선언한다. 현재 가옥들은 무너질 것이고 땅이 공허하게 되며 거민이 흩어짐으로써, 창조세계는 다시 혼돈에 빠지게 될 것이다(1절). 그리하여 심판이 온 땅에 임할 것이다. 모든 건물들이 쓰러질 것이며(2절), 모든 이들이 영원한 언약-이 영원한 언약은 자연 질서를 부여해 준 창조 언약을 말한다-을 어긴 죄값을 치르게 될 것이다(5절). 그러나 추수 후 감람나무에 얼마 남지 않은 열매들처럼, 의로운 남은 자들이 마지막 심판의 날을 기다리며 큰소리로 여호와를 찬양할 것이다(14-16절; Sawyer, 1984:208-9). 그리하여 우주적인 재난으로 묘사된 심판이 남은 인류들을 모두 휩쓸게 될 것이다(17-20절).

21-23절은 심판을 천상의 영역으로까지 확대해 간다. 지상과 천상의 적들이 최후로 섬멸될 때 마침내 하나님은 시온에서 좌정하실 것이다. 인간의 권세를 상징하는 사악한 도시가 파괴됨으로 인하여 이사야 25장은 찬양으로 시작한다. 6-10절 상반부의 종말론적 신탁(oracle)은 거룩한 산에서 벌어질 풍요로운 축제를 설명하고 있다. 또 이 구절은 온 땅의 백성들이 이 거룩한 산을 향해 찾아올 것이고, 시온이 이 세상의 중심지임을 인식하게 될 것임을 말해 준다. 이 세상의 슬픔과 고통은 사라질 것이고, 최후의 대적들처럼 죽음도 삼키운 바 될 것이다(8절). 그리하여 새 시대의 개막이 열리게 될 것이다. 승리의 노래인 이사야 26:1-6은 시온의 운명(1-2절)과 파괴된 세상 권세를 서로 대조시켜 준다.

7-19절은 종말의 시간, 즉 이 땅을 심판하실 하나님의 개입을 기다리는 하나님의 백성들이 겪고 있는 고통을 다루고 있다. 여호와께 속한 의인들의 부활은 이 심판의 최고의 절정이 될 것이며(19절), 이 부활은 사악한 자들의 최후의 사망과 확연히 대조되는 하나님의 구원사역이라고 할 수 있다(14절). 여호와께 속한 신실한 자들의 육체적인 부활 약속은 19절과 깊은 관련이 있는 바, 이 구절(19절)은 빛이 있는 거룩한 세계에서 죽은 자(혹은 어둠에 속한 자)를 소생시키기 위해 이 땅에 내려온 (생명을 가져다 줄) 이슬을 언급하고 있다. 인간이 죽음 후 계속 존재한다는 사상은 이스라엘 초기부터 발견된다. 이러한 관점에서 볼 때, "어두움"(shades)이라는 단어는 초라한 곳에 있는 죽은 자를 의미한다.

27장은 하나님께서 가나안 혼돈의 신, 리워야단을 뜻하는 독재자들(1절)을 신속히 심판하실 때 혼돈의 권세가 패배할 것을 재언급한다. 포도원의 노래로 알려진 5:1-7에 나타나는 저주와는 달리, 27:2-6은 이스라엘의 구원을 말하고 있다. 침략자들에게 짓밟히고 포로생활의 고초를 통해 하나님의 심판을 겪게 될 이스라엘은 하나님을 향하여 회개하게 될 것이다(9절). 27장은 이스라엘의 회복, 즉 흩어진 자들이 포로생활에서 해방되어 거룩한 산 시온에서 여호와께 경배하기 위해 약속의 땅으로 향하게 될 것임을 설명하면서 끝맺는다(12-13절).

⑥ 심판 아래 있는 예루살렘과 그 이후(사 28-35)

이사야 28-32장은 주전 8세기 말 앗수르의 침공으로 인해 찾아온 예루살렘의 심판을 선언한다. 이사야 28-32장에서 여호와 왕권의 회복과 영원한 평화가 시작되기 전 하나님 백성들의 모습을 그려준다. 33-35장은 여호와 왕권의 회복과 위엄, 온 세상의 정의 그리고 이것을 반역하는 자들의 결과를 자세히 다루고 있다.

왕권과 시온이 함께 연결되고 있는 새로운 시대를 나타내는 포괄적인 그림이 이사야 33:17-24에서 발견된다. 비록 22절이 여호와의 왕권을 확실히 소개한다 하더라도, 17절은 아마도 메시아 왕권의 역할을 반영하는 듯하다(Gowan, 1987:13). 이제는 시온을 향한 위협은 더 이상 없을 것이다(18-19, 21절). 즉, 선지자는 하나님 나라가 통치하는 시대에 이루어질 예루살렘의 안전을 우리에게 확신시켜 준다. 장차 미래에 이루어질 시온을 위협할 수 있는 것은 아무것도 없다. 전쟁, 질병, 심판, 심지어 죄(罪)조차도 시온을 위협할 수 없다(24절).

1-39장에서 이사야는 예루살렘 도시에 임할 심판과 경건한 남은 자 그리고 정화된 시온을 다루고 있다. 예루살렘에 대한 하나님의 태도는 양면적이다. 역사적 예루살렘의 연약함이 항상 드러나고 있지만(1:21; 10:27 후반절-32; 24:10; 29:1-4; 32:13-14), 동시에 이상적인 시온의 회복이 강조되고 있다(7:1-9; 10:33-34; 14:28-32; 29:5-8; 30:27-33; 31:1-9). 이사야는 민족 이스라엘의 힘의 원천이 되는 지상 예루살렘의 운명과 시온의 이상을 항상 분리한다.

(4) 스바냐

포로기 전 시대에 스바냐의 종말론은 다른 선지자들의 그것보다 훨씬 더 보편적인 성격을 드러내고 있다. 그의 예언 가운데 우리는 여호와의 날, 온 세상을 향한 심판, 모여드는 열방 그리고 남은 자 이스라엘의 출현과 같은 종말론적인 특징들을 발견하게 된다. 주전 621년 요시야 왕이 개혁을 주도하기 전 다소 짧게 예언했던 스바냐는 유다를 향한 심판을 선포한다. 이제 심판이 여호와의 권속들에게 임하게 된다(1:1−2:3). 스바냐 선지자는 여호와의 심판을 제사와 비유하면서 유다를 타락한 무도회로, 여호와의 날에 침공할 군사들을 예찬(the cultic meal)에 참여할 자들로 묘사한다. 2장은 이 심판이 이방 민족들에게로 향하게 될 것임을 말해 주며, 3장은 타락한 지도자들로 인해 초래될 유다에 대한 심판으로 시작하여(1-4절), 온 민족들에게 미칠 재난을 언급한다(6-8절).

그 외 스바냐의 나머지 예언들은 중요한 희망의 메시지를 던져준다. 바벨탑 건축자들에게 임했던 심판과 분열이 다시 반전될 것이며(3:9), 온 세상은 그 중심에 여호와를 주님으로 모시게 될 것이다(10절). 그리고 열방이 예루살렘을 향해 순례의 길을 떠날 때, 그들은 흩어져 있던 하나님의 백성들을 하나님의 도시, 예루살렘으로 인도할 것이다(11-13절). 스바냐 선지자는 시온을 새로이 발견된 구원의 기쁨에로 초대한다. 왜냐하면 여호와께서 이스라엘 가운데 왕이 되시기 때문이다(17절). 스바냐 선지자는 예루살렘에 모여든 자들의 이름이 온 땅에 명성을 얻게 되는 아브라함과 같은 구원의 부요(富饒)함을 언급하면서 이 예언서를 마무리짓는다.

주전 7세기와 8세기의 예언서들, 특히 이사야서에서 시온 신학은 구체적인 모습을 드러낸다. 그리고 온 열방이 하나님의 중심 도시, 예루살렘을 향하여 순례 여행을 떠날 것이며, 이로 인해 이방인들이 아브라함 언약의 축복을 누리게 될 것이다. 더욱이 선지자들은 유다를 포함한 모든 이스라엘 민족과 경건한 남은 자 사이를 분명히 구분짓고 있다. 그리하여 마침내 포로기 전 종말론이 형성된다. 비록 포로기 혹은 포로기 후 선지자들의 예언이 포로기 전 종말론의 기본적인 특징들과 미묘한 차이를 나타낸다 하더라도, 대체적으로 포로기 혹은 포로기 후 선지자들은 포로기 전 종말론의 기본적인 특징들을 변경시키지는 않을 것이다.

제5장
포로기 종말론

주전 7세기 말엽과 6세기 초경 유다 왕국은 엄청난 재난에 휩쓸리게 된다. 주전 597년 예루살렘은 바벨론에 의해 함락되고 만다. 그리고 성전은 훼파(毁破)되고 왕, 귀족 그리고 고위 관료들은 바벨론으로 붙잡혀 가게 된다. 우리는 이 사건을 백성들을 연단시키려는 여호와의 의도하심으로 해석하기 쉽다. 그러나 이 사건은 보다 더 많은 의미들을 함축하고 있다. 주전 587-586년 예루살렘은 느부갓네살 왕이 이끄는 바벨론 군대에 의해 함락된다. 성벽이 무너지고 도시는 모두 불타게 된다. 그리하여 마침내 포로생활이 시작된다.

유대인의 신앙을 반영해 주는 외형적인 요소들—성전, 법궤, 제사장 그리고 제사제도—이 모두 사라질 때 후기 포로기 전(前) 시대와 포로기 시대에 활동했던 선지자들은 민족 이스라엘의 함락뿐만 아니라 예루살렘의 몰락도 지켜보아야만 했다. 우리가 아는 바대로 다윗 왕가의 왕권, 심지어 약속의 땅조차도 빼앗기게 될 것이다. 이 모든 일련의 사건들은 다음과 같은 의문을 야기시킨다. 민족의 제도적 장치들이 어떻게 참 이스라엘의 본질이 될 수 있는가? 참 이스라엘은 누구인가? 또 참 이스라엘은 어디에 있는가? 이스라엘을 향한 미래는 있는가 그리고 그 미래는 무엇인가? 구약의 민족주의는 개인주의로 대체될 것인가, 그리고 개인 신앙이 국가의 위임을 대치할 것인가? 포로기 선지서들, 즉 예레미야, 에스겔, 요엘, 오바댜, 그리고 이사야 40-66장은 이러한 일련의 문제들을 소개하면서 이것들과 깊은 씨름을 하게 된다.

1. 예레미야

열방의 선지자로 위임받은 예레미야는(렘 1:5, 10) 유다 백성들이 새로운 강국으로 등장한 바벨론에 굴복하게 될 것이며, 결국 유다 왕국이 몰락하고 민족의 외형적 조직들이 모두 사라지게 될 것임을 선언한다. 그러나 그의 예언이 단지 어두운 것만은 아니다. 예레미야는 미래를 바라보며 그 미래의 기초를 제공해 준다. 즉, 예레미야는 시내산 언약의 갱신된 형태인 새 언약 아래 하나님의 새 백성들이 구성될 것임을 예언한다.

예레미야는 주전 597년 느부갓네살에 의한 바벨론의 포로생활과 아울러, 그 이후 하나님 백성들의 미래를 분명히 보게 된다(24:4-7). 실로 하나님의 백성들은 곧 그들의 동료들과 함께 연합하게 될 것이다. 그리고 예레미야 선지자는 포로생활 그 자체가 필요한 개혁이나 태도의 변화를 이끌어 낼 것이라고 보지 않는다. 오히려 예레미야는 하나님께서 그분의 백성들에게 여호와를 아는 마음을 주기 위해 이 포로 기간을 사용하실 것이라고 이해하고 있다(24:7).

(1) 국가의 몰락과 타락한 국가

성전과 관련된 예레미야의 구체적인 예언들(7장; 26장) 가운데 그는 성전 제사에서 입증된 바와 같이, 국가가 신앙을 지키지 못하고 타락함으로 말미암아 결국 예배의 모든 외적 요소들이 곧 사라지게 될 것임을 선언한다. 예레미야는 시온의 불가침 교리를 전적으로 신뢰했던 사람들과 (국가의 유산인) 요시야의 개혁 정신이 반영하는 시내산 언약의 개념들을 오해한 사람들을 향해 맹렬히 비난한다. 아나돗 출신의 이 선지자는 시온 전통을 맹목적으로 추종했던 하나냐(28장)와 격돌함으로써, 거짓 예언을 일삼으며 자신의 직무를 감당하지 않았던 그 당시 선지자들을 향해 과감한 도전을 시도한다.

예레미야에 따르면, 이스라엘 민족은 성전을 이스라엘과 온 세상을 향한 여호와의 권위를 제대로 수행했는지를 평가해 주는 기준으로 인식하는 데 실패하고 말았다. 대신에 이스라엘 백성들은 성전을 하나님 임재를 보증해 주는 것으로, 그리고 파멸을 막아 주는 부적과 같은 신비한 힘을 가지고 있는 것으로 이해했다. 예레미야의 메시지는 7:3과 7:7에 나오는 성전과 약속의 땅을 암시하는 "장소"(place)라는 단어의 기능을 통해 분명히 전달되고 있다. 성전의 기능을 수행하지 못했다는 것은 이제 약속의 땅에 안전히 거할 수 없게 되었음을 의미한다. 의로운 행실은 약속의 땅 전체를 안전으로 인도해 주었을 것이다. 그러나 그들은 그렇게 하지 않았다. 예레미야는 성전 제사와 성전 기구의 장식들을 비난하면서 이 모든 것들이 종말을 고하게 될 것임을 예언한다.

(2) 새 언약

예레미야는 새 언약과 관련된 예언을 제시함으로 말미암아 예언적 종말론에 두드러진 공헌을 한다(31:31-34). 소위 위로의 책이라고 불리우는 30-33장 가운데 발견되는 이 독특한 예언은 일반적으로 포로생활이 끝난 후 유다와 이스라엘의 운명과 그들의 회복에 관심을 집중시킨다. 예레미야는 과거 다윗 언약이 시내산 언약에 기초하고 있음을 주목한다. 왕정체제의 몰락과 함께 이스라엘의 정치체제와 관련된 질문들 그리고 여호와와 이스라엘의 관계를 이해하기 위해 제기된 질문들이 다시 새로이 떠오르게 된다.

예레미야는 시내산 언약에 기초하고 있는 한 예언을 통해 이와 같은 질문들을 제기한다. 그러므로 이 예언을 유추해 볼 때, 새 언약은 반드시 새 출애굽과 약속의 땅의 새 입성보다 먼저 선행되어야만 한다. 30-31장은 거의 대부분 흩어진 이스라엘과 유다 백성의 귀환을 다루고 있다. 30-31장에서 예레미야는 한 이스라엘의 예언적 희망 가운데 서로 상반된 그룹들의 미래가 서로 얽혀 있음을 보게 된다.

예레미야의 새 언약을 소개하고 있는 구절은 변화의 시대를 알려주는 다음과 같은 단어들로 시작한다. "날이 이르리니"(31:31). 이 문구는 이때의 시기가 명확하지 않다는 것을 지적하고 있다. 그러나 그 시기가 반드시 먼 미래를 언급한다고 볼 수는 없다. (계속해서 연결되는) 1인칭으로 시작되는 여호와의 메시지는 새 언약이 이스라엘과 여호와간의 협상에 의해 이루어질 것이 아니라 일방적으로 수여될 것임을 분명히 한다. 그리하여 여호와께서는 언약을 "자를 것"(cut) — 즉, 시작하다—이다("자르다"는 동사가 일반적으로 언약 법의 시작을 알려주는 전통적인 표현방식임에 주목해 보라).

그리고 선지자 예레미야는 이 언약을 "새로운 언약"으로 표현한다. 여기에서

"새로운"이라는 형용사는 질적인 뉘앙스와 시간적인 뉘앙스를 모두 반영해 준다. 비록 70인경에서는 이 단어가 단지 질적인 새로움만을 나타내고 있다 하더라도, 우리는 히브리 성경에 나타나는 이 두 가지 뉘앙스를 모두 생각해야만 한다. 즉, 새 언약은 과거의 언약과 연속성을 지니고 있는 반면, 이 언약은 시내산 언약과 다윗 언약의 질적인 변화와 발전 그리고 구원 역사 속에 드러날 새 시대의 변화와 발전을 보여 줄 것이다.

이스라엘 왕국과 유다 왕국이 겪었던 고난들은 새 언약을 통해 해결될 것이다. 사실상 이 두 왕국은 하나가 될 것이다. 다음에 소개되는 단어들을 통해 예레미야가 어떻게 이 두 왕국을 하나로 연합시키는지를 주목해 보라. 현재 역사적인 실재를 반영해 주는 31절은 두 왕국을 "이스라엘의 집"과 "유다의 집"으로 구별해서 언급하고 있다. 그러나 33절은 단지 "이스라엘의 집"이라는 하나의 문구만 언급한다. 31절에 나오는 "유다의 집"이라는 문구가 나중에 추가된 것이라 제안하는 것은 분열된 두 왕국을 서로 화해시켜 새 이스라엘 안에서 하나님의 백성으로 이 두 왕국을 서로 연합시키려는 이 예언의 목적을 잘못 오해한 것이다.

에스겔 37:15-28에 잘 표현되어 있듯이, 바벨론 포로기에 유다와 이스라엘의 제휴(提携)는 적대적이었던 두 형제를 하나로 접목시켜 줄 것이다. 오랫동안 적대적이었던 관계가 회복됨으로써, 다윗의 통일 왕국은 하나님의 백성이 다시 출현하게 될 것임을 알려줄 것이다. 그리고 이 통일 왕국은 본질상 이스라엘을 통일된 하나님의 백성으로 본 예레미야의 통찰력을 잘 반영해 준다.

32절은 새 언약과 시내산 언약간의 질적인 차이를 분명히 규정한다. 시내산 언약이 이스라엘 백성들로 말미암아 반복해서 깨뜨려진 반면, 새 언약은 결코 깨뜨려지지 않을 것이다. 예레미야시대에 요시야의 개혁을 이행하지 못하고 결국 개혁에 실패하고 만 타락한 민족의 몰락은 시내산 언약의 불완전함을 여실히 드러내 주는 가장 분명한 증거가 된다. 그리고 32절은 이와 같은 실패가 여호와로 말미암은 실패가 아니라 오직 이스라엘 백성으로 말미암은 실패임을 명백히 밝히고 있다.

비록 이스라엘이 여호와를 노엽게 했었지만, 그럼에도 불구하고 여호와께서는 출애굽을 통해 그분의 변함없는 신실하심을 계속해서 보여 주셨으며, 그분은 시내산 언약의 그 어떤 조항도 결코 어기지 아니하셨다. 상징적인 결혼 비유를 통해 예레미야는 비록 이스라엘이 신실하지 못했다 하더라도, 이혼으로 무효화시킬 수 없는 언약에 신실하신 하나님의 성실하심을 증거한다. 만약 새 언약의 파기가 인간의 책임이 될 수 없다면, 이 새 언약은 이전 언약과 어떻게 다른가?

언약의 파기를 방지하기 위해 여호와께서는 그의 법을 새 이스라엘의 마음속에 두실 것이다(33절). 인류의 연약함으로 말미암은 이전 언약이 지니고 있는 문제점들이 수면 위에 떠올랐기 때문에, 언약을 백성의 마음속에 둠으로써 이 문제를 해결할 수 있는 발전적인 대안이 등장하게 된다. 그러나 이와 같은 마음의 법은 시내산 언약 아래 맺어진 조항들과 근본적으로 다른 것인가? 새 언약 아래 있는 인간 내면성에 대한 기준이 어떠하다 하더라도, 이전 언약 아래에서는 결코 적절한 기준이 있을 수 없다고 해석함은 옳지 않다.

마음의 법에 대해 좀더 연구해 보자. 우리는 항상 시내산 언약 아래 맺어진 율법이 온 백성의 뜻과 마음이 여호와의 뜻과 일치함으로써 지켜졌을 것이라 생각한다(신 6:4-6; 11:18). 그러므로 이것은 개인적 의지를 배제하기보다는 오히려 개인적 의지를 반영해 준다. 비록 마음의 법 개념이 종종 신명기(신 6:4-5)－율법을 준행하라는 여호와의 명령을 소개한나－에서 발견된다 하더라도, 이와 같은 명령은 아마도 성취될 수 있는 이상적인 상태를 미리 전제하고 있는 것이다. 더욱이 마음의 법과 관련된 이슈는 모세의 마지막 설교에 잘 나타난다.

모세는 이스라엘 백성들이 여호와로부터 마음의 할례를 받은 후 포로생활로부터 귀환할 것임을 예언한다(신 30:6). 구약에서 마음의 법은 개인의 경건한 체험을 위해 필수적인 요소가 된다(시 51:10, 17; 73:1; 잠 22:11; 사 57:15). 선지자 이사야는 예루살렘으로의 귀환과 새 언약을 고대하면서 포로된 백성들을 "의를 아는 자들, 마음에 여호와의 율법이 있는 백성들"로 표현하고 있다(51:7). 예레미야는 열방이 여호와께로 돌아오기 전 마음의 변화를 체험하게 될 것임을 분명히 하고 있다(4:4; 9:25-26). 그리하여 이 모든 증거들은 새로워진 언약이 단지 하나님께서 율법을 마음에 두었다는 것만을 의미하지는 않음을 암시해 준다.

33절의 문맥은 시내산 언약의 범주 안에 머물고 있다. 실로 이 구절은 시내산 언약과 유사한 법－시내산 언약으로부터 유추할 수 있는 법－을 소개하면서 끝맺고 있다. "나는 그들의 하나님이 될 것이요 그들은 나의 백성이 될 것이니라"(cf. 출 6:7; 레 26:12; 겔 37:27). 33절은 하나의 이상적인 언약을 언급한다. 이 언약을 통해 여호와의 법이 인간의 마음속에 있게 될 것이며, 이 마음의 법은 새 언약에 대한 온전한 순종을 보증해 줌으로써 구속받지 않는 방식으로 기능하게 될 것이다. 비록 새 언약이 시내산 언약 아래 이루어진 실재들보다 더 진전된 개념이라 하더라도, 이 언약은 시내산 언약에 나타나는 이상적인 상태와 완전히 구별될 수는 없다.

그러나 예레미야는 시내산 언약의 이상을 포기하지 않으면서도 오래된 진리와는 질적으로 다른 새로운 그림을 소개하고 있으며 이전의 언약에 드러났던 것과는 근본적으로 다른 순종의 차원을 기대하고 있다. 성경은 마음의 법의 위치와 그 마음의 법으로부터 생겨나는 순종 사이에 일어나는 많은 긴장들을 설명한다. 사실상 시내산 언약이 지니고 있는 문제는 분명히 인간의 유약(柔弱)함으로 말미암은 것이다. 그러나 새 언약 아래 영과 육의 투쟁을 반영해 주는 연약함의 특성은 왕국의 도래와 함께 사라지게 될 것이다.

예레미야 31:34에 나오는 '더 이상'(No longer: 한글 개역성경에는 '다시는')이라는 두 단어는 새 언약 아래 있게 될 급격한 변화를 암시해 주고 있다. "더 이상"(No longer). 시내산 언약이 제사장 직무와 예언이라는 제도적인 매개체를 통해 이스라엘에게 전달되었기 때문에, 이와 같은 매개체는 가르침과 권고를 통해 이 언약을 지키도록 강화시켰다. 그렇지만 이제 새 언약 아래 "더 이상" 이와 같은 제도적인 강화가 필요하지 않을 것이다. 그리하여 모든 주님의 백성들이 선지자가 될 것이라는 모세의 간절한 열망(민 11:29)이 이루어지게 될 것이다. 그리고 더 이상 중보적 기능이 필요하지 않기 때문에, 우리는 모든 하나님의 백성들이 출애굽기 19:5-6에 나오는 이스라엘의 위임 명령을 성취함으로써 제사장이 될 수 있을 것임을 확신하게 된다. 예언과 제사장 직무는 인간의 죄성 때문에 주어진 것이다. 그러나 예레미야가 예언한 새로운 질서 안에는 더 이상 특별한 그 무엇이 필요하지 않다. 사실상 토라를 가르치는 것이나 제사 제도조차도 필요치 않다.

중보적 매개체가 사라진 후 새 시대가 도래하면 새 언약의 새로운 요소들이 나타날 것이다. 그리고 이러한 요소들은 34절의 끝부분에 잘 나타난다. "내가 그들의 죄악을 사하고 다시는 그 죄를 기억지 아니하리라 여호와의 말이니라." 죄 사함은 제사 제도를 통해 이루어졌다. 그러나 이제 새 시대가 도래하면 고백해야 할 죄도 없을 것이고, 치러야 할 죄 값도 없을 것이다. 그리고 이와 같은 예레미야의 예언은 죄 사함을 훨씬 뛰어넘어 간다. 왜냐하면 이제 더 이상 죄가 기억되지 아니할 것이기 때문이다. 특히 여호와께서 "기억하다"라는 단어를 사용하실 때, 이 단어는 단지 심리적인 기억력 그 이상의 의미를 내포하고 있다. "여호와께서 기억하실 때"라는 말은 여호와께서 언약을 통해 그분의 사역을 다시 시작하실 것을 의미하고 있다. 그래서 하나님께서는 노아를 "기억하셔서" 홍수가 멎도록 행동을 취하셨던 것이다(창 8:1).

하나님께서는 항상 한나를 "기억하셨고", 한나가 아들을 낳을 것이라는 그분의 예언은 마침내 이루어졌다(삼상 1:19-20). 그러므로 기억하지 않겠다는 하나님의 결심은 단지 형식상 잊어버릴 것임을 의미하지는 않는다. 그것은 죄가 이스라엘 가운데 아주 관대하게 다루어질 것이고 죄에 대한 조치가 더 이상 필요치 않을 것임을 뜻한다. 동시에 우리는 이 구절이 그리스도인들이 겪고 있는 현재적 경험을 훨씬 뛰어넘어 그리스도의 십자가의 모든 효능이 성취될 그날을 지시하고 있음을 알게 된다. 예레미야가 예언한 종말의 시대는 변화된 사회, 하나님의 말씀과 성령이 자유로이 통치할 새 이스라엘을 보여 줄 것이다. 새 시대가 도래하게 되면 죄는 인류의 경험으로부터 멀리 떨어지게 될 것이다.

예레미야 31:31-34은 율법에 속한 삶을 성령에 속한 삶과 대조시키지 않는다. 또한 이 구절은 신약과 구약에 나타나는 죄 사함에 대한 새로운 평가를 언급하지도 않는다. 그러나 이 구절은 인류가 경험하게 될 죄 사함의 온전한 성취를 말해 주고 있을 뿐만 아니라, 설교 실패하지 않을 하나님의 말씀에 대한 순종을 강조하고 있다. 예레미야가 예언한 이 새 시대는 새 예루살렘이 도래하고 하나님께서 그의 백성 가운데 거하게 될 때 이루어질 새 창조의 시대를 말하고 있다(계 3:12; 21:2-4).

비록 예레미야 선지자가 본 이 영광스런 미래가 포로기 직후에 이루어지지 않는다고 해도 우리는 바벨론에서 팔레스타인까지 진행하게 될 새 출애굽이라는 개념을 예언자의 속임수로 보아서는 결코 안 된다. 포로기 후 약속의 땅에 대한 희망과 성취, 즉 회복된 에덴 동산은 새 출애굽이 이루어지고, 이스라엘의 메시아 곧 예수의 죽음을 통해 새 언약이 세워질 것이기 때문에 단지 이스라엘 백성들에게 연기된 것뿐이다. 더욱이 새롭게 표현될 죄 사함과 이로 인해 이루어질 새 시대는 최종적인 하나님 나라의 모습을 고대하게 될 것이다.

우리는 반드시 새 언약 법을 지나치게 개별적인 것으로 취급하지 않도록 조심해야 한다. 왜냐하면 예레미야는 회복될 이스라엘을 분명히 염두에 두고 있기 때문이다. 이스라엘에 대한 강조는 시내산 언약과 유비를 이루고 있는 31-33절에 잘 나타나고 있으며 다음 구절에도 계속되고 있다(35-37절). 이스라엘의 선택은 창조의 섭리처럼 하나님의 계획과 깊이 관련되어 있다. 그러므로 여호와께서 이스라엘을 포기할 수 있다는 것은 이해할 수 없는 일이다. 38-40절은 예루살렘을 다시 발전시키시려는 여호와의 계획을 계속해서 설명해 나간다. 이 구절 가운데 이방인의 참여를 보여 주는 예언은 하나도 없다. 하지만 이 구절은 예레미야의 다음과 같은 관점들을 잘 반영해 주고 있다.

첫째, 예레미야는 위기에 처한 민족을 위해 사역을 시작하였다. 그러므로 그의 주요 관심은 이스라엘 백성들 앞에서 그들의 선택과 역할의 본질을 깨닫게 해 주는 것이었다. 둘째, 예레미야는 이방인의 참여가 새롭게 회복될 이스라엘에 의존하고 있다고 보았다. 구약의 본문들은 이 일(이방인의 참여)이 분명히 이루어질 것임을 증거하고 있다. 그리하여 이방인들은 새로운 하나님의 왕국에 다함께 참여하게 될 것이다.

2. 에스겔

에스겔서는 이스라엘을 향한 더 많은 예언적 기대를 포함하고 있다. 이 에스겔서는 주전 593년 선지자의 소명과 주전 571년 최후의 예언 사이에 포로된 이스라엘 백성들에게 일어났던 사건들에 대해 서술한다(29:17). 1-3장; 8-11장 그리고 40-48장으로 소개되는 세 가지 이상들은 하나님의 통치시대를 알려줄 새 성전의 회복을 주 모티브로 삼고 있는 예언을 잘 반영해 준다. 일반적으로, 에스겔은 반드시 겪어야 할 고난과 고통 그리고 마침내 성취될 질서를 기대하고 있다. 에스겔서의 구조는 이러한 에스겔의 기대를 잘 보여 준다.

1-24장은 포로기간 동안 이스라엘의 모든 제도들 가운데 임할 하나님의 심판을 강조한다. 25-32장은 이스라엘을 학대한 이방 민족들을 향한 신탁(oracles)을 다루고 있다. 1-32장에서 이스라엘의 고통과 괴로움이 언급된 후 그들을 향한 미래의 청사진이 뒤따라온다. 33-48장은 가장 이상적인 표현으로 회복의 예언을 제공해 준다. 부름받은 이스라엘이 그 소명을 이루어 가야 할 최종적인 목표를 그려주고 있는 장엄한 그림, 곧 40-48장은 (성전의 비전을 통해 확연히 드러날) 새 시대에 하나님께 드릴 제사에 대해 언급하면서 이 예언을 마무리한다.

(1) 이스라엘의 회복(겔 33-39장)

에스겔서에서 심판은 회복보다 선행한다. 1-3장의 비전은 예루살렘 성전을 심판하기 위해 내려오신, 언약궤(言約櫃)에 좌정하시고 천사들로부터 호위받으시는 여호와의 모습을 그려준다. 에스겔은 이 비전을 통해 부름받게 되며 그의 소명은 분명히 드러나게 된다. 그의 사역은 예루살렘이 무너질 때까지 현 이스라엘과 예루살렘을 공격했던 자들에게 임할 피할 수 없는 심판을 선언하는 것이다(겔 24장; 33:21). 그렇지만 예루살렘이 함락되기 전에도 에스겔 선지자는 하나님께서 그의 백성들을 다시 회복시키셔서, 그들을 약속의 땅으로 다시 인도하실 때를 바라보며 새 출애굽을 약속한다(20:34).

예루살렘과 이방 민족들을 향한 비난의 메시지가 선언된 후 33장은 회복의 말씀으로 시작된다. 3:16-21의 파수꾼에 대한 메시지를 반복하고 있는 1-20절은 선지자의 임무를 다시 갱신시킨다. 그러나 이제 에스겔은 이스라엘을 향한 희망의 메시지를 전달할 것이다. 예루살렘의 몰락을 일게 되자마자 여섯 가지 예언들이 에스겔에게 임하게 된다. 이 예언들은 다음에 소개되겠지만, 예루살렘의 몰락과 아울러 희망의 메시지와 깊이 관련되어 있다. 이 각각의 예언들은 "여호와의 밀씀"으로 긴주된다. 이 여섯 가지 예언들은 33:23-33; 34장; 35:1-36:15; 36:16-37:14; 37:15-28 그리고 38-39장 속에 잘 나타난다.

에스겔은 먼저 첫 번째 예언에서 이스라엘 백성들의 순종을 통해 그들이 약속의 땅을 차지할 수 있었음을 설명하면서 아브라함 언약의 본질을 명쾌하게 밝혀 나간다. 두 번째 예언, 곧 34장은 타락한 지도자들로 말미암아 약속의 땅이 몰수되고 백성들이 포로가 되었음을 비평한다. 미래의 새 시대가 도래할 때 하나님께서는 이스라엘을 다스리실 것이며 그들의 목자가 되실 것이다(7-24절). 비록 다윗과 같은 한 목자가 하나님께서 계획하신 한 부분이 된다 하더라도, 그는 왕이 아닌 (그의 왕보다 한 단계 낮은 신분을 암시해 주는) 군주로 불려지게 될 것이다. 하나님의 지도자가 다시 나타나 그 임무를 회복함으로써 낙원과 같은 평화의 시대가 뒤따라온다(25-31절). 이스라엘을 대적하던 원수, 에돔의 황폐함을 예고하는 세 번째 예언(35:1-36:15)은 모든 대적들이 약속의 땅으로부터 제거될 것임을 밝히고 있다.

네 번째 예언(36:16-37:14)은 약속의 땅을 상실케 만든 요소들을 비평하면서 시작한다. 에스겔은 하나님께서 이스라엘을 통해 그분이 의도하셨던 목적과 그분의 거룩한 이름을 드러내시기를 원하시기 때문에 언약의 회복이 이루어질 것임을 분명히 밝히고 있다(36:21-23). 24-28절은 예상되는 기대에 대한 윤곽을 그려주고 있다. 백성들과 (이전의) 약속의 땅은 새 출애굽을 통해 다시 서로 만나게 될 것이다(24절). 그 후 하나님께서 백성들의 장래를 예비하심으로 말미암아 그들은 새 언약을 성실히 준행하면서 약속의 땅을 다시 차지하게 될 것이다. 이스라엘은 정결케 될 것이며 새 마음을 소유하게 될 것이다(26절). 새 영을 소유하게 됨으로써 백성들은 자발적인 순종을 실천할 수 있게 될 것이다(27절).

에스겔이 소개하고 있는 이와 같은 일련의 다양한 예언적 요소들은 예레미야가 그려주는 회복의 그림에 좀더 상세한 설명을 추가시키고 있다. 28절은 언약과 땅 회복의 이중적 특성을 분명하게 보여 준다. 실로 28절의 다음과 같은 문구는 시내산 언약을 다시 한 번 상기시켜 준다. "너희는 내 백성이 될 것이요 나는 너희의 하나님이 될 것이니라"(cf. 출 6:7). 에스겔이 미리 보고 있는 약속된 땅의 점령과 토라에 대한 순종은 시내산 언약과 연속선상에 있다. 새로운 회복이 이루어짐으로써 약속된 땅은 에덴 동산과 같은 정원으로 변하게 될 것이고, 그곳에서 모든 이스라엘 백성들은 아담의 역할을 수행할 것이며 왕과 제사장이 될 것이다(cf. 출 19:6).

그리하여 36장은 영적인 회복으로부터 흘러 나오는 (서로 뒤섞여 있는) 다수의 축복들을 소개하면서 이 장을 끝맺고 있다. 네 번째 예언의 일부인 에스겔 37:1-14은 회복의 진행과정에 대한 다른 견해를 소개한다. 골짜기로 이끌리어 소명을 받은 에스겔 선지자(37:1; cf. 3:22)는 이스라엘을 향한 심판을 선포한 그의 예언적 사역의 결과들을 보여 준다. 이스라엘의 집에 남아 있는 것은 마치 골짜기에 있는 마른 뼈들과 같은 것들뿐이었다. 그리하여 하나님께서는 창세기 2:7에 나오는 인류를 창조하시던 동일한 방식으로 그의 영을 죽은 자들의 몸에 불어 넣으셔서 민족을 다시 살리신다(5, 10절). 그러므로 이스라엘과 아담은 서로 연결되고 있다(Niditch, 1986:223). 그렇다면 이스라엘의 회복은 어떻게 되는가? 마른 뼈들의 골짜기에서 에스겔은 이스라엘의 회복을 위해 모든 이스라엘 민족들이 죽음의 포로생활로부터 다시 살아나야만 한다는 것을 깨닫게 된다.

다섯 번째 예언 가운데(37:15-28) 우리는 민족 부흥의 중요성을 배우게 된다. 이전에 서로 양립할 수 없었던 두 국가, 북이스라엘과 유다 왕국은 이제 하나님의 백성인 새 이스라엘이 되어 다윗과 같은 통치자의 영도 아래 다 함께 약속의 땅으로 오게 될 것이다. 이때 영원한 화평의 언약이 세워질 것이며(cf. 사 54:10), 창조 언약, 아브라함 언약이 다시 실현될 것이다(26절). 하나님께서는 백성 가운데 성소를 두시기로 약속하실 것이며, 새로운 관계 속에서 새 이스라엘 가운데 거하게 되실 것이다(27절).

여섯 번째 예언인 38-39장에서 에스겔은 종말에 있을 시온에 대한 침략을 상세히 기술하고 있다(1976:15). 에스겔 선지자는 하나님의 구속받은 회복된 백성들이 평화로이 거하게 될 하나님의 도시가 민족들로부터 침략을 당하게 될 것임을 보여 주고 있다. 이스라엘의 대적을 상징하는 곡(Gog)은 북쪽으로부터 온 정체를 알 수 없는 대적을 의인화한 것이다. 이 곡은 바벨론의 위협을 더욱 강조하기 위해 만들어진 용어라고 할 수 있다(렘 1:15; 동시에 바알의 신비한 거처인 산과 더불어 북쪽 지역으로부터 모든 위협과 공격이 임하게 될 것으로 보았다).

38-39장에서 살펴본 대로, 곡과 하나님과의 전투는 역사의 무대에서 묵시 영역으로 그 무대를 옮겨간다(Aharoni, 1977:15). 이 전투는 묵시적 성격의 기초를 제공해 주는 한 실례가 될 수도 있다. 38:5-6에 열거된 적군들의 이름은 실제적인 이름이라기 보다는 이상화된 이름이다. 왜냐하면 이 적군들이 서로 가깝게 인접히고 있지 않을 뿐만 아니라 결코 이스라엘의 실제적인 대적들이라고 볼 수 없기 때문이다(추측컨대, 이들이 북쪽으로 다함께 모여든다는 것은 불가능하다).

더욱이 평화적이고 목자적인 이스라엘을 향한 이 위협의 범위가 엄청나게 확대되어 있다. 즉, 이스라엘은 죽은 자들을 일곱 달 동안 장사할 것이며(39:12-15), 탈취한 무기들을 칠년 동안 연료로 사용할 것이다(39:9). 그러나 어떻게 이 묵시적 침략이 회복과 관련될 수 있는가? 하나님의 회복된 백성을 향한 이 위협은 성전이 건립되고 영원한 평화가 약속의 땅에 주어지기 전 극복해야 할 마지막 싸움이 될 것이다. 38-39장이 에스겔서에서 연대기 순(順)으로 배치될 수 있는지의 여부는 확실치 않다. 그러나 38-39장은 악이 완전히 섬멸되고 나서야 비로소 새 시대가 도래할 것임을 분명히 나타내고 있다.

(2) 성전에 대한 비전(겔 40-48장)

에스겔 40-48장에 나오는 종말론에 이루어질 성전-직접적인 하나님의 다스림의 중심부—건립(建立)은 하나님 나라의 모든 적대자들이 사라진 후 등장한다(겔 38-39장). 그렇지만 에스겔 선지자는 이스라엘 민족의 재건과 하나님의 거룩한 터에서 여호와를 경배할 날을 고대했었다(20:40; 37:24-28). 선지자가 새 성전이 위치하게 될 높은 산으로 옮겨졌을 때, 성전에 대한 비전이 함축하고 있는 우주적인 성격이 드러나게 된다(40:2). 비록 명칭이 명시되어 있지 않지만, 그 산은 분명히 시온 산으로 묘사된다(Levenson, 1976:7).

40-48장은 이스라엘의 먼 과거, 특히 출애굽과 약속의 땅을 정복한 시절과 관련된 신학적 영감을 이끌어 낸다. 시내산과 출애굽 사건의 절정은 계시의 산에 세워진 (하늘의 모형) 성막 건축(출 25:9)과 언약의 갱신(출 34장)이라고 할 수 있다. 시내산에서 새 성전을 위한 청사진이 하늘로부터 계시되었고(출 43:10-12), 언약이 그곳에서 갱신되었다(37:26-27). 출애굽을 통해 이스라엘을 향한 여호와의 목적이 성취되면서, 성막 건축은 이스라엘을 예배하는 백성으로 만들어주었을 뿐만 아니라 정복의 시대를 열어주었다. 그래서 새 성전 건립은 새 시대를 열어줄 것이다.

에스겔은 43:6에 하나님께서 나타나실 때까지 하나님께 이끌리어 그분의 인도하심에 따라 많은 것을 목격했기 때문에, 그는 새 성전에 대한 상세한 설명을 제공해 준다(겔 40:1-43:12). 바깥 담(40:5-16)으로부터 시작하여 바깥 뜰(17-27절)과 안 뜰(40:28-41:26), 그리고 돌아서 다시 바깥 뜰(42:1-14)로 진행하는 이러한 순회(tour)는 바깥 담에 이르러서 끝나게 된다(15-20절). 이와 같은 상세한 설명의 핵심은 새 성전의 구조이다(40:48-41:26). 이 순회가 끝남과 아울러, 선지자는 하나님께서 출입하실 동문으로 인도함을 받는다(43:1-5; cf. 10:19).

에스겔이 기술하는 것은 이사야의 비전과 사뭇 비슷하다(사 6:1-4). 하나님은 동문으로 지나시며 성전에 거하실 것이다. 그러나 에스겔의 묘사는 또한 신명기 33:2; 사사기 5:4-5; 시편 68:8 그리고 하박국 3:3-4에 설명된 바대로 시내산 언약의 체험을 거듭 강조하고 있다. 시내산 체험과 에스겔의 체험에서 볼 때 여호와는 동쪽에서 오실 것이며, 하나님 임재의 현시는 청천벽력과 같은 소리와 함께 임하게 될 것이다. 선지자가 이미 먼저 전해 받았던 심판에 대한 비전(1-2장; 8-10장; Parunak, 1980:72)을 3절에서 언급할 때, 그는 명료한 메시지를 전달한다. 이 메시지에 나타난 비전은 민족이 심판을 당하고, 하나님의 왕권 아래 회복이 시작되었음을 알려준다.

안내자이신 하나님과 함께 이 성전 순회는 다시 시작된다. 두 개의 메시지 (43:6-44:3; 44:4-46:24) 가운데 첫 번째 메시지는 하나님께서 성전을 그의 영원한 거처로 선언하고 있음을 보여 준다(43:7). 성전 구조의 중심부는 제단이다. 하나님의 두 번째 메시지는 제사와 관련된 성전의 용도를 다루고 있다. 새 시대가 도래하면 레위인들이 성전사역으로 섬길 것이며, 사독의 후손인 솔로몬 성전의 신실한 제사장들이 제단사역을 수행할 것이다. 이 메시지에서 분명히 주목해 볼 만한 점은 정치적인 것과 관련된 이전의 모든 사항들이 새 성전으로부터 완전히 사라져 버리게 될 것이라는 점이다(42:20; 44:6-9). 새 성전은 제사장의 영역이 되고 여호와께서는 새 시대에 유일한 통치자가 된다(20:33). 왕정시대의 이상이 출애굽/가나안 정복시대의 신학보다 훨씬 더 발전되어 왔음을 주목해 보라.

성전 건축이 그 땅에 끼칠 정결케 하는 영향력은 종말에 출현할 새 성전이 에덴 동산처럼 세계의 영적인 중심이 될 것임을 시사해 주고 있으며 에스겔 47:1-12은 이것을 잘 보여 주고 있다. 에스겔 선지자는 동문 밑으로부터 흘러 나온 물이 토지를 비옥하게 하고 광야를 낙원으로 변화시키는 (건너지 못할) 강으로 불어나는 것을 본다. 강 좌우 편에 생명의 나무들이 심겨져 있다(47:12). 창세기 때와는 달리 이 나무의 과실들은 자유롭게 먹을 수 있게 될 것이며, 그 잎사귀는 치료의 용도로 쓰여질 것이다. 13 23절은 하나님의 수유로서 정결케 되고 갱신된 그 땅이 열두 지파 가운데 나뉠 것임을 밝히고 있다. 이때에 더 이상 정복이 필요치 않을 것이다. 열두 지파에게 배분되기 전 하나님께서는 민수기 34:1-12에 나오는 이상적인 경계와 부합하는 경계를 정하신다. 제일 먼저 북쪽 일곱 지파에게 땅이 배분될 것이다(48:1-7). 그 다음 분배는 여호수아 때의 분배과정과 마찬가지로 성소를 위해 준비된 사항들이 열거되면서 잠시 중단된다(수 18:1; Parunak, 1980:74). 8-12절은 거룩한 터가 사독의 자손들, 거룩한 제사장들에게 분배될 것임을 보여 주며, 13-22절은 레위인들과 왕이 그들에게 할당된 지역을 분배받을 것임을 말해 준다. 23-29절에서 하나님께서는 성전으로부터 가장 멀리 떨어져 있는 지파들(단, 아셀, 납달리)과 아울러, 나머지 다섯 지파에게 땅을 다시 분배하신다.

부정함을 방지하기 위해 레위 지파가 성소를 둘러 쌀 것이다. 유다는 성소의 북향에, 베냐민은 남향에 위치할 것이다. 그리하여 이전 남북의 경계는 완전히 사라질 것이다. 과거 경제와 정치 불균형을 조화시키기 위해 새로운 사회가 서게 된다. 비록 열두 지파가 동등한 배분을 받는다 하더라도, 성소와 관련된 그들의 위치는 지파 기원과 관련된 기사들에 따라 결정된다. 비록 에브라임과 므낫세 지파가 레위 지파의 참여로 요셉 지파로 합쳐진다 하더라도, 열두 성읍의 문들은 열두 지파의 이름을 따를 것이다(32절; Greenberg, 1984:202). 성소와 성읍은 더 이상 유다 가운데 있지 않을 것이다. 그리고 시온은 예루살렘의 왕권 신학의 폐지를 간접적으로 언급하고 있는 듯하다. 간략하게 말하자면, 상징적으로 볼 때 에스겔은 하나님 백성에게 새로이 배분된 땅을 통해 족장 언약으로 다시 소급해 올라간다. 비록 성전 주변 지파의 배치가 광야 행진 시 이루어진 전투 질서를 떠올리게 한다 하더라도, 이스라엘 역사의 그 어떤 패턴도 이와 같은 지파의 배분 순서를 설명할 수 없다. 레위 성읍이 없다는 것은 항상 가나안 정복 이전의 구조를 시사해 준다. 출애굽과 가나안 정복으로까지 이스라엘 역사를 소급해 올라감으로써 에스겔은 왕정시대와 이에 수반하는 교리들을 은연 중에 거절하고 있다.

에스겔의 새 성전 신학은 포로기 후 회복을 위한 청사진이 아니다. 그렇지만 이것만은 확실하다. 즉, 이스라엘의 미래는 전적으로 새 시대를 열어주실, 역사의 주관자이신 여호와의 손에 달려 있다는 것이다. 다윗 왕권의 모티브가 에스겔—에스겔의 예언은 신정체제를 강조하고 있다—의 예언 가운데 나타나지 않음을 주목해 보라. 더욱이 메시아에 대한 이슈가 40-48장에서는 발견되지 않는다. (우리는 새 시대 국정의 통치자인 익명의 "왕"을 만난다; cf. 44:3; 45:7-8, 16-17; 46:2; 48:21-22). 하나님 백성의 미래는 다윗 왕권이나 메시아에게 달려 있는 것이 아니라 전적으로 하나님께 달려 있다. 성전 건립 또한 그분의 사역이 될 것이다. 성전 환상과 거룩한 성읍—정치적인 제도나 긴장들이 사라진 곳—을 서로 대칭시키면서 에스겔은 새 시대, 새 예루살렘에서 이루어질 예배의 중앙화를 통해 강조될 하나님 임재 교리를 제공한다. 하나님의 궁전, 새 성전으로부터 흘러 나오는 하나님의 부요한 축복은 결코 끝나지 않을 것이다.

에스겔서의 이 장엄한 파노라마는 우리의 시선을 심판아래 놓여 있는 예루살렘 성전에서 하늘의 예루살렘—이곳으로부터 심판이 임할 것이다—으로 옮기게 한다. 마침내 거룩한 성읍과 성전은 세계의 중앙이 될 것이고 이곳을 중심으로 하여 새 성읍이 건설될 것이다. 비록 예레미야처럼 에스겔의 관심이 이스라엘의 재건에 있다 하더라도, 에스겔은 성전과 성읍의 정교한 환상을 통해 어떻게 하나님의 회복된 백성들이 새 시대에 살아갈 것인가를 보여 준다.

3. 요엘

요엘서의 두 부분은 여호와의 날이라는 주제로 서로 묶여 있다. 전반부(욜 1:2-2:27)에서 요엘 선지자는 메뚜기 재앙의 발생과 그 재앙이 담고 있는 깊은 의미를 상고하면서 그날이 이스라엘을 향한 하나의 역사적인 심판이 될 것임을 보여 준다. 후반부(3:1-21)에서 종말의 날은 구원을 가져다 줄 것이다. 여호와의 날은 무엇인가? 이 어구 "여호와의 날"은 구약의 모든 선지서 가운데 20번 등장한다. 여호와의 날이라는 어구를 처음으로 사용한 아모스 선지자는 일반적으로 사람들이 여호와의 날을 큰 기대와 함께 고대하였음을 알려준다. 어떤 이들은 세계 역사를 고정된 시대와 구분하여, "그날"을 구 시대가 지나가고 새 시대가 도래할 그때(the time)로, 한 시대가 다음 시대로 넘어갈 그때로 이해했던 성경시대 이전 신화 사상의 기원과 연결시켜 왔다. 이러한 신화적 기원은 이 구절이 분명히 종말론적 사상을 내포하고 있음을 말해 준다.

그러나 요엘 선지자는 이 신화직 기원에 대해 말하지는 않는다. 다른 주석가들은 이사야 13장, 에스겔 7장 그리고 요엘 2장과 같은 본문들을 인용하면서 성전(holy war)의 배경과 이스라엘의 대적들을 물리치시기 위해 하나님께서 결정석으로 간섭하실 그날에 대해 연구해 왔다. 그러나 이 모든 본문들은 (그날에 대한 연구에) 그렇게 적절하다고 볼 수 없다. 다른 이들은 "그날"이 언약을 파기한 이스라엘을 향해 엄중히 심판하실 하나님의 개입하심을 의미한다고 해석해 왔다(Weiss, 1966:29-60). 그러나 어떤 본문은 이 해석에 적절하지만 모든 본문들이 이 해석을 지지하는 것은 아니다.

여호와의 날을 언급하는 모든 선지서 본문들에게서 공통적으로 나타나는 것은 여호와의 나타나심(Yahweh's appearance)이다. 그렇지만 그 현현(顯顯)의 성격이 모두 일치하지는 않는다. 즉, 여호와의 현현이 이스라엘에게 축복이 될 것인가, 아니면 저주가 될 것인가 하는 것이 모두 일치하는 것은 아니다. 그러나 여호와께서 그날에 분명히 그의 대적과 전투를 벌이실 것은 확실하다(만약 우리가 이스라엘을 그의 대적 가운데 함께 포함시킨다면). 아모스 5:18은 여호와의 날이 이스라엘의 축복을 위해 나타날 여호와의 현시로서 인식되었음을 말해 준다. 그리고 이 본문의 문맥은 제의(祭儀)와의 어떤 연관성을 제시해 준다. 아마도 이 표현("여호와의 날")은 여호와의 왕권을 증명해 주는, 민족이 위기에 처했을 때 이스라엘을 향한 여호와의 도우심을 보여 주는 제의로부터 말미암아 생기게 되었던 것 같다.

그러나 그와 같은 기원이 있었다 하더라도 아모스는 또한 하나님의 심판과 아울러 위협받고 있는 청중들에게 이 어구를 사용했다. 그러므로 선지자들이 숙고하던 여호와의 날 사상은 단순히 하나의 의미를 나타내지는 않는다. 여호와의 날이 함축하는 의미는 그 어구가 있는 각 본문들의 문맥을 연구함으로써 결정되어야만 한다.

요엘서의 심장이라 할 수 있는 것은 잘 알려진 성령의 부으심과 관련된 예언이다(2:28-32). 요엘서는 전·후반부로 구분되어 균형을 이루고 있다. 요엘서는 전반부에 나오는 개별적인 메뚜기 심판에서 시작하여, 후반부에 나타나는 이스라엘의 대적을 향한 심판을 소개한다. 요엘 2:28-32의 중요성을 인식하기 위해 이 본문의 문맥을 살펴봄이 필수적이다. 2장의 이 구절보다 선행하는 내용들은 다음과 같이 정리될 수 있다: 역사적인 여호와의 날에 대한 서술(1-11: 메뚜기 재앙), 민족의 회개를 요청함(12-17절) 그리고 언약 갱신의 약속(18-27절).

28절은 "그 후에"라는 말로 시작한다. 그리고 종말에 대한 강조를 놓치지 않고 있다. "모든 육체 위에"(NRSV) 성령이 부어짐으로 말미암아 이 예언은 마지막 날, 새 시대에 이루어질 것이며 그 어떤 중간매체도 필요치 않을 것이다(행 2장에서 베드로는 오순절 성령의 중요성을 설명하기 위해 요엘의 예언을 인용한다). 이 구절이 새 창조의 실제를 향한 원대한 기대 속에 극히 상반된 영(제한 받지 않고 무한한 잠재력을 지닌 하나님의 본성)과 육(제한되고 연약함을 지닌 인간의 본성)을 서로 하나로 엮어주고 있음을 주목해 보라. 마지막 아담(고전 15:45)과 같이 모든 육체(즉, 모든 이스라엘)는 생명을 부여해 주는 성령의 담지자(partaker)가 될 것이다. 모든 육체가 성령을 통해 하나님의 지각을 부여받을 때, 모든 이들이 하나님과 직접 교통하게 될 때, 모든 사회적 분열과 장벽은 사라지게 될 것이다(29절).

이러한 이스라엘 남은 자의 온전한 회복은 하나님의 백성들이 선지자가 되기를 소원했던 모세의 열망을 이룰 것이며(민 11:29), 그리하여 이스라엘은 부름받은 공동체가 될 것이다. 30-31절은 메뚜기 재앙을 넘어 분명하게도 우주적인 언약을 언급하고 있다. 이스라엘의 대적들은 섬멸될 것이다. 그리고 이 구절의 마지막 절은 예루살렘과 (하나님께서 거처할 곳인) 시온산의 남은 자를 위한 구원을 예언한다(32절).

요엘 3장에 나오는 심판과 축복은 성령의 부으심을 예언하고 있는 이 본문의 문맥을 성취시킨다. 1-12절에서 여호와께서는 열국을 향해 평화의 도구로 전쟁의 무기를 삼으시는 그분께 대적하여 성전(holy war)에 참여하라고 촉구하신다. 하나님의 권속들에게 임할 심판은 온 세계로 퍼져 나간다. 13-16절과 19-21절은 추수와 관련된 문체를 통해 적대적인 이방인들의 운명을 기술함으로써, 1:13-20에 나오는 재앙의 문체(文體)로 다시 되돌아가게 된다. 그리고 요엘 3:15은 2:10을 거듭 반복하고 있다. 그러므로 이와 같은 반복을 통해 요엘 3:15은 메뚜기 재앙이 실로 종말의 심판이 될 것임을 나타내 준다.

용사이신 하나님은 13-16절과 19-21절, 이 두 단락에 개입하신다(cf. 2:11; 3:16). 요엘은 시온을 중심으로 모인 하나님 백성을 위한 회복된 낙원에 대한 약속으로 예언을 끝맺고 있다(17-18절). 예루살렘은 세계의 중심으로서 새 에덴의 풍요함을 제공해 준다(18절). 그러나 예루살렘으로 향하는 세계 순례에 관한 언급은 발견되지 않는다. 왜냐하면 요엘서는 단지 하나님의 심판(19-21절)과 이스라엘의 선택에 대한 하나님의 선언에 관심을 두기 때문이다.

하나님 백성을 정결(淨潔)케함, 위로 그리고 회복은 요엘서 마지막 단락의 주제가 된다. 만약 요엘서가 포로기 때 쯤, 혹은 그 전에 쓰여졌다면, 유다의 몰락—회복이 뒤따라 옴—이라는 통일된 주제와 언약의 축복은 포로기시대의 새 언약 신학을 강조한다. 이스라엘의 구속, 세계 심판, 그리고 복원된 낙원에 대한 요엘의 예언은 예언적 종말론의 전형이라 할 수 있다.

4. 오바댜

오바댜서는 예언적 종말론의 주류를 이루는 증거들을 소개한다. 오바댜 선지자는 성전의 파괴, 포로생활과 같은 그 시대의 암울한 역사적인 실재들을 소개하는 한편, 하나님 백성의 미래가 안전함을 선포한다. 오바댜는 최근 일련의 사건들과 갈등들을 숙고하면서, 이 모든 것들을 멈추지 않는 하나님 나라의 그림자로 이해한다.

14절에서는 이스라엘의 적대자 에돔을 고발한다. 오바댜 선지자는 15절에서 여호와의 날을 언급하면서 종말의 방향을 뚜렷하게 제시하고 있다. 에돔뿐만 아니라 이스라엘의 모든 대적들은 심판받을 것이다. 시온산에 모인 남은 자들은 하나님의 심판의 팔로서 그 사역을 수행할 것이다(17-20절). 게다가 오바댜 선지자는 유다와 이스라엘의 약속의 땅으로의 귀환을 언급함으로써 하나님 나라의 최종적인 통치를 다음과 같이 예언한다. "구원자들이 시온산에 올라와서 에서의 산을 심판하리니 나라가 여호와께 속하리라"(21절). 약속의 땅에 거하게 될 이스라엘 백성의 회복, 이방인을 향한 심판 그리고 종말에 이루어질 하나님의 통치의 과정을 그려주는 오바댜의 예언은 포로기 예언적 종말론의 가장 중요한 실례를 제공해 준다.

5. 이사야 40-66장

이사야서의 전반부인 1-39장은 포로가 될 유다의 미래를 예상하면서 끝맺고 있다(39:5-7). 이 예언서의 후반부(40-66장)는 예루살렘에서 바벨론으로까지 확대될 하나님의 위로와 함께 시작한다. 비록 이사야 40-66장이 "새롭게 된 하나님의 도성"이라는 신학에 의해 통일성을 이룬다 할지라도, 이 장들은 두 단락으로 나뉠 수 있다: 40-55장과 56-66장. 거의 대부분 종말론적인 성격을 띠고 있는 40-55장은 포로생활로부터 예루살렘으로의 귀환, 이러한 귀환이 가능하도록 해 줄 종의 사역, 그리고 귀환의 중요성에 대해 깊이 다루고 있다. 역사와 종말이 서로 교차하고 있는 56-66장은 앞선 40-55장을 보다 확장(擴張)시켜 나간다.

(1) 종의 사역(사 40-55장)

이사야서 후반부 도입부터 분명하게 소개되는 위로와 소망의 모티브(40:1-11)는 40-55장 전반에 걸쳐 연결되고 있다. 이사야 선지자는 이스라엘에 대한 심판이 끝나고 예루살렘으로의 귀환이 보장될 것이기 때문에 이스라엘이 정체된 포로생활로부터 다시 일어서서 회복될 것임을 힘있게 강조한다. 포로생활로부터의 귀환은 예언적 종말론 가운데 등장하는 새로운 인물-종(the Servant)-과 연결된다.

네 가지 종의 노래(42:1-4; 49:1-6; 50:4-9 그리고 52:13-53:12)는 그 문맥

과 일치하고 있으며, 40-55장의 전체 메시지를 제공해 줌으로써 종의 사역과 그 역할을 명백하게 소개해 준다. 비록 종의 정체가 많은 연구와 토론의 주제가 되어왔다 할지라도, 첫 번째 우리가 고찰해 보아야 할 더 중요한 이슈는 종의 역할이다. 일반적으로 사람들은 종의 역할—어떤 의미에서 이 종은 이스라엘이 분명하다(Wilson, 1986:253)—이 본질상 예루살렘의 구속과 연관되어 있다고 논증한다. 실로, 종의 사역은 거룩한 도성으로의 복귀를 이루어 줄 것이다.

① 예루살렘을 향한 위로(사 40:1-11)

여호와께서는 40:1-2에서 하늘의 천사들을 향해 다음과 같이 말씀하신다: "위로하라 내 백성을 위로하라 너희는 정다이 예루살렘에 말하며 그것에게 외쳐 고하라 그 복역의 때가 끝났고 그 죄악의 사함을 입었느니라 그 모든 죄를 인하여 여호와의 손에서 배나 받았느니라." 이러한 표현은 시내산 언약의 관계(출 6:7; cf. 레 26:12)가 다시 시작될 것임을 일깨워 준다. 이 선지자의 예언 가운데 "예루살렘"과 "내 백성"이라는 단어가 병렬을 이루고 있다. 비록 이 두 단어가 비슷한 의미를 지니고 있지만, 예루살렘은 이 예언 전반에 걸쳐 항상 하나님 백성의 이상적인 위치로서 소개된다. 그러므로 예루살렘은 아브라함 언약이 암시해 주는 백성과 장소, 두 가지 차원을 모두 반영한다.

하나님의 두 가지 명령이 1절과 2절에 나타나는 바, 이 구절들을 서로 연결시켜 주는 어떤 유사성이 발견된다(40-55장에서 이중 명령이 있을 때마다 그 이후 더 많은 명령들이 뒤따라옴을 주목해 보라; 51:9, 17). 이 이중 명령("위로하라, 위로하라")은 하나님 명령의 중요성과 그분의 부요하심을 드러내 주는 반면, 이 위로가 절실히 필요함을 또한 강조한다. 하나님께서는 그의 백성을 잊지도, 버리지도 않으셨다. "정다이 말하다"라는 어구(語句)는 곧 바뀌게 될 것을 미리 예시해 준다(창 34:3; 삿 19:3; 삼하 19:7; 호 2:14 참조).

그렇다면 예루살렘에게 선포된 말씀은 무엇인가? 이사야의 예언에 의하면, 예루살렘은 "그 복역의 때가 끝났고, 그 죄악의 사함을 입었으며, 그 모든 죄를 인하여 여호와의 손에서 배나 받"될 것이다. 1절의 주요 진술에 대한 이유를 제공해 주는 2절의 세 가지 어절을 간략하게 살펴보도록 하자. 예루살렘에 임할 이 위로는 분명하게도 슬픔 가운데 주어지는 위로가 아니라 슬픔이 사라졌다는 선언을 의미하는 것 같다(cf. 삼하 12:24). 왜냐하면 예루살렘의 죄값이 두 배로 치루어졌기 때문이다. 이것은 어떤 엄격한 심판의 교리나 혹은 그 심판을 염두에 두고 있음을 의미하는가? 그렇지 않다. 선지자는 단순히 예루살렘의 심판이 인내의 한계 너머로 멀리 사라졌음을 말해 주는 것 같다.

이사야 40:3-5는 위로가 시작될 광야에서 하나님의 길을 예비하라고 소리치는 하나님 사자의 외침이라 할 수 있다. 이사야 40-55의 다른 본문(42:16; 43:16-19; 9:9 하반절-11; 51:10)에서도 포로생활로부터의 귀환은 새 출애굽으로 묘사된다. 이러한 관점에서 볼 때, 광야에서 준비될 여호와의 길은 제2차 애굽—바벨론 포로시기—으로부터 하나님 백성들을 나오라고 부르는, 제2차 출애굽 요청으로 볼 수 있을 것 같다. 귀환을 저해하는 모든 방해물들—육체적인 것이든, 혹은 영적인 것이든—은 제거될 것이다(4-5절 중반절). 이스라엘 하나님께서 그의 영광으로 임하시기 전, 즉, 그분의 장엄한 현현을 드러내시기 전, 자연의 모든 외형(外形)은 변화될 것이다. 5절에서 살펴볼 수 있듯이 이 모든 일들이 분명히 이루어질 것이며, 개별적이 아닌 모든 육체가 이 엄청난 변화를 인식하게 될 것이다.

많은 주석가들이 해석하듯이(Stuhlmueller, 1970:74-82), 아마도 "여호와의 길" 이미지는 항상 바벨론 말둑신의 거룩한 즉위식(卽位式)을 반영함을 알 수 있다. 이 그림언어는 이사야에 두 가지 함축적인 의미—이스라엘의 종교적, 역사적 과거와 관련된 것과 포로생활과 관련된 것—를 제공해 준다. 그렇지만 그 그림언어를 통해 이사야가 말하고자 하는 바, 즉 "그 길"을 통해 이루어질 백성들의 구원으로 말미암는 여호와의 왕권을 인식하는 것이 무엇보다도 중요하다.

6-8절은 또 다른 외치는 자의 소리를 보여 주는 바, 혹자는 이 소리를 선지자 자신에게 외치는 소리로 이해했다. 이사야 선지자는 자신을 그 당시 그의 백성들과 동일시하면서 인간의 나약함과 모든 만물의 무상함으로 말미암아 새로운 시작의 가능성을 더 이상 믿지 않는다. 이사야의 표현은 포로시대의 분위기를 지배할 실패와 절망의 상태를 반영한다. 8절에서 외치는 자의 소리는 선지자 자신에게 적용된다. 비록 모든 육체가 실로 풀과 같다 할지라도, 겉으로 보기에 희망이 없는 것처럼 보이는 상황은 전능하신 하나님 말씀의 권능에 직면하게 될 것이다. 하나님의 말씀은 역사를 만들어 갈 것이고 역사의 과정을 변화시킬 것이다.

이사야 40:9-11는 선지서 후반부 도입부를 마무리 짓고 있다. 비록 9절의 문맥이 애매 모호하다 할지라도, 일반적으로 볼 때 이 문맥은 예루살렘이 아름다운 소식을 전하는 자라기보다는 오히려 아름다운 소식이 이 예루살렘에 전파될 것임을 말해 준다: "아름다운 소식을 예루살렘에 전하는 너희여 너희는 힘써 소리를 높이라." 그렇다면 아름다운 소식은 무엇인가? 이 메시지는 매우 단순하다. 즉, 하나님께서 예루살렘의 왕으로 오실 것이라는 소식이다. 비록 이 메시지가 9-11절에 선명하게 드러나지 않는다 하더라도, 이 메시지는 또한 52:7에도 언급되고 있다.

더욱이 고대 근동 시대에 왕권을 나타내기 위해 흔히 사용된 11절의 "목자" 이미지는 여호와 왕권과 여호와의 팔을 반영한다(10절; cf. 52:10; 첫 출애굽 때 구원의 도구였던 여호와의 팔은 여호와 왕권의 권능이 드러나게 될 새 출애굽을 완성시킬 것이다). 그 이후 여호와께서는 하나님의 도성인 예루살렘으로 모이게 될 이스라엘과 다시 언약을 세우실 것이다. 하나님께서는 포로생활의 절망적인 상황을 절감하심으로써 그의 백성들의 필요를 채워주시기를 원하신다(11절).

도입부의 시작 절과 마지막 절(1-2, 9-11절)은 예루살렘과 관련되어 있는 자료들을 제공해 준다. 즉, 도입부의 주 핵심 메시지는 "예루살렘"이라는 주제로 포장되어 있나. 40:1-11에 요약되어 있는 40 55장의 메시지는 기본적으로 포로생활에서 예루살렘으로의 귀환에 초점을 맞춘다. 이 세상에 권능으로 임하실 여호와의 현현으로 말미암아 포로생활은 끝나게 될 것이다. 이와 같이 세 가지 기본적인 주제들이 이 도입부에 등장한다. 특히, 이 주제들이 40-55장에서 더욱 진전해 나감은 그리 놀라운 일이 아니다. 40:1-2과 9-11의 주제인 예루살렘을 향한 위로는 49:1 - 52:12에서 더욱 발전된다. 3-5절의 주제인 포로생활로부터의 귀환—새 출애굽으로 볼 수 있음—은 40:12-48:22에서 발전된다. 6-8절의 주제, 곧 하나님 말씀의 권능은 52:13-55:13에서 발전된다.

② 종의 노래의 서곡(사 40:12-41:29)

이사야 40:12-41:29은 42:1-4에 나타나는 첫 번째 종의 노래의 서론적 문맥이다. 연속적인 논쟁을 소개하는 이 구절—종의 노래보다 앞서 등장함—은 작은 두 단락—40:12-31과 41장—으로 나뉠 수 있다. 첫 번째 단락은 이방종교를 받아들이고 이스라엘을 도우시려는 여호와의 능력과 그 뜻을 의심하기 시작했던 (포로생활을 하던) 이스라엘 백성들과 여호와 사이의 논쟁의 첫 시작이 된다. 백성들이 답해야 할 바가 무엇인지를 분명하게 보여 주는 연속된 수사학적 질문들을 통해, 다음과 같은 기본적인 질문―어떤 신이 이스라엘의 하나님인가?―에 답함으로써, 선지자는 그의 논증을 일반적인 지식으로부터 시작하여 구체적인 지식으로 심화시켜 나간다.

우주의 물들, 하늘 그리고 땅을 향한 여호와의 다스리심과 창조를 향한 그분의 주권을 보여 주는 12절의 표현은 여호와가 창조주이심을 말해 준다. 13-14절에서 선지자는 하늘 천군 천사(天軍天使)와는 달리, 세상을 홀로 창조하셨던 여호와의 무한한 지혜를 보여 준다(Clifford, 1984:80). 이사야는 약속의 땅을 점령한 승리한 열방들의 힘과 하나님의 권능을 서로 비교함으로써, 자신의 논증을 이 세상을 다스리시는 여호와의 통치하심으로까지 전개시켜 나간다. 바람을 다스리시는 여호와께서는 열국을 한 점의 티끌처럼 불어 버리실 것이다. 그리하여 18절은 이스라엘로 하여금 "누가 여호와와 비교될 수 있는가?"를 깊이 생각하도록 유도한다.

물론 이사야는 다음과 같은 답변을 제시한다. 즉, 여호와는 인간이 만들어 낸 눈에 보이는 그 어떤 형상과도 비교될 수 없으며, 세상의 교만한 열왕들(21-24절)과도, 바벨론의 별 신들(25-26절)―실상 별들은 여호와로부터 창조되었다―과도 비견(比肩)될 수 없다(Clifford, 1984:81-82). 여호와께 대한 이스라엘의 불평의 실제적인 내용은 27절에 잘 소개된다. 즉, 그들은 하나님께서 포로생활로 고통받고 있는 현재 이스라엘의 운명을 전혀 고려하지 않으셨다고 불평한다. 그러나 28-31절에서 이사야는 여호와의 변함없으시고 피곤치 아니하심이 이스라엘을 지키시는 그분의 능력을 보증한다고 답변한다. 여호와께서는 무기력하지 아니하시고 오히려 약한 자에게 능력을 베풀어 주신다(28-29절). 하나님은 결코 그의 백성들을 버리지 아니하셨다.

첫 번째 종의 노래, 바로 앞에 위치하는 이사야 41:21-29는 여호와께서 이방 민족들을 어떻게 다루실 것인지에 대해 초점을 맞춘다. 이사야 41장은 일종의 재판과정을 소개하면서 이 장을 시작한다(1-4절). 이 재판의 이슈는 바사왕 고레스 배후에 있는 권세의 정체, 즉 현재 고레스의 성공을 가져다 준 자는 누구이며, 고레스가 수행하는 권위와 권력을 제공해 준 자가 누구인가하는 것이다. 고레스는 그의 탁월한 능력을 수행함으로써 주전 550년 고대 근동 세계를 정복하였고, 그 후 점차적으로 그의 세력을 바벨론으로 확장시켜 나감으로써, 마침내 주전 539년 바벨론의 수도를 함락시켜 바벨론 제국의 종말을 가져다 주었다.

이스라엘은 그들의 보호자이신 여호와를 전적으로 신뢰하지 못했고, 이와 같은 거역으로 말미암아 이스라엘은 하나님께 기소(起訴)당한다. 그리고 1절에서 여호와께서는 이방백성들을 증인으로 출석시킨다. 이와 같은 일련의 사건들에 대해 모든 책임을 지시는 분은 누구인가? 여호와께서는 4절에서 자신을 역사의 주인으로 소개하신다. 여호와의 말씀으로 인해 온 열방들은 두렵고 떨림으로 반응한다(41:5-7). 그들의 우상들은 그들에게 어떠한 도움도 제공해 주지 못할 것이며 그들이 의지할 수 있는 것은 아무 것도 없다. 그렇지만 이스라엘의 상황은 이방민족들과는 전적으로 다르다. 왜냐하면 이스라엘은 여호와를 의지할 수 있기 때문이다(8-13절).

이스라엘이 아브라함과 연결되어 있고(8절), 하나님의 택함받은 선민(選民)이요 종이기 때문에(9절) 여호와께서는 이스라엘을 위해 그분의 사역을 수행하실 것이다. 이스라엘을 향한 여호와의 선택은 이스라엘의 대적으로부터 이스라엘을 지켜주시는 여호와의 보호하심을 보증해 준다. 하지만 또한 이스라엘은 여호와의 종으로서 그 임무를 감당하게 된다. 여호와께서 이스라엘의 온전한 회복을 위해 모든 장애들을 제거하실 것이기 때문에, 이사야는 14-20절에서 단지 천한 벌레에 불과한 이스라엘을 위해 구속의 메시지를 전달한다.

41장의 나머지 구절(21-29절)에서 열방의 신들은 피고석(被告席)으로 호출된다. 여호와께서는 이방신들을 향해 신성(divinity)에 대한 증거를 제출하라고 요구하신다. 그 이방신들이 놀라운 역사와 성취된 예언을 증거로 제출하지 못하였으므로 여호와께서는 그 신들이 아무것도 아님을 선언하신다(24절). 하지만 우리는 25-28절에서 여호와의 신성에 대한 증거를 발견한다. 여호와께서는 고레스를, 예루살렘을 회복시키는 자로 부르셨을 뿐만 아니라(25절), 고레스의 출현을 예고하신 유일한 분이셨다(26-27절). 41장은 신들의 무익함을 다시 반복하고 있는 29절로 마무리된다(cf. 24절).

③ 종에 대한 소개(사 42:1-4)

비록 선행하는 재판장면(40:12-41:29)을 통해, 배역(背逆)으로부터 돌아서라는 권고가 이스라엘에게 직접 전달된 바 있지만, 이사야 42:1-4는 천상회의(divine council)를 통해 선언된 말씀을 소개한다. 여호와의 직접적인 말씀을 소개하는 1절은 종—왕 혹은 예언자와 같은 칭호로 분류됨—에 대한 소개 혹은 그에 대한 서론이 된다.

예를 들면, 1절의 어떤 부분은 아마도 다음과 같은 일종의 대관식 형식을 띠고 있다: "내 손으로 붙드는 자." 그리하여 종과 왕 같은 메시아의 위임(委任)간에 매우 두드러진 유사점이 발견된다. 예를 들면, "종"의 호칭은 사무엘상 16:1-13에 나오는 다윗의 선택과 깊이 연관되어 있다. 그리고 이사야에 나타나는 "종"의 칭호와 "선택된 자"라는 칭호는, 사실상 시편 89:3의 다윗의 칭호와 동일한 방식으로 이사야에서 적용된다. 1절과 사무엘상 16:13에 발견되는 성령의 은사는 이 종이 왕 같은 인물일 뿐만 아니라 선지자와 같은 인물임을 증거한다.

여호와께서는 선교를 위해 그의 종에게 성령으로 권능을 베풀어 주신다. 더욱이 이사야 42:1-4의 소명 기사의 구조는 종의 역할을 강조한다(Beuken, 1972:3). 이 네 구절의 내용에 대한 간략한 개요는 이 구조를 선명하게 드러내 보여 준다. 1절에서 여호와께서는 그의 종을 부르시고 준비시키시며 그의 사명을 알려주신다. 2-3절에서 여호와께서는 종의 태도와 사명을 일러주신다. 4절에서 하나님은 그의 종의 운명과 사명을 계시해 주신다. 여기에 사명이 세 번씩이나 언급된다. 그리고 매 번마다 핵심단어인 "미스팟"(justice)이 등장한다. "공의"라는 단어를 통해 이사야가 의미하고자 하는 바는 무엇인가? 40장에서 선지자는 공의를, 여호와의 모든 창조 사역—우주가 기능할 수 있고 유지될 수 있도록 해 주는 조화의 원리를 제공해 주었던 하나님의 사역—과 관계시킨다(12-14절).

역사의 행운이 이제 더 이상 이스라엘로부터 멀어졌다고 불평하던 이스라엘 백성들에 대한 응답으로서, 이사야 선지자는 공의와 "길"을 연결시킨다(40:27). 재판 기사 첫 부분인 이사야 41:1은 열방을 향한 여호와의 송사(訟事)를 언급하기 위해 "미스팟"(judgment)이라는 단어를 사용한다. 그리하여 이사야에게 있어서 공의란 역사의 과정 속에 드러난 여호와의 주권을 의미한다. 특히, 이와 같은 여호와의 주권은 예루살렘의 해방을 가져다 줄 고레스 왕의 등극을 통해 잘 드러난다. 공의는 창조질서를 향한 여호와의 다스리심과 다를 바 없다. 그렇지만 또한 공의는 이스라엘이 여호와와 맺은 언약에 집중되어 있다. 왜냐하면 열방을 향해 종이 가져다 줄 공의가 이스라엘의 독특한 위치를 입증(立證)해 주기 때문이다.

여호와께서는 모든 역사를 다스리시고 구현하신다. 공의를 평가할 때, 이스라엘은 단지 민족이나 혹은 백성들을 향한 여호와의 사역뿐만 아니라 온 우주를 향한 여호와의 광대하심, 누구와도 비교될 수 없는 그분의 뛰어나심, 그리고 놀라우신 위엄을 반드시 선언해야만 한다. 이사야 42:1에 나오는 종에 대한 소개가 끝나면, 다음 두 구절은 어떻게 그 종이 그의 사역을 성취할 것인가를 설명한다. 2-3절에서 종의 사역은 부정절(negative clauses) 속에 잘 서술되어 있는 바, 이 부정절은 그가 해서는 안 될 것들을 소개한다.

예를 들면, "그는 상한 갈대를 꺾지 않을 것이고 꺼져가는 심지를 끄지 않을 것이다"(3절 상반절). 상한 갈대나 꺼져가는 심지와 같은 그림언어는 팔레스타인의 표현방식이 아니라 메소포타미아인들의 표현법이다(Jeremias, 1972:36-37). 만약 바벨론의 배경이 영향을 가져다 주었다면, 이 그림언어는 죽음에 직면한 정죄받은 한 인간의 구원을 의미하는 것이다(cf. 사 43:17; 삼하 14:7). 그러므로 선지자는 종의 사역을 통해 은혜가 이스라엘로 확대될 것임을 보여 준다. 즉, 이스라엘은 죽음과 같은 포로생활로부터 다시 회생하게 될 것이다.

4절은 사명을 완성하기 위해 지치지 아니하는 종의 모습을 보여 준다. 이 종이 감당해야 할 사명은 (1) "이방에게 공의를 베풀고"(1절 후반절), (2) "성실로 공의를 베풀며"(3절 후반절) 그리고 (3) "세상에 공의를 세우는 것"(4절 중반절)이다. 3절에 나오는 성실(히, "에메트", 한글개역성경에는 "진리"로 번역되어 있음—역자주)이라는 단어는 기본적으로 한결같으심, 신실하심, 그리고 관대하심으로 특징 지워지는 행동이나 태도를 의미한다. "성실로서"(in faithfulness)라고 번역된 표현이 한결같으심을 드러내기 위해, 혹은 진리를 세우기 위해 "진리로서"(with truth in mind)라는 의미로 이해되어야만 한다고 주장하는 버우컨(W. A. M. Beuken, 1972:3)의 해석을 참조하라.

종의 사역을 통해 드러날 언약의 신실함으로 말미암아 이스라엘 언약의 역사는 온전히 성취될 것이다. 4절은 다음과 같이 끝맺고 있다: "섬들은 그 희망을 율법(Torah)에 둘 것이다." 비록 4절에 나오는 "두다"라는 동사가 "두려움 속에서 기다리다"—Hollenberg가 인용한 것과 마찬가지로 N. H. Snaith, 1969:32의 해석을 참조하라—라고 해석되어 왔다 해도, 이 동사가 확신에 찬 소망을 언급할 때는 여호와와 관련되어 사용됨을 주목해 보라. 그러므로 이 문맥에서 미루어 볼 때, 이 동사는 결코 부정적인 의미를 함축하지 않는다. 섬들이 기다리는 것은 토라(Torah)이다. 즉, 이 토라가 지니고 있는 일반적인 개념은 "길(the way)을 보여 주는 것"이라는 의미이다. 이 문맥에서 "토라"라는 단어의 등장은 이사야 2:2-4—여호와를 순례하는 이방인을 도(ways)로 가르치고 율법을 수여하시는 분으로 소개함—의 종말론과 매우 흡사한 종말론을 반영한다.

첫 번째 종의 노래에 예고된 분명한 사실은 다음과 같다: 종은 여호와의 공의를 세울 것이고, 이것은 모든 이들이 예루살렘으로부터 나오는 토라를 바라보도록 인도할 것이다(cf. 41:27-29). 이사야 2:2-4의 관점에 비추어 볼 때, 이 예언은 예루살렘의 통치를 위한 여호와의 계획이 종의 사역을 통해 성취될 것임을 시사해 준다. 새 언약을 세우게 될 종의 사명을 통해 예루살렘은 구원의 축복이 흘러 나오는 세계의 중심이 될 것이다. 더욱이 예루살렘은 하나님의 도시로서 세계 최고의 중앙통치기구가 될 것이고, 이것은 이사야 40:1-11에 소개된 회복의 단계를 훨씬 더 뛰어 넘어갈 것이다.

④ 종에 대한 해설(사 42:5-9)

이사야 42:5-9는 42:1-4에 대한 일종의 해설로서의 역할을 한다. 즉 이 구절은 종의 정체를 알려주며 어떻게 종이 그의 사명을 성취할 것인지를 밝혀준다. 5-9절에서 여호와께서 종에게 말씀하신 내용은 이 종이 무엇을 수행할 것인지를 잘 증거해 준다. 5절의 문맥은 창조세계를 향한 여호와의 주되심을 폭넓게 소개하고 있으며 종의 소명이 어디까지 미치는가를 소개하는 폭넓은 배경을 제공한다. 여호와께서는 6-7절에서 종을 향한 그의 목적을 설명하시며, 8-9절에서 그 자신을 나타내신다.

이사야 42:6은 종의 소명을 다음과 같이 간략하게 요약한다: 여호와께서 종을 의로 부르셨다. 즉, 여호와께서는 이스라엘을 위해 새 언약을 세우시려는 당신의 창조적인 목적(cf. 사 41:9-10)을 성실하게 이루시기 위해 그 종을 부르셨던 것이다. 이 언약의 독특한 점은 이것(언약)이 온 세상으로 뻗어 나갈 것이라는 것이다. 왜냐하면 이 종이 "이방인의 빛"이 될 것이며, "백성들을 위한 언약"이 될 것이기 때문이다. 이 난해한 어구(이방인의 빛, 백성들을 위한 언약)는 다양하게 해석되어져 왔다. 아마도 이 문구는 이스라엘을 향한 종의 사역—이 종의 사역은 온 세상에 영향을 미칠 것이다—을 언급하는 두 가지 요소로 이해됨이 가장 합당한 해석이다.

"언약 백성"으로 번역된 어구는 히브리 문법에 어긋난 표현이다. 그러나 이 종을 전(全) 민족(the nation as a whole)이 지니고 있었던 전승을 구속받은 백성들에게 전달해 주는 자로서 이해하게 될 때, "백성을 위한 언약"(covenant for the people)이라는 표현은 틀렸다고 볼 수 없다. 종은 먼저 이스라엘을 참여시키기 위해 자신의 사역을 수행할 것이고, 그 다음 이 종의 사역은 이 이스라엘을 통해 온 세상에 퍼져 나가게 될 것이다. 구원이 이루어질 때 구속받은 이스라엘은 다른 민족들을 그들에게로 초청할 것이며, 그들은 구속받은 이스라엘에게로 달려 올 것이다(55:3-5). 열왕들과 여왕들이 이스라엘을 향해 몰려올 것이며(49:23), 열방이 이스라엘을 향해 머리를 숙이고 절을 할 것이다(49:23; cf. 45:14). 그리고 이스라엘을 학대하는 민족들은 파멸되고 말 것이다(49:26).

41장에서 이사야 선지자는 그들의 신들이 아무 것도 아님을 깨닫고 그 사실을 고백하는 민족들의 구원을 소개한다(11절). 45장에서 여호와께서는 모든 열방이 여호와께로 와서 구원받도록 그들을 초청한다(14, 22절). 분명하게도 모든 민족의 구원은 이스라엘의 순종 이후에(after) 고려되고 있다. 이사야 40-55장에 분명히 드러나는 열방에 대한 이러한 태도-모든 민족의 구원을 이스라엘의 순종 이후에 고려하는 태도-는 비록 이스라엘이 "구원받은 남은 자"(a saved remnant)로서 인식된다 하더라도, 이러한 개념이 여전히 민족주의적인 표현에 머물고 있음을 보여 준다.

⑤ 종과 시온의 회복(사 49장)

비록 두 번째 종의 노래(사 49:1-6)가 열방을 향해 선언된다 할지라도, 이 구절은 일종의 선지자적 소명의 대표적인 유형이 된다(1절). 열방(the nations)은 49장 전체의 주요한 모티브가 된다. 왜냐하면 열방이 종의 소명과 깊이 연관되어 있기 때문이다. 49장 전체를 통해 계속해서 열방은 종이 누구인지를 깨닫고(7절, 22-23절), 여호와를 향해 충성을 맹세하도록(7절) 부름을 받는다. 그리고 또한 열방은 순례를 떠나는 민족들처럼 포로된 자들을 시온으로 인도하도록 부름받는다(12, 18, 22-23절; Wilson, 1986:275). 그러므로 종의 사역이 단지 이스라엘의 재연합에만 머물지 아니하고 그보다 훨씬 더 확대되어 열방의 재건과 시온의 회복으로까지 뻗쳐 나가게 될 것임이 명백해진다. 그러므로 종의 승귀(the Servant's exaltation)는 시온의 영광과도 긴밀히 연결된다(Wilson, 1986:

286).

우리가 이사야 44:28과 45:13에서 살펴본 바대로, 고레스의 승리는 예루살렘의 회복, 여호와 통치의 중심이 되는 성전 재건(여호와의 승리 후 따라오는 필연적인 결과; cf. 출 15:17), 그리고 새로워진 이스라엘의 귀환을 가져다 줄 것이다. 이 모든 일들을 통해 여호와께서는 온 만방에 드러날 종의 영광으로 말미암아 모든 열방으로부터 인정을 받으실 것이다(49:7; cf. 42:12; 52:13). 하나님의 주권이 시온과 (모든 민족들이 경외하게 될) 성소에 서게 될 것이며, 시온은 시편기자와 선지자들의 기대를 온전히 이루게 될 것이다(시 47; 68:29-33; 96-98; 사 2:2-4; Wilson, 1986:232). 시온의 행진과 아울러 새 창조가 시온의 행진을 뒤따를 것이며, 모든 자연은 변화될 것이고 광야에서는 기쁨의 꽃이 피어날 것이다(49:9-11; cf. 35장; 41:17-20; 55:12-13). 모든 열방이 여호와의 주권을 인정함으로 말미암아(45:4-5), 하나님의 종말론적인 통치가 시작될 것이다. 그리하여 순종하는 민족들이 축복을 받을 것이고 우상을 숭배하던 민족들이 정결케 될 것이다(Wilson, 1986:248).

⑥ 종의 사역에 대한 평가(사 52-53장)

세 번째 종의 노래는 앞서 소개되었던 두 가지 종의 노래의 내용과 약간은 비슷한 뉘앙스를 보여 준다. 50:4-9에서 발견되다시피, 이 세 번째 종의 노래는 고통에도 불구하고 종이 인내해야 함을 말해 준다. 그러나 네 번째 종의 노래(52:13-53:12)는 종의 사역이 미칠 효과에 대한 평가를 내린다. 네 번째 종의 노래에 선행하는 구절들이 종의 사역 평가의 근거를 제공해 주는 종의 사역의 성취를 요약해서 설명해 주기 때문에, 먼저 52:1-12을 간략하게 살펴봄이 필요하다. 1-6절은 시온이 포로생활로부터의 귀환을 준비하도록 촉구한다. 그리하여 하나님의 사자(使者)는 하나님께서 예루살렘에 다시 임하실 것이라는 메시지와 백성들의 위로를 선포하면서 시온으로 찾아올 것이다(7-10절). 여호와께서 시온으로 돌아오심으로써 예루살렘은 구속받게 된다. 그리고 11-12절은 포로된 자들이 새 출애굽을 향해 전진할 것을 명령한다.

이제 12절 이후부터 (54-55장에 나오는 더 구체적인 평가와 아울러서) 종의 사역에 대한 평가가 소개된다. 우리는 종의 사역을 예루살렘과 연결시키고 있는 이사야의 강조를 반드시 눈여겨보아야 한다. 그러나 시온은 "종의 도시"로서 종의 역할을 수행하는가? 비록 이 질문이 흥미를 유발한다 해도, 종의 사역과 예루살렘의 구속이 함께 결속됨으로 말미암아 예루살렘과 연결된 이 종의 사역은 온 세상을 향해 수행할 종의 예언자적 사역이나 53장에 묘사된 대속적인 고난받는 종의 사역을 설명해 주지는 않는다.

네 번째 종의 노래는 먼저 우리의 관심을 다음과 같은 종의 능동적인 순종과 그의 축복으로 향하게 한다: "보라 내 종이 형통하리니 받들어 높이 들려서 지극히 존귀하게 되리라"(52:13). 이 종의 행동은 총명하며 매우 사려가 깊다. 그러나 만약 종이 순종적으로 사역을 감당하고 여호와와 맺은 언약의 관계를 의롭게 지켜 나간다면, 왜 그는 고통받아야 하나? 그 대답이 53장에 잘 나타난다. 즉, 종이 고난을 받음으로 말미암아 53:1-9에 나오는 화자(話者)들이 평화를 얻고 치유함을 받게 될 것이기 때문이다.

그렇다면 이 화자들은 누구인가? 이 화자들은 포로기간 동안 여전히 깨달음이 없었던 민족 이스라엘을 의미하지는 않는 것 같다. 실로 이스라엘은 포로생활을 끝마친 후 깨달음을 얻게 된다(cf. 사 41:20). 비록 화자들의 정체가 53장에서 확인되지 않는다 해도, 아마도 그들의 정체를 알 수 있는 실마리가 52:15-놀라게 되는 열방과 듣지 못하는 열왕들 가운데-에서 발견된다. 그러므로 이사야 53:1-9의 화자들은 52:15의 이방열왕들로 볼 수도 있다. 그러나 이사야 53:1-9의 화자들이 과연 이방열왕들인가? 화자들을 결정하는 것은 전적으로 종의 정체에 달려 있다.

"종"이라는 칭호는 대부분 이사야의 예언 가운데 야곱/이스라엘에게 주어진 명칭이다(예를 들면, 41:8-9; 44:1; 45:4). 그러나 수동적인 야곱/이스라엘은 눈과 귀가 멀게 되고 지각을 잃어버리고 만다-(철저한 헌신을 통해 드러나는) 순종을 실천하는 종의 모습과 날카로운 대조를 보이고 있음.-더욱이 야곱/이스라엘로 말미암아 임하게 될 심판은 당연한 것이지만, 익명(匿名)의 종이 당하는 이 고난은 그렇게 볼 수 없다. 비록 죄가 없다 할지라도, 이 종은 대속적인 고난을 당하게 되며, 버림받게 되고, 그의 백성들로부터 배척당하게 된다(Watts, 1990: 53).

리키 와츠(Rikki Watts)는 종의 사명을 중점적으로 다루는 이사야 49-55장에서 야곱/이스라엘과 종간에 연관성이 발견되지 않음을 연구해 왔다(1990:56-

59). 고레스를 통해 시작하신 하나님의 주도권적인 사역에 대한 야곱/이스라엘의 반응이 42:1-9의 종의 역할을 그들이 성취하지 못할 것임을 분명히 보여 주기 때문에, 와츠는 49-55장에 나오는 대부분의 구원신탁(救援神託)이 미래에 집중되어 있음을 주목하면서, 새 출애굽에 대한 모든 희망들이 연기되었다고 해석한다. 그러므로 와츠에 따르면, 49-55장에서 선지자는 아직 알려지지 않은 익명의 누군가에 의해 52:13-53:12에 나타난 방식으로 종의 사역이 미래에 성취될 것을 고대하고 있는 것이다.

종을 소개하는 본문들, 특히 52:13-53:12에 나타나는 개인주의(individualism)의 뚜렷한 특징은 남은 자 공동체-이스라엘 희망의 근거가 되는 이상적인 종의 공동체를 의미함-가 이제 하나로 축소되었음을 시사해 준다. 미래의 어느 날 종의 사역을 감당할 한 사람이 나타나서 남은 자 이스라엘을 구속할 것이고, 하나님의 계시를 이 세상 끝까지 전파시킬 것이다. 그러므로 와츠는 40-55장이 새 출애굽 및 포로로부터의 귀환과 관련된 영화로운 약속들이 지연되었음을 설명한다고 그럴듯하게 해석한다. 그러나 하나님의 목적은 확실하다. 즉, 여호와의 날은 임할 것이고 새 출애굽은 일어날 것이다. 그리고 남은 자 이스라엘은 이방인을 향해 빛을 비춤으로써 빛으로서의 그 역할을 수행할 것이다.

이사야 52:13-15은 우리들에게 종에 대한 하나의 그림을 그려준다. 13절에 나오는 단어들은 매맞고 상한 얼굴을 한 대속의 왕이 높이 들림받게 될 것을 말해 준다. 그는 타락하여 심판받은 자로 낙인 찍혀서 무시당하게 된다. 그러나 그의 출현은 너무나도 놀라운 일이기에, 이름난 완고한 이방인들과 열왕들이 두려워 떨게 될 것이다(15절). 53:1-9에 나오는 이상적인 신앙고백 표현을 통해, 구속받은 이스라엘은 종의 사역과 그 종의 사역이 함축하고 있는 대속의 기능을 깨닫게 됨으로써 놀라게 된다. 이 종의 승귀(elevation)는 또한 회복된 이스라엘이 높이 들림 받게 될 것임을 말해 준다. 뿐만 아니라 열방은 그들의 미래의 축복이 이스라엘과 이스라엘의 하나님께 달려 있음을 발견할 것이다(45:14).

더욱이 이스라엘의 구속이 없이는 이 세상에 어떠한 구원도 있을 수 없으며, 더 이상 에덴 동산의 회복을 기대할 수 없다(45:20-25). 이와 같은 세상의 구원은 여호와의 토라와 공의가 보편적으로 인정됨을 의미한다. 세상을 향한 여호와의 뜻을 보여 주는 율법의 중보 사역을 통해, 이스라엘은 출애굽기 19:3 중반절-6에 규정된 그들의 소명을 성취할 것이며 이방을 비추는 빛이 될 것이다. 40-55

장을 마무리하면서 우리는 이와 같은 세상의 구원이 어떻게 성취될 것인지를 배우게 된다. 즉, 이 세상의 구원은 종의 사역의 결과로써 이루어질 것이다. 그리고 열방이 새 이스라엘과 새 다윗을 향해 모여들 것이다(54장). 그러므로 이 종(the Servant)은 미래에 나타날 신비스런 인물이라고 할 수 있다.

53장에서 이스라엘이 종의 속죄 사역의 중요성을 인식함으로 말미암아, 마침내 그의 사역은 온 세상으로 향하게 될 것이다. 왜냐하면 이 종이 신실한 이스라엘의 현시(顯示)가 되기 때문이다. 이스라엘은 종과 하나님, 종과 자신(이스라엘)과의 관계를 전적으로 이해했다고 고백한다. 그러나 이스라엘은 이제 이와 같은 관계를 매우 다른 관점에서 보게 된다. 즉, 이스라엘은 하나님과의 관계에서 불의를 저질렀지만, 이 종은 하나님께 의를 행했다고 이해하게 된 것이다. 이러한 인식의 변화는 이스라엘을 회복의 길로 인도해 주는 일종의 종교적, 도덕적 회심을 의미한다. 그리고 이러한 회심은 종이 높임을 받는데 필수적인 근거를 제공해 준다. 왜냐하면 종은 그가 받은 고난, 성공적인 그의 사역과 가르침, 그리고 죄인들을 위한 도고(intercession)를 통해 영광을 바라보았기 때문이다(사 53:11-12).

이 종은 탈취한 모든 것을 분깃으로 받을 것이다. 비록 방금 앞에서 소개된 이러한 신학적 사싱이 이사야시대에 형성됐다 할지라도, 이 신학의 주요 사상은 미래에 이루어질 것이다. 비록 종이 그의 메시지와 소명을 위해 자신을 희생하기로 그의 뜻을 굳혔다 할지라도, 네 번째 종의 노래는 남은 자 이스라엘의 위치를 반전시켜 주고 있기 때문에 그 의미가 명확하지가 않다. 다음 구절이 우리에게 말해 주고 있듯이(53:11) 고난을 감수하려는 종의 뜻은 종의 지식, 즉 역사 가운데 드러난 하나님 계시에 대한 이해에 기초한다(Ward, 1978:129). 예언자의 비평(53:10-11)과 종의 사역에 대한 하나님의 평가(12절)가 이스라엘의 고백을 담고 있는 53:1-9을 뒤따른다.

아람어 번역본인 탈굼역의 이사야 53장은 이 종을 메시아로 규정한다. 그렇게 됨으로써, 종과 이스라엘의 역할은 이제 서로 섞이게 된다. 즉, 메시아는 승승장구하는 반면, 이스라엘은 고통을 당한다. 그렇지만 메시아는 이스라엘을 위해 고난받지 않을 것이다(3절). 다시 말하자면, 메시아의 역할은 단지 중보의 사역일 뿐 대속의 사역은 아니다. 그러므로 탈굼역에서는 고난받는 메시아 예언과 관련된 일련의 긴장이 나타난다. 그러나 이스라엘을 수난당하는 이스라엘로, 메시아를 승리하는 메시아로 묘사함으로 이러한 긴장은 해소된다.

그러나 이와 같은 뚜렷한 역설(승리와 고난)은 나사렛 예수가 고대하던 메시아로서, 세상을 위해 고난받아 이스라엘의 운명을 성취하는 자로서 인정될 때에 비로소 이해될 수 있을 것이다. 포로생활이 족장 언약을 희석화시켰기 때문에, 새 언약, 새 모세, 새 다윗 그리고 가장 중요한 새 이스라엘—여호와께 신실함으로 우상숭배를 거절하려는 백성—이 필요하게 된다. 그리고 이와 같은 일련의 필요들(새 언약, 새 모세, 새 다윗, 새 이스라엘)은 이스라엘의 속죄의 고난을 통해 이루어질 것이며, 이것은 신약에서 최종적으로 드러날 이사야 40-55장의 신비라 할 수 있다. 신실한 이스라엘을 상징하는 이 종은 많은 백성들을 위해 죄를 짊어질 것이고(53:12), 제사장처럼 자신 스스로 죄값을 담당할 것이며(레 10:17; 민 18:1, 23), 다른 이들을 위해 중보의 기도를 올릴 것이다(Wilson, 1986:301-6).

⑦ 종의 죽음의 결과(사 54-55장)

이사야 54-55장에서 종의 죽음의 결과는 시온(그리고 세상에서의 시온의 위치)의 기초가 되는 새 언약의 관점을 통해 잘 설명된다. 이사야 54장은 구약 언약의 이미지를 연상시켜 준다. 잉태치 못한 여인—이 여인은 장차 열방을 소유할 것이다—과 여인이 낳을 아이(1-3절)에 대한 은유(metaphors)는 분명히 창세기 18:1-19과 22:17에 나타난 아브라함 언약을 연상시킨다. 4-8절에서 이 여인에 대한 이미지는 이사야 54장의 주 관심인 시온의 이미지로 점점 더 변형되어 간다. 우리는 이 구절들(4-8절)이 과부가 된 어미, 여호와의 젊은 아내, 젊은 이스라엘에 대한 견책(譴責)을 소개하고 있음을 발견한다. 과부가 된 이스라엘의 수치는 포로생활을 나타내는 직접적인 표현인 듯하다. 이스라엘의 모든 희망이 드러나게 될 시온은 젊은 때 시집갔다가 범죄함으로 버림받게 되지만 결국 아내의 지위를 다시 회복하게 될 한 여인으로 묘사된다.

이러한 의인화법(擬人化法)은 시내산 언약과 직접적인 연관이 있다. 왜냐하면 결혼 이미지는 언약—특히, 예레미야와 호세아에 있어서—을 설명하기 위해 자주 사용되는 일종의 예언적 은유이기 때문이다. 5절과 8절에서 "이스라엘의 거룩한 자"(Holy One of Israel)와 "구원자"(Redeemer)라는 용어를 사용하는 이사야는, 시내산 언약을 상기시켜 준다(cf. 출 15:13; 34:6). 그리하여 이사야 선지자는 이스라엘이 정치체계를 갖춘 민족으로 부름받았던 그 당시처럼, 시내산 언약 사건을 깊이 관찰한다. 이사야 54:9는 노아시대와 비교함으로써 시온의 그림을 완성시키기 위해 언약 모티브를 추가시킨다. 이와 같은 비교를 통해 우리는 홍수 시대―홍수의 방해에도 불구하고 창조 언약이 계속 유효했던 때―로 다시 거슬러 올라간다.

이 모든 이미지는 우리에게 평화의 언약을 마련해 주는 바, 이 평화 언약은 포로생활이 단지 일시적인 중단을 의미할 뿐, 결코 하나님 약속이 취소되지 않았음을 말해 준다. 더욱이 이 평화 언약은 포로기 새 언약 신학(new-covenant theology)을 언급하는 듯하다. 이사야 선지자에 따르면, 시온의 지위(地位)는 이제 결코 위협받지 않을 것이다. 10절에서 이사야가 소개하고 있는 산들과 언덕들보다 더 영구(永久)한 것은 이 세상에 존재하지 않기 때문에, 실로 새 질서 가운데 이루어질 시온의 안전(安全)은 이와 같은 자연의 불변하는 요소들처럼 변치 않을 것이다.

이사야 54:11 상반절에 나타나는 시온을 향한 하나님의 말씀은 하나님 백성들이 겪어왔던 고통의 심연을 다음과 같이 말해 준다: "오 광풍에 요동하여 안위받지 못한 곤고한 도시여!" 그러나 이와는 달리 이 모든 고통은 시온의 영광과 아름다움으로 변하게 될 것이다(11 중반절-13절; 이러한 비유적인 표현은 장차 계 21장에 발견되는 장엄한 하나님의 새 도시를 기대하게 한다). 하나님께서 시온을 건설하시고 창조하실 것이기 때문에, 도시의 기초는 하나님에 의해 아름답게 다져질 것이고(11절 하반절) 흔들리지 않을 것이다(cf. 10절). 더욱이 시온으로부터 드러나는 영광은 여호와로부터 가르침을 받게 될 시온의 자녀들의 내적 영광을 반영해 줄 것이다(13절; cf. 렘 31:33).

그 다음 14-17절은 새 언약의 결과를 설명한다. 이 구절들을 연결시켜 주는 핵심 단어는 "의"(righteousness)라는 낱말이다(14, 17절 NKJV; Beuken, 1974:61). 그렇지만 이 의는 새 언약 법에 대한 이스라엘의 반응으로 볼 수 없다. 즉 이 의는 구속받은 하나님 백성들의 행위로 이루어지는 것이 아니다. 오히려 이 의는 하나님의 의, 즉 다시 말하면 새 시대의 도래를 보장해 줄 모든 언약에 신실하신 그분의 성실하심을 나타내 준다. 17절에서 이사야는 "기업"(heritage)이라는 단어를 사용한다. 항상 "유업"으로 번역된 약속의 땅을 가리키는 용어 "기업"(heritage)은 오래 전부터 이스라엘의 희망이었던 (약속의 땅에서) 하나님의 임재와 안식의 향유 그리고 완전히 점령하게 될 약속의 땅에 대한 최종목표를 미리 보여 준다.

이사야 55장은 앞서 언급된 장들을 발전시켜 나간다. 1-2절에서 시온산에서 배설되는 메시아의 향연에 신실한 자들이 초대받게 될 것이다(Wilson, 1986:222). 새 에덴으로부터 생명의 물이 흘러 나오듯이 새생명이 예루살렘으로부터 흘러 나올 것이다. 여호와의 성소 주변에 생명이 소생케 될 것이며, 이로 인해 하나님의 임재를 맛보게 될 것이다. 54:2에 등장하는 어미 시온이 수많은 자녀들의 귀환을 위해 장막 터를 넓히라는 요청을 받고 있음을 기억해 보라. (이스라엘을 향한)메시야 향연으로의 초청은 다윗과 맺은 언약에 기초하고 있다(3-5절). 왜냐하면 구속받은 자들은 반드시 왕/제사장으로서의 이스라엘의 지위를 다시 수행할 것이기 때문이다(출 19:6). 여호와의 우주적인 승리하심으로 말미암아, 이스라엘은-옛날 다윗처럼-그들을 섬기고 그들을 영화롭게 하기 위해 달려올 열방을 불러모을 수 있는 권세를 부여받게 된다(Wilson, 1986:226).

그러므로 미래를 위한 희망은 "다윗에게 허락한 확실한 은혜"에 근거한다(3절). 다윗에게 허락된 확실한 은혜는 다윗의 신실한 행위로 인해 주어지는 것이 아니라 다윗과 맺은 여호와의 언약, 즉 다윗 언약에 대한 그분의 성실하심으로 말미암는다. 6-7절은 여호와의 성소(聖所)로 나아오기 위해 새 출애굽에 참여하라는 하나님의 호소(呼訴)다. 그리고 성소의 거룩함을 상세히 설명하고 있는 8-11절은 하나님의 뜻을 가로막는 인간의 도구들과 노력을 모두 걷어치우라고 요구한다(Clifford, 1983:31). 하나님의 언약은 모든 이들에게 확대되지 않는다. 이 언약은 단지 하나님의 부르심에 순종하여 시온산을 찾아올 그 백성들에게만 유효하다. 그리고 하나님의 부르심에 반응하는 백성들은 새롭게 변화된 길을 통해(12절)-새롭게 변화된 이 길은 불모(不毛)가 되었던 과거의 길이 비옥한 길로 바뀌었음을 보여 준다(13절)-시온과 성전을 향해 새 출애굽의 행진을 시작할 것이다. 새 출애굽과 (약속의 땅을 향한) 새 정복을 암시하는 이 그림언어는 훗날 성취될 것이다(Clifford, 1983:34).

이사야 54-55장의 위치는 이 모든 것들-평화의 언약, 시온의 회복, 새 출애굽, 그리고 포로생활로부터의 귀환-이 여호와의 종의 고난과 죽음으로 말미암아 성취될 것임을 시사해 준다(53장). 온 세상을 변화시킬 (이사야 42:1-4의 표현을 통해 예상되는) 종의 사역의 중요성은 이제 분명해 진다. 그는 도래할 새 시대,

즉 새 창조의 시대로 우리를 인도해 줄 것이다. 그리고 이사야 40-50장에 두드러지게 소개되었던 예루살렘의 회복은 새 시대를 도래케 하는 계기를 제공해 준다. 40-55장을 요약해 주는 그리고 40-55장을 통해 더 확대되고 있는 이사야 2:2-4의 종말론 가운데 나타나는 전쟁 무기들은 하나님의 영원한 통치 속에서 세상의 기쁨이 될 평화의 도구가 될 것이다.

(2) 역사적, 종말론적 확장(사 56-66장)

전반적으로 포로기 이후의 관점을 소개해 주고 있는 이사야 56-66장은 40-55장과 직접 연결될 뿐만 아니라 희망의 종말론으로 향해 나아간다. 이사야의 마지막 일곱 장 가운데, 원대한 언약들이 산문체로 쓰여진 본문들과 나란히 함께 소개된다. 이사야 56-66장의 많은 본문들이 포로생활로부터 귀환할 때 야기되는 이스라엘 공동체의 어려움에 대해 많은 관심을 귀기울이고 있다. 비록 이사야 56-66장에 나타나는 표현이 다소 미흡하다 할지라도, 이사야 40-55장의 세계관은 결국 성취될 것이다. 즉, 이스라엘은 세계 중심으로서 그 위치를 굳히게 될 것이다.

이사야 56장은 새 시대의 신호를 소개하면서 이 장을 시작한다. 즉 이방인과 고자는 하나님의 백성 공동체에 속하여 시온에 참여할 수 있게 된다(1-8절). 신 23:1-8에 나오는 헤묵은 배타주의를 벗어버림으로써, 이제 언약을 재가(裁可)하는데 필요한 것은 단지 토라를 준수하는 것뿐이다. 이방인들과 고자들은 하나님의 새 백성 가운데 속하게 될 것이며 새 성전으로 나아갈 수 있게 될 것이다. 또한 이들이 드리는 제사는 하나님이 보시기에 합당한 제사가 될 것이다. 이사야 56-66장은 새 시대를 선언하는 이러한 신탁들을 포로 이후 시대의 본문들 곳곳에 펼쳐놓고 있다. 예를 들면, 56장 첫 부분에 소개되는 신탁은 공동체 가운데 우상을 숭배하는 배교자(背敎者)들에 대한 경고를 수반한다(56:9-57:13).

이사야 40-55장의 언약들을 체계화시킴으로써, 60-62장은 미래에 이루어질 예루살렘의 놀라운 회복을 서술한다. 이사야 60:1은 새 시대의 여명을 알려주는 바, 시온을 향한 열방의 순례로 말미암아 이 새 시대는 예고될 것이며, 시온의 흩어졌던 자녀들이 열방과 함께 시온으로 인도될 것이다(2-9절). 비록 다윗 언약의 상속자, 시온을 통해 이루어질 세계를 향한 언약이 아직 성취되지 않았다 할지라도, 그것은 곧 성취될 것이다. 시온의 벽을 건축하는 이방 관료들과 왕들을 기술하고 있는 10절은 그들의 순종적인 모습을 회화적인 표현으로 묘사한다. 그리고 아브라함 언약의 성취로 말미암아, 열방은 그들의 부(富)와 함께 시온으로 향하게 될 것이다(11-12절).

이사야 61장은 시작부터 먼저 여호와의 신을 통해 위임을 받고 있는 종과 같은 한 인물을 소개한다(1-3절; cf. 42:1-4). 새 시대와 관련되어 있는 메시아 대망사상(待望思想)의 관점에서 생각해 볼 때, 이 사람의 임무는 가난한 자-언약의 성취를 계속해서 고대하고 있는 팔레스타인 유대 공동체를 의미하는 것 같다-에게 희망의 메시지를 전해주는 것이다. 4-11절은 시온의 회복을 다시 이슈로 삼고 있다. 이방인들은 도시를 재건할 것이다(4-5절). 이 세상을 회복시킴으로써, 이제 이스라엘은 토라의 가르침에 대한 책임을 감당할 이 세상의 제사장이 될 것이다(6절; cf. 42:4).

새 시대의 이스라엘에 대한 이사야의 비전은 주목할 만하다. 즉, 이스라엘은 정치적 중요성을 위해 존재하는 것이 아니라, (토라와 공의를 통해 세계 평화를 지켜 나감으로써) 여호와를 섬기기 위해 존재하는 것이다. 온 세상이 신부(新婦)인 시온을 향해 경의를 표할 것이며(9절), 열방은 하나님 백성에게 주어진 구원의 증인들이 될 것이다(10-11절). 그렇지만 (이스라엘을 위한 약속의 부분적인 성취로 말미암지 않고) 여호와께서 이스라엘을 위해 이루신 사역으로 말미암아, 열방은 순례를 떠나 하나님께 예배드리는 데 참여하게 될 것이다(Philips, 1979:114).

이사야 62장은 특별한 은택(恩澤)을 입은, 선택받은 시온을 이 장의 주제로 삼고 있다. 1-2절 상반절에서 시온은 인정받고 회복된다. 그리고 시온에게 새 이름이 주어지며(2절 중반절-4절 상반절), 시온의 미래는 결혼으로 표현된 언약 이미지로 소개된다(4절 중반절-5절). 6-9절이 시온을 위해 만든 언약을 성취하고자 하는 하나님의 신실하신 목적을 나타내 주는 반면, 10-12절은 예루살렘으로 들어오는 하나님의 백성을 거룩한 백성이라고 부르고 있으며, 이들이 거룩한 처소를 차지할 것이라고 말한다. 이 모든 일들-시온의 인정받음과 회복-은 먼저 여호와께서 으뜸이 되는 시온산을 세우심으로 말미암아 이루어질 것이다.

이사야 65-66장은 회복된 세상을 장엄하게 묘사함으로써 예언을 마무리한다. 즉, 새 창조의 조건들이 갖추어지고 자연 세계 속에 더 많은 질서의 조화가 이루어질 때, 성도들은 평화로운 삶을 향유하기 위해 시온으로 다시 돌아올 것이다.

그러나 우리는 이러한 귀환이 보편적인 귀환이라고 생각해서는 안 된다. 남은 자들이 구원받게 되는 반면(65:8-10), 여호와를 대적하던 자들은 여호와로부터 멸망당하게 될 것이다(65:1-7, 11-12). 여호와의 종은 그 무엇과도 비교할 수 없는 새 창조의 풍요함과 새 예루살렘의 도래를 기뻐하면서(65:17-25) 여호와께로부터 축복을 받게 될 것이다(65:13-16).

이사야서는 심판의 불로써 모든 대적들을 섬멸하시는 여호와 통치의 현현을 웅장하게 묘사함으로써, 이 예언을 적절하게 마무리한다(66:15-17). 남은 자가 이방인을 복음화시킬 것이기 때문에(66:19), 이 세상은 여호와의 통치를 인정할 것이다(66:18). 우주적인 제사가 시행될 새 시대가 도래할 때, 온 열방이 예루살렘으로 올 것이고(66:20, 23), 모든 이스라엘은 제사장 직무를 감당하게 될 것이다(66:21).

이사야의 예언은 예루살렘의 회복을 강조한다. 이사야서에서 예루살렘은 거룩한 처소와 거룩한 백성을 결합시키면서, 예배 중심지와 이 예배 중심지에 거하는 백성들을 서로 연합시켜 주는 하나의 상징임이 분명하다. 이사야에게 있어서, 먼저 시온의 회복이 선행되지 않은 채 이스라엘의 회복이 이루어질 것이라는 생각은 있을 수 없다. 그렇지만 오직 여호와의 현존(現存)만이 이스라엘을 구속받은 하나님의 백성, 새 이스라엘로 칭고히신다. 주로 이사야 40-66장이 최종적인 종말에 대해 많은 지면을 할애하고 있기 때문에, 다윗과 같은 왕이나 성전에 대해 언급할 여지가 거의 없다. 이사야가 바라본 시온의 이상은 의로운 백성들의 온전한 공동체—온 열방이 깃발을 향해 몰려오게 될 것이다—를 향한 (예루살렘으로부터 오는) 여호와의 다스리심이었다. 하나님의 적당하신 때에 정체 모를 한 종(the enigmatic Servant)이 나타나 그의 죽음을 통해 새 시대로 인도해 줄 것이다.

THE SEARCH FOR ORDER

언약신학과
종말론

제6장
포로기 후 종말론과 묵시 종말론

　　포로기 이후의 예언자들은 이사야, 예레미야 그리고 에스겔의 놀라운 예언의 성취가 실현되지 않은 현실에 직면하게 되었다. 그럼에도 불구하고 이들은 위축되지 아니하 채 이스라엘의 예언자로서의 전통적인 역할을 수행하였다. 학개와 스가랴(주전 520년)와 말라기(주전 460년)는 그들이 계속해서 종말론을 신포힘으로 말미암아 이와 같은 문제(이전 선지자들의 예언이 실현되지 않았다는 것)에 직면하게 되었고, 한편 그들은 현 공동체의 문제들을 다시 바로 교정시켜 나갔다. 학개와 스가랴 1-8장은 예루살렘의 재건을 새 시내를 일리는 전조(前兆)로 이해했다. 말라기는 제사장들의 부패와 사회적 타락을 지적하는데 중점을 두었다.
　　스가랴 9-14장과 (주전 6세기의) 다니엘서는 이 예언들을 표현함에 있어서 고전적인 예언에서 묵시로 옮겨감으로써 하나의 다른 시각을 제공해 주었다. 이 묵시의 저자들에 따르면, 이스라엘의 구원은 더 이상 역사적 구조체제의 변화를 통해 이루어질 수는 없다. 왜냐하면 하나님은 언젠가 구원을 향한 당신의 최종적인 간섭하심을 통해 역사의 종말을 가져다주실 것이기 때문이다. 에스라 -느헤미야(주전 5세기 중반)는 급등하는 예루살렘 제사장들의 세력을 통제하기 위해 마련된 개혁을 성실히 수행하려 했다. 이 개혁이 실패로 돌아갔을 때, 열정적인 종말론 신학자인 역대기 기자(주전 400년)는 하나님께서 언젠가는 이사야 40-55장의 약속들을 이스라엘이 체험할 수 있는 실제로 성취시켜 주실 것이라는 소망의 메시지를 선포한다.

1. 예언적 종말론

(1) 학개

학개의 예언은 성전 건축을 꺼리고 있는 (포로생활로부터 귀환한) 백성들의 못마땅한 태도에 집중한다. 학개에 따르면, 성전 재건은 예루살렘의 중앙에 위치할, 하나님 나라 도래를 위해 가장 필수적인 전조(前兆)가 된다. 학개의 견책에 따라 백성들은 다윗 왕과 같은 스룹바벨의 영도 아래 이 사역을 수행했고, 성전 재건을 위해 그들 스스로 아낌없이 헌신하였다.

신앙의 헌신에 앞서 개인의 이익을 먼저 생각했었던 포로 귀환자들을 향해 학개가 1:4-11을 통해 선포한 가장 근본적인 예언의 메시지는 다음과 같은 몇 마디의 단어들로 요약될 수 있다: "먼저 하나님 나라를 구하라"(마 6:33 NKJV). 성전 건축은 모든 다른 관심사보다도 우선하는 것이었다. 학개의 메시지는 영향을 미쳤고 언약에 대한 백성들의 적절한 반응이 1:12-14에 기록되어 있다. 12절에 언급되어 있는 "백성의 남은 자"는 여호와께 순종하여 성전 건축을 수행하고 "내가 너희와 함께 하노라"(13절)는 갱신된 새 언약의 약속을 받게 되는 귀환자들을 의미하는 듯하다. 학개 선지자는 이들을 오래된 언약의 축복을 전달해 주는 자들로 설명한다(cf. 슥 8:12).

학개 2:1-9에서 이전(以前) 성전보다 그렇게 화려하지 않은 새 성전에 대해 만족하지 못했던 이스라엘 공동체는 출애굽의 하나님께서 여전히 지금도 이스라엘과 함께 하신다는 격려를 받게 된다(5절). 새 언약의 두 번째 출애굽의 축복과 약속의 땅을 다시 소유하게 되는 축복은 계속해서 체험될 것이다. 비록 언젠가 이스라엘이 온 세상을 진동시킬 민족이 될지라도, 이 예루살렘 성전은 여전히 종말론적인 세계 중심이 될 것이다. 2:10-14에서 성전 건축을 반대하던 자들은 책망을 받고 있으며, 15-19절에서 귀환한 공동체는 성전 건축의 임무를 계속해서 완수하라는 간곡한 권고를 받고 있다. 마지막 구절(20-23절)은 성전 건축자 스룹바벨에게 선언된 말씀이며 포로된 다윗 가문의 왕, 여호야긴에게 적용되었던 예레미야의 표현은 지금 메시아는 아닌 듯하지만 이 메시아와 매우 깊은 연관성을 지니고 있는 스룹바벨에게 적용된다(23절; cf. 렘 22:24).

학개의 예언 속에 소위 "퇴보"를 언급하는 그 어떠한 증거도 전혀 찾아볼 수 없다. 학개의 예언은 공허한 포로기 전(前) 민족주의에 집착하지 않는다. 하지만 학개는 일상적인 문제들과 제의적(祭儀的)인 문제들도 간과하지 않고 있다. 학개의 가장 위대한 메시지는 "하나님께서 소규모의 각성한 포로귀환 공동체와 함께 이스라엘과 맺은 당신의 놀라운 약속들을 멋지게 이루어 가실 것"이라는 것이다. 이 공동체를 통해 온 열방이 복을 받을 것이며, 종말에 등장하게 될 하나님의 백성들이 이 공동체로부터 나타나게 될 것이다.

(2) 스가랴

스가랴의 예언은 학개가 예언한 동일한 시대에 선포되었다. 이 두 예언서(학개와 스가랴)가 서로 비슷한 관심사, 즉 성전 재건과 종말에 대한 기대에 초점을 맞추고 있음은 그리 놀라운 일이 아니다. 스가랴서는 종종 두 단락으로 나뉜다. 즉, 이 예언서는 포로기 후 역사와 성전 환상으로 구성된 1-8장과 1-8장의 기대에 대한 묵시적 해석인 9-14장으로 나눌 수 있다.

① 예루살렘과 성전(슥 1-8장)

스가랴 1-8장은 성전과 제의(祭儀)와 관련된 문제들에 많은 부분을 할애하고 있는 반면, 종말에 대한 관심은 처음에는 잘 나타나지 않은 것 같다. 그렇지만 포로귀환 공동체의 대제사장인 여호수아와 예루살렘 왕가의 후손이자 다윗과 같은 왕족인 스룹바벨이 주도한 성전 재건은 예루살렘이 세계 종교와 계시의 중심—온 열방이 이곳을 향해 순례의 길을 떠날 것이다—이 될 것임을 뒷받침해 준다(8:20-23). 이 단락의 마지막 장 8장은 하나님 백성의 이상적인 미래를 서술하고 있다. 하나님의 백성은 그들이 풍족하게 수확할 수 있는(10-12절) 약속의 땅에서 회복될 것이다(7-8절).

이 이스라엘의 남은 자는 "진리의 성읍"이라 일컫게 될 새 예루살렘에 거하게 될 것이다. 왜냐하면 여호와께서 이곳에 거하실 것이기 때문이다(3절). 하나님 백성의 연합은 하나님의 임재를 반영해 줄 것이다. 모든 만물을 소유한 자로서(12절), 하나님의 백성은 토라에 따라 그들의 삶을 살아갈 것이다(16-17절). 그리하여 종말의 시대가 도래할 때, 열방은 예루살렘을 향하여 자발적으로 나아올 것이다(20-23절). 더욱이 이사야 2:2-4에 나타난 시온의 기대는 하나님의 목적이 이루어짐으로써 성취될 것이며, 평화와 안전은 모든 이들의 몫이 될 것이다(2, 6, 11, 13 중반부-14절).

② 신학적 해석(슥 9-14장)

스가랴 9-14장을 해석함에 있어서 이 장(슥 9-14장)이 1-8장보다 더 많은 어려움과 난해함을 가져다 줌은 의문의 여지가 없다. 그렇지만 이 두 단락이 동일한 주제로 시작해서 동일한 주제로 끝맺고 있음을 주목해 보는 것은 매우 가치 있는 일이다. 1장과 9장은 여호와의 예루살렘으로의 귀환을 언급하면서 시작한다. 8장과 14장은 압제하던 열방이 패배한 이후 예루살렘의 역할과 성전의 완성을 소개하면서 시작한다. 그러므로 9-14장은 아마도 역사적인 정황에 더 많이 치중하였던 첫 단락(1-8장)에 대한 신학적인 해석으로 볼 수 있을 것이다.

스가랴 9:1-7은 예루살렘으로 향하는 여호와의 진군과 이 진군 과정에서 섬멸되는 이스라엘의 대적들을 기술한다(Hanson, 1975:291-324). 그 후 여호와께서는 종말에 나타날 왕을 통해 예루살렘을 다스리실 것이다(8-10절). 하나님의 다스리심은 포로생활로부터의 해방(11-12절), 거룩한 전사로서의 여호와의 현현(14절), 그리고 자연 질서의 변모(15-17절)를 통해 잘 드러나게 될 것이다. 다음 이어지는 두 개의 장들(슥 10-11장)은 리더쉽의 문제들을 다룬다.

스가랴 12-14장은 마지막 때 있을 전투와 이 문제에 대한 해결방안을 소개함으로써 우리의 관심을 이 장들로 향하게 한다. 비록 예루살렘이 이 전투에 휘말리게 된다 할지라도(12:1-3), 예루살렘은 하나님으로부터 구원을 받게 될 것이다(4-9절). 12장은 성령을 영접함과 이로 인해 일어나는 하나님 백성의 변화된 성품들을 언급하면서 끝맺는다(10-14절). 확신하건대 모든 공동체의 지도자들—왕, 선지자 그리고 제사장—은 정화될 것이다. 종말에 있을 이 정화작업은 우상숭배의 척결(剔抉)과 결부되어 있는 13:1-6에서 다시 다루어진다. 마지막 장(14장)은 여호와의 날—새 창조는 이 여호와의 날을 통해 소개될 것이다—을 반영하고 있는 하나의 상징적인 그림을 보여 준다(핸슨 1975:369-401). 열국은 여호와의 강권(强勸)으로 인해 예루살렘과 싸우게 될 것이다(14:1-2). 비록 남은 자가 구원받는다 할지라도, 여호와께서 승리하실 것이다(3-5절). 그리고 여호와께서 다시 그의 성읍으로 입성하실 때, 산들은 알맞게 정렬됨으로써 여호와의 행렬을 위한 길로서 준비될 것이다(4절; cf. 사 40:3-5). 이로 인해, 이 땅에 새 창조 질서— 예루살렘으로부터 솟아나는 생수에 의한 변화—가 생겨날 것이다(6-8절; cf. 겔 47:1-2). 9-10절은 예루살렘으로부터 나오는 하나님의 우주적인 다스리심—9-10절에 나오는 지형에 대한 설명들은 예레미야 31:38-40과 매우 흡사하다—을 선포한다(그러므로 우리는 새 언약의 시작을 추정할 수 있다). 예루살렘이 높아지고 예루살렘 변방 영토들이 낮아지게 될 때(10절), 예루살렘은 세계의 상징으로서 온전한 구원에 이르게 될 것이다(사 2:2).

불변하는 예루살렘의 안전과 아울러, 언약의 저주가 예루살렘의 대적들을 고통스럽게 만들 것이다(12-15절). 그리고 풍요와 다산을 맛보지 못해 고통받던 열방이 해마다 예루살렘을 향해 순례를 떠나게 될 것이다(16-21절). 여하간, 예루살렘과 성전은 세계 중심이 될 것이다. 마지막 두 구절에서 성전과 성읍은 사실상 거룩한 처소로 합쳐질 것이다(20-21절; cf. 겔 48:35).

(3) 말라기

예언서 전체를 결말짓고 있는 말라기서는 언약과 갱신에 대한 주목할 만한 내용을 현저하게 드러내고 있다. 공동체 가운데 다양한 계층들을 향한 고발을 통해, 말라기 선지자는 다양한 언약적 이슈들을 제기한다. 말라기서가 재건된 성전의 실체를 전제하고 있기 때문에, 이 예언서는 주전 516년 이후의 책이라고 할 수 있다. 아마도 5세기 중반에 기록되었을 말라기서는 에스라-느헤미야의 개혁을 촉진시키는 자극제가 되었을 것이다.

말라기 선지자는 물질주의에 빠져 받은 축복을 감사치 아니하고 불평하는 한 공동체에 대해 기술하고 있다. 3:1에서 하나님께서는 심판의 사역을 수행할 언약의 사자를 이 공동체에게 보내시겠다고 강하게 선언하신다. 비록 4:4-6에 나오는 이 언약의 사자가 엘리야로 간주된다 할지라도, 3장은 이곳에 나타날 누군가(someone)에 대해 강조하고 있다. 많은 이들이 시사해온 바와 같이, 아마도 말라기는 에스라의 사역을 암시하고 있는 듯하다.

말라기 선지자는 남은 자(여호와를 경외한 자들)를 여호와의 출애굽 언약의 수혜자(受惠者)들로 간주한다(말 3:16-17; cf. 출 19:3-6). 이 남은 자는 하나님의 이스라엘, 즉 "특별한 소유"가 될 것이다. 이 말라기서의 요지를 가장 적절하게 진술해 본다면 다음과 같이 요약할 수 있다: "여호와께서는 항상 그의 언약에 신실하시다. 그러나 그의 언약은 그의 공동체로부터 반응을 요구한다"(4:4-6).

종국적인 여호와의 날이 임하기 전(前), 하나님 백성과 관련된 이슈들의 실재가 엘리야와 같은 인물—이 사람은 이스라엘 백성들에게 회개를 요청할 것이다—에 의해 드러날 것이다. 그 후 여호와의 날이 임할 것이다. 만약 엘리야와 같은 인물이 주도할 사역이 실패로 돌아간다면, 최종적인 언약의 저주가 이스라엘 위에 임할 것이다. 70인경은 공동체의 정결(淨潔)이 언약 갱신의 예비단계임을 주목하면서 이 책을 끝맺는다. 그러므로 이스라엘은 어떻게 보면, 저주아래 있다. 왜냐하면 이스라엘 자신의 이름으로 맺은 언약 체결이 마침내 이스라엘을 파멸로 인도할 것이기 때문이다.

2. 묵시 종말론

우리는 지금 구약 종말론의 발전된 성격을 띄고 있는 묵시로 방향을 돌리고자 한다. "묵시"(apocalypse)라는 단어는 계시를 뜻하는 희랍어에서 파생된 말이다. 그리고 성서 문학의 한 장르로서 또는 한 시대의 사상적 운동(a movement)으로서 분류되는 이 단어는 요한의 계시록에 제일 먼저 등장하는 단어이기도 하다. 포로기와 포로기 이후 동안 근본적인 의문들이 제기되고 민족을 향해 선포되었던 메시지, 즉 오래된 계시의 패턴이 어려움을 해결해 주지 못함으로 말미암아 묵시 운동이 태동하게 되었다.

이사야 64:1에 나오는 선지자의 외침, 즉 하나님께서 하늘을 가르시고 다시 강림하실 것이라는 이러한 외침과 같이, 포로기간 동안 새로운 방식을 통해 하나님의 뜻을 계시하려는 거대한 외침이 있었다. 이와 같이 묵시는 민족에게 닥쳐올 종말의 위기를 직면하도록 하기 위해 태동되었던 것이다.

19세기 초반부터 성경학자들은 묵시에 대한 근본적인 정의와 성격에 대해 논쟁과 토의를 계속해 왔다. 대체로 묵시 문서를 규정하는 데 있어서 일치점은 있다. 일반적으로 묵시 문서로 분류된—최소한 일치하고 있는—책들은 다음과 같다. 즉, 다니엘 7-12장; 요한계시록 그리고 외경(外經)인 에녹1서; 에스라4서 3-

14, 그리고 바룩2서가 묵시로 분류된다. 이러한 문서들을 분류하고 제한함에 있어 일치된 합의점에 도달하는 데 많은 어려움이 있었고, 실로 이와 같은 어려움은 결코 완전히 해결되지 않았다.

이와 같은 문제는 묵시를 정의하고 분류하는 방식이 서로 순환하고 있기 때문에 발생한다. 즉, 문서가 먼저 정의되고 분류된 뒤 이 분류방식에 따라 그 특징들을 문서로부터 도출해 내기 때문에 어려움이 발생하게 된다. 또한 이 용어는 정확한 적용을 힘들게 하고 중복되는 사항이 많아서 더 많은 어려움을 야기시킨다. 이 책에서 묵시라는 단어는 문학장르를 일컫는 용어로 사용될 것이다. 즉, "묵시적"이라는 말은 묵시라는 장르에 속한 문서들을 통해 반영된 특수한 관점들을 가리킨다. 그리고 묵시주의는 묵시 문학을 별개로 구분하려는 사회적 통념을 말한다.

그렇다면 묵시로서 알려진 이와 같은 문학장르란 무엇인가? 한 걸음 물러서서 장르란 무엇인가? 장르를 통해 일련의 본문들은 납득할 만하고 논리적인 분류규정을 한정해 주는 뚜렷한(반복되는) 특성들에 의해 특징지어신다(Collins, 1981, 85). 묵시를 분류함에 있어서 형식과 내용 둘 다 고려되어야 한다. 왜냐하면 구조적 틀, 혹은 형식이 본문의 전달 방식이 되기 때문이며, 본문의 내용 또한 동시대의 사상에 나타난 역사적 종말론석 사건들뿐민 이니라 특수한 사상에 나타난 초월적 세계와의 접촉—묵시 문학의 특성—을 포함하기 때문이다. 묵시 문학 가운데 나타나는 계시는 환상, 현현, 청취, 다른 세상으로의 여행, 꿈 그리고 중보자들을 통해 전달된다. 즉, 이와 같은 계시수납(啓示受納)의 다양한 형태들은 계시수납자들의 개별적인 상황 혹은 감정의 상태를 알려주는 특징이 된다(cf. 단 10:2-3).

묵시는 역사를, 특수한 묵시의 발전과정, 성취될 종말론적인 목적, (이 세상에 개입할) 초월적 세계에 속한 존재들이 보냄을 받은 곳으로 이해하고 있으며 이러한 견해를 묵시의 내용에 포함시키고 있다. 묵시 속에 나타나는 심판과 구원은 단지 이스라엘의 신실한 자를 위한 것이다(심판과 구원이 분명히 모든 민족을 위한 것임을 말해 주는 예언서와의 차이점에 주목하라). 묵시의 주된 사상은 "신적인 개입"(介入)과 "우주적인 변화"라는 요소이다. 왜냐하면 묵시가 다루고 있는 이러한 이슈는 "인류의 최종적인 삶의 의미가 인류의 삶 속에서 혹은 인류가 만든 제도 속에서 발견될 수 있는가, 아니면 이 세상과 역사적인 체험을 초월한

저 너머의 세계에서 발견될 수 있는가" 하는 것이기 때문이다.

이처럼 다양한 묵시적 성격들 가운데 묵시 문학의 주된 특징을 한정하는 것은 가능한가? 묵시 문학에 속한 하나의 특징은 구원받을 수 없는 악한 현(現) 시대에 대한 심판이라고 할수 있다. 즉, 이러한 특징(현 시대에 대한 심판)은 하나님의 개입하심에 모든 소망을 둠으로써, 역사와 시대의 어려움을 직면하려 하지 않고 회피하려는 도피주의적 성격을 띤다. 비록 많은 비평가들이 묵시 사상이 역사를 부정적인 관점에서 이해했다고 노골적으로 지적한다 할지라도(Carroll, 1979:19-21), 이와 같은 진술은 묵시의 위치를 너무 지나치게 일반화시키고 있다. 다른 이들은 현시대에 대한 묵시적인 입장이 엄격한 결정론적 태도라 지적하고 묵시를 예언으로부터 분리해야 한다는 이론을 제기한다.

그러나 우리는 엄격한 결정론과 하나님의 선지(先知)를 구분함에 있어 반드시 주의를 요한다(McKane, 1982:81). 분명하게 말하자면, 만약 인간 존재가 스스로 결정할 수 있는 자유를 부여받지 않았다면, 묵시 문학은 "변치 말라"는 호소를 언급하지 않았을 것이다. 논의해 온 바대로 아마도 하나님의 선지(先知)는 하나님께서 당황하며 놀라시는 분이 아니라, 당신의 목적을 방해하려는 인간의 시도에 대처할 수 있는 전략들을 항상 조절하실 수 있는 분이라는 확신을 반영해 준다. 묵시의 또 다른 주요한 특징인 이원론(二元論), 즉 우주가 선과 악의 적대적인 세력으로 분리되었다는 주장에 대해, 우리는 앞에서와 마찬가지로 매우 주의를 기울여야만 한다.

그러나 종말론을 묵시의 주요한 특징으로 평가하는 학자들의 견해는 옳다. 포로기와 포로기 후 역사의 과정 속에서 하나님께서 베풀어 주실 이스라엘의 회복과 이스라엘을 향한 예언자들의 희망은 한낱 허상으로 보였던 것 같다. 미래를 향한 영광스러운 소망은 다소 불확실하게 보였다. 그리하여 하나님의 백성을 민족 이스라엘로 한정하였던 포로기 전(前) 예언의 기대들과는 전혀 다른 묵시 종말론이 등장하게 되었다. 즉, 이 묵시 종말론은 이 역사를 초월한 새 시대를 향한 기대에 그 희망을 품고 있었다. 지난 세대와 오는 세대가 서로 대조를 이루면서, 묵시 종말론은 적어도 역사의 종말에 대해서는 분명히 지적하고 있다. 예를 들면, 다니엘서에서 제국의 권력은 더욱더 부패하게 되어 역사 속에서 돌이킬 수 없는 과정을 밟게 된다. 이러한 상황 속에서 이와 같은 종말의 희망은 도덕적이고도 영적인 자극이 되었고 신자들로 하여금 그들의 신앙을 종말의 때까지 지키도록 인도해 주었다. 그러므로 이러한 희망을 발전시켜 나가는 것은 신자들이 추구해야 할 도전이 되었다.

(1) 묵시의 기원에 대한 탐구

비록 역사와 사회에 대한 우리의 지식이 불충분하다 할지라도, 묵시의 기원에 대한 탐구는 대개 포로기와 포로기 후 작품들에 집중된다. 예언과 묵시가 심판 이후 이스라엘의 기대 및 공통적인 희망을 함께 다루고 있음은 예언과 묵시 사이에 일종의 연관성이 있음을 말해 준다. 그러나 또한 이 둘 사이에 실질적인 차이점도 존재한다. 어떤 학자들은 예언과 묵시를 직접적으로 연관시킨다. 예를 들면, 폴 핸슨(Paul Hanson, 1975:209-79)은 자신을 예언전승(豫言傳承)의 계승자로 이해했던 포로기 후 예언자 층과 제사장 층―이들은 포로 귀환 공동체의 기초가 되는 성전을 소개한 에스겔의 신학을 강조하려 했다―간의 갈등을 보여 주는 직접적인 증거를 제시하기 위해 이사야 56-66장, 스가랴 1-8장, 그리고 학개를 인용한다.

핸슨은 예언자 층이 사실상 이 싸움에서 졌고 그 결과로 인해 그들은 계속해서 절망적인 역사의 변화보다는, 오히려 하나님의 직접적인 간섭하심을 고대하게 되었다고 주장한다. 예언자 층은 포로기 때의 예언과는 달리, 신화를 역사적인 용어로서 옮기지 아니한 채 일반적인 기대로 묘사함으로써, 신화에 나타난 회복의 표현방식을 통해 그들의 희망을 나타냈다(cf. 사 51:9-11). 핸슨에 따르면, 예언자들은 역사로부터 벗어나 비(非)역사를 나타내는 표현방식을 제공하기 위해 신화를 사용하였다(사 59:15 중반절-20; Hanson, 1975:133).

이사야 65장에서―핸슨은 이사야 65장이 6세기 후반에 속한다고 본다―, 우리는 우주의 격변을 통해 새 질서가 창조되고 새 공동체의 회복이 이루어질 것이라는 이전(以前)의 관점에 비추어 볼 때, 예언자들과 성전에 집착하는 제사장들간의 심각한 분열을 보여 주는 증거들을 발견하게 된다(1975:194). 이사야 66장은 새 시대에 등장하게 될 예루살렘 성전의 중앙화와 종말을 선언함으로써, 묵시적인 관점을 계속해서 견지한다.

논쟁이 될 수 있는 이러한 특징들은 이사야 56:9-57:13에서 쉽게 발견된다(Hanson, 1975:194-95). 예언자들은 역사를 초월한 문제의 해결책들을 지속적으로 추구함으로써, 자신들의 결정권을 점점 더 상실하고 말았다. 이와 반대로, 우리가 에스라와 느헤미야서를 통해 알 수 있듯이 사독 제사장파는 권력을 얻게 되었고, 이들은 유다를 제사장 국가로 변모시켰다. 포로기 때 에스겔의 계획에 따라 성전에 참여하지 못하고 배제되었던 레위인들은 비(非)사독 계보와 함께 제의를 개혁하기 위해 예언자들과 함께 문제를 제기했다. 포로기 후 사독 제사장파는 에스겔 40-48장의 개혁을 제시하려 했다. 그리고 바사의 후원을 등에 업은 제사장파는 선지자 학개와 스가랴의 축복(1-8장)을 누리게 되었다. 하지만 주전 516년 성전이 완성된 후, 사독파는 점점 더 완고해져 가고 말았다(슥 9-14장은 사독파의 편협함과 압제에 대한 예언자들의 반응을 소개한다.)

이와 같은 핸슨의 뛰어난 재구성은 포로기 후 시대의 사건에 대한 그럴듯한 사회적 배경을 제시해 준다. 그러나 사실상 핸슨의 이론이 새로운 제안이라 할지라도, 그의 접근방식은 공동체의 극단적인 분리에 지나치게 의존하고 있다. 그러나 어떤 형식으로든 이 두 계층(예언자들과 제사장들)간의 대립은 항상 이스라엘 사회의 한 단면이었다(Carroll, 1979:19). 또한 신화가 예언과 묵시를 통해 사용되었음을 직시해 볼 때, 핸슨은 역사와 신화의 구분처럼, 예언과 묵시를 지나치게 도식적으로 분리해서 보고 있다. 아마도 핸슨 이론의 가장 큰 취약점은 포로귀환 공동체의 문제점을 그의 추론에 따라 재구성했다는 점이다. 핸슨은 스가랴 1-8장과 에스겔 그리고 스가랴 9-14장과 이사야 56-66장으로 서로 연결시킨다.

그러나 우리가 살펴본 바와 같이, 스가랴 9-14장은 스가랴 1-8장에 나타난 역사적 정황에 대한 구체적인 묵시적 해석이다. 더욱이 포로기 후 미래를 향한 이스라엘의 희망이 편협하게 제의(祭儀)에 집착되어 있기보다는, 오히려 성전 재건과 깊이 연관되어 있었기 때문에, 성전과 묵시적 기대를 분리한 핸슨의 주장은 자신의 이론을 지나치게 교리화시키는 경향이 있다. 그렇지만 핸슨이 묵시에 끼친 비(非)이스라엘 백성들(예를 들면, 바사와 희랍인들)의 영향을 크게 인정하지 않은 것은 옳다. 또한 핸슨은 예언과 묵시간의 직접적인 관련성을 분명히 증명하고 있다.

그렇지만 예언과 아울러 묵시 발전의 기원에 대한 연구는 아직 끝나지 않았다. 19세기에 토론되었던 묵시 발전의 모형을 제공해 준 지혜 문학의 발전에 대한 연구가 현대에 이르러 게하르드 폰 라드(Gerhard von Rad, 1972:263-83)에 의해 토론되어 왔다. 폰 라드는 다니엘, 에녹, 그리고 에스라(묵시록의 제목)

가 현자(賢者)들이었던 역사적 인물들을 소개하고 있음에 주목한다. 또한 그는 묵시 문학이 역사에 대한 우주적인 관심보다는 신비적인 지식과 특성에 집중하고 있음을 관찰한다.

폰 라드에 의하면, 묵시록의 저자들은 모든 것이 하나님의 결정에 따라 결정되어 왔다고 느꼈기 때문에, 역사의 과정에 대해서는 전혀 관심을 보이지 않았다. 지혜 문학의 목적과 마찬가지로 묵시 문학의 목적은 신정론(神正論), 즉 역사로부터 사라진 하나님의 부재(不在)에 대해 그 정당함을 입증하는 것이었다. 더욱이 폰 라드에 의하면, 지혜 문학의 발전과 같이, 묵시 문학은 이스라엘의 고백적 성격과 구원의 역사를 무시하고 말았다. 심지어 폰 라드에 따르면, 묵시 문학 가운데 계시의 한 형태로 받아들여지는 꿈에 대한 해석은 지혜 문학의 범주에 속하는 것이었다(이에 대한 예로, 폰 라드는 창세기에 나오는 요셉의 기사를 인용한다).

그렇지만 폰 라드의 이론은 수긍이 가지 않는다. 첫째, 폰 라드는 다니엘서와 같은 묵시 문학에는 종말론이 나타나지만 선도서와 같은 지혜 문학에는 종말론에 대한 언급이 없음을 설명할 수 없다. 둘째, 비록 폰 라드가 묵시의 결정론에 대해 강조하지만, 묵시의 결정론적인 표현은 하나님께서 모든 일들을 간섭하신다는 예언의 상투적 표현일 뿐이다. 더욱이 지혜 문학에 나오는 결정론은 묵시 문학처럼, 역사와 관련되어 있다고 볼 수 없다. 지혜 문학과 묵시 문학간의 가장 뚜렷한 유사점은 묵시 문학을 이스라엘 (정경에 포함된) 지혜 문학과 비교할 때는 발견되지 않는다.

오히려 이러한 유사점은 묵시 문학을 소위 예언적 지혜로 불려졌던 바벨론시대의 문학작품―이러한 바벨론의 문학작품들은 우리가 다니엘서에서 발견할 수 있는 흡사한 방식, 즉 예언과 전조(前兆)들에 기초한 기술적인 예언을 소개한다―과 비교할 때 발견된다. 왜냐하면 우리가 다니엘서를 살펴볼 때, 다니엘서에 소개된 내용이 꿈의 해석과 환상의 수납에 집중되어 있음을 발견할 수 있기 때문이다. 또한, 묵시 문학의 발전이 지혜 문학보다 좀더 광범위한 세상을 다루고 있고 이 광범위한 세상에서 일어나는 문제들에 대한 분석에 집중하는 한, 묵시와 이스라엘 지혜 문학의 차이는 단지 정도의 차이에 지나지 않는다.

우리가 연구해 온 바와 같이 아마도 예언적 지혜 문학은 묵시 문학에 영향을 미쳤을 것이다. 그리고 묵시 문학의 날카로운 이원론적 구조에 페르시아의 영향력이 크게 작용했을 가능성은 배제할 수 없다. 그러나 묵시 문학에 미친 그 외 다른 비(非)이스라엘적 영향력을 주장하는 이론들은 지지될 수 없다. 페르시아시대 영향을 반영해 주는 (그 시대의 산물인) 역사의 시대 구분, 역사의 분할은 창세기에 등장하는 원시 족보의 구조 자체를 부정할 수도 있다. 묵시 문학의 종말론적인 재앙, 선과 악의 초자연적인 힘 그리고 부활 사상과 같은 내용들이 페르시아로부터 기원한다는 주장은 강한 반대에 부딪히게 된다. 왜냐하면 이미 초기 구약성경 본문들이 이러한 사상에 지대한 영향력을 끼쳤기 때문이다.

그러므로 결국 우리는 구약 묵시 문학(후기 묵시 문학은 구약 예언서의 해석자가 되었다〈예를 들면, 단 9장〉)의 원형이 되는 구약 예언서를 반드시 먼저 살펴보아야 한다.

(2) 묵시 문학에 대한 해석

특별한 문학 장르인 묵시 문학은 우리들에게 또 다른 세계를 소개해 주면서 주의 깊은 해석을 요구한다. 묵시에 나오는 꿈들, 환상들, 천사의 중재, 우주론에 대한 강조, 천상의 전투, 수비학(numerology, 숫자와 관련된 점술), 천상의 비밀을 알려주는 계시, 이상하고 신비한 상징은 여자적인 해석을 불가능하게 한다. 아마도 이러한 내용들은 분명히 의도된 것이었을 것이다. 상징은 실재(reality)의 더 깊은 의미를 전달해 주기 위해 고안되었다. 비록 상징 그 자체가 틀에 박힌 진부한 것이라 할지라도, 이 상징들은 어떤 한 의미에 고정되거나 일정한 형식적 틀 속에 거의 갇혀 있지 않다(Osborne, 1991:229). 그러므로 이 상징들에 대한 해석은 거의 불분명하다.

우리는 미래의 연대기(年代記)와 관련된 구체적인 의문들을 살펴보면서 묵시 문학을 읽어갈 수는 없다. 또한 우리는 미래에 대한 해석이 절대적인 진리라고 선언할 수 없다. 더욱이 묵시 문학의 의미는 일반적인 용어보다는 특수한 용어를 통해 전달된다. 그러므로 예를 들어, 다니엘서를 읽어보면 우리는 다음과 같은 방식으로 의미를 간략하게 요약할 수 있다: "하나님께서는 그의 백성들이 불신하고 있는 현 역사의 과정 속에 종말을 가져다 줄 것이고, 창조를 향한 하나님의 목적이 온전히 드러나게 될 새 시대의 여명이 밝아오게 된다."

묵시 문학에 나타난 계시의 중보적인 특징 때문에 묵시 문학의 가치는 종종 과소 평가되어 왔다. 그러나 이러한 판단-묵시의 계시적 성격으로 인해 묵시 문학을 과소 평가하는 태도-은 계시의 전달방식이 초자연적이었으며, 발전된 종말론이 구약 신학의 극치를 이루고 있음을 무시하는 태도이다. 현재의 상황이 어렵고 낙관할 수 없다 할지라도, 이 묵시 문학의 기능은 분명하다. 즉, 묵시 문학은 교회와 국가가 서로 대립상태에 놓여 있었던 어려운 시대에 희망을 안겨다 주기 위해 창안되었다. 신자들은 미래가 하나님의 백성들에게 달려 있다는 위로가 필요했었다. 또한 이러한 위로는 지금도 신자들에게 여전히 필요하다.

(3) 다니엘

다니엘서는 히브리 정경의 예언서에 포함되지 않고 성문서에 포함되어 있다. 비록 어떤 이들은 다니엘서의 이러한 배치(성문서에 포함된 것)가 정경화된 예언서들이 모두 종결된 이후, 마카비시대인 주전 166년경에 기록되었음을 증거한다고 주장하지만, 이러한 배치는 단순히 다니엘서가 예언서와 현저힌 치이가 있음을 나타내줄 뿐이다. 뿐만 아니라 다니엘서의 이 같은 배치는 다니엘서가 묵시로서 분류됨을 정당화시켜 준다(Baldwin, 1978:21). 예언서의 배경으로부터 이끌어 온 다니엘의 주요한 요소들과 아울러, 이 책은 민족주의의 상실과 국가제도의 몰락에 대한 (포로기 혹은 포로기 후 시대에 속한) 경건한 계층의 반응과 이들이 신앙을 계속해서 지키려고 애쓰는 한 예언적 계시가 성도들에게 전달되었음을 증거한다.

다니엘은 역사적 이스라엘의 임박한 멸망과 그 이유를 언급함으로써 시작한다. 그러나 다니엘은 이스라엘의 신실한 자들의 부활을 소개하면서 마지막을 장식한다. 먼저, 이 책은 신앙을 촉진시키기 위해 사용되었던 모든 상징들이 자취를 감춰 버리고 심지어 신실한 자들조차 약속의 땅을 소유할 수 없었던 가장 비관적인 세상 속에서 어떻게 이스라엘의 신앙이 계속해서 유지될 수 있는가를 언급한다. 포로기시대를 통해 매우 분명하게 드러나는 사실은 다음과 같다. 즉, 신앙은 지형적, 사회적 그리고 문화적 한계들을 극복한다는 것이다. 다시 말해 신앙은 어디서든 뻗어갈 수 있다는 것이다. 다니엘은 하나님 왕국과 관련된 중요한 사항들에 대해 관심을 집중시켰다. 다니엘에게 제기된 의문사항은 다음과 같다. 즉, 타협의 실마리를 찾지 못하고 화해가 거절된 상태에서 여전히 선민 이스라엘로 있는 동안, 다니엘이 어떻게 그가 속한 사회와 계속해서 교류할 수 있는가하는 것이다.

① 생존자(단 1장)

다니엘 1장은 다니엘서의 서론이 된다. 1장의 핵심은 다음과 같이 간략하게 요약된다. "유대인들은 이방 나라의 궁정에 영향을 끼치게 되었고 그들의 지혜는 하나님께로부터 말미암은 것이다." 하나님께서는 그의 법을 성실하게 준행하는 종들에게 지혜를 주신다. 지혜의 이러한 특성으로 말미암아 다니엘은 위대한 생존자가 된다. 즉, 역사의 한 정점이 바벨론 제국의 통치하에 있던 때 그리고 바사 제국의 시대가 시작되던 때에도 다니엘은 살아남게 된다(1:21).

1-2절은 여호야김(주전 605년) 때에 예루살렘을 향한 느부갓네살의 공격을 소개하면서 다니엘서의 서막을 알려준다. 이 사건과 아울러 이제 이방인의 시대가 찾아왔고 새로운 시대가 시작되었다. 신앙을 나타내는 소중한 상징인 성전 기구들은 느부갓네살의 공격으로 인해 빼앗기게 되어 딴 곳으로 옮겨지게 된다. 상상할 수 없는 엄청난 사건, 즉 여호와께서 임재하시는 곳으로 생각했던 예루살렘 성전이 훼파되는 일이 일어나고 말았다. 고대 근동(the ancient Near East)에는 거룩한 상징들(보통 신상이나 신의 조각들)을 탈취하는 행위는 승리한 신이 정복한 신에 대해 자신의 월등함을 과시했던 분명한 증거가 된다. 그래서 바벨론의 신들은 여호와를 향해 그들의 우월감을 과시했던 것이다. 2절은 더욱 혼란스러운 문제들을 소개한다. 즉, 여호와께서는 유다와 예루살렘을 바벨론 왕의 손에 넘겨버리고 말았다.

우리가 아는 바대로, 느부갓네살은 성전 기구를 "시날 땅"으로 옮겨놓았다(2절; "바벨론", NIV). 구약에서 4번 언급된 이 어구(시날 땅)와 이 어구의 함축적 의미는 다니엘서의 원 이슈들을 밝혀내는 데 도움을 준다. "시날 땅"은 창세기 10:10에서 지형을 언급하는 말로 소개된다. 그러나 창세기 10:10을 제외한 그 외 다른 (시날 땅을 언급하는) 어구들은 우리의 연구 목적에 매우 중요한 의미를 가져다준다. 스가랴 5:5-11에 나오는 이 어구(시날 땅)는 바벨론의 악함을 반영한다. 스가랴는 에바 바구니 속에 있는 한 여인의 형상을 통해 악을 상정(想定)한다. 약속의 땅으로부터 제거된 악은 악이 거할 처소, 즉 악을 위한 성전이 건축될 (신성화될) "시날 땅"으로 옮겨진다(11절).

그러나 가장 중요한 구절은 바벨탑 사건이 나오는 창세기 11:2이다. 시날 평지에 운집한 지상의 백성들은 통일을 추구하려고 노력하였다. 그들은 그들 자신들을 위해 성(城)과 탑(塔) — 이 탑의 꼭대기는 하늘에까지 미쳤을 것이다 — 을 쌓았다. 그리하여 그들은 흩어지거나 그들이 함께 공유할 수 있는 지각을 잃지 않으려고 그들 스스로 그들의 이름을 만들고자 했다. 결국 그들은 그 자신들을 위한 이름을 만들기 위해 이와 같은 일을 감행했던 것이다. 하나의 세상, 하나의 문화, 하나의 언어, 하나의 윤리, 하나의 사회적 구조를 꿈꾸었던 인간의 꿈이 이 원시기사(原始記事) 속에 잘 표현되어 있다. 즉, 이러한 현상은 사회라는 구조 속에서 인간들의 중심지를 만들어 보려는 시도라고 할 수 있다.

이러한 시도는 결국 실패하고 말았다. 하나님께서 강림하셔서 교만한 건축자들을 흩어버리고, 그들의 언어를 혼잡케 하여 그들이 서로 알아듣지 못하게 만들어 버렸다. 시날 땅에 임한 하나님의 심판의 결과로 분열이 발생하게 되었고 이와 같은 분열은 문화와 사회를 통한 인간의 협력을 불가능하게 만들었을 뿐만 아니라 이 세상에 깊숙이 스며들어 타락한 인간의 상태를 반영해 주는 영구한 흔적이 되고 말았다.

다니엘 1장에서 우리는 인류를 하나로 결속시켜 주는 것 — 하나의 종교, 하나의 언어, 하나의 문화, 하나로 공통된 교육 — 을 찾으려 했던 느부갓네살의 시도가 바벨의 정신을 다시 회생시키고 있었음을 발견하게 된다. 느부갓네살은 오래 전 인간이 중심이 되어 통일된 세상을 만들려 했던 인류의 시도를 다시 감행했었던 것이다. 바벨탑 건축자들이 했었던 것과 마찬가지로, 느부갓네살은 그의 생각으로부터 창조주를 배제(排除)시켜버리고 말았다. 그리하여 다니엘은 갈대아어를 배우고(4절) 바벨론의 이름을 얻기 위해(7절) 바벨론으로부터 교육받도록 요구받는다(4절).

바벨론인(人)이라는 새로운 신분은 다니엘로 하여금 단호한 자세를 취하도록 자극시켰던 것 같다. 왜냐하면 다니엘에게 주어진 바벨론의 이름은 금지를 명하기 앞서 어떻게 다니엘이 그의 백성, 이스라엘의 원리주의와 타협해 나갈 것인가에 대한 문제를 제기하고 있기 때문이다. 8절에 등장하는 제의적 단어 "부정케 하다"(defile)의 용법은 다니엘이 종교적 경건으로 말미암아 왕의 진미를 거절했음을 시사해 준다. 다니엘의 이러한 확고한 결심은 주전 562년 죄수의 몸에서 풀려나 새 의복으로 갈아입고 남은 여생동안 바벨론 왕의 식탁에서 왕의 진미를 먹도록 허락받은 다윗 왕가의 마지막 왕 (포로로 잡혀갔던) 여호야긴과 극명한 대조를 이룬다(왕하 25:27-30).

열왕기서는 다윗 왕가의 마지막 후예인 여호야긴에 대한 묘사와 함께 이 책을 끝맺고 있다. 포로기간 동안 꼭두각시에 불과했던 여호야긴 왕은 이방신을 섬기는 바벨론 왕의 식탁에서 부정한 왕의 진미를 먹음으로써 바벨론과 적당하게 타협하고 말았다. 이와는 대조적으로, 다니엘은 포로기시대의 위대한 생존자라고 할 수 있다(단 1:21). 왜냐하면 그는 바벨론 제국의 번영과 (바사 제국에 의한) 몰락을 지켜보면서 고레스 즉위 1년 때까지 살아남기 때문이다.

다니엘 1장은 다니엘서를 총괄적으로 설명하고 있다. 인간의 제국과 하나님 왕국간의 대결이 다니엘서를 통해 펼쳐지게 될 것이다. 그러나 1장은 역사의 과정을 다스리시는 (모든 이들이 반드시 순복해야 하는) 분은 오직 하나님 한 분뿐이심을 분명히 밝혀둔다. 두 제국간의 교전을 통해 초월적인 왕국(초월적 가치가 이 초월적 왕국을 뒷받침해 준다)은 승리를 거둘 것이다.

② 꿈과 계시(단 2장)

다니엘서의 모든 주요한 주제들은 2장에서 발견된다. 비록 2장이 느부갓네살의 꿈과 그 꿈에 대한 해석에 집중되어 있다 할지라도, 꿈의 내용보다는 하나님 백성의 대리자(代理者)가 지닌 능력, 즉 꿈을 해석하고 미래의 열쇠를 제공해 주는 다니엘의 그 능력에 집중되어 있다. 다니엘 2장에서 드러나는 주제와 모티브들은 다음과 같이 정리될 수 있다: "하나님의 백성을 시험함, 그 후 높임을 받는 하나님의 백성, 이교도의 영광과 지적인 기술들, 역사의 구분, 영원한 하나님 왕국의 도래, 역사를 다스리시는 하나님의 주권과 섭리, 인간이 세운 왕국을 무너뜨릴 하늘의 심판, 그리고 (영원한 의의 현시와 함께) 거룩한 왕의 최종적인 승리." 이 모든 것들은 묵시의 전형적인 특징들이다. 통상적으로 다니엘 1-6장을 묵시로 분류하는 것을 거부해 왔지만, 이와 같은 견해를 정당화시킬 수 있는 근거는 없는 것 같다.

다니엘 2:1은 정치적인 안정과 함께 느부갓네살이 권력의 절정기에 이르렀을 때, 즉 그의 통치 초기의 정황에 대해 소개한다. 그렇지만 느부갓네살은 이 모든 이점들에도 불구하고 거듭 반복되는 고통스러운 꿈 때문에 그의 내면세계를 잘 다스리지 못한다. 그 당시 술객들과 박사들은 느부갓네살에게 전혀 도움을 주지 못한다. 이 왕에게 어떤 일이 일어났는가? 하나님의 계시가 꿈의 형태로 왕에게 전달된다. 바벨론 왕국이 한창 번영하고 있을 때, 하나님은 초월적 계시를 통해 느부갓네살에게 미래를 알려주신다. 이 꿈은 겉으로 보이는 느부갓네살 왕의 권세와 능력의 항구성이 단지 하나의 커다란 허상에 불과할 뿐, 냉혹한 실재가 곧 임할 것임을 보여 준다. 그러므로 이 꿈은 역설적이다.

이 꿈이 의미하는 실재가 결코 분명히 드러나지 않기 때문에, 영혼의 번민(煩悶)으로 고통받고 있는 느부갓네살의 주 문제는 꿈에 대한 해석이었다. 이 꿈 가운데 하나의 주요한 요소—인류의 전체성을 나타내는 하나의 거대한 이미지—가 등장한다. 다니엘 2장은 세 종류의 주 인물들(혹은 형상), 즉 느부갓네살, 다니엘, 그리고 하나님에 대한 기사로 가득 차 있다. 이교도의 권세와 잔학함을 상징하는 느부갓네살은 그 당시 정치적인 결정을 내리는 데 기초가 되는 실재적인 제 반사항들을 전혀 다룰 수 없었다.

한편, 기도에 대한 하나님의 응답이 있기도 전에 다니엘은 놀라운 확신을 가지고 자신이 느부갓네살 왕의 꿈을 해석할 수 있다고 단언한다(16절). 우리가 19절을 통해 배울 수 있는 바와 같이, 해석이 수반된 (느부갓네살과 같은) 동일한 꿈이 다니엘에게 임한다. 이 꿈과 관련된 사건의 진위 여부가 확정되지 않았음에도 불구하고, 다니엘은 하나님께 감사한다(20-23절).

왕에게 전달된 다니엘의 전언을 통해 우리는 선명하게 드러나는 두 개의 상반된 세계관과 그 윤곽을 발견하게 된다. 다니엘에게는 "하늘의 한 분 하나님이 계신다"(28절). 31-35절에서 다니엘은 느부갓네살이 본 꿈의 내용을 해석한다. 인간 사회를 상징하는 금속으로 주조된 빛나는 형상은 인간 사회의 연약함과 불안정성을 여실히 드러내 주고 있다. 이 형상의 복합된 특성은 견고함의 결핍을 전제하고 있다. 36-45절에 발견되는 다니엘의 해석은 다니엘시대와 이 세상의 종말 사이에 일어날 모든 사건들이 (마침내 하늘의 왕국으로 인도해 주실) 하나님의 손에 달려 있음을 분명히 밝히고 있다. 비록 느부갓네살이 꿈을 통해 하나의 형상을 보았다 할지라도, 다니엘은 그 형상이 바벨론, 바사, 그리스 그리고 로마 제국으로 해석되는 네 제국의 계승 순서를 차례대로 나타내고 있다고 설명한다.

하나의 상으로 통일되어 있으면서도 네 제국의 순서를 포함하고 있는 이 이상한 신상에 대해 우리는 무엇을 생각할 수 있는가? 연속해서 이어지는 네 제국의 계승은 세상 정부의 통일성을 시사해 준다. 하나님 왕국의 출현으로 말미암아 이 신상은 통일된 전체로서 단번에 파괴될 것이기 때문에, 역사 속에서 일어나는 세상 정부의 계승은 (세상 정부가 보여 주는) 인간의 기본적인 본성을 반영해 주는 아주 미세한 변화일 뿐이다. 하나님 왕국으로 대치될 수 있는 정부 형태란 있을 수 없다. 또한 하나님 왕국의 대안으로 제시될 수 있는 정부 형태란 존재하지 않는다. 그러므로 계속해서 계승되는 세상 제국들은—비록 미세한 변화이지만 이전 문명과 이념들을 구체화시켜 나가는—단지 이전 문명의 답습자에 불과하다.

역사를 주관하려는 인간의 이와 같은 시도는 (다니엘의 꿈 속에서 신상의 발을 쳐서 부숴뜨릴 뜨인 돌로 묘사되고 있는) 영원한 왕국의 도래로 말미암아 마침내 완전히 사라지게 될 것이다(34절). 그 후 이 천상의 돌—인간의 손에 의해 만들어지지 않은—은 태산을 이루고 온 세상에 가득하게 된다(35절). 그러므로 종말의 도래는 인간의 노력에 의해 이루어지지 않을 것이다. 이와는 달리, 하나님의 왕국은 역사와 인간의 업적을 결정하실 하나님의 사역으로 말미암아 도래할 것이다. 아마도 이 세계적인 산은 하늘과 땅을 이어주는 접촉점임을 시사해 주며, 이와 같은 (산에 대한) 상징은 시온과 관련된 예언적 종말론을 한층 강조한다. 시온의 영광과 찬란함이 온 세상에 가득할 것이고, 시온은 새 시대에 나타날 세계의 산이 될 것이다.

이 꿈을 통해 하나님은 인간의 정치적인 권력을 상징하는 (하나님을 반역하는) 거대한 형상(적 그리스도)이 참 형상이신 예수 앞에서 반드시 무너질 것이며, 하나님 왕국의 도래로 말미암아 반드시 파괴될 것임을 느부갓네살에게 알려 주신다(창 1:26-28에서 인류가 하나님의 형상으로 창조되어 하나님의 권세로 세상을 다스린다는 사상이 여기에 전적으로 드러나고 있다). 2장은 46-49절로 끝맺고 있다. 이 구절들(46-49절)은 느부갓네살과 그의 후계자들 그리고 모든 백성들로부터 경외함을 받는 다니엘을 하나님 왕국의 대리자로 묘사한다.

일반적으로 묵시 문학은 역사와는 동떨어져 있으며 역사의 과정에는 무관심하다고 생각되어 왔다. 그러나 다니엘 2장은 이와는 전혀 다른 견해를 보여 준다. 묵시 문학가들은 민족 이스라엘에 집중했었던 선지자들의 관심과는 확연히 다른 역사의 전(全)과정에 관심을 두었다. 더욱이 묵시 문헌들은 많은 지면을 통해 역사에 대해 깊이 숙고했었다. 그러므로 묵시 문헌에 나타나는 이와 같은 역사에 대한 고찰은 단지 미래에 대한 추측을 정당화시켜 주는 일련의 장치로 이해될 수는 없다. 달리 말하자면, 묵시 문헌들은 예언을 뒷받침하기 위해 역사에 관심을 두었다기보다는 역사 그 자체에 깊은 관심을 가졌던 것 같다.

다니엘서는 제국의 흥망성쇠가 역사를 향한 하나님 계획—이 하나님의 계획 속에서 하나님의 주 관심사는 하나님 백성의 운명이다—의 한 부분임을 보여 준다. "하나님께서 역사의 통제권을 상실하셨다"거나 "하나님께서 역사를 포기하셨다"라는 생각은 있을 수 없다. 초기 성경 본문들은 "역사 속에 숨겨진 의미가 있다"는 사실을 암시해 주고 있으며, 이러한 사실은 묵시 문헌들을 통해 분명히 드러난다. 특별히 선택된 사람들은 역사를 향해 시야를 돌리게 된다. 즉, 이들은 하나님의 세력과 악의 세력간의 투쟁을 통해 역사의 목표가 하나님에 의해 성취될 것이라는 역사이해를 소유하게 된다. 그리고 이러한 시각은 일반적으로 구약 본문들이 제공해 주는 역사이해라고 할 수 있다.

그리고 묵시 문학의 강조점은 단지 다음과 같이 변형된다. 즉, 묵시 문학의 주 관심사는 "종말의 날"이 된다. 그러나 이와 같은 역사이해는 미리 결정된 역사적인 하나님 백성의 운명에 의해 더 이상 좌우되지 않는다. 그렇기 때문에 하나님의 은밀한 목적을 보여 주는 하나님의 계시와 성도를 향한 역사의 과정은 지금도 필요하다.

③ 성도들을 위한 심판(단 7장)

다니엘 2장이 다니엘서의 전반부를 이끌고 있는 것처럼, 7장은 이 책의 후반부의 첫 시작을 이끌고 있다(우리는 3-6장을 다루지 않고 그냥 넘어간다. 왜냐하면 이 장들이 다니엘 2장에 나오는 메시지에 대한 특별한 적용을 언급하기 때문이다). 1-14절은 다니엘의 환상을 서술하고 있고, 15-28절은 다니엘의 환상에 대한 해석을 소개한다. 다니엘이 먼저 본 것은 거대한 바다를 가르는 하늘의 네 바람이다(2절). 성경에 나타난 바다의 이미지가 부정적인 의미로 사용되기 때문에 (예를 들면, 창 1:2; 시 74:13; 욥 7:12; 26:12; 막 4:41; 계 21:1), 바다로부터 일어나는 네 짐승은 하나님 왕국을 대적하는 이교도를 상징하는 듯하다. 비록 4짐승이 동시에 일어나는지(Casey, 1979:180), 혹은 차례대로 연속해서 일어나는지(Goldingay, 1989:161)에 대해서는 확실하지 않다 하더라도, 4라는 숫자는 전적으로 불길한 징조를 암시한다. 이스라엘의 원수들로 상징되는 거친 짐승들이 성경 문헌에 등장하는 것은 이것이 처음이 아니다(시 68:30; 74:19; 겔 29:3-5; Hooker, 1967:19).

그러나 여기에 나오는 이 짐승들은 매우 이상하고도 무시무시한 특징들을 나타내고 있다(4-7절). 우리는 이러한 이형(anomaly)에 대한 유비들(parallels)을 예언적 지혜 전승에서 발견한다. 아카디안 예언 문서들(Akkadian omen texts) 가운데, 이상한 짐승의 출현은 반드시 미래에 일어날 정치적인 불행을 예고한다(Porter, 1983:29). 상징이라는 관점에서 볼 때 다니엘 7장에 등장하는 짐승은 창조질서에 대한 공격, 즉 (여호와로부터 마침내 섬멸될) 반역을 암시한다. 비록 "인자와 같은 이"(13절)가 역동적이고도 승리를 나타내는 인물로 묘사되어 있지 않다 할지라도, 고대의 창조전투신화(the ancient combat myths of creation)는 하나님의 백성을 대적하는 이러한 상징적 정치 세력의 배경이 되는 것 같다.

다니엘 2장에서와 마찬가지로, 다니엘 7장 후반부에서도 이상에 대한 해석이 소개된다. 다니엘 7장 후반부에 등장하는 짐승들은 역사에 등장하는 세상 제국들을 의미한다. 그렇지만 다니엘 7장이 내포하고 있는 사상은 훨씬 더 복잡함에 주목해 보라. 그리고 3-6장을 통해 드러나는 인간제국이 자행한 권력과 권위의 남용으로 말미암아 인간제국에 대한 반대가 더 심각한 상태에 이르게 되었음을 주시해 보라. 더욱이 네 바람, 거대한 바다 그리고 인간을 닮은 짐승의 형상들을 포함하고 있는 이 이상(異象)의 중요한 사항들은 7장에 나오는 해석 속에 반영되지 않는다. 분명하게도 이러한 사항들은 거의 소개되지 않는다. 그러므로 저자는 해석에 의해 끝나버리지 않는, 계속해서 환기시켜 주는 이상의 그 능력에 의존하는 것 같다. 이상과 해석이 집중하는 주 관심사는 네 짐승이다(이 짐승들은 너무나도 이상해서 저자가 충분히 묘사할 수가 없다). 적 그리스도로 간주되어 왔던 이 네 짐승은 하나님 백성을 대적하는 대립의 극치를 보여 준다.

이 이상의 절정인 다니엘 7:9-14은 천상의 하늘 보좌를 소개한다: "내가 보았는데, 보좌가 놓이고"(9절). 여기에 "보좌"라는 단어가 복수형으로 쓰여짐으로써 특별히 유대 학자들에게 커다란 호기심을 자극시켜 왔다. 랍비 아키바(주후 130년)는 이 복수형이 심판의 때에 드러날 이스라엘 메시아의 한 보좌—또 다른 하나는 여호와의 보좌이다—를 설명하기 위해 의도된 것이라 생각했다. 그렇지만 "인자와 같은 이"의 모습 속에 드러나는 수동적인 자세를 고려해 볼 때, 이러한 해석은 합당치 않는 듯하다. 비록 인자가 이러한 종말의 장면과 연관되어 있다 할지라도, 하나님의 순전하심, 위엄 그리고 그분의 부요하심으로 미루어 볼 때, 하나님 한 분만이 심판자이시다(Ferch, 1979:150). 아마도 하나님의 보좌 외 추가된 다른 보좌들은 천상 법정 회원들을 위한 보좌로 보는 것이 더 합당한 해석인 듯하다.

그러므로 옛적부터 항상 계신 이(the Ancient of Days) — 엘(El)을 "왕, 수명의 아버지"로 지칭하는 우가릿의 명칭에 주목하라 — 가 심판을 행하기 위해 나아오신다. 불붙는 바퀴가 달린 보좌에 앉으신 하나님은 무수히 많은 천군 천사들로부터 호위를 받으신다(9-10절). 그리고 난 뒤 종말의 일을 알려주는 책이 펼쳐진다. 책을 언급하는 이와 유사한 구약본문들은 이 책을 백성들과 민족의 행위를 수록한 책으로 소개한다("생명의 책", 시 69:28; "기억의 책", 출 32:32; 시 56:8; 단 12:1; 말 3:16). 그리하여 저자는 에스겔 1장에 크게 의존하면서 이 심판의 장면을 알려준다.

이제 다니엘은 곧바로 지상을 응시한다(7:11-12). 무시무시한 네 번째 짐승이 죽임을 당하고 심판의 불속으로 던져진다. 그러나 역사는 아직 끝나지 않는다. 남은 세 짐승이 여전히 살아남아 "정한 시기"를 기다리게 된다(12절). 이리하여 이방 민족과 제국들은 일시적으로 하나님 백성을 정복하고 의기양양하게 된다. 하지만 사실상 그들이 하나님 심판의 보좌 앞으로 나아올 것이기 때문에 그들의 성공은 역사 속에서 잠시 이루어질 뿐이다. 하나님과 이 기이한 짐승과의 싸움 그리고 하나님의 백성들과 그들의 원수들과의 싸움은 동일한 과정의 단면들이며, 하나님의 승리는 하나님 백성의 행복을 다시 회복시켜 줄 것이다.

지금 여기에 "인자(人子) 같은 이"가 등장하고 있으며, 그에게 권세와 영광이 주어진다(7:13-14). "인자 같은 이"라는 표현 속에 나타나는 이 형상의 요소는 그 형상이 인간과 가깝다는 것을 강조하기보다는 오히려 (이상에 등장하는) 짐승들보다 훨씬 뛰어난 그의 위엄을 묵시적 (암시적) 방식으로 강조한다. 구름이 하나님의 교통수단이기 때문에 "인자 같은 이"가 구름을 타고 온다는 것은 그의 신성을 입증하기보다는 그가 지니고 있는 신학적 중요성을 나타낸다. 더욱이 그가 (구름을 타고) 위에서 강림하는지, 아니면 아래에서 승천하는지에 대한 암시가 전혀 없고, 이러한 사항은 저자에게 있어서 중요한 문제가 아니다. 비록 여러 가지 가능한 해석들이 있다 할지라도, "인자와 같은 이"의 정체는 분명하게 규정될 수 없다.

비록 그 밖의 다니엘서 본문 속에 천사의 정체가 분명히 드러나고 있다 할지라도(예, 3:28; 6:22; 8:15-16; 9:21; 10:5-6), 어떤 이들은 인자(人子)가 아마도 미가엘이나 혹은 가브리엘과 같은 일종의 천사라고 해석한다(Collins, 1977:144-47). 아마도 인자는 신적인 존재가 아닌 것 같다. 왜냐하면 이 책은 일신론(一神論)이 지배하던 시대 속에서 이스라엘의 신앙을 수호하기 위해 쓰여졌기 때문이다. 만약 우리가 이 문구를 액면 그대로-구약성경에 나오는 이 문구의 용법처럼-"사람의 아들"로 취하게 된다면, 이 문구는 인간성, 유약성을 지닌 인간을 설명한다(이 문구를 좀더 광범위하게 사용하고 있는 에스겔서와 비교해 보라; Caragounis, 1986:53-57).

인자가 (이 장 후반부에 등장하는) 성도들을 나타내는 상징이라고 해석하는 모리스 캐시(Maurice Casey)의 해석은 부분적으로 옳다(1979:39). 그러나 그는 이 장에 나타나는 창세기에 대한 암시, 즉 창조와 다스림에 대해서는 전혀 설명하지 않는다. 창세기를 반영하는 이러한 암시들은 인자가 영화롭게 되어 새로워진 인간으로서 아담과 이스라엘에게 부여되었던 통치명령을 종말에 실현할 것임을 시사해 준다. 비록 다니엘 7장에 나오는 인자가 신실한 이스라엘을 상징해 준다 할지라도, 이 인자가 인류의 운명을 나타내 주는 한, 그는 (이 모든 것을 포함하는) 포괄적 존재라 할 수 있다.

15-28절은 다니엘이 본 이상에 대한 해석에 초점을 맞춘다. 간략하게 요약 진술된 17-18절에서 이 짐승들은 왕국으로 간주된다. 그리고 난 뒤 "지극히 높으신 자의 성도들"(18절)에게로 강조점이 옮겨진다. "성도들" 혹은 "거룩한 자들"을 신실한 이스라엘과 같은 인간 존재로 보는 일반적인 해석은 최근 수년간 많은 이들로부터 거절되어 왔다. 구약성경에 등장하는 "성도들"이라는 단어가 통상적으로 신적인 존재들로 한정되고 있음에 근거하여, 앞선 해석을 비판하는 자들은 거룩한 자들을 천사들로 간주한다. 어떤 특별한 문맥을 제외하고는(신 33:3; 시 16:3; 잠 9:10; 30:3), 보통 이 단어는 천사들로 설명된다. 사실상 이 단어(성도들 혹은 거룩한 자)를 인간으로 설명하는 유일한 언급은 단지 시편 34:9에서 발견될 뿐이다.

그러나 인간을 지칭하는 시편 34:9의 언급과 첫 번째 어구와 두 번째 어구가 병치(竝置)하는 27절의 "백성, 지극히 높으신 자의 성도들"에 대한 자연스러운 해석은 앞선 일반적인 해석-"성도들" 혹은 "거룩한 자들"을 인간으로 보는 견해-을 지지한다. 그리하여 선택받은 이스라엘 백성들은-아마도 인자 같은 이가 이미 나라를 얻었기 때문에-나라를 얻게 될 것이다. 그러나 선택받은 이스라엘 백성들은 극심한 박해가 있을 정한 때가 지난 후에 이 나라를 얻게 될 것이다 (19-21, 23-25절). 옛적부터 항상 계신 이의 강림, 즉 여호와의 날이 도래함으로 말미암아 성도들을 위한 심판이 이루어지고(22절). 마침내 하나님의 선택받은 백성들의 결백함이 입증된다. 마지막 심판 때에 성도들이 인자가 소유했던-13절 마지막 부분에 나오는-그 나라를 얻게 됨은 매우 주목할 만하다.

다니엘 7장이 의미하는 바는 분명하다. 즉, 천상 법정이 소집되어 역사의 전 과정에 영향을 미칠 판결이 집행되어져 왔기 때문에 심판(혹은 재판)은 성도들을 위해 선고되어 왔다. 앞으로 장차 일어날 모든 일들도 특별한 소송을 통해 판결을 받게 될 것이다. 그러므로 이러한 사실은 성도들에게 위로를 가져다 준다. 즉, 정한 때에 성도들이 이 세상 나라들과 독재자들과 싸워나갈 때, 그들은 역사의 과정이 정해졌고 운명의 수사위가 넌져졌으며, 그들의 송사(訟事)가 이미 하늘에서 승리했다는 확신 가운데 위로를 얻을 수 있게 된다. 하나님은 그들을 잊지 아니하셨다. 성도들의 정당함이 입증될 것이며, 그들은 오래 전 하나님께서 이스라엘에게 주셨던 약속들을 다시 유업으로 받게 될 것이다.

④ 헬라 제국의 승리(단 8장)

다니엘 8장(9-12장까지)은 앞서 소개된 7장과 마찬가지로 계속해서 이상과 해석을 소개한다. 1-7절은 바사 제국을 정복할 헬라 제국-숫염소로 묘사됨-의 승리를 다룬다. 8절에 소개된 이 숫염소의 꺾인 뿔로부터 나오는 뿔 넷은 분명히 알렉산더 대제(大帝)의 계승자들을 나타낸다. 그리고 난 뒤 9절은 뿔 넷 가운데 하나에서 일어나는 작은 뿔-주전 175년에서 164년까지 통치했던 셀류코스 (Seleucid)왕조의 안티오쿠스 에피파네스 4세-에 관심을 집중시킨다.

예루살렘 성전에 대한 그의 신성모독은 하늘 군대에 대한 공격(10-11절), 만유의 왕이신 하나님께 대한 반역으로 묘사된다. 안티오쿠스는 성전에 이방 제단을 세웠고, 이 제단은 삼년 십일간 예루살렘 성전에 안치되었다(Goldingay, 1989:213). 이때의 기간은 성전이 모독당한 기간으로 소개된 천백 오십 일, 즉 이천 삼백 주야와 매우 근접한다(14절). 15-27절은 해석과 함께 1-14절의 이상을 뒤따르고 있다. 비록 이 이상이 분명히 "마지막 정한 때"에 관한 것으로 다니엘에게 전달되었다 하더라도, 8장이 말하는 구체적인 사항은 안티오쿠스의 박해와 성전모독을 가리킨다. 안티오쿠스는 사단과 같은 존재로 상징되며 25절에 소개된 만왕의 왕("Prince of princes")은 하나님을 가리킴이 틀림없다.

⑤ 칠십 이레(단 9장)

다니엘 9장에서 가브리엘은 다니엘에게 예레미야가 예언했던(렘 25:11-14; 29:10) 포로기 칠십 년과 관련된 새로운 이해를 전달해 준다. 포로기 칠십 년은 아직 채워지지 않았다. 즉, 하나님 나라로 인도함을 받을 때까지 포로된 백성들은 칠십 이레를 지내야 할 것이다. 그리하여 우리는 9장에서 두 가지 묵시적 유형, 즉 하나님 통치의 도래와 역사의 종말을 발견한다. 다니엘 9:1-2은 3-19절에 발견되는 다니엘의 기도에 대한 정황을 소개한다. 그리고 난 뒤 24-27절에는 가브리엘의 응답이 뒤따라온다.

24절은 가브리엘의 예언—이 예언은 남은 구절들을 통해 자세히 설명된다—을 요약한다. 24절에 등장하는 여섯 개의 동사들은 두 단락으로 나눌 수 있다. 처음 세 동사("허물이 마치고, 죄가 끝나며, 죄악이 영속되며")는 다니엘의 기도에 나타난 이슈, 즉 백성들과 그들의 죄에 집중한다. 나머지 세 동사("영원한 의가 드러나며, 이상과 예언이 응하며, 지극히 거룩한 자가 기름부음을 받으리라")는 미래를 향한 여호와의 계획의 성취에 초점을 맞추고 있다. 이러한 역사들은 죄를 제거할 것이고, 그리하여 의로운 시대가 도래하게 될 것이다.

칠십 이레 동안 일어날 일들에 대한 자세한 사항들이 25-27절에 소개되어 있다. 그러나 이 구체적인 사항에 대한 일치된 해석은 존재하지 않는다. 이 구절들을 살펴보면서, 우리는 번역과 관련된 세부적인 문제들뿐만 아니라 이와 관련된 해석들 가운데 하나를 예로 제시할 것이다. 하지만 우리는 칠십 이레라는 이 시간을 구체적으로 정하려는 시도가 많은 어려움을 수반하고 있음을 인식하게 된다.

25절이 강조하는 바로부터 발생하는 한 가지 문제점은 "두 시기—(예루살렘을 중건하라는) 법령이 날 때부터 기름부음 받은 자(주전 539년 바벨론을 함락시킨 바사 왕 고레스)가 올 때까지인 일곱 이레와 예루살렘이 재건될 때로부터 두 번째 기름부음 받은 자(예수, 26절)가 끊어질 때까지의 기간인 육십이 이레—로 분류될 수 있는가, 아니면 (70인경에서 소개하는 바대로 일곱 이레와 육십 이레를 합친) 한 시기—예루살렘 성전의 재건이 이루어지고 기름부음 받은 자인 예수의 출현으로 절정에 이르게 될 육십구 이레(25-26절)—만 존재하는가"하는데 집중된다. 히브리 본문은 전자의 견해를 지지하고 있으며 이러한 해석은 다음에 소개되는 번역들 속에 잘 반영되고 있다: "예루살렘을 회복시키고 건축하라는 명령이 나올 때부터 기름부음 받은 자인 왕의 때까지 일곱 이레가 될 것이다. 그리고 육십이 이레가 다시 있을 것이다"(RV; 또한 AV, RSV 그리고 NRSV를 참조하라).

그러나 70인경은 후자의 견해를 지지하고 있으며 이와 같은 견해는 다음에 소개되는 번역 속에 잘 반영되어 있다: "예루살렘을 회복시키고 재건하라는 칙령이 발효된 때로부터 기름부음 받은 자인 그 통치자가 올 때까지 일곱 이레와 육십이 이레가 걸릴 것이다"(NIV; 또한 NASV 참조). 비록 헬라 번역본이 히브리어 본문 25-27절에 발견되는—서론의 형식을 취하는— 패턴과 부합하지 않는다 하더라도, 이 번역에 대한 결정은 종종 본문의 내용에 근기히여 이루어진다. 즉, 이 번역본은 사람들이 이 기간에 대해 어떻게 생각해야 하는가를 잘 소개한다.

25절이 수반하는 어려움은—이레와 관련된 시간의 분류와 아울러—아직 끝나지 않았다. 우리는 칠십 이레를 언제부터 계산해야 하는가? 25절에 따르면, 칠십 이레는 "예루살렘의 중건을 선언하는 칙령이 발효될 때"부터 시작된다.

그러나 우리가 생각해 볼 수 있는 칙령들은 다음과 같다:

(1) 주전 538년경 첫 번째 포로귀환과 성전 재건을 허락한 고레스 왕의 칙령 (스 1-2장)
(2) 주전 519-518년 고레스의 칙령을 확증해 준 다리우스 1세의 칙령(스 5:8-6:13)
(3) 주전 458-457년 에스라의 귀환을 허락한 아닥사스다 왕의 칙령
(4) 주전 445-444년 느헤미야의 귀환을 허락한 아닥사스다 왕의 칙령(느 2:1-8; 비록 단지 마지막 칙령만이 도시의 재건을 다루고 있다는 사실에 대해 논란의 여지가 있다 하더라도, 성전의 재건에도 불구하고 도시가 여전히 황폐화된 채 내버려졌다고는 볼 수 없을 것 같다)

그렇다면 다니엘 9:25이 언급하고 있는 칙령은 어느 것인가?(좀더 구체적으로 살펴보자면, 이 칙령이라는 단어는 아마도 단순히 70년간 바벨론 포로생활을 예고했던 예레미야의 예언을 언급하는 "말씀"〈NRSV〉을 뜻한다; 렘 25:12; 29:10) 우리는 칠십 이레의 연대기를 반영해 주는 가장 적합한 (위에서 소개된 것들 중에서) 견해를 선택할 수 있는가? 만약 우리가 칠십 이레의 첫 출발점을 주전 458년으로 본다면, 25절에 구체적으로 소개되어 있는 육십 구 이레(태양력으로 483일)는 아마도 예수가 세례 받던 해인 주후 26년에 끝나게 될 것이다 (Hoehner, 1975:55; Feinberg, 1981:212, 215). 그러나 그렇게 되면 우리는 예수 일생의 연대기(年代記)를 설명할 수 없는 어려운 문제에 직면하게 된다(통상적으로 예수가 십자가에 돌아가신 때는 주후 30년, 혹은 33년으로 추정된다).

그리고 26절에 소개된 구체적인 사항들이 아마도 주전 23년에 일어난 사건들을 설명하는 듯하므로, 또 다른 문제에 봉착(逢着)하게 된다(상기 해석을 지지하는 자들, 즉 25절에 나오는 칙령이 주전 458년에 선포된 칙령으로 보는 자들에 따르면, 27절에 나오는 "마지막 이레"는 종종 두 부분으로 나뉘어 진다. 즉, 첫 번째 부분은 예수의 십자가 죽음이고 두 번째 부분은 복음으로 인해 이방인들에게 붙잡혀 돌에 맞아 죽은 스데반의 순교이다). 그렇지만 25절에 나오는 기름부음 받은 왕, 메시아는 고레스를 가리킨다. 왜냐하면 고레스는 이사야 45:1에서 기름부음 받은 자로 소개되고 있을 뿐만 아니라(사 44:26:28), 고대하던 메시아처럼 예루살렘과 성전 재건을 촉진시켜 주었기 때문이다. 그러나 만약 우리가 주전 583년을 칠십 이레의 시작 년도로 추정한다면, 예수의 사역 연대를 추정하는 일이 매우 힘들게 된다.

다니엘 9:24-27에 대한 통상적인 해석은 고레스가 칙령을 선포한 해를 주전 538년으로, 그리고 마카비 왕조가 통치하던 주전 166년을 칠십 이레의 마지막 연도로 본다. 그러나 총 연수(年數)가 490년이 되지 못하므로, 이러한 해석은 적절하다 볼 수 없다. 그러나 이와 같은 해석(통상적인 해석)에 따르면, 26절에 나오는 기름부음 받은 왕은 주전 175년에 해임되어 주전 171년 안티오쿠스 에피파네스 4세에게 암살당한 유대 대제사장 오니아스 3세(Onias III)이다. 그리고 26절에 소개되고 있는 성소와 성읍의 파괴는 주전 169년에 일어난 예루살렘 성전 훼파 사건(마카비1서 1:20:28), 혹은 주전 167년에 발생한 성전 모독 사건을 가리킨다(마카비1서 1:54).

마지막 이레(27절)는 주전 171년부터 주전 164년까지 약 7년간 시리아와 팔레스타인을 다스렸던 안티오쿠스 4세의 침공과 관련되어 있다. 이 기간 동안 안티오쿠스 4세는 제사와 헌물을 금지하였고 성전 예물은 끊어지고 말았다. 비록 많은 이들이 지지하는 이와 같은 통상적인 해석이 표면상 그럴듯해 보인다 할지라도, 마카비시대에 일어난 사건들은 대개 26-27절과 잘 부합하지 않고 있다. 예를 들면, 성소와 성읍은 안티오쿠스 4세에 의해 파괴되지 않았으며 그는 유대인들과 언약을 맺지 않았다.

다니엘 9:24-27에 대한 또 다른 해석—종말론적인 메시아 해석—은 비록 이 해석이 정확한 연대를 밝혀주지 못하며 일곱 이레, 육십이 이레, 그리고 마지막 한 이레를 단지 기간을 비교해 주는 지표(indicators)로서 이해함에도 불구하고 많은 호응을 얻어왔다. 이와 같은 견해는 7이라는 숫자가 "완전함"과 깊은 관련이 있다는 인식에 기초한다. 그래서 일곱 이레는 완전한 때를 가리킨다. 그리고 칠십 이레는 가장 완전한 때를 나타낸다. 더욱이 이와 같은 해석은 묵시의 일반적인 특성들—상징적인 언어사용, 엄격한 연대기 문제에 대한 무관심—과 부합한다. 그러므로 종말론적 메시아 해석은 일곱 이레의 첫 시작을 예루살렘 중건 사역의 때로, 육십이 이레의 시작 연도를 제2차 성전 건축이 완성된 해인 주전 516년으로 본다. 또한 이 해석은 마지막 이레를 예수의 생애와 결부시켜 해석한다. 그러므로 이 해석은 25-26절을 메시아를 언급하는 말씀으로 이해한다.

26절에 설명되어 있는 두 사건은 육십이 이레가 끝나고 마지막 이레가 시작되기 전에 발생한다. 즉, 메시아가 참혹한 죽음을 당하실 것이고, 예루살렘과 성전이 파괴될 것이다. (다니엘 9장에 소개된) 이러한 종말론적인 관점에서 볼 때, 이와 같은 일련의 사건들은 예수의 십자가 처형과 주후 70년에 발생한 성전 파괴 사건을 가리킨다. 특히, 9:24에 소개된 하나님의 목적이 아직 실현되지 않았기 때문에, 육십이 이레와 일곱 이레 사이에 존재하는 시간적 공백은 더 많은 지지를 받고 있다(Feinberg, 1981:212-13). 이 공백 기간과 마지막 이레에 일어날 사건들은 재림을 지시한다. 일곱 이레에 일어날 사건들은 적 그리스도의 역사들, 즉 26절에는 "왕"으로, 27절에는 "그"로 소개되고 있는 종말의 통치자가 지배할 "마지막 때"와 관련되어 있다.

짧은 기간 동안 이 왕—단 7장에 나오는 짧은 뿔을 가리킴—은 성전 중건과 제사제도를 허락하는데 합의할 것이다. 이와 같은 합의 사항이 진행되는 와중에,

이 적그리스도는 그 약속을 취소하고 모든 성전제사를 금지시킬 것이다. 그러나 그의 종말은 하나님에 의해 선포될 것이며 그는 하나님으로부터 심판을 받아 제거될 것이다. 9장에서 다니엘은 예레미야가 선포했던 예언들—성전과 예루살렘의 재건, 특히 과거 이스라엘 백성들의 불신에 대한 죄 사함—이 바벨론 유수가 끝날 때 이루어지게 해 달라고 탄원한다. 비록 칠십 이레에 대한 예언이 바벨론 유수 때 온전히 성취되지 않았다 할지라도, 다니엘 9장 전체는 희망에 가득차 있다. 다니엘 9장에 소개된 숫자들은 묵시 문학의 유형처럼 상징적으로 사용된 듯하다. 만약 우리가 묵시 문학의 암시적이고 비유적인 특성들을 받아들이게 되면, 우리는 연대기 문제에 너무 깊이 집착해서는 안 될 것이다.

⑥ 셀류코스(Seleucid) 왕조시대와 마지막 심판(단 10-12장)

다니엘10-12장은 이상(異象)으로 구성되어 있는 한 단락(10:1-11:1)과 그에 대한 해석(11:2-12:4), 그리고 에필로그(12:5-13)로 짜여져 있다. 이와 같은 다니엘서의 마지막 예언은 7장의 상징적 요소들을 더욱더 확대시켜 나간다. 다니엘 10장은 선과 악의 천사들 사이에 벌어지는 천상의 전투, 즉 예루살렘으로 상징되는 하나님 왕국과 열방으로 상징되는 사단의 왕국 사이에 일어나는 싸움을 우리들에게 소개해 준다. 1-3절에서 다니엘은 이러한 큰 전쟁에 대한 이상을 보게 되며 그 이상을 깨닫게 된다. 다니엘은 10:4-14—이 구절은 천상의 전투를 암시해 준다—에 또 다른 이상과 메시지를 받게 된다. 한 천사를 통해 전달된 이 메시지는 종말의 날에 있을 이스라엘의 운명을 집중적으로 다룬다. 다니엘 10:15-11:1은 이 메시지에 대한 다니엘의 반응과 천사와 같은 사자(the angelic messenger)의 확증과 계시—사단과 같은 왕들의 싸움, 즉 바사 왕과 헬라 왕 사이의 싸움을 알려주는 계시—를 기록한다.

다니엘이 본 이 이상에 대한 해석은 11:2에 시작한다. 2-4절은 알렉산더 대제의 손에 의한 바사 제국의 패망과 주전 323년 알렉산더 대제가 죽기까지 헬라 제국의 정황을 다루고 있다. 5-20절은 프톨레미(이집트를 다스렸던 알렉산더의 후계자)와 셀류코스(소아시아와 시리아를 다스렸던 알렉산더의 후계자) 사이에 벌어진 전쟁에 초점을 맞추고 있다. 알렉산더 대제 사후 약 일년간 프톨레미가 팔레스타인을 다스렸다. 그 후 셀류코스 제국은 안티오쿠스 3세의 영도아래 파니아

스에서 이집트 군대를 섬멸하고 팔레스타인의 통치권을 얻게 되었다. 안티오쿠스 3세를 계승한 안티오쿠스 에피파네스 4세는 21-45절의 주 인물이다. 이스라엘을 향한 안티오쿠스 4세의 위협으로 말미암아 주전 175년부터 주전 164년까지 큰 박해가 일어난다(그는 다니엘 8:9-12, 23-25에서 예루살렘 성전 제사를 금지시킬 작은 뿔로 묘사되어 있다).

그의 첫 통치 사역을 성공적으로 끝마친 후(22-24절) 안티오쿠스는 주전 169년 이집트를 침공한다(25-26절). 동시에 안티오쿠스와 유대인들 사이에 종교적인 충돌이 발생하게 되며(28절), 이집트로부터 되돌아오던 중 안티오쿠스는 성전을 약탈하였다. 그는 제2차 이집트 원정에 나서지만(주전 168년), 이 이집트 원정은 로마제국의 특사(포필리우스 라에나스)에 의해 철회된다. 31절은 주전 167년 12월 안티오쿠스 4세에 의해 자행된 성전모독사건을 언급한다. 매일 드려지던 제사가 폐지되었고, 제우스 상이 성전에 들어서게 되었고, 성전의 이름은 "제우스 올림푸스의 성전"이라고 명명되었다. 이때 마카비의 반란이 시작되며(32절), 이러한 저항 운동의 과정이 33-35절에 소개된다. 3년 동안 예루살렘은 다시 회복되었으며 성소는 정화되었다.

36-39절에 소개된 자세한 사항들은 안티오쿠스에 대해 잘 묘사한다. 그러나 40-45절에 소개된 사항들은 안티오쿠스를 묘사하지 않는다 45절에서 우리는 안티오쿠스가 아닌 하나님과 본격적인 전투를 감행할 적 그리스도에 대한 일반적인 표현을 보게 된다(Baldwin, 1978:199-203). 그 후 이스라엘의 천사장 미가엘이 등장한다(단 12:1). 미가엘은 이스라엘의 수호자로서 일어설 것이다(혹은 일어날 것이다; "일어서다"라는 동사는 아마도 법적인 뉘앙스를 지닌다; cf. 에 8:11; 9:16; Nickelsburg, 1972:11-12).

1절에서 미가엘은 항상 "대군"(大君)으로 불려진다. 이 단어는 "군대 장관"으로 번역되는 것이 더 좋을 듯하기 때문에(삼상 17:55; 왕상 1:19; 왕하 4:13; 25:19), 미가엘은 천사장으로 묘사된 존재라고 할 수 있다(cf. 단 10:13, 21; 수 5:14). 대표적 종말론적 모티브, 곧 악인들의 최후가 보여 주는 바와 같이 역사는 이제 종말의 때를 맞이하게 된다. 이전에 결코 일어나지 않았던 재난(災難)의 때가 찾아올 것이다.

다니엘 12:1은 "책에 그 이름이 기록된 자들"을 위한 구원을 예언한다. 이와 같은 책 명부 개념은 다니엘서에만 유일하게 나타나는 것이 아니다. 예를 들면,

이사야 4:3은 남은 자들의 기록된 이름에 깊은 관심을 기울이고 있다. 말라기 3:16-18에서 기념책에 기록된 자들의 이름은 심판으로부터 살아남아 새 예루살렘의 시민으로 살아가게 될 자들을 가리킨다. 시편 69:28에서 하나님의 심판으로부터 살아남은 의인들의 명부는 생명의 책이라 일컫는다. 다니엘 12:2-이 구절에 대한 해석은 더 많은 논쟁을 야기시킨다-은 우리들에게 구원받을 자들에 대한 더 많은 사항들을 설명해 준다. 즉, 그들은 부활하게 될 것이다. 2절("땅의 티끌 가운데서 잠자는 많은 자들이 깨어날 것이다")에 따르면, "잠자다"는 죽음을 가리키는 일종의 완곡한 표현이며 "깨어나다"는 부활을 암시해 주기 위해 사용된 단어이다(cf. 렘 51:39, 57; 욥 14:12).

구약에서 "티끌"은 항상 죽음과 관련되어 있다(욥 7:21; 20:11; 사 26:19). 2절의 해석과 관련된 한가지 질문은 "2절이 일반적인 부활을 언급하고 있는가 아니면 부분적인 부활을 언급하고 있는가"에 집중한다. 이 두 가지 가능성들은 다음에 소개될 번역들에 잘 반영되어 있다: "잠자는 많은 이들"(NIV) 혹은 "잠자는 자들 중 많은 이들"(NRSV). 후자의 번역이 히브리 문구의 가장 자연스런 의미를 반영하고 있고 2절이 의인(義人)의 부활에 집중하고 있는 이사야 26:19과 유비(喩比)를 보여 주고 있기 때문에, 후자의 번역이 더 바람직하다. 만약 2절이 정말로 단지 의인의 부활을 서술하고 있다면, 이미 죽은 악을 행한 자들은 여전히 죽은 채 일어나지 못할 것이다(cf. 사 26:14).

그러므로 "어떤 이들"(영생을 얻는 자를 일컬음-역자주, NIV)과 "다른 이들"(영원한 부끄러움을 받을 자들을 일컬음-역자주, NIV)로 간주되고 있는 두 계층은 부활할 자들의 두 부류를 뜻하는 것이 아니라 죽은 자들의 두 부류에 대해 설명하고 있다(Delcor, 1971:252-53). 즉, 2절이 의미하는 바는 죽은 의인들("영원한 생명을 얻게 될 자들")은 부활할 것이지만 죽은 불의한 자들("영원한 수치와 부끄러움을 당할 자들")은 부활하지 못할 것이라는 것이다.

그리고 3절은 부활의 결과로서 일어날 사항-많은 이들을 옳은데로 돌아오게 한 자는 별과 같이 영원토록 빛나게 될 것이다-을 설명해 주고 있다. 이와 같은 의인(義人)들은 "마스킬림", 즉 "지혜 있는 자"로 간주된다. 이 단어와 관련된 동사 "스클"은 의로운 종의 사역을 밝히기 위해 이사야 52:13에 사용되고 있다. 그러므로 3절은 종의 임무의 보편성을 나타내 주고 있다. 왜냐하면 많은 이들이 높임을 받고 천사의 지위를 공유할 것이기 때문이다("별과 같이"; 삿 5:20;

Collins, 1974:33). 다니엘시대에 (종의 역할을 수행한) 종과 같은 공동체를 향해 주어진 약속의 보증과 아울러 다니엘 12:3은 의인의 부활을 예언한다. 그리고 난 뒤 다니엘의 예언은 인봉된다(4절).

에필로그(12:5-13)는 마지막 위기의 시기와 관련된 (다니엘에게 전달된) 계시이다. 5-7절에서 다니엘은 성도들이 삼킴을 당하고 하나님께서 개입하실 그때를 가리킨다. 8-13절에서 다니엘의 마지막 임무가 다니엘에게 전달된다. 11-12절은 마지막 종말의 때보다는 안티오쿠스 4세 아래의 박해를 시사한다. 비록 1,290일과 1,335일이 아마도 마카비시대의 위기와 관련되어 있다 할지라도, 1, 290일과 1,335일을 해석하는 것은 어렵다.

이 날들의 해석과 관련된 아주 필요 적절한 질문이 다음과 같이 제기된다. "다니엘서는 미래의 구체적인 날들을 예언하기 위해 기록되었는가, 아니면 공동체의 사기를 고양시키기 위해 기록되었는가?" 이 질문에 대한 해답을 얻으려면, 이 책이 (교훈과 암시된 약속들과 함께) 어떻게 결말을 짓고 있는가를 주목해 보라. "그러나 너희여, 너희의 길로 가라, 그리고 평안하라; 너희는 마지막 날에 너희의 상급을 받기 위해 일어날 것이다"(13절, NRSV).

다니엘서는 구약 신학의 성취를 제공해 준다. 이 책은 적대적이고 냉담한 세상 속에서 박해받던 교회의 문제를 잘 설명해 주고 있을 뿐만 아니라, 역사가 하나님의 통제아래 놓여 있다고 관찰하고 있다. 이 책은 모든 성도들로 하여금 이와 같은 불확실한 세상 속에서 인내를 감내하도록 촉구하고 있을 뿐만 아니라 생의 고난 속에서도 하나님 안에 참 소망을 두도록 권고한다. 왜냐하면 예언의 책들이 개봉되었고, 모든 사건들은 선고받았으며, 성도들이 신원함을 입었기 때문이다.

3. 역대기 기자

히브리 정경은 역대기로 끝맺는다. 아마도 이 작품이 구약가운데 가장 나중에 구성된 듯하기 때문에, 두 편의 책(역대상하)과 이 책의 마지막 두 구절인 36:22-23을 구체적으로 살펴봄으로써 구약의 종말론을 마감하는 것이 좋을 듯하다.

지난 25년 동안 역대기는 에스라-느헤미야 사역에 대한 일련의 신학적 전조 (precursor)로서 이해되어 왔다. 왜냐하면 역대하 36:22-23이 에스라 1:1-3에 다시 반복되어 나타나기 때문이다. 그리하여 전통적인 견해는 역대기가 에스라-느헤미야의 개혁을 뒷받침해 준다고 이해해 왔다. 그렇지만 최근 들어 학자들은 전통적인 해석과는 달리, 역대기서와 에스라서를 분리해서 연구하려 한다. 그리고 역대기서를 (인정받지 못하던) 에스라-느헤미야 개혁의 마지막 시기와 결부시킨다. 만약 이러한 연구가 옳다면(본인이 믿는 바와 같이), 이 역대기 기자는 누구였으며 그의 저술 목적은 무엇이었을까?

역대기 기자는 남부출신이 아니었고 이러한 사실은 역대기 기자 자신이 진술해 왔다. 그럼에도 불구하고 이 역대기 기자는 재건된 이스라엘을 그의 신학적 관심으로 삼고 있다. 비록 역대기 기자가 다윗과 솔로몬을 강조하고 있음이 분명하다 할지라도, 다윗과 솔로몬의 업적과 그 시대에 대한 강조는 약속과 성취를 보여 주는 일종의 실례로서 역할을 한다(Williamson, 1977:141). 역대기 기자는 다윗과 솔로몬에 대한 개인적인 관심을 나타내기보다는 오히려 그들을(다윗과 솔로몬) 신정제도(神政制度)—역대기 기자가 지지하는 제도—의 선구자로 본다. 역대기 기자는 다윗과 같은 메시아 대망 사상을 자극 시키기보다는 오히려 하나님 나라의 역사에 관심을 기울인다.

역대기 기자는 다윗과 솔로몬 이야기를 적절하게 사용하되, 스바 여왕이 묘사했던 바와 같이 온 세상이 솔로몬 법정의 위엄과 지혜 그리고 그 영광을 깨닫게 되었음을 소개하면서 솔로몬 이야기를 끝마친다(대하 9장). 역대기 기자가 우리들에게 주지시켜 주었던 바대로, 법정은 더 높은 차원의 실재를 상징하고 있으며, 또한 거룩한 도성을 향한 이방인들의 순례 여행을 상징해 준다. 성전과 성전 건축자에 대한 역대기 기자의 집중적인 관심은 납득할 만 하다. 왜냐하면 역대기 기자가 (다윗이 시도하려던) 성전 건축을 영원한 왕조 건립을 위한 필수적 전제 조건으로 생각했기 때문이다. 더욱이 성전을 향한 이와 같은 열심에 대한 필연적이고도 신학적인 귀결이 역대하 마지막 고레스의 성전 재건 칙령 속에 발견된다.

예레미야가 예언했던 바와 같이(렘 25:12), 역대하의 마지막 구절(36:22-23)은 우리들에게 바벨론 포로생활이 바사 왕 고레스 1년에 종결되었음을 알려준다. 여호와로부터 감동을 받은 고레스는 나라 전체에 칙령을 발표했다. 이 칙령을 통해 포로가 된 유대인들은 여호와의 성전을 건축하기 위해 예루살렘으로 곧바로 귀환하였다. 이 칙령은 이사야 40-55장에 발견되는 고레스와 관련된 예언, 즉 고레스가 약속의 땅을 회복시키고 예루살렘과 성전을 재건할 것이라는 예언(44:28)을 성취하고 있다. 이와 같은 일련의 사건들은 새 언약, 새 출애굽, 그리고 새 창조 안에서 이루어져야만 했다. 그리하여 2차 출애굽 신학과 관련되어 있는 약속의 땅으로의 귀환과 성소 건축이 역대하 36:22-23의 칙령 속에 함께 복합되었다.

일반적으로 합의된 바와 같이 만약 역대기가 에스라-느헤미야시대 이후에 완성되었다면, 역대기가 고레스의 칙령으로 끝을 맺고 있는 것이 적절하다고 할 수 있는가? 우리는 이 질문에 대해 단호하게 "그렇다"라고 대답할 수 있다. 이 칙령을 통해 역대기 기자는 에스라-느헤미야의 실패한 개혁이 계속해서 지속되어야만 한다는 것을 시사해 준다. 에스라-느헤미야가 재건한 성전의 목적은 미래 종말의 때에 이루어질 것이다. 역대기 기자는 하나님 나라가 도래할 것이며 2차 출애굽이 일어날 것이고, 열방의 왕들이 예루살렘을 향해 순례를 떠날 것임을 선언하고 있다. 에스라-느헤미야의 성전 중심 사회는 이스라엘의 모델이 된다.

역대하의 마지막 두 구절은 전통적인 예언적 종말론의 핵심을 간직하고 있다 (cf. 사 2:2-4; 미 4:1-5). 고레스의 칙령은 포로기 후 이스라엘이 소망했었던 (그 당시 정치적 쟁점 가운데 하나님께서 가장 최우선으로 여기셨던) 모든 사항들을 보증해 주는 칙령이었다. 역대기 기자가 짊어졌던 짐은 포로시대 이후에 찾아온 실망들이 선지자들이 고무시켰던 희망들을 어둡게 만들지 않았음을 확신시켜 주는 것이었다. 역대기 기자는 지쳐 있던 공동체에게 힘을 북돋아 주면서 하나님께서 결코 아브라함과 맺은 언약, 즉 약속의 땅이 다시 이스라엘의 소유가 될 것이고 신정 국가가 다시 세워질 것이라는 언약을 반드시 지키실 것임을 그의 백성들에게 확신시켜 준다.

현재의 실망이 무엇이든지 간에 만약 희망의 신학이 계속 지속될 수만 있다면, 공동체는 이러한 실망들을 참아낼 수 있을 것이다. 그리하여 역대기 기자는 종말론적 열정주의 신학자로 부각된다. 그는 예언 운동—이 예언 운동은 이스라엘의 희망을 결코 포기하지 않는다—의 일부가 된다. 에스라-느헤미야시대에 대한 실망스러운 결론에도 불구하고, 일련의 개혁들은 언약의 방향들을 마련해놓았으며, 이와 같은 방향들은 이스라엘을 미래의 희망으로 인도해 줄 것이다.

히브리 성경은 미래의 사건, 즉 예루살렘이 세계의 중심이 되고 온 열방이 이곳을 향해 순례 여행을 떠날 것이며 하나님 나라의 통치가 이 예루살렘으로부터 온 세상으로 확대될 것임을 바라보며 끝맺고 있다. 신약으로 확대되어 갈 구약의 희망은 근본적으로 이 세상과 맞물려 있는 희망, 즉 이전 시대를 기초로 하여 세워질 새로운 사회를 향한 보편적인 동경이라고 할 수 있다. 또한 이 희망은 (우리가 신약에서 접하게 될) 강한 개인주의적 성향을 찾아볼 수 없는, 한 민족의 희망이라고 할 수 있다. 이와 같은 이유로 해서 구약은 개인의 궁극적인 운명에 대해서는 거의 강조하지 않는다(Gowan, 1987:122). 그러나 구약은 이러한 희망의 실현이 인간의 영역 밖에 있음을 분명히 한다. 성취의 때와 하나님 나라의 도래는 여전히 하나님의 손에 달려 있다.

제2부
신약의 종말론

제 7 장 마태의 종말론

제 8 장 마가의 종말론

제 9 장 누가복음과 사도행전에 나타난
         누가의 종말론

제 10장 요한의 종말론

제 11 장 바울의 종말론

제 13장 다른 종말론적 음성들

THE SEARCH FOR ORDER

언약신학과 종말론

제7장
마태의 종말론

첫 번째 복음서는 유대-기독교의 기원과 사상을 소개한다. 마태는 예수의 사역이 처음에는 민족 이스라엘을 향하고 있었음(마 10:5-6; 15:24)을 인식하였던 반면, 유대교와의 결속은 끊어진 것으로 보았다. 그리하여 이스라엘은 복음의 핵심을 빼앗긴 것으로 이해되고 이 복음의 핵심은 하나님의 새로운 백성에게 주어진다. 협소한 유대적 사고와는 달리, 아브라함 언약은 이 공동체에게 사역의 동기를 부여한다. 이와 같은 하나님의 백성은 예수의 죽음이 새 시대의 장을 열어주었다고 이해했다(27:51-54). 그리고 이스라엘과 온 세상을 향한 선교가 시작된다(28:16-20). 마태복음은 민족 이스라엘의 배역과 한 시대의 종말에 초점을 맞추면서, 이방 선교와 원시 교회의 종말론을 거절한 이러한 (이스라엘의) 배역(背逆)이 함축하고 있는 의미들을 고찰해 나간다.

1. 예수의 초기 시절(마 1-2장)

마태복음 1-2장은 예수의 출생과 관련된 질문들 – "누가", "어디서" – 에 답하면서 마태복음의 서론으로서 역할을 한다. 1장은 예수를 성령의 활동을 통해 경이롭게 출생한 하나님의 아들로 소개한다. 그럼에도 불구하고 예수의 출생은 항상 이스라엘의 기대와 전통에 기초한다. 왜냐하면 1-17절에 소개되고 있는 족보가, 예수는 다윗 왕권에 대한 소망을 소생시키고 아브라함 언약을 성취시키며 이 세상 역사 속에서 새 창조의 가능성을 이스라엘에게 가져다 주기 위해 오셨음을 분명히 하고 있기 때문이다.

2장은 메시아와 같은 왕을 향한 이방인의 경의(敬意)에 초점을 맞추면서, 더 넓은 세상을 향해 축복과 구원의 근원이 되어야 할 이스라엘의 소명이 예수를 통해 성취될 것임을 알려준다. 더욱이 주목할 만한 제2차 출애굽이라 할 수 있는 가족의 애굽 도피와 팔레스타인으로의 귀환은 민족의 새 시대와 미래에 대한 기대를 불러일으킨다. 마태복음의 남은 기사들은 놀랍고도 선명한 방식을 통해 어떻게 이러한 기대들이 역설적으로 성취되는가를 잘 나타내 보여 줄 것이다.

(1) 계보(마 1:1-17)

이스라엘백성들의 독특한 면을 보여 주는 (마태가 소개하고 있는) 예수의 족보는 예수를 다윗의 자손(두드러진 지위를 나타내는 타이틀), 아브라함의 후손(마1:1)으로 간주한다. 다윗과 같은 왕, 예수는 메시아 계보로부터 시작하고 있으며 아브라함에게 주어진 모든 약속을 유업으로 받게 될 이스라엘의 후사가 된다. 3개로 구분되는 이 계보의 역사—이 계보의 역사는 2절부터 시작된다—는 1절의 순서(한글개역성경에는 "아브라함"과 "다윗"의 자손으로 번역되어 있으나 원본의 순서는 이와 반대로 되어 있다. 즉 "다윗"과 "아브라함"의 자손으로 되어 있다—역자주)와 정반대로 전개된다. 첫 번째 단락(2-6절 상반절)은 아브라함으로부터 시작하여 다윗 왕의 출생으로 끝난다. 두 번째 단락(6절 중반절-11절)은 다윗으로 시작하여 바벨론 포로생활로 끝맺고 있다. 세 번째 단락(12-16절)은 포로기로 시작하여 예수의 출생으로 끝마친다.

이 족보는 진부한 형식으로 구성되어 있으나, "A가 B를 낳고 B가 C를 낳고…"와 같은 형식의 꼼꼼한 전개방식은 특별한 사람들을 강조해 주는 추가사항이 삽입됨으로 말미암아 일시적으로 중단된다. 첫 번째 단락에서 이 진부한 형식은 다섯 번씩 언급되고 있다. 2절에 "그리고 그의 형제들"이라는 추가사항은 연합 민족 국가로서 이스라엘이 첫 발을 디딜 때에 (다윗과 같은) 유다 지파의 우월성에 관심을 집중시킨다. 3절과 5절은 세 사람의 이름—다말, 라합 그리고 룻—을 소개하고 있으며, 특히 특별한 관심을 주지시키기 위해 이들의 이름이 개별적으로 언급되어 있다. 6절 상반절에 나오는 "왕"이라는 칭호를 통해 다윗시대와 그 왕국의 중요성이 강조되고 있다. 그리하여 다윗은 이스라엘의 정치적 기대를 성취할 다윗 가문의 번영을 목표로 삼았던 그 시대를 마감한다.

이 족보의 두 번째 단락은 왕정시대, 즉 다윗 왕가의 쇠퇴와 몰락을 소개하고 있다. 이 단락에서 두 개의 추가사항이 나타난다. 6절 중반부는 솔로몬의 모친을 "우리아의 아내"—우리는 이 여인을 "밧세바"라고 알고 있다—로 소개한다. 2절과 마찬가지로 11절도 "그리고 그의 형제들"이라는 단어를 공식적으로 첨가시키고 있다. 지금 11절은 포로생활이 시작되기 전 마지막 왕이었던 여고냐(여호야긴)에 대해서 언급하고 있다. 그리고 11절은 여고냐의 지도 아래 발생한 유다의 분열이 유다의 우월성을 강조했던 초기의 동향을 상쇄시키고 있음을 지적한다. 그리하여 이스라엘 초기 역사 가운데 나타난 열두 지파 연합 동맹이 고대했었던 기대들은 포로생활로 말미암아 무산되고 만다.

세 번째 단락은 이스라엘의 운명이라는 낮은 차원에서 예수의 출생이라는 높은 차원으로 그 무대를 옮긴다. 이 세 번째 단락에서 공식적으로 등장하는 모든 추가사항들은 16절에 나타나고 있다. 예수는 예외적인 상황 속에서 출생한다. 즉, 그의 모친은 요셉의 아내 마리아이다. 더욱이 예수는 나사렛 예수 "그리스도"라 불리게 된다. 이 그리스도라는 이름은 다윗 왕권을 통해 가장 중요한 국면에 이르게 될 이스라엘의 운명을 상기시켜 주고 있을 뿐만 아니라 메시아 나사렛 예수의 이름을 훨씬 더 능가한다.

17절은 이 족보를 각각 14대로 분류하여 가문의 역사를 간결하게 요약한다. "다윗의 아들" 칭호는 예수를 가리키는 칭호로서 마태복음에서 9번 등장하는 아주 주목할 만한 호칭이다. 14라는 숫자는 "다윗"이라는 히브리 글자가 지니는 숫자 개념과 깊이 연관된다. 이와 같은 구조를 통해 마태는 다윗 계보의 특성과 이스라엘의 왕—이 칭호는 마태복음을 통해 연구될 것이다—이신 예수의 역할을 선명하게 드러내 보여준다. 처음 두 단락에 나오는 대(代)의 수(14대)는 일치하는 반면, 마지막 단락에서는 13대만이 등장할 뿐이다. 아마도 지상의 사역을 언급하는 "예수"는 13대에 속하고, 부활 이후의 사역을 언급하는 "그리스도"는 14대에 속하는 것 같다(Stendahl, 1960:101). 그러므로 "그리스도"라는 칭호는 전 인류를 향해 더욱 보편화될 부활 이후 시대를 예고해 준다. 이 시대에 왕으로서 임하실 예수의 재림에 대한 기대는 이스라엘의 지상 사역 기간 동안 예수가 겪었던 거절과 무시를 대조하게 될 것이다.

마태가 다섯 명의 여인을 족보 속에 포함시킨 것은 중요한 의미를 시사해 준다. 왜냐하면 이러한 현상은 전통적인 족보 형식으로부터 벗어나고 있기 때문이다. 왜 이 여인들의 이름이 족보에 포함되었을까? 이 네 여인들이 이방인이었기 때문에(다말과 라합은 가나안 족속이며 룻은 모압, 밧세바는 헷 족속이다; 삼하 11:3; 23:34 참조), 아마도 이들은 예수의 보편적인 사역을 미리 예고해 주든지, 아니면 하나님께서 이스라엘의 역사를 지속해 오셨던 놀라운 방식을 나타내 주고 있는 듯하다.

비록 이 네 여인들이 전통적인 족보 형식의 순리에 역행하고 있다 할지라도, 이 족보 형식과 가장 현저한 차이를 보여 주는 언급이 16절에 소개된다. 16절의 기록은 매우 비정상적이고 의심스러운 (마리아의) 잉태사건과 아울러 가장 기이한 상황을 전개하고 있다. 즉 예수가 마리아로부터 태어나지만 마리아의 남편(요셉)은 단지 그 아이의 아버지로 생각될 뿐이다. 이것은 가장 예측할 수 없는 방식으로 이스라엘을 인도해 오셨던 하나님께서 그의 백성들과 함께 역설적인 방식으로 계속해서 역사하실 것임을 보여 주는 것이 아니겠는가?

마태는 1:1-17을 통해 이스라엘의 역사를 세 시기—마지막 시기는 예수의 출생으로 끝난다—로 구분하여 본다. 그리하여 18절은 암시적으로 네 번째 시기의 첫 이야기를 시작하고 있다. 마태복음은 바로 이 네 번째 시대, 즉 이스라엘의 새 시대인 예수의 생애와 사역에 초점을 맞추고 있다. 예수의 출현은 이스라엘에게 있어서 아브라함의 등장, 다윗 왕권의 출현, 혹은 이스라엘의 바벨론 포로생활보다도 더 놀라운 사건이 될 것이다(Combrink, 1983:76).

(2) 예수의 출생(마 1:18-25)

1장의 나머지 부분은 그리스도인들의 기대로 말미암아 예수의 출생이 지니는 중요성을 다룬다. 예수의 부친 요셉은 창세기 37-50장에 등장하는 그와 대응하는 인물, 족장시대의 요셉과 매우 흡사한 면들을 보여 준다. 이 두 요셉(예수의 부친 요셉과 족장시대의 요셉)의 부친들은 야곱이라는 이름을 가지고 있었고 이 두 사람은 의로운 자들이었으며 이들은 하나님께서 계시하는 꿈을 전달받는다. 초창기의 요셉은 애굽으로 내려가 이스라엘을 보존시켰고, 예수의 부친 요셉 역시 애굽으로 내려간다. 더욱이 이 두 사람은 이스라엘 하나님의 구속 사역의 거대한 물결이 일어나기 전에 그들의 사역을 수행했다.

20절은 요셉이 다윗 왕조의 후손임을 알려주고 있으며, 더 나아가 예수 역시 다윗의 후손임을 암시해 준다. 예수의 출생기사는 예수의 동정녀 탄생을 예고해 주며 예수의 이름을 소개하고 있는 두 평행구절-21절에는 예수라는 이름이 소개되고 있고, 23절에는 임마누엘이라는 이름이 소개되고 있다-을 통해 발전해 나간다(Soares Prabhu, 1976:238-40). 예수라는 이름과 임마누엘이라는 이름에 대한 해석이 뒤따라온다. 21절에 기록된 "여호와께서 구원하시다"라는 뜻을 지닌 예수라는 이름은 23절에 기록된 "하나님께서 우리와 함께 하시다"라는 뜻을 지닌 임마누엘이라는 이름과 조화를 이루고 있다. 즉, 이 이름들은 구원이 곧 하나님께서 우리와 함께 하시는 것임을 말해 주고 있다.

그리하여 유대 역사 가운데 가장 중요한 이 시기는 인류의 역사 속에서 우리와 함께 하실 것이며, 이스라엘이 항상 고대했던 이스라엘의 구속을 통해 이스라엘과 이 세상을 온전하게 완성시키실 하나님의 도래를 증거하고 있다(시 103:3-4). 그러나 족보가 우리에게 암시해 주는 바와 같이, 이 모든 일들은 대중적인 기대와는 정반대의 방식으로 이루어질 것이다.

23절에서 마태는 우리로 하여금 이사야와 대면하고 있는 아하스 왕에 대한 구약 문맥을 다시 되돌아보도록 해 주면서 이사야 7:14을 인용한다. 이사야 선지자는 아하스 왕에게 시리아와 북이스라엘을 대적하기 위해 앗수르와 동맹을 결성해서는 안 된다고 권고했다. 아하스가 징조(徵兆)를 구하라는 이사야의 청을 거절했을 때, 아기 메시아, 임마누엘의 미래 출생에 대한 징조가 주어진다. 이사야 7:14-16은 그 당시 유다의 상황을 넘어, 미래의 메시아 왕, 곧 남은 자 공동체를 형성하는데 관련되어 있는 한 아기의 출생-이 아기는 새 시대를 가져다 줄 것이다-을 바라보고 있다.

이사야 7:14의 문맥과 마태복음 1:21; 1:23의 평행구절을 고려해 볼 때, 21절에 소개된 "그의 백성", 즉 구원받게 될 자들은 이스라엘이 아니라 새 시대의 남은 자 공동체를 의미한다. 23절에 언급된 "그들"은 새로운 신앙 공동체, 즉 민족 이스라엘을 위한 예수의 사역의 결과로 말미암아 일어나게 될 믿음의 공동체를 암시해 주고 있다. 예수의 사역을 맞이할 이 새로운 백성들은 민족 이스라엘과는 구별될 것이다. 오히려 이 백성들은 민족 이스라엘 안에서 한 그룹을 형성할 것이다. 마태복음 1:18-25은 (이스라엘 역사의) 네 번째 시기의 이야기부터 시작한다. 이전의 세 시기들과는 달리, 이 네 번째 시기는 아직 종료되지 않았다—이 시기는 이미 시작했으나 아직 끝나지는 않았다. 아마도 이 네 번째 시기는 예수의 출현으로부터 시작하여 예수의 재림 때까지 확장될 것이다. —18-25절은 항상 1-17절에서 발견되는 다윗과 아브라함 족보의 모티브—이 모티브는 다윗 왕권으로 말미암아 절정을 이루었던 이스라엘의 언약이 이전 아브라함 언약의 결과였음을 우리들에게 상기시켜 준다—를 계속 이어간다. 비록 예수가 다윗의 자손이라 할지라도, 그는 또한 동일하게 아브라함의 자손이다. 시작부터 마태복음은 이와 같은 광범위한 관계들을 소개하고 그것을 강조한다.

그리고 마지막에 이르러 마태복음은 하나님의 새 백성을 향한 지상명령을 소개하면서 그 절정에 이르게 된다(28:16-20). 아브라함을 통해 전달된 이스라엘을 향한 언약의 약속들은 예수의 이스라엘 선교사역의 시작과 기초를 제공해 준다. 그리고 마태복음은 아브라함 언약을 토대로 한 이방인의 축복을 알려줄 "새 이스라엘"이라는 핵심개념을 소개하면서 마지막을 장식하고 있다. 더욱이 18절에 서술된 바대로, 예수의 잉태 과정에 역사한 성령의 사역은 예수가 선포할 복음이 예수의 신적인 기원을 하나님의 아들의 관점에서 볼 때에만 비로소 이해될 수 있음을 보여 준다.

(3) 지리적인 기원들(마 2장)

마태복음 1장이 예수의 가보(家譜)를 다루고 있는 반면, 2장은 예수의 지리적 기원들에 초점을 맞추고 있으며(Stendahl, 1960:104) 이스라엘 메시아로서의 예수의 역할을 강조한다. 마태복음 2:1은 "헤롯왕이 통치하던 때"의 역사적 정황을 소개한다. 그러므로 우리들은 그 시대의 정치적 상황들과 마주보게 된다. 그렇지만 왕권을 주장했던 헤롯 왕은 유대인들이 고대하던 그리스도, 즉 "유대인의 왕"의 탄생을 묻던 동방박사들의 질문으로 말미암아 확실히 도전받게 되었다(2절). 이스라엘의 대리자(代理者)들이 이 출생을 확인할 수 있었지만, 아이러니컬하게도 이러한 일은 아기 메시아를 찾아온 이방인들에 의해 이루어진다(5절). 예수의 죽음과 부활로 말미암아 이루어질 이사야 예언 성취의 한 징조, 즉 이스라엘 왕을 찾아온 이방인들의 순례여행은 이후에 전해질 복음 선포에 대한 이방인들의 반응을 미리 보여 준다.

2:6에 나타난 마태의 구약인용(cf. 삼하 5:2; 미 5:2)은 다윗 모티브—마태복

음은 이 다윗 모티브와 함께 시작하고 있다—를 계속 뒷받침한다. 결국 베들레헴은 다윗의 고향일 뿐만 아니라 다윗이 사무엘로부터 기름부음을 받은 곳이기도 하다. 그리하여 다윗의 베들레헴과 헤롯의 예루살렘 사이에 일련의 갈등—마태의 관심은 예루살렘보다는 베들레헴에 더 편중되어 있다—이 마태의 구약인용 가운데 일어나고 있다. 2:1에서 베들레헴은 예루살렘보다 앞서 기록되어 있으며, 2:6에서 베들레헴은 이스라엘의 한 통치자가 나타날 장소로 소개되고 있다. 마태의 구약인용 가운데 발견할 수 있는 이러한 갈등은 헤롯과 예수 사이의 긴장을 반영해 준다.

동방박사들을 예루살렘에서 베들레헴으로 인도한 별은 왕의 출생을 알려준다(9-10절). 민수기 24:17에 암시된 바대로, 별은 다윗과 메시아를 가리키는 상징으로서 역할을 하고 있다(Nolan, 1979:205-9). 동방박사들이 아기에게 경배하고(11절) 그들이 가져온 예물을 아기에게 바쳤을 때(마태가 5:23-24과 8:4에서도 사용하고 있는 이 동사〈바치다〉는 하나님께 바치는 헌물〈獻物〉을 언급할 때 사용된다), 헤롯은 더 이상 "왕"으로 간주되지 못한다. 동방박사들이 예루살렘을 지나 자신들의 고향으로 돌아갔을 때, 장차 헤롯이 다스리는 이 도시의 몰락은 분명히 확정되고 말았다(12절; Nolan, 1979:39).

마태는 2장에서 더 많은 구약본문을 인용하고 있으며(15절과 18절), 이러한 구약인용은 이스라엘 역사 가운데 두 가지 중요한 사건(출애굽과 포로생활)과 아울러 다윗의 선택된 자를 암시해 주는 다윗 모티브와 연결되고 있다. 애굽으로부터 돌아온 예수의 귀환은 훨씬 이전에 이미 예고되었다. 왜냐하면 호세아 11:1의 인용어구("애굽으로부터 내가 내 아들을 불러내었느니라")가 다음에 소개되는 기사(마 2:15) 가운데 발견되기 때문이다. 예수의 (애굽으로의) 도피와 (애굽으로부터의) 귀환과, (애굽에서의) 이스라엘의 압제와 출애굽 사이의 유사점은 매우 주목할 만하다. 바로와 헤롯 이 두 사람은 구원자 곧 아기의 출생을 저지하려고 애를 쓴다. 이 두 사람은 유아 대학살을 자행한다.

결국 이 두 사람의 죽음으로 말미암아 압제로부터의 해방이 이루어진다. 모세와 예수의 가족은 하나님의 영감을 받고 애굽을 떠나 약속의 땅으로 향하게 된다. 그러므로 예수는 이스라엘의 역사적인 출애굽 경험을 다시 재현시키는 자이며, 이 예수를 통해 여호와의 새 출애굽 언약이 성취된다(호 11:1). 헤롯의 유아 대학살(2:16)은 마태가 인용하고 있는 예레미야 31:15의 말씀을 다시 상기시켜 준다. 바벨론 유수의 아픔을 상기시켜 주는 이 인용구는 라마—주전 586년 포로 생활을 위해 바벨론으로 출발하던 장소—에서 이스라엘의 참상으로 인해 통곡하는 이스라엘의 어미로서 라헬을 묘사하고 있다. 이처럼 많은 어미들은 헤롯의 명령으로 죽어버린 그들의 아이들을 생각하며 심한 오열 속에 통곡하고 말았다.

예수의 출생기사(出生記事)를 끝맺고 있는 19-23절은 초창기 예언의 성취에 관심을 집중한다. 마태의 설명에 따르면, 요셉에게 임한 계시는 요셉으로 하여금 예수를 나사렛—반(半) 이방 지역인 나사렛은 유대인의 메시아 거절을 미리 예고해 준다—에 거하도록 지시한다. 23절에 복수단어("선지자들을 통해", 한글개역성경은 단수로 소개되어 있음—역자주)를 사용하고 있는 마태의 구약인용은 어느 특정 구절의 인용보다는 예언적 배경에 집중하고 있는 일반적인 관심을 반영하고 있는 듯하다. 나사렛으로의 이주는 "그가 나사렛 사람이라고 불려질 것이다"라는 예언의 말씀을 성취한다.

이 예언의 말씀은 무엇을 의미하는가? 이 어려운 진술에 대해 보통 세 가지 해석이 제시된다. 이 예언적 진술은 첫째, 이사야 11:1의 메시아 예언을 가리킨다. 둘째, 예수의 나실인 배경(민 6장 참조)을 소개해 준다. 셋째, 나사렛 지역 출신자임을 가리킨다. 물론 세 가지 해석 중 맨 마지막 해석이 가장 타당한 듯하다.

2. 예수의 사역준비(마 3:1 – 4:11)

마태복음 서막(prolog)의 목표와 완성은 마태복음 3:1-4:11부터 시작된다. 마태복음 3:1-4:11은 세례 요한의 사역(3:1-12), 예수의 세례(3:13-17) 그리고 예수의 광야생활(4:1-11)을 소개하고 있는 기사들을 통해 예수의 공적 사역을 위한 토대를 마련해 준다. 마태는 구약 이스라엘 역사의 주제와 모티브를 사용하면서 예언, 심판, 광야유랑, 언약갱신 그리고 하나님 주권에 대한 인식이라는 문맥에서 예수와 세례 요한의 기사를 설명한다.

(1) 세례 요한(마 3:1-12)

세례 요한은 예수가 이후에 선포할 메시지—"회개하라 천국이 가까왔느니라"

(마 3:2; cf. 4:17)—를 미리 설파하면서 구약 예언과 묵시 사상이 고대해 왔던 새 시대의 도래를 소개한다. 엘리야와 같은 복장을 하고 모세가 언약의 상징적 역할을 수행했던 요단강 주변을 맴돌면서 광야를 유랑하던 세례 요한은 주의 길을 예비하기 위해 보냄을 받았다(3절). 새 출애굽을 통해 포로 귀환을 맞이할 수 있는 예비된 길을 준비하라는 세례 요한의 외침은 이전에 선지자 이사야가 이미 예언하였다(40:3).

이사야 40-55장의 문맥에서 볼 때 종의 사역은 예루살렘의 회복을 주도한다. 우리는 아마도 세례 요한과 예수의 사역이 동일한 목적—이방 세계를 향해 뻗쳐 가게 될 빛과 생명이 나오는 처소로 예루살렘을 다시 회복하는 것—을 지향하고 있음을 추정할 수 있다. 사실 우리들은 이러한 일들이 가장 역설적인 방식을 통해 이루어질 것임을 알고 있다. 즉, 축복은 예루살렘 성벽 바깥에서 못박혀 죽은 메시아의 십자가로부터 흘러 나와 온 민족에게로 퍼져 나가게 될 것이다.

세례 요한과 엘리야와의 유사성은 하나님께서 모든 이스라엘을 향해 언약의 갱신을 허락하심을 분명히 뜻한다. 이제 이스라엘은 더 이상 두 신들 사이에서 머뭇거리지 말고(cf. 왕상 18:21) 언약의 하나님께로 돌아가야만 한다. 말라기는 두렵고 큰 여호와의 날 하나님의 도래가 있기 전, 엘리야와 같은 선지자가 이스라엘을 위해 마지막 신탁을 전달해 줄 것임을 선포했었다(말 4:5-6). 그리하여 마태는 세례 요한을 모든 예언 사역의 절정으로 묘사한다. 세례 요한은 그가 요청했던 회개를 통해 하나님 백성을 향한 언약 갱신의 가능성을 제시하고 있다. 구약과 마찬가지로 여기에서 회개는 "원점으로 되돌아감" 또는 "새로운 방향으로 나아감"을 뜻한다. 세례 요한의 예언적 외침은 이스라엘 민족에게 다시 광야생활로부터 시작하여 요단강을 건너 다시 약속의 땅으로 들어가라고 요청한다.

그러나 이 시대에 이스라엘은 새로운 종말의 시대를 향한 새로운 방향으로 전진해 가야한다. 세례 요한은 이스라엘 백성들을 향해 이스라엘이 약속의 땅을 밟기 전, 언약을 갱신했던 요단강 계곡 변방으로 되돌아오라고 촉구한다. 모세의 영도 아래 맺어진 언약의 갱신은 약속의 땅의 점령을 가능케 했다. 세례 요한과 예수로 말미암은 영적인 갱신이 동일한 효과를 일으킬 수 있을까? 6절에 나오는 세례를 통해 세례 요한은 이스라엘에게 다시 홍해와 요단강을 건너라고 외치고 있다(요단강 도하 사건은 이스라엘 신학과 깊이 고착되어 왔다; 시 114편). 요단강을 건넘으로 말미암아 정결케 된 이스라엘, 즉 약속의 땅을 차지하기에 합당한 집합적 민족 공동체가 다시 등장하게 된다.

심판의 이미지는 요한의 메시지에 깊이 배어 있다. 왜냐하면 세례 요한은 백성들에게 예수의 출현(Meyer, 1979:115), 즉 종말의 심판을 알려주기 위해 나타났기 때문이다(마 3:8-12). 마태는 심판 모티브를 강조하기 위해 "광야" 이미지를 사용하고 있다. 그리고 우리는 이 광야 이미지를 살펴보기 위해 (이 광야 이미지에 대한) 구약 전체의 의미—구약에서 이 "광야"라는 단어는 다시 새롭게 시작하실 수 있도록 하나님께서 훈련시키시는 장소를 의미할 뿐만 아니라 훈련의 장소를 상징하기도 한다—를 고려해 보아야 할 것이다(예, 호 2장). 비록 9절에서 세례 요한이 모든 이스라엘을 아브라함 언약의 상속자들로 선언하고 있다 할지라도, 세례 요한은 임박한 심판과 알곡과 쭉정이의 분리를 선포하고 있기 때문에(12절) 서로 다른 두 개의 구분된 반응을 예상하고 있다. 이 심판은 민족 이스라엘을 두 부류로 분리시킬 것이다. 세례 요한은—이스라엘을 정화시키고 깨끗케 해 주는 씻음과 정결함을 통해—이스라엘이 심판자 여호와를 만날 수 있는 오직 유일한 길을 제시하고 있다.

그러나 세례 요한이 요청하는 이와 같은 특별한 정결방식은 그 당시에는 찾아볼 수 없는 방식이었다. 쿰란의 정기적 정결의식은 이와는 전혀 다른 성격을 지니고 있었다. 의식적이고 정치적인 성격을 띤 개종 세례의식은 죄 사함을 역설하는 세례 요한의 강조를 설명하지 못한다. 흥미롭게도 이스라엘 백성들이 시내산을 향해 나아가기 위해 이와 비슷한 정결의식을 통해 준비되었다고 본 유대 랍비들의 견해가 있었다(Jeremias, 1971:44; cf. 고전 10:1-12). 세례 요한은 이스라엘 민족에게 회개하라고 촉구했다. 비록 아브라함 언약의 전통과 깊은 연관을 맺고 있다 할지라도, 그 언약은 결코 영적인 보증을 보장해 주지 못한다. 하나의 통일된 민족을 고집하는 자세는 더 이상 주장될 수 없다(9-10절).

세례 요한은 이스라엘의 회복을 촉구하고 있는 반면, 동시에 그가 베푸는 세례의 한계에 주의를 집중시키고 있다(마 3:11). 세례 요한은 선한 행실을 기대하며 삶의 열매를 요구하고 있다. 하지만 이 모든 것들은 단지 예비 단계에 불과하다. 세례 요한은 물로 세례를 베풀 것이다. 그렇지만 세례 요한보다 더 큰이가 오실 것이고 그는 "성령으로, 그리고 불로"(with the Holy Spirit and with fire) 세례를 베풀 것이다(11절). 이 문구를 더 자세히 살펴보도록 하자. 이 문구 속에 단지 하나의 전치사만 발견되기 때문에, 이 문구는 아마도 "성령과 불로써"

(with the Holy Spirit and fire)라고 번역하는 것이 가장 적절한 것 같다. "성령과 불로써"라는 문구는 성령과 불이 세례의 동일한 구성요소임을 나타낸다.

세례 요한은 사도행전 2장의 오순절 성령 강림 사건을 언급하고 있지 않은 것 같다. 왜냐하면 세례 요한이 장차 이스라엘 민족이 경험하게 될 성령과 불세례에 대해 언급할 때, 그는 요단강에 모여 있는 이스라엘의 대표적인 특별한 계층들을 향해 그것을 선포하고 있기 때문이다. 더욱이 오순절 성령 강림의 도래를 예고하고 있는 사도행전 1:5은 단지 성령 세례만을 언급할 뿐 불세례에 대한 언급은 전혀 없다.

구약에서 불은 종종 심판을 통해 깨끗케 되는 정결함과 관련되어 있으며, 이사야 1:25이 이것을 다음과 같이 잘 설명해 주고 있다: "내가 또 나의 손을 네게 돌려 너의 찌끼를 온전히 청결하여 버리며 너희 혼잡물을 다 제하여 버리고." 아마도 "성령과 불"을 대등하게 나열시키고 있는 세례 요한의 표현은 이 세례가 지니는 두 가지 주목할 만한 효과들—(1) 이스라엘의 청결과 정화 그리고 (2) 민족의 불순물 제거—을 설명한다.

(2) 예수의 세례(마 3:13-17)

세례 요한을 소개한 후 마태는 세례 요한에 의해 이루어지는 예수의 세례를 기술한다. 이 장면은 언약 관계를 전적으로 반영해 주는 세례와 아울러 언약에 순종하는 이스라엘의 모형을 제공해 준다(마 3:15). 이스라엘의 메시아이신 예수는 세례 요한이 선포한 요구들을 이스라엘을 위해 수행하게 된다. 세례 요한의 메시지를 확증하심으로 말미암아, 예수는 이스라엘 언약의 모든 요구들을 이루신다. "하늘이 열리고"라는 묵시적 이미지를 통해(16절), 마태는 예수와 함께 시작되는 계시의 새로운 국면을 소개하고 있다.

예수가 세례를 받을 때, 하나님의 영—하나님의 영은 구약 예언시대가 종결된 이후 줄곧 침묵을 지켜왔다—이 하늘로부터 내려와 예수에게 임한다(마 3:16). 사도행전 10:38에 따르면, 이 성령은 예수를 (하나님의 아들로) 새롭게 만들기 위해 강림한 것이 아니라 그에게 직무를 위임하고 사역을 위탁하기 위해 강림한 것이다. 비록 성령을 비둘기로 묘사한 표현이 창세기 8:9-12의 홍수의 끝을 알려주는 간접적인 표현—새로운 계시의 시대를 알리는 여명으로 볼 수 있다—으로 볼 수 있다 할지라도, 이스라엘을 위해 속량이 되실 예수의 이미지를 반영해 주고 있는 이 표현은 하나님께서 인류를 향한 평화를 선포하시는 것으로 이해함이 더 좋은 듯하다(이러한 견해는 동시대 랍비들의 사상과도 일치한다; Strack and Billerbeck, 1922:123-25).

17절의 "이는 내 사랑하는 아들이요 내 기뻐하는 자라"라는 하늘의 선포는 구약 종말론을 다시 상기시켜 준다. 마태는 예수와 하나님과의 관계를 기술하기 위해 시편 2:7-이 구절에서 "하나님 아들"이라는 타이틀이 이스라엘 메시아에게 부여되었다-과 이사야 42:1-이 구절에서 예언자, 왕 같은 인물인 종이 역사 속에서 이스라엘을 회복시킬 것을 예언한다-을 인용하고 있다.

(3) 예수의 광야생활(마 4:1-11)

마태는 4장에서도 계속해서 이스라엘을 예수의 예표(typology)로 소개한다. 이스라엘이 과거에 행하였던 것처럼(출 4:22; 사 1:2), 하나님의 아들로 묘사된 예수는 홍해를 건넌 뒤 이스라엘이 시험에 빠져 실패한 장소(신 8:2)인 광야로 이끌리게 된다(마 4:1). 하나님께서 이스라엘의 마음을 알고(신 8:2) 그들이 높임을 받도록 하기 위해(신 8:16) 40년 광야생활을 통해 그들을 시험하셨다. 그러면 예수의 시험은 어떤 것인가? 가장 확실한 것은 이 시험이 예수의 "아들되심"을 확인하려는 시험은 아니라는 것이다. 왜냐하면 3절과 5절에 보면 사단이 예수의 역할을 이미 가정하고 있기 때문이다("만약 네가 하나님의 아들이거든"이라는 번역보다는 "네가 하나님의 아들이기 때문에"라고 번역하는 것이 더 좋다).

오히려 사단은 예수로 하여금 하나님 왕국의 실현을 쉬운 방법으로 성취하도록 음모를 꾸민다. 예수의 시험과 관련된 장소들과 하나님 왕국 사이의 연관성을 주목해 보라. 각각의 장소-광야(1절), 성전(5절) 그리고 산(8절)-들은 종말의 사건들에 대한 기대를 안고 있는 장소들이다. 비록 예루살렘 성전과 이 세상의 산이 종말의 사건들과 서로 연관되어 있다 할지라도, 쿰란 공동체는 이스라엘의 종말을 준비하기 위해 그들의 거처를 광야로 이동하였다(Donaldson, 1985:96).

대중적 기대를 충족해 주는 메시아 사역을 수행하라고 촉구하는 사단의 시험들은 메시아로 부름받은 예수의 소명과 본질을 슬쩍 건드려본다. 사단은 광야생활로 인해 굶주려 있는 예수에게 새 만나를 만들어 보라고, 성전 꼭대기에서 뛰어 내려 신적인 사역의 권위를 증명해 보이라고, 또 희생이 없는 정치적인 방법을 통해 세상 주권을 성취해 보라고 비아냥댄다(마 4:3). 그러나 구약 이스라엘 역사의 메시지가 분명히 밝혀주듯이, 아들로서 아버지의 뜻에 순복한 순종으로 말미암아 예수는 그의 소명을 성취하게 될 것이다. 예수의 소명은 하나님을 의지하고 하나님의 임재를 신뢰하며, 하나님의 때와 그분의 주권을 전적으로 받아들이는 것이었다.

광야생활을 통해 예수는 하나님 언약의 약속들—이와 비슷한 상황 아래 이스라엘은 그 언약을 잊어버렸다—을 다시 상기시켜 준다. 그리고 예수는 사단의 시험에서 마침내 승리한다. 예수를 섬기기 위해 나아온 천사들(11절)은 온 피조 세계 위에 뛰어나신 예수의 "주되심"을 미리 보여 주고 있으며 하나님 아들이요 또한 이스라엘이신 그분의 신분을 확증(確證)해 준다.

3. 예수의 사역(마 4:17 - 25:46)

마태는 예수의 시험(4:1-11), 세례 요한의 체포(12절) 그리고 예수의 공적 사역의 시작(17절)을 신속히 전개시켜 나가고 있다. 이스라엘을 향한 예수의 가르침을 소개하고 있는 기사는 4:17에서 25:46까지 확대되어 간다. 이 사역을 기초로 하여 하나님의 새 백성들이 부름을 받게 될 것이며, 이 사역 기간 동안 정치적 이스라엘은 거절을 당하게 될 것이다.

(1) 산상수훈(마 5:1-7:27)

마태복음의 산상수훈은 예수의 첫 공적사역의 뒤를 이어 소개되고 있다. 시내산의 뉘앙스(Davies and Allison, 1988:423)를 반영하고 있는 이 산상수훈은 아마도 흩어진 이스라엘의 복원을 지향하고 있다. 마태는 그의 제자들과 군중들로부터 예수를 멀리 분리시킴으로써 예수를 이 두 계층을 가르치는 교사로서 묘사하고 있다(5:1-2; 7:28-29). 그러면 그의 가르침은 무엇인가?

마태복음 5:3-11에 반복해서 사용되고 있는 한 단어는 팔복(the Beatitudes)으로 알려진 예수의 첫 번째 메시지(3-12절)를 이해하는 데 도움을 제공해 준다.

예수는 각각의 팔복을 "마카리오이"(복이 있나니)라는 헬라어로서 시작한다. 서론적 역할을 하는 이 단어는 하나님 나라에 들어가도록 해 주는 축복을 뜻하기보다는 이미 하나님 나라에 들어간 백성들의 축복을 의미한다. 신자의 상태를 설명하기 위해 이와 비슷하게 사용된 한 단어가 구약에 나타난다. 이전에 부여된 축복으로 말미암아 만들어진 조건을 설명하는 히브리어 어근 "스르"는 놀라운 축복의 상태를 의미한다(예, 신 3:29; 욥 5:17; Janzen, 1965:225).

팔복은 하나님 나라에 들어가기 위한 조건들이라기보다는 오히려 하나님 나라에 들어간 백성들에 의해 드러나는 아름다운 특징들이라고 할 수 있다. 예수의 팔복은 하나님 나라의 삶의 본질을 설명하면서 이러한 삶을 실천하도록 권하고 있다. 구약의 토라와 같이, 팔복은 언약에 참여하기 전 반드시 직면해야만 하는 어떤 조건들을 규정하기보다는 언약의 수용과 그 은혜로 말미암아 흘러 나오는 삶의 행실을 가리킨다. 예수는 "심령이 가난한 자"(마 5:3)로 간주되고 있는 한 부류의 사람들에게 관심을 이끌기 위해 "마카리오이"라는 헬라어 단어를 사용한다. 이들은 복음의 부름에 성실히 반응해 왔던 사람들을 의미한다. 아마도 그들은 예수 곁에 앉아 있는 소수의 제자들과 같은 부류라고 할 수 있다.

첫 네 편의 복(3-6절)은 이와 같은 신자들의 내면적 태도에 집중하고 있다. 그리고 이어지는 네 편의 복(7-10절)은 내면적 성향으로부터 흘러 나오는 외적인 행실을 가리킨다(만약 8절에 "마음이 청결한"을 "흠이 없는"으로 해석하는 견해를 살펴보려면 Hatton and Clark, 1975:132-38을 참조하라). 이사야 61:1-4는 첫 번째 네 편의 복을 반영하고 있는 문맥이다(Guelich, 1976:427-28). 이 이사야의 예언은 하나님의 권능을 덧입고 하나님에 의해 기름부음을 받은 왕이요, 선지자인 한 사람이 임박한 구원의 메시지를 가지고 침체된 공동체를 향해 나아올 것임을 소개하고 있다. 예수는 팔복에서 그때가 바로 지금이라고 선언한다. 비록 온전한 하나님 나라의 모습이 미래에 이루어진다 할지라도, 하나님 나라의 백성이 되는 자격은 새롭게 된 언약 관계를 통해 현재에 주어지게 된다.

핍박은 팔복의 마지막 세 구절 가운데 계속해서 언급되는 모티브이다(마 5:10-12). 예수가 언급하고 있는 고난들은 예수의 죽음 이후 그리스도인들이 직면해야만 할 미래의 박해를 말하는 것이 아니다. 오히려 10절에서 "핍박을 받은 자"라는 완료수동분사를 사용하는 예수의 표현은 하나님 나라 백성으로서의 삶의 방식이 핍박을 초래할 것임을 예고하고 있다. 그리하여 예수는 제자의 삶을 추구함으로 말미암아 일어나게 되는 일반적인 핍박을 설명한다.

이와 같은 핍박을 당하게 되는 더욱더 구체적인 이유는 "의를 위해서"이다. "나를 위해서"라는 병행구가 11절에 나타난다. 핍박은 제자들의 행실 때문에 일어나는 것이 아니라 그들과 예수와의 관계로 말미암아 발생하게 될 것이다. 11-12절을 통해 우리는 구약 선지자들이 이와 비슷한 핍박을 경험했음을 발견할 수 있으며, 공동체로부터 거절되어 육체적인 핍박을 당한 구약 선지자들처럼 예수의 제자들 역시 정신적인 핍박보다는 육체적인 핍박을 더 많이 받게 될 것임을 알게 된다(Hare, 1967:117).

팔복의 뒤를 이어 곧바로 예수는 복음에 반응하는 종말의 백성을 묘사해 주는 두 가지 이미지-13절에 나오는 소금과 14-16절에 나오는 빛-를 사용한다. 분명히 이 두 그림언어를 연결시켜 주는 다양한 방법들이 있다. 예를 들면, 아마도 빛으로서의 공동체 이미지는 소금 이미지를 반복해 주고 있다. 혹은 빛 이미지는 소금 이미지보다 더 발전해 나가고 있는 듯하다. 우리는 소금 이미지가 내면적 성향을 말하고 있는 첫 번째 네 편의 팔복을 반영하는 반면, 빛 이미지는 외적 행실을 언급하는 다음 네 편의 팔복을 반영하고 있다고 제안할 수 있다. 이 빛과 소금과의 관계를 밝혀내기 위해 이 이미지들을 좀더 구체적으로 살펴보도록 하자.

13절에서 예수는 "너희는 세상의 소금이니라"고 선언하신다. 어떤 이들은 소금과 격언에 담긴 지혜 사이의 연관성에 초점을 맞추어 토론해 왔다. 예수의 말씀은 간결하고도 날카로운 효과를 자아내는 일종의 격언-새로운 공동체는 이것을 온 세상에 가져다 줄 것이다-이다(Dumbrell, 1981:11 참조). 이와 같은 연관성은 마가복음 9:50과 누가복음 14:34에 나오는 소금의 용도와 잘 조화를 이룬다. 그러나 마태가 여기서 개인적으로 강조하고자 하는 바는 이러한 문맥들(막 9:50; 눅 14:34)에 기초를 두지 않는다. 구약에서 소금 이미지가 강조하는 바는 우리가 예상하는 바-"보존"이라는 개념-와는 다른 "견고성"이라는 개념이다. 비록 소금이 언약의 제사에 본질적인 한 요소였다 할지라도(출 30:35; 레 2:13; 민 18:19), 제사제물과 관련되어 있는 음식들로 인해 소금의 사용은 아마도 자연스러운 현상이었을 것이다.

레위기 2:13에서 소금이 "언약의 소금"으로 언급되어 있고 민수기 18:19에서는 "영원한 소금 언약"이 그 실체의 영구적 특성을 강조하고 있음을 주목해 보라(Rabbinowitz, 1971:710-11). 특히 역대하 13:5은 영속성과 영구성을 상징하는 소금의 용법에 대한 의구심을 모두 떨쳐버리게 해 준다. 역대하 13:5에서 영구적이고 불변하는 다윗 언약(cf. 삼하 7:16)은 "소금 언약"으로 서술되어 있다. 에스라 4:14에서 에스라서 기자가 "궁정의 소금을" 함께 먹음으로 말미암아 바사왕에 대한 변치 않는 의무를 이행해야 함을 가정하고 있음을 살펴보라. 구약에 나타나는 소금의 용법은 정결을 상징하기보다는 체결된 약속에 대한 성실을 의미한다. 그러므로 우리는 마태복음 5:13에서 예수가 그의 제자들을 "이 세상의 소금"이라고 불렀을 때, 첫 번째 네 편의 팔복에 구체화된 영속적인 내면의 헌신을 언급하고 있음을 제안할 수 있다.

예수의 제자들을 "세상의 빛"으로 소개하고 있는 이 그림언어는 마태복음 5:14에 등장한다. 예수가 의미하는 바가 무엇인지에 대해 약간의 의구심을 가질 수도 있다. 예수는 계속해서 같은 구절에서 "산 위의 도시"(한글개역성경에는 "동네"로 번역됨―역자주)를 언급함으로써 우리에게 선명한 이미지를 전달해 준다. 예수는 일련의 종말론적인 변화를 마음에 그리고 있으며 그가 가르치고 있는 이 조그마한 공동체가 이미 구약의 시온을 의미했던 세상의 중심으로서의 역할을 이미 수행해 왔음을 관찰한다. 빛에 대한 언급은 이사야 2:2-4을 그 배경으로 한다.

이사야 2:2-4에서 시온산은 시내산과 다윗 전승과 깊은 관련을 맺고 있는 높이 치솟은 세계의 산이 된다. 어떤 이들은 14절에 소개된 "도시"의 불분명한 특성 때문에 도시와 예루살렘을 비교하는 것은 어려운 일이라고 주장해 왔다(Dumbrell, 1981:16 참조). 그러나 이러한 종말론적인 문맥들은 정확성을 요구하지 않는다. 더욱이 외경의 도마 복음은 예수가 이 도시를 예루살렘으로 언급한다고 이해했던 것 같다. "산 위의 동네가 숨기우지 못할 것이요"라는 마태의 진술에 대해, 이 도마 복음은 "요새화된 도시는 무너질 수 없으며"―이 진술은 시온의 불가침성 교리를 반영해 주는 명백한 암시라고 볼 수 있다―라고 기록하고 있다(Meier, 1992:3 참조). 그리하여 제자들과 새로운 공동체는 시온―종말의 때 온 민족이 이 시온을 향해 순례여행을 떠날 것이라고 기대되었다―으로 대체된다.

구약과 예수 당시 유대교의 통상적인 관점에서 볼 때, 16절의 말씀("이같이 너희 빛을 사람 앞에 비취게 하여 저희로 너희 착한 행실을 보고 하늘에 계신 너희 아버지께 영광을 돌리게 하라")은 토라, 빛 그리고 이스라엘의 소명과 연결되어 있다(Trilling, 1964:140). 새로운 공동체와 완성된 이스라엘의 역할을 암시하고 있는 14-16절은 먼저 제자들의 소명을 전체적으로 설명한다. 그 다음 부차적으로는 이 소명을 개별적으로 설명해 나가고 있다. 예수의 제자들은 마태복음 5:7-10의 팔복에 나타난 새 언약이 요구하는 삶의 행실을 나타내 보여 줄 것이다.

세상의 참 빛이 되기 위해 새 공동체는 (제일 처음 이스라엘에게 전달되었던) 구약 언약을 세워 나갈 세상의 소금이 되어야만 한다. 예수가 언급한 "세상의 소금"이란 어구는 "세상의 빛"보다 더 많이 제한되는 듯하다. 왜냐하면 이 복음서의 시작부터 마태는 팔레스타인 혹은 약속의 땅을 지칭하는 "게"라는 헬라어("지상"⟨earth⟩ 혹은 "땅"⟨land⟩)를 사용하고 있기 때문이다. 아마도 예수는 이스라엘과 새 이스라엘 사이의 연장선상에서 하나님의 새 백성을 바라보고 있는 듯하다. 비록 이스라엘의 정치적 동맹이 이루어지지 못한다 할지라도, 민족 이스라엘로부터 일어난 공동체인 하나님의 새 백성은 이스라엘을 향한 하나님의 언약이 결코 헛되지 않을 것임을 보증해 준다.

이제 새로운 공동체는 이사야에서 소개된 종의 공동체(61장)—이 공동체는 이스라엘과 맺은 언약이 미래에 시행될 것이라는 보증을 제공해 준다—가 보여 주는 특징을 통해 그들의 역할을 구체적으로 드러내 보여야만 한다. 비록 구원이 유대인들로부터 시작했다 할지라도, 이 언약의 연속성은 세상과 이방인을 향한 선교를 가능하게 해 준다.

마태복음 5:16에 복합적으로 암시되어 있는 토라와 소명은 예수와 토라의 관계를 설명하는 17-20절에서 논리적으로 전개되어 간다. 이 구절들로부터 두 가지 의문점이 일어나게 된다. 첫째, 왜 예수는 이 시점에서 율법이라는 주제를 부각시키고 있는가? 그리고 둘째, 율법과 예수의 관계를 설명하는 예수의 정교한 진술이 의미하는 바는 무엇인가? 먼저 첫 번째 질문에 대해 상고해 보도록 하자. 17절은 다음과 같은 표현으로 시작한다: "내가 율법이나 선지자나 폐하러 온 줄로 생각지 말라." "생각지 말라"는 문장 표현은 예수가 청중들이 지니고 있었던 이전의 관념들을 수정시키려는 것이 아님을 말해 주고 있으며, 또한 이러한 표현은 그 당시의 정황으로 볼 때 예수가 토라를 위반하지 않았음을 말해 준다.

그러나 그의 사역에 대한 오해를 불식시키기 위해 예수는 18절에서 소개하는 바와 같이, 자신의 사역이 이스라엘의 토라의 종말을 가져다 줄 것이라는 생각을 단호히 거절한다. 14절에서 새 예루살렘으로 간주되는 제자들의 새로운 신분으로 말미암아 예수는 율법이라는 주제를 이 시점에서 제기한다. 종말의 날에 대한 예언자들의 기대에 따르면, 주님의 토라는 산 위의 도시—시온을 의미한다—에서 나올 것이다. 예수가 이 도시를 언급함으로 말미암아, 예수는 토라가 시온에서 나올 것이라는 구약의 가르침이 변치 않았음을 그의 청중들에게 확증시켜 준다.

토라와의 관계에 대해 예수가 말하는 바는 무엇인가? 이 질문에 대한 대답은 17절에 소개된 "율법이나 선지자"라는 문구를 어떻게 해석하느냐에 달려 있다. 만약 이 문구를 구약 정경으로 해석하게 되면, 예수는 그의 메시지가 단지 성경의 전승과 완전한 일치를 보이고 있다는 것 외에는 더 이상의 언급을 하지는 않는다. 이 해석에 반대하는 입장은 18절에서 예수가 단지 율법만을 언급한다는 사실에 기초하여 문제를 제기한다. 18절의 관점에서 볼 때, 예수는 "율법이나 선지자"라는 문구를 첫째로, 모세가 전해 준 율법과 둘째로, 모세의 율법을 가장 폭넓게 확대시킨 선지자들을 통해 해석된 율법을 가리킨다. 그리하여 예수가 천명하는 그의 사역은 율법의 본질뿐만 아니라 율법의 적용을 가장 폭넓게 확대시킴으로써 율법은 계속해서 지속되어 나갈 것이다.

예수는 그가 율법-이 율법은 하나님의 통치 수단이 되며 율법 수여자인 공동체를 통해 이 세상을 통제한다-의 기대들을 완전케 하러("to fulfill") 왔다고 선언하신다. "완전케 하다"라는 동사가 70인경에는 율법이라는 단어와 함께 사용되지 않기 때문에, 이 동사가 "율법의 실천"이라는 개념을 의미하지는 않은 것 같다(Meier, 1976:75). 그러므로 예수가 자신의 율법을 완전케 하여 율법을 대치할 것임을 언급하고 있지는 않은 듯하다. 왜냐하면 이 동사는 70인경이나 혹은 헬라어 성경에서 완전한 성취 혹은 성취의 온전한 구현을 뜻하지 않기 때문이다. 예수는 새 시대를 향한 자신의 가르침을 통해 율법의 위치에 관심을 집중시킨다. 17-20절에서 예수는 이전보다 훨씬 더 폭넓은 율법 개념을 제시하면서 율법의 완전함을 선언한다(Meier, 1976:82).

그러므로 예수의 사역을 통해 율법은 끝나지 않을 것이며 오히려 예언의 중심이 될 것이다. 예언서의 종말론이 율법의 역할을 규정해 왔던 바와 마찬가지로, 예수는 율법이 종말의 날에 가르침을 전달하는 도구가 될 것임을 증언한다. 새로운 공동체가 우주를 향한 그들의 책임을 성실히 수행함으로 말미암아, 이제 이 공동체는 이스라엘의 종말론적 역할을 감당하는 새로운 공동체로 이해된다. 예수의 사역을 통해 이루어질 이스라엘의 회복은 온 세상을 향한 축복을 의미한다. 온 민족이 새로운 빛을 보게 될 것이고, 하나님의 율법이 이 공동체로부터 나올 것이며 이 율법은 미래의 삶을 통제해 주는 통치의 수단이 될 것이다. 현재 예수는 율법을 해석하는 자이지만, 그는 율법이 실행될 수 있는 제한된 기간을 다음과 같이 한정하고 있다: "천지가 없어질 때까지"와 "모든 율법이 이루어질 때까지"(18절, NRSV).

이와 같은 문구들은 율법 폐지와 관련된 제한사항이 폐기될 때를 가리킨다. 새 시대로 인도하는 (종말에 일어날) 천지의 소멸은 구약에서 거듭 반복되는 이야기이며, 신구약 사상과 신구약 문서들 속에 계속해서 되풀이되고 있는 내용이다(Meier, 1976:63). 아마도 예수는 그의 죽음과 부활이 이스라엘시대의 종말과 보편적인 구원의 시대의 시작을 알려줄 것임을 선언하고 있는 것 같다.

마태복음 5:21-48에서 예수는 율법의 참된 본질—율법의 본질은 타인을 생각하는 이타주의였다—을 사실 그대로 설명하기 위해 전통적인 율법 해석을 훨씬 뛰어 넘어 가신다. 예수의 가르침을 통해 토라는 종말론적인 목적과 완성을 완전하게 이루게 될 것이다. 예수는 유대교 전통에 의해 형성되어 서기관과 바리새인들이 강화시켰던 그 당시의 많은 장벽들과 차별들을 제거하려 했으며 이것을 그의 사역으로 이해했다. 그렇지만 율법의 외면적 실천이라고 할 수 있는 사랑이 율법에 대한 신명기적 해석의 본질을 이루고 있으므로 예수가 율법의 목적을 사랑으로 대체시키고 있다고 제안하는 것은 지나친 확대해석이다.

다시 말하면, 사랑은 율법의 나른 요구사항들과 대체될 수 없다. 그러나 사랑은 율법의 모든 요구사항들의 기초가 된다. 마태복음 7:28-29에 나오는 청중들의 반응으로 미루어 볼 때, 예수의 가르침은 이례적이었으며 그의 권세는 모세의 권위를 훨씬 더 초월하였다. 시내산 언약에 나타난 율법의 역할에 대해 모세가 이해했었던 바와 마찬가지로, 예수는 새로운 삶의 방식과 그에 따른 헌신적인 삶과 관련시켜 율법을 이해한다.

마태복음 6-7장에서 예수의 설교는 세상의 소금이요 세상의 빛으로서, 제자들이 반영해야 할 실천적인 적용들을 언급한다. 예수는 그의 제자들이 추구해야 할 제일 우선되는 사항을 다음과 같이 소개하고 있다: "너희는 먼저 그의 나라와 그의 의를 구하라"(6:33). 그 어떤 사람의 의도 충분치 못하며(6:1) 서기관과 바리새인의 의(5:20)도 온전치 못하다. 바리새인과 서기관들의 의는 일정한 율법의 해석에 기인한다. 그러나 하나님의 의는 예수를 통해 해석된 바와 같이 율법에 따른 삶을 요구한다(Przybylski, 1980:99). 그러나 이러한 새로운 의는 궁극적으로 하나님의 선물이다. 예수는 인류가 바리새파와 같은 종교적 제도에 의해 평가받거나 판단 받을 수 없는 존재임을 강조하면서 인간의 율법 준수를 부정적으로 평가한다(7:1-6).

이와는 반대로, 하나님 나라의 일원은 하나님의 공급하심에 전적으로 의존하고 있으며 이 일을 위해 하나님 나라의 회원은 반드시 지속적이고도 간절하게 간구 해야만 한다(7:17-11). 하나님을 향한 전적인 신뢰 그리고 이타주의(7:12)는 하나님 나라를 통해 나타나는 "율법"의 모습이라고 할 수 있다. 예수는 종말론적인 경고-두 가지 길(7:13-14), 거짓 선지자(7:15-20) 그리고 두 건축자 비유(7:24-27)-와 함께 그의 설교를 끝맺는다. 이 모든 설교를 통해 예수는 이스라엘을 향해 새로운 언약을 촉구하고 있다. 민족과 개인의 변화를 촉구하는 예수의 요구에 직면한 이스라엘은 이제 결단하라는 요청에 직면하게 된다.

(2) 이스라엘을 향한 사역(마 8:1-16:12)

이스라엘을 향한 예수의 사역 기사는 예수에 대한 이스라엘의 반응을 소개한 이야기이다. 산 위에 운집한 거대한 군중들을 사로잡은 예수(마 8:1)는 가르침과 수많은 치유사역을 통해 자신을 이스라엘의 메시아로 드러낸다(8-9장). 특별히 두 편의 이야기는 그의 사역에 나타난 메시아로서의 특성을 증거한다.

첫째 편의 이야기에서 두 소경은 이스라엘이 보지 못했던 것-가르침을 전하고 병든 자를 고쳐주는 자가 메시아라는 사실-을 깨닫게 된다(9:27-31). 둘째 편의 이야기에서 이스라엘의 목자로 소개되고 있는 예수는 지도자가 없는 무리들, 즉 극도의 절망적인 상황에 처해 있음에도 불구하고 예수의 말씀을 받아들이지 못하는 자들을 측은히 여기셨다(9:35-38). 이와 같은 절망적인 상황으로 말미암아 열두 제자들이 부름받게 된다(38절). 이스라엘은 예수를 거절할 것이고, 이와 마찬가지로 열두 제자들도 거절하게 될 것이다.

① 열두 제자들을 거절함(마 10장)

마태복음 10장은 예수께서 열두 제자들-이들의 선교 사역은 예수의 사역과 비교되고 있다-을 부르시는 장면으로 시작한다. 먼저 예수는 이스라엘을 위해 보냄을 받았기 때문에, 그의 제자들은 단지 이스라엘 집의 잃어버린 양들을 위해 사역해야만 한다(마 10:5-15). 그렇지만 예수는 마태복음 10:23에서 제자들의 이스라엘 선교가 지니고 있는 일시적인 성격을 분명하게 강조한다. 그리고 예수는 이 제자들의 사역이 예루살렘의 멸망(cf. 24:30)과 함께 임하실 인자의 도래로 말미암아 모두 종결될 것임을 특별히 언급하고 있다. 그리하여 예루살렘의 멸망과 민족 이스라엘의 정치적 종말은 이스라엘 선교가 아직 끝나지 않았다는 여지를 남겨둘 것이다.

그러나 마태복음 10장은 제자들의 선교에 강조를 두기보다는 오히려 제자들의 거절당함에 강조를 두고 있다(10:21-42). 제자들이 복음전파의 임무를 맡았고(10:7), 그와 같은 복음 전파가 핍박을 유발시킬 것이기 때문에(마 5:10-12), 제자들은 예수와 마찬가지로 거절과 핍박을 당하게 될 것이다.

② 예수를 거절함(마 11:2-16:12)

1장에 등장하는 족보(族譜)로부터 10장에 나오는 이스라엘 선교까지 마태복음은 아주 강한 메시아 사상을 소개하고 있다. 11-16장은 예수의 거절당함과 그의 선포에 초점을 맞춘다. 예수는 세례 요한(2-15절), 현 세대(16-19절) 그리고 도시들(20-24절)로부터 배척당하게 되며 이 모든 일련의 사건들은 단지 11장에서만 언급된 사건들이다. 이 세 가지 가운데 예수 사역—예수의 사역은 세례 요한이 기대한 메시아 상(像)과 전혀 부합하지 않았다—의 본질에 대해 의구심을 가졌던 세례 요한의 태도는 아마도 가장 놀라운 일이라 할 수 있다. 세례 요한은 단지 예수의 행동만을 주시했기 때문에(2절), 그는 예수의 메시아적 소명을 확신하지 못했다. 그러나 세례 요한이 보낸 자들은 그들이 보고 들은 것(4절), 즉 예수의 행동뿐만 아니라 예수의 말씀도 세례 요한에게 보고한다. 기적뿐만 아니라 가난한 자에게 복음도 전파되었다(5절, 산상수훈을 반영하고 있음). 즉, 이것은 이스라엘의 메시아가 도래했다는 증표가 된다(사 61:1-3 참조).

예수의 메시아 되심을 설명하고 있는 마태는 계속해서 12장을 통해 예수와 종교 지도자들과의 갈등을 묘사한다. 이 갈등 내러티브를 통해 마태는 예수가 다윗과 같은 메시아이며 안식일의 주인이라고 단언한다(1-14절). 안식일의 주인이신 예수는 안식일의 본질적인 기능을 다시 해석해 준다. 그리하여 예수는 안식일에 치료사역을 수행하게 된다. 22-23절에 소개된 눈멀고 말못하는 자를 고치신 예수의 치료사역으로 말미암아 놀라움에 사로잡힌 군중들은 혹시 예수가 다윗의 자손 메시아는 아닌가 하고 생각해 본다. 여기서 마태는 독자들이 예수의 메시아 되심을 전적으로 받아들이기를 원하고 있다. 왜냐하면 마태는 예수를 성전(6절), 요나(41절), 심지어 솔로몬(42절)보다도 더 크신 이로 소개하고 있기 때문이다. 더욱이 마태는 예수가 행한 놀라운 치유사역을 입증하기 위해 이사야가 소개한 (메시아와 같은) 종의 노래를 인용한다(마 12:18-21; cf. 사 42:1-4). 예수의 사역을 의심하고 비난하는 자들과 예수 주위에 모여든 새로운 제자 공동체 사이에 날카로운 대조가 선명하게 드러나고 있다(46-50절).

마태복음 13-16장에서 반복되어 나타나는 모티브들은 다음과 같다: "치유, 군중들을 가르치심, 이스라엘을 먹이심, 이스라엘로부터 배척 당하심." 이스라엘을 상징하는 군중들을 향해 예수의 말씀은 비유로 전달된다(13:1-15). 왜냐하면 하나님 나라는 단지 신실한 언약 백성들에게만 알려질 것이기 때문이다(13:11, 36-52). 예수의 지혜와 선한 사역에도 불구하고, 예수의 이러한 사역으로 말미암아 이스라엘 군중들은 극도의 불쾌감을 드러낸다. 다음에 이어지는 세 장들은 이스라엘 지도자들로부터 배척 당하시는 예수의 모습을 잘 보여 준다(cf. 16:1-4).

그러나 예수는 급식(14:13-21; 15:32-39)과 치유사역(14:34-36; 15:29-31)을 통해 자신의 메시아 되심을 계속해서 드러내 보여 준다. 정결(淨潔)과 부정함에 대한 토론(15:1-20)—이 기사는 13-16장의 중심이 된다—이 끝나고 자연스럽게 이어지는 가나안 여인과의 만남 사건은 가장 두드러진 사건이라고 볼 수 있으며 또한 예수의 메시아 직(職)을 강조하고 있다.

(3) 신분을 알리시고 공개적으로 승인하심(마 16장)

오천 명을 위한 급식(給食)과 병자들을 위한 치유 사역과 같은 엄청난 기적을 통해 예수는 그의 메시아 되심을 증명해 보이셨다. 하지만 그의 사역, 즉 그의 가르침이 직면해야 할 또 다른 국면이 남아 있다. 이제 우리는 예수가 자신의 정체를 우리들에게 어떻게 소개하고 있으며 다른 이들은 그의 정체를 어떻게 이해하고 있는가에 대해 연구해 보기로 하자.

마태복음 16장의 시작, 중반 그리고 마지막에 이르러 "인자"(人子) 혹은 이 단어를 암시하는 표현이 등장한다(4, 13, 27-28절). 마태복음에서 이 인자 칭호는 오직 예수만을 가리킨다. 12:38-41에서 요나와 인자가 함께 유비(喩比)를 이루고 있기 때문에, "요나의 표적"을 언급하는 4절은 인자를 암시하고 있다. 표적을 구하는 바리새인과 사두개인들의 요구에 대해 예수는 이 타락한 세대에 줄 수 있는 유일한 표적은 인자의 죽음이라고 답변하신다(여기에 부활에 대한 그 어떤 암시도 없다는 사실을 주목해 보라; Patte, 1987:226). 요나가 이방인 선교를 위해 보냄을 받았었기 때문에, 예수는 요나를 거론하시면서 장차 이루어질 이방인 선교를 미리 암시해 주고 있는 듯하다.

다음에 소개되는 인자에 대한 언급은 훨씬 더 분명한 의미를 전달해 준다. 13절에서 예수는 그의 제자들에게 "사람들이 인자를 누구라 하더냐?"라고 질문하신다(막 8:27절에서 예수는 제자들에게 "너희들은 나를 누구라 하느냐?"라고 질문하고 있음을 주목해 보라, cf. 눅 9:18). 마태에게 있어서 인자는 (인자로 불려진 또 다른 한 인물, 에스겔의 역할처럼) 민족과 온 세상에 임할 종말의 심판과 관련되어 있는 기능을 수행할 고난받는 인물이다(16:21; 20:28; Maddox, 1968:54-74). 16장에서 심판은 예수의 사역을 통해 이스라엘로 향하게 된다. 그리고 이 심판을 통해 교회가 생겨나게 될 것이다. 제자들은 인자의 정체에 대한 다양한 견해를 소개한다(14절).

그러나 단지 한 사람만이 예수의 징체를 정확하게 설명한다. 인자이신 예수는 이스라엘의 메시아이다(16절). 베드로의 고백에 의하면, 예수는 "그리스도시며 살아 계신 하나님의 아들"이시다. 그 당시 인자를 메시아 칭호로 소개했었던 쿰란 공동체의 증거가 있기 때문에, 이 두 가지 칭호의 메시아적 해석은 정당화 될 수 있다(Beasley-Murray, 1986:56-57).

베드로의 고백 위에 예수는 교회의 공식적인 시작을 다음과 같이 선언한다: "또 내가 네게 이르노니 너는 베드로라 내가 이 반석 위에 내 교회(에클레시아)를 세우리니 음부의 권세가 이기지 못하리라"(마 16:18; 베드로〈페트로스, "돌"〉라는 이름과 반석〈페트라, "주춧돌"〉이라는 단어를 사용함으로써 예수는 하나의 예로서 소개된 베드로라는 이름과 가장 본질적인 반석—이 반석 위에 교회가 세워질 것이다—간의 차이를 구별짓고 있다). 18절에 나오는 헬라어 "에클레시아"를 영어로 "교회"(church)라고 번역한 것은 자칫 오해를 야기시킬 수 있다. 70인경에서 "에클레시아"는 "시나고게"—이 헬라어 단어는 현재의 문맥과는 잘 어울리지 않는 것 같다—라는 헬라어와 마찬가지로 종종 이스라엘을 언급할 때 자연스럽게 사용되었다.

　20세기초 홀트(F. J. Hort)는 마태복음 16:18에서 예수가 이스라엘의 회복을 염두에 두고 있었다고 주장한다(1900:10-17). 우리는 이와 같은 제안이 예수의 의도를 설명하고 있다고 보아야 한다. 회복된 이스라엘의 재건과 견고함을 강조하고 예수의 진술은 이사야 28:16에 암시해 주고 있다. 만약 그것이 사실이라면, 예수는 메시아의 새 성전 건축을 언급하고 있는 것으로 이해할 수 있다. 왜냐하면 이사야는 하나님께서 시온에 반석을 세우실 것임을 선언하고 있기 때문이다. 아니 오히려 하나님께서 시온을 반석으로 삼으실 것이라고 보는 것이 더 좋을 것 같다.

　또한 하나님은 시온을 이스라엘의 신실한 자들―이들은 선택 교리를 지지해 주는 하나님의 예정하심 속에 있다. 그리고 이와 같은 하나님의 예정하심은 이스라엘을 향한 하나님의 목적에 기초하고 있으며 예루살렘 성전의 실체는 이러한 하나님의 목적을 나타내고 있다―을 위한 일련의 시금석(試金石)으로 삼으신다. 이사야 28:16과 마태복음 16:18은 반석의 건축과 반석의 세움을 설명해 준다. 이 두 구절은 종말의 신앙 공동체를 지시한다. 그리고 이 두 구절은 악으로부터의 보호를 강조한다.

　마태복음 16:18의 구약적 배경은 본문의 의미를 명확하게 만들어 준다. 이사야에게 있어서 성전은 이스라엘의 하나님 임재를 나타내며 신앙은 이 성전을 지향해야만 한다. 이스라엘의 후기전승(後記傳承)들은 이 성전을 반석, 곧 우주적인 바위산―지하세계의 덮개, 천상과 연결되는 곳, 천상과 지하세계를 넘나들 수 있는 통로를 제공해 주었던 세계의 산―위에 세워진 것으로 이해했다(Patai, 1947:54-139). 랍비들에게 있어서, 성전이 세워졌던 시온의 우주적인 반석은 창조의 처소였으며 낙원과 생명 나무의 처소였고, 세계의 강들의 근원이 되는 곳으로서 홍수가 침범치 못하는 장소였다(Meyer, 1979:185-86; Jeremias, 1926:66-68). 어떤 이들은 메시아를 새 성전의 건축자로 믿었다(Meier, 1979:186).

　한편 70인경과 탈굼역은 이사야 28:26의 반석을 메시아로 해석했다. 가장 많이 선호하는 해석은 메시아가 반석을 선택할 것이며 그 반석 위에 새 성전이 세워질 것이라는 견해이다(Meyer, 1979:197). 여호와께서 흩어진 이스라엘을 다 함께 모을 때, 그가 거하는 영광의 처소 시온의 성전은 열방을 온 세상 사방으로부터 불러올 것이다. 그날에 다윗과 같은 왕이 열방의 기호(旗號)가 될 것이고 (사 11:10) 온 열방이 그를 찾을 것이다. 그리하여 어둠의 세상은 이스라엘의 영광을 목도하게 될 것이다. 예수는 "에클레시아"를 회복된 이스라엘, 모여든 하나님의 백성들로 간주하는 듯하다. 의미심장하게도 마태복음 16:18은 미래를 향한 구약의 비전과 그 시작을 미리 예고하고 있다.

예수는 그가 베드로에게 천국의 열쇠를 줄 것임을 선포하신다(마 16:19). 시온의 첫 왕족 재상(宰相) 엘리아김에게 주어졌던 열쇠(사 22:20-22)와 비교해 볼 때, 우리는 베드로의 열쇠 소유가 권위와 권세를 의미하는 것으로 해석한다. 마태는 23:13에서 바리새인과 서기관들이 사람들 앞에서 천국의 문을 닫아버렸다고 소개한다. 그러므로 베드로의 권세는 가르칠 수 있는 권리와 천국의 길을 제시할 수 있는 권리를 포함한다. 마침내 오순절 날이 이르러 베드로는 이스라엘(행 2장)과 북이스라엘 왕국의 남은 후손들인 사마리아(행 8:14-17), 그리고 이방인들(행 10장)을 향해 그와 같은 권세를 수행한다.

19절에서 예수는 베드로와 회복된 이스라엘에게 부여한 권세를 다음과 같이 서술한다: "네가 땅에서 무엇이든지 매면 하늘에서도 매일 것이요 네가 땅에서 무엇이든지 풀면 하늘에서도 풀리리라." 지상의 회복된 이스라엘로부터 정죄받는 그 무엇이든지 이미 하늘에서 정죄받게 되니 지상의 회복된 이스라엘로부터 용서함 받는 그 무엇이든지 이미 하늘에서 용납된다고 선언하신 예수는, 회복된 이스라엘에게 종말의 심판과 관련된 하늘의 결정을 선포할 수 있는 권세를 미리 부여해 주셨다. 그리고 21-23절은 베드로의 대리적 직임(職任)이 일시적인 성격을 띠고 있음을 보여 준다. 왜냐하면 그가 참 신앙 고백을 할 때만 반석이 될 수 있기 때문이다. 달리 말하자면, "베드로"라는 사람 그 자체는 시험에 빠지기도 하고 때로는 장애물이 되기도 한다.

마태복음 16:24-28은 고난과 십자가라는 요소를 추가시키면서 다시 인자(人子)라는 주제로 되돌아간다. 왜냐하면 회복된 이스라엘이 이 십자가를 통해 다시 세워질 것이기 때문이다. 21-23절에 소개되고 있는 메시아의 십자가는 필연적으로 24절에 나오는 제자들의 십자가를 반영한다. 고난을 통한 구속이 하나님 계시의 본질이 되기 때문에 인자가 고난을 당하는 것은 하나님의 필연적 사건이다. 그러므로 우리는 왜 예수가 13절에 "인자"를 소개한 뒤 자신을 그리스도라 고백한 베드로의 신앙고백을 이와 같은 "고난받는 인자"의 관점에서 해석하고 있는지를 납득할 수 있게 된다.

그렇다면 28절의 의미는 무엇인가? 예수는 28절에서 다음과 같이 말씀하신다: "진실로 너희에게 이르노니 여기 섰는 사람 중에 죽기 전에 인자가 그 왕권을 가지고 오는 것을 볼 자들로 있느니라." 다니엘 7:13을 언급하고 있는 이 난해한 구절은 예루살렘의 몰락에 대해 설명한다. 뒤를 어어 예수의 별세(別世)를 예고해 주는(눅 9:31 참조), 변화산 사건의 기록을 소개하는 17:1-8은 마태복음 16장의 메시지를 확증해 준다. 예수는 제자들의 마음 중심에 (마 16:28에 소개된) 인자의 하늘 영광(榮光)을 어느 정도 어렴풋이 체험시켜 준다.

17:5에 예수의 아들 되심을 확증해 주는 하늘의 소리는 세례 시 받은 예수의 소명을 다시 회상시켜 주고 있으며(cf. 3:17) 예수의 사역과 직무가 지향해야 할 길을 제시하고 있다. 그리고 이와 같은 방식을 통해, 예수의 사역과 직무는 성취될 것이다. 예수는 변화산(變化山)에서 내려온 세 제자들—베드로, 야고보, 요한—에게 정한 시간 동안, 즉 다시 말해 "인자가 죽은 자 가운데서 살아나기 전까지"(17:9) 그들이 목격했던 것을 아무에게도 이르지 말라고 명하신다.

(4) 예루살렘 입성(마 21:1-22:14)

스가랴 3:7에서 포로기 후 성전 건축과 청결과 관련되어 있는 대(大) 제사장 여호수아는 하나님의 집을 다스리고 하나님의 궁정을 돌보는 임무를 담당하였다. 바로 이 대제사장의 이름을 지니고 있는 예수는 성전을 요구할 수 있는 이스라엘의 왕으로서 예루살렘에 입성한다(마 21:1-9). 마태복음 21:5에 나오는 예수에 대한 묘사는 기본적으로 스가랴 9:9을 반복하고 있고 있다. 그러나 한 문구가 빠져 있다. 스가랴 인용구절이 예루살렘을 입성하는 자의 겸손한 성품을 강조하는 반면, "구원을 가져다 주는"이라는 문구의 생략은, 예루살렘 입성을 나타내주는 "대소동"(大騷動)이라는 언어 용법("온 도시가 소동하였다", 10절)이 암시하는 바와 같이 이스라엘에게 불길한 징조를 예고해 준다. 성전을 청결케 하신 예수의 행동은 하나님 나라의 회복과 관련되어 있다(예를 들면, 대하 29-30장에 나오는 히스기야, 왕하 22장의 요시아, 40-48장의 에스겔, 그리고 마카비 4:36-59장의 유다 마카비우스). 그리고 예수는 새 시대의 축복을 위해 성전을 정화시켜 나간다.

그러나 마태복음 21:13에서 예수는 솔로몬 성전 파괴를 예고해 주었던 예레미야의 예언(cf. 렘 7:11)을 인용하고 있으며, 이러한 예수의 예레미야 인용은 이스라엘이 성전뿐만 아니라 약속의 땅까지도 상실할 것임을 암시해 준다. 계속해서 마태는 메시아적 약속의 성취와 아울러 파멸과 상실을 보여 주는 암시들을 기술적으로 병치시켜 나간다. 예를 들면, 성전에서 소경과 절름발이를 고치신 예수의 치유사역은 메시아시대에 이루어질 언약의 성취를 암시해 준다(21:14; cf. Meyer, 1979:200). 그러나 예루살렘 성전은 그 자체가 상징하는 본질적인 실재, 즉 하나님께서 말씀하신 바 "기도하는 집"으로서의 기능을 수행하지 못하고 만다(21:13). 더욱이 이 예루살렘 성전은 온 열방이 찾아 몰려올 세계 중심으로서의 그 역할을 결코 수행하지 못했다.

그리하여 예수는 21:13에서 이사야 56:7("내 집은 만민의 기도하는 집이라 일컬음이 될 것임이니라")을 인용할 때, 마지막 문구("만민의")를 생략하였다. 희망과 상실의 병치구조를 보여 주는 또 다른 예는 열매를 맺지 못해 저주받은 무화과나무 기사(마 21:18-22)에 잘 나타난다. 예수는 메시아시대―이 메시아시대가 도래할 때, 각 사람은 두려움에서 벗어나 메시아의 무화과나무 아래 거하게 될 것이다(미 4:4; cf. 슥 3:10)―가 가져다 줄 "안전"(安全)을 암시해 주는 독특한 상징을 사용한다. 그렇지만 이 무화과나무는 열매를 맺지 못했을 뿐만 아니라(이것은 새 시대의 기대와 역행하고 있음을 보여 준다) 결국 시들어 말라죽고 말았다.

성전에서의 예수의 가르침과 치유사역은 대제사장과 장로들의 관심을 사로잡아버렸다. 그들이 예수께 권위의 출처를 물었을 때, 예수는 세례 요한의 사역에 대해 언급한다(마 21:23-25 상반절). 예수는 자신을 세례 요한이 기대했던, 홀연히 성전에 임할 언약의 주(말 3:1)라고 말하고 있지 않은가? 예수는 세례 요한의 세례를 언급함으로써 그의 권위와 관련된 논쟁을 조용히 잠재워 버리신다(21:15 중반절-27). 만약 제사장들과 장로들이 세례 요한의 권위를 인정하게 되면, 그들은 세례 요한이 베푼 예수의 세례와 그것이 의미하는 바―예수가 세례 받을 때 하늘로부터 온 음성은 예수가 메시아라는 사실을 밝혀주고 있다(Wright, 1985:87)―를 받아들여야만 했다.

계속해서 이어지는 일련의 비유들은 마지막 사자(使者) 곧 언약의 주에 대한 불순종으로 말미암은 민족 이스라엘의 멸망을 예고한다(특히 21:33-46 참조). 43절에 따르면, 이스라엘은 하나님 나라를 빼앗기게 되고 열매를 맺게 된 새로운 공동체, "에스노스"가 이 나라를 얻게 될 것이다. 마태복음 22:1-14에 소개된 혼인 잔치 비유는 이러한 점을 더욱 강조하고 있다. 두 차례의 초청이 이스라엘에게 주어졌지만 그들은 이 초청을 거절하고 만다. 비록 이 초청이 이방인에게로 확대된다 할지라도, 이스라엘은 혼인잔치에 참여할 수 있는 조건들을 갖출 때까지 혼인잔치에 들어가지 못할 것이다(11-14절에 나오는 혼인예복과 관련된 문제들을 살펴보라).

(5) 종말에 대한 예언(마 23:37-25:46)

마태복음 24:1에서 예수가 성전을 떠났을 때, 하나님의 임재도 민족 이스라엘로부터 떠나게 된다. 성전을 포함함 민족의 집 "오이코스"는 상실되고 만다(23:38; 24:1-2; Burnett, 1981:112 참조). 24장에서 예수가 감람산—이곳은 종말론적 심판의 장소이며, 이곳으로부터 하나님의 예루살렘 입성을 맞이하는 길들이 줄지어 정렬될 것이고, 이 길들은 평탄케 될 것이다(슥 14:4-5)—위에 앉아 제기하신 선언들은 예루살렘 도시의 운명을 결정짓고 있다. 마태는 24장에 소개된 대부분의 자료들을 마가복음 13장으로부터 취해 왔으며 마가의 순서를 따르고 있다. 그러나 마태의 기사는 추가사항이 첨가됨으로 말미암아 마태만의 특징적인 저술로서 인식된다. 24장의 선별된 구절들을 더 자세히 살펴보도록 하자.

예수는 24:2에서 예루살렘의 멸망을 설명하신다. 3절에서 제자들은 이 일이 언제 일어날 것인지를 더 자세히 알고 싶어한다. "또 주의 임하심과 세상 끝에는 무슨 징조가 있사오리이까"라는 질문이 설명해 주는 바와 같이, 제자들의 이러한 질문은 단지 예루살렘의 멸망과 관련되어 있다(히 9:26에 나오는 "세상 끝"이라는 문구는 예수의 희생제사와 관련되어 있음을 주목해 보라). 마태는 26-28, 29-31 그리고 37-41절을 추가로 첨가시킴으로써, 마가의 기사를 더욱더 확대시켜 나간다.

26-28절에서 몰려드는 독수리에 대한 불길한 기사—이 기사는 인자의 출현을 예고해 준다—는 예루살렘을 포위할 독수리 그림이 그려진 로마 깃발의 소름끼치는 공포를 자아낸다. "인자의 징조"와 "하늘의 구름을 타고 임할 인자의 도래"를 언급하고 있는 30절은 인자의 출현이 육체적인 출현이 아니라 인자의 출현 그 자체가 하늘에 있는 인자에 대한 증거임을 나타내준다. 즉 다시 말하자면, 만약 인자의 도래가 가시적인 재림의 형식을 취하게 되면, 무화과나무에 대한 징조는 불

필요하게 될 것이기 때문에(32-33절), 인자의 도래는 역사적인 사건들을 통해 일어나야만 한다. 그러므로 예루살렘에 임할 심판은 실상 인자가 하늘을 다스리고 있음을 알려주는 일종의 징조가 된다.

37-41절은 멸망이 임하기 전 일상적인 삶이 지극히 정상적으로 이루어질 것이기 때문에, 인자의 도래에 앞서 있어야 할 경고의 부재 현상을 예고한다. 25:1-13에 나오는 미련한 처녀와 슬기로운 처녀 비유를 통해 마태는 이스라엘에게 닥쳐올 심판의 때가 불확실하다는 사실을 강조하고 있다. 이 열 처녀 비유와 25:14-30에 나오는 달란트 비유를 통해 예수는 단지 심판이 가까운 때가 아닌 늘 언제든지 제자도, 즉 제자로서 합당한 삶을 삶아야 함을 요구하신다.

마태는 양과 염소 비유를 소개하면서 예수의 공적 사역 기사를 마무리한다(25:31-46). 예수 공적 사역의 마지막 가르침이라고 볼 수 있는 이 심판의 비유(양과 염소 비유)는 심히 중요한 의미를 함축하고 있다. 비록 예수가 이전에 심판에 대해 이미 언급했다 할지라도(13:37-43), 그는 그것을 확대시켜 나가지 않았다. 기본적으로 복음서가 "인자"라는 한 인물을 심판의 관점에서 설명하고 있기 때문에, 이 비유의 의미를 파악하는 것은 그리 어렵지 않다. 복음 선교가 완성된 후 모든 민족, 즉 그리스도인들과 비그리스도인들은 모두 심판대―이 심판대는 보편적이고 최종적인 심판을 집행될 보좌라고 할 수 있다―앞에 서게 될 것이다. 인자는 심판대 앞에 모여든 바로 그들의 눈앞에 세상의 왕, 이스라엘의 메시아로 드러날 것이다. 그리하여 열방은 만민의 대리자로 나타나실 그분 앞에 모여들게 될 것이다.

감람산에 앉으신 예수는(마 24:3) 십자가 죽음 이후 삼일간 큰 흰 보좌에 좌정하고 있는 자신의 모습을 미리 그려본다. 예수의 유대인 청중들은 아마도 예수가 소개하고 있는 이 영상(映像)―주의 날, 즉 모든 이들을 위한 마지막 보편적 심판의 날에 대한 영상―과 매우 친숙했을 것이다. 영과 염소를 심판하시는 이는 이스라엘의 메시아이다(25:32-33). 심판의 기준은 단순하다. 즉, 인류 스스로가 만들어낸 행위가 아닌 신앙의 증거로 나타나는 친절한 행위는 누가 참된 신자인지를 한정시켜 준다(구체적인 사항은 이후 바울에 의해 다시 다루어진다; 롬 2:12-16). 예수의 죽음과 부활은 마지막 심판에 대한 통상적인 개념을 변화시킬 것이다. 우리가 바울의 이신칭의 교리를 통해 알고 있는 바와 같이, 마지막 날의 심판은 인류의 현재적 경험 속에 일어난다. 칭의 이후의 행위에 대한 바울의 교리는 칭의 이후의 행위들이 언약적 상태를 반영함을 말해 준다.

이 비유가 말하고자 하는 첫 번째 교훈은 지극히 높은 심판자인 임금이 "내 형제 중 지극히 작은 자"(헬, 엘라치스토스, 마 25:40) 안에 숨겨져 있었다는 것이다. 이 비유 속에 불명확한 표현들이 두드러지게 나타나기 때문에 우리는 이 지극히 작은 자(헬, 미크로스 혹은 최상급 엘라치스토스)를 제자들로 한정해서는 안 된다(Via, 1987:93). 비록 마태가 헬라어 "아델포스"(형제)를 공동체를 나타내는 용어로서(예를 들면, 5:22, 47), 그리고 "작은 자들"을 기독교 공동체, 즉 제자들의 회원들을 언급하는 용어로서 사용하고 있다 할지라도(예, 10:42; 18:6, 10, 14), "내 형제 중 지극히 작은 자"라는 표현은 지금 여기서는 좀더 폭넓은 의미를 함축한다(Catchpole, 1979:396). 이 문구는 일반적으로 가난한 사람들을 의미한다.

이 비유를 소개하고 있는 마태의 기사는 에녹1서의 본문들과 많은 유사성을 지니고 있다. 마태와 에녹 두 본문 속에 선택받은 자가 보좌에 앉게 되고 그 다음 심판이 집행된다(에녹1서 62:1). 온 세상으로부터 몰려든 수많은 사람들이 두 부류-의인과 악인(에녹1서 62:3, 8, 13)-로 나누어진다. 마태와 에녹은 인자가 마지막 최종적인 심판을 집행하는 것으로 묘사한다(cf. 에녹1서 62:1-9, 11). 그러므로 예수를 종말의 메시아-그는 연약한 자들을 신원(伸冤)해 줄 것이다-로 묘사하는 이와 같은 표현은 새로운 사상이라고 할 수 없다. 오히려 이러한 표현은 전형적인 유대인들의 메시아 상(像)이라고 할 수 있다.

4. 예수의 고난과 위임명령(마 26-28장)

메시아 예수의 평온한 모습은 예수 고난기사(苦難記事)의 두드러진 특징이다. 마태는 누가복음이나 마가복음에서는 발견되지 않는 추가사항을 첨가시킴으로써 예수의 죽음이 의미하는 바를 독특한 필치로 강조해 나간다. 예수 사후 그가 아직 부활하기 전, 도시의 무덤이 열리고 무덤 속에 있던 유대 성도들이 부활하였다(마 27:50-53). 오래 전 에스겔 선지자는 이러한 일이 일어날 것임을 예언했다(겔 37:12-14). 이스라엘의 회복이 부활-아직 예수의 부활이 일어나지 않았다-이 아니라 이스라엘을 위해 돌아가신 예수의 죽음으로 말미암아 이루어졌음은 매우 주목해 볼 만하다.

마태복음은 산 위에서 제자들을 향해 명하시는 인자의 위임명령을 소개하면서 마지막을 장식한다(28:16-20). 예수께서 명하신 바대로(28:10), 제자들은 하나님 나라가 처음으로 선포되었던 장소(4:12-25)인 갈릴리로 다시 돌아갔다. 부활을 통해 예수는 승리하신 인자로서 하나님 우편에 앉으셨다. 비록 예수의 지상 사역 기간 동안 그의 권위가 지상으로 제한되었지만, 이제 더 이상 그와 같은 경우가 없다(28:18). 예수의 새로운 권위가 그의 지상 사역의 모든 제한들을 초월하는 바와 같이, 모든 민족을 제자로 삼으라는 예수의 위임 명령은 10:5-6에 나오는 제자들의 선교사역의 제한들을 철폐시켜 버린다. 20절에서 예수는 "세상 끝 날"을 언급한다. 부활과 함께 새 시대의 여명이 시작됨으로 말미암아, 이제 예수가 의미하는 바(세상 끝 날)는 무엇인가? 예수는 이제 예루살렘의 멸망을 넘어 세상 역사의 끝 날을 바라보고 있는 것이다.

마태복음 28:19-20은 부활한 이스라엘의 메시아의 선포에 온 족속을 복종시키라는 일종의 요청이다. 새로운 공동체의 정결 의식은 할례에서 (예수이름으로 베풀어질) 세례로 대체될 것이다. 그가 분부한 모든 것을 온 족속들에게 가르치라고 명한 예수의 명령은 토라에 대한 재 진술이라고 할 수 있다. 예수는 임마누엘로서 그의 제자들과 함께 할 것이다. 그러므로 우리는 모든 민족을 향한 아브라함 언약의 축복과 성취를 기대할 수 있다. 실로, 1장의 첫 시작과 5:13-14; 8:10-12, 10:18, 11:20-24; 12:17-21; 12:41-42 그리고 15:21-28에 나타나는 보편주의는 이제 전체로 확대되어 간다. 온 세상은 이제 예루살렘도 성전도 아닌 새로이 지향해야 할 대상이신 예수를 향해 순례의 길을 떠나야만 한다. 그리고 이 예수를 통해 이스라엘이 고대했던 구약의 기대들은 계속해서 드러나게 된다.

5. 이스라엘이신 예수

예수의 생애 기사를 통해 마태는 이스라엘의 소명이 예수 안에서 성취되었음을 증거한다. 그리고 이와 같은 증거는 필수적이었다. 왜냐하면 이스라엘 소명의 성취는 민족 이스라엘의 배역과 기대치 못한 방식으로 이루어질 다양한 예언들의 실현을 예시하고 있기 때문이다. 예를 들면, 마태복음 2:11에 나오는 동방박사의 선물은 이방인들이 시온의 하나님 백성에게 황금과 유향을 가지고 올 것이라는 이사야의 예언을 성취한다(cf. 사 60:1-6). 마태복음은 구약 예언의 성취를 선포하고 있으며, 예수를 이스라엘로 묘사하고 있을 뿐만 아니라 이스라엘의 배역도 함께 다루고 있다.

마태에게 있어서 구약은 이사야, 다니엘, 시편기자, 호세아 그리고 기타 많은 저자들의 신탁의 말씀을 성취한 예수를 가리킨다. 예수는 이사야가 소개하는 종이시며(마 12:15-21; cf. 사 42:1-4), 다니엘이 소개하는 인자이시고(마 26:64; cf. 단 7:13), 모퉁이 머릿돌이 된 버린 돌이시다(마 21:42; cf. 시 118:22). 놀라운 치유사역의 이적들과 죄인들과의 식탁교제를 통해, 예수는 자신을 메시아로 알리신다(Wright, 1985:85). 예수는 항상 이스라엘이시다. 민족 이스라엘의 경험과 같이, 예수의 생애를 통해 일어난 경험을 묘사하고 있는 마태는 예수를 이스라엘로 단언한다.

이스라엘과 예수, 이 둘은 애굽으로 내려갔다가 다시 부름을 받고 나오게 된다. 비록 사탄의 시험을 이기신 예수의 승리하신 모습과 이스라엘의 실패가 극명한 대조를 보이고 있다 할지라도, 이 둘은 광야에서 굶주리게 된다. 그리고 예수는 이스라엘 민족의 비탄과 슬픔을 말해 주는 바로 그 단어들을 사용하신다(마 27:46; 시 cf. 22:1). 동(東)과 서(西)로부터 모여옴(8:11-12), 택하신 자들의 회집(마 24:31) 그리고 열두 제자의 선택을 통해 마태는 예수가 새 이스라엘이심을 보여 준다.

예수는 마지막 때 종말의 선지자—민족주의적 사상에 대항한 언약의 혁명가—의 모습으로 이스라엘에게 찾아왔다. 실로 많은 예수의 가르침은 임박한 이스라엘의 심판—민족들은 부지중 이 심판대 앞에 설 것이며, 같은 동족 이스라엘을 향한 예수의 메시지는 아모스의 표현("너희가 어찌하여 여호와의 날을 사모하느뇨", 5:18; Wright, 1985:80)을 통해 요약될 수 있다—에 집중되어 있다. 예수의 사역으로 말미암아 이스라엘에게 위기의 시간이 닥쳐온다. 그러나 예수의 말씀을 듣던 세대들은 민족 이스라엘이 항상 그랬던 것처럼, 하나님의 음성 듣기를 거절한다(마 23:29-32).

예수의 권위에 도전하던 유대 지도자들의 반응으로 말미암아 예수는 이스라엘의 현(現) 지도자들이 이스라엘에게 주어진 하나님 나라를 빼앗기게 될 것이며 이 나라가 새로운 민족에게 주어질 것이라고 선포한다. 그러나 예수가 이스라엘의 완성이 되시기 때문에, 민족 이스라엘과 새로운 민족간의 영속성(永續性) 또한 존재한다. 예수의 부름에 순응하여 예수를 따르는 여인들과 남자들, 그리고 예수를 통해 회복된 이스라엘이 탄생한다(Wright, 1985:85). 예수는 또한 회복된 이스라엘의 경배의 처소인 성전이 된다(마 26:61). 예수의 사역이 이스라엘의 기대를 성취한 반면, 또한 그것은 알곡과 쭉정이를 분리함으로 말미암아 민족 이스라엘을 심판하게 된다. 종말의 선지자, 메시아, 다윗의 자손, 인자 그리고 하나님의 아들이신 예수는 이스라엘에게 하나님의 최종적인 말씀을 가져다 주며 또한 그것을 구체적으로 나타내 보여 주신다.

The Search for Order

언약신학과 종말론

제8장
마가의 종말론

마가복음은 예수를 이스라엘의 왕, 인자 그리고 고난받는 종―이 종은 그의 고난을 통해 하나님 나라로 인도해 줄 것이며, 그로 인해 이 종은 이스라엘을 향한 하나님의 목적을 성취할 것이고, 이방인을 향한 지속적인 선교 사역을 가능케 해 줄 것이다―으로 소개하고 있는 기독론을 그 특징으로 한다. 마가복음은 시작부터 하나님 나라를 특징적으로 강조하기 위해 예수의 고난에 집중한다. 마가복음에서 분명히 드러나듯이, 초대 교회의 종말에 대한 기대는 예수의 가르침과 예수의 구약 사용에 기초한다. 종말론을 이해하기 위해 우리는 마가가 소개하는 예수의 칭호―이것은 이스라엘의 특성과 하나님 나라 사상과 관련되어 있다―를 자세히 살펴볼 것이다.

1. 예수 사역을 위한 준비(막 1:1-13)

마가는 다음과 같은 표현으로 이 복음서를 시작한다: "하나님의 아들 예수 그리스도 복음의 시작이라." 사실상 이러한 표현은 마가복음의 열쇠가 된다. 왜냐하면 이러한 표현은 신학적 수미일치법(inclusio)을 만들어 내기 위해 예수를 하나님의 아들이라고 고백한 로마 백부장의 극적인 표현(15:39)과 연결되어 있기 때문이다(Guelich, 1982:5-15). 비록 복음(gospel)이라는 단어가 마가복음의 전체 내용을 설명한다 할지라도, 이 단어는 예수의 설교 사역―이 사역은 세례 요한의 증거 이후 14절에서 시작되고 있다―을 가리키는 표현으로 이해됨이 가장 바람직하다. 헬라어는 우리들에게 1절에 나오는 예수와 복음과의 관계를 해석하는 데 두 가지 방안을 제시한다:

(1) 복음의 저자로서의 예수("예수 그리스도의 복음")
(2) 복음의 내용으로서의 예수("예수 그리스도에 대한 복음").

1절과 2절과의 관계 또한 주목해 볼 만하다. 왜냐하면 1절이 완전한 문장이 아니며 2절이 헬라어 카도스로 시작하기 때문이다. 마가는 그 외 어떤 문장도 이 단어와 함께 시작하지 않는다. 더욱이 구약의 인용을 소개하기 위해 카도스라는 이 단어가 신약에 사용될 때마다, 이 단어는 대부분 반드시 주요 절(節)을 수반한다(Ambrozic, 1972:18). 이와 같은 이유로 말미암아, 우리는 완성되지 않은 1절 문장을 2절과 반드시 연결시켜야만 한다. 그러므로 예수 그리스도의 복음의 시작은 마가가 2-3절에 소개하는 예언 말씀과 연결된다.

마가는 다음과 같이 소개하면서 이사야에게로 관심을 집중시킨다:

"보라 내가 내 사자를 네 앞에 보내노니
저가 네 길을 예비하리라"
"광야에 외치는 자의 소리가 있어 가로되
너희는 주의 길을 예비하라
그의 첩경을 평탄케 하라"(1:2-3).

그렇지만 이러한 표현들은 몇 가지 자료들로부터 얻어온 것이다. 출애굽기 23:20에서 하나님은 가나안 행진 시 이스라엘보다 앞서 사자(使者)를 보내시겠다고 약속하신다. 말라기 3:1에서 소개된 약속은 주의 길을 예비할 "내 사자"에 대한 약속이다. 이 사자의 사역은 후대에 언약 갱신의 선지자 엘리야의 관점에서 해석된다(말 4:5-6). 그러나 마가복음 1:3의 근본적인 자료는 이사야 40:3이다. 이사야 40:3에 나오는 위로의 사자는 새 출애굽을 소개하며 주의 길을 예비하라고 소리 높여 외친다.

출애굽기 23:20은 첫 번째 출애굽과 약속의 땅을 묘사하고 있으며, 이사야 40:3은 포로생활과 약속의 땅으로의 귀환(歸還)을 그려주고 있다. 그리고 말라기는 모든 만물의 회복이 일어나기 전(前) 도래할 엘리야의 재림을 말하고 있다. 어떤 의미에서 여전히 포로기에 놓여 있는 이스라엘을 향해 전해졌던 일련의 구약 언약들은 우리로 하여금 세례 요한의 사역을 예비토록 해 준다. 심판 이후에 오는 자가 이스라엘에게 종말론적인 구원을 가져다 줄 것이기 때문에, 새 출애굽과 광야 행진 모티브는 예비된 길이 새 언약으로 인도할 것임을 시사해 준다.

마가복음 1:4에서 세례 요한은 다시 나타난 엘리야의 모습으로 등장한다. 절에 언급된 바와 같이, 세례 요한의 옷차림과 삶의 스타일은 그가 지닌 엘리야와 같은 특징들을 강조해 준다. 말라기는 엘리야가 아비를 자녀들과 자녀를 아비와 화해시킬 바로 그 종말의 날(4:6)을 미리 바라보았다. 외경의 Ecclesiasticus에서 엘리야가 야곱의 지파를 회복할 것이라고 기대했다(48:10). 모든 이스라엘을 언약의 갱신으로 다시 이끌기 위해 세례 요한은 세례를 전파하면서 이스라엘의 회개, 즉 언약으로의 복귀를 요청한다(마가 당시, 회개라는 헬라어〈메타노에오〉는 히브리어〈수브〉와 동의어이다. 그러므로 세례 요한은 그의 청중들에게 익숙한 구약 용어를 사용하였던 것이다; Cranfield, 1959:44-45). 비록 마가가 분명히 세례 요한을 엘리야와 같은 인물로 소개한다 할지라도, 마가복음은 또한 이 세례 요한을 오실 더 큰 이에게 종속시킨다(7절).

예수는 마가복음 1:9에서 등상한다. 세례 요한으로부터 세례를 받으신 후 예수는 성령을 받으신다. 그리고 예수의 성령 강림은 예수가 종이요 메시아임을 확증해 준다(9-11절; cf. 시 2:7; 사 42:1). 10절에 소개된 하늘의 열림과 성령 강림—이러한 일들은 마지막 때에 다시 일어날 것이다—과 11절에 나오는 하늘의 음성은 새 시대의 도래를 강조한다. 예수의 순종적인 행동이 이스라엘을 위한 언약 갱신 사역이기 때문에, 12-13절에 소개된 예수 광야 시험은 분명히 예수의 예표론적(豫表論的) 특성을 반영해 준다. 성령의 인도함을 받은 예수는 새 언약시대를 소개하고 있으며 이스라엘 새 언약의 대리자가 되신다. 광야에서 사탄을 이기신 예수는 광야 들짐승들과 함께 조화를 이루며 광야생활을 영위하신다. 그리하여 예수는 타락의 결과를 뒤집어 버리셨다.

그렇다면 이 사실이 의미하는 바는 무엇인가? 들짐승들과 생활하는 예수에 대한 마가의 표현은, 이사야에서 나타나는 약속들(11:6-8; 65:25)을 준행하면서 이 세상과 조화를 이루며 살아가는 이스라엘의 승리한 메시아를 예수로 묘사하고 있는 것 같다.

2. 예수의 사역(막 1:14 – 13:37)

마가복음 1:14은 예수의 공적 사역의 시작을 알려주며 또한 그 사역의 종말을 미리 예고해 준다. 14절은 다음과 같은 말로 시작한다: "요한이 잡힌 후." 세례 요한에게 일어났던 일을 설명하기 위해 사용된 동사(잡히다)는 14-15장에서 예수의 배반당함과 붙잡힘을 설명하기 위해 동일하게 다시 사용된다. 이와 같은 반복을 통해 마가는 세례 요한과 예수가 똑같은 운명에 놓여 있음을 알려줌으로써 세례 요한을 선구자로 나타낸다. 예수의 공적 사역은 사실상 예수를 이스라엘로 깨닫게 된 소경 바디매오—이 소경 바디매오는 눈먼 이스라엘이 예수의 공적 사역 기간 동안 결코 발견치 못했던 것을 깨닫게 된다—의 기사로 끝맺는다(10:46-52).

(1) 예수의 강론

세례 요한이 붙잡힌 후 예수는 갈릴리로 오셔서 복음을 전파하며 "때가 찼고" "하나님 나라가 가까웠느니라"고 선포하신다(막 1:14-15). 마가는 1:2-3에 나오는 선지자들의 예언과 기대들이 지금 이루어질 때가 되었다고 본다. 하나님 나라의 도래는 복음 선포와 끊을 수 없는 밀접한 관계를 맺고 있다. 때가 찼기 때문에 하나님 나라는 이제 현재의 실재가 된다. 마가의 핵심적이 모티브가 되는 복음과 하나님 나라와 아울러, 언약의 성취는 마가의 첫 메시지의 핵심 열쇠가 되며 종말론 이해의 기초가 된다.

① 복음

마가의 기록에 의하면, 복음은 예수가 공적 사역을 시작할 때 처음으로 선포한 메시지의 핵심을 이룬다. 왜냐하면 1:15의 말미에 피스튜테 엔 토 유앙게리토 ("복음을 믿으라")라는 표현을 발견할 수 있기 때문이다. 마가는 그의 복음서에서 "믿다"라는 동사와 함께 다양한 전치사를 자유롭게 사용한다. 마가가 헬라어 전치사 "엔"(안에)을 "에이스"(안으로)로 바꿔 쓰는 경향이 있기 때문에, 이 문장에서 헬라어 전치사 "엔"의 용법은 매우 주목해 볼 만하다. 비록 "엔"의 용법이

셈어의 용법과 비슷하다 할지라도 마가는 다음과 같은 사상, 즉 "하나님 나라가 가까이 왔다"라는 복음에 기초한 믿음을 주의 깊게 설명하기 위해 이와 같은 표현을 채택한 것 같다(Ambrozic, 1972:26).

그렇다면 복음이란 무엇인가? 비록 "유앙겔리온"이란 헬라어 명사가 70인경에는 발견되지 않는다 하더라도, "유앙겔리조"라는 헬라어 동사는 히브리어 "바사르"(선포하다, 선언하다)-이 단어는 종종 이 세상을 다스리는 여호와의 우주적인 승리와 새 시대를 다스리는 그의 왕적인 통치를 나타내는 문맥에서 등장한다(시 40:9; 68:11; 96:2; 사 41:27; 52:7)-를 번역할 때 사용된다.

70인경에 나오는 이사야 61:1의 "유앙겔리조"의 용법은 특히 중요한 의미를 함축한다. 70인경 이사야 61:1에 등장하는 한 인물(예언자와 왕 같은 존재)은 그의 선포를 통해 새 예루살렘의 실재를 초청한다(예수가 눅 4:16-30에서 사 61:1-3을 인용하고 있음을 주목해 보라). 성경 헬라어 외 이 "유앙겔리온"과 관련있는 다른 고전 헬라어는 낙관적 정국 형세 및 소식을 알려주는 사자(使者), 곧 "유앙겔로스"의 용법처럼 대부분 승리의 소식과 관련되어 있다(Keck, 1966:361).

예수가 1:15에서 설파한 신앙의 기초, 즉 복음이란 무엇인가? 마가의 그 외 다른 본문들(8:35; 10:29)과 마가복음 외 신약의 다른 서신들 가운데, 복음은 기독교 메시지의 내용을 뜻하는 전문적인 용어이다. 또한 이 단어는 종종 하나님의 은총보다는 강한 심판을 암시한다(계 14:6-7). 그렇지만 15절에서 소개된 "복음"이라는 단어는 일련의 구약인용을 통해 2-3절에서 이미 설명되었던 1절의 "예수 그리스도에 대한 복음"을 다시 언급한다. 구약 인용구절들이 세례 요한의 사역을 소개해 주는 반면, 복음은 세례 요한의 가르침의 실체로서 등장한다. 예수께서 세례 요한이 증거한 동일한 메시지로 그의 사역을 시작하고 있음을 주목해 보라(마 3:2; 4:17).

그러므로 마가복음은 2-3절에 인용된 구약 사상, 특히 이사야 40:3-이 본문은 새 창조로 인도해 줄 하나님 나라의 도래를 염두에 두고 있다-에 기초한 세례 요한의 복음선포라 할 수 있다. 예수는 세례 요한의 복음을 확증하신다(마 3:1-2; 4:17). 그리하여 하나님 나라의 선포와 그 의미는 분명해진다. 하나님께서는 이스라엘의 메시아를 통해 새 질서를 가져다 주실 것이며, 바울이 언급한 바대로 하나님께서는 그리스도를 통해 모든 만들이 그와 화목케 만들 것이다(골 1:20). 분명히 마가복음은 우주적인 목적을 품고 있다.

② 하나님 나라

마가복음의 기록에 의하면, 예수는 그의 공적 사역의 첫 시작부터 "하나님 나라가 가까워 왔느니라"고 선포하신다(1:15). 종말론적, 묵시적 대망사상에 나타내는 이러한 표현을 통해 예수가 의미하고자 한 바는 무엇인가? 하나님 나라는 하나님의 다스림인가, 아니면 그분의 영역을 의미하는가? "하나님 나라"라는 문구는 통치받는 어떤 영역을 뜻하기보다는 왕으로서의 하나님의 다스림을 반영하는 개념적 틀(conceptual framework)로서 볼 수 있다. 그러나 우리는 "하나님 나라"에 이와 같은 이해를 어떻게 확신할 수 있는가? 우리는 먼저 성경 외 문헌들 속에 나타나는 이러한 이해를 반드시 살펴보아야 한다.

하나님의 영원한 나라 혹은 다스림은 유대인들이 믿고 있던 일반적 신념이었다. "다스림"이라는 표현은 솔로몬의 시편(17:4)과 솔로몬의 지혜서(6:4; 10:10)에 나타나며, 하나님 나라는 모세의 언약서(10:1)와 사해문서(IQM 6:6)에도 소개되고 있다. 일반적으로 유대인들은 죽은 자들의 부활이 새 시대를 도래케 할 하나님 나라의 완전한 실현을 가져다 줄 것이라 기대했다(Sib. Or. 3:45-46, 652-54, 767-89; T. Mos, 10:1-10). "하나님 나라"라는 문구는 후기 유대교 문헌—외경(the Apocrypha), 위경(Pseudepigrapha), 탈굼 역, 필로의 저작—속에 등장한다(때때로 이 문구는 이스라엘과 민족을 향한 하나님의 현재적 주권을 말해 준다; 솔로몬의 시편 5:2; Jubilees서 12:19; 에녹1서 84:2-3; T. Reuben 6을 참조하라).

이 문구의 용법은 랍비들의 문헌들 속에 더 많이 나타난다. 주후 70년 예루살렘 멸망 후 유대인 랍비들은 정결을 위한 훈련과 헌신 그리고 외부 세계로부터 구별된 삶—이러한 삶은 쉐마를 반복하고 있는 토라에 대한 복종을 통해 그 특징을 드러내며 또한 개종을 뜻하기도 한다—을 뜻하는 "하나님 나라의 멍에를 짊어지기 위해"라는 문구를 사용했다.

쿰란 공동체는 "하나님 나라"라는 표현을 "다가올 임박한 투쟁"과 연결시킨다. "하나님의 다스림"이라는 개념은 사해 문서에도 나타난다. 쿰란 공동체에서 하나님 나라의 회원이 된다는 것은 임박한 투쟁—그들은 이 투쟁을 통해 하나님 나라가 마침내 도래할 것이라고 보았다—을 준비한다는 것을 의미한다. 비록 이 마지막 묵시적 투쟁이 쿰란 공동체의 규정 사항에 덜 강조되고 있다 할지라도,

두 가지 메시아 개념-왕/제사장으로서의 메시아-과 연결됨으로 말미암아 "하나님의 다스림"이라는 개념은 더욱 선명하게 드러난다(QS 9:11). 바리새인들은 하나님 나라에 대해 다음과 같이 두 가지를 강조한다: (1) 여호와와 이스라엘 사이의 결속을 유지하기 위한 (완벽한 선행을 통한) 거룩한 영역 건립, (2) 민족의 사악한 자와 부정한 자들의 멸망(Riches, 1980:117).

바리새인들과 쿰란 공동체의 분파적 기대의 저변에 깔려 있는 그 당시의 문헌들의 사상은 하나님을 왕으로 묘사하는 구약 사상을 지지한다(Wright, 1992:302-307). 백성들은 구약을 통해 하나님의 다스림을 잘 알게 되었으며(출 15:17-18; 민 23:21; 24:7; 시 47:93; 시 96-99), 또한 그분의 나라가 자손 대대로 이어질 것임을 충분히 깨닫게 되었다(단 4:34). 이 백성들은 항상 다윗이 이을 위대한 메시아의 다스림과 회복이 이상적인 시대에 이루어질 것이며, 이 시대에 이스라엘의 왕이 하나님의 지상 대리자로서 나타날 것임을 믿고 있었다. 사무엘서는 하나님 나라 대망 사상과 메시아 사상을 서로 연결시켰다.

메시아로서 이스라엘의 적군을 물리치기 위해 여호와의 전투에 참여한 다윗이 그의 백성을 구할 구원자로서 묘사되고 있음을 상기해 보라(삼상 17:45). 다윗 왕국은 일반적으로 하나님의 뜻에 따라 하나님께서 이스라엘을 위해 확정하신 확고한 정치체계였으며 또한 미래의 패턴이기도 했다. 그리고 이러한 관점은 하나님께서 정하신 인간 대리자를 통해 하나님의 보호를 받는 이 세상을 소개하는 창세기 1장의 표현으로부터 비롯된다. 이스라엘이 지속적으로 수행해야 할 과업은 일반적으로 이와 같은 방식-가나안 성소로부터 이 세상을 다스리고 이방인들에게 빛을 비춰주는 것-으로 이해되었다.

포로기는 오래된 대망 사상을 다소 변경시켰다. 즉, 이러한 희망은 초월적인 형태로 변화되었다. 예를 들면, 다니엘서에서 이스라엘은 현(現) 역사(2:44)와 현(現) 시대에 전혀 희망이 나타나지 않음으로 말미암아 천상(天上)의 간섭을 고대한다. 그렇지만 다니엘이 갈망하는 나라는 다른 세계에 속한 그 무엇이 아니다. 비록 그 나라가 새로운 세상이라 할지라도 그 나라 또한 분명히 이 세상의 나라이다. 다니엘뿐만 아니라 포로기 후 그리고 묵시 사상에서도, 하나님 나라는 오래된 시대의 종결, 심판과 멸망을 통한 악의 제거, 그리고 민족 이스라엘의 재창조를 뜻한다. 이러한 사상은 대체적으로 다니엘 7장에서 강조된다.

일반적으로 볼 때, 하나님 나라는 이스라엘의 변호와 이방인의 심판, 특히 사악한 자들의 멸망과 의인의 부활과 관련되어 있었다. 이스라엘 백성들은 남은 이스라엘이 민족 이스라엘 가운데 새로워진 민족 이스라엘로서 일어날 것이라고 믿었다. 비록 이사야의 남은 자 사상이 다니엘에 다시 주장되어 왔으며 성도들과 깊은 관련이 있다 할지라도, 이 사상은 여전히 민족적인 성격을 나타낸다. 심지어 의인들의 부활 사상은 이사야 40-55장에 나오는 종의 공동체—이상적인 이스라엘로 소개된다—의 관점에서 설명된다. 그렇다면 이방인들은 어떻게 되는가? 이방인들은 민족 이스라엘과의 연합을 통해 구원받게 될 것이다.

예수시대에 하나님 나라에 대한 일치된 합의점이 없었다. 백성들은 다윗과 같은 인물, 이스라엘의 메시아가 이스라엘과 이 세상을 위해 공의와 평화의 통치를 세울 것이라고 고대했다. 쿰란 공동체의 신앙과 유사성을 보여 주는 세례 요한은 하나님의 다스림이 시작되는 시점에서 회개와 심판의 메시지를 선포한다. 그 당시 세례 요한과 경건한 부류의 사람들(쿰란 공동체와 엣세네파)에게 있어서, 하나님으로부터 변호받을 자들을 하나님으로부터 심판받을 자들로부터 구별시키는 것이 토라에 대한 순종이었으며 이러한 사상은 폭넓은 의미를 함축하고 있었다. 예수의 사역을 위한 예비 작업으로서, 세례 요한은 아브라함의 육적 후손에 대한 신뢰와 왜곡된 민족주의에 대해 경고하면서 유대인의 배타주의를 공격했다. 그리하여 세례 요한은 하나님께서 근본적인 자비를 실천한 행위들을 보상할 것이며 이러한 실천을 무시한 사람들을 심판하실 것임을 기대했다.

예수는 온 세상이 창조세계를 향한 하나님의 다스림을 경험할 것이며 이로 인해 사탄의 왕국이 끝나게 되어 하나님 주권의 온전한 실현을 목격하게 될 것임을 선포하면서 하나님 나라의 전통적인 개념을 하나님의 미래적 통치로 계속 유지시켜 나간다. 비록 예수와 그의 청중들이 공통적으로 이러한 신앙을 붙들고 있었다 할지라도, 예수의 가르침은 전통적인 해석을 훨씬 뛰어넘는다. 예수는 하나님 나라가 이미 임했다고 설파하신다. 그리고 그는 하나님 나라의 일반적인 기대를 변형시킨다. 왜냐하면 예수가 가리키는 다스림의 형태는 대중적인 기대와는 다른 확연한 차이를 드러내기 때문이다.

예수에게 있어서 소외당한 자, 고통받는 자 그리고 장애자들을 향한 하나님의 관심은 하나님 나라의 도래를 알리는 일종의 표징이다. 예수의 사역기간 동안 아무런 일도 일어나지 않았으며, 그는 단지 또 다른 선지자에 불과하다는 주장에 맞서기 위해 예수는 비유를 통해 그의 사역의 실재를 확증한다. 그는 하나님 나라의 신비, 즉 한 사람의 인격을 통해 이스라엘을 통치하시는 하나님의 역설적인 다스림을 말한다. 또한 예수는 이스라엘의 새 시대에 대해서도 언급한다. 예수가 하나님에 대해 이야기 할 때, 그는 민족적인 용어와는 상반되는 사적인 표현들을 사용한다. 하나님께 대한 이러한 사적 표현 방식과 유사한 표현 방식은 예수 당시에는 없었다. 그리고 이러한 표현은 하나님 나라의 다른 형태―민족적 형태가 아닌 가족 공동체와 같은 형태―를 반영해 주었다.

하나님 나라의 다스림과 그 출현을 선포한 예수의 선언이 이스라엘 회복에 대한 외침이었다는 사실에 대해 의심할 수 있는가?(Meyer, 1979:133) 새 시대를 소개할 외침은 "너희 하나님이 다스리신다"라는 외침이었다(사 52:7). 구약의 관점에서 볼 때, 하나님의 다스림은 새 출애굽, 약속의 땅으로의 귀환 그리고 새로운 세상을 뜻한다. 예루살렘은 세상의 중심이 될 것이며 온 열방을 위한 사역이 될 것이다. 그리하여 여호와가 이방인과 이스라엘의 하나님이셨기 때문에, 온 열방이 이 예루살렘을 향해 순례여행을 떠날 것이다. 대중적인 기대에 대해 예수의 선포는 다음과 같은 관점에서 이해될 수 있다: "온 열방이 이제 이스라엘 하나님의 구원을 볼 것이다. 열두 지파가 다시 모여들 것이며, 역사가 다시 시작될 것이다. 이 세상의 부흥의 물결 속에서 민족 이스라엘의 남은 자가 일어날 것이다."

예수는 그의 유대교 청중들을 염두에 두고 "하나님 나라"라는 어구(語句)를 사용하신다. 만약 예수가 유대인들이 지니고 있었던 동일한 개념적 틀을 가지고 이 어구를 사용하지 않았다면, 그의 가르침은 받아들여질 수 없었을 것이며 심지어 무가치하게 보였을 것이다(Marshall, 1985:7). 소위 몇 안 되는 예수의 참 어록(so-called genuine sayings of Jesus)에 근거하여, 어떤 이들은 예수가 "하나님 나라"를 하나님의 구원계시의 상징으로 사용했다고 주장한다(Allison, 1985:107-12). 그렇지만 이러한 해석은 하나님 나라가 정한 시간 안에 속해 있지 않다는 것을 의미한다(Chilton, 1978:261-70).

더욱이 이와 같은 방식으로 하나님 나라의 의미를 영적으로 해석하는 것은 성경에 나타난, 창조를 통해 계획하신 인간을 향한 하나님의 목적과 하나님 나라 사이의 일관된 연결점을 무시하는 태도이다. 유대 백성들이 사탄의 통치를 종식시키고 하나님의 통치를 가져다 줄 오는 시대(ages to come)에 대해 이야기 할 때, 그들은 이 오는 시대를 역사 넘어 존재하는 초월적 세계로 보지 않았다. 오히려 그들은 오는 시대를 역사로 이어지는 다음 단계로 이해했다. 또한 유대인들에 의하면, 이 오는 시대는 역사 속에서 일하시는 하나님의 사역을 말미암아 도래하게 된다. 결과적으로, 그들은 하나님 나라를 하나님 주권의 완전한 현시(顯示)로 이해했으며, 하나님께서 현재에도 계속해서 이 세상을 다스린다고 보았다.

예수는 시간을 뜻하는 용어들을 통해 하나님 나라를 설명해 나간다. 그는 하나님 나라를 미래의 실재(막 14:25; cf. 마 7:21; 눅 22:16, 18), 곧 다가올 실재(막 13:32; cf. 마 10:23; 25:13; 눅 12:46; 18:8; 21:36), 그리고 아직 이루어지지 않은 실재(막 1:15; 9:1; cf. 마 10:7; 11:12; 12:28; 눅 10:9; 1:20; 16:16; 17;21; 19:11; 21:31)로 간주한다. 예수시대의 사람들은 예수의 이러한 가르침을 어떻게 이해했을까? 그들은 "현재"와 "임박한/미래"라는 서로 다른 요소들을 어떻게 조화시킬 수 있었을까? 예수에게 있어서 "임박성"(臨迫性)이라는 의미가 너무 강한 나머지 예수가 마치 하나님 나라를 현재적인 것으로 이해했다고 볼 수 있는가? 예수가 전한 가르침의 본질적이고도 특징적인 요소는 예수의 사역과 하나님 나라 사이의 관계성 속에서 발견된다. 왜냐하면 예수는 백성들이 고대하던 하나님 나라가 그의 인격과 사역을 통해 이미 임했다고 가르치기 때문이다. 이와 유사한 가르침은 그 어디에도 찾아볼 수 없다. 하나님의 목적, 그리고 세상을 향한 이스라엘의 통치는 가장 납득할 수 없는 방식을 통해 성취되었다. 세례 요한 역시 이러한 방식을 이해하는 데 많은 어려움을 겪게 된다(마 11:2-3).

예수에게 있어서 하나님 나라는 "이미" 임했으나 "아직" 완전히 이루어지지 않았다. 하나님은 예수의 사역—예수의 사역은 현재와 미래를 서로 이어주며 가교 역할을 하는 하나님 나라 임재의 현시라 할 수 있다—을 통해 그의 능력을 드러내신다. 예수의 가르침과 사역의 두 가지 국면, 즉 "이미"와 "아직"이 강조하는 바는 구약의 "하나님 나라"와 "성령"이라는 두 개념과 밀접하게 관련된다. 마가가 예수의 세례와 예수의 광야 준비 기간—이 기사는 예수 사역의 시초가 된다—을 어떻게 연결시키고 있는지를 살펴보도록 하자(1:10, 12). 이 기사는 성령의 역사하심, 즉 성령의 권능과 역사가 예수로 하여금 하나님 나라가 임했음을 선포하도록 인도하고 있음을 나타내주는 것 같다(성령과 하나님 나라와의 연관성에 대해 더 자세히 살펴보려면, 요 3:5; 롬 14:17; 갈 5:16-21을 참조하라). 이스라엘을 위한 새 시대의 약속된 선물인 성령(욜 2:28)은 이제 예수의 사역을 통해 역사하고 있다. 그 밖에도 예수는 이스라엘의 기름부음 받은 왕 메시아의 통치가 시작되었음을 알리면서 그의 사역을 통한 하나님 나라의 현시가 가시적인 이적을 통해 드러나고 있으며 하나님께서 성령을 통해 이스라엘 가운데 역사하고 있음을 선포한다(마 12:28).

예수는 하나님 나라의 출현을 이스라엘에게 임할 축복으로 본다. 그리고 예수는 유대인들의 반목으로 말미암아 막혀진 벽들을 활짝 열어버린다(마 23:13). 하나님의 다스림은 예수의 사역을 통해 드러난 하나님의 주 되심과 승리하심의 절정이 된다. 하나님 나라와 관련하여 예수가 사용한 표현(예를 들면, 〈하나님 나라가〉 임하다, 닥치다, 머지 않을 것이다. 〈하나님 나라를〉 고대하다, 기대하다, 유업으로 받다, 기타 등등)은 그가 하나님 나라를 "다가올 이 세상 만물의 질서"로 보았음을 말해 준다(France, 1984:35). 더욱이 하나님 나라는 인류 가치 체계의 변혁을 요구한다. 그렇다면 이것이 의미하는 바는 무엇인가? 어떻게 하나님 나라의 도래가 인간의 행위를 통해 반영될 수 있는가? 그 당시 랍비들의 사상에 따르면, 회개는 메시아 통치를 위한 필수적인 전제조건으로 이해되었다.

그러나 이 회개가 구원과 어떤 관계가 있는지에 대해서는 여전히 침묵한다. 예수에게 있어서 하나님의 다스림은 이스라엘에게 최종적으로 주어지는 일종의 값없는 선물이며, 회개는 전제가 아니라 이 선물의 수납에 대한 반응인 것이다. 회개가 하나님의 나스림을 가져다 주지 않는다. 오히려 하나님 통치의 도래가 회개의 전제가 된다(Meyer, 1979:132).

하나님은 먼저 선물을 주신다. 그러나 만약 이 선물을 받아들이지 않는다면 이 선물은 제공될 수 없다. 왜냐하면 이 선물은 이스라엘에게 강제로 전해질 수 없기 때문이다. 회개는 하나님의 자비를 유발시키지 않는다. 오히려 회개는 기쁨과 감사 그리고 참회의 눈물과 결의(決意)로서 하나님의 자비에 반응하는 것이다. 예수가 현존하던 시대는 손님들이 울 필요가 없는 혼인잔치 기간 복된 날이 도래한 시기였다(막 2:19-20; cf. 마 11:5-6; Meyer, 1979:131).

(2) 전투

예수의 세례를 소개하는 문맥은 우주적인 사건으로 설명될 수 있다. 왜냐하면 새 시대와 새 계시의 시작과 함께 하늘이 열리고 예수를 메시아와 종으로 소개하는 하나님의 음성이 들려오며, 사역을 위한 성령의 은사가 주어지기 때문이다.

이 후에 광야 시험의 투쟁 기사가 뒤따른다(막 1:12-13). 일련의 광대한 우주적 배경을 통해, 광야에서 사탄을 이기신 예수의 이야기는 계속해서 이어질 사탄과의 싸움에 대한 전초전이 되며, 이러한 갈등은 마가복음의 특징을 이룬다.

복음이 선포된 후(1:14-15), 예수는 열두 제자들을 부름으로써 그의 공적 사역을 시작한다(1:16-20). 그러나 그 이후에 어떤 일이 일어나는가? 예수가 공적 사역을 시작하자마자, 예수로 말미암아 하나님의 나라와 사탄의 통치 및 사탄이 지배하던 악의 세력과의 교전이 벌어진다. 열두 제자의 부르심 이후 공회에서 일어난 축사사건(逐邪事件)이 뒤따른다(1:21-28). 사람들은 일반적으로 그때 당시 이스라엘의 실질적인 적이 이방 나라를 권력으로 다스리던 로마였다고 추정한다. 그러나 이러한 진술은 다소 다른 차이를 나타낸다.

하나님의 나라가 도래하자마자 하나님은 하나님의 백성들 가운데 도사리고 있었던 사탄과의 교전을 시작하신다. 그러나 이것은 유대인들이 기대했던 전투의 유형은 아니었다(Wright, 1988a:439). 예수의 권위를 예증해 주는 마가복음 1:21-28의 갈등 기사는 사탄의 시험을 이겨내시는 예수의 능력을 강조한다. 예수의 승리로 말미암아 메시아의 치유사역이 이스라엘에게 이루어진다(1:29-34 참조); (예수시대의 유대 백성들은 여러 가지 질병과 불행을 귀신의 탓으로 돌렸기 때문에, 이러한 이적 기사는 또한 "사탄과의 전투"라는 문맥 안에서 이해될 수 있다).

치유를 통한 예수의 사역과 축사가 이스라엘을 정화시킬 수 있는 거룩한 능력의 현시가 되기 때문에, 예수를 통해 역사하시는 하나님의 성령은 사탄의 세력을 몰아낸다(마 12:28; 눅 11:20). 이 승리를 통해 하나님 나라의 현시는 단지 이상적인 실제가 아닌 일종의 새로운 물리적 실체로 확연히 드러나게 된다. 새 창조의 여명이 시작되었다!

마가복음 초기에 소개된 치유와 축사(예, 1:40-42; 3:1-5, 10-11)—이 사역은 성령의 임재를 설명한다—는 모든 귀신의 세력을 주도하는 사탄과 예수 및 성령(1:10, 12; 3:29) 사이에 벌어지는 우주적인 전투를 반영하는 문맥 가운데 계속해서 등장한다(3:23, 26; cf. 1:13; 5:2, 12). 예수는 하나님의 거룩한 자(1:24), 성령의 담지자(bearer)로 간주된다. 그러므로 사탄을 향해 명하시는 예수의 명령에서 발견되듯이, 예수와 사탄 사이의 극명한 대조가 발견된다. 예수는 당연한 듯이 귀신들—귀신들은 예수의 능력을 깨닫고 순순히 그 앞에 무릎을 꿇고 쓰러지고 만다(3:11; 5:6) — 을 명하거나 꾸짖으신다(1:25, 27; 3:12; 9:25). 귀신들은 예수의 정체를 고백한다.

귀신들이 다음과 같이 항상 예수의 과업을 이해하고 있었음은 매우 주목할 만하다: "당신은 우리를 멸하러 오셨나이까?"(1:24) 실로 예수는 귀신들을 멸하기 위해 하늘로부터 오셨다(Robinson, 1982:85). 그리고 그의 승리는 정상으로의 회복, 즉 질서에로의 복귀를 의미한다(5:15).

마가복음에 나타난 예수의 전투는 치유와 축사를 통해 확대된다. 제임스 로빈슨(James Robinson)은 2:1-3:30(특히, 3:23-29)에 나오는 예수와 유대 권위자들 사이의 논쟁을 사탄과의 투쟁과 흡사한, 삶과 죽음의 투쟁으로 이해한다(1982:91-97). 이와 같은 논쟁은 우주적 전투의 연속이다. 왜냐하면 실질적으로 이러한 논쟁은 항상 예수의 말씀을 앗아가려는(4:15) 사탄과의 투쟁으로 볼 수 있기 때문이다. 로빈슨은 이러한 논쟁(예를 들면, 8:11; 10:2; 12:15)이 사악한 성격을 분명히 드러내고 있기 때문에 시험으로 묘사될 수 있다고 주장한다. 예수 사역의 과정들은 사탄에 대한 저항으로 묘사된다(Robinson, 1982:51).

예수의 십자가 지심을 만류함으로 인해, 제자들은 예수의 역할을 이해함에 있어서 그들의 무지를 여실히 드러낸다(8:31-9:1; 9:30-50; 10:32-45). 더욱이 제자들은 사탄과 밀접한 관계에 놓여진다. 그리하여 사탄은 그들이 겟세마네의 유혹을 감내하지 못하도록 방해하여, 마침내 그들을 유대 권위자들의 동맹으로 만들어 버린다.

이러한 일련의 상황들은 십자가의 죽음과 부활을 통해 그 절정에 이르게 되는 악과의 우주적인 전투를 반영하고 있다(Robinson, 1982:51). 협소한 민족주의적 본성을 드러내면서 메시아의 고난을 결코 받아들이지 못한 제자들은 예수의 역사적 종말론적 이해를 거스르고 만다. 그렇지만 십자가의 죽음을 통해 예수는 마침내 사탄의 세력과 맞서 물리치시고 하나님의 나라를 가져다 준다. 그러므로 우주적 질서는 예수의 십자가를 통해 다시 회복되었다!

(3) 예수의 자기 소개와 대중들의 이해

마가복음은 예수의 사역과정 중 예수에게 적용된 몇 가지 호칭들을 다음과 같이 기록하고 있다: "다윗의 자손, 하나님의 아들, 인자 그리고 메시아." "다윗의 자손"은 단지 마가복음에만 등장한다. 이 호칭("다윗의 자손")은 예수를 "다윗의 자손"이라 부른 바디매오 치유사건, 즉 예수의 공적 사역의 마지막 기사에 나타난다(10:47-48). 예수의 사역을 소개하는 기사들을 통해, 마가는 "하나님의 아들"이라는 호칭을 "메시아"라는 의미로 사용한다. "인자"와 "메시아"는 가장 많이 등장하는 호칭이다.

이 두 가지 호칭 가운데, "인자" 호칭은 이 연구 방향에 더욱더 중요하다 하겠다. 왜냐하면 예수는 이 호칭을 통해 자신의 신분을 알리셨기 때문이다. 비록 복음서 외 다른 본문들 속에서도 이 호칭이 예수에게 적용되고 있다 할지라도(행 7:56; cf. 히 2:6; 계 1:13; 14:14), 이 호칭은 예수의 사역과 목적을 개괄해 주는 적절한 용어라고 할 수 있다. 마가는 "메시아" 호칭을 드물게 혹은 간간이 사용한다. 이 호칭이 예수에게 적용될 때, 마가는 보통 이 호칭을 "인자"라는 용어로 전환시킨다(예, 8:28-31).

① 인자

예수는 하나님 나라를 다시 정의하게 되고, 이와 같은 일련의 과정은 마가복음에서 예수가 사용한 "인자"라는 호칭을 통해 처음으로 드러난다: "그러나 인자가 땅에서 죄를 사(赦)하는 권세가 있는 줄을 너희로 알게 하려 하노라"(2:10). 비록 다니엘 7:13이 분명히 이 호칭에 대한 배경이 된다 할지라도, 일반적으로 사람들은 이 호칭이 예수시대에만 한정되지 않았으며 대망 사상을 뜻하지도 않았다는데 의견의 일치를 보인다(Fitzmyer, 1979:147, 153; Vermes, 1973:163, 188). 이 호칭의 중요성과 그 기능의 기원에 대해, 많은 이들이 초대 교회를 살펴봄으로써 그 기원을 찾고자 한다(Bultmann, 1952, 1:28-32; Hahn 1969:15-53).

그러나 예수는 이 호칭을 어떻게 사용하는가? 어떤 이들은 예수가 자신과 도래할 인자 사이를 구별하기 위해, 혹은 자신을 알리는 매개(媒介)로써 이 호칭을 사용했다고 지적한다(막 8:38; 눅 9:26; 12:8; Rindars, 1983:17-24). 실로 과거에 소위 "인자" 어록(語錄)은 다음에 나오는 범주에 따라 분류되어 왔다: 미래(예, 13:26), 고난(예, 8:31) 그리고 개인(예, 2:10). 이 세 가지 중 단지 미래와 관련된 "인자" 어록만이 참된 것으로 받아들여졌다. 이와 같은 견해에 따르면, 미래와 관련된 "인자" 어록은 일반적으로 예수가 아닌 다른 이를 언급했다.

그러나 교회가 이 인자를 예수로 간주했다고 보았다. 이러한 분류 방식은 "인자" 어록을 분류하는 범주들이 서로 중복됨으로 말미암아 지지를 받을 수 없는 상황에 처하게 되어 대부분 거절되어 왔다. 이와 같은 분류 방식에 대한 다른 이슈들은 "인자" 어록의 정통성에 더 많은 문제를 제기한다. 상기 분류방식을 지지하는 자들은 미래 "인자" 어록만이 최초의 원(原) 어록이었다고 주장한다. 그러나 여기에 많은 어려움이 남는다. 만약 이 호칭이 "미래의 영광"을 알리는 문맥 속에 처음으로 사용되었다면, 어떻게 이 호칭이 개인 및 고난 어록으로 확대되어 사용될 수 있었겠는가?

이와는 달리 만약 이 호칭이 자기부정의 개인적 문맥으로부터 생겨났다면, 어떻게 이 호칭이 인자의 미래 영광을 예고한 예수의 예언 속에 사용될 수 있었겠는가? 비록 고난의 필연성과 그에 대한 주장들이 자기 부정적인 성격을 지니고 있었다 할지라도, 왜 이러한 주장들이 있어야만 했었는가? 어떻게 예수는 인자가 고난을 받아야만 한다는 확신—이 확신은 마가의 수난 예언(8:31; 9:31)에 나타난다—을 가질 수 있었을까? 인자의 고난에 대한 진술들은 구약의 메시아 대망 사상을 크게 변경시켜 버렸고 이로 인해 이러한 진술들은 개인과 관련된 "인자" 어록 및 미래와 관련된 "인자" 어록—이 어록들은 만약 예수가 스스로 그 연결점을 언급하지 않았다면, 메시아의 요구와 잘 조화를 이루었을 것이다—과 서로 연결될 수 없게 되었을 것이다.

만약 예수가 자신을 인자와 구별시켰다면, 왜 교회는 예수와 인자를 동등시하였을까? 끝으로, 공관복음의 핵심 사상인 인자 칭호가 공관복음서에 포함되지 않았을 때, 왜 교회는 이 인자 칭호를 공관복음서로부터 만들어 냈는가?(Kim, 1983:10) 이와 같은 다양한 질문들은 인자 어록을 범주화시켜서 해석하려는 시도가 적절치 않음을 나타내 준다. 만약 우리가 이러한 사실을 깨닫게 되면, 우리는 반드시 다른 방법을 모색해 보아야만 한다.

그럼, "인자" 칭호의 배경을 먼저 살펴보자. 다니엘 7:13은 일반적으로 받아들여지는 인자 칭호의 전례(前例)가 된다. 다니엘 7:13이 인자 칭호의 전례로 볼 수 있는 두 가지 증거가 나타난다. 첫 번째 우리가 집중해서 살펴보아야 할 점은 공관복음서에 나오는 이 칭호가 다니엘 7:13처럼 정관사를 수반하고 있다는 점이다. 즉 우리는 사람의 아들에 "그"(the)가 동반되고 있음을 발견한다(Moule,

1974:419-21). 두 번째로 우리가 살펴보아야 할 점은 마가복음 8:38; 13:26 그리고 14:62이 다니엘 7장을 인용하거나 암시해 준다는 점과 예수가 자신을 분명히 다니엘에 소개된 인물과 같은 존재로 소개한다는 점이다(마 1:23; 13:37, 41; 16:28; 19:28; 24:27, 37, 39, 44; 25:31; 눅 12:40; 17:24, 26, 30; 18:8; 21:36).

비록 어떤 이들은 인자가 심판과 관련된 인물이 아니라는 점에 근거하여 다니엘 7장이 인자 칭호의 배경이 될 수 없다고 주장하지만(Todt, 1965:44), 다니엘 7:13-14은 공관복음서와 마찬가지로 분명히 심판을 나타낸다(Kim, 1983:65). 더욱이 재판권은 셈족 왕들의 기능 가운데 중요한 요소였으므로, 심판은 통치와 권위와 관련되어 있으며, 인자는 이러한 통치와 권위를 가지고 이스라엘을 변호한다. 그러므로 이러한 정황을 미루어 볼 때, 다니엘 7장에 소개된 "인자와 같은 이"는 다니엘 2:37과 5:18에서 느부갓네살에게 주어진 것과 동일한 권세를 받게 될 것이다(Schaberg, 1982:160). 만약 다니엘 7장에 사용된 인자 칭호의 배경을 에스겔이나 시편 8편에서 찾아본다면, 그와 같은 배경은 다니엘 7장과 마찬가지로 이스라엘의 대리자 사상이라 할 수 있다. 왜냐하면 이스라엘의 대리자인 에스겔은 인자로 묘사되고 있으며, 시편 8:5은 이스라엘의 역할을 염두에 두고 있기 때문이다.

주전 35-30년경 쿰란 동굴에서 발견된 다니엘 문서는 인자를 하나님의 아들과 메시아로 규정한다(4Qps Dan Ap; Kim, 1983:21). 이와 같은 규정은 메시아와 인자를 연결시키려는 사상이 예수시대에 널리 확산되고 있었음을 말해 준다. 또한 이러한 사상은 에스라4서에 더 많이 소개된다(37-71장에서 인자는 선재〈先在〉하는 자이며 메시아와 종으로 묘사된다). 그렇지만 이와 같은 신학적 확장은 엄밀히 말해 다니엘 7장의 범위를 훨씬 넘어 간다. 앞서 소개된 본문들과는 달리, 예수의 인자 칭호 사용은 그리 자극적이지 않았으며, 어떤 의미에서는 유대인의 기대 혹은 반응을 그다지 크게 불러일으키지 않았을 것이다(Vermes, 1973:161).

마가의 기록에 따르면, 예수가 2:10에서 "인자" 칭호를 처음으로 사용할 때, 이 칭호의 사용은 서기관들에게 그다지 큰 영향을 가져다 주지 않는다. 서기관들이 경악하게 된 것은 예수의 인자 칭호 사용보다는 예수의 죄 사함 선언으로 말미암은 것이다(2:7). 제자들이나 군중들 그 누구도 이 호칭에 대한 의문을 제기하지 않는다. 비록 예수가 이와 같은 표현 방식을 통해 자신을 소개하더라도, 실상 그 누구도 이와 같은 방식을 통해 자신을 소개하지는 않는다. 또한 예수의 인자 칭호 사용은 단지 심판과 관련된 문제라고도 볼 수 없다. 예수의 인자 칭호 사용은 결코 문제될 것이 없는 것처럼 보인다. 아마도 예수의 인자 칭호 사용에 대한 무관심과 그에 대한 설명은 그리 분명하지는 않은 것 같다.

우리는 인자를 뜻하는 팔레스타인 아람어가 "인간"을 뜻하기도 하며 혹은 "어떤 이", "한 사람"이라는 대명사로 대체될 수 있음을 알고 있다. 비록 확실치는 않지만, 이 문구("인자")는 예수시대에 일인칭("나")을 뜻하는 완곡어법으로 사용되곤 했을 것이다(마 11:19; 12:32; 113:37; 16:13 참조). 예수가 이스라엘의 희망을 가져다 주는 자로 자신을 소개하기 위해 인자 칭호를 사용하는 데 있어서 인자의 의미는 애매모호했던 것 같다. 그러므로 이 인자 칭호는 완전한 자기 호칭, 즉 예수의 배타적 개념을 포함한 불가사의한 표현이었을 것이다.

인자 칭호 사용은 예수 사역의 범주를 넘어가지 못한다. 즉, 인자 칭호는 예수 사역에 있어서 중요할 뿐 그 이후에는 그리 중요치 않다. 만약 예수가 이 칭호를 하늘의 존재 혹은 신적인 인물을 설명하기 위해 설명한다면, 아마도 예수의 인자 칭호 사용은 그의 사역을 넘어 훨씬 더 확대되어야 하지 않을까? 만약 예수가 이 칭호를 그의 비하를 설명하기 위해 사용했다면, 아마도 이 칭호가 부활 이후에는 발견되지 않음은 납득할 만하다. 예수는 이 칭호를 어떻게 사용하고 있는가? 라이트(N. T. Wright)는 버림받고 고난당한 뒤 다시 회복되었던 이스라엘의 전형적인 운명을 자신이 경험할 것임을 알려주기 위해, 예수가 이 인자 칭호를 다니엘 7장에 나오는 성도들과 이스라엘과 같은 일련의 공동체로서 사용하고 있다고 제안한다(마 12:40; 26:2; 막 8:31; 9:12, 31; 10:33, 45; 14:21; 1988a:350).

만약 라이트의 제안이 옳다면, 이 칭호는 이상적인 이스라엘의 모습과 같이 죄 없이 당하는 고난과 무죄에 대한 변호를 암시해 준다. 인자의 미래의 영광을 소개하고 있는 예언들을 통해 분명히 소개된 바와 같이, 예수는 변호를 통해 심판할 수 있는 권위를 부여받게 될 것이다. 그렇지만 미래에 예수에게 주어질 이러한 권위는 이미 주어졌고 예수의 사역 속에 그 실제를 드러낸다. 다음에 소개될 가설들은 꽤 일리있는 것처럼 보인다: (1) 인자 칭호는 이스라엘의 체험으로부터 발생한다. (2) 공관복음서에 소개된 이 칭호는 특별히 예수의 선교에 적용되며 메시아 되심의 초석을 마련해 준다.

그러나 미래의 한 인물을 묘사함에 있어서, 이 칭호는 "메시아"보다 더 광범위한 의미를 지니는 호칭이며 "메시아"-구약에 나타나는 메시아는 이 세상에 속한 메시아이다-보다 더 큰 권위를 가진다. 다니엘 7장에 소개된 것과 흡사한 "인자" 표현을 사용함으로써 예수는 이스라엘의 운명이 그의 인격 속에 그 절정을 이루고 있음을 말해 준다. 다시 말하겠지만, 이 인자 칭호의 다의성(ambiguity)은 매우 중요하다. 한편으로, 예수는 하나님 나라가 임했음을 설명하기 위해 이 칭호를 사용한다. 반면에 예수는 유대인들이 소중히 간직해온 기대들을 좌절시키기 위해 이 호칭을 사용한다.

마가복음 2:10로 다시 돌아가자: "그러나 인자가 땅에서 죄를 사하는 권세가 있는 줄을 너희로 알게 하려 하노라." 이 문맥 속에 나오는 인자는 일반적인 "사람"(a man)을 말해 주는 간접화법이 될 수 없다. 왜냐하면 일반적인 "사람"(a man)이 죄를 사해 준다는 사상은 유대인들의 전통에 크게 위배되었을 것이기 때문이다(Hooker, 1967:81-93). 또한 이 구절의 논법은 우리가 인자를 "사람"을 뜻하는 일반적인 의미로 해석하는 것을 힘들게 한다. 왜냐하면 죄를 사해 주는 권세가 사람에게 있는 것이 아니라 예수에게 있기 때문이다(Tuckett, 1982:66). 더욱이 만약 인자가 "사람"을 뜻한다면, "땅에서"라는 말은 필요치 않다(신약의 그 어느 본문에도 "땅에서"라는 문구가 결코 "사람"과 함께 사용되지 않고 있음을 주목해 보라).

만약 마가복음 2:10을 마가에 의한 편집으로 돌린다면, 이것은 예수 외 다른 누군가가 이 인자 칭호를 사용했음을 말해 주는 신약의 유일한 예가 된다. 마태복음 9:8에 나오는 다음과 같은 군중들의 반응은 때때로 인자를 "사람"으로 보는 해석을 지지해 준다(Hooker, 1967:94-95): "무리가 보고 두려워하며 이런 권세를 사람에게 주신 하나님께 영광을 돌리니라." 그렇지만 이러한 표현은 예수의 이적에 대한 대중들의 반응을 나타내는 것 외에 더 이상 아무것도 아니다. 마태복음 9:8은 예수의 인자 칭호 사용에 대한 언급을 하지 않는다. 마태는 사람이 죄를 사해 준다는 사상이 받아들여질 수 없는 것이었기에, 인자에 대한 해석을 염두에 두지 않은 것 같다.

공관복음서에 나오는 마가복음 2:10의 병행구절들은 마태복음 9:6과 누가복음 5:24이다. 이 병행구절들을 2:10과 비교해 보면, 마가의 "땅에서"라는 문구가 강조되고 있음을 발견할 수 있다. 만약 인자가 천상 재판 회의를 관장하는 자로서 인식되었다면, 아마도 예수는 "하늘에서"라는 표현을 통해 자신의 존재를 부각시켰을 것이다. 인자가 "땅에서 권세"를 지닌다는 것은 마가의 독자들과 예수의 청중들에게 새로운 것이었다. 새 시대에 죄 사함은 하늘에서 이루어지는 것이 아니라 땅에서 이루어진다. 왜냐하면 인자의 권세가 이미 이 땅에 임했기 때문이다. 예수는 죄를 사하기 위해 하늘의 권세를 주장한다. 그러나 그는 자신을 신으로 주장할 필요를 느끼지 않는다.

왜 예수는 서기관들에게 자신의 반응을 나타내기 위해 이 칭호를 사용하는 것일까? 마가복음 2:10은 인자와 죄 사함과의 본질적인 관계를 잘 보여 주는 것 같다. 만약 예수가 자신의 역할을 다니엘 7:13에 나오는 인물의 역할과 연결시키고 있다면, 그는 마지막 심판이 그의 사역을 통해 이 땅에서 일어나고 있다는 것과 그가 자신의 통치를 수행하고 있음을 나타내고 있는 것이다. 실로 인자, 죄 사함 그리고 심판과의 관계성은 사실상 복음서에 나오는 인자 어록의 주요한 특징이라 할 수 있다(Maddox, 1968:45-74).

마가는 2장에서 다시 한 번 더 다음과 같이 인자를 언급한다: "안식일은 사람을 위하여 있는 것이요 사람이 안식일을 위하여 있는 것이 아니니 이러므로 인자는 안식일에도 주인이니라." 28절에 나오는 "인자"가 사람을 뜻한다는 증거로서 27절을 인용하는 것은 자연스러운 것 같다(Beasley-Murray, 1986:231). 이 문제를 좀더 살펴보기 위해 도드(C. H. Dodd)의 견해를 상고해 보도록 하자. 도드는 28절이 세상을 다스릴 수 있는 인간의 지위를 말해 준다고 제안한다. 그에 따르면, 이러한 인간의 지위가 예수의 사역을 통해 지금 증명되었으며, 창세기 1:26-28의 잠재성이 예수의 사역으로 말미암아 드러나게 되었다고 본다(Beasley-Murray, 1986:233). 안식일은 하나님의 창조의 면류관인 사람을 위해 있는 것이며, 사람에게 속했던 안식일의 주도권은 이제 하나님 통치의 대리자요 중보자이신 인자에 의해 수행되며 이 인자를 통해 많은 이들이 하나님의 통치를 경험하게 된다(Beasley-Murray, 1986:233). 그러므로 이 기사는 이 세상을 다스릴 수 있는 인간의 운명이 이제 인자이신 예수에 의해 수행되고 있음을 말해 준다.

마가복음 2:27-28과 2:10은 인류의 대리자로서 아담과 이스라엘의 역할을 맡게 된 인자의 역할, 즉 심판과 주(主) 되심의 역할을 강조한다. 계속해서 마가는 인자를 고난받는 인물로 소개해 나간다(예, 8:31; 9:31; 10:33-34). 마가는 이러한 방식을 통해 단순히 심판이 임할 것임을 부연한다. 예수는 가이사랴 빌립보에서 인자의 고난과 부활이라는 관점에서 베드로의 메시아 고백(8:29)을 해석한다(8:31). 예수의 메시아적 사역의 목표, 즉 이스라엘의 원수에 대한 승리는 고난을 통해 이루어질 것이다. 하나님께서는 능욕을 당하고 십자가에 못박혀 죽게 될 고난당하는 인자를 구원하실 것이다(10:33-34). 그리고 인자의 십자가는 모든 인류를 판단할 수 있는 기준이 될 것이다. 고난이 지나간 후 일어날 미래의 사건에 대한 인자의 선언은 그가 마지막 심판자요 주인으로 역할을 수행할 것임을 가리켜 준다(14:62).

② 메시아

예수는 사실상 그가 대제사장의 법정 앞에 설 때까지 메시아, 즉 "그리스도"라는 칭호를 거절한다(막 14:62). 비록 이 칭호가 마가복음에서 간접적으로든 직접적으로든 수차례에 걸쳐 예수에게 적용될 수 있다 할지라도(1:1; 8:29; 14:61; 15:32), 예수는 "그리스도"라는 칭호를 단지 한 번만 사용하신다(9:41). 외경(外經)에 포함된 문헌들은 이러한 칭호에 대해 별다른 관심을 보이지 않는다. 묵시 문헌 가운데 나타나는 이 칭호에 대한 강조는 복음서와는 다른 차이점—묵시 문헌은 임박한 하나님 나라의 도래를 강조한다—을 드러낸다.

주전 50년경에 쓰여진 솔로몬의 시편은 메시아와 같은 인물을 소개한다. 이방인을 물리친 민족의 승리자 다윗의 자손은 이스라엘의 구원자, 이스라엘을 회복시키는 자로 소개되며, 이러한 사상은 유다 하스모니안 왕조를 거절했던 바리새인의 영향에 기인하는 것이다. 이 같은 정결한 지상(地上)의 메시아를 고대했던 바리새인들의 메시아 관(觀)은 그 당시 대표적인 사상이었던 것 같다(Vermes, 1973:133). 외경 가운데 돋보이는 책이라 할 수 있는 유빌리스(Jubilees), 에녹1서(1-36; 91-104), 모세 언약서, 바룩1서, 에녹2서 그리고 마카비2서, 토빗, 솔로몬의 지혜서, 유딧서 그리고 위경은 메시아에 대해 전혀 언급하지 않는다(Beasley-Murray, 1986:52).

쿰란 동굴에 유리했던 쿰란 분파는 창세기 49:10을 이사야 11:1-9처럼 언약의 메시아라는 관점에서 해석했다. 그렇지만 쿰란 공동체의 해석은 제사장적, 선지자적 메시아를 고대했던 전통적인 메시아 관의 범주를 훨씬 넘어선다(예를 들면, T. Levi, 17-18; T. Judah, 17:5-6; 24:5-6; T. Reuben, 6:12; T. Joseph, 19:8-12; T. Simeon, 7:1-2; T. Dan, 5:10-13). 쿰란 공동체의 내규(內規)는 아론과 이스라엘의 메시아에 대해 설명하며(1QS 9:10-11; 이 문헌은 사해 문서 가운데 하나이다 - 역자주), 종말론적 선지자의 도래(1QS 9-11)를 고대한다. 그리고 이 공동체는 메시아의 전조를 두 종류의 메시아적 인물(제사장, 왕)과 연결시킨다(1QS 9:11).

쿰란 분파로부터 나온 이 두 문서들(IQS, 1QS)은 메시아와 인자를 동등시한다. 예를 들면, 쿰란 공동체의 내규에 소개된 다음의 표현들을 살펴보자: "하나님의 일 가운데 메시아가 그들과 함께 있을 것이며"(1QS 2:11; 4QFlor 1:6-7; Beasley-Murray, 1986:54-56). 주후 1세기와 2세기에 쓰여진 문헌들 가운데, 메시아는 정결한 인간으로 부각되고 있는 반면, 바룩2서와 에스라4서는 이 메시아를 민족적인 존재로 소개한다. 비록 주후 2세기 전까지 메시아 사상에 대한 증거가 거의 없다 할지라도, 메시아와 관련된 다양한 사상들이 폭넓게 존재했다. 그렇지만 신구약 중간기에 이 메시아 칭호는 다윗과 같은 구원의 왕을 뜻한다.

자신의 사역을 통해 하나님 나라가 임했다고 선포한 예수의 단언은 메시아임을 제기한 자신의 수상과 사연스럽게 연결된다. 예수가 메시아 칭호의 제약성으로 말미암아 이 칭호를 사용하지 않았을 것이라는 가능성은 배제할 수 없다. 대신에 예수는 "메시아"라는 개념을 뚜렷이 나타내기 위해 "하나님의 나라"라는 표현을 사용하셨다. 확실히 "하나님 나라"는 여호와의 대리자를 통해 이루어지는 여호와의 다스림과 그 의미를 충분히 반영해 준다. 예수가 전통적으로 기대해 왔던 것과는 다른 차원의 왕권을 염두에 두었기 때문에, 아마도 예수는 메시아 칭호를 오해의 소지가 있는 호칭으로 보았을 것이다.

예수의 사역에 있어서 커다란 짐이 되었던 것 중에 하나는 배척을 당할 수밖에 없는 위험을 무릅쓰고 자신이 다시 만든 새로운 정의들을 이스라엘 백성에게 설명하는 것이었다. 하나님 나라와 이스라엘의 미래에 대한 예수의 이해가 너무 난해하고 복잡한 나머지, 부득이 예수는 이스라엘을 다시 정의하셨다(Meyer, 1979:134). 이스라엘이 재정의되었던 것이 이번이 처음은 아니었다. 이와 같은 재정의는 무엇을 의미했을까? 예수는 민족 이스라엘이 새로운 하나님 나라의 목적을 이루는데 필수적이지 않다는 것을 암시해 주고 있으며, 예수의 청중들은 예수의 이러한 암시를 받아들이는 데 많은 어려움을 느꼈을 것이다. 더욱이 새 이스라엘의 핵심이라 할 수 있는 제자들은 민족 이스라엘을 심판할 수 있는 권한을 지니게 된다(마 19:28; 눅 22:29-30).

그러나 이와 같은 권한은 제자들이 높임을 받게 되었음을 뜻하지 않는다. 왜냐하면 그들의 권한으로 인해 이스라엘로부터 더 많은 배척과 수모를 겪게 되기 때문이다(Meyer, 1979:185-97). 하나님 나라를 크게 강조하지 않는 복음서의 기타 다른 관점들을 제외하고는, 하나님 나라는 예수의 선포와 군중들의 예수 이해와 밀접하게 관련된다. 예수는 그의 사역을 통해 그의 메시아 되심을 간접적으로 선언하신다. 그러나 부활 이후 예수는 자신이 이스라엘의 메시아, 그리스도요 왕이심을 공개적으로 선포하신다.

예수의 부활 후 성령으로 말미암아 하나님 나라의 새 시대가 도래한다. 그러므로 하나님 나라는 결코 더 이상 기다림의 대상이 될 수 없다. 왜냐하면 성령께서 지상의 교회를 통해 권능으로 역사하시려 이 땅에 임하시기 때문이다. 구이스라엘은 이제 새로운 공동체가 된 초대 교회로 대체된다. 그리고 이 지상의 교회는 혈육애(血肉愛), 세속적인 관념 혹은 윤리에 의해 하나로 결속되는 것이 아니라 하나님을 왕으로, 예수를 그의 대리자로 모시며 그들을 순종함으로 말미암아 서로의 결속(結束)을 이루어간다.

예수의 행동은 사람들로 하여금 그가 장차 메시아가 될 것이라는 기대를 무르익게 만들었다. 그리고 사람들은 예수를 다윗의 자손으로 인식하게 되었다(마 1:1; 9:27; 12:23; 15:22; 20:30-31; 21:9, 15; 22:42). 그러나 예수는 이 칭호("다윗의 자손")에 만족하지 않으셨다(막 12:35-37). 20세기초 네덜란드 학자 윌리엄 브레데(William Wrede)는 "마가복음은 예수가 메시아로서의 자신의 정체를 은닉하려 한 것으로 묘사하고 있다"고 주장한다. 브레데에 따르면, 이와 같은 "예수의 메시아 은닉설"은 예수가 결코 자신을 메시아로 믿지 않았기 때문에 예수가 결코 주장하지 않았던 지위를 예수의 사역 안에 집어넣으려던 초대 교회의 신학적 산물이었다.

그러나 사실은 어떠한가? 예수는 자신을 메시아로 고백하거나 혹은 메시아임을 암시해 준다. 그러나 그는 메시아로서의 지위를 공개적으로 주장하지는 않는다. 예수의 시험 기사에 서술된 바와 같이, 예수는 메시아가 되라는 사탄의 제안을 거절하신다. 귀신들과 귀신에 사로잡힌 자들이 예수가 메시아라는 사실을 인식했을 때 예수는 그들을 꾸짖는다(막 1:25, 34; 3:12; 9:25). 비록 예수가 행한 치유의 기적들이 명백한 메시아적 특성을 드러낸다 할지라도, 예수는 침묵을 종용한다(막 1:44; 5:43; 7:37; 8:26, 30). 때때로 예수는 군중들의 평판을 피하려 군중들의 시야를 벗어나기도 한다(막 1:35-38; 7:24).

이러한 일련의 사건들은 메시아에 대한 이슈를 회피하려는 예수의 의식적인 태도를 반영하지는 않은 것 같다. 왜냐하면 예수는 다른 방식ー예수는 자신을 목자(牧者)로 소개하기도 한다(막 6:34)ー을 통해 자신의 메시아 되심을 직접적으로 선언하기 때문이다. 아마도 예수는 그 당시 여러 가지 다양한 정황들로 인해 메시아 칭호를 사용할 수 없었던 것 같다. 예를 들면, 귀신이 예수를 향해 메시아라고 고백할 때, 예수는 귀신을 향해 꾸짖게 되고, 예수의 이러한 꾸짖으심은 귀신으로 하여금 메시아임을 말하지 못하도록 침묵케 만든다. 예수는 병 고침 받은 자들을 향해 자신들에게 일어났던 일을 말하지 말라고 명령한다. 왜냐하면 예수는 단지 기적이 구원의 믿음을 일으키지 못할 뿐만 아니라, 오히려 이 기적이 적절치 못한 민족의 기대를 불러일으키게 될 것임을 깨달으셨기 때문이다.

달리 표현하자면, 예수는 자신이 믿음으로 말미암지 않고는 이해될 수도, 고백될 수도 없는 자임을 확신하셨고 이러한 확신을 통해 그의 사역을 수행해 나가셨다. 이와 같은 관점에서 볼 때, 믿음의 바깥 세계에 머물고 있는 자들에게 예수의 메시아 되심은 항상 비밀이 된다. 하나님 나라의 비밀처럼(막 4:10-12) 예수의 메시아 되심 또한 그러하다. 그러나 오직 예수의 메시아 되심을 볼 수 있는 눈을 가진 자들만이 그 비밀을 알게 된다. 예수는 메시아 칭호를 노골적으로 거절하지 않았다.

그러나 마가복음 전체를 통해 나타난 메시아 칭호에 대한 예수의 태도는 애매모호하다(막 8:27-33; 11:1-11; 14:62). 백성들은 예수가 지닌 관점을 반드시 깨달아야만 한다. 그러나 예수는 자신의 주장을 비유를 통해 설명하신다. 그러나 만일 백성들이 이 비유의 말씀을 깨닫기 위해 열심히 노력한다면, 그들은 진리를 발견할 수 있을 것이다. 메시아 칭호에 대해 무관심한 반응을 보였던 예수의 태도는 그가 메시아 직(職)에 대해 그 당시 백성들과는 다른 메시아 개념을 가지고 있었음을 시사해 준다. 그리하여 예수는 오해를 불러일으킬 소지가 있음에도 불구하고 침묵을 종용한다. 그러므로 메시아 은닉설과 관련된 문제의 핵심은 예수가 어떤 형태의 메시아인가에 달려 있다(Martin, 1972; 209). 마가는 유대인들이 고난당하는 메시아 관을 거절한다는 사실을 알고 있었다.

그러나 마가는 직접적으로든 혹은 간접적으로든 계속해서 고난의 메시아 관(觀)을 주장해 나간다. 더욱이 마가는 예수가 고난을 통해 메시아가 될 것임을 단호하게 주장했었던 것 같다. 예수의 사역 기간 동안, 예수의 인격과 그 본질을 깨닫고 있었던 사람은 거의 없었다. 이스라엘―죄인들, 벙어리들 그리고 소경들―과 이방인들은 예수를 단지 피상적으로 인식할 뿐이었다. 예수와 함께 했었던 제자들과 그의 가족들조차 예수의 정체를 이해하지 못한다. 예수의 공적 사역 전 기간에 걸쳐 이스라엘은 예수의 가르침을 계속해서 배척한다. 그러나 예수의 사역이 끝날 즈음에 소경 바디매오는 이 진리를 분명히 발견한다. 그는 마가복음에서 예수를 다윗의 자손으로 고백한 유일한 사람이다(막 10:46-52).

(4) 비유의 가르침(막 4장)

우리는 메시아 선언의 숨겨진 특성을 비유를 통해 전달한 예수의 가르침과 예수의 이스라엘 이해―"예수가 이스라엘을 어떻게 이해했는가"는 우리의 종말론 연구에 매우 중요한 개념이다―를 살펴볼 것이다. 그렇지만 예수의 이스라엘 이해를 살펴보기에 앞서, 우리는 마가복음 3:31-35에서 예수가 그의 가족들에게 선언하신 말씀에 대해 연구해 보아야만 한다. 왜냐하면 예수의 이스라엘 이해와 마가복음 3:31-35이 매우 밀접하게 연결되어 있기 때문이다. 31-35절은 예수의 가족이 더 이상 민족적인 출생이나 계보에 의해 이루어지지 아니하고 믿음에 의해 이루어질 것임을 밝혀준다. 하나님의 뜻을 따르는 자는 누구든지 예수의 새 가족의 일원이 될 수 있다. 4장에 소개된 '씨 뿌리는 자의 비유'는 이사야 인용구가 암시하는 바와 같이, 이스라엘을 구원받은 남은 자로 재정의한다(막 4:12; cf. 사 6:9-10). 예수가 가족에 대한 개념을 새롭게 정의한 3:31-35 다음에 뒤따라오는 씨 뿌리는 비유는 이 새 가족을 이스라엘과 동일시한다.

한편 예수는 마가복음에서 두 가지 중요한 종말론적 선언을 제공한다. 4장이 하나님 나라의 본질을 설명하는 반면, 13장은 하나님 나라의 도래에 초점을 맞춘다. 그렇지만 4장은 평범한 설교라고 할 수 없다. 2절은 예수가 군중들을 많은 비유로 가르쳤다고 소개한다. 마가복음에 처음으로 등장하는 '씨 뿌리는 자의 비유'(4:3-9)―이 비유에 대한 이해는 모든 비유들을 이해하는 데 있어서 기본이 된다(13절)—의 뜻을 이해함에 있어서, 우리는 4:14-20에 소개된 예수의 해석에 전적으로 의존해야 한다. 이 비유는 "하나님 말씀을 듣는 것"에 초점을 둔다. 씨 뿌리는 자는 씨, 즉 (하나님 나라에 대한 말씀인) 하나님 말씀을 뿌린다(14절).

하나님 말씀의 결실에 실패한 세 종류의 유형들은 하나님 말씀(씨)의 성공적인 결실과 그 세 가지 유형들에 의해 상쇄되고 만다(20절). 이것이야말로 하나님 나라의 신비이며 하나님 나라는 이와 같은 신비로운 방식을 통해 이루어진다. 씨들은 또한 4장에 나오는 두 가지 다른 비유들 가운데에도 두드러진 기능을 하고 있다. "은밀히 자라는 씨"의 비유(4:26-29)는 어떤 방식으로 추수가 이루어질 것인가를 잘 예시해 준다. 차츰차츰 단계적이고도 자동적인 방식으로 자라나는 씨의 성장(27-28절)으로 말미암아 추수의 때가 확정된다. 왜냐하면 씨는 그 자체 속에 생명력을 지니고 있기 때문이다(29절).

4장의 세 번째 비유는 겨자씨의 이미지를 사용한다(30-32절). 겨자씨와 같이 하나님 나라는 처음에는 작고 보잘것없는 것처럼 보이지만(31절), 나중은 심히 창대케 될 것이다—심히 큰 나무에 공중의 새가 깃들게 될 것이다(32절). 이 겨자나무의 이미지를 통해 예수는 다니엘 4장에 나오는 느부갓네살이 본 거대한 나무—이 거대한 나무 아래 세상은 피난처를 찾는다—를 암시한다(10-12, 20-22절).

느부갓네살이 본 이 나무는 은신처를 구하는 모든 이들에게 보호받을 수 있는 피난처를 제공해 준다. 예수는 비록 하나님 나라의 시작이 미약하고 별로 중요치 않게 보인다 할지라도, 하나님 나라의 예정된 종국적 목적이 마침내 이루어질 것임을 나타내기 위해 이 이미지를 사용하신다. 그리하여 모든 민족들이 한 하나님 나라 안으로 모여 들 것이며 하나님의 계획은 그 완성을 이루게 될 것이다.

세 가지 씨 비유의 주된 메시지는 숨겨진 하나님 나라에 집중되어 있다. 비록 지금은 숨겨져 있지만, 하나님 나라는—하나님 나라의 메시아가 숨겨져 있으나 믿음의 사람들에게는 알려졌던 것과 같이—그 능력을 드러낼 때를 기다리고 있다(Ambrozic, 1972:91). 은밀하게 자라나서 땅에 떨어져 썩어지는 씨처럼 예수가 십자가의 죽음을 당하게 될 때 하나님 나라는 일어서게 될 것이다(Ambrozic, 1972:99). 그러므로 이것은 신비이다. 예수가 계시한 신비는 하나님의 계획과 그에 따른 종말론적 능력이다. 그리고 이 능력은 이미 이 세상에 역사하고 있다.

하나님 나라는 선택받은 자들을 예수의 한 가족 공동체 안으로 불러모은다.

그리고 하나님 나라는 그들에게 인류를 향한 하나님의 목적을 볼 수 있는 시각을 제공해 주며, 그들이 하나님의 나라의 능력에 참여토록 인도해 줌으로 말미암아 하나님의 계획을 수행하도록 해 준다. 이 신비로운 방식은 장차 종말의 때에 불가피한 분리가 일어날 것임을 알려준다. 예수의 가르침은 하나님 나라 공동체를 창조한다. 그리고 이 공동체는 그 종국적 운명이 이미 결정되어 있다.

'씨 뿌리는 자 비유'의 해석을 위한 열쇠를 제공하기 위해 존 보우커(John Bowker)는 이사야 6:9-10을 개작한 마가복음 4:12을 살펴본다(1974:311). 이 구절들(막 4:12; 사 6:9-10)은 또한 예수가 재정의한 이스라엘 이해에 대한 지침을 마련해 준다. 이사야 6:9-13에서 선지자 이사야가 유다 왕국의 폐망과 포로 그리고 거룩한 씨인 남은 자에 대해 예언하고 있음을 주목해 보라.

'씨 뿌리는 자 비유'도 이와 비슷한 역설적 상황을 그려준다. 대부분의 씨들은 버려진다. 그럼에도 불구하고 몇 안 되는 씨들이 자라나 좋은 수확을 거두게 한다. 여기에 하나님 나라의 신비가 있다. 대부분의 유대교는 바깥 외인들이며, 이들은 그들의 민족주의와 하나님 나라에 대한 선입견으로 말미암아 자신들을 차별화시킨다. 결국 그들은 예수를 믿는데 실패하고 만다. 그리하여 이스라엘은 심판을 당할 것이며 배척당하게 될 것이다.

그러나 3:34-35에 나오는 자들, 즉 예수 주위에 있던 내인들(insiders)을 위해 새로운 메시아 가족 공동체-거룩한 씨의 열매-가 창조될 것이다. 이사야 6장과의 유비는 이 메시지를 분명하게 해 준다. 이스라엘에 대한 심판 이후 이스라엘 민족이라는 나무는 베어버린 바 될 것이고, 남은 자가 일어날 것이다. 이와 같은 하나님 나라의 숨겨진 신비는 예수의 사역을 통해 일어나고 있다. 이스라엘에 대한 중대한 암시를 내포하고 있는 이 비유들은 이해하는데 그리 어렵지는 않았다. 그러나 청중들은 그들 스스로가 이 비유와 그 가르침을 받아들일 수 없다는 사실을 발견하였다.

(5) 제자들을 가르침(막 8:27-13:37)

마가복음 8:27은 마가복음의 전환점을 마련해 준다. 가이사랴 빌립보에 도착한 예수는 자신의 사역의 방향을 전환시켜 버린다. 이 일에 앞서 예수는 군중들을 가르쳤고 기적을 행하셨다. 그러나 이제부터 예수는 그의 가르침을 그의 제자들에게 집중시킨다. 사실상 기적은 이제 끝난다. 마가복음 8:27-13:37의 기사는 또한 예수의 메시아적 입장에 대한 변화를 알려준다. 예수는 어떤 방식으로 자신의 메시아적 입장을 소개하고 있는가? 8:29에서 베드로는 예수를 그리스도로 고백한다. 30절에서 예수는 이전에 귀신들과 귀신들린 자들에게 명한 것(1:25; 3:12 참조)과 마찬가지로 베드로에게 침묵을 종용(慫慂)한다.

그렇다면 도대체 무엇이 바뀐 것인가? 왜 예수는 그의 제자 중 한 사람(베드로)을 침묵케 한 것인가? 공개적으로 자신의 메시아 됨을 선언할 적정한 시간이 아직 오지 않았단 말인가? 예수는 자신을 인기있는 사람으로 생각한 나머지 기적을 행하는 자로서 자신에게 도취되어 스스로 메시아라고 착각한 거짓된 자였나? 진리는 오직 입회자(入會者)들에게만 계시되었던 것인가? 예수의 침묵 명령에 대한 이유가 31절에 나타난다. 예수는 베드로의 메시아 고백을 고난의 필요성과 결부시키면서 자신이 수행해야 할 메시아 직(職)의 본질을 계시하신다.

메시아는 이스라엘을 위해 죽임을 당해야만 한다. 왜냐하면 메시아는 이스라엘의 고난받는 종이기 때문이다(Wright, 1988:350-351). 예수의 메시아 되심의 공개적 선언은 오직 십자가의 길을 통해서 이루어진다(눅 24:26). 왜냐하면 예수의 메시아 되심의 본질이 오직 십자가의 죽으심을 통해서만 이해될 수 있기 때문이다. 예수의 고난 이전의 그 어떤 고백도 아직 시기상조라 할 수 있으며, 현재의 가정을 전제한 잘못된 해석이 될 수 있다.

가이사랴 빌립보에서 베드로의 메시아 고백 이후 예수는 제자도의 본질과 희생, 즉 제자들이 반드시 감당해야만 하는 박해와 고난을 알려주신다(막 8:34-38). 그리하여 그의 제자들 가운데 어떤 이들은 그들의 생전에 "하나님 나라가 권능으로 임하는 것"(9:1)을 볼 것이라고 단언하신다(하지만 예수는 예수의 제자들 가운데 그들이 보았던 것들을 그들 스스로 이해할 것이라고는 결코 말하지 않는다). 여기에서 예수는 무엇을 말하고 있는가? "여기 섰는 사람 중에 어떤 이는 죽음을 보지 않을 것이다"라는 표현을 통해 암시된 시간대는 엿새 후 일어날 예수의 변형(9:2)보다 더 이후에 일어날 사건을 말해 준다.

9:1의 "하나님의 나라가 권능으로 임하다"라는 표현을 주목해 보라. 이 사건은 예수의 죽음 이후에 일어나겠지만, 또한 이 사건은 제자들이 생존해 있을 때 발생할 것이다. 하나님 나라의 권능으로의 임함은 분명히 예루살렘의 멸망(France, 1971:140; 233-35), 유대 국가와 민족 이스라엘의 종말—이러한 일련

의 사건들은 십자가를 통해 성취될 것이다—을 설명하는 것이다.

엿새 후 예수, 베드로, 야고보 그리고 요한은 변화산에 올라간다(막 9:2). 하나님과 모세 사이의 시내산 언약 체결과 유사성을 보여 주는 이 사건은 새 언약으로 이해될 수 있다. 예수와 동행하고 있는 세 제자들은 모세와 함께 시내산에 올라간 세 사람을 상기시켜 준다(출 24:1). 그리고 모세가 혼자 여호와의 영광을 보고 그 얼굴에 광채가 나셨던 것처럼(출 24:2; 34:29-35) 예수는 홀로 변형된다.

베드로는 예수를 통해 비춰지는 하나님의 임재를 보고 세 초막—아마도 이 초막은 출애굽기 33:7-11에 나오는 모세의 초막을 상기시켜 준다—을 짓자고 제안한다. 베드로가 시도하는 것처럼 예수는 모세나 엘리야와 동일한 자로 평가될 수 없는 분이시기에, 베드로의 제안은 거절당한다. 마가복음 9:7에서 구름 속에서 나는 소리는 출애굽기 24:16을 반영한다. 그러나 예수를 통해 거룩하게 비춰지는 하나님의 계시는 지금 직접 전달되고 있다. 이 하나님의 계시는 시내산에서 중보자를 통해 전달되던 것과는 다르다.

예수의 변모사건은 예수를 고난받는 메시아로 미리 소개하는 역할을 한다. 이 사건이 진행되는 동안 예수는 자신의 죽음을 예고한다(눅 9:31 참조). 그러므로 다음에 소개될 마지막 날에 대한 예수의 주요 강화(13장)는 그의 마지막 유언으로 이해될 수 있다(Hooker, 1982:81-83). 변모 사건과 마가복음 13장의 강화(講話) 사이에 예수는 예루살렘을 입성하는 왕으로서 인식된다(11:9-10). 그곳에서 예수는 자신을 맞이하는 종교 지도자들과 충돌하게 된다(11:15-19, 27-33; 12:1-40). 그러나 종교 지도자들이 예수를 거절함으로 말미암아 예수는 죽음에 이르게 된다. 그렇지만 포도원 비유의 마지막 부분에 등장하는 시편 118:22-23의 인용은 예수가 마침내 인정받게 될 것임을 말해 준다(막 12:10-11 참조). 더욱이 이스라엘이 예수를 배척함으로 말미암아 하나님은 이스라엘을 배척하게 된다. 마가복음 13:2은 이스라엘의 심판을 구체적으로 설명한다. 즉, 예루살렘과 성전은 파괴될 것이다.

예수의 강화(막 13:5-37)는 예루살렘 멸망 예언 이후 곧바로 이어진다. 예수의 이 강화는 제자들의 다음과 같은 두 가지 질문으로 인해 시작된다: "우리에게 이르소서 어느 때에 이런 일이 있겠사오며 이 모든 일이 이루려 할 때에 무슨 징조가 있사오리이까?"(13:4) 예수는 먼저 마지막 질문에 답함으로써 강화를 시작한다. 예수는 그의 설명을 통해, 예루살렘 멸망을 마지막 심판의 선례(the herald)로서 예고한다. 5-13절은 대재앙이 일어나기 전 어떤 일이 일어날 것인지를 서술한다. 적그리스도가 일어날 것이고(5-6절) 천재지변과 전쟁이 발생할 것이며(7-8절), 제자들이 박해를 당할 것이다(9, 11-13절). 이 모든 일련의 사건과 함께 종말이 임하기 전 한 가지 일이 이루어져야 한다. 즉, "복음이 먼저 만국에 전파되어야만 한다"(10절). 만약 모든 민족을 향한 말씀전파가 10절의 의미를 상징적으로 충족시켜 준다면, 10절에 대한 성취와 그 증거를 신약 자체 안에서 발견할 수 있다(행 2:5-11; cf. 롬 15:19).

마가복음 13:14에서 예수는 임박한 멸망의 한 징조—로마 군대가 예루살렘을 에워쌀 것이다(cf. 눅 21:20)—를 소개한다. 그리고 난 뒤 15-23절에서 예수는 포위와 함락과 관련된 여러 가지 참혹한 재난들을 설명한다. 비록 24-27절이 종종 재림(파루시아)을 언급하는 구절로 이해될 수 있다 할지라도(Wenham, 1984:358), 13장 전체의 구조와 특히, 24-25절에 나오는 신의 현현과 관련된 구약의 언어 표현은 이러한 구절들이 또한 예루살렘의 멸망을 설명하고 있음을 말해 준다(cf. Tasker, 1961:225-228; Kik, 1948:69-77). 24-25절에 사용된 예수의 표현은 사실상 바벨론 멸망을 예고한 이사야의 표현방식과 동일하다(사 13:10; cf. 사 34:4; cf. 겔 32:7-8; cf. 욜 2:10; 3:15; cf. 암 8:9). 예루살렘의 멸망은 예수를 정죄했던 자들에 대한 심판이 됨으로써 예수의 권위를 입증시켜 줄 것이다(막 13:26-27).

26절은 심판에 대한 신적 표현 방식을 사용함으로써(단 7:132; cf. 사 19:1), 예루살렘 멸망에 대한 신학적 중요성을 서술한다. 그 다음 구절에서 예수는 "인자가 그의 천사를 보낼 것"이라고 말한다. 이러한 표현은 예루살렘 함락 기간 동안 고통당하는 신자들에게 위로를 제공해 줄 뿐만 아니라, 주후 70년 이후 선교를 감당하는 기독교 공동체에게도 위로를 가져다준다(왜냐하면 "천사들"이 "사자〈使者〉들"로 번역될 수 있기 때문이다; cf. 마 11:10; 막 1:2; 눅 7:24; 9:52).

예루살렘은 언제 멸망될 것인가? 제자들은 예수에게 이와 같은 질문을 던진다. 예수는 마가복음 13:28-37을 통해 이들의 질문에 답하신다. 28-31절은 무화과나무의 이미지와 "이 세대가 지나가지 전에 이 일이 다 이루리라"(30절)—30절에서 "세대"(generation)라는 단어는 "종족"(race) 혹은 "시대"(age)라는 뜻으로 혼용되어서는 안 된다—는 역사적 임박성을 전달해 준다. 32-34절은 계속해서 깨어 있어야 할 필요성을 강조한다. 그리고 35-37절은 13장 전체를 조절하는 "권고"(admonition)로 볼 수 있다. 13장에는 일종의 논리적인 사상적 연결이 이루어지고 있다. 예수는 장차 일어날 예루살렘의 멸망과 유대 국가의 종말을 자세히 설명한다. 예수의 십자가로 말미암아 초래될 (유대 신앙의 상징인) 예루살렘과 성전의 파괴는 자명하다. 역사를 통해 알려진 바와 같이, 이 예루살렘 멸망 이후의 결과, 즉 이스라엘의 또 다른 유랑생활은 아직 끝나지 않은 것 같다.

3. 종교 재판과 수난(막 14-15장)

공적 사역 기간 동안 보류되었던 예수의 메시아 은닉과 그의 이스라엘 왕권은 이제 곧 알려지게 될 것이다. 이제 바로 예수는 체포되어 재판받게 될 것이다(막 14:10-11). 가야바 앞에서 재판을 받을 때, 예수는 메시아라고 주장한 죄목으로 재판정에 서게 된다(14:53-65; cf. 마 26:57). 비록 후대 미슈나에 드러나는 증거를 살펴볼 때 바리새인들의 편견으로 인해 예수를 재판할 수 있는 정당성을 부여하는 것이 어려웠다 할지라도, 이 재판 법정은 분명히 유죄를 판결하고 말았다 (Juel, 1977:63). 이전에 예수는 이 재판이 실로 잘못된 심판이 될 것임을 예고했었다(8:31).

대제사장은 14:61에서 다음과 같이 예수에게 질문공세를 한다: "네가 찬송받을 자의 아들 그리스도냐?" 그러자 예수는 "내가 그니라"(62절)고 대답하신다. 예수의 대답은 그의 메시아적 신분을 분명히 받아들이고 있다(13:6에 나오는 메시아의 공적 선포 형식인 "내가 그로라"는 표현을 주목해 보라). 예수의 공적인 임무를 마감할 적절한 시기에 이제 다가왔다. 이스라엘의 지도자들에게 예수는 자신의 메시아 되심의 참 본질을 알려주신다.

마가의 기록에 따르면(마 26:59-68 참조), 앞에서 소개된 이 종교 재판은 14:61에 나오는 대제사장의 질문이 그저 의미 없이 제기된 질문이 아님을 시사해 준다. 오히려 예수께 요구한 이 대제사장의 질문은 58절에 나오는 이스라엘 백성들의 고발—그들은 예수가 성전이 무너진 뒤 자신이 다시 그 성전을 세우리라 주장했다고 고소한다—에 의해 제기된다. 탈굼역에 나타나는 증거로 미루어 볼 때, 이러한 성건 재건의 사역은 전통적으로 메시아의 임무로 이해되었다. 탈굼역 이사야 53:5에서 메시아는 성전을 건축하도록 부름을 받는다. 왜냐하면 성전이 백성들의 범죄로 인해 더럽혀져 왔기 때문이다(Stenning, 1947:180; Juel, 1977:183).

탈굼역 역대상 17:12과 히스기야 6:12은 미래에 나타날 왕이 성전 재건의 임무를 맡게 될 것이라고 말한다. 더욱이 예수시대에 사무엘하 7:13과 출애굽기 15:17-이 구절들은 각각 성전 재건과 성소 건립을 설명하는 구절로 이해되었다-은 종말론적으로 해석되었다(Juel, 1977:178). 예수가 예루살렘에 입성하신 후 행하신 성전 청결 사건(막 11:15-19)은 또한 이스라엘 지도자들이 성전 청지기로서 그 임무를 박탈당하게 되었음을 말해 준다. 그리하여 이스라엘 지도자들은 거짓을 모의하면서 큰 소리를 지르며 재판 법정 앞에서 다음과 같이 예수를 모함한다: "우리가 그의 말을 들으니 손으로 지은 이 성전을 내가 헐고 손으로 짓지 아니한 다른 성전을 사흘에 지으리라 하더라"(14:58).

이 이스라엘의 지도자들은 예수가 선포한 예언들 가운데 다양한 요소들을 비교하면서 예수가 자신을 메시아라고 주장했다는 사실에 대해 고소하게 된다. 61절에서 대제사장은 "다시"라는 말을 사용하여 예수의 메시아 되심에 대해 예수께 다시 재차 물어본다. 대제사장의 이와 같은 반복된 질문은 예수의 죄목이 무엇이었는지를 다시 확인시켜 준다. 또한 예수의 죄목은 예수가 종말에 "나오스"(성전)를 대치시키겠디고 주장했다는 것이다. 비록 헬라어 "나오스"가 성전으로 번역될 수 있다 할지라도, 이 단어는 실제적으로 성전의 복합적 개념("히에론")을 설명하기보다는 오히려 성전, 혹은 성소 그 자체를 뜻하는 단어이다(15:29, 38 참조).

새로운 성전은 사람에 의해 건축되지 않을 것이다. 문자적으로 해석하면 "성전은 손으로 지어지지 않을 것이다"가 된다. 이것은 무엇을 의미하는가? 구약에서 손으로 지어진 것은 우상으로 간주되었다. 예수는 현재 세워져있는 성전을 "사람이 지은 것"이라고 말하면서, 그 성전의 본질을 노출시키신 후 그 성전을 거절하신다. 이와는 대조적으로, 새로이 지어질 성전은 하늘의 성전이요 영적인 성전이다. 예수는 새 성전의 건축자인 동시에 바로 자신이 성전-예수는 "삼일만"에 부활하셔서 이 성전을 세우게 될 것이다(58절)-이 되신다. 성전의 이미지와 상징이 "공동체"를 암시하고 있기 때문에, 마가복음 14:58은 메시아 안에서 연합된 새로운 공동체를 언급하고 있는 듯하다(Juel, 1977:167-68).

대제사장은 예수가 메시아 되심을 확인하기 위해 질문하기를, "네가 찬송받을 자의 아들 그리스도냐?"라고 예수께 묻는다(막 14:61). 병치구조가 사용되고 있는 61절에서 "찬송 받을 자의 아들"은 신적인 호칭을 완곡하게 피해갈 수 있는, 하나님의 아들을 말해 주는 하나의 표현방식이 된다. 예수는 이와 같은 호칭을 받아들이신 후에 다음과 같이 말씀하신다: "인자가 권능자의 우편에 앉은 것과 하늘 구름을 타고 오는 것을 너희가 보리라"(62절; cf. 시 110:1; 단 7:13). "인자" 호칭을 사용함으로써, 예수는 자신이 애호하는 호칭을 대체시키기보다는 오히려 이 호칭을 통해 메시아 되심에 대한 더 권위적이고 광범위한 선언을 해나가고 있는 것이다. 예수가 주장한 진술의 핵심은 이스라엘의 심판이 임박해 있음을 분명히 한다.

예수는 시편 110:1과 다니엘 7:13의 표현을 사용하면서 구약의 두 가지 대망 사상, 즉 심판("권능자의 우편에 앉은 것")과 완성("하늘 구름을 타고 오는 것")을 서로 결합시킨다(Robinson, 1956:336-340). 그러나 이스라엘은 미래에 있을 심판 때에 변호받지 못할 것이다. 예수는 이스라엘에게 심판을 선언하신다. 예루살렘은 인자의 손에 의해 파괴될 것이다. 더욱이 예루살렘의 멸망을 통해 이스라엘에게 임하게 될 인자의 재앙은 이스라엘의 대적들에 의해 목도될 것이다. 예수는 장차 모든 이들에게 인정받게 될 것이지만 이스라엘은 결코 변호받지 못할 것이다.

예수의 메시아 선언과 예언에 대한 대제사장의 반응은 어떠한가? 마가복음 14:63의 기록에 의하면, 대제사장은 자기 옷을 찢는데 이러한 행동은 신성모독, 즉 하나님의 권위를 위반한 태도에 대한 합법적인 반응으로 이해된다(Juel, 1977:97). 그리하여 대제사장은 공식적인 반응을 드러낸다. 그 외 다른 이들은 어떤 반응을 나타내고 있는가? 14:62에 나오는 예수의 예언은 그들에게 어리석은 말로 들려졌고, 예수의 이 예언은 그들에게 큰 충격을 가져다 주지 못했다. 왜냐하면 그들은 예수를 신빙성이 없는 선지자로 조롱했기 때문이다(65절).

마가복음 15장에 소개된 예수의 수난 기사 속에 슬픈 아이러니가 등장한다. 예수가 이스라엘의 왕이라는 사실이 점점 더 분명해져 가면 갈수록, 이 왕권은 이스라엘 민족의 종말을 뜻하는 실재가 되어간다. 예수를 브라이도리온이라는 뜰로 데려간 군병들은 그에게 자색 옷을 입히고(16-17절), 유대인의 왕이라고 조롱하며 소리친다(18절). 빌라도는 세 번씩이나 예수를 향해 동일한 방식으로 그의 정체를 확인한다(2, 9, 12절). 예수가 십자가에 못박혔을 때 예수가 생각한 왕권에 기초하여 대제사장, 서기관, 그리고 죄수들은 예수를 비웃는다(31-32절).

26절은 십자가 위에 있는 죄패에 쓰여진 말을 다음과 같이 기록한다: "유대인의 왕." 로마인이 붙여준 이 호칭은 매우 역설적이다. 왜냐하면 유대인들은 메시아를 설명하기 위해 이 단어를 결코 사용하지 않았기 때문이다(Meeks, 1967: 79, n. 1). 예수는 선동과 책동(策動)을 일으켜 로마로부터 민족적 메시아로 고소당한 평범한 흉악범으로서 죽임을 당했다(cf. 눅 23:2; Wright, 1985:86). 예수가 마지막 숨을 들이쉴 때, 성소 휘장이 두 갈래로 찢어진다(37-38절). 예수의 죽음으로 말미암아 지상의 예루살렘 성전은 이제 끝나고 말았다. 이제 예루살렘 성전이나 이스라엘 민족은 더 이상 존재하지 않는다.

마가복음은 유대인들이 기대했던 것과는 다른 예수의 메시아 되심을 선언하면서 기독론적인 목적을 성취시킨다. 그러나 이스라엘의 왕 예수는 종국에 가서 이스라엘의 모든 희망을 구현한다. 예수의 죽음을 목격한 로마 백부장의 다음과 같은 표현은 마가의 특별한 강조점을 요약해 준다: "이 사람은 진실로 하나님의 아들이었도다"(15:39). 이스라엘은 예수를 죽음에 이르도록 주도했으며, 예수는 반역적인 이스라엘이 당해야 할 죽음을 자신이 감당하게 된다(Wright, 1985:89-90). 이스라엘로서, 이스라엘을 위해 죽임을 당함으로써, 여호와의 종 예수는 자신이 민족 이스라엘을 향해 선언한 심판을 자신이 스스로 짊어짐으로써 이스라엘의 죄값을 탕감하게 된다(Wright, 1985:90-93).

이스라엘로서 죽임을 당한 예수는 이 세상—이스라엘은 이 세상을 위해 하나님으로부터 소명을 받았다—을 위한 대리적인 죽음을 당하게 된다. 이방인을 향한 빛으로서의 사명을 감당해야 할 이스라엘의 역할과 그 성취는 이제 회복된 이스라엘을 통해 가능하게 된다. 마가에게 있어서 십자가의 승리는 우주적인 승리이다. 악의 권세는 폐하였고 하나님의 통치가 세워졌다. 우리는 예수를 통해 하나님의 통치적 활동을 분명히 목도할 수 있다. 왜냐하면 예수는 창세기 1:26-28의 통치 명령을 성취하셔서 이스라엘의 메시아로서 이 세상을 화목케 하시기 때문이다.

The Search for Order

언약신학과 종말론

제9장
누가복음과 사도행전에 나타난 누가의 종말론

　　누가복음과 사도행전은 하나의 통일된 종말론적 사상을 갖고 있는 두 개의 작품으로 구성되어 있다. 마태와 마가처럼 누가복음서는 예수와 그의 구원에 대한 이야기를 소개한다. 신약의 다른 책들과는 달리, 사도행전은 이방인에게로 향하는 예수의 구원과 그 진행과정을 추적해 나간다. 누가복음은 이스라엘에게 약속되었던 것들을 간략하게 소개한 뒤, 이 약속이 이제 성취-이 성취는 민족 이스라엘의 배척으로 말미암아 역설적으로 이루어진다-되었다는 확신으로 시작한다. 그리하여 누가복음은 우리가 사도행전 시각 부분에서 발견하게 되는 것들-이스라엘의 재집합과 다시 모인 이스라엘의 이방인을 향한 빛으로서의 소명-의 배경을 제공해 준다.

　　누가복음-사도행전의 종말론적 기초가 되는 두 가지 주요한 요소가 누가복음과 사도행전에 등장한다. 하나는 이스라엘의 구속사 신학(救贖史 神學)이다. 이 구속사 신학은 누가복음 1-2장에 나오는 예수의 유년기 기사를 통해 소개된다. 다른 하나는 예수의 메시아 되심이다. 이 예수의 메시아 되심은 예수의 승천으로 말미암아 복음서 마지막에 이르러 최종적으로 확증된다. 이 두 가지 요소들은 세밀한 조사가 필요하다.

　　그러나 그러기에 앞서 우리는 먼저 흔히 누가가 떠맡게 된 어떤 부담에 대해 반드시 주목해 보아야만 한다. 즉, 누가가 예수의 임박한 재림에 대한 모든 희망을 저버리고 말았기 때문에, 그는 종말론을 (교회시대로 확대된) 구속사로 대체시켜 버렸다는 것이다. 누가복음에 나오는 종말론이 단지 초월적인 하나님 나라와 아울러 실현된 종말론이라고 할 수 있는가? 그렇지 않다. 비록 우리는 누가가 임박한 종말(17:20-22; 19:11; 20:9)을 부인하고 있음을 인정한다 할지라도, 그의 종말론은 재림에 대해 다루고 있는 선별된 몇 구절들을 통해 드러나는 것이 아니라 누가복음 전체를 통해 드러나는 것임을 부인할 수 없다.

1. 성취, 약속 그리고 예수의 유년기 기사(눅 1-2장)

누가복음에 나오는 예수의 유년기 기사는 구약과의 영속성을 유지하고 있으며, 동시에 누가복음-사도행전의 과정 속에 일어날 일들을 개관해 줄 뿐만 아니라 연속되는 일련의 사건들을 해석해 주는 해석학적 틀을 제공해 준다. 일반적으로 사람들은 유년기 기사에 나오는 찬송들이 사도행전에 나오는 설교들과 동일한 방식으로 기능하고 있음에 대해 대체적으로 동의한다. 이 유년기 기사의 찬송들은 주요 인물을 소개하고 그들의 사역을 예고해 주기 위해 사용되고 있으며, 동시에 사건의 방향을 해석해 준다.

그러므로 누가복음 1-2장에 소개된 찬송들은 경건한 자들이 이스라엘의 희망이 성취될 때를 기다리고 있을 때, 하나님께서 이스라엘의 역사 가운데 계속해서 간섭하고 계신다는 사실을 강조해 준다(Carroll, 1988:39). 하나님은 이스라엘을 도우셨고(눅 1:54), 그들을 찾아오셨으며 그의 백성들을 돌아보셨다(1:68). 현재의 구원은 그의 백성 이스라엘의 영광이 될 것이다(2:32). 실로 이스라엘의 전 역사는 다가올 하나님의 구원을 고대해 왔다. 예수의 유년기 기사에 나오는 찬송들 가운데 묘사된 사건들은 계속해서 진행될 것이며 구약이 기대하는 바의 연장이 된다.

새 시대의 사건들은 흠없이 율례(律例)를 지켰던 경건한 제사장 사가랴에게 전달된 가브리엘의 계시—가브리엘은 사가랴의 간구가 들려졌다고 전한다(1:13)—로 시작한다. 사가랴의 아내 엘리사벳은 한 아들을 얻을 것이며, 그의 아들은 여호와의 도래를 위해 이스라엘을 예비시켜야 할 임무를 감당할 엘리야와 같은 인물이 될 것이다(1:17). 마리아에게 전한 가브리엘의 메시지는 메시아에 집중한다. 즉, 하나님께서는 영원히 다스리실 다윗과 같은 구원자를 이스라엘에게 보내실 것이며(1:30-35), 사무엘하 7:12-13에 소개된 나단의 예언과 그 기대를 성취하실 것이다.

가브리엘은 마리아에게 그 아이의 이름이 "예수"—이 이름은 그의 구속사적 역할을 미리 예고해 준다(1:31; cf. 마 1:21)—가 될 것이라고 말한다. 아들의 출생—이 아들은 아브라함 언약을 성취하면서 이스라엘을 회복시킬 것이다—을 감사하며 찬양한 마리아의 찬가는 천사의 방문을 다루고 있는 누가복음 1장 주제의 절정을 이룬다(46-55절). 그러므로 누가복음의 시작부터 누가는 이스라엘에 기초한 보편적 종말론 사상을 소개한다. 하나님의 임재는 영원토록 그의 백성들과 함께 할 것이다. 운명이 반전되는 모티브를 통해, 갈등에 대한 암시가 이 마리아의 찬가 속에 나타난다. 그러나 이스라엘의 회복—이 이스라엘은 이스라엘이라는 이름을 가진 민족과 동일시되지 않는다—은 이러한 반전을 통해 일어날 것이다(54절). 이스라엘에 주어진 아브라함의 언약은 이러한 역설적인 방식을 통해 성취될 것이다(55절).

누가복음 1:67-79에 소개된 사가랴의 찬가(讚歌)는 세례 요한과 예수 출생의 중요성을 상세히 소개한다. 축복의 형식—구약에서 이러한 형식은 흔히 찬양의 시로 끝맺는다(예, 시 41:13; 72:18; 106:48; 135:21)—으로 시작하는 이 찬가는 하나님의 간섭하심을 외치고 있으며, 하나님의 도래는 이스라엘의 구원의 날이 시작되었음을 말해 줄 뿐만 아니라 아브라함 언약의 약속이 이루질 것임을 알려준다. 이 두 종류의 찬가(마리아와 사가랴의 찬가)는 다윗과 같은 메시아의 도래를 경축하며(68-75절), 선구자로서의 세례 요한의 역할을 설명해 준다(76-79절). 세례 요한의 부친이 성전 직무를 맡아 구약 언약의 희생제사를 드리는 동안 세례 요한의 출생이 예고되기 때문에, 세례 요한은 분명히 구약 역사의 일부가 된다.

비록 그가 이스라엘의 언약적 소명을 회복시켜 줄 것이라 할지라도, 지극히 높으신 이의 선지자로서의 그의 사명(76절)은 지극히 높으신 자의 아들이시요, 다윗 가문의 메시아이신 예수의 사명을 준비시켜 주는 역할을 한다(69절). 전능하신 구원자 예수는 아브라함 언약을 성취하면서 출애굽의 승리를 다시 재현할 것이다(71-73절). 69절에 나타나는 "이스라엘의 구원"이라는 주제는 71절에서는 미래의 기대로, 74-75절에서는 성취된 사역으로 설명되고 있으며, 77절에서는 죄 사함이라는 관점을 통해 소개된다.

78절에 따르면, 메시아의 빛은 다음과 같이 곧 여명(黎明)을 가져올 것이다: "돋는 해(헬, 아나톨레)가 위로부터 우리에게 임할 것이다." 70인경이 예레미야

23:5과 스가랴 3:8과 6:12에 나오는 메시아적 용어인 "줄기"를 "아나톨레"로 소개하고 있기 때문에, 누가복음 1:78의 메시아적 해석은 확실하다(Brown, 1977:373). 메시아 도래의 최종적인 목적은 거룩과 의로서 하나님을 섬겨야 할 이스라엘의 소명을 성취하는 하는 것이다(74-75절). 누가는 그의 복음서 첫 시작부터 다윗과 같은 왕이 가져다 줄 구원에 대해 다시 재정의를 내린다. 왜냐하면 누가는 그 구원을 정치적인 구원보다는 자유를 가져다 줄 죄 사함으로 설명하고 있기 때문이다(Carroll, 1988:46). 누가는 다윗 왕국의 국경을 다시 재건함으로 이루어질 이스라엘의 상징적인 회복을 기대하지 않는다. 사실상 누가복음은 이스라엘의 육적인 회복을 결코 기대하지 않는다.

시므온의 찬송(눅 2:29-32)은 유년기 기사의 신학적 절정을 이룬다. 하나님 약속의 성취는 평화의 복된 소식, 이스라엘의 위로-이와 같이 이스라엘을 통해 선포된 하나님의 구원은 온 세상을 위해 마련된 것이다-를 선포하기 위해 오랫동안 기다려 왔었던 하나님의 종 시므온에게 평화를 가져다준다. 예수의 인격 속에 임하게 될 구원은 사실상 하나님의 선택받은 백성 이스라엘의 영광이 된다(32절). 그러므로 이스라엘에게 나타난 메시아의 출현은 아브라함 언약과 관련되어 있다. 비록 구원의 빛이 실제적으로 이방인들에게 비쳐진다 할지라도, 이스라엘은 그 구원을 공유하기에 앞서(32절) 그것을 증거할 것이다(31절; Johnson, 1977:86-91). 그리하여 이스라엘은 이방인-이들은 여전히 이스라엘과는 차이가 있다-의 빛으로 운명지어진다(32절).

34절에 나오는 마리아에게 전해진 시므온의 예언은 예수의 사역에 대한 그 밖의 사항들을 알려준다. 모든 이스라엘이 예수가 가져다 줄 구원을 받아들이지는 않을 것이다(cf. 32절). 주 그리스도이신 예수는 백성들 가운데 분열-이러한 분열은 하나님의 예정하신 계획 속에 있는 것이다-을 야기시킬 것이다. 정해진 반대에도 불구하고, 이스라엘과 세상을 향한 하나님의 계획은 실패하지 않을 것이며, 오히려 이스라엘의 영광을 가져다 줄 것이다. 하나님께서 이스라엘 전 역사를 통해 예비하셨던 이 계획은 "모든 백성들 앞에서" 선포될 것이다(31절). 여러 언약들을 소개하는 시므온의 찬송은 예수의 유년기 기사의 최절정을 이룬다.

누가복음-사도행전의 서막(序幕)으로서 역할을 하는 유년기 기사는 예수 사역에 대한 소중한 판단을 내려준다(Franklin, 1975:81). 누가복음 1-2장에 나오는 세 찬송들은 누가복음과 사도행전의 주제를 다음과 같이 드러내준다: "이스라엘의 회복에 대한 약속은 구약의 완성이 되는 예수를 통해 성취된다." 실로 이 현재적 구원은 그 뿌리를 이스라엘 역사—아브라함, 출애굽 그리고 다윗의 역사—속에 둔다. 구세주의 출생으로 인해 아브라함 언약은 실현될 것이며 이 실현된 언약으로 말미암아 이스라엘은 세상의 축복이 될 것이다. 누가복음 1-2장을 통해 우리는 구약 언약이 예수로 귀결되고 있음을 배우게 된다(Franklin, 1975:85). 찬송과 할례 그리고 예루살렘 성전 방문 기사는 예수가 언약 공동체를 통해 그의 예상된 역할을 성취하고 있음을 보여 준다.

예언을 일깨우는 성령의 사역(1:41, 67; 2:25-27)—전승에 따르면, 이 성령의 사역은 메시아시대에 그 사역이 다시 재현될 때까지 구약의 시대와 함께 중지되었다—과 기쁨의 분출은 이 기사들을 종말론적 뉘앙스로 서로 연결시켜 준다. 성전 안에서 시므온을 통해 드러난 유대의 예언, 그리고 안나를 통해 드러난 유대인의 경건은 예수에 대한 호의적인 판단을 내려준다. 성전, 율법 그리고 예언, 이 모든 것들은 예수를 이스라엘의 위로(慰勞)로 바라본다(Franklin, 1975: 82).

2. 예수의 사역(눅 4:14 - 21:38)

누가는 4:14의 예수 사역의 시작을 소개하기에 앞서 다양한 사건들을 기록한다. 그의 출생은 높은 자와 낮은 자 사이의 균형—칙령을 내려 요셉과 마리아가 베들레헴으로 내려가도록 만든 장본인인 높은 자, 가이사 아구스도(2:1-5)와 아기의 신분을 깨달은 낮은 자, 목자들(2:8-20)—을 이룬다. 마태와 마가와 같이, 누가 역시 예수의 세례(3:21-22)와 시험 기사를 소개한다(4:1-13). 시험 기사의 마지막 구절은 예수 사역을 위한 준비를 소개해 줌으로써 주목할 만한 구절이다. 누가복음 4:13은 다음과 같이 기록된다: "마귀가 모든 시험을 다 한 후에 얼마 동안 떠나니라."

이 구절이 의미하는 바는 무엇인가? 어떤 이들은 사단이 분명히 드러나게 될 수난의 때(22:3, 31-32)까지 예수가 시험으로부터 자유롭게 되었다고 잘못된 가정을 만든다. 비록 4:13 이후 예수를 향한 사단의 유혹을 직접적으로 소개하는 말이 마지막 만찬 때 소개된다 할지라도, "너희는 나의 모든 시험 중에 항상 나와 함께 한 자들이다"(22:28)라는 예수의 표현은 시험이 예수의 사역 기간 동안 계속해서 있었다는 것을 암시해 준다. 그러므로 4:1-13의 시험은 단지 예수와 사단 사이에 벌어진 싸움의 시작에 불과하다. 또한 예수의 수난은 사단의 계속되는 공격을 소개해 준다. 성령으로 충만함을 입은 예수는 갈릴리로 돌아다니신 후(4:14) 그의 공적 사역을 시작하게 될 나사렛으로 향하신다(16절).

(1) 자기 소개와 대중들의 인식

예수는 안식일 날 나사렛 회당으로 향하신 후 그 회당에 서서 선지자 이사야의 글을 읽는다(눅 4:16-17). 이 사람이 누구인가? 비록 정해진 시간 안에 예수는 선지자, 메시아 그리고 인자(人子)로서 밝혀진다 할지라도, 누가는 예수의 사역 초기부터 우리가 놓쳐서는 안 될 예수의 정체에 대한 한 가지 필수적인 국면을 분명히 밝혀둔다. 누가는 예수의 세례(3:22), 시험(4:1) 그리고 여행(4:14) 기사를 통해 성령의 사역을 소개한다. 그리고 회당에서 구약을 낭독하는 예수의 기사는 또 다른 성령의 사역을 언급한다(4:18). 성령의 메시아적 사역은 다음에 이어질 예수의 사역에 결정적 요인이 된다.

세례를 통해 성령의 충만함을 입은 예수는 메시아로서 기름부음, 즉 그의 사역을 위한 권능을 입게 되었다. 이와 같이 권능으로 충만함을 입는 것은 그의 사역을 위해 필수적인 단계로서 예수는 자신이 이사야 61:1-2을 성취한 것으로 적용한다(눅 4:18-19; Brawley, 1987:7). 이사야 61:1의 "마음이 상한 자를 고치고"를 삭제하고, 이사야 58:6의 "눌린 자를 자유케 하고"를 첨가시킨 예수는 자신이 이사야로부터 선택한 구절들에 깊은 관심을 가지고 있음을 나타내 보여 준다.

예수가 두루마리를 열고 이사야의 메시지를 사용할 때, 예수는 세례와 시험에서의 승리 속에 암시된 성령의 기름부음을 자신이 성취한 것으로 귀결시킨다(20-21절). 이 사건 이후(10:21; 11:13; 12:10, 12)에 누가복음 가운데 성령을 소개하는 구절이 거의 나타나지 않기 때문에 이 사건은 중요하다. 성령과 기름부음과 관련된 예수의 주장은 메시아적 뉘앙스를 전달해 주고 있으며, 누가가 기름부음을 메시아적 관점에서 이해했음을 나타내 준다. 그리하여 예수는 자신을 기름부음 받은 메시아로 선언하신다.

예수는 또한 자신을 종말의 선지자로 소개한다. 이 선지자는 "주의 은혜의 해를 전파하기 위해"최종적인 희년(禧年)을 선언할 것이다(눅 4:19; 레 25:-10). 문장 중반부에 나오는 이 구절의 낭독을 마치면서 예수는 이 구절을 강조한다. 그리하여 예수의 청중들은 "이 글이 오늘날 너희 귀에 응하였느니라"는 예수의 선언-이 선언은 종말론적 희년이 이루어졌음을 의미한다-을 이해하게 되었을 것이다. 그러나 이 구절이 의미하는 바는 무엇인가? 우리는 이사야 61:1-3과 관련된 랍비 전승(傳承)이 종말과 연결되어 있음을 안다. 쿰란 공동체는 또한 이사야 61:1-3을 (희년의 관점에서) 하나님 나라 도래의 선언으로 이해했다 (Brawley, 1987:13).

희년을 소개하는 인용구절들에 대해 쿰란의 멜기세덱 사본(11 QMelch)은 그것들을 이사야 61:1-2의 빛 아래서 해석한다. 열 번째 희년이 돌아올 때 포로된 자에게 자유를 선포하기 위해 등장할 멜기세덱(사 52:7; 61:1-2; Turner, 1981:19)은 구원과 심판을 위한 하나님의 뜻을 수행하여 이방인의 종말을 가져다 줄 초월적인 메시아로 상징된다. 흥미로운 면이 있음에도 불구하고, 우리는 누가복음에 나오는 희년에 대한 구절에 너무 많이 집중해서는 안 된다. 왜냐하면 예수의 사역 가운데 희년과 관련된 다른 구절이 전혀 소개되지 않기 때문이다.

더욱이 누가복음 4:16-30에서 성취되는 것은 "시간"(time)이 아니라 하나님 나라 도래의 메시아적 그림을 소개해 주는 성경말씀(Scriptures) 그 자체이다. 종말의 날이 도래했기 때문에, 종말의 선물들-이스라엘 위에 부어지는 성령의 보편적 분유(outpouring)-은 이제 기대할 수 있게 되었다(사 32:15; 44:3-5; 겔 18:31; 36:26-27; 37:14; 39:29; 욜 2:28-29). 예수는 메시아적 죄 사함을 선포하기 위해 권능을 입게 되었다. 이 성령의 권능은 새 시대에 하나님 나라에 참여한 자들에게 당연히 부가되는 것이다(Turner, 1981:22).

누가복음 4:18에서 예수는 그의 임무 가운데 하나가 "가난한 자에게 복음을 전하는 것"이라고 단언하신다. 우리는 "가난한 자"를 어떻게 정의해야 하는가? 시편에 나오는 가난은 일반적으로 하등한 계층에 속한 자들이나 비천한 자들에게 적용된다. 포로기 후 시대에 "가난한 자"는 그 의미가 은유적으로 좀더 확대되어 이스라엘 민족 가운데 포로생활로 고난받는 "크게 빈곤한 자"를 뜻하게 된다 (Seccombe, 1982:26). 이사야 49:13에서 가난한 자("고난당하는 자")는 포로생활로부터 귀환할 백성들을 가리키는 것 같다. 그리고 이사야 41:17-20에 나오는 가난한 자들과 핍절(乏絶)한 자들은 야곱/이스라엘을 뜻하는 듯하다.

이사야 61장은 포로 귀환이 임박한 반면, 예루살렘으로 귀환하는 자들이 의기소침해질 것이며, 하나님의 구원을 고대할 것임을 말해 준다. 그러므로 61장에서 가난한 자들은 특수한 종말론적 공동체—고통스런 포로생활을 통해 이스라엘의 신실한 자들은 영적으로 고난을 당해 왔다—라 할 수 있다(Seccombe, 1982:36-39). 사도행전 10:34-38을 살펴볼 때, 누가는 고난받는 자들의 치유사역을 백성들을 포로로 사로잡고 있는 사단과의 싸움과 그에 대한 예수의 승리로 이해했다.

누가복음 4:16-30에 나오는 나사렛에서의 설교가 사단의 두 충돌(1-13, 31-37절) 사이에 놓여 있음은 이와 같은 누가의 이해를 더욱더 지지해 준다. 누가복음 4:18에서 이사야 61:1의 "마음이 상한 자를 고치고"라는 표현의 삭제는 자유케 하는 복음을 강조해 주는 효과를 나타낸다. 하나님은 갇힌 자들에게 자유를 가져다 주신다. 갇힌 자들은 어떤 속박의 굴레로부터 자유케 되는가? 계속되는 자유에 대한 예수의 메시지가 사단의 축사와 함께 언급되기 때문에, 아마도 예수가 뜻하는 속박은 사단의 속박을 뜻함이 분명한 듯하다.

누가는 회당에서의 예수의 이사야 낭독 기사와 함께 예수의 말을 들은 자들의 반응도 소개한다. 사람들은 그 입으로 나오는 바 은혜로운 말을 기이히 여겼다(4:22). 그러나 이러한 반응은 긍정적인 반응인가 아니면 부정적인 반응인가? 많은 주석가들은 예수가 이방인 선교의 가능성을 나타낼 때 군중들이 예수를 대적하게 되었음을 지적하면서 22절을 긍정적인 관점에서 해석한다(23-27절; Nolland, 1989:198). 그렇지만 만약 22절을 긍정적으로 받아들이게 되면, 23-24절의 진술들이 이상하게 된다. 존 놀란드(John Nolland)는 22절이 예수의 설교에 놀란 회당 회중들의 놀라움을 설명하기 위해 누가가 서술한 의도적인 표현이라고 제안한다(1979:226-29).

하지만 최소한 예수가 그의 고향에서 환영받지 못했을 가능성은 배제할 수 없다. 백성들의 의심을 소개한 후(22절), 누가는 23절에 나오는 예수의 반응과 24절에 나오는 속담—"선지자가 고향(즉, 이스라엘)에서 환영을 받는 자가 없느니라"—을 기록한다. 이 구절들은 예수의 나사렛 방문시 그와 백성들 사이에 문제가 발생했음을 말해 준다. 25-27절에서 예수는 그의 청중들에게 엘리야와 엘리사—이들 역시 고향으로부터 환영받지 못했다—시대와 같이, 이스라엘 민족이 하나님의 축복을 상실할 위기에 처해 있다고 경고하신다. 이 구절들은 예수의 사역이 이스라엘 백성들로부터 배척의 국면에 접어들고 있음을 말해 준다. 고향에서 환영받지 못했던 엘리야나 엘리사와 같은 선지자인 예수는 이스라엘 가운데 참된 선지자로서 부각된다.

예수는 확실히 선입견에 치우친 백성들의 종말론적 기대를 만족시키지 않는다. 더욱이 예수는 그의 예언 가운데 이스라엘의 대적을 벌하겠다는 약속을 삭제시킴으로 말미암아, 그의 예언은 받아들여지지 못한다(눅 4:18-19; cf. 61:2 중반절). 백성들이 선입견에 사로잡혀 참된 예언을 보지 못한다. 그렇지만 예수의 고향 사람들은 예수를 배척함으로 인해, 오히려 메시아요 종인 예수의 정체를 분명히 해 준다. 누가복음 4장에 나오는 예수의 배척당하심 이후 처음으로 등장하는 (예수를 받아들이는) 최초의 영접 패턴은 그 이후 누가복음을 통해 계속해서 이어진다. 4장이 끝난 후 예수의 메시아적 정체는 좀처럼 암시되거나 드러나지 않는다. 비록 귀신들이 예수를 메시아로 알게 되는 일이 있기는 하였으나(4:41), 예수는 십자가의 죽음 이후에야 비로소 직접적인 메시아적 선언을 하게 된다(24:26).

누가복음에 더욱더 두드러지는 특징은 예수가 자신을 선지자로 소개하고 있다는 사실이다(예수의 선지자로서의 정체성과 그와 관련된 이슈는 사도행전의 종말론적인 무대와 함께 다루어지게 된다). 예를 들면, 7:1-8:3을 보라. 이 구절들 가운데 소개된 예수의 사역은 엘리사(7:1-10; cf. 왕하 5장)와 엘리야(7:11-16; cf. 왕상 17:17-24)의 사역과 매우 흡사하다. 예수가 과부의 아들을 다시 살리신 후(7:14-15), 백성들은 예수를 위대한 선지자로 간주한다. 백성들의 이와 같은 고백은 우리들에게 4:25-26을 다시 상기시켜 준다(Johnson, 1977:98). 7:22에서 세례 요한이 보낸 사자들에게 예수가 언급한 기적들은 4:18을 확증시켜 주며, 이스라엘의 기름부음 받은 선지자인 메시아의 과업을 나타내 준다.

그렇다면, 세례 요한은 어떠한 자인가? 그는 7:26에서 한 선지자로 분류된다. 그렇지만 그의 위대함에도 불구하고, 세례 요한은 위대한 선지자—이 선지자의 도래는 하나님의 임재와 동일한 결과를 초래한다—를 예비하고 준비하는 자에 불과하다. 7:36-50에서 선지자로서의 예수의 역할은 다시 한 번 재평가된다. 7:36-50에서 시몬은 여인에 대한 예수의 태도에 근거하여 그를 배척한다. 시몬이 잊어버린 것은 이스라엘의 역사이다. 왜냐하면 선지자들의 운동은 어떤 틀에 고착되어 버린 많은 이스라엘 백성들을 향해 항상 급진적인 도전을 취해 왔었기 때문이다. 예수의 행동을 평가함에 있어서 시몬은 올바른 기준을 적용하는 데 실패하고 말았다. 이후에 사도행전은 예수가 통속적인 관습에 도전하는 선지자였을 뿐만 아니라 모세보다 더 큰 위대한 선지자였음을 밝혀줄 것이다.

누가복음 9:28-36에 나오는 예수의 변모사건(變貌事件)은 예수가 배척당하게 될 인자(人子)라는 사실과 그 본질을 밝혀준다. 자신의 죽음(9:31)을 출애굽으로 설명하면서 예수는 그의 죽음이 이스라엘 역사와의 영속성을 가져다 줄 것임을 알려준다. 예수의 변모 그 자체는 그의 죽음 이후 그가 영광에 참여하게 될 것임을 예고한다(cf. 24:26). 9:28-36의 마지막 구절인 36절은 제자들이 시간이 지난 후 그들이 보았던 것들로 인하여 예수를 통해 하나님 나라가 임했다는 사실의 중요성을 깨닫게 될 것임을 암시해 준다.

우리가 살펴본 바대로, 누가복음에서 예수는 다음과 같이 다양하게 불려진다: "선지자, 메시아 그리고 인자." "선지자"라는 호칭은 예수에게 적용된 가장 유익한 공적 선언이었다. 왜냐하면 예수는 특별한 권위―예수는 이 권위를 통해 이스라엘의 현재와 미래의 형식주의를 심판한다―를 가지고 그 당시 역사적 형식주의를 지적했기 때문이다(Harvey, 1982:52-63).

그러나 자신의 권위를 주장한 예수는 항상 자신을 협소한 개념의 선지자로 고정시키기보다는 훨씬 그 범위를 초월하셨다. 그러므로 "선지자"라는 호칭은 예수에게 적용하기는 너무나 제한된 칭호이다. 그러므로 가이사랴 빌립보에서 대중들의 호칭을 사용했던 제자들은 그 이상의 의미를 생각해야 할 필요성을 절감하게 되었다. 예수는 메시아로서의 사역을 완성한 십자가 사건 이후부터 자신을 "메시아"로 소개했다(24:26). 그러나 무엇보다도 예수 사역의 구원론적 종말론적 특성의 절정을 이루는 또 다른 칭호는 "인자"이다.

(2) 가르침(눅 9:51-19:27)

누가복음 삼분의 일 이상이 누가의 여행 기사 자료에 주로 의존하고 있다(9:51-19:27). 9:51의 "아날렘프시스"(승천)라는 단어의 다양한 용법은 누가복음의 목적과 관련되어 있다: "승천하실 기약이 차가매." 십자가를 언급하는 말씀들은 누가의 모호한 표현을 보여 준다(cf. 22절의 수난 예고). 그러나 누가복음은 하늘로 올라갈 예수의 승천으로 끝맺는다. 그러므로 예루살렘으로의 긴 여정은 일반적인 여정과는 매우 다르다. 예수는 도시의 모든 길을 따라가며 말씀을 가르치신다. 비록 예루살렘이 예수의 방문을 깨닫지 못한다 할지라도(19:44), 하나님과 이스라엘과의 관계는 그 절정을 이룰 것이다.

예수는 예루살렘을 향하여 올라가기로 굳게 결심하신다(눅 9:51, NRSV). 이러한 표현은 이전의 선지자들이 도시와 대면할 때의 장면을 다시 상기시켜 준다(21:10; cf. 겔 6:2; 13:17; 15:7). 누가의 70인 선교보고(10:1-16)-이 선교보고는 아마도 창세기 10장에 나오는 열방의 족보를 암시해 주는 것 같다-는 교회의 보편적 선교사역을 미리 보여 준다. 13장은 이스라엘의 회개의 필요성과 (회개치 않을 때 임할) 이스라엘의 멸망을 강조한다. 22-30절은 회개치 않은 민족 이스라엘이 구원에서 제외될 것과 예수 사후 이방인들이 구원에 참여하게 될 것을 예고해 준다. 전(全) 여행 기사의 중심이 되는 31-35절에서 예수는 선지자가 하나님의 필요에 의해 예루살렘에서 죽임을 당해야만 한다고 말한다.

실로, 예수의 죽음은 헤롯이나 예루살렘에 있는 예수의 적대자들에 의해 이루어지는 것이 아니다. 그렇다면 예수의 죽음의 결과는 어떻게 될 것인가? 35절에서 예수는 "보라 너희 집이 황폐하여 버린 바 되리라"고 탄식하신다. 하나님 나라 입성을 말해 주는 큰 잔치 비유는 이스라엘이 예수의 사역과 그의 대리적 직위를 거절했음을 소개하면서 이방인을 향한 구원의 문이 열렸음을 알려준다(14:15-24). 예수는 하나님 나라를 재정의하고 그것을 외인들에게 가져다줌으로써 지도자들과 권위자들을 향해 도전하신다.

누가복음 16:16은 하나님 나라로 들어가는 것을 다음과 같이 소개한다: "사람마다 강제(헬, 비아제타이)로 그 나라에 들어가려 한다"(NRSV). 비록 "비아제타이"가 수동형("강제에 의해")이나 혹은 중간태로 번역될 수 있다 할지라도, 이 비유의 문맥은 "모든 이들이 강권하여 그리로(하나님 나라로) 들어가려 한다" (NIV)라는 중간적 입장을 나타낸다. 예수는 하나님 나라에 들어가는 데 장애가 되는 오래된 형식의 문들이 철폐될 것임을 말씀하고 계신다. 비록 위험이 수반됨이 틀림없다 할지라도, 사람들은 자신들의 바라는 목적을 이루기 위해 그들의 길로 나아가려 할 것이다.

종말론적 이슈들-이 이슈들은 믿음을 다루는 긴 강화 속에 나타난다-은 누가복음 17:5에서 시작하여 18:8에 이르러 절정을 이룬다(Franklin, 1975:16). 이 강화(講話) 가운데 예수는 "하나님의 나라가 너희 안에 있느니라"고 선포하신다. 이 말이 의미하는 바는 무엇인가? 예수는 바리새인들을 향해 말하고 있기 때문에, 내면적 영적 실재에 대해 말할 수 없었다. 이 말은 "하나님의 나라는 너희와 함께 있다. 그러나 너희는 개인적인 반응을 나타내야만 한다"라는 뜻으로 이해되어져야만 한다. 하나님의 나라는 그 자체가 영적 실재이므로 하나님 나라의 도래는 눈에 보이지 않을 것이다. 표적도 필요 없다(20절).

하나님의 나라는 바리새인들이 기대했던 완고한 개인적 형식주의를 통해 임하지 않을 것이다. 계속해서 이어지는 17:22-37은 하나님의 나라를 인자의 날, 즉 예루살렘에 임할 임박한 심판의 관점에서 설명한다(34절). 22-37절에서 예수는 개인의 심판보다는 한 민족의 심판을 서술하기 때문에 재림을 언급하고 있지는 않다. 37절에 나오는 새의 이미지(독수리)는 분명히 예루살렘을 향한 로마 군대의 위협을 암시해 준다(Gaston, 1970:352-53).

군중들은 예수의 예루살렘 입성을 하나님 나라의 도래와 연결시킨다(눅 19:11). 다음에 이어지는 열 므나 비유를 통해 예수는 군중들이 기대하는 것과는 전혀 다른 종류의 하나님의 도래가 있을 것이며, 이 하나님 나라의 도래가 (군중들이 기대하는 것보다는 훨씬 더) 연기될 것임을 지적하신다. 이 비유는 재림을 말하기보다는 심판을 가져다 줄 예수를 왕으로 환호하는 청중들의 삶을 다시 반영하고 있다. 이 비유는 예수의 수난, 부활 그리고 승천을 설명하고 해석해 주며, 주후 70년에 일어날 예루살렘 멸망과 민족 지도자들의 상실을 미리 예견해 준다(Johnson, 1982:153-58).

(3) 예루살렘 입성(눅 19:28-44)

예루살렘으로 가까이 다가오시는 예수의 영상을 세 단계로 묘사하고 있는 누가복음 19:29-36, 37-40, 41-44은 곧 예수가 도시와 마주치게 될 것임을 보여준다. 첫 단계(눅 19:29-36)는 나귀새끼의 사용과 나귀새끼에 오른 예수의 즉위를 다룬다. 제자들이 나귀새끼를 풀 때에(19:33), 그들은 예수의 나귀사용을 창세기 49:11에 소개된 유다의 축복으로 이해했다. 나귀새끼를 가져오라고 명한 예수의 이와 같은 행동은 예수의 신분을 드러내준다. 왜냐하면 동물들을 마음대로 사용할 수 있는 권리는 왕의 특권이었기 때문이다(삼상 8:16). 그렇다면, 예수는 하필이면 왜 나귀새끼를 선택하셨을까? 사용되지 않던 동물의 선택은 주님을 위해 예비된 희생의 특징이라 할 수 있다(Gilblin, 1985:49). 35절에서 나귀를 타신 예수의 모습은 솔로몬의 대관식을 연상시켜 준다(왕상 1:33). 그리고 길가에 자신들의 겉옷을 펴놓은 백성들의 행동은 예수의 행진이 왕의 행진임을 시사해 준다(왕하 9:13). 그러므로, 이 단계는 메시아의 입성을 소개해 준다.

두 번째 단계(37-40절)는 예수를 메시아로 환호하는 백성들과 예수를 적대시 하는 바리새인들의 태도를 기록한다. 37-40절은 예루살렘, 특히 감람산으로의 행진을 다시 시작한다. 예수를 향한 제자들의 찬양은 메시아 칭호와 함께 38절의 문맥과 관련되어 있다. 이처럼 우리는 예수의 예루살렘 입성에 대한 제자들의 반응을 살펴보았다. 그러나 예루살렘의 반응은 어떠한가? 예루살렘은 지상의 평화에 관한 일을 알지 못했다(42절). 그리하여 바리새인들은 예수에게 제자들을 조용히 시키라고 소리친다(39절). 예수는 그들의 이러한 요구를 거절하시면서 다음과 같이 말씀하신다: "만일 이 사람들이 잠잠하면 돌들이 소리지르리라"(40절). "돌들이 소리지른다"는 이 이미지는 불의한 민족을 향해 선포된 화를 다루고 있는 문맥으로부터 파생된 것이다(합 2:11; Gilblin, 1985:55).

세 번째 단계의 첫 시작이 되는 누가복음 19:41은 예루살렘을 바라보며 우시는 예수의 모습을 그려준다. 예루살렘이 깨닫지 못했던 예수의 예루살렘 방문과 그 시기는 하나님께서 진리를 그 백성들에게 알리신 날이다(눅 1:78-79; Gilblin, 1985:56). 예루살렘이 예수를 메시아로 현재 깨닫지 못하고 있으며, 앞으로도 깨닫지 못할 것이기 때문에 이 도시는 파괴될 것이다. 예수는 예루살렘 멸망을 로마 군대에 의한 멸망의 관점에서 예언하지 아니하시고, 시편 137:9; 이사야 3:26 그리고 에스겔 4:1-2에 소개된 이스라엘을 향한 하나님의 심판의 관점에서 예언하신다(Gilblin, 1985:56).

(4) 예루살렘에서의 강화와 종말에 대한 예언(눅 19:45-21:38)

예루살렘에 도착한 예수는 매일매일 성전에서 가르치신다(눅 19:47 상반절). 대제사장들과 서기관들에 대항한 예수의 빗발치는 논쟁은 지도자들과 백성들 사이의 분열을 야기시킨다(19:47 중반절-48; 20:1-44). 지도자들과의 충돌 가운데 가장 핵심이 되는 이야기는 포도원 비유 속에 등장한다(20:9-19). 이 비유는 메시아가 배척당할 것을 미리 예고해 준다. 20:1-21:36에서 누가는 예수의 가르침에 대한 하나의 실례를 제시한다. 예수는 백성들을 향해 가르침을 전달하시지만, 20:45-21:36과 같은 주요 메시지는 주로 제자들에게 집중된다. 21:5-36 가운데 종말론 강화(終末論 講話)가 등장한다. 5-6절에서 예수는 예언을 소개하고 있으며 7절에서 제자들은 그의 예언이 언제 이루어지며, 그 일이 이루어지기에 앞서 어떤 표적이 일어날 것인지를 예수께 질문한다.

이에 대한 예수의 대답은 세 단계로 제시된다. 8-9절에서 예수는 그들의 질문에 답하기 시작하신다. 제자들은 거짓 선지자들, 전쟁 그리고 난리들로 인해 미혹되어서는 안 된다. 비록 이것들이 종말에 있을 하나님이 계획하신 바의 일부이긴 하지만, 이 사건들은 종말의 때가 바로 가까이 다가왔음을 말하지 않는다. 10-28절은 예수의 답변 중 두 번째 단계를 소개해 준다. 예수는 10-11절에서 이 세대의 종말의 영상을 그려준다. 11절의 징조들-이 징조들은 일반적으로 전형적인 묵시적 성격을 띤다-은 요한계시록 6장에 재현된다(예, 6, 12절; Marshall, 1978:765). 12-19절에서 예수는 종말이 오기 전(前) 제자들의 고난이 필수적으로 따라오게 될 것임을 선언하신다.

그리고 20-24절에서 예수는 예루살렘에 대한 심판을 선고하신 후 10-11절을 더 발전시키고 심화시켜 나가신다. 비록 예루살렘에 대한 예수의 설명이 주후 66-70년 로마의 예루살렘 포위와 관련된 것처럼 보인다 할지라도, 어떤 이들은 예수가 예루살렘 멸망보다 앞선 어떤 한 시점에 대해 말씀하고 있다고 믿는다(예를 들면, Gaston, 1970:358-65). 25-28절은 예루살렘 포위로 인해 야기되는 여러 가지 사건들을 소개하면서 11절 중반부를 발전시켜 나간다. 요엘 2장은 다음과 같은 그림언어들의 주요 원천이 된다: 해, 달 그리고 별들의 어두움(cf. 21:25; 욜 2:10); 그리고 우주의 대격변(21:26; cf. 욜 2:10). 종말의 질문에 대한 예수의 답변 가운데 세 번째 단계는 29-36절에 나온다. 이 구절에서 예수는 하나님 나라가 역설적인 방식으로 임할 것임을 선언하시면서(29-33절), 간곡한 권고(34-36절)와 함께 자신의 답변을 끝맺으신다.

예수는 예루살렘 멸망때에 일어날 우주적 징조들과 자신의 종말론 강화를 연결시키기 위해 종말론 강화의 배경을 주의 깊게 선택하셨다. 그리하여 그는 다가올 심판을 설명하기 위해 구약의 "여호와의 날"이라는 표현방식을 사용하신다. 이스라엘은 이방인의 때를 통과해 가야만 한다. 왜냐하면 이것이 하나님의 방법이었기 때문이다. 그렇지만 (이방인에 대한) 하나님의 보응이 하나님의 심판을 주도할 것이다(눅 21:31; 슥 12:3; 마카비상 3장; 바룩하 67장; Tiede,

1980:93). 그러나 이스라엘의 불신앙에 대한 동일한 보응이 이방인의 목전에서 하나님의 이름으로 심판자에 의해 시행될 것이다(신 32:35-36, 39; Tiede, 1980:94).

3. 수난, 부활 그리고 승천(눅 22-24장)

누가 기사 가운데 사단의 공격은 예수 사역의 시작(4:1-13)과 끝에 잘 나타난다. 수난 때 사단이 등장한다(눅 22:3, 31, 53; 53절에 나오는 "어둠의 권세"가 사단의 세력을 암시하고 있음을 주목해 보라). 이것은 예수의 사역 속에 역사하는 사단의 활동이 절정을 이루는 종말론적인 위기의 때가 왔음을 알려준다. 이 두 왕국간의 전투를 통해, 예수의 역할은 사단을 파괴해 왔고 갇힌 자들을 구원해 주었다(11:22). 이 전투의 결과는 명명백백하다(10:18). 왜냐하면 복음의 진전으로 말미암아 승리-고난을 통한 승리-가 이루어지기 때문이다.

예수는 마지막 만찬을 통해 제자들에게 마지막 작별의 말씀을 전하신다(눅 22:7-38). 유월절 만찬 저녁식사는 하나님 언약의 보호하심, 성찬 그리고 속죄를 나타낸다. 22:54-71에서 기야바 앞에서의 재판받으신 예수는 자신을 인자-이 인자는 지상에서는 배척당하지만, 하늘에서는 높아지실 것이며(Neyrey, 1985:74) 이스라엘 회중의 증인이 된다-로 소개하신다(69절). 예수는 하나님의 증거를 제시하면서 자신을 그리스도, 하나님의 아들 그리고 인자로 소개한다. 이와 같은 예수의 증거는 이스라엘로부터 즉각적으로 거절당하게 된다. 그리하여 예수에 대한 재판은 이스라엘에 대한 재판이 된다. 그러므로 이스라엘은 예수를 재판할 때 자신들을 재판하게 된다. 69절에서 예수는 그의 승귀(昇貴)를 예고하신다. 예수는 하나님의 언약의 통치자인 다윗과 같은 왕으로서 심판을 수행할 것이다(3:17; 10:13-15; 13:27; 19:27; 23:27-31).

고난과 재판 외 또 다른 사역-구원의 사역(23:35; 39-43장)-이 수난과 관련되어 있다. 그러나 구원사역조차도 이스라엘 백성들 가운데 분열-이 분열은 예수와 함께 십자가에 못박힌 두 죄수들의 반응에 잘 나타난다-을 야기시킨다. 23:40-42에 나오는 회개한 죄수의 고백은 예수를 하나님 언약 백성의 통치자로 믿는 신앙의 모범이 된다. 또한 이 장면은 메시아의 축복이 어떤 방식을 통해 전달되는지를 잘 보여 준다. 예수를 다윗과 같은 왕으로 인식한 강도는 십자가를 거절하거나 혹은 십자가를 부끄러워하지 않는다. 이와 반대로, 오히려 그는 그 십자가에 근거하여 축복을 간청한다(Neyery, 1985:140). 그리하여 예수는 이 강도에게 죄 사함과 영생을 약속하신다(43절). 왜냐하면 강도가 가게 될 낙원은 의인들의 처소이기 때문이다. 그리하여 예수는 재림에 의해서라기보다는 십자가 사건을 통해 자신의 왕권을 취하신다. 예수는 그리스도로서 죽임을 당하기 때문에 자신을 구원할 수 없다(9:22; 17:25; 24:7).

예수는 그의 생을 마감할 즈음에 경건한 유대인들이 매일매일 하루가 끝날 무렵에 고백했던 표현을 사용하시면서 다음과 같이 외치신다: "아버지여 내 영혼을 아버지 손에 부탁하나이다"(23:46; Marshall, 1978:876). 예수는 9:51에서 예루살렘을 향해 말씀하실 때 그가 고난받아야만 한다는 사실을 알고 있었다. 실로 51절부터 기사의 초점은 예루살렘에 집중된다. 이 도시는 하나님께 대항하는 적대적인 모습의 전형적인 패턴이다. 또한 이 도시는 하나님의 말씀을 거절하는 곳을 뜻하기도 한다. 그리고 이 도시는 하나님께서 구원하시는 구원의 중심지이기도 하지만 항상 그 구원을 거절하는 곳이다.

누가복음에 소개된 예수의 이야기는 십자가로 끝나지 않는다. 누가는 우리에게 예수의 장사, 부활, 부활 이후의 예수의 출현, 제자들을 향한 위임 명령 그리고 승천을 소개하고 있다. 누가는 예수의 갈릴리 출현 사건을 언급하지 않는다. 오히려 누가는 예루살렘과 그 주변 지역에 나타나신 예수의 출현을 소개한다. 그 중 한 사건은 엠마오 도상에서 일어난다. 누가복음 24:21에서 글로바가 고대한 이스라엘의 구원과 희망은 사가랴의 축복과 안나의 고백을 다시 상기시켜 준다 (2:68).

그러나 초대 교회의 신앙을 형성시키신 분은 바로 예수 그분이시다. 예수는 어느 특수한 구약의 몇 구절보다는 구약의 메시아 대망 사상의 일반적인 표현을 사용하시면서 엠마오로 향하던 자들에게 다음과 같이 질문하신다: "그리스도가 이런 고난을 받고 자기의 영광에 들어가야 할 것이 아니냐"(24:26). 그리스도는 성경대로 우리의 죄를 위해 죽임을 당하셨다! 엠마오 도상에서 말씀을 마치신 예수는 제자들에게 나타나셔서 선교 과업을 위임하시면서 성령의 은사에 대해 예고하신다(24:44-49). 누가는 이 이야기를 통해 부활하신 예수의 가르침을 요약해 준다(Marshall, 1978:904).

누가복음은 예수의 승천과 함께 그 절정에 이르게 된다(24:50-53). 53절은 누가복음이 처음 시작되었던 장소인 성전을 소개한다. 누가는 52절에서 예수께 드려진 경배를 처음으로 언급한다. 누가복음은 시작과 마찬가지로, 성전에서 예수를 경배하는 경건한 사람들과 함께 이 복음서의 마지막을 끝맺는다. 예수는 9:51에서 예루살렘을 향해 올라가기로 굳게 결심하셨다. 그렇지만 부활 이후에도 이 여행은 끝나지 않았다. 그리고 우리는 예수께서 여전히 여행 중에 있음을 발견한다. 적어도 이 여행은 24:51에 가서야 끝나게 된다. 기독론(基督論)과 아울러 승천의 중요성과 그 의미는 사도행전의 첫 서두부터 집중되기 시작한다. 누가복음은 역설적으로 성취된 이스라엘의 희망, 이스라엘의 구속(24:21), 그리고 부활과 승귀(昇貴)로 말미암아 증명된 예수의 메시아 되심을 소개하면서 복음서를 마감한다. 이 마지막 장면은 복음이 이방인을 향해 나아갈 것임을 알려준다.

4. 사도행전의 시작(행 1:1-5)

사도행전의 첫 시작 구절은 다양한 방식을 통해 누가복음서와 연결시킨다. 사도행전 1:1-5은 누가복음 24:49-53을 반복해 준다. 1-2절은 누가복음 전체를 요약해 주며, 성령의 사역—성령의 사역에 대한 이야기는 사도행전을 효과적으로 요약해 준다—을 다루고 있는 두 책을 연결시켜 준다. 3-4절은 승천 이전 시기—이때 예수는 40일간 제자들에게 나타나셨고, 그들을 자신의 사역을 대신 이어갈 자들로 세우셨다—에 대한 정보를 더 추가시킨다. 도시 예루살렘은 두 책 사이에 더 많은 관련성을 제공해 준다. 누가복음의 마지막 구절은 "예루살렘 안", "성전 안"을 강조한다. 누가는 사도행전 1:4-5에서 "예루살렘"에서 성령을 기다리라고 명하신 예수의 말씀을 기록한다. (예루살렘과 관련된) 이와 같은 연관성은 비(非)기독교 유대인이 아닌, 새로운 기독교 공동체가 이전에 이스라엘에게 주었던 축복과 약속들을 수행할 것임을 말해 준다.

사도행전은 메시아와 이스라엘의 이야기를 계속해서 이어간다. 실로 사도행전은 이스라엘의 메시아 배척과 그 결과, 그 다음 이어지는 이방인을 향한 사역을 기록한다. 사도행전 전체를 통해 나타난 이스라엘을 향한 사역—회복된 이스라엘을 통해 온 세상을 다스릴 메시아의 세상을 계획한 하나님의 목적인 하나님 나라는 이러한 사역을 시사해 준다(1:3; 8:12; 14:22; 19:8; 20:25; 28:23, 31)-은 계속되어 간다.

사도행전 첫 시작부터 예수는 제자들에게 하나님 나라에 대해 말씀하신다 (1:3). 사도행전 마지막 부분에 이르러 바울 역시 하나님 나라를 공개적으로 선포하며 주 예수에 대해 가르친다(28:31). 하나님 나라가 성령과 매우 밀접하게 연관되어 있기 때문에, 사도행전의 시작(1:2)과 끝(28:25)에 성령을 언급한 말씀이 나타난다는 사실은 그리 놀라운 일이 아니다. 예수는 성령을 통해 제자들을 선교사역과 긴밀하게 연결시킨다. 그리고 제자들의 사역은 예수의 영을 통해 예수의 사역이 계속되고 있음을 보여 준다.

5. 성령의 약속(행 1:6-11)

부활하신 예수께서 제자들과 만나 말씀하시는 가운데, 그는 제자들에게 하나님께서 약속하신 선물-성령의 은사-을 상기시켜 주신다(행 1:4-5). 그 다음 6절은 제자들이 예수께 질문한 내용을 다음과 같이 소개한다: "주께서 이스라엘 나라를 회복하심이 이때니이까?" 사도행전 1:4-5에서 성령에 대해 언급하신 예수의 말씀에 대해 질문을 던지고 있는 제자들의 태도로 미루어 볼 때, 제자들은 성령의 은사가 이스라엘의 회복에 영향을 가져다 줄 것임을 믿었을 것이다. 그러나 그들이 질문하고 있는 것은 어떤 것인가? 제자들은 예수께로부터 40일 이상 수차례에 걸쳐 하나님 나라에 대한 가르침을 받아왔었기 때문에, 그들이 민족주의적 관점에서 질문하지는 않았던 것 같다. 아마도 그들은 이스라엘 회복의 방식과 그 시기에 대해 질문하고 있는 듯하다.

성령을 받을 때까지 예루살렘을 떠나지 말고 기다리라는 명령을 받은 예수의 제자들은 이 명령을 종말의 확실한 징조(욜 2:28-32)로 해석하고 있는가? 이방인들은 여행을 시작할 것인가? 사실상 이스라엘이 온 세상을 향한 선교사역을 감당할 시점이 바로 지금인가? 예루살렘으로부터 오는 하나님의 통치가 시작될 때가 바로 지금이 아닌가? 그리하여 성령의 강림에 대해 듣게 된 제자들은 자연스럽게 종말에 대해 생각하게 된다. 왜냐하면 성령의 강림은 (세상의 증인으로서의) 이스라엘의 예언적 역할을 다시 재현시켜 주기 때문이다(Tiede, 1986:286). 제자들은 "성령이 강림할 때 종말도 역시 올 것인가?"에 대해 알고 싶었던 것 같다(성령이 복음서에 나오는 임박한 재림의 기대를 사도행전에서 대체시키고 있다는 제안은 6절에 나오는 제자들의 질문으로 미루어 볼 때 옳지 않다).

제자들의 질문에 대한 예수의 답변은 애매하다(행 1:7-8). 예수는 비록 시기와 때를 알고 싶어하는 제자들의 욕구를 교정해 주실 수 있음에도 불구하고, 그 질문에 대한 직접적인 답변을 제공해 주시지 않는다. 제자들은 질문에 대한 자세한 대답을 듣지 못한다(7절). 그들의 질문에 대한 예수의 답변은 광대한 세상을 향해 나아가야 할 증인의 사역에 관한 것이다(8절). 이전의 이스라엘과 같이(사 43:10) 새로운 공동체는 하나님의 계시를 전할 증인이 되어야만 한다. 회복이 종종 그들의 땅을 통해 세워질 이스라엘의 재건을 의미했기 때문이다(렘 16:15; 24:6; 50:19).

만약 1:6에 나오는 이 질문이 아직 미련을 버리지 못한 어떤 민족주의적 기대의 증거라고 한다면, 다음과 같은 1:8의 말씀은 그들의 잘못된 생각을 수정시켜 주었을 것이다: "너희는 예루살렘과 온 유대와 사마리아와 땅 끝까지 이르러 내 증인이 될 것이니라." 사도행전 13:47(cf. 사 49:6)에 나오는 "땅 끝"이라는 문구는 이방 세계를 뜻한다. 이 문구는 1:8에 나오는 표현과 비슷한 의미를 지닌다. 이 구절로부터 (유대인, 그 다음 이방인에게로 전해질) "선교"라는 주제가 등장한다. 이 선교는 이제 계속해서 소개될 것이다. 또한 누가는 이방인들이 회복된 이스라엘로 연합될 것임—이러한 연합은 종말이 도래했음을 말해 준다—을 보여 준다. 사도행전에서 증거는 이스라엘을 통해 시작되어(2-7장), 사마리아로 전개되며(8-11장), 그리고 난 뒤 팔레스타인 지역을 지나 최종적으로 로마까지 나아갈 것이다. 비록 이 전진이 땅 끝이 아닌 로마 제국의 중심으로 향하고 있다 할지라도, 사도행전의 끝 부분은 이 전진이 더 확대될 것이라는 가능성을 남겨둔다.

비록 바울이 이스라엘을 향해 증거하는 자신의 사역을 정당화하기 위해 이스라엘의 선교 과업(행 13:47; cf. 사 49:6)을 사용한다 할지라도, 누가는 사도행전 1:8의 선교위임(宣敎委任)을 사도들의 이방인 사역을 판단하는 척도로써 결코 사용하지 않는다. 바울은 자신의 선교 과업(9:15)을 계속 수행해 나가면서 이방인(13-20장)과 왕들 앞에서(21-26장), 그리고 마지막으로 이스라엘 백성들(28장)을 향해 증거한다. 그러므로 전 세계를 향한 선교는 사도행전의 시작과 끝에 나타난다(1:8; 28-31). 사도행전이 시작될 때, 때와 시기를 아는 것이 제자들에게 허락되지 않는다. 그러나 사도행전이 끝날 즈음 하나님의 구원이 이방인들에게 주어졌음—이것은 회복된 이스라엘이 전한 증거의 성공적인 전진을 암시해 준다—을 아는 것이 유대인들에게 허락된다.

그러나 누가는 우리에게 이방인 선교에 대해 무엇을 말하고 있는가? 누가복음 24:47에 나오는 이방인 선교에 대한 언급은 사도행전 1장에 소개된 예수의 의도를 확실히 드러내준다. 그러나 10장에서 베드로는 이방인 선교에 대해 여전히 주저한다. 그러므로 누가의 기록은 수행해야만 했었던 것(선교의 이론)과 실제적으로 일어났던 것(선교의 현장) 사이의 역사적 긴장을 보여 준다. 오순절 성령 강림 후 선교에 집중했었던 제자들의 사역은 사도행전을 통해 뚜렷이 그 실체를 드러낸다. 하나님의 인도하심(10:9-16)과 선교사역에 동참한 많은 이들의 헌신(8:4-8; 11:19-21; 15:12-21)으로 인해 회복된 이스라엘은 사실상 선교의 현장으로 나아간다(Wilson, 1973:92).

이와 같은 이스라엘의 선교 활동—이 선교활동은 구약의 구심적 선교계획으로부터 탈피한다—은 민족 이스라엘(하나님 계시의 지정학적 중심지)의 종말을 가져다 줄 것이다. 더욱이 주전 70년 이스라엘 민족이 공식적으로 멸망한 이후, 개종자들이 들어갈 수 있는 약속의 땅은 존재하지 않았다. 선교가 마침내 시작될 때 누가 이 사역에 참여하는가? 누가는 열두 사도들이 이 이방인 선교사역에 불참하고 있으며 참여하기를 주저하고 있음을 보여 준다(물론 베드로는 이 문제와 별도로 분리될 수 있다). 그들은 예루살렘 공동체를 이끌고 지도하지만, 유대 지역을 위한 선교사역조차 시도하지 못한다. 이것이 의미하는 바는 명확하다. 열두 사도들은 교회가 박해를 받아 흩어질 때도 여전히 예루살렘에 머물러 있다. 선교활동은 기대했던 재림의 지연에 대한 초대 그리스도인들의 조직적인 반응이라고 볼 수 없다. 이와는 반대로, 이러한 선교사역은 예수께서 1:8에서 선포하신 바대로, 회복된 이스라엘의 삶 속에 직접적으로 역사하시는 예수의 영으로 말미암아 이루어진다.

사도행전 1:9에서 누가는 예수께서 제자들과 만나신 이후에 그에게 어떤 일이 일어났는가를 다음과 같이 소개한다: "그는 제자들이 보는데서 올리워 가셨고, 구름이 그를 가리워 보이지 않게 하였다." 누가가 누가복음과 사도행전에서 승천을 모두 소개한 것은 승천이 담고 있는 신학적 중요성을 반영해 준다. 비록 두 책에 소개된 승천기사가 흡사하다 할지라도 이 기사는 동일하다고 볼 수 없다.

그렇지만 이 승천기사의 차이점들은 각 기사들의 다른 문맥으로부터 발생하는 것이므로, 이와 같은 차이점들은 조화를 이룰 수 있다.

그럼 이제부터 이 기사들의 일치점과 차이점에 대해 자세히 조사해 보도록 하자. 성령을 기다리라는 명령(cf. 행 1:4; 눅 24:49), 예수의 승천(행 1:9; cf. 눅 24:51), 그리고 제자들의 예루살렘 귀환(행 1:12; cf. 눅 24:52)과 관련된 이야기는 서로 일치를 보인다. 비록 부활 이후 예수의 출현과 관련된 이야기들의 연대기적 차이점이 나타난다 할지라도(행 1:3-11; cf. 눅 24:36-49), 누가복음의 기사는 부활 이후 예수의 출현에 대한 요약으로 이해되어야만 한다(Marshall, 1978:904). 누가의 기사에는 예수와 제자들 간의 대화가 기록되어 있지 않다(24:36-49; cf. 행 1:6-8).

그리고 사도행전은 예수께서 손을 들어 제자들을 축복했다고 소개한 누가의 기사(24:50)가 기록되어 있지 않다. 누가복음에서 예수는 "저희를 데리고" 베다니 앞까지 나가신 후 "하늘로 올리워" 가셨다(24:50-51). 사도행전에서 예수는 "감람원이라 하는 산"에서 올리워 가셨다(1:9, 12). 사도행전 1:9-10에 나오는 구름에 대한 표현과 하늘의 두 천사는 누가복음에서는 발견되지 않는다. 누가복음에서 제자들은 성전으로 돌아오지만(24:53), 사도행전에서 제자들은 다락방으로 향한다(1:13). 이러한 차이점에도 불구하고, 두 승천기사를 통해 누가는 예수의 승천을 이스라엘의 기대와 그 핵심을 성취한 사건으로 설명한다(Franklin, 1975:41).

사도행전 1:9-11에 나오는 승천기사의 중요성은 그 자체의 독특한 표현방식에 있다. 인자는 구름에 가리워 하나님 우편으로 향하신다. 이러한 승귀(昇貴)는 그의 사역을 완성하고 새 시대—이 새 시대를 통해 이스라엘의 희망은 실현될 것이다—를 가져다 준다. 실로 이 승귀는 다음에 소개될 다니엘 7:13-14의 시나리오를 그대로 연출한 듯하다: "책들이 펼쳐질 것이다. 복음에 대한 반응에 기초하여 심판이 이루어질 것이며, 하늘의 대법정 판결이 각 개인들에 내려질 것이다." 사도행전 1:10-11에 나오는 두 천사들은 제자들이 예수의 승천 현상을 이해하도록 도와주고 있으며, 인자이신 예수가 재림 때 그의 메시아적 통치를 수행하기 위해 다시 돌아올 것임을 선언하고 있는 듯하다. 천사가 선언한 예수 재림의 중요성은 천사들—이들은 예수의 재림과 부활을 연결시킨다(cf. 눅 24:4)—의 등장으로 말미암아 입증된다.

6. 성령의 은사(행 2장)

가룟 유다를 대신할 열두 번째 사도 선출(행 1:15-26)을 통해 이스라엘 회복의 기틀이 마련된다. 그러나 예루살렘으로부터 시작될 이스라엘을 향한 선교는 아직 또 다른 단계를 거쳐야 한다. 열두 제자를 포함한 예수를 따르던 120문도는 오순절 날 서로 다함께 모인다(2:1). 원래 추수절기였던 오순절은 법 수여를 기념하는 축제가 되었다. 그러므로 성경 외 문서들 가운데 시내산과 오순절이 서로 연결되어 있음을 발견하는 것은 그리 놀라운 일이 아니다(예를 들면, Jub. 1:1, 5; 6:1-21; 15:1-24). 그리하여 이 120문도는 여호와께서 이스라엘에게 율법을 부여하신 것을 기념하는 절기에 참여하기 위해 모여든다. 그 다음에, 하나님의 역사하심이 일어난다. 이 하나님의 역사는 "바람과 불"이라는 구약의 신현(theophanies)적 표현방식-"하늘로부터 급하고 강한 바람"(2:2), "불의 혀"(3절)-을 통해 잘 드러난다. 하나님의 성령은 이들 위에 임하신다.

오순절은 회개하여 갱신된 이스라엘을 탄생시킨 놀라운 기적을 상징한다. 열두 제자뿐 아니라 120명의 모든 유대인들(행 2:5; 14, 22)이 성령을 받는다. 왜냐하면 베드로의 설교에 따르면, 이 약속은 모든 이들을 위한 약속이기 때문이다(2:38-39; 이방인들은 행 10:45에서 처음으로 성령을 받는다). 성령의 부어지심은 예언의 은사와 관련되어 있으며, 17-18절에 나오는 "예언할 것이요"-베드로는 이 사건을 요엘 2:28-32에 근거하여 해석한다-라는 반복 표현은 이것을 강조해 준다. 그러므로 이사야 49:6에 선포된 바대로, 이스라엘의 예언적 소명을 이루기 위한 이스라엘의 회복은 이와 같은 성령 강림을 통해 이루어진다(Tiede, 1986:286). 성전에 있던 모든 이들과 전(全) 이스라엘은 갱신과 종말의 축복에 대한 본질적인 메시지를 듣고 선포해야만 한다.

오순절의 사건은 바벨탑 사건(창 11:1-9)을 역전시키지 못한다. 왜냐하면 언어의 혼잡이 개선되지 않기 때문이다. 그러나 오순절 성령 강림은 율법에 대한 강조를 회복된 이스라엘의 삶 가운데 역사하는 성령에 대한 강조로 변화시켜 준다. 그리고 이제 성령은 유대인들의 법으로 대치된다. 더욱이 오순절 사건은 온 세상에 보편적으로 영향을 끼치게 될 것이다. 왜냐하면 "천하 각국으로부터 온 유대인들"(행 2:5)이 등장하고 있으며, 이스라엘에게 일어났던 이 성령 강림 사건이 종말에 "온 백성"(17절) 위에 임할 예언의 영에 대한 모형이 되기 때문이다. 이 사건은 새 시대의 특징을 보여 주고 있으며, 이러한 방식을 통해 하나님은 당신의 새로운 백성을 만나실 것이다. 즉, 이 모든 일들은 선교사역에 역사하는 성령을 통해 이루어진다. 성령 강림에 대한 또 다른 언급이 사도행전에 등장한다(4:23-31; 8:14-17; 10:44-48; 11:15-18; 19:1-7).

이러한 "소-오순절 성령 강림"은 선교사역이 확장되는 주요한 단계 때마다 발생한다. 그리고 성령은 다른 결정적인 위기의 순간 때마다 간섭하신다(예를 들면, 8:29, 39; 10:19-20; 11:12; 13:2, 4; 16:6-7; 20:22-23). 실로 성령의 은사는 오순절 날 선교를 주도하여 선교를 구현시킨다. 이 성령의 은사를 통해 예수는 교회의 사역을 감독하실 것이다. 성령은 신자들에게 주어진 개인적인 선물이 아니다. 오히려 성령은 예수와 그의 제자들을 이어주는 고리가 되며, 이 성령의 사역을 통해 예수는 계속해서 그의 메시아적 죄 사함을 시행할 수 있게 된다(Turner, 1982:180-81).

오순절 날 성령의 사역—역사(history)를 통해 나타난 하나님 임재의 역설적인 권능—으로 드러난 증거들은 군중들에게 조롱과 놀라움, 그리고 당혹감을 가져다준다(행 2;12-13). 그렇지만 그들의 반응은 현재의 이 상황—베드로는 이 성령 강림 사건으로 인해 종말이 도래했음을 분명히 밝힌다—을 바꾸지는 못한다. 나사렛에서 행한 예수의 의두적인 설교방식—예수는 이 설교를 통해 자신이 수행할 사역의 특성을 소개 및 예고하였고, 자신에게 임한 성령 강림을 메시아 사역의 관점에서 해석했다—과 마찬가지로, 베드로 역시 사도행전 2:14-39에서 제자들의 설교사역을 통해 일어날 선교의 확장을 미리 예고한다.

베드로는 오순절 성령의 은사가 요엘 2:28-32을 성취했음을 선포하면서 그의 설교를 시작한다. 그리하여 이스라엘이 예언적 증인 공동체가 될 것이라는 약속 또한 성취되었다. 유대교는 메시아가 성령을 받을 것이라는 사상에 친숙해 있었던 반면, 베드로는 이와 같은 유대인들의 기대와는 전혀 다른 메시아관을 말한다. 즉, 베드로에 따르면, 메시아는 성령의 사역을 감독한다(Turner, 1982:182-83).

베드로의 요엘서 인용(引用)과 개정(改訂)은 (성령 강림에 대한) 사도들의 이해를 잘 보여 준다. 2:17에 "말세에"라는 표현의 추가는 베드로가 성령 강림의 종말론적인 특징을 인식하고 있었으며, 부활하신 예수의 하나님 나라에 대한 가르침에 반응하고 있었음을 말해 준다. 성령의 현시(顯示)는 예언자 모세가 갈망했던 최고의 사건(민 11:29)이었으며, 베드로는 이 성령 강림을 종말의 도래를 알려주는 징조로 인식한다. 그러므로 사도행전에 계속해서 나타나는 성령의 현시와 계속해서 이어지는 증인들의 사역은 기독교 운동의 종말론적 특징이다. 베드로는 요엘의 표현을 두 가지 다른 표현방식으로 변경시킨다.

18절에서 베드로는 요엘 2:29에 기록되지 않은 "그들이 예언할 것이요"라는 표현을 덧붙인다. 이러한 작업을 통해, 베드로는 성령을 종말론적 예언의 은사— 이 은사는 새 예언 공동체에 지금 주어졌다—로 정의한다. 그러므로 예언의 은사는 하나님 백성들이 그들의 사역을 감당하도록 인도해 준다. 왜냐하면 그들의 회심이 이미 전제되어 있기 때문이다. 19절에서 베드로는 요엘 2:30과 비교해 볼 때, "그리고 징조들"이라는 말을 추가시킨다. 그리하여 19절은 다음과 같이 표현된다: "내가 위로 하늘에서는 기사와 아래로 땅에서는 징조를 베풀리라." 70인경에서 이 "징조와 기사"라는 용어는 일반적으로 출애굽에 나타난 하나님 말씀의 효력을 묘사해 주는 단어들이다.

이와 같은 요엘서의 개정을 통해 나타난 (오순절 성령 강림 사건에 대한) 베드로의 이해는 명확하다. 새 언약의 계승자(繼承者) 곧 하나님의 백성은 다시 전진해 나가고 있다. 약속된 성령은 그리스도인들을 새 가나안으로 인도할 것이다. 이스라엘은 하나님의 현존 앞에서 누리게 될 안식의 축복을 다시 요청하게 된다. 이러한 축복의 시작은 창조의 회복을 의미한다. 21절은 다음과 같이 소개된다: "그리고 누구든지 주의 이름을 부르는 자는 구원을 얻을 것이다"(cf. 욜 2:32 전반부). 그리스도를 통한 구원은 이러한 종말론적 실재를 통해 일어나는 거대한 발전이 새 공동체를 위한 것임을 요약해 주기 때문에, 베드로는 이 시점에서 요엘의 예언을 인용한다.

주의 이름을 부르는 것은 부활하신 이(행 2:24), 곧 시편 16:2:24에 소개된 종말의 다윗 자손이신 예수에 대한 믿음을 의미한다. 시편 110:1에 따라(25절) 예수는 메시아로서의 권세를 부여받았고, 창세기 1:26-28의 창조 위임을 성취하면서 이 새 시대를 다스리신다. 모든 이스라엘에게 주어지는 성령은 이제 예수의 임재와 사역의 수단이 된다. 그리하여 베드로는 신(神) 기독론(a divine Christolo-gy)—베드로는 예수를 메시아적 통치자로 묘사하는 바, 하나님은 예수의 모든 대적을 그의 발아래 복종시키실 것이고(2:34-36), 예수는 메시아 시대의 사역을 완성하실 것이다—을 선포한다. 승천이 이루어짐으로 인해 예수의 신성은 초대 교회의 설교와 그 신학적 결론을 세워 주는 기틀을 마련해 준다. 승천에 기초하여 이스라엘의 모든 집은 이 역설-십자가에 못박히신 예수가 이제 주(70인경에서는 이 단어가 "여호와"로 소개되고 있다)와 그리스도, 즉 하나님이시자 메시아(36절)가 되셨다는 사실-을 깨달아야만 한다.

베드로는 성령의 은사를 주시겠다는 약속을 다시 반복하면서 그의 설교를 마무리한다(행 2:39). 베드로의 이 마지막 설교를 살펴보기에 앞서 "약속"에 대해 다뤄 보도록 하자. 그리스도인들은 이스라엘에게 주어진 하나님의 약속이 예수의 부활을 통해 성취되었다고 이해했다. 영원한 하나님 나라와 다윗의 보좌에 좌정하실 다윗과 같은 왕(눅 1:32-33, 69)과 관련된 약속은 승천을 통해 이루어졌다. 그렇지만 이스라엘에게 주어진 약속과 축복들은 다윗 이전으로 훨씬 더 많이 거슬러 올라간다. 예를 들면, 누가복음 1:68-79에 나오는 축복은 아브라함과 맺어진 언약을 연상시켜 준다(눅 1:72-73 참조).

실로 이스라엘에게 주어진 모든 메시아 약속들은 근본적으로 아브라함 언약으로부터 기인한다(행 13:32-33; cf. 눅 19:9). 아브라함 언약의 증거는 사도들의 이방인 사역의 기틀을 마련해 준 오순절 사건에서도 나타난다. 베드로는 아브라함 언약을 상기시키면서 다음과 같은 표현으로 사도행전 2장에 나오는 그의 설교를 마무리한다: "이 약속은 너희와 너희 자녀와 모든 먼데 사람 곧 주 우리 하나님이 얼마든지 부르시는 자들에게 하신 것이라"(39절). 성령을 선물로 주시겠다는 이 약속은 먼저 이스라엘에게 이루어진다. 그러나 다시 회복된 이스라엘은 선교를 감당하게 될 이스라엘이기에, 이 약속은 이스라엘을 넘어 "모든 먼데 사람"들에게로 확장된다(Parker, 1978:57-58). 이스라엘은 회복의 과정을 통해 "패역한 세대"(40절), 파탄에 빠진 민족 이스라엘의 자리에서 부름을 받는다. 그리하여 이 회심한 유대인들은 새로운 신정 공동체의 기틀을 마련해 줄 것이다.

7. 예루살렘의 증인들(행 3:1 – 8:1)

아브라함과 족장들에게 주어진 하나님의 약속은 누가복음과 사도행전을 관통하는 하나의 모티브가 된다. 이 약속들을 보존해 왔던 초대 그리스도인들은 먼저 구원을 이스라엘에게 제시한다. 그리하여 사도행전 3:1-8:1은 예루살렘 교회의 사역을 기록한다. 성문 기적(3:1-10)과 성전에서의 베드로의 설교(3:11-26)를 다룬 기사는 이스라엘과의 영속성을 유지하려는 초대 교회의 열망을 보여 준다. 스데반 순교 이후 박해가 시작됨으로 말미암아(7:60-8:1), 구원은 이방인에게 주어진다. 이 구원은 이스라엘의 주의 이름을 부르는 이방인들에 주어질 것이다 (11:17-18; 20:21; 26:20).

(1) 솔로몬 행각에서 설교하는 베드로(행 3:11-26)

베드로의 설교는 복음이 아브라함 언약에 기초하고 있음을 강조한다. 제자들은 앉은뱅이 치유 사건을 통해 그리스도의 재림, 즉 하나님께서 족장들에게 약속하셨고 그분의 거룩한 선지자들의 입술을 통해 선포된 모든 일들이 이루어질 이스라엘의 회복의 때에 대해 말할 수 있는 기회를 포착했다. 회심한 유대인들, 즉 회개한 이스라엘은 교회의 핵심을 이룬다(19절).

그리고 그들의 회개와 그 이후에 계속되는 다른 이들의 회개는 유쾌하게 되는 때를 가져다 줄 것이며, 이러한 날은 예수께서 완전한 회복을 이루시는 그때까지 지속될 것이다: "그러므로 너희가 회개하고 돌이켜 너희 죄 없이함을 받으라 이같이 하면 유쾌하게 되는 날이 주 앞으로부터 이를 것이요 또 주께서 너희를 위하여 예정하신 그리스도 곧 예수를 보내시리니 하나님이 영원 전부터 거룩한 선지자의 입을 의탁하여 말씀하신 바 만유를 회복하실 때까지는 하늘이 마땅이 그를 받아 두리라"(19-21절).

이 성경말씀이 뜻하는 바는 무엇인가? 어떤 이들은 20-21절을 오해하여 이 구절들을 "모든 것 중에 가장 근본적인 기독론"으로 규정한다. 이들은 예수가 재림할 때 비로소 그리스도, 메시아가 된다는 뜻으로 이 구절을 해석한다(Robinson, 1961:146-47). 그러나 그리스도의 고난에 대한 진술이 20-21절보다 선행한다. 이것은 예수의 메시아 되심이 그의 고난을 통해 확증됨을 말해 준다(cf. 24:26). 그러므로 20-21절은 "모든 것 가운데 가장 근본적인 종말론"을 보여 준다 (Bruce, 1974:68). 베드로는 미래를 바라보면서 종말―모든 만물이 회복되는 때―이 이를 때까지 높임을 받으신 예수께서 계속해서 하늘에 계실 것임을 알려 준다(21절).

그렇다면 만유의 회복은 어떻게 이루어질 것인가, 또 이 회복은 언제 일어날 것인가? 야곱 저벌(Jacob Jervell)은 사도행전 앞장에 나오는 종말에 주어질 선물, 즉 성령으로 말미암아 이스라엘이 회복되었다고 주장한다(1972:53). 우리는 이러한 주장을 진리로 받아들일 수 있다. 그러나 이러한 주장은 사도행전 1-2장의 사건들이 함축하는 신학적 가능성을 고려해 볼 때에만 가능한 것이다. 다른 이들 가운데, 아서 웨인라이트(Arthur Wainwright)는 이스라엘의 완전한 회복이 예루살렘의 파괴로 거의 불가능하게 되었다고 주장한다(1977:77). 그러나 누가에 따르면, 예루살렘의 멸망은 이스라엘 민족의 종말을 뜻할 뿐이다.

사도행전 3:21에 소개된 회복은 이스라엘의 회복보다 훨씬 더 광범위하며 재림을 설명하고 있음에 틀림없다. 그렇지만 열두 사도의 선택과 새 공동체의 성령 받음은 회복된 이스라엘이 갖추게 될 형태를 제공해 준다. 비록 회복이 시작되었다 할지라도, 참 이스라엘의 최종적인 회복은 미래에 놓여 있다. 구약이 확증하는 바와 같이, 종말은 예루살렘의 회복으로 말미암아 완성될 것이며, 온 세상은 이 회복된 예루살렘을 하나님의 도성으로 인식하게 될 것이다(사 65:17-19; 단 8:9-14; cf. 계 21:1-22:5). 이스라엘과 온 세상이 유쾌(愉快)하게 되는 날은 사도들의 선교를 통해 시작되었다. 그리고 이러한 날들은 예수의 재림과 함께 이루어질 완전한 회복이 있을 때까지 계속될 것이다.

유대인들의 사상 가운데 회복은 한 종말의 예언자 대망 사상과 긴밀히 관련되어 있었다. 사도행전 3:21에 소개된 회복에 대한 설교를 통해, 베드로는 자연스럽게 예수께서 바로 그 종말의 선지자라고 주장한다(22절). 비록 누가복음에서 "선지자"라는 칭호가 거리낌없이 예수에게 적용된다 할지라도, 이 칭호는 예수 스스로가 자신에게 친히 적용했을 뿐만 아니라(4:24; 13:33), 불신자들과 무지한 자들조차 이 칭호를 예수에게 적용시켰다(7:16, 39; 9:8, 19; 24:19). 그리고 누가에 나오는 예수의 변모 사건 기사는 예수께서 구약의 대표적인 두 선지자, 즉 모세와 엘리야보다 뛰어난 선지자임을 보여 준다(9:35; 신 18:15을 암시해 준다).

그러나 사도행전 3장에 소개된 부활하신 예수는 단지 대표적인 예언자에 불과한 자가 아니다. 예수는 단지 한 선지자보다 더 뛰어나신 분이시며, 민족의 심판을 선언하는 자보다 더 크신 분이시다. 왜냐하면 예수는 종말의 선지자이시며, 이스라엘을 위한 사역을 감당하실 하나님의 최종적인 대리자이시기 때문이다. 이 종말의 선지자는 신명기 18:15에서 모세에 의해 예고되었으며, 예언자들의 반열

(班列)을 통해 나타난 하나님의 구원과 그 절정이 된다. 26절에서 베드로는 예수를 "종"으로 묘사하기 위해 예수의 상을 더욱 확대시켜 나간다(cf. 3:13; 4:27; 빌립은 행 8:32-35에서 자신의 이사야 해석을 통해 이 "종" 칭호를 예수에게 적용시킨다).

사도행전 3:13에 나오는 "종"에 대한 언급은 고난받는 종을 암시한다. 사도행전 4장은 다윗과 같은 왕을 암시해 준다(25, 27절). 비록 베드로가 3:26에서 고난받는 종을 가장 많이 반영하고 있다 할지라도, 왕권에 대한 암시 또한 나타나고 있는 것 같다. 그러므로 누가는 사도행전을 통해 "왕"인 동시에 이사야 40-55에 처음으로 등장하는 "고난받는 종"인 이에 대해 묘사하고 있다. 그리고 종이 성공적으로 성취한 역설적인 선교사역은 이방인들에게까지 미치게 되었고 우주적인 회복으로까지 나아가게 되었다. 종의 사역이 끝날 즈음. 이스라엘은 그 종을 부인하고 죽여버렸다(행 3:13). 그러나 그 종은 존귀한 자와 함께 분깃을 얻었으며(사 53:12), 자기 영혼의 고통을 바라보았고 또한 만족하게 되었다. 이제 부활한 이 종은 예언서에 소개된 죄 사함의 절정을 이루면서 그의 사도들을 통해 선지자와 메시아로 선포된다.

(2) 스데반의 변호와 죽음(행 7:1-8:1a)

사도행전 7:2-53에 나오는 설교, 즉 성전과 율법을 모독했다는 두 가지 죄목에 대한 스데반의 변론은 민족 이스라엘을 향한 선교사역의 전환점을 마련해 주며, 기독교 공동체와 유대교 사이의 결정적인 분열을 초래한다. 이 설교는 그 핵심과 이미지를 통해 스데반이 이스라엘과 하나님과의 관계를 어떻게 이해했는지를 밝혀준다. 그렇지만 이스라엘이 시종일관 하나님의 뜻과 선지자들을 거절해 왔으며, 계속해서 율법을 어겼다고 본 스데반의 확신은 그가 짊어져야 할 짐이 되었다. 그리하여 스데반은 기회를 상실해 버린 비극의 역사로 이스라엘 역사를 설명해 나간다.

스데반의 설교는 대부분 가나안을 정복하기 전(前) 이스라엘에 초점을 맞춘다. 우리는 이 설교를 통해 이스라엘이라는 민족의 특성이 약속의 땅 입성 전부터 형성되어 왔음을 추측할 수 있다. 아브라함과의 언약을 통해 약속은 시작된다. 하나님은 아브라함에게 "할례의 언약"(행 7:8)을 제공해 주신다. 이 할례 언약의 목적은 이스라엘이 약속의 땅에서 하나님을 경배하도록 하기 위한 의도된 것이다(그들이 "이곳에서 나를 섬길 것이니라", 7절). 출애굽을 통해 그 절정에 이르게 될 아브라함의 소명은 가나안 땅 안에서 세워진 성전 건축으로 인해 성취된 것으로 이해되었다(Tannehill, 1985:80). 비록 하나님께서 아브라함에게 할례의 언약을 주셨다 할지라도, 이스라엘은 마음에 할례 받지 못한 자들이 되고 말았다(51절).

스데반은 이스라엘의 심각한 우상숭배에도 불구하고 하나님께서 팔레스타인 바깥에 있었던 아브라함(2-8절), 요셉(9-14절), 모세(20-41절)를 위해 얼마나 놀라운 방식으로 역사하셨는가를 유대인 박해자들에게 상기시켜 주면서 이스라엘을 향한 하나님의 보호하심을 설명해 나간다. 이스라엘은 애굽에서 번창하게 되며(17절), 그곳에서 하나님의 구원을 체험한다(36절). 실로 율법은 약속의 땅 안에서 이스라엘에 주어지지 않았다(38절). 스데반은 모세를 언급하면서 시내산에서 행한 이스라엘의 우상숭배에도 불구하고 하나님께서 그들에게 주셨던 제사 양식(44절)인 성막에 대해 자세히 설명한다. 솔로몬이 성전을 건축하던 시점에 이스라엘 민족의 형태는 고정되었다. 그런데 스데반은 이스라엘이 단순히 이 성전을 하나의 집, 인간이 만든 건축물로 바라보았다고 평가한다(47절). 그러므로 광야에서 자행한 이스라엘의 우상숭배와 성전숭배는 단지 정도의 차이에 지나지 않는다.

스데반은 자신의 논지-약속의 땅과 (약속의 땅 안에서 발전시킨) 제도들이 참 이스라엘의 요소였다는 논지-를 세우기 위해 이와 같은 다양한 예들을 사용한다. 이스라엘, 제도, 처소, 그리고 약속의 땅은 (땅 바깥에서부터) 하나님의 선택하심의 모든 결과였다. 더욱이 약속의 땅이나 성전 그 자체가 (하나님의 백성 가운데 임할) 하나님의 임재를 나타낸다고 볼 수 없다. 문제는 성전 그 자체에 있는 것이 아니라 하나님 임재의 본질과 그것을 충족시켜 주는 요인들을 이해하지 못한 이스라엘 백성들에게 있다. 이와 같은 이해의 부재로 말미암아 성전은 단지 역사 속에 드러난 인간의 창작품에 불과하였다(48절).

이스라엘에게 필요한 것은 "손으로 짓지 아니한" 성전(행 7:48)-스데반은 이것을 매우 확신한다-이다. 죽어가던 스데반은 새 성전이신 예수를 바라본다. 예수가 현재 하늘의 하나님 보좌 우편에 계시며, 우주적인 통치권을 부여받은 심판하시는 인자가 되셨음을 증언한 스데반은 이로 인해 죽음을 당하고 만다(스데반이 성전에 대한 비판으로 인해 죽임을 당했다고 볼 수는 없다). 하나님의 영광이 어떤 한 "집"에 제한될 수 없다는 신념(48-49절)은 스데반의 순교를 통해 확정된다. 스데반은 순교하기 전 하늘이 열리고, 하나님 보좌 우편에 서 계시는 영광스런 인자의 현현(顯現)—이 장면은 다니엘서에 예언되었다—을 보게 된다(55-56절; 단 7:13-14). 예수는 우주의 통치권, 하나님 왕국 그리고 성도들을 위한 재판권을 가지고 하나님 보좌 우편에 좌정하셨다.

8. 예루살렘을 넘어 이방세계로 향하는 증인들 (행 8:1 – 28:31)

스데반의 죽음과 함께 찾아온 박해로 인해 그리스도인들은 예루살렘으로부터 다른 곳으로 이동하게 된다(행 8:1). 그리하여 남과 북 사이에 지속되어 온 오래된 불화가 성령을 통해 말끔히 씻어지게 되며, 사마리아인들은 베드로와 요한을 통해 새로운 하나님의 백성으로 연합된다(8:14-25). 그리고 난 뒤 사울의 회심(悔心)이 사마리아 선교와 이방인 선교 사이에 일어난다(9:1-22). 이방인 선교는 10:1-48에 나오는 고넬료 이야기—때때로 이 이야기는 "이방인의 오순절 사건"으로 불려진다—로 시작한다. 바로 여기서부터 이방인 선교가 시작된다. 베드로의 사도적 선교사역은 여기에서 그 절정을 이룬다. 그리하여 복음을 예루살렘에서 사마리아, 유다 그리고 베니게로 옮겨놓은 베드로의 선교사역은 사도행전 전반부를 주도하고 있다(1-12장).

사도행전 후반부에 등장하는 사울은 증인으로 선택받게 되며, 이상적인 이스라엘 백성—바나바와 스데반은 "이상적인 이스라엘 백성"에 대한 이야기를 제공해 준다—으로 소개된다. 이방인을 향한 선교가 진행될 때마다, 유대인들은 복음을 거절한다. 그러나 사도행전에서 바울은 결코 유대인들을 거절하지 않는다. 비록 기독교가 율법에 대해 비판적이라 할지라도, 기독교는 율법을 거절하지 않는다. 누가는 기독교가 유대교보다 높은 단계에 서 있는 것으로 묘사한다. 그리하여 회심한 수많은 초대 유대인들은 복음의 진리를 담대히 증거한다. 또한 그들은 복음과 이스라엘 종교 사이의 일치에 대해 설명한다.

실로, 비시디아 안디옥 회당에서 처음으로 선포된 바울의 전도 설교(행 13:16-41)는 기독교와 이스라엘의 구원역사 사이의 영속성을 강조한다. 그리고 이 설교는 바울의 일관된 선교관이 된다. 그렇지만 "다윗의 미쁜 은사"와 관련된 바울의 사상(34절)은 예루살렘을 그 중심으로 하는 회복된 다윗 왕국을 뜻하지 않는다. 오히려 이 개념은 그리스도의 부활과 하나님 아들로서의 등극에 기초한 종말의 왕국을 의미한다(Krodel, 1986:244). 바울에게 있어서 예수의 (메시아로서의) 우주적 통치의 표지(標識)들은 구원의 메시지 속에 발견된다(32-34절). 예수의 우주적 통치는 믿음 안에서 유대인이나 이방인 모두에게 동일하게 이루어지며, 동일한 죄 사함을 가져다 준다(38-39절).

초대 그리스도인들은 사도행전 12:25과 13:1 사이의 공백 기간 동안 예루살렘과 단절된다. 13-14장은 바울의 첫 선교 여행을 소개한다. 이 선교 여행은 15장에 나오는 다툼과 변론을 야기시킨다. 왜냐하면 어떤 그리스도인 바리새인들(15:5)이 무할례자의 구원에 대한 이의를 제기했기 때문이다(15:5). 다시 말하자면, 이의를 제기한 그리스도인 바리새인들은 예수를 할례받은 백성들의 메시아로 이해했다. 바울과 바나바는 이 문제로 인해 예루살렘으로 향하게 된다.

사도행전 15장은 이방인 선교를 합법적으로 승인하지는 않는다. 그렇지만 행 15장은 바울의 선교로 인해 제기된 반대 주장들에 대해 바울을 변호해 준다. 이 회의의 결과는 베드로와 야고보의 설교 속에 잘 요약되어 있다. 베드로는 그의 설교(15:7 11)를 통해 모세의 율법은 결코 구원의 기초가 될 수 없다고 선언한다(비록 유대인들이 율법을 그들이 짊어져야 할 짐으로 기쁘게 받아들였다 할지라도; Nolland, 1980:110). 모든 이들을 위한 구원은 유대 그리스도인들과 이방인들이 동일하게 믿는 은혜—이 은혜는 또한 고넬료에게도 임하였다—를 통해 이루어진다(11절). 이방인에게 임한 성령의 사역과 그 정당성을 선언한 베드로의 설교는 반대자들을 침묵시킨다(8, 12절).

그 다음 이어지는 13-21장은 15장의 절정을 이룬다. 야고보에게 있어서 해결되어야 할 문제는 "이방인 개종자들이 이스라엘과 어떻게 관계를 맺을 것인가"이다. 즉 다시 말하자면, "그들이 삶의 방식을 바꾸지 않고도 구원받을 수 있는가"이다. 야고보의 기본적인 논지는 그 다음에 이어지는 14절에 잘 나타난다. "하나님은 이방인—이들은 이제 이스라엘과 같이 하나님께 속해 있다(Dahl, 1958:326)—중에서 자기 이름을 위할 백성(라오스)을 취하셨다." 야고보는 "라오스"—일반적으로 "이스라엘"은 이 단어로 번역된다—라는 단어를 사용하면서 새 백성이 된 이방인을 이스라엘과 연결시킨다. 이것은 믿음을 가진 이방인들이 이스라엘의 희망을 함께 공유하고 있음을 뜻한다. 그리하여 야고보는 자신의 논지를 더 발전시키기 위해 아모스를 인용한다(행 15:16-18; cf. 암 9:11-12).

야고보는 현재 이루어진 메시아 왕국이 성격상 민족적인 국가가 아님을 명백히 하면서 메시아 왕국에 속한 두 그룹을 다음과 같이 분류한다: (1) "그 남은 사람들"(17절) (2) "내 이름으로 일컬음을 받은 모든 이방인들"(17절, 17절의 "카이"(그리고)라는 헬라어 단어는 의미를 보충해주는 단어가 아니다. 그러므로 이 구절에서는 두 그룹이 분류된다). 구약에 등장하는 남은 자 구원 사상은 이스라엘 안에 있는 "이스라엘 백성"이라는 그룹으로 제한된다(구약에서 "남은 자"라는 단어는 단지 심판의 문맥 속에서 이방인과 관련되어 사용된다; Braun, 1977:120). 그러므로 이방인들은 회복된 이스라엘의 토대를 이루기 위해 추가로 연합된다.

야고보는 새 백성의 출현이 이스라엘 남은 자의 연속선상에 있음을 인식한다. 야고보는 두 그룹(남은 자와 믿음을 가진 이방인)이 교제를 통해 연합할 때 파생될 수 있는 문제들을 인식하면서 이방인 개종자들이 꼭 준수해야 할 조항들을 제안한다(행 15:20). 이 준수사항들은 유대인들이 염두에 두고 있었던 제사의 부정 문제를 다루고 있다. 그러나 어떤 이들이 주장하듯이(Wilson, 1983:75), 이 준수조항들은 레위기 17장에 나오는 타국인의 금지조항을 말하고 있지는 않다. 우리가 아는 바로는, 주후 1세기 유대교 개종자들은 20절의 준수규정들을 요구하지 않았다. 그렇다고 한다면 야고보는 현안 문제들을 적용하여 그것을 진전시키고 있다고 볼 수 없다.

더욱이 이방인에게 요구된 이 엄숙한 의무조항은 이방인과 율법과의 관계에 대해 그 어떠한 답변도 제공해 주지 못한다. 이 의무조항은 단순히 그리스도인 공동체 속에 발생하는 문제들을 방지하기 위한 하나의 시도에 불과하다. 구원은 율법에 의존하지 않는다고 말한 베드로의 선언을 소개하는 초기 고넬료 이야기를 상기해 보라(10:24-35, 43). 결국 사도들의 회의는 이방인들을 (율법과는 상관없이) 하나님 백성의 일원으로 인식하였다(Wilson, 1973:193).

그리하여 야고보는 다음과 같이 그의 설교를 마무리한다: "예로부터 각 성마다 모세를 전하는 자가 있어 안식일마다 회당에서 그 글을 읽음이니라." 이 구절은 아마도 모세가 많은 설교자들을 데리고 있었고, 모세 자신이 직접 자신과 율법에 대해 가르칠 필요가 없었음을 말해 주는 듯하다. 만약 이것이 사실이라면,

야고보는 베드로가 이미 깨달은 바와 같이, 오직 예수—예수와 율법 둘다 증거되는 것이 아니다—만이 이방인들에게 증거되어야만 함을 깨닫게 된다. 왜냐하면 메시아의 통치가 율법을 초월하고 있으며, 사도행전에 나타난 성령이 이 율법을 대신 시행하고 있기 때문이다.

예루살렘 공회가 끝난 후 기독교 선교는 서아시아와 유럽으로 확장된다(행 15:36-19:41). 바울의 소명은 유대인과 이방인 둘 다를 위한 것이다(9:15; 22:21; 26:17-18, 23). 그리고 바울 역시 먼저 유대인에게 복음을 증거한다. 우리는 누가가 이스라엘과 관련없는 독자적인 이방인 선교를 생각하지 않고 있음을 사도행전을 통해 추론할 수 있다. 왜냐하면 누가는 바울의 선교사역을 유대인 디아스포라를 위한 선교사역으로 설명하고 있기 때문이다. 물론 바울의 선교사역은 이방인을 향해 뻗쳐 나간다.

21:15-28:31에서 바울은 예루살렘, 가이사랴 그리고 로마를 향해 복음을 증거한다. 정치적 종교적 죄목으로 재판받기 위해 이송된 바울은 그의 정통성을 변호한다. 그리고 그의 삶 자체가 그의 주장을 증언해 준다. 실로, 성경은 맹세하고(행 18:18), 결례를 행하며(행 23:5), 교인들을 위해 구제를 모으고(롬 15:25-27), 대제사장을 향해 변호하는(행 23:5) 전형적인 유대인으로 바울을 묘사한다. 바울의 정통성에 대한 비난들은 바울에 의해 쉽게 논박당한다. 심지어 바울은 유대인 희망의 기초인 죽은 자의 부활 사상에 근거한 바리새인의 신앙을 지지한다.

그러나 바울은 그 희망이 메시아 예수의 부활을 통해 성취되었음을 깨닫는다(23:6; 24:15; 26:8). 물론 바울에게 일어났던 가장 중요한 사건은 그의 회심이다. 그는 사도행전 22장에서 이 사건을 소개한다. 군중들은 바울이 자신을 이방인을 위해 보냄을 받은 자로 소개할 때까지 그의 이야기를 듣는다. 그 후 백성들은 반발하기 시작한다(21-23절). 23:1-25과 25-26장에 소개된 재판기사는 동일한 형식을 취한다(O'Toole, 1978:155). 그리스도처럼 바울도 지도자들 앞에 끌려나와 고난받고, 이스라엘과 이방인들을 위한 구원을 선포한다(O'Toole, 1978:157).

바울에 따르면, 자신이 심문받는 이유는 이스라엘을 향한 그의 소망—죽음에서 일어난 메시아의 부활이 이 소망을 지지한다—때문이다(23:6). 바울이 심판받게 된 이와 동일한 이유가 아그립바 왕 재판기사(裁判記事) 속에 다시 나타난다(26:6-7). 바울은 항상 그의 설교에서 이스라엘 언약을 성취한 예수의 부활이 구약에 예언되었으며, 이것이 (다윗과 같은) 메시아 언약의 일부일 뿐만 아니라 모든 부활의 전조임을 분명히 밝힌다(26:23).

복음은 바울의 로마 행(行)을 전제한다. 그렇기 때문에 사도행전은 로마로 뻗어가는 복음의 진보보다는 바울이 처해 있는 환경들에 집중한다. 바울의 로마 행(行)에도 불구하고, 심지어 그가 로마에 있을 때조차도(28:17), 예루살렘은 여전히 바울의 중심도시가 된다(행 9:26-29; 11:27-30; 15장; 21:15). 로마에 도착한 바울은 이방인, 왕들, 그리고 이스라엘 백성들 앞에서 복음을 증거할 하나님의 택함받은 도구로서 자신의 역할을 감당한다. 그리하여 누가는 어떻게 바울이 유대교를 버리지 않은 채 하나님의 계획을 수행하는지를 알려준다. 왜냐하면 바울은 자신을 변호함으로써 자신의 유대인 신분과 유대인으로서의 성실한 삶을 강조하고 있기 때문이다(26:4-7, 22). 유대인들의 반대는 단지 바울-바울은 족장들의 소망을 합법적으로 상속받을 수 있는 자로 서 있다(26:6, 22)-을 향한 하나님의 더 나은 목적에 지나지 않는다.

9. 누가복음-사도행전에 나오는 구원과 유대인

우리는 지금 누가의 두 책에 나타난 신학적 발전을 요약해 볼 것이다. 누가복음은 예수가 가져다 준 구원 이야기와 관련되어 있고, 사도행전은 이방인에게로 뻗어가는 이 구원의 전진과정을 소개한다. 그리고 또 다른 신학적 발전, 즉 "유대인의 구원"이라는 주제가 이 두 책 가운데 흐르고 있다. 누가복음의 서두에 등장하는 시므온의 찬가(눅 2:29-32) 속에서 회복된 이스라엘 왕국을 위한 선교와 이스라엘 민족은 서로 관련을 맺고 있다. "선교"와 관련된 익숙한 패턴은 누가복음 4:16-30에 나오는 "나사렛의 이야기"에 등장한다. 또한 이 구절은 성전 혹은 회당에서 선포된 메시지의 주요 특징들-유대인 사이의 분열, 배척 그리고 (예수의) 물러가심, 그러나 복음을 향한 전진(Krodel, 1986:245)-을 소개해 준다.

예수는 나사렛 회당에서 유대인 청중들을 고발하고, 구원이 이방인에게 주어졌음을 알리기 위해 구약의 사렙다 과부와 수리아 사람 나아만의 이야기를 인용하신다. 그리하여 유대인과 이방인에 대한 누가의 신학적 이해는 누가복음 4장에서 충분한 발전을 이루게 된다. 즉, 하나님의 구원은 유대인의 불신 때문에 유대인이 아닌 이방인에게 풍성히 내려질 것이다. 누가의 여행기사(9:51-19:27)는 용납될 만한 사마리아의 불신앙(9:52-56)으로 시작하여, 결코 용납될 수 없는 유대인의 불신앙(19:11-27)으로 끝맺는다. 이 여행은 예루살렘을 향해간다. 이 예루살렘에서 예수는 이스라엘을 위해 이스라엘로서 죽음을 당하신다. 복음서 마지막에 이르러 예수는 죄 사함이 예루살렘으로부터 시작하여 모든 이방인에게로 전파될 것임을 선포하신다(24:44-49).

사도행전 서두부터 사도들은 예수께 이스라엘의 회복에 대해 질문한다. 1:7-8에 나오는 예수의 답변은 이스라엘이 회복과 멀리 떨어져 있음을 뜻하지 않는다. 그러나 사도들은 "이스라엘의 회복"과 관련된 문제에 집중해서는 안 된다. 왜냐하면 그 시기는 하나님과 메시아의 손에 달려 있기 때문이다(cf. 3:19-21). 성경은 복음이 먼저 유대인들에게 전파되었다고 증언한다. 결국 유대인들은 예언들을 소유했었고, 그리스도인들의 선포는 이 예언들을 통해 검증되고 해석될 수 있었다.

이방인들은 시작부터 회복된 이스라엘의 일부였으며, 구원의 축복을 공유했었기 때문에, 복음이 단지 유대인들에게만 전해졌던 시기는 없었다고 말하는 저벌(Jervell)의 제안은 누가의 기록에 의하면 지지될 수 없다(1972:43, 61). 실로, 예수를 처음 따르던 자들은 유대인들이다(2:5, 11, 14). 1-9장의 수많은 회심사건들이 보여 주는 바와 같이(2:41, 47; 4:4; 5:14; 6:1, 7; 9:42), 예수를 따르는 자들의 대부분은 회심하게 된다. 더욱이 사도행전 6-12장에서 기독교가 유대교로부터 일어날 때, 복음을 반대하는 유대인들도 점차적으로 증가한다.

초기 예수의 메시지를 받아들이던 유대인의 개방성은 변절과 불신으로 바뀐다. 그러므로 유대인의 분열에 대한 저벌(Jervell)의 설명은 옳다(1972:61). 사도행전 초기의 장들에서 복음에 대한 반대는 "무지"한 태도로 관대하게 이해된다(3:17). 그렇지만 스데반 순교를 통해 유대인들은 도저히 구제할 수 없는 자들로 인식되고 만다(7:51). 유대인과 그리스도인간의 갈등은 증폭된다. 12-28장은 복음에 대한 유대인들의 적대적인 태도와 아울러, 어떻게 이것이 바울로 하여금 이방인들을 향하도록 하는지를 설명한다. 그러나 이방인으로의 선교 전환은 유대인에 대한 거부로 인해 일어난 것은 아니다. 왜냐하면 이방인을 향한 선교 그 자체가 하나님 계획의 일부이기 때문이다.

13:46-51; 18:6 그리고 19:9에 나오는 복음에 대한 유대인들의 거절을 살펴보라. 이방인 선교는 유대인을 전적으로 거부함으로 인해 일어난 것은 아니다.

왜냐하면 이방인으로의 선교 전환은 이미 시작되었고 중요한 선교전략의 일부분일 뿐만 아니라, 일시적-이 선교는 또 다른 도시에 도착하여 먼저 유대인들에게 다시 선포될 때까지 지속된다-인 성격을 띠고 있기 때문이다(Krodel, 1986:248). 더욱이 13:1-19:10에 나오는 배척장면은 유대교 전체에 대한 거부를 말하고 있지 않다(Richard, 1984:198). 예를 들면, 13:46; 18:6 그리고 19:9에서 유대인에 대한 바울의 거부와 이방인으로의 선교 전환은 그의 전도 설교의 통상적인 형식이었던 것 같다. 그러나 유대인의 반응은 분명히 실망을 안겨다 주었다. 왜냐하면 바울이 복음에 반발한 유대인들의 저항을 소개해 주고 있기 때문이다(Sanders, 1984:109).

9장을 넘어가면, 유대인의 회심 이야기는 단지 14:1; 17:11-12 그리고 18:8에 나타난다. 비록 저벌(Jervell)이 "유대인을 설득함"(13:43; 17:4; 18:4; 19:26; 28:23-24; 1972:71)이 회심을 말하는 것이라고 주장한다 할지라도, 이러한 주장은 바울의 통상적인 표현방식이라 할 수 없다(Sanders, 1984:108). 또한 12:24과 19:20은 유대인의 회심을 분명히 소개해 준다고 볼 수 없다. 이 두 구절은 하나님 말씀의 확산과 왕성함을 암시한다. 그리고 이전에 있었던 유대인의 회심을 언급하는 21:20은 1-9장에 기록된 성공적인 사역을 다시 간략하게 소개하고 있는 듯하다(Parsons, 1987:164).

로마에서 유대인들을 향해 선포된 바울의 마지막 설교 내용은 유대인 회심을 위한 사역이 기대에 미치지 못했음을 말해 준다(행 28:25-29). 그러나 이스라엘에서 이방인으로의 선교 전환은 바울이 이스라엘을 포기했다거나 이스라엘이 계속되는 선교의 대상에서 제외되었음을 의미하지 않는다. 혹자가 기대하는 바와 같이, 바울의 마지막 설교는 폭넓게 해석된다. 저벌(Jervell)은 이 설교가 희망의 여지를 남겨두고 있다고 주장한다(1972:63). 반면에 파슨스(Parsons)는 이러한 희망에 대해 전적으로 회의적이다. 왜냐하면 초기 장들에 나타난 긍정적인 장면에도 불구하고, 이 이야기의 마지막 장면이 가장 강한 인상을 심어주기 때문이다(1987:169; cf. Tyson, 1992:176-78).

데이빗 모제스너(David Moessner)는 사도행전 28:26-27의 이사야 6:9-10 인용을 이스라엘에 임할 마지막 심판의 증거로 언급한다(1988:96-104). 그렇지만 바울에게 있어서, 믿음을 가진 유대인과 믿지 않는 유대인은 사도행전 말미에 여전히 이스라엘로 남아 있다. 믿음을 지닌 유대인들은 이스라엘을 회개로 인도하기 위해 준비된 종말의 남은 자를 형성한다. 또 어떤 유대인들은 여전히 이에 반응하고 있다. 그렇다면 이사야 6:9-10 인용의 요점은 무엇인가? 이 구절은 각각 독자적으로 분리된 구절들이 아니라 흡사한 내용들로 연결된 세 구절로 보아야 한다(13:46; 18:6).

바울은 예루살렘 멸망이 이루어질 날이 곧 다가올 것이며, 불순종한 유대교가 재난을 당할 것임을 깨달았기 때문에 사도행전 28장에서 이사야를 인용한다. 그러나 바울은 순종하는 남은 자를 향한 희망을 부여잡고 있다(cf. 갈 6:16). 전 이스라엘은 항상 불순종해 왔으나 하나님은 그의 백성들과 언약을 맺기 위해 계속해서 선지자들을 보내셨다. 비록 이스라엘이 예수를 배척한다 할지라도, 26-27절에서 이스라엘은 여전히 백성(라오스)으로 소개된다. 그러므로 이것은 가장 핵심적인 요점이 된다. 그렇다. 여전히 희망은 있다. 28장에서 유대교는 항상 거절되지는 않는다. 회개와 죄 사함은 계속해서 그들에게 존재하고 있다(cf. 5:31).

사도행전 마지막 장면은 누가복음 19:44 예언, 즉 하나님께서 주전 587-586년에 벌하셨던 것과 같은 예루살렘 멸망의 성취를 예고해 준다. 그렇지만 바울은 28:17에서 여전히 민족 이스라엘에 관심을 기울인다. 그리고 28:20에서 기독교는 여전히 이스라엘의 희망이 된다. 누가는 "이스라엘 선교"라는 문제를 여지로 남겨둔다. 비록 민족 이스라엘과 그 지도자들의 귀가 닫혔고 그들의 눈이 감겨져 있다 할지라도, 이스라엘이 모세와 선지자들을 붙들고 있는 한 이스라엘을 향한 선교는 가능하다(Richard, 1984:199).

선지자들의 종말의 기대와 아울러 이방인들은 회복된 이스라엘 안으로 들어가게 되었다. 예루살렘을 향한 순례 여행은 예루살렘을 위한 헌금을 통해 영적으로 이해되었다(롬 15:16, 25; 고전 16:1-4). 왜냐하면 지형적 이스라엘의 멸망은 선지자의 희망과 그 성취를 불가능하게 만들고 말았기 때문이다. 그리고 이스라엘이 이방인의 빛이 될 것이라는 시므온의 희망(눅 2:32)은 사도들의 선교 지침 원리가 되었으며 또한 이 원리는 계속 지속되었다.

The Search for Order

언약신학과 종말론

제10장
요한의 종말론

요한복음에 나오는 모든 내용들은 다음과 같은 하나의 목적을 위해 기록되었다: "오직 이것을 기록함은 너희로 예수께서 하나님의 아들 그리스도이심을 믿게 하려함이요 또 너희로 믿고 그 이름을 힘입어 생명을 얻게 하려 함이니라"(요 20:31). 즉, 요한복음이 끝날 즈음 독자들은 나사렛 예수가 이스라엘의 신(神)적 메시아이심을 깨닫게 될 것이다. 왜냐하면 예수께서 사마리아 여인에게 말씀하신 바와 같이 구원이 유대인으로부터 나올 것이기 때문이다(4:22). 예수의 이름을 믿는 자들의 삶은 예수를 영접함으로 말미암아 커다란 변화를 체험하게 되며 "하나님의 자녀가 되는 권세"를 얻게 된다(1:12; Vellanickal, 1977:120). 이스라엘은 이러한 방식을 통해 회복되고 변화된다.

1. 로고스와 새 이스라엘(요 1:1-18)

요한복음의 서막—이 서막은 요한복음의 장황한 신학적 서론이 된다—은 예수를 선재(先在)하시는 말씀(1절), 곧 하나님으로 소개하면서 시작하여, 육체를 입고 "탄생하신 독생자 하나님"(18절; 가장 그럴듯한 본문 해석)으로 정의하면서 끝맺는다. 그리하여 예수의 신성에 대한 말씀이 복음서를 안내하고 있으며, 서막과 초기 사역 기사—1:19부터 시작됨—사이에 변화를 이끌어낸다.

이 서막(序幕)의 주 관심은 창조에 나타난 예수의 역할(1-3절)에서 시작하여, 성육신을 통해 우리들에게 주어진 그의 은사들(4-5절), 세례 요한의 증거(6-8절)

그리고 예수의 (이 세상 속으로) 오심으로 옮겨진다. 12-13절의 요약된 표현이 끝난 후, 요한은 성육신(14절)으로부터 시작하여 요한의 증거(15절), 우리에게 임한 예수의 은사들(16절), 그리고 예수의 역할과 성부와의 관계(17-18절; Vellanickal, 1977:132-36)로 그의 관심을 옮겨간다. 이 서막은 예수의 생애와 그와 관련된 사건들—부활 이후 예수는 이와 같이 이스라엘의 신적 메시아로 인식된다—을 이해하는 데 필요한 배경을 마련해 준다.

(1) 이 세상 안으로 들어오심(요 1:1, 10-13)

요한복음 1:1은 예수가 초월적이시며, 그의 권세와 함께 영존(永存)하시며 불변하시는 분이라고 선언한다. "태초에 말씀(로고스)이 계시니라 이 말씀이 하나님과 함께 계셨으니 이 말씀은 곧 하나님이시니라." 로고스는 신약에 네 번 등장하는데 항상 요한의 저작 속에 나타난다. 1절에서 로고스는 이전부터 존재해 있다. 14절에서 이 로고스는 육화(肉化)된다. 요한복음 1:1-3은 초대 공동체와 세상적인 삶과의 충돌, 그리고 로고스의 사역을 설명한다. 또한 요한계시록 19:13은 로고스를 승리하신 메시아로 묘사한다. 종교적, 철학적 개념인 로고스는 수많은 전통들의 기초가 된다.

스토아학파에게 있어서 로고스는 우주의 법칙, 즉 우주 중심에 위치한 정신이었다. 그리고 스토아학파는 이 로고스의 구조가 모든 인간 존재 속에 자리잡고 있다고 믿었다. 구약에서 하나님의 말씀(다바르〈히브리 성경〉; 로고스〈70인경〉)은 만물이 존재토록 해 준다. 후대 사상에 보면, 지혜는 인격화된 하나님의 한 속성이며 하나님의 말씀으로 소개된다(지혜서 9:1-2). 그러므로 하나님의 말씀은 하나님의 계시이며, 세상 안으로 들어온 하나님의 지혜는 생명을 가져다준다. 요한은 서막에서 로고스를 소개하면서 새 창조의 요소들을 우리들에게 보여 준다. 창세기 1:1에 나오는 하나님의 말씀을 통해 창조가 이루어진 것같이, 하나님의 새 계시는 예수의 인격을 통해 다가온다.

요한복음 서막 가운데 10-11절은 로고스가 이 세상 안으로 들어왔을 때 일어난 결과를 설명한다. 세상(10절)과 자기 백성(11절)은 그를 영접하지 않는다. "코스모스"(세상)라는 광범위한 용어는 인간세력을 설명해 주는 단어이다. 요한복음의 그 외 다른 곳에서 요한은 예수를 대적하는 사람들—예수를 미워하는 "더 큰 세상"을 상징하는 유대인들(cf. 7:1, 7; 8:22-23; 14:17; 15:18-19; 16:20)—을 나타내기 위해 "세상"이라는 단어를 사용한다. 11절에서 우리는 예수가 "자신의 집"(에이스 타 이디아; cf. 16:32; 19:27; 행 21:6)—이 집은 이스라엘을 암시한다(Pryor, 1990:217)—으로 가셨음을 알게 된다. 그러나 그의 백성들은 그를 영접하지 않는다.

그렇지만 로고스의 오심은 이스라엘의 분열을 의미했다. 왜냐하면 이스라엘의 일부만이 예수를 영접했고 그의 이름을 믿었기 때문이다(요 1:12). 요한의 작품 속에 발견되는 "그의 이름을 믿는 것"이라는 주요 문구는 예수를 하나님의 아들, 하나님 이름을 지닌 자, 다시 말하자면, 하나님 속성을 계시하는 자로 인정하는 것을 의미한다. 이 문구는 사람들이 예수를 믿는 것이 지속적으로 필요함을 말해준다. 예수는 믿음을 갖게 된 자들에게 하나님의 자녀가 되는 권세(헬, 엑소우시아)를 주셨다. 요한복음에서 "엑소우시아"의 뜻은 항상 쉽게 판별되지 않지만, 이 단어는 무엇을 할 수 있는 권리 혹은 무엇을 처리할 수 있는 권리 그리고 그것을 할 수 있는 능력을 의미한다.

12절에 나오는 권리는 "테크나 데우"(하나님의 자녀)가 될 수 있는 권세와 능력이다. 하나님 자녀로의 변화는 단지 신분의 변화뿐만 아니라 본성의 변화도 요구한다. 요한이 새 공동체를 설명하기 위해 사용하는 "하나님의 자녀"라는 전문용어는 구약의 이스라엘을 묘사한 표현들로부터 파생되었다. 비록 "하나님의 자녀"라는 문구 그 자체는 구약에 나타나지 않은 듯하지만, 신적인 존재들과 이스라엘의 왕들은 "하나님의 아들들"(창 6:2; 삼하 7:14; 욥 1:6; 2:1; 38:7; 시 2:7; 29:1; 82:6; 89:6)로 불려진다. 그리고 이스라엘의 아들됨을 언급한 표현들은 출애굽기 4:22과 이사야 1:2에 나타난다. "하나님의 자녀"는 요한복음에 다시 나타난다.

11:52에서 요한은 예수가 백성을 위하여 죽어서 온 민족이 망하지 않게 되는 것이 유익하다(50절)는 아이러니컬한 예언적 고백을 소개한다. 그리하여 요한은 민족과 백성—흩어진 하나님의 자녀—을 구분한다. 8:39에서 "아브라함의 자손" (테크나), 즉 아브라함의 참 후손은 참 자유, 참 신앙인들을 계승한 자들이다. 그러나 예수를 거절하는 유대인들인 아브라함의 자손이 될 수 없다(Culpepper, 1980:27). 8:39과 11:52의 관점에 비추어 볼 때, 1:12의 "하나님의 자녀"는 새 공동체—이 공동체는 로고스의 사역을 통해 새 존재로 부름을 받게 되며 이스라

엘을 대체한다—를 언급하고 있다.

13절은 긍정적인 용어와 부정적인 용어를 통해 "하나님의 자녀"로의 신분 변화를 가져다 주는 것들을 다음과 같이 선명하게 드러내준다: "혈통(blood)으로나 육정으로나 사람의 뜻으로 나지 아니하고 오직 하나님께로서 난 자들." 하나님의 아들 혹은 하나님의 딸이라는 신분은 분명히 신자 속에 있는 잠정적 잠재적 능력의 결과로 말미암아 발생하지 않는다. 로고스를 영접하는 자들은 거듭난다. 그러나 혈통("피"라는 단수명사는 다수를 뜻하는 교리적 용어인 듯하다; Schnackenburg, 1968,1:264-65)이나 인간의 결정 혹은 뜻에 따라 출생되지 않는다. 요한은 새로운 출생 배후의 절대적인 힘이 되시는 하나님을 소개할 때까지 모든 자연적 관계들을 차단시킨다.

(2) 로고스의 사역(요 1:14-18)

14절의 로고스라는 단어는 새로운 단락의 시작을 알려준다. 이 단어는 1-6절과 14-18절을 비교하는 데 그 초점이 맞추어진다. 1-6절에서 요한은 예수의 초월성과 영구성을 밝혀주면서 성육신의 형이상학적 차원을 관찰한다. 그러나 14절은 "하나님이 육신(헬, 사륵스)이 되셨다"고 선언한다. 그리하여 요한은 로고스가 단지 인류의 영역 속으로 들어만 간 것이 아니라 인류의 한계들을 바라보며 그것들을 제거하시기 위해 들어갔음을 상기시켜 주면서 우리의 관심을 성육신—예수 생애의 제한받고 제약받으며, 저해받고 잠정적인 부분—으로 향하게 한다.

14-18절에서 요한은 예수 사역의 특징과 새 공동체의 내면적 삶에 대해 고찰한다. 이 두 번째 단락에서 두드러진 유비가 나타난다. 이 단락의 유비는 배교하는 이스라엘과 (언약의 위태로움을 느낀) 모세의 역할이라는 모티브를 포함한, 이스라엘 민족의 시작을 알리는 출애굽기 기사를 암시해 준다. 요한은 "이스라엘의 기원"이라는 관점에서 새 공동체의 시작을 소개하면서 새 공동체가 이전의 공동체, 즉 이스라엘을 대체함을 알려준다.

성육신 후, 로고스는 우리 가운데 거했고(헬, 스케누) 우리는 그의 영광(헬, 독사)을 보게 되었다(요 1:14, NKJV). 비록 "스케누"라는 동사가 오직 요한의 저술 속에만 등장한다 할지라도, 14절은 구약의 한 성경본문, 즉 성막 수여 기사를 회상시켜 준다. 왜냐하면 성막 개념과 영광이 서로 밀접하게 연관되어 있기 때문이다. 출애굽의 목적은 약속의 땅을 성소로 만드는 것이었다(출 15:17). 그리하여 성막은 가장 두드러진 상징이 되었다. 그러므로 성막 수여 이후 즉각적으로 뒤따라오는 언약재가(言約裁可)—이 언약을 통해 하나님은 모세에게 성막의 청사진을 주셨다—는 중요하다. 금 송아지 숭배 이야기로 인해 중단된 성막 건축 이야기는 출애굽기 34장에서 율법을 다시 수여받을 때까지 지연된다. 그러나 이 출애굽 기사는 성막 건축의 완성과 영광의 구름으로 가득한 성막의 장면을 보여 주면서 끝을 맺는다(40:34).

출애굽 기사는 이스라엘을 예배 공동체로 묘사한다. 성막 건축은 이스라엘의 시내산 언약 성취를 상징해 주었다. 왜냐하면 이 언약이 시행되었을 때, 하나님께서 이스라엘과 함께 거하셨기 때문이다. 만약 우리가 성막의 중요성을 통해 이후에 등장할 성전의 중요성을 추론해 볼 수 있다면, 우리는 성막을 하나님 임재의 상징으로, 그리고 이스라엘의 궁극적인 권위로 깨닫게 된다. 성막과 성전 이 둘은 이스라엘을 다스리시는 여호와의 왕권을 나타내 주었다. 그리고 성막과 성전은 여호와의 주권 속에 부여된 이스라엘의 정치적 권위의 궁극적인 중심임을 가리킨다. 그러므로 성막과 성전은 하나님의 나라—하나님 통치의 모델—였다. 구약 언약의 시초와 관련된 요한복음 1:14의 "거한다"라는 말씀은 예수—예수는 새 언약 안에서 새로워진 이스라엘의 신적 통치 아래 역사하신다—의 신적 권위와 관련된 중요한 시각을 제시해 준다.

1:12의 "그의 이름"과 1:14의 "그의 영광"이라고 소개한 요한의 표현은 또 다른 출애굽 기사—33장에 나오는 여호와와 모세가 서로 주고받은 대화—를 회상시켜 준다. 금송아지 숭배 사건 이후, 여호와께서는 이 죄 많은 백성, 배교(背敎)한 이스라엘과 교제하는 방식을 바꾸는 것이 좋겠다고 여기셨다. 하나님께서는 오직 모세와만 관계를 맺고 모세의 후손으로만 이루어진 새 백성을 세움으로써 이스라엘을 거부하시려 했었다. 14절은 하나님의 임재가 오직 모세와 함께 할 것이며 단지 모세만이 안식을 얻을 것임을 선언한다. 즉 모세만이 약속의 땅에 들어갈 것임을 선언한다. 그렇지만 모세의 중보 기도로 말미암아 하나님의 섭리 속에 있는 이스라엘의 위치는 일시적으로 유지된다(17절).

모세는 여호와의 확실한 뜻을 구하면서 여호와의 현현(顯現)—이 영광은 19-20절에서 이스라엘이 받았던 확증과 유비를 이룬다—을 보여달라고 다음과 같이 요청한다. "원컨대 주의 영광을 내게 보이소서"(33:18). 모세의 요구는 20절에서 거부된다. 그렇지만 모세는 자신이 하나님의 이름을 받았음—이 기사는 출애굽기 3:14에 나오는 이스라엘에게 전해진 계시와 연속선상에 있다—을 깨닫게 된다(19절). 영광은 일시적으로 나타났다가, 그 후 다시 사라지는 역사를 간섭하시는 유일하신 하나님의 위엄을 나타내준다. 그러나 여호와의 이름은 예배를 통해 가능한 "친숙함", "접근할 수 있음", "사귈 수 있음" 그리고 "만날 수 있음"을 의미한다. 이 이름은 선포되고 있는 계시의 내용을 제공해 준다. 그러므로 이 이름은 예배를 통해 자유롭게 사용될 것이다. 그리고 사람들은 계속해서 이 이름을 부를 것이다.

요한에게 있어서 하나님의 이름은 "믿음"을 나타내는 결정적인 표현이다. 왜냐하면 믿는 자들이라 함은 예수의 이름을 믿는 자들을 말하기 때문이다(1:12). 더욱이 요한은 모세시대 이후로 하나의 변화가 일어났음을 분명히 밝힌다. 오래된 율법 아래 영광은 모세와 이스라엘로부터 자취를 감추었다. 그러나 이제 우리는 그의 영광을 보게 되었다(1:14). 다시 말해, 하나님의 본성이 새 이스라엘에게 충만히 드러나게 되었다.

로고스는 육체가 되심으로써 하나님의 영광, 즉 예수의 인격을 통해 점차적으로 드러날 하나님 본성의 현현을 나타내셨다. 더욱이 로고스가 우리 가운데 거하셨다(14절). 그리하여 요한은 예수께서 출애굽 성막을 대신하셨고 참 성전으로서 하나님 통치를 구현하셨다고 묘사한다. 더 이상 예배는 예루살렘이나 그리심산에 집중되지 않을 것이다(4:21). 새로운 인류는 성령의 역사로 거듭나며 예수를 통해 하나님을 경배할 것이다. 예수의 인격은 드러난 하나님 속성의 현현이다. 예수가 육체로 임했을 때, 그를 보았던 자들은 분명히 자신들을 예수의 위엄을 본 목격자들로 묘사할 수 있었다.

14절은 "독사"(영광)라는 단어를 축으로 한다. 계속 반복해서 등장하는 이 단어를 통해 14절의 절반 가량은 구약 용어들을 소개한다. "영광"은 또한 인간과 하나님, 성육신과 선재하심을 연합시켜 준다. 요한에게 영광이라는 개념이 중요했었음은 의문의 여지가 없다. 그러나 그것은 무엇을 의미하는가? 육신이 된 로고스의 영광은 실상 유일하신 독생자—독생자는 특별한 사명을 위임받았으며, 하나님과 직접적으로 교제하셨던 분이시다—의 영광이었다. 아버지와 아들 사이에 인격적 관계의 특성은 14절에서 "파라"라는 전치사—"아버지로부터(파라) 온 자"—를 통해 강조된다. 그렇지만 로고스는 출생됨으로 말미암아 아버지의 영광을 부여받지 않는다. 오히려 우리 가운데 거하시는 로고스는 (아버지 독생자로서의) 영원하신 그분의 속성을 보여 준다.

구약에서 독생자들(오직 한 자녀)은 따뜻한 애정을 받는 자들이었으며 소중한 자들이었던 반면, 위협 아래 놓여 있었다(창 22:2, 16; 삿 11:34; cf. 렘 6:26; 암 8:10; 슥 12:10). 우리는 요한이 바로 예수를 염두에 두고 기록하고 있음을 추론할 수 있다. 그렇지만 요한의 초점은 (예수의) 아들로서의 하나님과의 관계를 넘어서는 것 같다. 요한복음의 서막(序幕)은 출애굽기 33-34장과 일치점을 나타낸다. 출애굽기에서 (여호와)아버지께서 이스라엘과 관계를 맺으셨듯이, 이제 예수는 새 공동체와 관계를 맺으신다.

새로워진 이스라엘에게 예수의 아들 되심은 무슨 의미를 가져다 주는가? 16-18절은 여기에 이스라엘 민족의 기대와 대조되는 하나의 답변을 제공해 준다. 로고스의 충만함을 받아들이는 것은 은혜 위에 은혜를 받아들이는 것이다(16절; "축복 이후의 또 다른 축복", NIV). 그리하여 요한은 16절이 뜻하는 바를 설명하기 위해 다음과 같은 대조를 만든다: "율법은 모세로 말미암아 주신 것이요 은혜와 진리는 예수 그리스도로 말미암아 온 것이니라"(17절). 달리 말하자면, 모세를 통해 전해진 계시—모세의 율법과 언약—는 이제 예수를 통해 전해진 새 계시와 새 언약에 종속된다.

그러나 아마도 요한은 이보다 더 강하게 말하고 있는 듯하다. 그가 율법과 진리를 언급하고 있음을 주목해 보라. 요한복음의 서막을 지나면서, 요한은 항상 율법(헬, 노모스)을 그렇게 중요치 않은 것으로, 혹은 민족적인 것으로 취급한다. "노모스"는 모세를 통해 시내산에서 전해진 구전(口傳) 및 기록된 전승(傳承)을 가리키는 포괄적인 용어이다(Pancaro, 1975a:517-22). 진리(헬, 알레데이아)는 광범위한 뜻을 지닌 용어—요한은 계시를 나타내는 말로 이 용어를 사용한다(Schnackenburg, 1980; 2 이하 238)—이다. 하나님 은혜의 충만한 계시가 예수를 통해 왔다고 요한이 선포할 때, 그는 율법이 모세를 통해 전달되었음을 부정하고 있는가? 17절의 (구약)배경과 그에 대한 연구는 요한이 뜻하는 바의 실마리를 제공해 준다.

17절의 배경은 출애굽기 34장에 나오는 제2차 율법 수여와 언약 갱신 사건인 듯하다. 좀더 앞에 소개된 출애굽기 20장에서 언약은 중보없이 전달되었으며, 율법은 직접적으로 모든 이스라엘에게 전해졌다. 그러나 금송아지 숭배 사건 이후 이스라엘을 위한 계시는 모세의 중재를 통해 전달되었다(34장). 시내산 언약 이후 이스라엘은 중보자들의 사역, 제사장들의 후손, 그리고 선지자들에 의존했으며, 그들을 통해 이스라엘은 계시를 전달받게 되었다. 이스라엘은 여호와로부터 결코 시내산에서와 같이 직접적인 계시를 전달받지 못했다.

더욱이 이제 이스라엘은 제사장 나라와 거룩한 백성(출 19:6)으로서 그들의 소명을 결코 감당할 수 없게 되었다. 아마도 요한은 17절에서 고린도후서 3:13-16에 나오는 바울의 사상—이스라엘의 언약 체험은 항상 베일에 가려 있었다—과 비슷한 사상을 표현하고 있는 것 같다. 언약의 직접적인 체험과 이스라엘 소명의 성취는 오직 예수—그리스도인들은 이 예수께로 향하여 왔다—를 통해만 가능하게 된다.

요한복음 1:17은 이스라엘의 종말론과 이스라엘의 역사 사이의 긴장을 해결해 준다. 이스라엘을 향한 하나님의 목적은 예수를 통해 다시 분명해 진다. 그러나 새 공동체의 일원이 된 이스라엘은 십자가와 부활이라는 새 출애굽을 통해 민족 이스라엘의 신분을 "자녀들"로 회복시켰다. 참 이스라엘을 회복시키는 은혜는 예수를 통해 다가왔다. 이 은혜는 이스라엘 공동체를 새 이스라엘 공동체의 삶 속으로 끌어들이면서 로고스—이 로고스를 통해 우리는 하나님의 영광을 보게 된다—의 삶을 통해 드러나게 되었다. 예수를 통해 먼저 이스라엘에게 그리고 그 다음 온 세상에 나타난 이 계시의 충만함은 양자됨에 대한 새로운 이해를 제공해 주었다.

그러나 오직 구전 및 기록된 전승에게 의존하는 유대교는 예수를 영접하기를 거절하였다. 예수를 영접한 자들은 하나님의 백성이 되었다. 그렇지만 이들은 새로운 율법의 수령자가 되기보다는 오히려 시내산 언약을 보게 될 것이다. 하나님께서 이스라엘을 향해 계획하셨던 목적들이 새 성막이시며 신적 권위의 새로운 목표가 되신 예수를 통해 다시 계시되었다. 예수 주변에 있던, 1:12-13에 소개된 요한의 새 공동체가 형성되었다.

2. 초기의 증인들(요 1:19-51)

요한복음 1:19-51은 세례 요한과 그의 첫 제자들의 (예수를 가리키는) 초기 증거들을 소개한다. 19-34절에서 요한은 예수를 하나님의 어린양으로 그리고 선재하시는 분으로 선포한다. 35-51절에서 세례 요한의 제자들은 예수를 메시아와 이스라엘의 왕으로 인식한다.

세례 요한은 이스라엘의 증인(1:31)이다. 그리고 실로, 세례 요한의 세례와 이스라엘의 회복 사이에 긴밀한 연결점이 있다. 메시아 부인 기사를 통해 세례 요한은 자신의 역할과 그 범위를 한정한다. 세례 요한은 그리스도(20절)도, 엘리야도(21절), 그리고 마지막 종말의 선지자(21절)도 아니다. 요한은 단지 광야에서 새 출애굽을 외치는 하나의 소리에 지나지 않는다(23절). 그리고 그의 세례는 단지 예비적인 사역일 뿐이다(24-28절). 이와 같이 메시아임을 부인하며 자신의 신분을 제한하는 다양한 기사들은 예수를 하나님의 어린양(29절), 선재하시는 분(30절) 그리고 하나님의 아들, 즉 메시아(34절)로 간주한 세례 요한의 담대한 선언을 뒷받침해 주는 적절한 배경이 된다.

그러나 이러한 선언들이 의미하는 바는 무엇인가? 세례 요한의 예수 평가를 소개하고 있는 공관복음서의 증거를 통해서 볼 때, 세례 요한은 이 시점에서 예수의 신성을 깨닫고 있었던 것 같지는 않다. 실로 요한복음의 절정이며, 요한복음의 실질적인 결론은 20:28에서 예수의 신성을 인정한 도마의 고백이다. 30절에서 세례 요한은 아마도 예수를 엘리야와 같은 인물로 이해한 듯하다. 예수를 하나님의 어린 양으로 간주한 세례 요한의 선언은 종종 이사야 53장의 종이나 혹은 유월절 어린양을 언급하는 표현으로 간주된다. 세례 요한의 이 선언은 그리스도인 독자들로 하여금 예수의 삶, 죽음 그리고 부활을 다시 되돌아볼 수 있는 유익을 제공해 주는 것 같다.

그러나 세례 요한은 예수를 어떻게 이해하고 있는가? 공관복음이 세례 요한이 예수의 메시아 되심을 확신치 못했다고 서술한 것을 통해(마 11:2-3), 우리는 세례 요한이 예수를 유월절 어린양이나 혹은 이사야 53장의 종으로 간주할 수 없었던 것을 추론하게 된다. 도드(C. H. Dodd)는 이 어린양이 에녹1서의 동물의 묵시에 등장하는 승리의 어린양(이스라엘의 지도자)을 나타낸다고 주장하면서 그럴듯한 논리를 펼쳐 나간다(1954:230-32). 32절에서 요한은 예수를 성령 담지자(擔持者)로 소개한다. 왜냐하면 비둘기처럼 임한 성령이 예수 위에 머물러 있기 때문이다. 이스라엘에게 있어서 비둘기는 중요한 랍비적인 상징이었다. 그러므로 비둘기의 강림은 예수가 새 이스라엘의 대리자이심을 알려준다.

요한복음 1장 나머지 구절들 가운데 제자들은 단계적 순서를 통해 예수를 그리스도(41절), 종말의 선지자(45절), 하나님의 아들(49절) 그리고 이스라엘의 왕(49절)으로 소개한다. 예수와 나다나엘 사이에 주고받은 대화는 주목해 볼 만하다. 나다나엘을 야곱의 간사한 흔적(47절; cf. 창 27:35)이 없는 참 이스라엘로 인식한 예수는 구약에 여러 차례 등장하는 이스라엘과 관련된 용어들을 통해 나다나엘에 대해 설명하신다(이스라엘을 "무화과나무에서 처음 맺힌 첫 열매"로 소개하는 호 9:10을 참조하라).

나다나엘은 "하나님의 아들", "이스라엘의 왕"(49절)이라는 메시아적 호칭을 사용하면서 예수가 메시아라는 신앙을 자발적으로 선언한다. 비록 요한복음의 독자가 나다나엘의 고백 배후의 심오한 하나님의 진리를 깨닫는다 할지라도. 예수를 위해, 예수와 함께 사역했던 자들은 예수가 부활하고 나서야 비로소 그의 신성을 깨닫게 될 것이다(20:28). 그러므로 나다나엘은 메시아를 기다리며, 그 메시아를 분별할 수 있는 참 이스라엘—참 이스라엘은 메시아가 예수의 인격을 통해 임했음을 인정하게 된다—을 상징한다. 빌립과 함께 나다나엘은 모세가 기록했던 자가 바로 예수라는 사실을 깨닫게 되었다(45절; Pancaro, 1975:399).

그리고 나다나엘의 고백은 구(舊) 이스라엘과 새 이스라엘 사이에 연속성이 있음을 보여 준다. 이후에 예수께서 제시하시는 바와 같이(5:46), 모세를 믿는 이들은 예수를 믿어야만 한다. 그리고 예수를 따르는 이들은 진실로 모세를 따르는 자들이다. 믿음을 거절하는 자들은 이스라엘이라 칭함을 받을 자격이 없는 자들이다(Pancaro, 1975:399). 세례 요한은 예수를 이스라엘에게 나타내며 그 당시 메시아 사상과 연결시키기 위해 이스라엘 백성들에게 나타났다. 새로워진 이스라엘을 나타내주는 나다니엘은 요한의 증거를 통해 예수에게로 인도되었으며 예수를 인정하게 된다.

요한복음 1:15에서 예수는 중대한 표현과 함께 나다나엘에게 다음과 같이 말씀하시면서 1장의 기독론적인 주제들의 절정을 이룬다: "너희들은 하늘이 열리고 하나님 사자들이 인자 위에 오르락내리락하는 것을 볼 것이다." 이 천사들은 야곱이 벧엘에서 꿈을 통해 보았던 것(창 28:12)—지상에서 하늘까지 이어진 사닥다리에서 천사들은 오르락내리락한다—과 동일한 방향으로 움직인다. 그렇지만 51절에 소개된 천사들은 인자—하늘과 통할 수 있는 전달수단—위에서 오르락내리락한다. 그러므로 야곱/이스라엘인 제자들은 이 꿈을 보게 될 것이다.

예수께서 나다나엘과 다른 이들에게 무엇을 약속하고 계시는가? 공관복음과 마찬가지로 요한복음에서 인자는 배척당하여 죽임을 당하지만, 그러나 종말의 심판자가 되실 인간과 같은 존재이다. 인자는 이 땅에 오심으로 인해 인간의 역할을 수행한다. 그러나 이 땅에 오시기 전 인자는 하늘에서 로고스로서 이전부터 존재하고 있었다(3:13). 그러므로 예수는 인자로 말미암아 이루어질 승귀를 약속하고 있는가, 그리하여 예수는 예수의 부활 후 보게 될 그의 승귀를 제자들에게 가정하고 있는 것인가?

51절의 문장 구조상 다음과 같은 두 가지 해석이 가능하다: (1) 인자의 천상적 배경에 대한 표현은 예수의 사역과정을 따라다니게 될 것이다. 그리고 (2) 이 표현은 예수의 사역이 완성되고 십자가와 부활을 체험한 후 제자들이 깨닫게 될 그 무엇이다. 요한은 예수의 사역을 넘어서 그의 속성을 이해할 필요가 있음을 분명히 강조하기 때문에, 아마도 후자의 해석이 더 적절한 듯하다. 여하튼 간에 1장은 예수의 천상적 배경에 대한 표현―이러한 표현은 또한 1절에서 이미 선포되었다―과 함께 51절로써 끝맺는다.

3. 유대인, 사마리아인 그리고 예수(요 3:1 - 4:42)

우리는 1장을 읽어내려 가면서 예수가 자신의 천상적(天上的) 속성 때문에 이 세상―이 세상은 전적으로 하나님을 대적하도록 구조화된다―과 충돌하게 되었음을 깨닫기 시작한다. 이와 같은 세상의 적대감은 예수의 공적 사역 속에 스며들어 유대인들을 통해 일어나게 된다. 요한의 예수의 공적 사역 기사는 요한복음 1:11에서 제기된 문제, 즉 예수께서 그의 백성들에게 오셨을 때, 그의 백성들이 그를 영접하지 않았다는 사실을 다루어 나간다. 3:1-21에 나오는 니고데모의 이야기를 통해, 요한은 예수에 대한 유대인들의 잘못된 이해 가운데 한 가지를 폭로한다. 그러나 4:1-42에 소개되는 사마리아 여인의 이해는 이와 대조를 이룬다.

(1) 예루살렘에서의 만남(요 3:1-21, 31-36)

예수는 예루살렘에서 유대인의 관원 중 한 사람인 니고데모를 만난다(요

3:1). 두 사람 사이의 대화는 요한복음에 나오는 민족 이스라엘의 예수 배척과 그에 대한 종말론적 강조 및 이해에 중요한 대화라 할 수 있다. 2절은 이 만남의 열쇠를 제공해 준다. 즉, 유대인을 대표하는 니고데모는 예수를 다음과 같이 이해하고 있었다: "랍비여, 우리가 당신은 하나님께로서 오신 선생인 줄 아나이다." 결과적으로 이 바리새인의 기독론적 진술을 통해 볼 때, 이 사람은 예수를 "믿을 만한 선생"으로 선언하고 있다.

그러나 여기서 예수가 하나님께로서 오셨다는 말은 무슨 뜻인가? 예수와 니고데모가 주고받은 세 가지 대화는 니고데모가 확실히 단언하고 있는 그 지식이 전적으로 불충분함을 알려준다(Neyrey, 1981:118-19). 니고데모의 진술에 대해 예수는 다음과 같이 답변하신다: "진실로 진실로 네게 이르노니, 사람이 거듭나지 아니하면 하나님 나라를 볼 수 없느니라." 예수 자신―예수는 하나님 나라를 이해할 수 있는 자격을 갖춘 유일하신 분이다―에 대해 진술한 이 표현은 계속되는 대화를 통해 점점 더 분명해진다.

니고데모는 어떻게 다시 태어날 수 있는지에 대해 예수께 질문한다(요 3:4). 비록 거듭남이라는 개념이 바리새인의 이해 밖에 있다 할지라도, 다음과 같은 니고데모의 질문은 그가 지닌 지식의 한계를 보여 준다: "사람이 늙으면 어떻게 날 수 있삽나이까?" 복잡한 문제는 3절에 나오는 "아노덴"(출생하다)의 뜻에 있다. 비록 예수께서 "위로부터"의 출생을 말하기 위해 "아노덴"을 사용함에도 불구하고, 니고데모는 이 단어를 "새로운 출생", 즉 인간의 제2의 출생으로 이해한다. 이와 같은 니고데모의 인간적 이해는 그가 이 땅에 속한 자임을 분명히 보여 준다(Nicholson, 1982:84).

예수는 5절에서 이 이슈를 상세히 설명해 나가신다. 왜냐하면 물과 성령을 통한 거듭남을 요청하신 예수의 말씀은 "인간의 출생"이라는 영역을 훨씬 초월하고 있기 때문이다. 더욱이 예수께서 보편적으로 세례를 주셨거나 혹은 세례를 요구하시지 않았기 때문에 니고데모가 세례 받아야 한다고 주장하실 수 없다. 그리고 예수는 "영적인 청결"이라는 문제에 대해 설명하신다(6-8절). 예수는 에스겔이 종말의 징조(36:24-26)―새 언약이 이스라엘에게 주어질 때―로 간주했던 이스라엘의 영적인 청결에 대해 말씀하시는 듯하다.

37장에서 에스겔은 하나님께서 죽음으로부터 생명을 가져다 주실 것―이스라엘은 생명이 아담에게 주어졌던 것과 동일한 방식을 통해 생명을 받게 될 것이다

(Niditch, 1986:223)-을 약속하고 있음을 계속해서 인식한다. 이와 같은 이스라엘의 영적인 청결은 위로부터의 출생-민족과 개인을 위한 영적 출생-을 의미한다. 이스라엘의 지도자요 선생이었던 니고데모는 일종의 시험적 사례가 된다. 니고데모는 하나님 나라에 들어가기 위해 이스라엘 공동체를 위해 규정되었던 사항들을 반드시 체험해야만 한다. 예수와 니고데모 사이에 오고간 토론의 이슈는 두 종류의 지식-땅의 지식과 하늘의 지식-에 관한 것이다. 땅의 지식은 예수께서 5절에 말씀하신 내용을 깨달을 수 없을 뿐만 아니라 위로부터의 신비스런 출생(6-7절)에 대해 진정으로 이해할 수도 없다.

사실상 신비스럽고 영적인 이 새생명은 땅의 지식으로는 도저히 이해될 수 없다. 이 새생명은 반드시 체험되어져야만 한다(8절). 영적 새생명의 출처와 목적지는 인자의 기원 및 그 목적지와 동일하다는 것이 밝혀질 것이다. 니고데모는 9절에서 또 다른 질문을 통해 그의 무지를 다음과 같이 드러낸다: "어찌 이러한 일이 있을 수 있나이까?" 니고데모의 질문에 대한 답변은 이미 8절에 주어졌다. 마치 우리가 바람을 느낄 수 있는 것처럼, 우리도 성령을 느낄 수 있다. 그러나 성령의 출처와 목적지는 알 수 없다. 만약 니고데모가 예수의 유추적 표현의 논지를 깨달을 수 없다면, 이 바리새인은 육적이며 땅에 속한 자이다(6절). 예수는 니고데모를 꾸짖으신다. 왜냐하면 "이스라엘의 선생"인 니고데모는 영적 출생의 필요성에 대해 깨달아야만 했기 때문이다.

이제 이 기사는 11절부터 대화에서 독백형식으로 바뀌게 된다. 11-12절의 반복은 1-10절과 13-15절 사이를 이어주는 가교의 역할을 한다. 예수는 하늘의 지식을 소유한 자가 바로 예수라고 소개하신다. 인자는 홀로 하늘의 일에 대한 지식을 소유하고 있으며, 홀로 위로부터 나신 자이시다(NIN와 NRSV는 13절 상반절 본문 속에 첨가된 "하늘에 계신 자"라는 표현을 빠뜨리고 있다). 인자는 다른 이들과는 달리, 하늘의 일을 깨닫고 계신다. 그리고 인자는 높이 들림을 받게 된다(14절).

자신의 신분을 나타내는 완곡어법인 예수의 "인자" 칭호 사용은 이 독백 기사의 뚜렷한 특징이라 할 수 있다. 그러므로 이 토론의 출처는 하나님이시며 인자의 목적지는 십자가가 될 것이다. 예수의 인자 이해는 요한복음 3장에 등장하는 니고데모에게는 구체적으로 제시되지 않았다. 그러나 예수의 인자 소개는 예수의 사역 기간을 통해 확실히 드러나게 될 것이다. 인자는 인간의 몸을 입으시고 이 땅에 내려오신, 이전부터 계신 로고스이시다.

니고데모를 어리둥절하게 했지만, 그가 깨달아야만 했던 하늘의 일은 예수의 죽음—이 세상을 향한 하나님 사랑의 최고 표현(요 3:16)—이 필요하다는 계시로 나타난다. 위로부터 온 인자는 새 계시를 나타내준다. 예수가 유일한 하나님의 계시이기 때문에 그는 반드시 들려져야만 한다. 요한복음에서 이 들림은 예수의 죽음을 의미한다(3:14; 8:28; 12:32). 반드시 들려져야만 한다는 말은 이것이 필수적임을 뜻한다. 왜냐하면 예수는 오직 자신이 들려짐으로써 자신이 선언한 그의 능력을 증명해 보일 수 있기 때문이다. 14절은 들림(십자가의 죽음)의 방식을 소개한다. 15절은 들림의 목적을, 16-21절은 들림의 결과를 말해 준다(14-21절에서 "인자"와 "아들" 칭호 사용에 주목하라. "인자" 칭호는 하늘 계시의 담지자(擔持者)인 예수의 역할을 강조하기 위해 사용되며⟨13-14절⟩, "아들" 칭호는 예수와 성부 사이의 친밀한 관계를 나타내기 위해 사용된다⟨16-18절⟩).

비록 자비하신 하나님께서 그 아들을 보내셨다 할지라도, 불신은 심판을 초래한다(18-21절). 예수를 믿는 것은 예수를 통해 증명된 그의 말씀을 믿고 심판에서 벗어나는 것이다. 31-36절에서 이 독백기사(獨白記事)는 다시 계속된다. 인자는 위로부터 오신 자이며(31절), 하늘의 비밀을 간직한 분이다(32절). 34절은 예수의 구원사역과 관련된 사상을 추가시킨다. 그리고 36절은 18-21절의 심판을 다시 언급한다.

요한복음 1:1-18과 마찬가지로 3장은 예수를 천상의 존재, 즉 이 땅 자기 백성에게 오셨으나 그들로부터 거절당하신 분으로 소개한다. 예수를 믿는 자들은 하나님으로부터 출생하게 된다. 왜냐하면 천상의 계시자이신 예수께서 그들을 받아들이시기 때문이다. 그리하여 예수 사역의 본질을 깨달아지게 될 것이다(cf. 1:14). 니고데모와 예수가 주고받은 대화 속에 나타난 차이점은 유대인과 인자 사이에 일어난 첫 충돌을 보여 준다. 또한 이 대화는 이 만남의 중요성을 시사해 준다. 요한은 3장에 등장하는 "심판"이라는 표현방식을 통해 이 충돌이 이미 일종의 시련으로 해석되었음을 강조한다.

(2) 사마리아에서의 만남(요 4:1-42)

요한의 복음은 이제 이스라엘의 선생 니고데모와 예수 사이에 주고받은 대화로부터 사마리아 우물가 여인과 예수와의 만남으로 그 장면을 옮겨간다. 예수는 이 여인에게 자신을 생수의 원천으로 소개하신다(요 4:10). 그리고 예수는 그의 놀라운 통찰력으로 이 여인의 사생활의 문제들을 노출시킨다(18절). 이 여인은 예수를 선지자로 고백한 뒤(19절), 유대와 사마리아 사이에 고질적인 종교적 분열 문제를 그에게 언급한다(20절). 예수는 이러한 문제들을 인정하기를 거절하시면서 이스라엘이 종말에 이루어질 예배를 통해 하나─이 하나됨은 메시아 구원 사역의 통일성에 기초한다─가 될 것임을 알려주신다. 물론 이 구원은 유대인으로부터 날 것이다(22-23절; Schnackenburg, 1980, 2:435).

하나님은 이 여인이 제기한 것과 같은 모든 육적인 문제들을 초월하신다. 또한 하나님께 드릴 예배는 인간의 판단에 의해서가 아니라 하나님의 계시(신령과 진정)를 통해 반드시 이루어져야 한다(24절). 25절에서 사마리아 여인은 이 예배가 왕국을 회복시키고 이스라엘의 참 예배를 세워 줄 메시아─사마리아어로 "회복시키는 자"─의 도래로 말미암아 이루어질 것이라고 고백한다. 예수께서 이 여인에게 요청하신 것은 이 여인이 참 이스라엘─참 이스라엘은 해묵은 민족주의적 경계들을 모두 끊어버릴 것이다─안으로 들어가는 것이다. 28-29절에 나오는 이 여인의 확고한 믿음은 그녀가 예수의 말씀을 전적으로 받아들였음을 시사해 준다.

예수의 갈릴리 사역 기사는 신하의 아들 치유 사건으로 끝난다(요 4:46-54). 54절은 우리의 시선을 2:1-11로 향하도록 해 주며, 또한 이 사건을 마무리한다. 이 단락(갈릴리 사역 기사)에서 예수는 다음과 같은 수많은 대체 개념들을 언급하셨다: "유대인의 율법이 새 포도주로 대체됨(2:13-22), 현 물리적 성전에 대한 대체(2:13-22), 하나님 나라에 들어가기 위한 새로운 비민족적 방식(3:1-10), 그리고 새로운 예배에 대한 강조(4:21-24)." 유대 민족을 향해 자극적인 도전을 감행하신 예수는 군중들 및 지도자들과 심각한 논쟁에 휘말리게 될 것이다. 그리고 이 논쟁으로 인해 예수는 이 민족으로부터 궁극적인 배척을 당하게 될 것이다(12:37-50).

4. 갈등과 예루살렘 여행(요 5-12장)

요한복음 5-12장은 예수의 세 가지 예루살렘 방문 기사를 기록한다(5:1-47;

7:1-10:39; 11:1-53). 또한 이 방문 기사는 예수의 (세 가지) 은신과 후퇴도 소개한다(6:1-71; 10:40-42; 11:54-57). 그러나 이 기사는 후퇴할 수 없는 마지막 방문도 소개한다(12:1-50; Nicholson, 1982:64). 방문이 한 번 진행될 때마다, 적대감도 증폭된다. 첫 번째 예루살렘 방문기간 동안, 예수를 죽이려는 첫 시도가 발생한다(5:16-18). 제2차 방문 때 두 차례의 예수 살해 모의(8:59; 10:39)가 일어나며, 제3차 방문 때 유대 공회는 공식적으로 예수를 죽이기로 결의한다 (11:46-53; Nicholson, 1982:48-49).

이와 같은 적대감이 수면 위로 떠오르게 되자, 예수는 자신의 백성들(헬, 타 이디아; cf. 1:11)을 위해 그의 사역을 끝마친다. 13장의 첫 시작부터 요한은 예수를 영접했던 자들을 위한 예수의 사역에 대해 기록한다. 그러므로 이러한 요한복음의 구조는 1:11-12에 발견되는 배척과 영접이라는 구도(構圖)를 다시 상기시켜 준다.

(1) 종말에 나타날 영생의 선물(요 5-6장)

5-6장은 7-12장의 "대 논쟁"의 서론이 된다. 이 장들을 통해 예수는 이스라엘을 책망한다(Trites, 1977:103). 5장에서 예수는 안식일 치유사역과 그 논쟁을 통해 영원한 생명을 선언하신다. 그리고 난 뒤 6장은 이 생명을 얻을 수 있는 길에 대해 초점을 맞춘다.

5:1-18에서 예수가 안식일에 걷지 못하는 자를 고치시고(8-9절), 유대인들이 예수가 자신을 하나님과 동등시했다고 주장할 때(18절)부터 예수와 유대인 사이의 논쟁은 발단되기 시작한다. 예수는 자신을 메시아―예수는 메시아로서 유대민족을 재판에 회부하신다(19-30절)―로서 선포하신다. 예수는 하나님과 동등됨을 심판의 권세 및 영생을 가져다 주는 권세로서 해석한다. 심판의 권세와 영생을 부여하는 권세는 유대의 종말 사상과 관련된 사상들이다. 예수의 말씀에 대한 사람들의 반응은 현재적 판결, 즉 정죄와 영생을 가져다 준다(24절).

일반적으로 요한복음 가운데 이 문맥에 등장하는 영원한 생명은 끝없는 생명 (endless life)이 아니라 오는 세대의 생명, 지금 경험된 하나님 현현을 통한 생명(17:3), 현 세대 안으로 침투해 들어올 종말의 생명(3:15-16; 5:40; 6:40; 47, 53, 68; 10:10)이다. 그리고 정죄는 현재와 영원한 미래에 있을 마지막 심판, 즉 하나님과의 관계로부터 제외당함을 예고해 준다. 25-30절에서 예수는 죽음에서 일어날 미래의 부활—이 부활은 현재에 나타난 영생의 결과가 될 것이다—을 언급하신다. 그리하여 25-30절의 사상은 현재의 믿음에서 미래의 부활—현재의 믿음의 결과—에 대한 희망으로 옮겨간다.

31-40절은 19-30절에 나오는 예수 말씀의 정당성을 강조한다. 또한 이 구절은 예수의 역할을 메시아적 진리를 전하는 신뢰할 만한 계시자로 소개한다. 예수는 5장 말미에 또 다른 메시아적 진리를 계시하신다. 우리가 인정받을 수 있는 유일한 일은 예수를 믿는 것이다(41-44절). 예수와 권위자들간의 논쟁은 6-11장에서 더 많이 진행될 것이다. 비록 어느 쪽도 그들의 입장을 포기하지 않는다 할지라도, 예수를 향한 증오심은 예수의 들림과 그의 구원사역의 완성을 역설적으로 보증한다.

6장에서 예수는 그를 왕으로 삼으려는 대중들의 기도를 거절하신다(6:15). 그리고 예수는 광야의 "만나"로써 이스라엘을 먹이신다. 예수의 이 기적은 모세와 유비를 이루는 중요한 사건이다. 더욱이 예수는 자신의 메시아 선언을 지지하기 위해 더 중요한 증거들을 제시하시며, 영원한 생명을 얻을 수 있는 길을 제시하신다(6:51). 35-51절의 급식 모티브를 해설해주는 52-59절은 예수의 자발적 죽음을 암시한다. 실로 6장의 "인자" 칭호 사용(27, 53, 62절)은 간접적으로 십자가를 시사해 준다(cf. 3:14). 비록 인자가 죽음에 처한다 할지라도 그는 다시 부활할 것이다.

(2) 메시아(요 7:1-11:44)

예수의 생애를 통해 일어난 다양한 사건들을 소개하는 요한은 7-11장에서 예수의 메시아 되심과 관련된 이슈를 살펴 나간다. 예수의 정확한 정체 및 그 임무와 관련된 이슈는 처음에 은밀하게 드러난다(요 7:4; 8:59). 그러나 9장에 이르러 이 문제는 완전히 공개되고 만다. 유대인들은 예수를 향해 많은 질문을 던진다. 그는 어디로부터 왔는가? 그는 어디로 갈 것인가? 그는 누구인가? 그가 지닌 권위의 근거는 무엇인가? 이제부터 그에 대한 공개적인 논쟁이 불붙기 시작한다. 그렇지만 분명한 사실은 예수가 메시아 칭호와 유대인들의 기대를 조화시키기 위해 조정될 수 없다는 것이다.

7장은 유대지역의 지도자들로 인하여 생명의 위협을 느끼고 갈릴리로 옮기신 예수의 모습을 소개함으로 시작한다(1절). 예수께서 장막절(帳幕節)을 위해 유대지역, 즉 예루살렘을 방문하실 때, 세 종류의 집단들이 예수의 메시아 선언을 문제삼는다. 14-24절에서 유대인들은 랍비의 교육을 받지 못한 예수의 가르치는 권세에 대해 의아해 한다. 25-31절에서 어떤 예루살렘 거주자들은 예수가 정말로 그리스도인지에 대해 논쟁한다. 그리고 32-36절에서 바리새인들과 대제사장들은 그들의 거센 반발을 계속해서 나타내 보인다. 예수는 자신에 대한 이러한 모든 반응을 접하신 후 29절에 자신의 기원을 설명하신다.

그리고 예수는 33절에서 다시 아버지에게로 돌아갈 것을 말씀하신다. 그리고 난 뒤 명절 끝날, 곧 마지막 날에 예수는 이스라엘에게 주어진 하나님의 약속이 자신을 통해 성취될 것임을 확고히 선언하신다(37-39절). 왜냐하면 예수는 거룩한 반석, 에스겔의 새 성전(겔 47:1-12; Schnackenburg, 1980, 2:156)에서 흘러 나오는 낙원의 강보다 더 풍부하게 더 지속적으로 솟아나는 생수의 강이 흘러 나오는 새 성전이시기 때문이다. 7장이 끝날 무렵(40-52절), 유대인들은 예수를 선지자라고 말하는 자들과 예수를 그리스도라고 말하는 자들 사이에 분열이 일어난다. 그러나 이 이슈는 분명하다. 즉, 참 메시아는 갈릴리나 유대로부터 온 것이 아니라 하늘로부터 온 자라는 사실이다.

예수의 메시아 선언에 대한 장막절의 공개 토론은 요한복음 8:12-58에서 계속 이어진다. 축제기간 동안 빛은 중요한 역할을 했었다. 그래서 축제 때 큰 등(燈)이 성전마당 뜰을 비추면서 켜져 있었다. 그리하여 예수는 자신을 생명의 빛으로 선언하시면서 이 독특한 상징을 사용하신다(12절). 예수는 단지 성전이나 도시만을 비추시지 않는다. 오히려 예수는 보편적인 빛, 즉 세상의 구원이 되시며 이방인을 비추는 빛이 되신다. 또한 이 빛은 예수가 가져다 주는 자유케 하는 진리이다. 13-24절에서 예수는 자신이 어디로부터 와서 어디로 가는지를 오직 자신만이 아신다고 주장하시면서 그의 권위에 대한 질문에 답변하신다.

예수께서 유대인들에게 자신에 대해 설명하셨음에도 불구하고, 유대인들은 여전히 그가 누구인지를 알지 못한다. 요한복음 8:25에 나오는 "네가 누구냐?"라는 그들의 질문은 요한복음에서 기독론과 관련된 본질적인 질문이다. 이에 대한 예수의 반응—"나는"(I am, 의미를 완성시켜 주는 술어가 없는 "에고 에이미")—이 요한복음에서 아홉 번 등장한다. 구약에서 여호와께서 창조주, 구속자 그리고 역사의 주인(예, 사 43:10)으로서 이야기하실 때 이와 흡사한 자기 소개가 나타난다. 요한복음에서 이러한 표현은 예수께서 신앙의 대상이 되심을 알려주며, 아버지와 아들과의 하나됨을 강조해 준다(8:24; 28, 58; 13:19).

인자 예수가 들림, 즉 십자가의 죽음을 당하게 되고 승천할 때가 되면, 유대인들은 "나는"이라고 신성을 주장했었던 그를 알게 될 것이다. 유대인들은 "나는"으로 시작되는 예수의 선언의 의미와 그 중요성을 놓치지 않는다. 그래서 그들은 돌을 들어 예수를 치려 한다. 10장에도 이와 비슷한 사건이 발생하고 있음을 주목해 보라. 유대인들은 예수가 자신을 하나님이라고 주장함을 참람하다고 보고 그에게 돌을 던진다(31, 33절).

9-10절에서 예수의 인격과 관련된 토론은 예수의 인격과 목적에 대한 예수의 자기 선언으로 말미암아 더 구체화되기 시작한다(9:35-37; 10:11, 18, 27-29, 38). 9장에서 예수는 날 때부터 소경된 자를 고치시면서(7절) 8:12에 소개된 자신이 세상의 빛이라는 선언을 증명해 나가신다. 소경된 자가 그의 시력을 되찾게 되었을 때, 그는 영적으로도 성장하게 된다. 예수를 인자로 고백한 이 사람의 영적인 성장은 예수를 향한 인자 고백과 함께 9:38에서 그 절정을 이룬다.

9장은 심판이 두드러진 모티브이기 때문에, 여기에 인자 칭호는 적절하다 할 수 있다. 왜냐하면 그는 세상을 심판하기 위해 오신 자이기 때문이다(39절). 즉, 그의 심판을 통해 신자와 불신자 사이의 분리가 일어난다. 예수는 소경을 치유하시면서 자신의 메시아 되심을 선포하신다. 왜냐하면 그와 같은 사역들은 새 시대에 일어나리라고 고대했던 징조들이었기 때문이다(사 29:18; 35:5; 42:7 참조).

세상의 빛 예수는 자신의 이야기를 청취하는 자들에게 자신의 정체를 알려주기 위해 10장에서 다른 자기 선언을 소개한다. 7절에서 예수는 "양의 문"이시며, 11절에서는 "선한 목자"가 되신다. 에스겔 34장은 이 이미지의 배경이 된다. 에스겔 34장에서 하나님은 양을 지키기 위해 다윗과 같은 목자를 세우시고 이스라엘의 목자를 거절하신다. 10:1-18에서 예수는 선한 목자와 삯군 목자를 어떻게 분별하는지를 보여 주신다. 예수는 이스라엘 안으로 들어가는 방식, 위기에 대처하는 그들의 행동을 통해 그들의 메시아 주장이 평가된다고 말씀하신다.

예수는 자신을 문, 즉 구원을 위한 메시아의 길(7절)이라고 선언하신다. 예수께서 들어가실 문(1-2절)은 이스라엘이 들어갈 수 있는 올바른 출입 수단이며, 또한 이 문은 예수의 죽음—이 죽음을 통해 예수의 메시아 되심이 확정될 것이다—을 예고해 준다. 다른 문은 있을 수 없다. 이 문을 통해 들어가는 예수는 자신이 바로 그 문이 되신다(7-10절). 즉, 십자가는 예수에게 하나님 나라에 들어가는 수단을 제공해 준다. 또한 이 십자가는 이스라엘이 하나님 나라에 들어갈 수 있는 수단이 되기도 한다. 다른 길은 있을 수 없다. 진리는 이제 분명해진다. 즉, 예수의 메시아 선언은 그의 죽음을 통해 확증될 것이다. 예수보다 먼저 찾아온 사람들은 도적과 강도들이다(8절).

그리고 실로, 이스라엘은 나중에 양을 위해 생명을 버리는 선한 목자(18:39-40)보다는 도적을 선호하게 될 것이다. 11-18절에서 예수는 자신이 죽기를 각오하고 양을 지키는 선한 목자이며, 삯군 목자 혹은 거짓 메시아가 아님을 더 구체적으로 논증해 나가신다. 이러한 방식을 통해 예수는 자신이 하나님 양떼들의 주인임을 증명해 나가신다. 그 이후 유대인들은 예수가 그리스도인지 혹은 그리스도가 아닌지를 명백하게 말하라고 예수에게 요구한다(24절). 25-30절에서 예수는 (칭호가 아닌) 자신의 사역들이 하나님과 자신과의 관계를 말해 주며, 이 사역을 통해 자신을 알 수 있어야만 한다고 대답하신다(Michaels, 1984:174).

예수는 이스라엘이 만들어놓은 범주들 속에 한정될 수 없기 때문에, 그는 이스라엘 백성들이 사용한 칭호들을 사용할 수 없다. 더욱이 칭호와 관련된 논쟁은 무의미하다(31-39절). 예수는 이것을 논증하기 위해 시편 82:6을 인용하신다. 34-36절에 소개된 예수 말씀의 요지는 "예수가 하나님이라기보다는 하나님의 아들이다" 혹은 어떤 의미에서는 "예수 자신이 바로 하나님이다"라는 것을 말해 주는 것이 아니라, 이 땅에 내려온 그의 계시가 이 호칭들과는 관계가 없다는 것을 말해 준다. 호칭 그 자체는 문제가 되지 않는다. 비록 사람들이 예수를 "그리스도"(24절), "하나님의 아들"(36절) 혹은 심지어 "하나님"(33절)이라 부른다 할지라도, 궁극적인 문제는 예수와 하나님과의 관계에 있다.

요한복음 7-10장에서 예수는 메시아 되심과 관련된 다양한 이슈들을 명확하게 규정짓고, 메시아 되심이 죽음을 의미한다는 이 불가피한 진리를 담대히 선포하신다. 11장은 예수의 죽음 그 자체가 끝이 아님을 계속해서 증거한다. 예수는 부름을 받고 나사로의 침실로 나아가신다. 그러나 예수는 나사로 방문을 지연하신다. 왜냐하면 나사로의 병은 하나님의 영광을 위한 것이기 때문이다(1-4절). 마침내 예수께서 베다니로 가셨을 때, 그는 나사로가 죽은지 나흘째가 되었음을 알게 된다(17절). 그리고 난 뒤 예수는 나사로가 다시 살 것임을 마르다에게 확신시켜 주신다(23절). 그러나 마르다는 예수의 말씀을 유대인 전통적 부활 신앙관, 즉 마지막에 일어날 의인들의 일반적인 부활로 해석한다(24절).

그 다음 구절에서 예수는 자신이 부활 신앙의 중심이라는 사실을 다음과 같이 선언하신다: "나는 부활이요 생명이니"(25절). 계속해서 이어지는 두 가지 조건적 표현은 부활과 생명을 통해 예수가 뜻하는 바를 설명해 준다. 만약 "나를 믿는 자는 죽어도 살겠고"(25절)라는 말이 사실이라면, "무릇 살아서 나를 믿는 자는 영원히 죽지 아니하리라"(26절)는 말도 또한 진리가 된다. 두 번째 진술의 사실여부는 신자의 고대하는 바가 죽음이 아니라 영원한 생명임을 말해 주는 첫 번째 진술에 달려 있다. 생명은 예수와 맺어진 관계이기 때문에, 신자들이 믿음을 통해 예수와 관계를 맺고 있는 한 생명이 존재한다(Michaels, 1984:188).

요한복음 11:27에서 마르다는 예수가 메시아이시며 신자가 그의 이름을 통해 생명을 얻는다는 것을 인정하면서 그의 신앙을 고백한다. 마르다의 예수를 그리스도로 인정한 마르다의 이 공개적인 고백은 요한의 복음서의 목적(20:31)과 부합하고 있으며, 7:1-4에서 은밀히 드러난 예수의 신분은 이제 공개적으로 드러나 최고조에 달하게 된다. 그리고 이 고백은 공개적인 확증을 기다리던 예수를 위한 소리이다. 예수는 계속해서 선지자, 그리스도, 세상의 빛, 생명의 문 그리고 부활과 생명으로 인식된다. 11:25에 나오는 예수의 놀라운 주장은 그 자신의 부활과 예견하고 있으며 우리들의 부활을 확증해 준다. 그러나 이 주장은 또한 유대인들에 의해 맹렬히 비난당한다.

(3) 음모와 기름부음 받음(요 11:45-12:11)

나사로의 부활을 통해 죽음을 이기시는 예수의 주 되심 선언으로 말미암아 유대 지도자들은 예수 살해모의(殺害謀議)를 시도한다. 포로기 후 팔레스타인 유대 통치 회의 기구인 산헤드린 회의에서 예수는 정치적 메시아로 부각된다. 그리하여 예수에 대한 대중들의 지지는 로마에 의한 유대 민족과 성전의 종말을 가져올 수 있었다(요 11:48). 자신도 깨닫지 못한 증거를 했던 대제사장 가야바는 아이러니한 권고를 제시한다. 즉, 예수는 백성(헬, 라오스)을 구원하기 위해 죽어야만 한다. 그리하여 민족(헬, 에드노스)은 멸망받지 않게 될 것이다(49-50절). 예수는 백성 및 민족과 동일시된다.

그러나 이 단어들을 잠시 살펴보도록 하자. 종종 이방세계를 뜻하는 단어인 "에스노스"는 신학적 중요성이 없는, 단순히 정치적 공동체인 유대 민족을 뜻할 수 있다. 그렇지만 "라오스"는 신학적으로 볼 때, 매우 민감한 단어이다. 이 단어는 유대인들에게는 이스라엘 백성을 뜻할 수 있고, 기독교 독자들에게는 하나님의 백성을 의미할 수 있다. 가야바는 자신이 말하는 바를 전혀 이해하지 못한 채, 민족을 위한 죽음이 하나님의 백성을 구원할 것이라고 이야기한다. 민족 이스라엘은 예수의 십자가를 통해 단순히 또 다른 민족으로 태어날 것이다.

가야바가 제안한 이 방식, 즉 예수의 죽음은 유대인 통치 종식과 상대적 자유를 역설적으로 가져다 줄 것이며, 참 하나님 백성을 출현시킬 것이다. 52절에서 요한은 예수의 목적-하나님 백성의 무리를 이루는 것-을 요약해 준다. 예수는 민족을 위해 죽고 그의 죽음은 민족 이스라엘을 위한 죽음이 될 뿐만 아니라 그의 죽음은 더 많은 하나님의 식구들을 위한 죽음이 될 것이다. 그리고 이 죽음은 교회의 탄생을 가져다 줄 것이다.

하지만 여기에 대치국면이 드러난다. 유월절이 이르러(11:55; 12:1), 유대인들은 예수 살해를 모의한다(요 11:53). 예수는 에브라임(11:54)에서 베다니(12:1)-이 베다니는 나사로가 부활한 곳이다-로 다시 돌아오신다. 이곳에서 마리아는 예수를 구약에 나오는 왕적인 인물로 보고, 그에게 기름을 붓는다(12:3). 그렇지만 예수는 마리아의 행동을 다른 각도에서 해석하신다. 마리아의 비싼 향유 사용을 비난하는 유다의 비판에 대한 대답으로써, 예수는 자신의 장사됨(12:7)과 제자들을 떠나게 될 때(12:8)를 예고하신다. 비록 요한은 미리 자신의 죽음을 바라보는 예수에 대해 묘사하고 있다 할지라도, 12:2에 나오는 나사로의 등장은 십자가 죽음이후 이루어질 죽음으로부터의 승리를 암시해 준다.

(4) 예루살렘의 메시아 (요 12:12-50)

기름부음을 받은 예수는 그 다음 날 명절에 예루살렘으로 입성하신다(요 12:12). 군중들은 예수를 그들이 고대하던 메시아라고 환호한다(13절). 백성들은 종려나무 가지-유대인들은 하스모니안가의 시몬을 이렇게 환영했었다-를 흔들면서 승리의 통치자에게 그들의 경의를 표하였다. 15절에 소개된 예수의 스가랴 9:9 인용은 어떻게 군중들이 예수를 영접했는지를 말해 준다. 그러나 제자들은 군중들의 환호에 담긴 중요한 의미를 깨닫지 못한다(16절). 즉, 그들은 부활 이후 이 사건을 다시 해석해야만 했다. 군중들의 밀집과 아우성 가운데 두드러지는 것은 예수의 입성 방식이다. 예수의 이 입성 방식은 분명히 그의 평화적 통치의 본질을 나타내준다.

유월절에 예루살렘으로 여행했던 많은 사람들 가운데 헬라어 문화권에서 온 이방인들도 있었다(12:20). 예수를 보려는 그들의 열망은 "인자의 영광을 얻을 때가 왔음"(23절)을 알려준다. 요한복음에서 예수 과업의 완성은 "들림을 받다"와 "영광을 얻다"라는 동사를 통해 그 특징을 드러낸다(cf. 12:23, 32). 이 두 동사는 십자가의 길을 통해 아버지께로 돌아감을 암시한다. 7:37에서 성령은 아직 임하지 않았다. 왜냐하면 예수의 사역이 아직 끝나지 않았고 아직 영광을 얻지 못했기 때문이다.

12:16에서 예수 사역이 완성되기 전까지 제자들은 예수의 예루살렘 입성의 중요성을 이해할 수 없다. 헬라인 몇 사람—이들은 이스라엘에게로 나아가야 할 후대의 이방인의 예표가 된다—이 예수를 뵙고자 요청할 때, 예수는 그들의 요청을 그가 영광 받을 때와 연결시킨다. 만약 그들이 그를 뵈어야만 한다면, 그것은 반드시 그의 죽음을 통해 이루어져야만 하며, 24절에 나오는 한 알의 밀 비유는 이것을 분명히 밝혀준다. 영광이라는 개념은 27-28절에 나오는 예수의 기도와 하나님의 응답 가운데 나타난다. 예수는 죽음의 시간으로부터의 구원을 구하지 않는다. 그는 그 죽음을 통해 이루어질 하나님의 영광을 간구한다.

이에 대한 하나님의 응답은 다음과 같다: "내가 이미 영광스럽게 하였고 또다시 영광스럽게 하리라"(28절 하반절). 과거의 영광은 아마도 예수의 사역을 가리키는 듯하다. 이 사역을 통해 드러난 예수의 하나님 아들 되심은 메시아 되심—이 메시아 되심은 정치적 만족을 가져다 주지 않는다—을 통해 계시되었으며, 그의 헌신적 삶과 십자가—예수의 십자가의 죽음을 통해 하나님의 속성이 더욱더 명확하게 드러나게 될 것이다—와 연결된다. 이것은 이스라엘이 진리를 배척할 때 이사야가 보았던 바로 그 영광이다(요 12:40-41; cf. 사 6:10). 예수의 사역 기간 동안 하나님께서 예수에게 위임하셨던 과업 완수를 통해 이 영광이 이루어졌다. 죽음에 대한 예수의 순종, 아버지께로의 귀환은 창세 전에 아버지와 함께 가졌던 그 영광의 회복으로 다시 인도해 줄 것이다(17:5).

요한복음 가운데 예수의 과업 완성과 관련된 다른 사상은 "들림 받음"의 성취이다. 이 들림 받음은 요한복음 3:14에서 제일 먼저 등장한다. 이 구절은 이스라엘의 구원을 뜻하는 광야 놋뱀의 들림과 예수의 (십자가) 들림을 비교해 준다. 요한복음에서 "들림"이라는 표현은 공관복음에 나타나는 죽음과 부활에 대한 예고와 부합한다. 그렇지만 십자가에 들려짐은 예수의 승천을 통해 이루어질 승귀(높아짐) 과정의 첫 단계이다. 예수는 "들림"과 신성이라는 개념을 인자 들림의 필요성을 역설한 자신의 말(8:28)과 결부시킨다.

예수는 죽임을 당하시면서 자신의 신성을 증명하실 것이다(유대인은 예수의 죽음을 위한 수단이 된다). 오직 십자가만이 예수가 하나님의 완전한 권위를 위임받은 대리자임을 증명해 줄 것이다. 비록 "들림"이 예수를 위한 영광을 뜻한다 할지라도, 이 들림을 통해 다른 효력들도 발생하게 된다. 예수는 들림을 통해 모든 인류를 자기에게로 이끌 것이다(12:32). 그리고 예수의 수난은 이미 하늘로부터 떨어진(12:31; cf. 16:11; 계 12:7) 사단의 패배를 의미한다. 그러므로 십자가의 내적 의미는 사단의 통치로부터 벗어나게 될 자유의 가능성이다. 십자가는 역설적으로 심판의 잣대로 드러날 것이며, 온 세상이 이 심판대 앞에 서게 될 것이다(12:31-32).

군중들은 예수의 예언으로 말미암아 여전히 당혹해 한다(요 12:34). 그들이 던진 질문은 메시아 이해와 함께 23절에 나타난 예수의 말씀을 전혀 이해하지 못하는 그들의 무능함을 보여 준다. 그들은 "그는 어떤류의 메시아인가?", "누가 인자로 간주될 수 있는가?"라고 질문한다. 예수는 군중들의 질문에 반응하지 않으신다. 그러나 35-36절의 문맥은 십자가가 승리의 장소-예수를 통해 나타난 하나님의 속성은 이곳을 통해 드러날 것이다-가 될 것임을 분명히 보여 준다. 21절에 등장하는 헬라인들처럼 만약 헬라인이나 그 어떤 다른 사람들이 예수를 만나 뵈어야만 한다면, 그들은 반드시 죽음을 통해 그를 보아야만 한다. 왜냐하면 다른 길은 없기 때문이다.

예수의 가르침, 기적 그리고 표적에도 불구하고 백성들은 그를 믿지 않는다(37절). 예수께서 말씀을 마치시고 떠나셔서 숨으실 때(36절) 그의 공적 사역은 끝난다. 요한은 38절과 40절에서 종의 사역이 이스라엘의 심판이었을 뿐만 아니라 또한 현재의 심판이며, 이스라엘의 눈을 멀게 하기 위해 예수께서 이 땅에 오셨음을 알려주기 위해 이사야를 인용한다(사 6:9-10; 53:1). 그리하여 요한은 44-50절에서 예수의 사역을 요약한다. 예수는 빛으로, 심판자로 이 땅에 오셨다.

그리고 이제 온 백성은 그의 말씀을 통해 심판받는다. 그렇지만 개개인에 대한 판결은 마지막 날에 이루어질 것이다(48절). 공적 사역은 끝났다. 예수는 그의 백성들에게 다가오셨다. 그러나 그들은 그를 영접하지 않았다.

이 복음서에서 요한은 예수의 사역을 우주적 소송(訴訟)―이 소송을 통해 세상은 하나님 앞에서 심판받게 된다―으로 나타낸다. 예수는 인자의 들림―이 들림을 통해 예수는 높임을 받을 것이며, 어떤 의미에서 마지막 날 판결은 이 들림에 달려 있다―과 함께 발생할 우주적이요 근본적인 변화에 대해 말씀하신다. 예수는 그의 인성을 말하기 위해 인자 칭호를 사용하신다(cf. Blank, 1964:288). 실로, 예수는 그가 예루살렘에 입성할 때 그를 왕으로 선언한 자들의 기대를 고쳐주기 위해 12:23에서 이 인자 칭호를 사용하신다. 요한복음은 인자의 사역이 하나님을 계시하는 것임을 분명히 한다(3:13-14; 6:27; 8:28; 12:23). 우리는 이제 인자의 죽음을 통해 최고의 계시를 보게 될 것이다(13:31-32).

5. 예루살렘에서의 친교(요 13-17장)

1-12장에서 요한은 예수를 영접하지 않았던 사람들, 즉, 그의 민족 이스라엘을 위한 예수의 사역에 초점을 맞춘다. 그 후 요한은 예수를 믿었던 사람들을 위한 예수의 사역으로 그 장면을 옮겨간다. 13-17장에서 예수는 그의 제자들을 위한 사역의 의미를 밝혀주신다.

예수의 하나님 오른편으로의 승천은 13장과 함께 시작한다. 1-3절은 1:1-18에 발견되는 많은 주제들과 모티브들―사랑, 죽음을 통한 생명, 아버지께로 돌아감, 선지(先知), 고난을 받아들임 그리고 세상 임금의 사역―을 보여 주는 작은 서론과도 같다. 유월절 전날 밤(1절), 그날의 전례에 따라 예수는 아버지 집의 손님들처럼 그의 제자들을 영접하신다(14:2; Hultgren, 1982:542). 크고 인자하신 하늘 주인의 종 예수는 그들을 영접하고 그들의 발을 씻기시면서 가장 실제적인 방식을 통해 그들을 섬기신다(4-12절). 예수는 겉옷을 벗으시고(십자가의 죽음을 예고해 준다) 제자들의 발을 씻기시면서 최고의 권위가 실현될 것임―이것은 죽음을 통해 이루어질 것이다―을 강조하신다. 그러므로 예수의 죽음은 믿는 자들을 깨끗하게 해 줄 것이다(Moloney, 1978:195).

13장에서 거듭되는 주제는 "예수의 떠나가심"이다. 이 주제는 1절과 31-38절에 나타난다. 실로 일반적으로 고별 설교로 불려지는 이 다락방 강화는 다락방에서 일어난 일들 가운데 한 부분이다. 예수가 떠날 때 그는 그의 제자들을 위한 영적인 처소(헬, 모네)를 예비하기 위해 아버지 집으로 갈 것이다(요 14:1-3; Gundry, 1967:70). 14:2에 "처소"로 번역된 "모네"라는 헬라어는 14:23에서 또한 아버지와 아들이 신자들과 함께 거할 "거처"로 번역된다. 23절에 나타난 바와 같이 이 고별 설교의 주요 주제는 "그리스도 안에 있는 제자들과 신자들"이다. 14:1-3에서 "떠나심"을 통해 그의 제자들을 위한 처소를 예비하시겠다는 예수의 말씀은 부활 후 그리스도의 영적 청결 사역과 신자들의 연합을 가리키는 듯하다.

그러나 이 구절들이 예수의 재림을 제시한다는 증거는 전혀 없다. 재림이라는 개념이 그 외 요한복음의 본문들 가운데 발견되지 않기 때문에, 만약 더 많은 설명이 보충되지 않는다면 이 구절들은 매우 암시적 성격을 띨 것이다(Schnackenburg, 1982, 3:62). 14:1-3은 이후 부활하신 예수의 출현, 제자들의 개별적 죽음, 또는 세상의 종말에 대해 말하고 있지는 않다(Forestell, 1974:93). 그 외 다른 기사들을 통해 예수는 자신이 제자들에게 찾아와서 그들을 다시 볼 것이라고 말씀하신다(14:18-19, 21; 16:16, 22).

또한 예수는 제자들에게 그의 떠나심이 하나님의 영광(14:28)과 보혜사의 강림을 위한 것이라고 말씀하신다(16:7). 예수는 성령 강림을 통해 다시 오실 것이며 제자들과 함께 그의 처소를 세울 것이다(14:18-24). 그러므로 제자들의 특성 및 그 역할은 예수의 특성 및 그 역할과 동일시될 것이다(Woll, 1980:235). 왜냐하면 예수는 자신을 따르는 자들 속에 거하시기 위해 다시 오실 것이기 때문이다.

예수가 떠나신 후 또 다른 이―보혜사―가 오실 것이다. 그의 도래는 요한복음 14-16장의 주요 특징이 된다. 실로 보혜사(파라클레토스)는 14-16장(14:16, 26; 15:26; 16:7)과 요한일서 2:1에만 나타난다. 몇 몇 구절들은 보혜사(保惠師)를 성령과 동일시하거나 아니면 보혜사가 성령임을 암시해 준다(14:26; 15:26; 16:8-11, 13). 비록 "파라클레토스"가 다양한 방식으로 번역되어 왔다 할지라도(예를 들면, 위로자, 권고자, 조력자), 아마도 이 단어는 번역하지 않은 채 그대로 내버려두는 것이 가장 좋을 듯하다. 그리고 이 단어는 오실 이의 역할을 강조하는 것 같다.

14:16에서 예수는 아버지께서 제자들에게 다른 보혜사를 주실 것이라고 말씀

하신다. 첫 번째 보혜사가 예수이셨기 때문에, 실제적으로 사도들을 통한 예수의 사역은 성령의 강림으로 말미암아 지속된다. 아버지께서는 예수의 이름("내 이름으로", 14:26)으로 보혜사를 보내실 것이다. 그러므로 보혜사가 예수를 대신하기 때문에, 보혜사는 예수의 이름을 지니게 될 것이다. 또한 14:16은 보혜사의 가르치는 사역을 소개한다. 즉 보혜사는 예수의 계시를 제자들에게 상기시켜 주면서 그들을 가르치실 것이다.

15:26과 16:7에 소개된 보혜사와 관련된 표현은 제자들에 대한 세상의 핍박과 세상에 대한 보혜사의 증거를 다루고 있는 본문들 속에 나타난다. 15:26에서 예수는 보혜사를 진리의 영으로 소개하신다(14:6에서 예수가 자신을 진리로 소개하고 있음을 주목해 보라). 그러므로 성령은 진리에 의존할 것이며 진리와 교통하실 것이다. 그렇지만 보혜사의 주 사역은 예수께서 그의 공적 사역을 통해 이스라엘을 심판하셨던 것처럼 제자들의 사역을 통해 세상을 심판하는 것이다(16:7-11). 보혜사는 "죄에 대하여, 의에 대하여, 심판에 대하여"(8절) 세상을 책망하실 것이다. "죄"는 백성들의 불신을 말한다(9절). "의"는 세상을 향해 소송을 제기하시는 예수의 의로우심을 뜻한다(10절). 왜냐하면 예수는 아버지께로 떠나심으로 말미암아 자신의 의로우심이 확증될 것이기 때문이다.

그리고 마지막으로 "심판"은 예수에 대한 세상의 그릇된 판단을 가리킨다 그러므로 잘못된 세상의 판단은 심판 아래 놓여 있다(11절). 제자들을 진리로 인도하시는 보혜사는 제자들에게 예수의 계시를 온전하게 이해시켜 줄 것이며 예수를 영화롭게 하실 것이다. 즉, 보혜사는 예수의 천상적 기원과 권세를 나타낸다(13-14절). 보혜사가 역사할 이 세상은 적대적이다. 왜냐하면 세상은 그를 받아들일 수 없으며(14:17) 그로 인하여 평안을 얻지도 못하기 때문이다(14:27).

알려진 바대로, 보혜사의 역할은 이 세상 속에서 제자들을 변호하는 것이다. 그러나 보혜사는 제자들이 이 세상을 심판대 앞에서 세우도록 만들 것이다. 즉, 보혜사는 제자들을 위해 일하시는 대변자라기보다는 그들을 통해 일하시는 대변자이시다(Brown, 1967:117). 이와 같은 이유로 인해 보혜사의 역할은 부활 후 제자들의 사역과 결속되어 있다. 예수와 보혜사 사이의 협력관계 또한 주목해 보라. 예수와 마찬가지로 아버지께로부터 나오시는 보혜사는 (예수가 진리이셨던 것처럼) 진리의 영이시다. 또한 보혜사는 예수와 같이 제자들과 동행하시며 다가올 일을 선포하신다. 뿐만 아니라 보혜사는 예수가 가르치셨던 것을 제자들에게 상기시켜 주신다. 비록 보혜사가 제자들과 함께 동행하신다 할지라도 세상은 그들을 믿지 않을 것이다. 왜냐하면 세상은 예수를 영접할 수 없었던 것과 마찬가지로 보혜사를 받아들일 수 없기 때문이다.

제자들에게 주어진 놀라운 소식은 예수의 영으로 말미암아 그들을 통해 예수의 사역이 계속될 것이라는 것이다. 실제적으로, 제자들의 사역은 예수의 사역이 될 것이다. 그렇지만 (예수의 계속된 사역으로서의) 제자들의 사역은 그들을 둘러싸고 있는 모든 핍박과 고난들을 수반할 것이다. 왜냐하면 사실상 "보혜사"라는 은사는 예수의 십자가를 그들에게 짊어지울 것이기 때문이다. 제자들은 세상을 향해 증거할 때 아마도 시련을 예상해야 할 것이다. 그러나 예수께서 그들을 떠나지 않을 것이라는 깊은 평안은 시련 중에 있는 제자들과 늘 함께 할 것이다.

6. 수난과 위임(요 18-20장)

예수께서 제자들과 친교를 마치셨을 때 이제 그의 때가 이르렀다. 그의 체포, 심문 그리고 십자가 처형이 임박해 있다. 이어지는 예수의 수난 기사를 통해 요한은 예수를 왕으로 소개한다. 그러나 이 왕은 유대인의 왕-요한은 대부분 이 칭호를 경멸적으로 사용한다-을 뜻하지 않는다. 빌라도가 예수께 "네가 유대인의 왕이냐?"(18:33)라고 물었을 때, 예수는 그의 나라가 이 세상에 속하지 않았다고 말씀하신다(36절). 즉, 그의 나라는 이 세상을 통해 이루어지는 것이 아니라 하늘로부터 임하는 것이다. 예수의 왕권을 거부한 유대인들은 가이사를 그들의 왕으로 받아들일 때, 그들은 또 다른 나라에 속하게 된다(19:12-16; Meeks, 1967:76). 유대인들은 왕이신 예수를 구원하기보다는 오히려 한 "레스테스", 즉 한 반란자를 구원한다(18:40).

그러나 이스라엘의 배척에도 불구하고 이 하늘의 왕은 십자가를 통해 통치하신다(Meeks, 1967:80). 요한은 십자가의 죽음을 왕으로의 등극(登極)으로 소개한다. 그리고 비록 예수가 그의 공적 사역의 시작(1:49)과 끝(12:13)에 대중들의 환호를 받으며 왕으로 선언되었다 할지라도, 그는 죽음을 통해 "유대인의 왕"이라는 칭호를 얻게 된다(19:19-22). 새로운 모친, 새로운 아들 그리고 참 제자들이 십자가 밑에 모여 있을 때(19:25-27; Forestell, 1974:87-88) 예수는 죽으신다(28절).

요한복음 14-16장에 예고된 바와 같이, 제자들을 통해 계속되는 예수 사역은 예수 부활의 필연적 결과이다. 그러므로 부활의 첫 저녁에 예수는 다락방에서 그의 제자들에게 위임을 명하신다(요 20:19-23). 위임기사의 형식은 구약 예언자들의 위임기사와 매우 흡사하다. 이 위임기사에 나타난 요소들은 다음과 같다. "소개(19절), 하나님과의 대면(20절 상반절), '두려움 및 자기 비하'라는 반응(물론 기쁨의 반응도 뒤따라온다; 20절 중반절) 및 위임명령(21-23절)". 일반적으로 구약 예언자의 위임기사에 발견되는 두 가지 요소들-개인의 무능력 고백과 하나님의 확신-이 여기에 빠져 있다.

21절에서 재차 반복되는 예수의 문안인사는 그가 곧 하실 일의 중요성을 강조해 준다. 위임명령 그 자체의 표현은 특별하고 분명하다. 예수는 자신이 아버지(21절 중반절)로부터 보냄을 받은 것(아포스텔로) 같이, 제자들을 자신의 대리자로서 적대적인 세상으로 보낼 것(펨포)이다. "아버지께서 나를 보내신 것같이"라는 표현 속에 나타나는 "아포스텔로"(보냄을 받음)는 이제 필수적이지 않다. 왜냐하면 예수께서 자신의 과업을 이미 완성하셨기 때문이다. 그렇지만 예수의 사역은 제자들의 사역을 통해 계속될 것이다. 이 파송명령을 통해 제자들은 아버지를 알고 아버지의 생명에 참여하며, 성령을 통해 예수와 하나가 된다(17:21). 또한 제자들은 이 위임을 통해 아버지의 뜻을 이루며 예수의 가르침을 전하게 된다.

위임선언이 끝난 후 예수는 제자들을 향해 숨을 내쉬며(엠피사오) 그들에게 성령을 불어넣으신다(요 20:22). "엠피사오"라는 헬라어는 창세기 2:7 및 남자에게 불어넣어졌던 생기를 상기시켜 준다. 이러한 예수의 이 표현은 요한이 1:33에 언급한 성령세례를 뜻하지 않는다. 왜냐하면 20장에 소개된 성령의 선물은 "죄사함"에 한정되어 있기 때문이다. "너희가 뉘 죄든지 사하면 사하여질 것이요 뉘 죄든지 그대로 두면 그대로 있으리라"(23절). "숨을 내쉼"은 7:39에 언급된 성령의 선물을 가리키지 않는 것 같다. 왜냐하면 예수는 지금 아직 완전한 영광을 받지 못했으며 아직 승천을 기다리시고 있기 때문이다. 비록 요한복음 20:19-23이 종종 오순절 예언으로 간주된다 할지라도, "반드시 성령을 받아야만 한다"는 22절의 표현은 이후에 성취될 약속 개념을 배제한다.

또한 19-23절과 오순절에 일어날 보혜사 강림 약속은 거의 일치하지 않는다. 21장이 예수의 출현과 계속해서 이어질 보혜사의 사역을 더 많이 증거하고 있음을 주목해 보라. 예수가 여전히 이 땅에 있기 때문에, 보혜사는 분명히 아직 임하지 않았다. 예수께서 승천하시고 영광을 받으신 후 아버지께서는 보혜사를 보내실 것이다. 결론적으로, 19-23절의 표현은 오순절 성령 강림을 가리키지는 않은 것 같다. 왜냐하면 19-23절에 나오는 이 성령의 선물은 예수의 분부하신 명령대로 오순절 날 예루살렘에서 성령을 고대하던 제자들의 기다림(행 1:4-5) 없이 지금 바로 주어지기 때문이다.

우리는 요한복음 20:22-23의 "숨 내쉼"과 "성령의 선물"을 어떻게 해석해야만 하는가? 우리는 예수의 말씀과 행동을 단지 약속으로서 이해하는 태도는 자연스러운 해석이 아니다라고 말한 웨스트코트(B. F. Westcott)의 주장에 동의한다. 요한 칼빈은 이 표현이 다가올 오순절 강림을 향한 간절한 열망이었다고 제안했다(1949:269). 다른 이들은 예수가 선교사역을 위해 제자들에게 권능을 입히셨다고 제안한다. 그렇지만 이 모든 제안들은 너무 일반적인 해석들이다. 이 위임은 특별히 사도들만을 위한 것이 아니다. 왜냐하면 이 위임은 사도들에게만 한정되기보다는 다락방에 있었던 모든 이들에게 주어졌기 때문이다.

더욱이 그 외 신약성경을 살펴보면, 23절과 관련된 매고 푸는 권세는 그 외 신약에서 공동체 모두에게 주어진다(예를 들면, 18:18). 이 권세를 행사함으로써 공동체는 예수가 이 세상에 가지고 온 심판을 통해 계속해서 분리를 일으킬 것이다. 왜냐하면 죄를 사하고 용서하는 것은 구원 아니면 심판을 선언한다는 의미를 분명히 나타내기 때문이다. 죄 사함의 선물은 그리스도를 전한 결과임을 말해 준다. 웨스트코트는 공동체에게 주어진 새생명의 선물, 즉 오순절 성령 강림에 앞서 절실했던 중생의 선물에 대해 언급했다. 그러나 공관복음은 예수의 수난 전(前) 제자들이 이미 중생했음을 가정한다. 더욱이 21절과 17:18의 유사 표현은 성령께서 예수의 승천 사건 이전부터 이미 제자들 속에서 역사하셨음을 알려준다.

아마도 에스겔에 나오는 한 구절이 이 문제를 풀어줄 수 있는 단서가 될 수도 있다. 70인경의 에스겔 37:9은 요한복음 20:22에 나오는 두 단어-프뉴마(영)와 엠피사오(숨을 내쉼)-를 소개한다. 에스겔은 이스라엘이 죽어 있는 것과 같았던 포로기에 이스라엘에게 선포되었던 심판과 이에 대한 극적인 표현이 끝난 후 이스라엘에게 불어넣어질 새생명의 생기를 자세히 언급한다. 이 기사에서 에스겔은 예언자가 선포한 심판의 결과를 목격하기 위해 자신이 위임을 받았던 골짜기로 이끌려간다(cf. 겔 3:22). 그 후 예언자는 생명이 없는 이스라엘에게 생기를 불어

넣는다. 그런 후 이스라엘은 살아나서 큰 군대가 된다(37:10). 그러므로 성령을 받는다는 것은 (이스라엘의) 사역을 위해 (이스라엘이) 다시 회복됨을 의미한다.

이제 다시 요한복음으로 돌아가 보자. 20장에서 예수의 공적 사역은 이미 끝났다. 그리고 이스라엘은 거절당하고 말았다. 요한은 이미 이스라엘의 불신을 묘사하기 위해 이사야의 경험을 사용했었다(12:38, 40; cf. 사 6:9-10; 53:1; Lindars, 1972:437). 또한 요한은 이스라엘 민족이 거절당한 후 예수의 사역이 남은 이스라엘 공동체를 창조해 나가는 데 집중되었음을 분명히 한다. 비록 오순절 성령 강림이 새로운 공동체를 예언자적 사역으로 인도한다 할지라도, 요한은 오순절 이전부터 이미 부름받은 새로워진 이스라엘-요한복음은 이 공동체의 출현을 오래 전에 예고했다(1:10-12, 31과 2-4장에 나오는 구 이스라엘을 대치할 참 이스라엘을 언급한 예수의 말씀을 참조하라)-을 소개해 준다. 그리스도인들은 사함 받을 수 있는 죄에 대해 선포해야 한다. 그리고 23절에 예수는 죄 사함의 확신을 가져다 줄 수 있는 권세를 제자들에게 위임하신다. 그러나 23절에서 예수는 죄를 사하는 권세를 제자들에게 위임하지는 않은 것 같다. 오히려 그들은 주어질 수도 있지만, 철회될 수도 있는 하나님의 죄 사함에 대해 선포할 수 있다.

요한복음이 끝날 즈음 1:12에 예고된 새 공동체가 부름을 받게 된다. 그리고 제자들은 선교를 통해 먼저 유대인에게, 그 다음 이방인에게로 나아가기 위해 준비하게 된다. 요한의 종말론은 예수를 영접한 많은 이들(1:12)로 말미암아 이루어진 이스라엘의 회복된 공동체 건설에 집중해 왔다. 이 회복된 이스라엘은 죄 사함을 통해 세워진 공동체이며, 유대인과 이방인은 이 공동체를 통해 종족이 아닌 은혜의 일원으로서 서로 연합된다. 이 공동체의 형태와 기능을 책임지시며, 이 공동체의 머리가 되시는 분은 이스라엘의 메시아 나사렛 예수이시다. 예수의 부활 및 거룩한 하나님 아들의 임박한 승천과 함께 이 복음서가 끝마쳐질 때, 예수의 기원 및 목적지와 관련된 의문들은-어디서 와서 어디로 가는가- 이제 해소된다.

THE SEARCH FOR ORDER

언약신학과 종말론

제11장
바울의 종말론

이방인 사도로 부름받은 바울의 소명은 그의 종말론 가운데 결정적으로 중요한 요인이라 할 수 있다. 예수의 사역이 종말을 예고했던 반면, 바울의 역할은 십자가의 죽음과 부활로 말미암아 가능했던 하나님 계획의 성취를 촉진시키는 것이었다. 실로, 바울은 그의 역할을 메시아 사상—이 사상은 마지막 구원의 날을 예고해 주었다(Bowers, 1976:172)—과 연결시킨다.

종말론적 역할과 그 사명을 자각한 바울은 이제 이방인들도 반드시 이스라엘과 함께 연합해야만 한다는 확신으로 말미암아 그의 사역을 추진하게 되었다. 그러므로 바울의 구원론(救援論)은 그리스도의 사역이 이스라엘의 기대를 성취시킨다는 종말론적 이해에 기초한다.

최종적인 확정을 요구하는 잠정적 판결과 아울러 심판과 구원의 관점에서 볼 때, 이스라엘의 메시아는 예수를 통해 지금 현재 안으로 들어왔다. 연속되는 두 시대, 즉 이 시대와 오는 시대와 관련된 유대인들의 사상은 바울에 의해 수정된다. 바울은 이 두 시대가 중복되었으며(overlapped), 신자들이 그리스도의 영을 통해 종말의 축복을 부분적이고 현재적으로 경험할 수 있다고 가르쳤다.

유대인과 이방인이 서로 하나가 된 제3의 공동체를 이룰 때, 바울의 구원론은 교회론적 용어를 통해 구원론 전체의 결론에 도달하게 된다(에베소서 참조). 유대인과 이방인은 그리스도 안에서 연합되어 새사람—이 새사람의 완전함이 종말에 이루어질 때까지 이 새사람은 지속적인 성장과 발전을 이루어가야 한다—이 된다.

1. 바울 종말론의 배경: 공존하는 두 세대

유대인의 종말론과 같이, 바울 종말론의 특징은 서로 갈등 속에 있는 두 세상, 두 세대를 나타내 주는 "이원론 사상"이다. 바울 서신 속에 등장하는 "아이온"(세대)은 현재의 시간적 개념을 의미하며, "코스모스"(세상)는 공간적 개념을 의미한다(유대인은 "이 세대"와 "오는 세대"로 이해했다). 바울은 이 세대가 악한 세력—이 세력은 이 세대를 우주의 무질서를 야기시키면서 이 세대를 다스려 왔다—의 손아귀에 사로잡혀 있는 것으로 보았다. 비록 현(現) 세대가 (오는 세대와) 공존하는 시대에 놓여 있다 할지라도, 이 현 세대는 오는 세대에 의해 대체될 것이다. 현 세대의 끝에 마지막 심판이 있을 것이다. 이때 십자가의 사역으로 말미암아 사실상 패배당한 권세자들의 통치가 종식될 것이며, 모든 인류가 심판대 앞에 서게 될 것이다. 즉, 의인들은 언약 백성이 됨으로 말미암아 언약의 보호하심을 입어 영원한 생명을 얻기 위해 심판대 앞에 서게 될 것이지만, 악인들은 영원한 심판을 받기 위해 심판대 앞에 서게 될 것이다.

이 세대의 임금 사단의 통치 아래 놓여 있는 현 세대(고후 4:4)는 죄악과 반역 그리고 불의에 의해 특징지어진 세대이다. 이 세대의 권세와 능력은 예수 그리스도와 신자들을 대항한다(롬 8:37-39). "코스모스"라는 헬라어는 하나님을 대적하는 이 세대의 삶의 양식을 나타내 준다. 바울은 미래 세대를 가리키는 긍정적인 의미를 설명하기 위해 이 단어(코스모스)를 결코 사용하지 않는다. 비록 "코스모스"가 악하고, 하나님께서 이 코스모스를 멸망시킬 것이라 할지라도, 이 세상은 여전히 하나님이 역사하시는 구원사역의 장이 된다. 정말로 하나님께서는 예수 그리스도를 통해 자신과 세상을 화목케 하기 위해 지금도 역사하고 계신다(고후 5:19).

바울은 다메섹 도상의 체험으로 말미암아, 오는 세대가 메시아 예수의 죽음과 부활을 통해 현재의 악한 세대 안으로 침투해 들어왔음을 깨닫게 되었다. 예수의 인격을 통해 구원의 마지막 세대가 이 세상 안으로 들어오게 되었다. 비록 신자들이 여전히 현재의 악한 세대에 속해 있다 할지라도, 그들은 또한 새 세상—신자들은 현 세대에서도 새 세상을 미리 맛보고 있다—의 도래를 고대하는 하나님의 새 백성 가운데 속한 자들이다(엡 1:20-21). 그러므로 바울은 그리스도의 죽음, 부활 그리고 승천이 새 세대를 현재 안으로 끌어들임으로 말미암아, 미래가 현재적 실재가 되었다고 해석한다. 그리스도의 죽으심으로 말미암아 신자들은 이제 새 세대에 속한 자들이 된다.

바울은 이 세대와 오는 세대라는 "이원론"을 설명하기 위해 독특한 용어를 사용한다. 그리고 이 용어는 "옛것"(the old)과 "새것"(the new) 사이의 가교 역할을 한다. 이러한 용어들은 다음과 같다: "첫째 아담과 둘째 아담, 옛사람과 새사람, 육과 영." 새 세대를 향한 마지막 종말의 움직임은 예수 그리스도를 통해 임하였다. 예수는 (시간과 범주에 있어서) 이 새 새대에서 처음으로 탄생하신 분이시다. 또한 예수 그리스도는 새 세상으로 인도해 주신 이 새 세대의 창시자이시다. 바울은 이 두 세력을 바라보면서 우리들의 행동을 통해 우리들이 어느 세력에 속해 있는지를 나타내 보이라고 요청한다(Duff, 1989:280).

어니스트 캐제만은 "세상의 주권이 누구에게 속해 있는가?"라는 묵시사상(默示思想)의 근본적인 질문을 던진다(1969:135). 실로 바울의 신학은 제한된 범위 안에서 창조세계를 다스릴 주인이 되기 위해 투쟁하는 권세들과 능력들을 소개해 주는 이러한 이원론을 혼합시키고 있다. 개개인은 악한 세력 아니면 예수를 자신의 주인으로 선택하게 된다. 우리는 죄의 속박에 묶여 있든지 아니면 악의 세력으로부터 자유함을 입어 예수의 종이 된다.

그러니 케제만와 바울 해서에 따르면, 우리는 결코 순전히 우리 자신들만의 선택에 의해서 우리의 신분을 결정하지 못한다. 우리는 항상 이 세상에 속한 자들이며, 궁극적으로 우리의 신분은 바깥 외부 세력으로부터 온 결정에 따라 우리가 어떤 자들인지 결정된다. 개개인의 삶이 이 세상의 주인이 되려는 우주적 전투를 반영해 준다는 캐제만의 주장은 옳다.

바울에게 있어서 죄는 더 이상 잘못된 행동들의 목록이 아니다. 오히려 죄는 우주적인 영향력, 인격적인 세력을 뜻한다. 죄는 우리가 행하는 그 무엇이 아니라 우리를 송사하기 위해 이 세상에 들어온 세력이다(롬 5:12). 그러므로 개개인은 항상 개개인의 배후에 있는 세력과 연관되어 행동하게 된다. 내가 아닌 내가 죄를 짓게 된다. 그리고 바울은 은혜도 이와 동일하게 이해한다. 비록 바울이나 다른 이들이 열심히 사역한다 할지라도, 결과를 이루기 위해 그들 속에 역사하시는 분은 하나님이시다.

바울은 말세를 당한 이들(고전 10;11), 이 세상의 형적(形迹)이 지나갈 것임을 깨닫고 있는 자들(고전 7:31) 가운데 서 있다. 이 세대의 전환점에 서 있는 바울은 우리의 본성으로 말미암지 않고 성령의 은사로 말미암아 깨닫게 될 새로운 삶의 방식을 이야기한다(Duff, 286). 우리의 새로운 비전은 이 세상 속에서 하나님과 죄와 죽음의 세력 사이에 벌어지는 전투가 있다는 사실을 일깨워 준다.

2. 예언자적 소명과 종말론적 역할

갈라디아서 1:15-16에서 바울은 그의 생애 가운데 결정적인 사건-다메섹 도상에서 일어난 사건-을 소개한다. 그렇지만 바울이 사용하는 이미지들은 대부분 회심과 관련된 이미지보다는 예언자적 과업과 관련된 이미지들이다. 바울은 이사야 49:1에 소개된 종의 소명과 흡사한 표현방식을 통해 자신의 체험을 설명한다. 그 종과 바울, 이 둘은 하나님의 증인으로서 이스라엘의 시내산 소명을 성취하기 위해 온 열방(列邦)을 향해 복음을 증거하기 위해 출생 전부터 선택받았다. 그러나 갈리디아서의 구절과 이사야서의 구절 사이에 드러나는 본문상의 일치(행 13:47 참조; cf. 사 49:6과 49:6, cf. 행 26:16-18과 사 42:1-4)는 바울이 자신을 이사야에 나오는 종으로 이해했음을 뜻하지는 않는다. 오히려 이 일치점은 바울이 자신의 과업을 종이신 예수의 사역으로부터 비롯된 과업으로 이해했음을 말해 준다. 즉, 바울은 그의 과업을 이사야 40-66장에 소개된, 그리스도를 통해 성취된 종말론적 사건의 한 요소로써 이해했던 것이다(Bowers, 1976:143).

바울은 그가 소명받기 전이나 소명받은 후에도 동일한 하나님을 경배했다. 그러나 그의 소명은 그의 근본적인 신념을 다시 재고하도록 해 주었으며 심지어 그것을 뒤집어버렸다. 그리스도인을 향한 그의 핍박을 살펴보라. 소명받기 전 바울은 죽음에서 부활하여 주가 되신 이스라엘의 메시아가 바로 예수(행 2:36)라는 그리스도인들의 근본적인 주장을 인식하고 이 주장을 단호히 거절했다. 더욱이 바울의 핍박은 그가 증가하는 그리스도인들을 치명적이고 잘못된 유대교의 한 형태로 이해했음을 말해 준다. 그리고 스데반의 죽음을 통해 드러난 바울의 역할은 그가 그리스도인들을 모세 율법을 가치 절하시키는 새로운 분파로 믿고 있었음을 암시해 준다.

바울에 따르면, 사도로서의 그의 권위는 다메섹 도상에서 일어난 부활하신 예수와의 만남에서 비롯된다. 예수는 바울을 이방인의 사도로 삼으시려는 목적을 가지고 그에게 다가가셨다. 사도행전에 소개된 세 가지 바울의 회심 기사가 이방인을 향한 그의 선교 과업을 언급하고 있음을 주목해 보라(9:15; 22:21; 26:17-18). 바울은 자신을 사도로 부름받은 자로 이해했지만, 그 이후에 자신의 사역과 그 범위를 이방인에게로 한정시켰다(Dunn, 1987:252)고 볼 수는 없다. 그렇다. 바울의 과업은 처음부터 구체적인 것이었다. 왜냐하면 예수께서 바울에게 큰 신비-즉, 그리스도의 죽음으로 말미암아 이방인들은 하나님 백성의 같은 지체, 같은 후사가 되었다(엡 3:6)-를 계시해 주셨기 때문이다.

바울의 사역 이해는 아주 분명했었던 것 같다. 그렇지만 이것을 말해 줄 수 있는 충분한 증거가 있는가? 우리는 바울이 예수를 메시아로 인식했다고 생각한다. 비록 어떤 이들은 이 견해에 의문을 제기한다 할지라도(Dunn, 1987:256-57), 이스라엘 왕으로서의 예수의 메시아 되심의 본질이 바울의 이방인 선교를 결정지었다.

그리스도인들이 선포했었던 것처럼, 종-메시아이신 예수의 출현은 이스라엘의 종말론적인 역할, 즉 이방인의 빛으로서의 역할과 그 성취를 가능하게 해 주었다(행 13:47; cf. 사 49:6). 실로 바울의 기독론 및 구원론에 대한 강조는 다메섹 도상의 계시로부터 기인한다(Kim, 1982:267, 326). 왜냐하면 바울은 이방인의 구원이 이스라엘과 이방인과의 연합으로 말미암아 기능하게 되었고, 이 구원으로 인해 이스라엘이 이스라엘의 메시아시요 모든 이의 주가 되시는 부활하신 예수를 믿게 될 것이라고 이해했다.

하나님은 다소 출신의 한 유대인-바울은 이전에 하나님의 아들을 따르는 이들을 핍박했었다-에게 당신의 아들을 계시해 주셨다. 유대인 메시아를 이방인에게 전하라는 소명은 바울로 하여금 모세 언약과 유대 전통을 다시 재평가하도록 만들어주었다. 왜냐하면 할례와 함께 이 모든 언약과 전통들은 유대인을 이방인과 분리시키는 커다란 요인들이 되어왔기 때문이다. 갈라디아서 1:13-14과 마찬가지로, 바울은 유대교에 몸담고 있었던 이전의 삶에 대해 말하면서 과거 종교와의 관계를 끊어버렸다고 말하지는 않는다. 오히려 바울은 그 소명이 유대교 관습을 급진적으로 변화시켰음을 알려준다. 그렇다면 이방인은 어떠한가? 그들은 유대교를 지켜야만 했었는가? 모세 율법과 이방인들, 그리고 그리스도인들 사이의 관계성에 대한 바울의 이해는 바울 서신을 살펴보기에 앞서 우리가 먼저 연구해 보아야 할 사항들 가운데 하나이다.

(1) 이방인들, 그리스도인들 그리고 모세 율법에 대하여

바울 신학의 주요 핵심인 바울의 소명 이해는 이방인을 하나님의 새 백성 안으로 포함시키는 선교사역에 대한 헌신이라는 형태를 통해 나타났다. 다메섹 도상의 체험을 통해 바울은 이스라엘의 역할에 대한 새로운 이해를 가지게 되었으며, 종말의 징조가 되는 하나님의 새 백성의 출현에 대해 다른 신학적 관점을 얻게 되었다. 바울은 유대인과 이방인이 아브라함 언약 아래 한 하나님의 백성으로 연합된다는 것을 보게 되었다.

이방인을 향한 바울의 사역은 분명히 반대 세력을 불러일으켰다. 왜냐하면 어떻게 이방인들이 부활 후 구원받은 유대 공동체 안으로 들어올 수 있단 말인가? 시간이 지남에 따라, 기독교의 전통은 바울이 직면했던 반대들과 이에 대한 바울의 반응에 대해 다양한 입장을 전달해 왔다. 예를 들면, 전통적인 개신교 입장은 바울에 대한 반대자들을 유대인들 혹은 유대 그리스도인들—이들은 언약관계 안으로 들어가기 위해 할례는 필수적이며, 언약 안으로 들어간 후 유대 율법에 대한 순종이야말로 구원에 필수적이라고 주장했다—로 설명해 왔다. 여기에 대해 바울은 그리스도를 통한 구원이 오직 하나님의 은혜로 말미암는다고 가르쳤으며 유대교를 행위 종교를 규정했다. 왜냐하면 유대교에 따르면 하나님은 이스라엘에게 토라를 주셨고, 이스라엘은 그 토라를 성취함으로써 구원을 획득하였던 것이다(Watson, 1986:1-19).

이 전통적인 개신교 해석에 따르면, 바울과 그의 대적자 사이에 놓여 있었던 이슈는 "어떻게 사람들이 하나님으로부터 구원받을 수 있으며, 또 그것을 유지하느냐"라는 문제이다. 그러나 이 특수한 문제는 바울 당시의 역사적 정황을 설명해주고 있는가? 1963년 바울에 대한 크리스터 스텐달의 도전적인 논문이 출간된 이후, 어떤 이들은 종교개혁 이후 바울 연구가 마틴 루터—그는 바울의 칭의에 대한 어거스틴의 해석으로부터 이 문제의 실마리를 찾는다—의 개인적인 역사적 관심에 의해 주도되어 왔다고 주장해왔다.

현대의 바울 연구는 루터와 함께 시작했다. "공로를 통해 구원을 얻으려는 죄인들의 시도는 율법을 잘못 오해한 끔찍한 태도이다"라는 가정은 루터의 바울 해석을 지배했었다. 루터는 1535년 갈라디아서 강연에서 3:10에 대해 설명하면서, 율법의 행위에 의한 칭의는 믿음에 의한 의를 부정하는 것이라고 설명했다. 여기

뿐만 아니라 그 외 다른 문헌들 속에서도, 루터는 계명을 지키려는 자들이 자신들을 의지할 뿐, 하나님의 은혜를 거절하기 때문에 그들이 죄의 본질을 반영하고 있다고 주장하면서, 전통적인 죄 개념을 특수한 계명에 대한 범죄로 논증했었다.

루터가 논박했듯이 바울이 행위를 정죄했을 때, 바울이 말하는 행위들은 일반적으로 유대인들의 의식보다는 그들의 도덕적 행위-이 행위들은 그리스도의 도래로 말미암아 폐지되었다-를 뜻했다. 루터에게 있어서 이러한 도덕적 선행은 유대인들이 저지른 근본적인 율법 오해였다. 왜냐하면 율법은 우리가 선을 행할 능력이 없음을 인식시켜 주고, 우리들에게 그리스도를 가르쳐 주기 위해 주어졌기 때문이다. 이와 같은 방식을 통해 율법은 반드시 성취되어야만 한다. 달리 말하면, 인간은 소망없이 정죄당하게 된다. 루터는 율법의 두 가지 목적을 더 추가시켰다. 루터에 의하면, 율법은 죄를 알려주고 절망을 깨닫도록 해 주기 위해 주어진 것이었다. 그리하여 율법은 우리로 하여금 자비를 얻기 위해 그리스도로 향하도록 만들어 준다. 또한 율법은 믿음으로 의롭게 된 자들의 이 땅에서의 삶을 안내해 주기 위해 주어졌다.

그러나 스텐달과 다른 이들은 루터가 바울 서신의 역사적 정황을 제대로 파악하지 못했다고 주장한다. 루터의 경험과 바울의 이신칭의 교리를 혼합한 개신교의 해석으로 말미암아, 우리는 너무나도 바울의 회심을 심리적인 관점에서 생각하려는 경향이 많다. 또한 우리는 바울시대의 정황을 무시하는 개별적 이신칭의 교리 모델만을 계속해서 제안하고 있다. 심지어 바울에게 있어서 "회심"이라는 단어는 한 개인에 대해 너무 지나친 강조를 두지 않는다. 다메섹 도상에서의 바울의 체험 기사를 살펴보라. 바울은 루터와 같이 이 회심을 자신을 위한 회심으로 이해하지는 않은 것 같다. 왜냐하면 루터와는 달리 바울은 결코 개인적인 죄의 짐 아래 얽매여 괴로워하지 않았기 때문이다. 바울은 자신이 뿌리를 내린 신앙을 신봉하는 철저한 유대인이었다(빌 3:6). 바울은 어떠한 양심의 가책이나 괴로움 혹은 결점을 느끼지 않았었던 것 같다. 그리스도인이 되기 이전의 바울이 겪었던 영적인 고통들에 대한 증거는 바울의 서신 속에서는 찾아볼 수 없다.

스텐달과 다른 이들에 따르면, 그리스도인 사도 바울은 과거의 자신에 대해 소개할 때 고통스러웠던 결점들에 대해 말하지 않고, 충실한 유대인으로 과거 자신이 이룩한 많은 업적들-바울은 이러한 자랑을 정당하게 여겼다(빌 3:13)-을 나열한다. 비록 바울은 이와 같은 (교회를 향한 핍박을 포함한) 과거의 자랑을 후회하게 되지만 이러한 후회는 그의 소명 이후에 일어나게 된다. 더욱이 이러한 후회와 아쉬움을 소개하는 바울의 서신은 이방 선교를 위한 바울의 소명이 있기 전에는 결코 발견되지 않는다. 핍박자가 사도가 되었다는 것은 단지 하나님께만 더 큰 영광이 되었다. 오직 바울이 깨닫게 된 죄는 교회를 향한 그의 핍박이었다. 그리고 스텐달이 주장한 바와 같이, 죄를 자각하는 것은 "내적 양심"을 필요로 하지 않는다(1963:199). 고린도전서 15:10에서 바울은 자신이 다른 이들보다 더 열심히 수고함으로써 과거 자신의 잘못을 보상했으며, 그리스도의 심판대 앞에서 자신이 떳떳하게 될 것임을 암시해 준다. 그러므로 바울에게 있어서 율법은 압제자가 아니라 몽학선생이었다.

스텐달에 의해 시작된 이와 같은 최근 논쟁은 1977년 샌더스(E. P. Sanders)―그는 초대 기독교시대와 관련된 유대교 문헌들을 조사했다―에 의해 더욱 더 불붙기 시작했다. "바울이 반대한 것은 그리스도인이 되기 위해 율법 준수를 주장했던 유대교의 율법관이었다"라는 해석―이 해석은 오랫동안 지속되어 온 해석이다―은 팔레스타인 유대교를 잘못 이해한 것이라고 샌더스는 주장한다. 왜냐하면 팔레스타인 유대교는 인간이 반드시 자신의 노력으로 구원을 얻어야만 한다고 가르치지 않았기 때문이다. 다음에 간략하게 요약된 샌더스의 랍비 종교 이해를 살펴보라:

> 하나님은 이스라엘을 선택하셨고 이스라엘은 그 선민을 받아들이셨다. 왕으로서의 역할을 통해 하나님은 이스라엘이 "최선을 다해 순종해야만 한다"는 계명을 그들에게 주셨다. 순종은 보상받게 되고 불순종은 심판을 받는다. 그렇지만 순종하지 못한 경우에 있어서 인간은 하나님께서 제정하신 속죄 방식에 의지하게 되며, 이러한 방식은 인간의 참회를 요구한다. 인간이 하나님의 언약 안에 머물기 원하는 한, 인간은 (오는 세상에서의 삶과 아울러) 하나님 언약의 약속을 공유할 수 있다. 순종하려는 노력과 의지는 언약 안에 머물기 위한 조건이 된다. 그러나 그것들이 언약을 가져다 주지는 않는다(p. 180).

그러므로 유대교는 은총에 의한 언약적 선택에 기초하고 있었으며, 이 선택을 유지하기 위해 율법을 사용했었다. 바울에게 있어서 구원은 오직 그리스도로 말미암는 것이며, 유대교는 잘못된 것이라기보다는 차라리 불충분한 것이다. 그럼에도 불구하고, 이방인의 권리에 대한 바울의 이해는 기독교가 유대교로부터 궁극적으로 분리되었음을 말해 준다. 샌더스는 초대 기독교의 발전과정을 숙고한다. 즉, 그는 초대 그리스도인들이 유대교 안에서 개혁의 운동을 지속해야만 했는가 아니면 유대교로부터 분리되어야만 했는가에 대해 고찰한다. 샌더스가 논증하는 바와 같이, 바울시대에 바울과 유대교 사이의 차이점은 구원역사의 범위에 달려 있다. 유대교는 율법을 소유한 하나님의 언약 백성으로서 자신의 신분을 신뢰했다. 그 결과, 그들은 그리스도 안에 발견된 새로운 신분에 근거한 더 나은 의를 놓쳐버렸다. 그리하여 유대교와 바울 사이의 차이점은 "공로 대 업적"이 아니라 두 법 사이의 차이점이다.

샌더스의 주장은 자신의 랍비 문헌 연구분석에 의존하고 있으며, 이 연구분석은 1932년에 출간된 무어(G. F. Moor)의 작품과 일치하고 있다. 또한 이 연구분석은 전통적인 개신교의 랍비 유대교 이해에 대한 유대인의 비평과 일맥상통한다. 샌더스가 제기한 논쟁의 본질적인 핵심은 옳은 것이다. 그러므로 유대교와 바울과의 차이점은 "성화"라는 개념에서 발생한다. 즉, 유대교는 언약의 수납(언약 안으로 들어오게 됨, 그리스도인의 칭의)을 은총의 사역으로 인식했다. 그러나 유대교는 계속되는 하나님에 의한 수납과 영적인 성장(그리스도인이 성화)이 토라에 대한 헌신에 달려 있다고 이해했다. 바울에 따르면, 칭의와 성화는 믿음에 달려 있다. 인간의 노력은 단지 노력일 뿐 더 나은 의—이 더 나은 의는 그리스도 안에서 이루어지는 언약의 연합을 뜻한다—를 가져다 주는 근거가 되지 못한다.

바리새인 사울이 기독교와 직면했을 때 그는 메시아 사상 및 율법과 관련된 문제들을 깨닫게 되었다. 기독교는 도저히 용납할 수 없는, 신성모독적인, 십자가에 못박힌 메시아를 선포하였다. 유대인들이 기대한 것과는 정반대로 예수는 메시아를 사칭하는 자로 손가락질당하며 죽임을 당했다. 율법은 이스라엘을 향한 하나님의 뜻을 포함하고 있었다. 예수 그리고 이후의 스데반은 이 율법의 역할에 의문을 제기했다. 충성스런 유대인은 아무도 감히 이것을 제기할 수 없었을 것이다. 그러나 사도행전 9장에서 회심한 바울은 그리스도인들을 하나님의 새 백성으로 보기 시작한다. 바울에게 있어서 메시아와 토라와 관련된 의문들은 다메섹 도상에서 해소되었다. 더 이상 바울은 민족 이스라엘을 약속의 상속자로 보지 않는다. 이제 더 이상 토라는 유대인과 이방인들 사이를 가로막는 막힌 담이 될 수 없다.

바울이 그의 서신에서 율법(노모스) — 그는 이 단어를 100번 이상 사용한다 — 을 언급할 때, 그것은 모세의 율법, 토라와 관련되어 있다. 각각의 경우마다 바울은 "노모스라"는 단수명사를 사용할 뿐 결코 복수명사를 사용하지 않는다. 즉, 이것은 바울이 율법을 하나의 개체로 한 법전으로 이해하고 있음을 말해 준다. 바울의 "노모스" 사용을 분석해 왔던 주석가들은 그의 "노모스" 사용 가운데 독특한 점이 있다고 주장한다. 예를 들면, 어떤 이들은 바울이 "노모스"를 관사와 함께 사용할 때, 그 "노모스"는 모세의 율법을 가리킨다고 주장한다. 그러나 바울이 관사 없이 "노모스"를 사용할 때는 일반적으로 법률적인 원리 혹은 법을 설명한다. 그렇지만 이와 같은 구분은 계속해서 수행될 수 없다. 그러므로 이러한 구분을 시도하는 태도는 대개 포기되고 만다.

심지어 로마서 3:27; 7:21 그리고 8:3과 같은 구절 가운데서도, 이스라엘의 토라를 뜻하는 함축적인 의미는 계속 지속될 수 있다. 헬라인들에게 있어서, "노모스"는 관습 및 법칙의 한 체계를 가리키는 말이었다. 반면 유대인에게 있어서 토라는 절대적인 법전이라기보다는 언약 안에서의 삶의 지침이었다. 심지어 바울조차도 모세의 토라의 시대가 끝났다고 주장한다(갈 3장). 바울은 토라의 요구를 성령의 사역을 통해 신자들에게 주어진 지침과 대체시킨다. 토라에 나타난 하나님의 뜻은 이 성령의 사역으로 말미암아 드러나게 된다. 비록 바울 서신 속에 나오는 행위에 대한 강조가 유대인들의 행위 개념과는 다르다 할지라도, 그 결과는 근본적으로 유대인들이 고대하던 것과 동일한 결과를 얻게 될 것이다.

(2) 교회에 대하여

신약에 나타나는 바울의 서신은 개인에게 보내진 것이 아니고 신실한 그리스도인 공동체, 즉 회중들 혹은 교회들에게 보내진 서신이다. "에클레시아"라는 단어(회중, 종종 "교회"로 번역되기도 함)는 바울 서신에서 거의 60번 가량 언급된다. 신약성경 외에도 "에클레시아"는 일반적으로 헬라 도시 국가의 도시군(都市群)을 가리킨다(행 19:39, 41 참조). 70인경에서 "에클레시아"는 "카할" — 이 단어는 여호와 앞에 모인 이스라엘 회중을 말한다 — 이라는 히브리어를 번역한 말이다.

바울이 "에클레시아"라는 단어를 사용할 때, 그가 뜻하는 바는 무엇인가? "하나님 아버지와 주 예수 그리스도 안에 있는 데살로니가인의 교회"에 보내졌던 바울의 데살로니가전서를 살펴보라(1:1). 바울은 세속적인 집단들로부터 구별된, 한 구체적인 회중을 소개하면서, 이 회중을 "주 예수 그리스도"로 말미암아 유대 회중들로부터 구별되어 "하나님 아버지" 안에서 연합된 공동체로 설명한다. 다른 초기 서신들 가운데에서도, 바울은 갈라디아서 1:13-이 구절에 나오는 "하나님의 교회"는 아마도 예루살렘 교회를 가리키는 듯하다-에서 사용된 것과 비슷한 방식으로 "에클레시아"라는 단어를 사용한다.

바울은 또한 한 교회 이상 세워졌던 도시들, 즉 고린도와 로마와 같은 도시에 거하였던 신실한 그리스도인들에게 그의 서신을 띄어 보냈다. 여기에서 때때로 "에클레시아"라는 복수명사를 사용한 바울은(롬 16:4, 16) 가정 교회의 신자들에게 메시지를 전하고 있다. "민족적인 교회 개념인가 혹은 보편적 교회 개념인가" 하는 것은 바울에게는 아무런 상관이 없었을 것이다(예를 들면, 고전 11:18의 "너희가 교회로 모일 때에"를 참조해 보라).

후기 서신인 골로새서와 에베소서에 나타나는 바울의 "에클레시아" 사용의 어떤 변화와 발전에도 불구하고, 바울이 일종의 "유형 교회"라는 개념을 훨씬 뛰어넘어 생각하고 있는지에 대해서는 여전히 의문스럽다. 예를 들면, 골로새서 4:15은 골로새의 교회가 하나의 유형 교회였음을 분명히 말해 주고 있다. 골로새서 1:18-23에서 바울은 그리스도께서 머리이신 무형 교회 개념을 소개한다. 그러나 이 개념은 보편적 교회를 말한다기보다는 초자연적인 하늘의 현상을 말한다. 이 무형 교회의 증거는 유형 교회의 조직을 통해 드러난다. 이것이 의미하는 바를 식별하기 위해 골로새서의 정황을 살펴보라.

1:9-2:7에서 바울은 승리하신 그리스도와 신자들이 들어간 빛의 나라에 대해 언급한다(Banks, 1979:54). 3:3에서 우리는 신자들이 이미 그리스도와 함께 하늘에 거하고 있음을 깨닫게 된다. 아마도 바울은 "하늘의 예루살렘"(Tob. 13:16) 혹은 "하늘나라 시민으로서의 그리스도인"(2Esd. 7:26)이라는 사상에 영향을 받아 그리스도인을 이미 하늘의 시민이 된 자들로 묘사하고 있는 듯하다. 그리하여 바울은 골로새서와 에베소서에서 그리스도의 몸의 지체인 그리스도인들이 지금 참여하고 있는 천상의 회(會)를 묘사한다(엡 2:5-6). 비록 이 천상 회중의 완성이 마지막 날에 이루어질 것이라 할지라도, 이 천상 교회의 특징들은 현재에도 그리스도인의 유형 교회를 통해 드러나게 된다.

바울의 "지금과 아직"이라는 도식을 통해 신자들은 은유적인 관점에서 볼 때,

하늘에 있는 그리스도와 함께 교제를 즐기면서 지금 그분과 함께 있다고 볼 수 있다. 이 현재의 풍성한 교제로 말미암아 그리스도인은 종말의 성취를 고대하게 된다(엡 1:14; 2:7). 에베소서 3:10에서 바울은 하나님의 지혜가 이 세상에 알려진 유형 교회를 통해 드러난다고 설명한다. 바울의 이러한 사상은 유형 교회에서 하늘의 교회, 종말의 교회로 옮겨간다. 에베소서 5장에 나오는 "에클레시아"라는 표현은 또한 종말의 교회를 가리킨다. 왜냐하면 이 교회는 주름잡힌 것이나 흠이 없는 영광스러운 교회로서 하나님 앞에 서게 될 것이기 때문이다(23, 25, 29, 32절).

요약하자면, 바울은 화해 및 일치의 현재적 긴장이 드러나는 신자들의 유형적 모임을 나타내기 위해 "에클레시아"를 사용한다. "에클레시아"는 또한 그리스도께서 이 "에클레시아"를 위해 죽으셨다(엡 5:25)는 거룩한 뜻을 내포하고 있으며, 곧 하늘에서 그리스도 곁에서 다함께 모이게 될 것이다. 끝으로 바울은 구속받은 최종적인 교회, 완전히 새롭게 된 새사람, 완전하게 드러난 몸, 영원히 경배하는 교회가 될 신자들의 완전함을 뜻하기 위해 "에클레시아"를 사용한다. 바울의 "에클레시아" 이해에 따르면, 그리스도인들은 영원히 예배드릴 천상의 교회뿐만 아니라 일시적 예배가 이루어지는 유형 교회에 속해 있는 것이다. 천상의 교회의 단면을 보여 주는 유형 교회의 모임은 그리스도의 완성된 사역과 그 사역의 천상적 의미를 강조하면서 천상 교회의 원리와 본질들을 드러내 준다.

3. 로마서

바울이 로마인들에게 서신을 쓸 당시 바울이 처했던 상황들은 그의 사역이 지니는 국제적 성격을 보여 주는 좋은 예가 된다. 이후에 소개되는 이야기를 주목해 보라. 바울은 고린도에서(롬 15:26) 예루살렘의 가난한 그리스도인들을 위한 헌금을 계획한다(롬 15:26-26). 그 후 바울은 비록 로마에 잠시 머물고 싶었음에도 불구하고 스페인으로 향하게 된다(15:24). 어떤 의미에서 이 서신은 재차 연기된 그의 로마 방문을 대신하고 있다. 그러나 이 서신은 이보다 더 많은 목적들을 내포하고 있다.

바울이 살았던 그 시대에 대한 바울의 이해는 뚜렷하다. 즉, 하나님의 통치가 임했으며 하나님의 백성은 다시 회복 중에 있다. 바울의 초기 사역 가운데 바울이 집중했던 이슈는 이방인들이 오직 믿음을 통해 신앙 공동체로 들어오는 것과 동일한 믿음을 통한 그들의 견인이었다. 아브라함을 하나님 백성의 조상으로 단언한 바울은 또한 하나님의 모든 축복이 믿음을 통해 온다는 것을 증명하기 위해 아브라함을 그 예로 사용했다. 그러므로 바울이 로마의 신자들에게 서신을 쓸 때 성장하는 교회 안에 두 그룹, 즉 유대인들과 이방인들 사이에 발견되는 불일치라는 커다란 문제로 인해 그의 생각과 마음은 무거웠다. 실로 바울이 쓴 편지는 이 두 계층 사이에 화해의 기초를 마련해 줄 수 있는 신학적 해석이 될 것이다.

로마서는 바울이 고대했던, 그러나 연기되고 말았던 로마 방문을 대신해 쓰여진 듯하다(1:13; 15:22-23; Elliott, 1990:84). 바울은 이 서신을 통해 복음의 본질을 설명함으로써 자신의 모든 주요한 신학사상을 살펴 나간다. 초기 로마서의 주요주제(1:18-3:20)는 인간에 대한 심판이다. 즉, 심판대 앞에서 유대인과 이방인은 동일한 신분이라는 것이다. 바울은 (아브라함 언약 아래) "구원을 통해 유대인과 이방인의 신분이 동일하게 되었는가"라는 질문과 함께 자신의 논증을 계속 이어나간다(3:21-4:25).

오직 한 하나님의 백성이 있을 뿐이며 유대인과 이방인 사이에 막힌 담은 무너졌다(엡 2:11-22). 그리스도인들은 구약에 나오는 믿음의 이스라엘을 계승해 나갈 뿐만 아니라, 또한 이들은 그리스도를 통해 이방인을 연합시킨 새사람, 새로운 피조물이 된다. 그리하여 사도행전에 언급된 바와 같이 기독교와 유대교 사이에 단절이 일어난다. 실로 십자가에 못박히신 예수는 주와 그리스도로 고백되었다(행 2:36). 그리하여 교회와 유대교 회당은 한 사회 속에 별개의 두 집단이 된다. 그리하여 이방인들은 하나님의 새 백성이 되며, 이들은 구약에 나오는 믿음의 이스라엘을 대체·계승할 뿐만 아니라, 그들의 특권 또한 전유(專有)하게 된다.

19세기에 페르디난드 바우르(Ferdinand Baur)는 "로마서의 목적은 유대교의 배타주의를 제거하는 것이었다"는 올바른 주장을 했다. 바우르에 따르면, 바울의 보편주의 사상과 유대교의 배타주의 사상 사이의 싸움—베드로와 야고보 또한 이 문제를 반영해 준다—이 초대 교회 역사를 주도했었다(1873:322). 바우르에 의하면, 바울은 유대-이방인 문제를 비개인적인 문제, 즉 인간의 곤경과 그 해결책을 보여 주는 일반적인 하나의 적절한 예로서 이 문제를 접근하지 않았다. 왜냐하면 이 문제는 이 일반적인 문제보다 훨씬 더 당장 눈앞에 닥친 문제였기 때문이다. 이방인의 사도로서 바울은 만약 의와 구원이 율법의 행위로 얻어질 수 있다면, 유대인 홀로 의와 구원을 소유하게 될 것임을 깨닫게 되었다. 바우르는 보편주의에 대한 바울의 강조를 정확하게 인식했다.

로마서는 바울이 이스라엘을 향한 하나님의 목적과 복음 사이의 일치됨을 설명해 줄 필요가 있었던 예루살렘 방문 여행을 계획했을 당시, 그의 생각과 처지를 이해하는 데 도움을 제공해 준다. 믿음으로 말미암는 의가 모든 이들에게 개방된 후(1-8장) 바울은 유대인과 이방인이 이제 하나님의 새 백성으로 연합되었으며, 아브라함 언약을 세우고 역사적 이스라엘을 이어나가게 되었음을 증명한다 (9-11장). 이와 같은 바울의 논증은 로마서의 절정을 이룬다. 이어지는 13-16장은 유대-이방인 사이의 논쟁을 해결해 주는 윤리적 지침이 된다. 그리스도, 이스라엘의 메시아이신 예수의 죽음과 부활 및 그의 승귀의 중요성을 선포할 기회를 찾던 바울은 이 서신을 통해 로마에 있는 그리스도인과 유대인 사이에 화해를 시도한다(Donfried, 1970:449).

(1) 옛 약속들(롬 1:1-17)

소명 후 바울은 그의 믿음을 이방인과 공유하기 위해 관심을 기울였다. 이와 같은 이방인의 (구원에로의) 참여는 예언자들의 종말론에 예고되었다. 이러한 사상은 종말의 특징이었으며, 새 창조와 새 언약의 도래를 의미했다. 바울은 그리스도를 통한 연합의 현재적 가능성이 장차 도래할 종말의 보증이 된다는 가정 아래 그의 사역을 수행했다. 실로 바울 신학의 주 요지는 그리스도 안에서 이루어지는 현재의 종말론적 하나됨이다. 이 하나됨은 모든 장애를 제거한 복음의 보편성(普遍性)으로 말미암아 가능하게 되었다. 바울이 로마서를 시작할 때 그는 복음이 구약 선지자들을 통해 드러났으며 또한 선포되었다고 설명한다(1:2). 그리고 바울은 복음이 이스라엘의 신앙과 신학적 연속선상에 서 있음을 주목한다. 복음은 예수의 메시아 되심과 아들 되심에 집중한다. 이 메시아적 아들의 신성은 이제 부활을 통해 입증되었다(4절).

바울은 자신이 선포하는 메시아 사상이 구약에 이미 선포되었거나 암시되었다고 주장한다. 또한 그는 이 메시아 사상이 구약 사상과 일치한다고 논증한다. 로마의 성도들로 말미암은 감사와 그들을 방문하고픈 열망을 설명한 후, 바울은

16-17절에서 이 서신의 주제를 소개해 나간다. 더욱이 바울은 이 구절에서 복음에 대한 정의를 내린다. 이 복음은 하나님의 의에 집중되어 있으며, 마지막 구원으로 인도하는 하나님의 능력을 드러내 준다(16절, "구원을 위해"라는 문구에 나오는 "에이스"라는 전치사가 목적을 가리키고 있음에 주목하라). 간략하게 말하자면, 이 복음은 유대의 종말론 사상과 연결된, 새 시대의 모든 희망의 성취를 가져다 준다. 하나님은 이제 자신의 의를 믿음에 기초한 이 복음을 통해 계시하실 것이다. 그리고 이 계시는 더 많은 믿음의 역사로 인도할 것이다(17절).

그렇다면 하나님의 의는 무엇인가? 바울은 그가 이해한 하나님의 의에 대해 구체적으로 설명하지 않는다. 아마도 그의 독자들은 이 개념에 익숙해 있었던 것 같다. 그렇지만 우리는 16-17절의 배경을 살펴보고, 이와 흡사한 다른 표현들을 바울의 다른 서신들 가운데서 찾아보아야 할 것이다. "하나님의 의"에 대한 많은 해석들이 있지만, 다음에 소개될 세 가지의 해석이 가장 많이 호평받는 해석들이다: 하나님의 의는 첫째, 인간의 행위와 관련하여 하나님께서 요구하시는 것이고 둘째, 칭의의 결과로 주어진 하나님의 선물이며, 셋째, 하나님의 구원하시는 능력이다.

첫 번째 해석은 문맥상 적절하지 않다. 왜냐하면 17절에서 이 의는 인간의 소유가 아닌 신적인 것이요, 하나님께서 요구하시는 것이 아니기 때문이다. 비록 두 번째 해석이 가능하다 할지라도, 바울은 그가 빌립보서 3:9에 언급한 바와 같이("하나님께로부터 온 의") 분명하게 이 개념을 나타낼 수 있었을 것이다. 더욱이 하나님께서 주신 그 무엇으로써, "하나님의 의"를 해석하는 것은 17절의 문맥과 어울리지 않는다. 왜냐하면 18절에 나오는 "하나님의 진노"—이것은 하나님께 속한, 하나님의 본질적인 그 무엇을 의미한다—가 17절과 유비를 이루고 있기 때문이다(Williams, 1980:259). 세 번째 해석은 최근에 아주 강력하게 제안되어온 해석이다(Williams, 1980:242-43). 그러나 이 해석은 16절의 정교한 표현과 대치된다. 하나님의 의는 "구원으로 향하는 하나님의 능력"(KJV)으로 해석될 수 없다. 오히려 복음이 하나님의 능력을 증명한다. 왜냐하면 복음을 통해 하나님의 의가 곧 계시될 것이기 때문이다.

하나님의 의라는 뜻을 해석하려면, 다음에 소개될 두 가지 요소를 반드시 고려해 보아야만 한다. 첫째로 하나님의 의와 하나님의 진노 사이의 유비(롬 1:17-18; 이 첫 번째 요소는 종종 간과되고 있다)와, 둘째로 17절의 "하나님의 의"와 하박국 2:4의 인용과의 연관성이다. 하나님의 진노가 하나님의 본질적인 속성— 죄에 대한 하나님의 고정적인 태도는 적절한 심판을 수행한다—이기 때문에, 하나님의 의 또한 반드시 하나님의 본질적인 속성이어야만 한다. 하나님의 진노와 정반대가 되는 하나님의 의는 자기 백성을 구원하기 위한 (불변하시고 분명하신) 하나님의 예비하심을 의미함이 틀림없다.

이 하박국의 인용구는 갈라디아서 3:11에 다시 등장한다. 이 인용구의 문맥 가운데 복음은 아브라함 언약의 틀 속에 유대인과 이방인을 참여시켜서, 그 목적을 이루시려는 하나님의 뜻으로 간주된다(갈 3:6-18). 이처럼 오직 갈라디아서 3:11과 로마서 1:17에서 하박국 2:4을 인용하는 것으로 보아 바울은 로마서 1장의 "하나님의 의"를, 아브라함과 맺은 언약에 대한 하나님의 성실하심으로 이해한 것 같다(Williams, 1980:263-64).

(2) 세대들(롬 3:21-5:11)

로마서 1:16-17에 소개된 바울의 주제는 나머지 로마서의 기초가 된다. 로마서 1:18-3:20은 의를 요구하시는 공평하신 하나님 앞에서 모든 인간의 책임을 설명해 나간다(Bassler, 1982:164-70). 그러므로 모든 이를 위한 구속이 필요하다. 심지어 유대인조차도 이에 대해 변명할 수 없으며, 그들 역시 유대인들과 마찬가지로 죄 아래 사로잡혀 있다(Elliott, 1990:135-46). 그리고 난 뒤 바울의 초점은 3:21-31로 옮겨진다. 이 구절에서 하나님은 우리의 근본적인 필요를 충족시켜 주셨다. 하나님의 반응으로써의, 그리스도의 죽음은 그리스도인이 체험할 종말의 경험을 미리 예고해 준다. 종말의 배경을 마련해 준 예수의 죽음은 바울의 묵시구조 속에서 발생하는, 시대를 변화시키는 결정적인 사건이 된다(Beker, 1980:205).

① 세대를 변화시키는 사건과 율법(롬 3:21-31)

새 세대의 출현과 아울러 유대인과 이방인(롬 3:22-23에 나오는 "모든"이라는 단어에 주목하라)은 이제 서로 화목하게 된다. 그리하여 아브라함 언약에 대한 하나님의 신실하심, 모든 이를 향한 하나님의 구원의 열망은 율법과는 상관없이 계시되었다(21절). 왜냐하면 유대인과 이방인 둘 다 이 새로운 죄 사함에 참여해야만 하기 때문이다.

뿐만 아니라 유대인은 이제 율법이 이방인을 배제한다는 주장을 할 수가 없게 되었다(Elliott, 1990:145). 더욱이 하나님의 의는 구약이 약속했던 바대로 나타났다. 하나님께서는 그의 의에 대한 새로운 종말론적인 증거를 통해 율법을 지나쳐 갔다(21절). 이 하나님의 의는 그리스도를 통한 믿음을 통해 전달되었으며, 누구에게든지 보편적으로 적용될 수 있게 되었다(22절).

현재의 장애를 제거함으로써 이 믿음은 하나님의 새 가족 공동체를 창출한다(22-24절). 영광의 상실(23절) – 영광의 상실이라는 표현은 아담의 운명을 말해주는 전형적인 유대식 표현이다. 창조기사에 나오는 인류에게 주어진 하나님의 놀라운 선물은 이 영광의 상실로 인해 빼앗기고 만다(Dunn, 1980:102) – 로 말미암아 모든 이들이 아담 안에 범죄하고 말았다. 그러나 하나님께서는 언약을 통해 온전한 관계를 이루시기 위해 죄인들을 용납하시고 회복시키신다. 즉, 하나님께서는 자발적으로 예수 그리스도의 죽음에 근거하여 죄인들을 의롭게 해 주신다(24절).

하나님께서는 인간의 행위와는 상관없이 무조건적으로 이 일을 행하신다(cf. 23절). 마치 이스라엘의 출애굽처럼 새로운 구원시역은 은총이 선물을 통해 인류에게 자유를 가져다 주었다. 24절에 나오는 구속–이것은 일반적인 죄 사함의 메시지라고 볼 수 없다–은 소유권의 변화, 바뀌게 된 주인, 예수의 죽음이 가져다 준 새 시대의 특징을 암시해 준다(Ziesler, 1981-82:356-59). 하나의 새로운 존재 양식을 가져다 주신 그리스도는 인간 존재의 새로운 실제 속으로 들어오신 하나님의 종말론적인 임재이다.

25절에서 바울은 제사용어를 통해, 하나님께서 그리스도로 말미암아 이루셨던 일에 대해 설명해 나간다: "이 예수를 하나님이 그의 피로 인하여 믿음으로 말미암는 화목 제물(히라스테리온)로 세우셨으니." 예수의 죽음으로 말미암아 하나님은 그의 노여움을 푸셨다. 70인경에서 속죄일의 제사 때 중요한 기능을 담당했던 법궤 위 속죄소는 항상 "히라스테리온"이라는 헬라어로 번역되었다. 속죄일에 이스라엘의 대제사장과 이스라엘의 하나님은 이 속죄소에서 서로 만나게 되었다. 그러므로 속죄는 속죄의 장소에서 이루어져야 한다. 바울은 그리스도를 새 속죄소–이 새 속죄소는 속죄를 드릴 장소 및 속죄 방식을 의미한다–로 설명하기 위해 히라스테리온을 사용하는 듯하다.

이 새로운 속죄소는 피 흘리신 메시아이다. 그리고 메시아의 희생 제사는 마치 구약 성도들이 하나님이 주신 제사제도를 통해 믿음으로 하나님께 나아갔던 것처럼, 그 효력을 믿는 개인의 믿음을 통해 받아들여지게 된다(25절). 하나님은 의가 죄에 대해 요구했던 것을 은혜로 채워 주셨다. 그러나 이와 같은 방식은 속죄일에 지성소 안에서만 은밀히 이루어졌던 구약의 방식과는 매우 다르다. 하나님은 전에 지은 죄를 간과하심으로 자신의 의를 보이시며(25절), 예수를 믿는 자들을 의롭게 하려고 그리스도를 모든 이들에게 나타내셨다(26절). 이러한 그리스도의 속죄는 죄에 대한 하나님의 최종 선언이다. 이를 통해 율법을 소유하고 있다는 유대인의 모든 자랑은 이제 물러가야 한다. 그리하여 유대인의 배타주의는 이 속죄사역에 그 어떤 역할을 감당할 수가 없게 되었다(27절). 하나님은 그리스도의 희생을 통해 종말의 승리를 쟁취하셨다. 유대인과 이방인 이 둘은 오직 믿음으로 말미암아 의롭게 된다(28-30절).

바울 구원론 사상의 본질은 그리스도의 희생적 죽음에 기초한다. 심지어 로마서 3:25-26 외에도 그리스도의 대속적 죽음은 바울복음의 핵심 메시지가 된다(cf. 고전 2:2; 살전 5:9-10). 이 메시지(그리스도의 희생적 죽음)는 십자가에 달려 죽으신 하나님이라는, 도무지 상상할 수 없는 교리를 포함하고 있었기 때문에, 일반적으로 이방인들은 이 메시지를 받아들일 수 없었다. 그리고 유대인들은 십자가를 그들의 메시아와 연결시킬 수 없다. 그리하여 십자가는 거리끼는 것이었으며 메시아 대망 사상에 모욕을 가져다 주는 것이었다. 또한 헬라인들에게 이 십자가는 어리석은 것이었다(고전 1:23).

그러나 바울은 십자가를 악한 세대에 사로잡혀 있는 현 세대로부터 인류를 구원하시려는 하나님 계획의 한 부분으로 소개한다. 바울은 "두 세대"라는 전통적인 유대교 사상을 사용하면서 통상 이 세대를 "오는 세대"와 대조시킨다(엡 1:21). 그리고 바울은 이 두 세대 사이의 긴장을 인식한다. 이 긴장을 통해 그리스도인들은 현재적 경험을 통해 믿음의 선한 싸움을 경주한다. 새 세대는 그리스도의 종말의 재림으로 완전히 성취될 것이다. 그러나 바울에 따르면, 이 새로운 세대는 현재에도 악의 세대와 서로 공존한다.

바울에게 있어서 세대의 전환점이 되는 역사의 결정적인 국면은 그리스도의 죽음이었다. 그리스도의 죽음은 또한 종말 바로 직전에 일어날 우주의 종말론적 전투—유대 사상에 의하면 이 전투는 아마겟돈이라 불리운다—를 야기시켰다. 종말의 시작이 되는 예수의 죽음은 이 세상을 우주적인 세력들로부터 구원한다. 이 우주적 세력들은 십자가에 의해 깨뜨려지고 패배당하고 만다(롬 8:38; 엡 6:12; 골 2:15). 메시아 죽음에 대한 이와 같은 구원론적 해석은 바울이 깨달은 복음이라 할 수 있다(cf. 고전 15:1-5).

② 아브라함 언약의 구조(롬 4장)

4장에서 바울은 3장 말미에 등장하는 구원론의 의미를 유대적 용어를 통해 설명해 나간다. 즉, 언약에 대한 하나님의 신실하심—이 신실하심은 그리스도의 대속의 죽음을 통해 확증되었다—은 모든 신자들을 예수 그리스도 안에서 하나가 되도록 해주며, 아브라함 언약의 자손이 되도록 인도해 준다. 마지막 심판은 예수를 통해 예견되어 왔으며, 시내산 언약의 배타주의는 사라져버렸다. 언약의 수납(受納)은 이제 모든 이들에게 주어진다.

이 언약의 수납은 토라에 근거하기보다는 인간의 죄와 타락에도 불구하고 아브라함 약속을 지속적으로 지키시는 하나님을 신뢰하는 믿음과, 예수의 죽음을 통해 죄 용서함을 주시는 하나님의 대속에 근거한다. 그러나 이것은 이방인들이 유대인들과 같이 되어야 한다는 것을 뜻하지 않는다(롬 4:1-4; 9-12장). 1절의 수사학적 질문을 고찰해 보라: "그런즉 육신으로 우리 조상된 아브라함이 무엇을 얻었다 하리요?"(Hays, 1985:81) 바울은 이 질문에 대한 답변을 13절에서 제시한다. 즉, 육적 자손이 아닌 믿음의 자손이 아브라함 언약의 후사가 된다는 것이다.

③ 화해와 칭의(롬 5:1-11)

바울은 하나님의 구원론적 사상을 우리들에게 설명하기 위해 다양한 개념들을 사용한다. 로마서 5장에서 발견되는 이러한 개념들 중 하나는 화해이다. 이 단어는 인간관계의 영역으로부터 이끌어온 말이다. 비록 화해가 바울신학의 중요한 입지를 점한다 할지라도, 바울은 화해라는 표현을 자주 사용하지는 않는다. 예를 들면, "화해시키다"(카탈라소)라는 동사는 바울 서신에 단지 다섯 번만 등장한다(현 본문 속에는 한 번 등장한다; 고전 7:11 참조). 로마서 5장 외, 바울이 이

사상에 대해 언급하는 주요 본문은 고린도후서 5장이다.

화해는 하나님을 대항한 인간의 적대감을 종결하는 것이다(골 1:20-22). 그러나 화해는 그리스도의 죽음을 통해 나타난 하나님의 사랑의 사역에 근거한다. 이 종말론적 구원사역은 생명을 살리는 새로운 길을 열어주었다. 즉, 우리는 하나님으로 말미암아 용납받을 수 있는 가능성을 얻게 되며 하나님과 화평을 누리게 된다(롬 5:1). 화해의 종말론적 성격은 골로새서 1:20에서 가장 분명하게 드러난다. 이 구절에서 바울은 화해를 일치와 화평을 통한 우주적 질서의 완성으로 묘사한다. 그리고 이 완성은 악의 권세를 무찌르신 그리스도로 말미암아 이루어진다.

바울의 화해 사상은 바울신학의 다른 사상들과 마찬가지로, 그의 종말론이 부분적으로 실현되었음을 나타내 준다. 어떤 면에서는 새 창조—이 새 창조는 구원의 때, 용납받을 수 있는 때인 "지금"을 가리킴(Ridderbos, 1975:183)—의 기초가 되는 화해는 이미 이루어졌다(롬 5:8-11; 고후 5:18-21; 엡 2:11-19; 골 1:20-22). 다른 한편 이 화해는 새 창조(고후 5:17)가 새 예루살렘의 도래(계 21:2)로 인해 마지막 완성을 이루는 때인 최종적인 종말을 가리킨다. 비록 화해가 이루어졌다 할지라도 현재의 피조물은 그 마지막 완성을 간절히 고대한다(롬 8:18-25). 비록 화해가 그리스도의 승리로 말미암아 이루어졌다 할지라도, 우리는 최종적인 완전한 회복을 기다려야 한다. 그러므로 바울의 종말론은 실현된, 그러나 기다려야 할 미래의 종말론이다.

로마서 5:1-11에서 바울은 또한 그의 신학의 또 다른 중요한 국면—칭의—을 간략하게 소개한다. 이 칭의에 대한 토론은 3:20에서 시작된다. 법정 용어로부터 파생된 개념인 칭의는 하나님과 화평을 누릴 수 있는 또 다른 길이다(롬 5:1). 이 용어는 그리스도를 통한 하나님의 간섭하심으로 말미암은 인간의 현재적 신분에 대해 묘사해 준다. 칭의가 "하나님과의 올바른 언약관계로의 참여"라는 본질적인 이슈를 다루기 때문에 이 칭의는 기초가 된다(Wright, 1980:15). 과거부터 구원을 입증하고 미래를 위해 구원을 보장해 주는 칭의는 앞뒤 둘 다 바라본다. 그러나 이 칭의 사상은 근본적으로 종말론적이다. 왜냐하면 유대 사상과 마찬가지로 이 칭의는 현재에 드러난 마지막 종말의 증거가 되기 때문이다.

칭의는 인류를 향한 그리스도의 구속사역에 초점을 맞춘다. 그리고 이 칭의는 하나님과의 온전한 관계를 맺기 위한 인간의 근본적인 필요를 말해 준다(롬 1:16-18). 더욱이 바울은 이 칭의와 아울러 행위에 따른 미래의 심판—이것은 종말과 관련되어 있다—을 언급한다(롬 2:14-16; 14:10-12; 고전 3:13-15; Snodgrass, 1986:85-87; Travis, 1986:61-64). 이와 같은 심판은 개인마다 계시를 신실하게 받아들여야 할 필요가 있음을 보여 준다. 또한 이 심판은 칭의가 마지막 심판의 선취(先取)임을 보여 준다. 새롭게 부여받은 신분에 합당한 행실—이 행위는 개인의 구원확신의 수단이 된다—을 강조하는 바울은 행위라는 의로 말미암는 성화교리를 지지하지 않는다. 오히려 바울은 하나님의 은혜로 의롭게 된 사람들을 위해 이 교리를 설명한다(Snodgrass, 1986:85-87).

바울은 의에 대한 증거가 새로운 종말의 지평을 열어주었다고 주장하기 때문에, 본질적으로 구원은 종말론적인 성격을 지닌다. 로마서 5:9에서 바울은 다음과 같이 기록한다. "그러면 이제 우리가 그 피를 인하여 의롭다 하심을 얻었은즉 더욱 그로 말미암아 진노하심에서 구원을 얻을 것이니." 실로 바울은 그리스도로 말미암는 구원이 오는 세대에 완전히 성취될 것임을 깨닫는다. 비록 그리스도의 죽음과 부활이 새 시대의 도래를 가져다 주었지만, 이 새 시대의 완성은 그리스도의 재림 때까지 기다려야만 한다(고전 15:22-28).

이제 그리스도인들은 종말의 축복을 누린다. 그러나 그리스도인들이 누려야 할 더 큰 축복이 아직 남아 있다. 유대인의 유산을 소중히 여기는 바울은 구원을 (근본적으로) 미래적인 것으로 설명한다(롬 13:11; 살전 5:8). 왜냐하면 그리스도인들은 현재의 구원에 동참해 있는 자들이기 때문이다(고전 1:18; 15:2; 고후 2:15; 6:2). 바울은 "구원하다"라는 동사를 과거시제로 거의 사용하지 않는다. 그가 이 동사를 사용할 때 이 동사는 로마서 8:24-25에 나오는 소망과 같은 어떤 미래적인 것을 말한다.

(3) 세상의 탄식(롬 5:12-21; 8:18-23)

바울에 따르면, 구원의 필요는 아담의 시대—인류와 피조물이 탄식하기 시작한 때—로까지 소급될 수 있다(롬 5:12). 아담시대 이후 역사적인 아브라함의 사람들은 아담의 죄로 말미암아 발생한 문제들을 해결해 주는 하나님에 의해 작정된 해결책이 된다. 그리하여 창세기 12장은 창세기 1-11장의 속편이 된다. 이스라엘과 약속의 땅에 대한 이스라엘의 소명은 아담의 동산 추방에 대한 해결책이 되었다.

그러나 이스라엘의 실패는 이방인의 빛으로서의 사명이 이사야 40-55장의 종 이스라엘의 대리자(代理者)에게로, 그 다음 이스라엘의 마지막 대리자 예수 그리스도에게로 넘어가게 되었음을 의미한다. 이스라엘이 제도를 통해 전달된 약속들을 받아들이지 못했기 때문에, 이스라엘은 또한 하나님의 새사람이 될 수 없었다. 비록 이스라엘이 아담의 죄를 회복할 수 있는 해결책이 되었지만, 이스라엘은 오히려 그 죄에 참여하고 말았다. 구약에서 이스라엘은 빛보다는 어두움을 가져다 주었다. 금송아지 우상숭배로부터 시작하여(출 32장) 이스라엘은 항상 실패를 거듭했다. 그러나 둘째 아담 예수는 인류에게 구원을 가져다 주신다. 실로 모든 피조물 또한 이 구원을 절대적으로 필요로 한다.

① 둘째 아담(롬 5:12-21)

우리는 로마서 5:12-21에 표현된, 바울의 아담 기독론(cf. 고전 15:20-28; 골 1:15-20)을 중간기 시대의 아담 사상과 관련하여 이해하는 것이 가장 바람직하다. 이 중간기 시대 아담 사상은 아담을 이스라엘로 강조하기보다는 오히려 아담을 인류의 대리자로 강조한다(Wright, 1983:363). 땅에 충만하라는 최초 명령의 변화, 아담으로부터 아브라함 및 그 후손까지 이루어진 증가(창 12:2; 17:2, 7; 22:17-18; 28:3; 35:11-12; 47:27; 48:4)는 아브라함과 그 후손이 아담 역할을 계승함을 나타낸다. 실로 아담을 통해 전달된 인류를 향한 하나님의 목적은 이스라엘에게 계승되었다.

그러나 이스라엘의 새 에덴, 즉 약속의 땅 점령—아브라함의 자손들은 이곳에서 새로운 인류가 되었다—은 단지 아담의 죄를 더 많이 증가시킬 뿐이었다. 예루살렘의 멸망과 주전 6세기의 바벨론 유수를 통해 이스라엘은 "에덴"에서 다시 쫓겨나게 되었다. 아담과 이스라엘과의 연관성은 중간기 시대에도 계속 연구되었다. 쿰란 공동체는 아담을 새 이스라엘과 연결시켰다(Wright, 1983:364). 그 당시 유대 종말론에 따르면, 아담의 영광은 회복될 것이며 이 영광으로 말미암아 종말의 모든 하나님 백성이 연합될 것이다.

바울은 아담을 이스라엘과 연결해서 보는 이 사상을 한 단계 더 발전시켜, 아담을 예수와 연결시켜본다. 로마서 5:12-21에서 바울은 인류의 기원 아담과 인류의 기원 둘째 아담 예수를 대조시킨다. 그렇지만 예수는 단지 아담을 대체한 것이 아니다. 왜냐하면 그리스도는 먼저 옛 아담에 의해 시작된 고통을 맛보셨기 때문이다. 하나님의 명령을 불순종함으로 말미암아 사망의 권세는 아담으로부터 모세까지, 심지어 아담의 범죄와 같은 죄를 범하지 않은 사람들에게까지도 왕노릇해 왔다(14절). 달리 말하자면, 사망은 모든 인류가 아담 안에서 범죄했기 때문에 모든 사람에게 이르게 된다(12절).

아담과 모세시대 사이에 율법의 부재는 죄와 사망 사이의 직접적인 연관성이 있음을 강조한다(Byrne, 1981:561). 이스라엘의 문(門)이요, 세상을 위한 축복의 통로가 되는 토라는 인류역사를 긍정적인 방식으로 변화시켜야만 했다. 그렇지만 로마서 9:30-10:4에서 바울은 이스라엘의 토라 오해가 이스라엘의 파멸을 가져다 주었다고 주장한다. 그 밖에 갈라디아서 3:19에서도 바울은 율법이 이스라엘을 돕지 못했으며, 오히려 율법이 이스라엘의 죄를 촉진시켰다고 주장한다. 그리하여 예수는 잘못된 것을 다시 원상태로 회복시켜야만 했다. 즉, 이스라엘은 예수를 통해 새생명을 얻게 되었다(롬 5:18-19). 15절에서 바울은 아담의 타락으로 말미암아 초래된 끔찍한 결과와 (그리스도의 죽음으로 말미암은) 인류를 향한 구원의 결과를 대조시킨다. 둘째, 아담은 아담의 죄를 속량하기 위해 말없이 갈보리로 향하셨다. 이로 인해 죄가 더한 곳에 은혜가 넘치게 되었다(Wright, 1983:372). 이리하여 예수는 인류를 범죄사들로 규정하면서 아담이 실패한 그 지점부터 구원역사를 다시 시작하셨다(Wright, 1983:371).

② 창조의 희망(롬 8:18-23)

바울은 로마서 8:18-23에서 아담의 죄가 피조물에게 미친 영향을 소개한다. 19-21절은 피조물이 굴복해 온 허무함이 타락과 관련되어 있음을 분명히 보여 준다. 왜냐하면 하나님의 자녀들의 출현, 즉 인류의 온전한 구속으로 말미암아 이 과정이 역전될 것이기 때문이다. "피조물의 고대하는 바는 하나님의 아들들의 나타나는 것이니 피조물이 허무한 데 굴복하는 것은 자기 뜻이 아니요 오직 굴복케 하시는 이로 말미암음이라 그 바라는 것은 피조물도 썩어짐의 종노릇한 데서 해방되어 하나님의 자녀들의 영광의 자유에 이르는 것이니라." 비록 아담이 20절에서 "굴복당하는" 수동적 존재로 대개 이해되어 왔다고 할지라도(Cranfield, 1975:414-15), "자기 뜻이 아니요"라는 표현은 창세기 3장에 나오는 인류를 나타내지 않는다. 오히려 피조물이 타락으로 말미암아 (하나님에 의해) 땅에 내려진 저주의 지배 아래 있게 되었음을 말해 준다(창 3:17-19).

피조물에 대한 바울의 표현은 인류와 세상이 매우 밀접한 관계에 놓여 있음을 상기시켜 준다. 왜냐하면 인류는 피조물을 다스리는 주체이기 때문이다. 실로 전통적인 유대교적 해석은 이 둘의 운명을 서로 묶어준다(사 2:19-21; cf. 13:9-11). 바울은 인류의 타락이 인류를 통해 자연 세계로까지 확대되었음을 강조한다. 즉, 피조물의 자연적 역할은 인류의 자연착취와 무능력한 자연개발로 인해 남용되고 말았다. 그렇지만 바울은 "피조물의 굴복"이라는 종말론적 이해를 자각한다. 왜냐하면 이와 같은 이해 또한 희망 가운데 이루어졌기 때문이다(롬 8:20). 그러므로 인류가 최종적인 구원의 축복을 온전히 누리게 될 때, 그리고 종말이 도래하여 육체의 부활이 새 시대의 가시적 증거로 드러날 때 자연 세계 또한 해방을 맛보게 될 것이다.

하나님은 인간에게 (보살핌이 필요한) 세상—하지만 이 세상의 혼돈이 현재의 실제가 되고 말았다—을 다스리는 통치권을 부여해 주셨다. 그렇지만 하나님은 또한 이 세상 중앙에 하나의 이상적인 모델을 세워놓으셨다. 하나님의 동산, 중앙 성소는 이 세상 전체의 잠재력을 반영해 주었다. 이와 같은 의미로 미루어 볼 때, 이 동산은 인류와 세상을 향한 하나님의 완전한 목적을 드러내 주는 증거라 할 수 있다. 그러나 바울이 알고 있는 이 세상은 지금 어떠한가? 이 세상은 타락이 가져다 준 속박으로부터 (인류와 함께) 해방될 때까지 고통 중에 탄식한다(롬 8:22). 한편 우리 개개인의 구속은 창세기 1-2장에 나오는 청지기로서의 사명을 우리가 잘 감당하도록 요청한다. 하나님은 이 세상을 발전시키고 이 세상을 보살피도록 하기 위해 우리를 이 세상으로 인도하셨다. 그러므로 우리는 올바른 사용을 통해 이 세상을 잘 다스려가야만 한다.

(4) 이스라엘과 구원(롬 9-11장)

바울의 해석에 따르면, 신자들과 피조물은 둘째 아담이 되시기 위해 이스라엘의 타락을 뛰어넘으신 그리스도의 은혜를 받아 누리게 될 것이다. 그렇다면 이스라엘과 하나님의 계획은 어떻게 조화를 이룰 수 있는가? 이 구원의 새 시대에 민족 이스라엘의 위치는 어떤 것인가? 로마서 1:16에 따르면 복음은 먼저 유대인을 위한 것이다. 그렇다면 이 구절은 단지 몇몇의 유대인들이 구원받게 될 것이라는 배타적 의미로 해석되어야만 하는가, 아니면 민족 전체가 축복에 참여할 것이라는 포용적 의미로 해석되어야만 하는가? 바울은 9-11장에서 유대인 불신자 문제로 씨름하며 그와 관련된 질문을 던진다.

바울의 초기 사역 가운데 그가 집중했던 주 관심은 이방인들이 오직 믿음으로 말미암아 신앙 공동체 안으로 들어가는 것이었다. 사도 바울은 구원과 성화 둘 다 오직 믿음으로 말미암는다고 주장한다. 왜냐하면 오직 한 하나님의 백성만 있을 뿐이며, 참 아브라함의 후손은 그리스도인이기 때문이다. 그러므로 기독교는 구약의 믿음의 이스라엘, 즉 참 예배 공동체-민족 이스라엘이 추구했던 정치적, 외형적 제도는 사라진다-를 계승한다. 동시에 그리스도인들은 또한 그리스도 안에서 새사람, 새로운 피조물(엡 2:15; cf. 엡 4:24; 골 3:10)이 된다. 그렇지만 바울은 유대교에로의 개종이 아닌, 그리스도 안에서 이루어진 이스라엘 언약의 성취를 바라보면서 이스라엘과 새 백성 사이의 연속성을 강조한다. 사도행전과 바울 서신을 통해 바울은 이스라엘에 대한 지속적인 관심을 보여 준다. 로마서 9-11장에 드러나는 이러한 관심은 이스라엘의 불신과 화해를 위한 노력으로 말미암아 경감된다.

바울은 민족 이스라엘을 향한 슬픔을 토로한 후(롬 9.1-5), 이스라엘의 불신이 하나님 말씀의 실패를 뜻하지 않는다고 선언한다. 왜냐하면 항상 두 종류의 이스라엘이 있었기 때문이다(6절). 그렇다. 많은 유대인들의 예수 배척은 이스라엘이라는 모호한 용어에 관심을 기울이게 했다. 그러나 모든 이스라엘 백성의 구원은 결코 보장되지 않았다(6-13절). 바울은 개개인의 구원이 하나님의 선택에 달려 있다고 주장한다. 그러므로 하나님께서 자비를 베푼 자들은 오직 유대인만이 아닌 유대인과 이방인 모두이다(25-29절). 이사야 10:22을 인용하는 27절에서 바울은 신학적 관점에서 볼 때, 이스라엘은 항상 민족 이스라엘이 아닌 신앙의 이스라엘이었다고 주장한다.

더욱이 믿음의 이스라엘은 이제 신앙을 발견한 이방인들을 포함시키고, 행위로써 의를 이루려는 유대인들을 제외시킨다(32절). 토라 혹은 그리스도는 이스라엘을 거치게 하는 반석이다(33절). 이스라엘의 문제점은 회심하기 전 바울의 문제-지식 없는 열심(10:2)-와 흡사하다. 하나님의 신실하심을 무시한 유대인들은 하나님의 신실하심을 구현한 그리스도를 인정하지 않는다(3절). 유대인들은 율법시대를 종식시킨 그리스도가 모든 이들의 구원의 근거가 된다는 사실을 반드시 깨달아야만 한다(4절).

로마서 11장을 통해 바울은 그의 사역을 서술한다(Robinson, 1967:81-96). 로마의 이방인을 위한 견책으로 볼 수 있는 1-24절을 통해 바울은 이스라엘이 복음에 우선권이 있다고 강조한다. 바울은 지금 이방인이 아닌 유대인을 강조한다. 바울은 자신의 삶을 증거로 제시하면서 한 전체로서의 이스라엘이 버림당하지 않았다고 선언한다(1-10절). 실로 바울은 유대인이며 하나님은 지금도 유대인을 통해 이스라엘로 부르신다. 이스라엘의 남은 자가 있으며 이방인들은 이들의 신앙에 지금 참여하고 있다. 그렇지만 이 이스라엘의 남은 자는 전통적인 유대 민족 국가와는 다르다. 왜냐하면 이 남은 자는 민족이 아닌 은혜로 말미암아 일어날 것이기 때문이다.

아담의 죄로 채워진 민족 이스라엘의 범죄는 이 세상에 좋은 소식을 가져다 주었다(11절). 바울은 감람나무 비유를 사용하면서 이방인들이 이스라엘에 대한 하나님의 선택에 의존하고 있으며, 이방인들이 이 사실을 깨달아야 한다고 권고한다(17-24절). 그러나 비록 이방인들이 이스라엘과 동반자가 된다 할지라도, 이방인들은 이스라엘의 일부가 될 수 없다(Robinson, 1967:89). 동시에 바울은 하나님께서 유대인들을 위해 그들이 새 언약에 들어갈 수 있는 어떤 특별한 길을 마련해 놓지 않으셨다고 분명히 말한다. 유대인은 이방인과 마찬가지로 오직 믿음을 통해 새 언약에 들어가야만 한다.

25-32절에서 바울은 이스라엘의 완악함을 하나님의 경륜에 비추어 설명하면서 이스라엘의 불신에 대해 논한다. 유대인들은 복음이 증거될 때까지, 다시 말해 "이방인의 충만한 수가 들어올 때까지" 여전히 완악할 것이다(25절). 이방인의 충만함과 모든 이스라엘의 구원은 "이사야 49:6에 예고된 주의 종을 통해 성취될 하나님의 구원 목적의 양쪽 날개"(Robinson, 1967:88)와 같다. 이 주의 종의 사역은 야곱 지파를 회복시키고 이스라엘의 남은 자를 일으킬 뿐만 아니라, 땅 끝까지 구원 계획을 수행하기 위해 이방인을 향한 빛이 되는 것이다.

하나님이 택하셨던 유대인들은 바울의 선교(기독교의 복음을 증거한 사역)를 통해 구원받았던 유대인들과 동일한 방식으로 구원받을 것이다. 이 방식 외 다른 길은 없다. 구원받아야 할 온 이스라엘 백성들은 구원받고 있으며, 또 구원받게 될 것이다(26절). 다른 특별한 길은 없다. 바울이 25절에서 말하는 신비는 "이방인들은 이스라엘의 불순종으로 말미암은 수혜자일 뿐만 아니라, 바로 그 이스라엘을 구원하는 구원의 수단이 된다"(Robinson, 1967:93)는 것이다.

바울은 또한 26절에서 이사야 59:20을 변경해서 인용한다: "구원자가 시온에서(from) 올 것이다." 히브리 성경과 70인경에서 우리는 "시온에"(to)라는 문구를 발견할 수 있다. 바울은 이스라엘을 향한 예수의 과업과 사역을 설명하기 위해 이사야 59:20을 의도적으로 변경시킨다.

그러나 바울은 이스라엘과 기독교를 동일하게 취급하지 않으며, 하나님의 새 백성을 묘사하기 위해 이스라엘이라는 용어를 사용하지도 않는다. 이스라엘에게 주어진 역사적 약속들은 여전히 이스라엘의 것이다(9:4-5). 이방인들은 이스라엘의 자손이 아닌 아브라함의 자손들이다. 비록 현재 이스라엘의 남은 자가 있다 할지라도 복음의 시대는 이방인의 충만한 수가 차게 될 때, 이스라엘의 충만함과 함께 끝나게 될 것이다.

기독교는 민족 이스라엘을 자극시키는 대상이 되며, 하나님은 이 기독교를 통해 이스라엘을 가르치신다. 바울은 계속해서, "남은 자"와 "남은 백성"이 종말 때까지 여전히 민족 이스라엘에게 중요한 요소가 될 것이라고 논증한다(Robinson, 1967:87). 28-32절은 오직 한 하나님의 백성이 있을 뿐임을 강조한다. 반면 유대인들은 완악한 자들이다. 그로 말미암아, 그들은 샘비를 얻게 될 것이다. 실로, 하나님은 유대인과 이방인 둘 다 완악하게 하셔서 복음의 은혜가 모든 이들에게 전파되어 한 하나님의 공동체가 일어나도록 하셨다.

비록 바울서신에 나타난 교리적 논증이 11장 이후에 사실상 끝난다 할지라도, 15:15-29은 바울이 자신의 사역을 어떻게 이해하고 있는지를 분명하게 설명해 준다. 15장의 배경은 예루살렘의 빈곤한 그리스도인을 돕기 위해 교회들이 맡은 헌금에 집중되어 있다(이 예루살렘은 바울이 자신의 사역을 끝마치는 시점에서 여전히 신학적으로 중요한 도시였다. 왜냐하면 바울은 먼저 유대인에게 전해진 뒤 이방인에게로 전파되는 구원의 순서를 인식했기 때문이다). 예루살렘을 돕기 위해 자발적으로 모금된 이러한 헌물(獻物)은 복음의 제물—이스라엘의 하나님께 드리는 이방인의 제물—이 된다(16절).

주로 이방인 공동체를 위해 쓰여진 서신—그러나 바울은 이스라엘과 맺은 언약의 우선권을 인식하고 복음이 유대인에게 먼저 선포되어야 함을 강조한다—을 통해, 바울은 종말의 하나님의 새 공동체 영적인 아브라함의 후손을 창조하는 복음을 선포한다. 하나님 통치의 시작과 함께 하나님 백성은 자신들이 새 시대를 통해 회복의 과정에 있음을 발견한다. 왜냐하면 복음은 특권, 인종 그리고 신조(信條)라는 속박을 끊어버렸기 때문이다. 모든 이들은 이제 이스라엘의 메시아인 그리스도 안에서 하나가 된다.

4. 고린도전후서

고린도에 있는 가정 교회들에게 보내진 편지를 통해, 바울은 고린도 성도들의 생활에 영향을 끼친 구체적인 사항들에 집중한다. 그러므로 이 서신의 성격은 바울의 주 관심사를 규정해 준다. 예를 들면, 고린도 시(市) 안에 가정 교회를 이루고 있었던 성도들과 연락을 주고받고 있기 때문에, 바울의 주 관심사 중 한 가지는 "그리스도 안"에 있는 교회이다. 바울은 고린도 성도들이 직면한 다양한 이슈들 가운데 종말에 대한 지나친 기대가 교회의 생활 속에 널리 확산되었다고 이해한다. 그리스도와 함께 통치하고 있으며 인간이라는 지도자는 더 이상 필요없다고 믿는 자들을 향해, 바울은 미래의 부활과 두 시대의 공존을 강조하면서 미래적인 자세를 견지한다.

새 언약 가운데 이스라엘의 우선권에 대한 지나친 강조는 바울이 고린도후서에서 제기한 하나의 이슈가 된다. 고린도후서에서 바울은 신자의 부활과 변화를, 종말의 대(大) 절정으로 이해한다. 의심할 나위 없이 고린도전후서는 어떻게 신자의 종말론이 교회의 삶에 매일매일 영향을 끼치게 되는가를 증명해 나간다.

(1) 그리스도 안에서 성화됨(고전 1:2)

바울은 고린도 성도들에게 보내는 그의 첫 서신을 다음과 같이 시작한다: "고린도에 있는 하나님의 교회 곧 그리스도 예수 안에서 거룩하여지고 성도라 부르심을 입은 자들과 또 각처에서 우리의 주 곧 저희와 우리의 주 되신 예수 그리스도의 이름을 부르는 모든 자들에게"(1:2). "그리스도 안에"라는 표현이 의미하는 바는 무엇인가? 비록 이 표현이 종말론적인 의미가 전혀 없는 것처럼 보인다 할지라도, 우리는 이 표현이 종말론적 의미를 나타내고 있음을 살펴보아야만 할 것이다.

때때로 바울은 단순히 "그리스도인"을 뜻하기 위해 "그리스도 안에"라는 문구를 사용하기도 하고(예, 롬 16:3) 구원이 그리스도와의 교제를 통해 가능하게 되었음을 알려주기 위해, 구원론적인 차원에서 이 문구를 사용하기도 한다. 예를 들면, 로마서 6:11에서 이 문구("그리스도 안에")는 구속의 구원 사건과 관련되어 있다. 갈라디아서 3:28에서 바울은 그리스도의 몸 곧 교회로의 연합을 설명하기 위해 "그리스도 안에"를 사용한다. 이때 이 표현은 종말론적인 성격을 지닌다. 다른 예를 들어본다면, 바울은 신자들이 승귀하신 주님과 누리는 새로운 교제를 가리키기 위해 "그리스도 안에"를 사용한다(Kourie, 1987:34). 고린도 서신에서 바울은 "그리스도 안에"라는 표현을 특별히 종말론적인 의미로 사용한다(Parsons, 1988:28; 골 3:3과 같이 바울이 "그리스도와 함께"를 미래의 교제를 뜻하기 위해 사용하고 있음을 주목해 보라).

바울이 "그리스도 안에"를 종말론적인 의미로 사용하게 된 배경은 그의 다메섹 도상 체험이라고 할 수 있다. 이때 바울은 이스라엘의 메시아와 새로운 관계, 역동적인 관계 속으로 들어가게 되었다(Kourie, 1987:34). 바울은 이 문구("그리스도 안에")를 통해 그리스도께서 성부와 누리는 영원한 실제를 신자들이 현재 공유하고 있다는 사상을 전달해 준다. 그리고 바울은 종말이 현재 안으로 침투해 들어왔다고 선포한다(고후 5:17).

실로 그리스도와의 연합은 이 문구가 뜻하는 바의 핵심이 된다. 이 문구("그리스도 안에")는 그리스도의 사역으로 말미암은 새 시대에로의 참여를 말해 주기 때문에(엡 2:6), 하나의 일반적인 의미는 다양한 뉘앙스를 포함한다. 즉, 이 문구는 "그리스도와 연합"을 뜻할 뿐만 아니라 (그리스도인이라는 의미에서) "그리스도에게 속함"을 뜻할 수도 있다.

1931년 알버트 슈바이처는 바울이 이스라엘의 메시아와의 연합을 설명하기 위해 "그리스도 안에"를 사용했다고 주장했다(110-18). 이러한 해석은 근본적으로 옳다. 왜냐하면 그리스도의 역할이 이스라엘을 대표하는 대리적 인물로서 그 사역을 다시 시작하는 것이었기 때문이다. 바울은 "아담과 그리스도"라는 이미지를 사용하면서 두 개의 큰 역사를 소개한다. 그리고 두 역사 속에서 아담과 그리스도에게 속한 백성들은 그들의 운명을 역사의 선도자들(아담과 그리스도)과 함께 공유한다.

고린도전서 1:2과 같이 바울은 어디서든지 "그리스도 안에"를 메시아와의 연합을 뜻하기 위해 사용한다. 그리고 바울은 이 표현을 단지 특정 계층이 아닌, 모든 신자들에게 적용시킨다. 신자는 그리스도 안에서 세례 받은 자로서 "그리스도 안에" 있게 된다(이 세례가 비유적으로 해석되든지 혹은 유형적으로 해석되든지 간에 상관없다). 데살로니가전서 4:16에 나오는 "그리스도 안에서 죽은 자"라는 문구는 그리스도 안에서의 연합을 "현재의 삶"에로만 국한시키지 못하게 한다. 그러므로 신자들은 완성이 이루어질 때까지 그리스도 안에 있게 된다. 개인적 차원에서 볼 때, 이 표현("그리스도 안에")은 개개인들이 그리스도와 함께 죽고 다시 살게 됨을 말해 준다.

집합적인 차원에서 볼 때, "그리스도 안에"는 "그리스도의 몸 안으로의 연합"이라는 사상을 나타낸다. 최근의 해석은 "그리스도 안에"를, "어떤 실재 안으로의 참여"를 뜻하는 표현으로 이해하려 한다(여기서 말하는 실재는 그리스도 사건으로 말미암아 역사적으로 결정된, 신자 이전 혹은 신자의 외부에서 일어났던 실재이다. 또한 이 실재는 개개인과 밀접한 관계를 맺고 있다). "그리스도 안에"라는 표현이 고대하던 이스라엘의 메시아와의 연합―이 연합은 십자가라는 역사적, 객관적 실재를 통해 실현된다―으로 말미암은 개개인의 구원을 가리키는 한, 최근의 이 해석은 옳은 것 같다. 유대인의 메시아와 연합됨으로 말미암아 유대인과 이방인은 이전의 차별이 모두 제거됨과 아울러 그리스도 안에서 새사람으로 하나가 된다.

(2) 그리스도의 몸(고전 6:15; 10:16b-17; 12:27)

바울은 추상적인 표현과 구체적인 이미지를 담고 있는 다양한 어법을 사용하면서 자신의 신학을 설명해 나간다. "그리스도의 몸"은 하나의 구체적인 이미지이다. "그리스도의 몸"은 교회론적 의미를 지닌다. 왜냐하면 "그리스도의 몸"은 고린도전서 12:27에서는 지역 교회(에클레시아)로, 에베소서 1:22-23에서는 천상의 교회(에클레시아)로 소개되고 있기 때문이다. 이와 같은 바울의 이미지 사용은 그리스도의 몸이, 지상 교회와 천상 교회의 모습을 그려주며, 또한 이 두 교회를 연결시켜 주고 있음을 강조한다. 지상 교회를 초월한 이 이미지는 또한 종말론적인 의미를 드러내준다.

바울은 고린도전서에서 "그리스도의 몸"이라는 이미지를 사용하기에 앞서, 먼저 이 영상을 개념화시키고 있는 것 같다. 이 개념을 시사해 주는 표현은 6:15에 나오는 "그리스도의 지체"라는 표현이다. 바울은 이 구절에서 두 종류의 연합-즉, 한 사람이 창기와 성적 관계를 맺음으로 말미암은 육체적 연합(16절)과 그리스도 안에서 맺어지는 신자들의 영적인 연합(17절)-을 대조시킨다. 바울은 15절에서 고린도 교회를, 영적으로 연합된 친교 공동체로 설명하기 위해 "그리스도의 지체"라는 표현을 사용하는 것 같다. 만약 그렇다면 이 15절은 나중에 소개될 바울의 "그리스도의 몸" 개념을 미리 예고해 준다.

"그리스도의 몸"이라는 문구는 고린도전서에서 처음 등장한다. 이 문구가 처음 등장하는 본문은 "육체적 몸" 이미지의 기원을 암시해 준다. 바울은 신자들에게 이방신 제사를 경고하기 위해 10:14-22을 "주의 만찬"과 유비(類比)시킨다. 16 중반절-17절에서 바울은 "우리가 떼는 떡은 그리스도의 몸에 참예함이 아니냐 떡이 하나요 많은 우리가 한 몸이니 이는 우리가 다 한 떡에 참예함이라"고 주장한다. 저녁만찬의 떡은 신자들의 모임을 하나로 연합된 영적인 몸으로 보는 근거가 된다. 실로 예수에 의해 시행된 저녁만찬이 새 공동체의 연합과 전능의 주 예수와 함께 이루어지는 새 언약의 하나됨을 강조하기 때문에, 아마도 주의 만찬이 이 "몸" 이미지의 기원이 되는 것 같다.

저녁만찬 교제는 하나님께서 주신 선물인 그리스도를 향한 신자들의 신뢰를 강조한다. 뿐만 아니라, 이 만찬은 신자와 그리스도와의 상호신뢰 또한 강조한다. 이와 같은 상호신뢰와 연합은 분명히 고린도 교회에 결여되었음이 분명하다. 11:17-34에서 바울은 주의 만찬과 관련된 세심한 지침을 제공한다. 이 지침 가운데, 바울은 만약 신자가 연합하지 못하면, 다시 말해 그리스도의 몸을 분변치 못하면(29절) 주의 만찬이 있을 수 없다고 지적한다. 왜냐하면 이 주의 만찬은 연합된 신자들을 나타내주기 때문이다. 고린도 교회의 하나되지 못함은 신자들간에 서로 존중하지 않고 있음을 보여 준다. 그러므로 이러한 불일치는 만찬을 망치게 하고 몸의 하나됨을 파괴시킨다.

12장에서 바울은 "영적인 은사" 문제를 거론한다. 영적인 은사는 "그리스도의 몸"의 더 많은 성장을 위한 근거를 제공해 준다. 바울은 4절에서 비록 영적인 은사가 다양하다 할지라도, 이 은사를 소유한 신자들간에 상호교제가 있다고 말한다. 왜냐하면 모든 은사들은 예수 그리스도를 주로 고백함으로 말미암아 한 성령을 통해 주어지기 때문이다. 많은 지체가 한 몸을 이룬다는 사실, 즉 통일성 속에 다양성을 강조하는 바울은 비록 몸이 많은 지체로 구성되어 있다 할지라도 "몸"은 하나라고 주장한다. 그리고 비록 모든 지체가 많다 할지라도 그 지체들은 한 몸을 이룬다. 그리스도의 몸도 이와 마찬가지이다(12절). 달리 말하자면, 그리스도인들은 구속으로 말미암아 그리스도와 온전한 관계를 유지해 왔으며, 그로 인해 그리스도 안에서 한 몸을 이루어왔다.

그러므로 사실상 지역 교회는 성령의 교통하심—성령은 지역 교회가 하나가 되도록 인도해 주신다—을 통해 나타난 그리스도의 인격이다. 바울은 12:27에서 고린도 교인들을 향해 다음과 같이 권고한다: "너희는 그리스도의 몸이요 지체의 각 부분이라." 이 구절이 의미하는 바는 그리스도인이 모일 때 그리스도가 온전히 드러난다는 것이다. 그러므로 이 "몸" 이미지는 새로운 사회 형태, 곧 그리스도인 교회(에클레시아)의 연합이 그리스도인의 교제를 통해 성령으로 말미암아 생겨나는 것임을 강조한다.

바울이 "몸" 이미지를 사용할 때 다음과 같은 일치점이 드러난다: (1) 이 이미지는 항상 그리스도 안에 있는 각 지체들과의 관계를 강조한다. (2) 이 이미지는 교회와 세상과의 관계를 결코 설명하지 않는다. 지금까지 우리는 고린도 교회에 전해진 바울의 메시지에 대해 조사해 왔다. 비록 로마서 12:4-5에서 이 "몸" 이미지의 발전된 형태의 증거를 발견할 수 있다 할지라도(바울은 자신을 로마 교회의 몸의 지체로 여기는 듯하다), 로마서에 소개된 바울의 "몸" 이미지 사용 역시 고린도전서에 나오는 "몸" 이미지 사용과 흡사하다. 만약 이것이 사실이라면, 이것은 바울의 "몸" 이미지 사용이 발전되고 있음을 의미한다.

그러므로 이러한 발전을 통해, 로마서는 고린도전후서와 에베소서 그리고 골로새서 중간에 그 위치를 점하고 있다. "몸"은 고린도전후서와 로마서에서 발견되는 이미지로서, 영속적인 하나님 백성의 실재를 반영해 준다. 반면에, 바울에 따르면, "에클레시아"는 성도들이 모일 때 간헐적으로 이루어지는 회중들의 모임을 뜻하는 말로 한정된다. 다시 말하면 "에클레시아"를 통해 드러나는 그 몸은 바로 그리스도의 몸이다. 왜냐하면 회중 혹은 성도는 그 자체가 생명을 가지고 있다고 볼 수 없으며, 지체들로부터 발생하는 것도 아니기 때문이다.

이 모든 회중들은 한 성령을 통해 서로 상호 관계를 유지하게 된다. 에베소서와 골로새서가 증거하다시피, 그리스도는 그 몸의 머리가 되시고 천상에 속한 분이신 반면, "에클레시아"는 일시적으로 존재하는 지역 교회이다. 그렇지만 그리스도는 그 몸 안에 있는 것이 아니라, 그 몸을 구성하는 지체들 가운데 계신다. 그러므로 그 몸의 연합은, 지체들이 그들의 일상적인 삶과 경험을 서로 나눔으로 말미암아 이루어지게 된다.

"그리스도의 몸"이라는 개념은 지금 하늘의 연합을 이루고 있는, 하나님 백성의 종말론적 중요성을 강조한다. 이 연합은 재림 때, 즉 그리스도 안에 있는 생명의 충만함이 완전히 이해되고 드러날 때(물론 이러한 삶은 현재의 지체들에게도 주어졌다), 그 모습을 분명히 나타낼 것이다. 더욱이 그리스도의 몸으로서 그리스도인들은 연합된 존재라는 정체성을 지니고 있으며, 이 공동체의 목적은 지역 교회의 교제를 통해 그리스도의 생명과 그의 현현(顯顯)을 더 많이 증거하는 것이다.

(3) 그러나 아직(고전 15장)

고린도전서의 첫 시작부터, 바울은 고린도 교회의 지나친 종말의 기대를 교정하는데 집중한다. 그리하여 바울은 그리스도인을 주의 나타나심을 기다리는 자들(고전 1:7)로 정의한다. 이와 같은 바울의 정의는 고린도전서 15장에 나타난 문제들, 즉 고린도 교회 안에 영화(靈化)된, (극단적인) 실현된 종말론을 교정하기 위해 쓰여진 듯하다. 그리스도파(1:12 참조)는 미래가 이미 임했기 때문에, 굳이 인간 지도자가 필요없다고 보았던 초(超)영성주의자였던 것 같다. 바울은 이러한 견해를 반박하기 위해 4:5에서 미래지향적 입장을 취한다. 이 구절을 통해 바울은 때가 이르기 전 아무것도 판단치 말라고 주장한다.

고린도 교회의 자기 중심적 영성주의자들은 자신들이 발견한 새로운 자유를 과시하려 한 듯하다. 그리고 그들은 자신들을 지금 그리스도와 함께 왕노릇하는 자들로 이해한 듯하다(4:8). 자신들의 영적 재능을 인식한 이 고린도 교인들은 교만과 자랑(1:29, 31; 4:7; 5:6), 그리고 오만(4:6, 18-19; 5:2; 8:1; 13:4)에 가득 차 있었다. 그리고 그들은 자신들을 지혜(1:19-27; 3:18-23)와 지식(8:1-3, 7; 15:34)을 소유한 자들로 믿었다. 또한 그들은 "모든 것이 가하다"고 여겨 그들의 자유를 만끽하며 그들의 육체를 더럽히고 말았다(6:13, 15). 이러한 상황 속에서 바울은 이와 같은 무질서와 맞서기 위해 6:14에서 미래에 일어날 부활의 사상적 틀을 제시한다.

무질서한 삶의 방식과 맞선 바울은 또한 고린도 교인들의 신학을 교정시켜 나간다. 고린도의 많은 성도들은 세례를 통해 "그들의 목표"를 이루었다고 생각한 듯하며, 이들은 이 세례를, 영적 매개체로 여겼던 것 같다(고전 1:16-17; 15:29). 아울러 이들은 아마도 이 세례를 구원의 필수조건으로 이해했던 것 같다. 고린도 교인들 가운데 어떤 이들은 주의 만찬을 신령한 음료로 이해했다(10:3-4). 바울의 생각에 따르면, 고린도의 성도들은 기독교의 성찬식을 무분별하게 강조했다. 비록 그리스도인들이라 할지라도 모든 그리스도인들이 여전히 죄인임을 지적한 바울은 고린도 성도들로 하여금 자신들을 분변하도록 권면한다.

12-14장은 다른 문제를 제기한다. 12-14장에서 바울은 고린도 교인들이 잘못된 길에 들어서 있음을 지적한다. 즉, 고린도 교인들은 영적 은사주의에 도취되고 말았다. 고린도 교인들은 자신들이 천사들과 버금가는 삶을 영위하고 있다고 착각했다(13:1; Lincoln, 1981:34). 실로 그들은 방언을 통해 천사의 말을 사용했다. 고린도 교인들은 자신들의 현재의 영적인 체험을 성스러운 영적 부활로 이해했기 때문에, 그들은 죽은 자의 부활을 깨닫지 못했을 뿐만 아니라 그 필요성조차 느끼지 못했다(15:12). 죽음을 기대하지 않았던 그들은 막상 그 죽음이 그들의 공동체 안에 발생하게 되자 혼란에 휩싸이고 말았다(Lincoln, 1981:35). 이러한 상황 속에서 바울은 15장에서 이에 대한 올바른 해석을 제공한다. 그러므로 이 15장은 바울의 종말론 사상을 자세히 설명해 준다.

15:1-11에서 바울은 자신이 이미 고린도 교인들—고린도 교인들의 기독론, 즉 "승귀하신 주"라는 기독론은 그리스도 안에서의 새생명 이해를 승리적 관점에서 이해하도록 만들었다—에게 선포했던 복음을 다시 설명해 나간다. 3절 중반절부터 5절까지는 가장 원초적인 이야기를 소개한다. 이러한 주요 진술은 케리그마의 본질을 설명해 준다. 즉, 그리스도는 우리의 죄를 위해 죽으시고 장사지낸 바 되었다가 부활하신 후 그 모습을 나타내셨다. 5-8절에서 바울이 베드로, 열두 제자, 오백 명, 야고보, 모든 사도들 그리고 바울 자신에게 나타나신 그리스도의 현현(顯現)을 강조하고 있음을 주목해 보라. 바울은 예수의 부활을 입증시키기 위해 그리스도 인격의 연속성을 예수의 출현 사건을 통해 증명해 나간다.

바울은 복음의 기본 메시지를 전달하면서 12절 상반부에서 이 메시지를 다음과 같이 요약한다: "그리스도께서 죽은 자 가운데서 다시 살아나셨다!" 12절 중반부에서 바울은 다음과 같은 질문을 통해 자신의 주장을 펼쳐 나간다: "너희 중에서 어떤 이들은 어찌하여 죽은 자 가운데서 부활이 없다 하느냐?" 바울은 그리스도와 인간의 동일한 경험인 죽음의 결과와 마찬가지로, 그리스도의 부활과 그리스도인의 부활 또한 실제적으로 연결된다고 주장한다(13-19절). 그리스도의 부활은 그리스도인들의 부활이 불필요함을 말해 주는 예외적 사항이 될 수 없다.

바울의 주장은 두 가지 방식으로 전개된다. 만약 그리스도가 부활했다면, 우리도 역시 부활할 것이다. 왜냐하면 그리스도는 구원받은 인류가 겪어야만 하는 것을 미리 경험하셨기 때문이다. 그러나 만약 죽은 자의 부활이 없다고 한다면, 그리스도는 다시 살아나지 못했을 것이다(13절). 더욱이 모든 신자들이 경험하는 새생명은 부활의 선물이다. 그러므로 그리스도의 부활을 부인하는 것은 새생명을 부인하는 것이요 복음을 변질시키는 것이다.

바울은 20-28절에서도 계속해서 그의 주장을 전개해 나간다. 바울은 그리스도의 부활과 성도들의 부활이 결과론적인 관계를 통해 연결되기보다는 인과관계를 통해 서로 연결된다고 주장한다. 20절은 15장의 핵심 주제를 포함한다(De Boer, 1988:109): "그러나 이제 그리스도께서 죽은 자 가운데서 다시 살아 잠자는 자들의 첫 열매가 되셨도다." 즉, 그리스도의 부활은 그리스도 이후 다른 이들도 부활할 수 있다는 가능성을 더 많이 열어주었다. 왜냐하면 그리스도는 죽은 자 가운데서 다시 살아 잠자는 자들의 첫 열매가 되셨고, 믿음 안에 죽은 자들의 문제를 해결해 주는 해결책이 되시기 때문이다.

죽은 그리스도인의 부활은 그리스도의 부활로 말미암아 보장된다. 왜냐하면 그리스도의 부활은 한 개인의 부활이 아니라 새 시대 새 백성을 인도하는 대리자의 부활이기 때문이다(고전 15:21-22). 바울이 21절에서 설명하는 바와 같이, 죽음과 부활은 한 인류의 대리자를 통해 일어난다. 22절은 죄와 구원을 나타내는 두 인물―아담과 그리스도―을 소개하면서 바울의 사상을 자세히 설명해 준다. 부활을 통해 주어진 구원의 생명을 보장해 주는 그리스도의 역할은 죽음을 보장하는 아담의 역할과 조화를 이룬다. 실로, 바울은 아담의 역할이 그리스도에게로 대체되었음을 인식했던 것 같다. 아담 안에 있는 모든 이들이 사망에 이르게 되었다.

반면에 그리스도 안(엔 토 크리스토)에 있는 모든 이들, 곧 이스라엘의 메시아 안에 있는 모든 이들은 부활의 생명에 이르게 된다(22절; Hill, 1988:304).

그러나 바울은 18절에서 제기된 고린도 교인들의 죽음 문제를 답하기 위해 이러한 설명을 제시하고 있다. 이와 같이 우리가 고대하는 부활은 모든 인류의 부활이 될 수 없다. 오직 이스라엘의 메시아 안에 연합된 믿음을 가진 자만이 이 부활에 참여할 수 있다.

23-28절에서 미래의 부활에 관한 바울의 논증은 부활의 순서와 관련된, 첫 열매 의미를 설명한다. 23절에 소개된 (부활의) 두 단계는 첫 열매 개념을 재림 때 있을 마지막 수확의 보증으로 규정한다(Hill, 1988:308) : "먼저는 첫 열매인 그리스도요 다음에는 그리스도 강림하실 때에 그에게 붙은 자요." 24절은 또 다른 부활의 단계를 말하지 않는다. 왜냐하면 "그 후에는"이라는 표현이 시간의 경과를 뜻하기보다는 오히려 논리적인 생각의 결과를 나타내는 듯하기 때문이다. 바울이 "그 후에 종말이 임할 것이다"라고 쓸 때, 그는 재림 때 일어날 불의한 자들의 일반적인 부활을 염두에 두지 않고 있다. 사실상 재림은 메시아가 그의 왕국을 하나님께 양도할 그때이다.

24절 상반절과 28절에서 아버지께 대한 그리스도의 복종은 그리스도께 대한 만물의 복종을 미리 전제한다. 이 만물의 복종은 그리스도의 강림 때 그 절정을 이룬다. 이때 마지막 원수인 사망은 멸망받게 될 것이다(26절). 24-25절(cf. 시 110:1)이 27-28절(cf. 시 8:6; Hill, 1988:300)과 구조적으로 조화를 이루고 있음을 주목해 보라. 이러한 조화를 통해 바울은 현 세대 안에서 이루어지는 그리스도의 천상적 통치를 묘사하기 위해 27-28절에서는 "복종"이라는 개념을, 24절 중반절-25절에서는 "보좌 우편의 권세"라는 개념을 이끌어온다(롬 8:34; 38-39장; 엡 1:20-2:10; 빌 3:20-21; 히 1-2장; Hill, 1988:313). 그리하여 바울은 메시아의 현재적 통치를, 시편 8:6-8과 (인류를 향한 하나님의 목적을 나타내 주는) 창세기 1:26-28의 성취로 이해한다. 그리스도는 종말에 평화의 나라를 아버지께 양도하실 것이다. 이로 말미암아 하나님은 만유의 주로서 만유 안에 계실 것이다(28절). 이것은 바로 창조의 목적을 나타내 준다.

29-34절에서 바울은 몸의 부활과 관련된 세부사항을 집중적으로 다룬다. 29-34절은 이전에 세례를 받지 않고 죽었던 자들을 위해 거행되었던 고린도 교회의 세례식에 대해 설명한다. 이러한 세례식은 물세례가 매우 유효하여 몸이 물세례를 받는 것은 문제가 되지 않는다 보았던 하나의 큰 성례식(聖禮式)으로부터 발생하게 되었다. 29절에서 바울은 고린도 교회의 신학과 그들의 행함 사이에 존재

하는 불일치에 대해 지적한다. 비록 고린도 교인들이 육체의 부활을 고대하지 않았다 할지라도, 그들은 죽은 자들에게 세례를 베풀었다. 바울은 왜 이와 같은 세례를 거행하는지를 설명하라고 고린도 교인들을 향해 촉구한다.

35-37절에서 바울은 부활체(復活體)의 본질에 대해 설명해 나간다. 35절에서 바울이 주지하다시피, 부활을 받아들이는 데 있어서 고린도 교회의 문제는 다음과 같은 두 가지 질문을 통해 요약될 수 있다: "죽은 자들이 어떻게 다시 살며 어떠한 몸으로 오느냐?" 바울은 부활의 실재를 확정하기 위해 씨 비유를 사용한다(36-37절). 바울은 고린도 교인들에게 다음과 같이 말한다: "너희가 씨를 뿌릴 때마다 그 씨 뿌림의 결과로써 사망과 부활이 일어나며, 너희는 자신들의 사망과 부활에 대해 답할 것이다."

비유를 확대시키면서 부활체의 본질에 대해 토론하기 시작한 바울은 37절에서 뿌려진 씨와 자라난 식물과의 커다란 차이점을 설명한다. 38-41절에서 바울이 주장하는 바에 따르면, 씨가 중요한 것이 아니다. 왜냐하면 모든 땅에 속한 형체(形體)나 하늘에 속한 형체(形體)가 다 그 자체의 특별한 가치를 지니고 있기 때문이다. 그러므로 우리는 우리들의 몸을 방종하도록 내버려둬서는 안 된다. 진정 중요한 문제는 이후에 사망/부활의 결과를 통해 일어나는 것들이다.

42-49에서 바울은 이 씨 비유를 미래에 나타날 부활체에 적용시킨다(Wright, 1983:367). 42절은 부활체로의 변화가 육체적 변화와 도덕적 변화를 동시에 수반한다고 설명한다. 실로 43절은 죄로부터 자유한 부활체의 내면적 윤리적 변화를 말해 준다. 그렇지만 고린도 교인들은 육체적 변화를 기대하지 못했다. 즉, 그들은 타락한 육체는 단지 사라질 뿐이라고 생각했다(Fee, 1987:785). 그러나 바울의 설명에 의하면, 현재의 육체는 자연적인 것(프시키코스)이며 지상의 영역에 속해 있다. 그러므로 이 육체는 사망에 지배를 받는다(44절). 그러나 영적인 능력의 성장으로 말미암기보다는 변화를 통해 이루어질 이 자연적인 육체는 영적인 몸이 될 것이다(프뉴마티코스). 이 몸은 성령에 의해 지배받으며 죄로부터 자유하여 그리스도를 전적으로 따를 것이다(44절).

고린도 교인들은 "프시키코스"와 "프뉴마티코스"의 특성들을 아마도 깨닫고 있었던 것 같다(Lincoln, 1981:40). 왜냐하면 교인들 가운데 어떤 이들은 자신들을 "프뉴마티코이"(신령한 자)로 이해했기 때문이다(3:1; 12:1; 14:37). 실로, 이것(자신을 신령한 자로 생각한 것)이 문제였다. 왜냐하면 완전한 영적 상태,

즉 성령에 의해 전적으로 지배받는 시대는 반드시 그리스도의 강림 때까지 기다려야만 한다. 하늘의 축복과 뛰어난 영적 지혜를 소유한 자로 여겼던 고린도 교인들은 아담의 죄에 빠지기 쉬운 똑같은 인간 존재들이었다. 비록 어떤 고린도 교인들이 자신들을 영적이라고 주장했다 할지라도, 이러한 영적 상태는 오직 오는 세대에 이루어진다.

45절에서 바울은 22절에 소개된 아담과 그리스도의 유비를 통해, "자연적인 것"이라는 개념과 "영적인"이라는 개념 사이에 나타나는 특징을 이끌어낸다(cf. 창 2:7). "첫 사람 아담은 산 영(靈)이 되었다 함과 같이 마지막 아담은 살려 주는 영이 되었나니." 그런데 이 표현은 기독론적인 표현이 아니라 인류학적인 표현이다. 그러므로 아담 안에 있는 모든 사람들은 사망과 썩어짐의 지배를 받는다(22절). 성육신을 통해 둘째 아담이 되신 그리스도 안에 있는 모든 사람들은 그리스도와의 연합을 통해 산 영이 될 것이다(22절).

바울은 자연적인 육체와 영적인 육체 사이에 직접적인 연관성이 있음을 주장한다. 즉, "첫" 아담은 "둘째" 아담을 전제하고 있다. 더욱이 바울은 하나님께서 처음부터 더 높은 차원의 육체를 마련해 두셨음을 암시해 준다. 달리 말하면, 아담의 창조 형태는 본질적으로 더 나은 형체를 지향했다. 그러므로 첫째 아담은 둘째 아담의 예표(豫表)가 되었다.

중간기 시대에 아담의 역할을 (인류가 아닌) 이스라엘의 역할에 집중시켰던 유대인들의 사상은 아담을 위해 마련되었던 회복된 영광과 영화를 강조했다. 바울은 22절의 대조를 다시 상기시키면서 이스라엘 메시아와의 연합이 구원의 필수 사항임을 알려준다. 첫째 아담이 타락한 인류를 포함했던 것과 마찬가지로, 마지막 아담은 새로운 인류, 참 인류를 상징한다. 그러므로 바울의 논증을 통해 이끌어 낼 수 있는 두 가지 결론은 다음과 같다: "원래 창조의 종말론적 구조가 있었다. 종말의 기대는 첫째 아담의 불순종으로 말미암아 상실되었으나 둘째 아담을 통해 실현되었다"(Lincoln, 1981:43). 첫 사람 아담은 적합한 육신과 함께 산 영이 되었다(46절). 그리고 그는 땅에서 난 자였다(47절).

그러나 이 이야기는 여기서 끝나지 않는다. 성육신한 아담은 이스라엘에게 요구된 순종의 삶을 완전히 실천하였다. 그의 부활로 말미암아 이스라엘은 새로운 존재 양식, 즉 질적으로 더 나은 생명에 참여하게 되었다. 그러나 바울은 신자들이 그리스도처럼 생명을 부여해 주는 신령한 영이 될 것이라고는 생각하지 않는다. 왜냐하면 그리스도만이 새생명 곧 신령한 몸을 가져다 주는 유일한 원천이시기 때문이다(Wright, 1983:368). 그러나 비록 그리스도가 하늘에 속한 자라 할지라도(47절), 바울은 여전히 그리스도의 인성을 새로운 종말론적 인류의 원천 혹은 원형으로 강조한다. 유대교 전승은 아담이 부활을 통해 낙원으로 다시 돌아갈 것임과 오는 시대에 의인들과 함께 누릴 종말의 영광을 소유하게 될 것임을 고대했다(Lincoln, 1981:49). 바울은 이러한 유대교 전승을 계속 견지한다. 왜냐하면 바울은 이와 같은 회복이 그리스도를 통해 완성되었다고 보기 때문이다.

바울은 아담과 그리스도의 대리적 성격에 초점을 맞추면서 고린도전서 15:48-49을 통해 그의 논증을 계속해서 펼쳐 나간다. 마치 아담이 이 땅에 속한 인류의 몸의 운명을 결정지었던 것같이 그리스도는 구속받은 신자들의 부활체의 원형이 되신다(48절). 이 땅에 속한 자들과 함께 살고 있는 신자들은 언젠가는 하늘에 속한 자의 형상을 입게 될 것이다(49절). 비록 하늘의 형상을 입기 위해 완전한 성취를 고대해야 하지만, 이 변화의 과정은 이미 시작되었다(cf. 고전 3:18). 49절에서 그리스도와의 현재적 연합에 근거한 바울의 권고는 다음과 같은 변화를 전제한다: "하늘에 속한 자의 형상을 입으리라"(더 많은 참조를 위해, Lincoln, 1981:50을 읽어보라).

이제까지의 논증을 통해 바울은 혈과 육 그리고 썩이짐이 하나님 나라를 유업으로 받을 수 없다고 결론짓는다(50절). 그리스도의 나타나심(신비)은 51절에 나오는 바울의 예언을 설명해 줄 것이다. 인간은 하나님 나라에 들어갈 수 없다. 그러나 새 시대를 알려주는 나팔소리가 울려퍼질 때, (죽은 자건 생존한 자건 상관없이) 모든 그리스도인들이 순식간에 변화될 것이다. "썩을 것이 불가불 썩지 아니할 것을 입겠고 죽을 것이 죽지 아니함을 입을 것"이라는 표현은 사망에 대한 승리를 나타내 주는 표지(標識)가 될 것이다(53-54절). 이와 같이하여 바울은 35절에 제기된 문제, 즉 "어떻게 다시 살며 어떠한 몸으로 오느냐?"라는 질문에 대해 그 해답을 제시한다.

(4) 두 언약(고후 3:7-18)

첫 서신을 통해 고린도 교회의 조정에 나선 바울은 자신의 사도성과 삶의 방식에 문제를 제기한 반대자들에 대해 두 번째 서신을 쓰게 된다. 이 반대자들—

아마도 예루살렘 출신의 유대 그리스도인이었을 것이다—이 고린도에 도착했을 때, 그들은 예루살렘으로부터 추천서를 가지고 왔었다. 이 추천서는 모세율법과 새 언약 속에 나타난 이스라엘의 우월성을 지나치게 강조했다(고후 3:1). 고린도후서 3:7-18에서 바울은 모세의 율법과 새 언약을 비교하면서 모세율법에 대한 지나친 강조를 교정시켜 나간다.

모세의 율법에 대한 바울의 설명은 출애굽기 34:29-35에 나오는 모세의 수건에 집중된다. 바울은 언약에 대해 모세와 이스라엘이 서로 다르게 겪었던 체험들을 연구한다. 바울이 이스라엘 역사라는 배경 속에서 이 언약을 생각할 때, 그는 이 언약이 영광스러운 것인 반면 파괴적인 것으로 이해한다. 왜냐하면 이 언약은 사람들을 정죄하기 때문이다(고후 3:9). 새 언약은 정죄하지 않기 때문에 새 언약에 나타난 성령의 사역은 이전보다 더 영광스러운 것이 될 것이다.

12-18절에서 바울은 언약에 대해 자세히 고찰한다. 새 언약이 성령을 통해 주어지는 반면, 모세는 이스라엘의 시내산 언약의 완전한 축복을 누릴 수 없었다(13절). 비록 하나님께서 모세율법이 숨겨지지 않고 드러나도록 계획하셨다 할지라도, 이스라엘과 옛 언약 사이에 수건이 덮여 있었다(14절). 더욱이 모세의 수건은 이스라엘 백성들이 누리지 못했던 언약적 차원이 있었음을 말해 준다. 그러나 이스라엘은 이 사실을 깨닫지 못했다. 왜냐하면 그들의 마음이 완악함으로 가득 차 있었기 때문이다. 바울은 오늘도 유대인들이 구약(구체적으로, 출 19-34장)을 읽을 때에 이 수건이 그들의 마음을 덮고 있다고 설명한다(14절).

그러나 우리는 이제 새로운 시대에 속해 있다. 시내산 언약이 제시했던 모든 사항들은 이제 예수를 통해 이루어지게 되었다. 마치 모세가 시내산 체험을 통해 여호와께로 돌아갔듯이, 유대교가 구약의 여호와의 언약을 대신한 예수께로 돌아올 때, 그 수건은 제거될 것이다(16절). 모세는 이스라엘의 대리자로서 온전한 언약과의 친밀한 교제를 누릴 수 있었다. 이제 모든 이스라엘은 성령을 통해 이러한 교제를 누릴 수 있게 되었다. 심지어 모세가 체험했던 영광조차도 성령을 통해 볼 수 있게 된다(18절). 이제 더 이상 높은 산 꼭대기까지 올라가지 않아도 된다. 왜냐하면 여호와께서 이제 각 신자들의 마음속에 거하시기 때문이다.

그러나 어떻게 이러한 일이 가능한가? 18절에서 바울은 꼭 필요한 변화에 대해 이야기한다. 유대인이든 이방인이든 할 것 없이 성령의 새 통치 아래 있는 모든 이들은 그리스도의 형상으로 화하게 될 것이다(18절). 수건으로 가릴 필요도 없고 가까이 접근하는데 제한도 없이, 모든 신자들은 이제 복음을 통해 계시된 하나님의 영광을 보게 된다. 그리하여 인류를 향한 하나님의 목적이 마침내 이루어지게 된다.

(5) 죽음과 부활 속에서(고후 4:7-5:21)

고린도후서 4:7-15에서 바울은 고난이 3:18에 언급된 개인적 변화(영광의 형상으로의 변화)의 필수적 요소라고 소개한다. 실로, 이와 같은 개인의 고난과 고통-이것들은 바울의 사도성을 입증해 준다-은 바울로 하여금 이러한 변화를 재림의 특징으로 재확인하도록 인도해 준다. 영원한 실재를 강조하던 바울(4:18)은 신자들의 땅의 장막 집(곧 이 땅의 육신)의 무너짐을 말하다가, 재림 때 주어질 하늘의 영원한 집(5:1)을 바라본다. "새로운 변화"에 대한 언급이 없는 이 일반적인 서론적 진술(5:1)은 고린도전서 15장에 언급된 것을 재확인한다. 계속되는 고린도후서 5장은 우리가 누리게 될 미래의 삶에 대해 자세히 설명해 준다.

고린도후서 5:1을 통해 드러난 두 가지 분명한 사실은 다음과 같다: (1) "죽음으로 끝나는 지상의 생활" (2) "재림 때 이루어질 변화"(Gillman, 1988: 446). 바울은 1절 상반절에서 이 땅에서의 삶의 일시적 성격을 강조하기 위해 "장막 집"이라는 그림언어를 사용한다. 그리고 종말의 때에 변화될 부활의 몸(cf. 고전 15:47-49) 곧 "하나님이 지으신 집"은 "장막 집"과 대조를 이룬다. 이 집은 영원한 집이다. 이 집은 신자들이 전적으로 성령의 다스림을 받는, 오는 세대에 속해 있다. 이 집이 손으로 지은 집이 아니라는 말은 영적인 실재, 혹은 하늘에 속한 실재나 질서를 암시해 준다(1절 중반절; 행 7:48; 17:24; 골 2:11; 히 9:11, 24). 바울은 고린도의 성도들을 향해 편지를 쓰면서, 하늘에 속한 집이 변화를 통해 영원히 지속될 것이라고 가르친다. 그렇지만 이 하늘의 집은 이 땅의 장막 집이 죽음으로 말미암아 무너질 때에야 비로소 우리의 실재가 된다. 이 부활체의 몸은 재림 때에야 비로소 받게 될 것이다.

자신이 겪었던 고난, 핍박 및 고통과 아울러, 부활의 생명에 대한 확실성을 선언한 바울은 하늘에 속한 몸을 간절히 고대한다(고후 5:2). 하늘로부터 오는 처소를 덧입기를 소원한 바울은 재림 때 일어날 변화의 방식에 대해 소개한다(2절과 4절에서는 "덧입다"⟨헬, 에펜됴⟩라는 단어가 등장하며, 3절에서는 "입다"⟨

헬, 엔듀)라는 단어가 등장하고 있음에 주목해 보라. 이러한 차이점에도 불구하고, 각 구절에서 바울은 부활체의 몸을 덧입는 것에 대해 설명하고 있다; Harris, 1983:223). "덧입는 것"은 분명히 죽음—"벗는 것"으로 묘사됨—과는 성격이 다른 것 같다.

다음에 이어지는 3절은 선행구절을 더 강조하는 듯하다: "이렇게 입음은 벗은 자들로 발견되지 않으려 함이라." 비록 "벗은"이라는 단어가 다양한 의미를 지니고 있다 할지라도, 이 단어는 3절의 문맥에서 볼 때, 재림 때 그리스도와의 분리를 가리키는 말로 해석하는 것이 가장 바람직하다(cf. Gillman, 1988:447). 여기서 바울은 죽음과 마지막 부활체로의 변화 사이에 어떤 중간 상태—유대 묵시문학은 이 사상을 나타내고 있지만 신약에서는 전혀 발견되지 않는다—를 언급하고 있는 것인가? 비록 바울이 이러한 사상을 명확하게 가르치지 않는다 해도, 이 본문은 그러한 사상을 가정하도록 해 준다.

그러나 이 문맥 속에서 바울의 관심은 "종말"이다. 그러므로 3절은 실현될 부활에 대한 바울의 확신을 강조한다. 더욱이 3절에서 바울은 미래의 상태는 육체가 없는 상태라고 이해했던 어떤 고린도 교인들의 사상을 거절한다. 4절은 다음과 같은 표현을 덧붙이면서 2절의 사상을 재진술한다: "죽을 것이 생명에게 삼킨 바 되게 하려 함이라."

4절에서 바울은 "죽을 것"과 대조시키기 위해 "불멸"이라는 단어를 사용하기보다는 오히려 "생명"이라는 단어를 사용한다. 왜냐하면 바울에게 있어서, 불멸은 "몸의 부활"과는 전혀 상관없기 때문이다(Harris, 1990:263-69). 5절에서 바울은 현재 변화된 새 사람(4:16)과 마지막 부활 사이를 이어주기 위해 성령을 소개한다. 비록 신자들이 영광으로 영광에 이르게 된다 할지라도(3:18), 완전한 성취는 아직 기다려야 한다. 비록 우리가 죽어서 몸을 떠나게 될 것이지만 사실상 우리는 주와 함께 있을 것이다(5:8). 이러한 관점에 비추어 볼 때, 바울이 미래를 바라다 보았음을 알 수 있다.

고린도후서 5:1-10의 의미는 고린도전서 15장과 크게 벗어나지 않는다. 지금까지 살펴본 바에 따르면, 이 본문은 죽음 이후 중간상태에 대한 사상을 분명하게 가르치지 않는다. 하지만, 육체적 죽음과 재림 때 있을 마지막 부활체로의 변화 사이에 존재하는 시간적 간격에 대해 우리는 무엇을 생각할 수 있는가? 이에 대해, 우리는 죽음과 부활 사이의 시간적 간격이 비록 연대기적으로 측정될 수 있다 할지라도, 이 간격은 신자의 의식의 단절을 뜻할 수는 없다는 부루스(F. F. Bruce)의 주장에 동의한다(1977:312 n. 40).

바울에게 있어서 그리스도의 죽음과 부활은 두 세대의 전환점을 마련해 주었고, 그리스도인에게 커다란 희망을 안겨다 주었다. 미래에 대한 바울의 모든 기대는 그리스도의 경험에 기초한 희망이다. 그러므로 신자의 부활과 변화는 거대한 종말의 절정이 된다. 비록 사망이 한때 육체의 분리를 가져다 주지만, 종말에 영광스러운 부활체로의 변화가 일어날 것이다. 바울은 우리의 (부활체로의) 변화와 화목의 근거를 다음과 같이 설명한다: "모든 것이 하나님께로 났나니 저가 그리스도로 말미암아 우리를 자기와 화목하게 하시고 또 우리에게 화목하게 하는 직책을 주셨으니"(고후 5:18).

바울이 19절에서 설명하는 바와 같이, 인간의 범죄에 대한 하나님의 진노는 그리스도의 죽음으로 말미암아 사라졌다. 즉 하나님은 온 인류와 세상을 자신과 화목하게 하기 위해 그리스도를 죽게 하셨던 것이다. 그러므로 하나님의 구속 사역은 20절에 소개된 바울의 권면의 기초가 된다: "하나님과 화목하라." 바울은 화목을 인류가 받았던 그 무엇으로 설명한다. 그러나 이 화목은 인간이 하나님께 반응할 때 이루어진다(20절).

종종 사람들은 고린도후서 5장에 나오는 죽음과 부활 사이의 시간적 간격으로 말미암아 고린도후서 5장이 고린도전서 15장보다 더 발전된 성격을 띠고 있다고 주장한다(Harris, 1990:207-12). 그렇지만 우리는 두 장이 바울의 사상을 계속 연결시켜 주고 있음을 논의해 왔다.

더욱이 만약 바울이 고린도후서 5장에서 재림 전(前) 자신의 죽음에 대해 생각하고 있었다면, 이러한 가능성은 데살로니가전서 5:10과 같이 초기에 드러났을 것이다. 고린도전서에서 바울은 "실현된 종말론"이라는 문제와 직면했다. 이 종말론은 그리스도께서 이미 부활하셨기 때문에, 신자의 영적인 부활이 현재에도 유효하다고 주장했다. 고린도 교인들의 위험한 윤리적 판단에 도전했던 바울은 더 나아가 고린도전서 15장을 통해, 첫 열매이신 그리스도의 부활과 마지막 추수인 신자들의 부활 사이에 시간적 간격이 분명히 있어야만 한다고 강력하게 주장했다.

5. 갈라디아서

무엇보다도 바울은 갈라디아서를 통해 유대인과 이방인과의 관계 및 기독교 안에서의 모세율법의 위치에 대해 고찰한다. 바울은 모세율법 및 시내산 언약과 그리스도인과의 관계에 대해 연구하면서 새 시대의 삶의 원리를 도출해 낸다. 갈리디아 교회에게 보내진 바울의 편지는 또한 바울의 사도적 권위와 관련된 문제를 해결하기 위한 바울의 목적을 보여 준다. 1-2장에서 바울은 예루살렘과 열두 사도들에 의존하지 않는, 이방인에게 유대인 메시아를 선포하기 위해 부름받은 사도로서 자신의 신분을 천명한다. 3장의 시작부터 바울은 은혜와 율법의 위치에 대해 고찰한다.

(1) 새 시대의 생활(갈 3장)

갈라디아서 3:1-5에서 바울은 갈라디아 교인들의 믿음의 실재에 대해 강조한다. 즉, 갈라디아 교인들은 믿음을 창조하는 복음의 메시지를 통해 성령을 받아들임으로써 그리스도인들이 되었다. 그러나 그 이후에 그들은 유대교의 율법을 첨가시킴으로 더 많은 언약적 조항들을 만들려고 시도했다. 그러나 무엇이 아브라함 언약의 조항들을 보증시켜 주는가? 십자가에 못박힌 메시아의 복음을 믿는 모든 신자들은 아브라함 언약에 속한 자들이기 때문에(6-7절) 오직 믿음만이 그 언약에 참여할 수 있는 자격을 보증해 준다. 8-9절에서 바울은 그의 주장을 더욱 확대시켜 나간다. 바울은 이 구절에서 창세기 12:1-3에 나오는 아브라함의 소명이 어떻게 이방인의 참여를 미리 예고해 주는지를 설명해 나간다. 그리하여 바울은 이스라엘을 구별시켰던 모세율법의 시대가 이제 끝났음을 시사해 준다.

바울은 하나님께서 한정된 구원 사역을 위해 모세율법과 시내산 언약을 계획하셨다는 증거를 찾기 위해 아브라함 언약을 살펴본다(갈 3:15-25; Schreiner, 1989:50). 구원은 아브라함과 이스라엘에게 주어진 언약 구조 안에서만 가능했다. 그러나 출애굽기 20-23장에서 주어진 율법은 내면적 이스라엘을 위해 마련된 것이었다. 이 율법은 민족 이스라엘을 탄생시켜 줄 뿐만 아니라, 이방인의 빛으로의 사명을 감당할 수 있도록 해 준다. 그러나 이스라엘의 도움이며 참 하나님 백성의 속성을 드러내도록 인도해 준 율법은 저주가 되었다. 왜냐하면 이스라엘이 율법을 언약관계를 유지하려는 수단으로 삼았기 때문이다.

그러나 10-11절에서 바울이 주장하는 바와 같이, 의는 율법을 지킴으로 말미암아 얻어지는 것이 아니다. 그러므로 율법은 언약 안으로 들어가는 수단이 될 수 없을 뿐만 아니라, 언약 안에 머무를 수 있는 수단도 될 수 없다. 기독교의 구원이 의존하는 아브라함의 언약 안으로 들어가서 계속 머무를 수 있는 것은 오직 믿음으로 말미암아 가능하다(11절). 율법 아래 저주받은 이스라엘의 상태는 어떠한가? 이 저주는 이스라엘의 메시아—이 메시아는 율법을 준수함으로써 그 율법을 성취하셨지만, 한편으로 이스라엘의 위한 저주가 되심으로써 이스라엘이 감당해야 할 저주를 자신이 직접 감당하셨다—에 의해 제거되었다(13절). 비록 율법이 축복을 가져다 주지 못했다 할지라도, 축복의 길은 예수의 사역으로 말미암아 모든 이들에게 주어지게 되었다.

바울에 따르면, 율법에 대한 언약의 우월성은 명확하다. 왜냐하면 최초의 아브라함 언약 이후 약 사백 년이 지난 다음에 율법이 주어졌기 때문이다(갈 3:17). 율법이 언약의 본래적인 것이 아니었기 때문에 율법은 구원의 길을 제시할 수 없었다(15-18절). 그렇다면 율법은 무엇인가?(19절) 율법은 단지 범죄함을 드러내기 위해 구원 사역 기간에 추가되었던 것이다. 즉, 율법은 이스라엘의 죄의 특성을 한정하기 위해 주어졌던 것이다. 특별한 하나님의 백성이요 율법을 소유했던 유대인들은 심지어 하나님의 선택받은 백성들조차도 죄인들이며 율법으로는 구원받을 수 없음을 무의식중에 증거해 주었다. 만약 이것이 사실이라면, 하물며 이방인들은 어떻게 율법을 통해 구원받을 수 있겠는가? 유대인이나 이방인 모두 다 율법을 신뢰해서는 안 된다. 왜냐하면 아브라함에게 주어진 약속과 그 언약의 완전한 실행—이 언약은 시내산 언약으로 더 확대된다—은 아브라함의 참 후손(이스라엘의 메시아)에게 주어진다. 이 메시아를 통해 유대인과 이방인은 이제 축복을 누리게 된다.

갈라디아서 3:21-22에서 바울은 하나님의 계획 속에 있는 율법의 역할을 서술하면서, 부정적인 율법관을 다소 완화시켜 나간다. 만약 율법이 생명을 줄 수 있었다면, 구원은 율법으로 말미암아 왔을 것이다. 만약 그렇지 않다면 구원은 언약을 통해 왔을 것이다. 율법이 생명을 가져다 줄 수 없었기 때문에, 하나님은 먼저 유대인들—율법을 소지한 자들—을 부르셨고, 그 다음 모든 세상을 부르셨다(22절). 그러므로 언약의 요구(특히, 아브라함 언약)에 대한 예수의 신실하심으로 말미암아 나타난 구원은, 오직 구원받을 만한 가치가 있어 보이는 선택받은 민족에게 주어지는 것이 아니라 약속을 믿는 모든 자들에게 반드시 주어져야만 한다. 율법의 역할은 유대인들을 그리스도에게로 인도하는 것이었다(23-24절). 약속은 오직 이 그리스도를 통해 성취될 수 있다.

그리스도의 죽음은 율법의 역할을 종식시켰을 뿐만 아니라 그 역할을 아이러니칼하게 성취시켰다. 그렇지만 율법이 폐지되었다는 말은 무엇을 의미하는가? 바울에게 있어서 율법은 결코 율법조항에 의해 성취되는 언약방식을 결코 기대하지 않는다. 더욱이 그리스도인이 경험하는 성화나 칭의는 오직 믿음으로 말미암는다. 인간의 노력은 그리스도와의 언약적 연합을 알려주는 더 낮은 의(義)의 (원인이 아니라) 결과에 불과하다. 그러나 바울은 율법의 가치를 과소평가하지는 않는다. 바울이 그리스도인을 율법 아래 있지 않은 자들(갈 3:23-25; 4:4-5; cf. 롬 6:14; 고전 9:20) 혹은 그리스도의 죽음으로 말미암아 율법으로부터 자유한 자들(롬 7:1-6)로 설명할 때, 그는 모세 언약의 관점에 비추어 볼 때 율법이 끝났다고 이해했다(고후 3:7-11; Schreiner, 1989:50).

구원 사역 속에서 모세 언약의 시대는 지났기 때문에 음식에 대한 구체적인 조항(갈 2:11-14; cf. 롬 14-15장), 특별한 날 준수(갈 4:10; cf. 롬 14:5; 골 2:16) 및 할례조항(유대교는 이것을 모세 언약과 연결시키고 있지만, 사실상 이 할례는 아브라함과 연결된다) 또한 끝나고 말았다. 다시 말해, 의식적인 율법은 모두 사라지고 말았다(Schreiner, 1989:56). 유대인을 이방인과 구별시키는 모든 것들, 곧 유대인과 이방인을 함께 연합시켜 주는 아브라함 언약의 완전한 실행을 방해하는 모든 요소들은 메시아의 도래로 말미암아 폐지되었다.

바울은 율법 그 자체에 문제가 있는 것이 아니라, 죄와 육(the flesh)으로 말미암은 잘못된 율법 사용에 문제가 있다고 진단한다(롬 7:8, 11, 14). 사실상 바울은 율법이 폐지되었음을 시사하지 않는다. 오히려 그는 이 율법이 여전히 효력을 발휘한다고 전제한다(롬 13:8-10). 기독교 윤리의 핵심이 되는 사랑은 율법을 배제하지 않는다. 왜냐하면 사랑과 순종은 분리될 수 없기 때문이다(요 15:10). 옛 시대와 마찬가지로, 새 시대에도 이 법의 효력을 가능하게 해주는 요인은 성령이시다. 성령은 그리스도와의 새로운 연합의 풍성함을 행위를 통해 드러나게 해준다. 바울은 신약시대의 행위규범이 보편적인 성격으로 명백하게 드러난 곳(예를 들면, 고전 5-6장)에서는 구약성경에 호소하지 않는다. 그러나 바울은 행위에 대한 근거가 필요할 때 구약성경 언급을 주저하지 않는다(예, 고전 10:7-8).

바울에 따르면, 유대인들은 메시아가 와서 율법을 완전히 드러낼 것이며, 메시아의 율법 성취가 은혜―이 은혜는 예수 그리스도를 통해 실현되었다―를 가져다줄 것이라고 기대한다. 믿음에 기초한 이스라엘을 창조하려는 율법의 목적은 그리스도를 통해 성취되었다. 이제 그리스도 안에서 이스라엘 메시아와의 연합을 통해, 율법의 본질적인 원리들은 성령의 은사로 말미암아 신비로운 방식으로 성취되었다. 유대 토라의 심장인 십계명이 인간과 하나님 사이의 근본적인 관계성을 나타내주고 있음에 주목해 보라. 그러므로 아브라함 언약과 시내산 언약 이 둘은 십계명을 전제한다. 인간 행위에 대한 하나님의 뜻이 십계명을 통해 나타났기 때문에, 바울에게 있어서 성령의 열매―"사랑"이라는 단어를 통해 요약될 수 있다―는 십계명 원리의 준수를 의미한다.

새 언약이 "사랑의 윤리"라는 것(갈 5:22)은 의무의 결핍 또는 율법의 부재를 뜻하지 않는다. 왜냐하면 바울은 사랑이 율법 실천을 위한 지침들을 요구하고 있음을 분명히 보았기 때문이다. 그렇지만 율법의 모든 요구는 새 언약 아래 그리스도인의 경험 가운데 나타난 아가페를 통해 성취된다(Deidun, 1981:153). 신약이 강조하거나 혹은 구약에서부터 계속 연결되는 외적 명령 조항들은, 새 언약 속에서 그리스도인의 심격을 변화시켜 주는 성령의 내적 조명과 결합된다. 비록 성령이 일반적인 행위의 방향을 안내해 준다 할지라도, 외적 명령 조항들은 여전히 필요하다. 바울은 그의 회심에 대해 설명하면서 이것을 분명히 하고 있다(Deidun, 1981:186-87).

(2) 하늘의 예루살렘(갈 4:26)

예루살렘에 대한 바울의 이해는 매우 복잡하다. 로마서 15:19에서 바울은 예루살렘을 복음선포가 시작되었던 곳으로 소개한다. 더욱이 우리는 로마서에서 바울의 이방인 사역의 열매들이 예루살렘 방문을 통해 확증될 것임을 알게 된다(롬 15:27-28). 바울이 예루살렘을 위한 구제사역을 하는 동안 예루살렘에서 체포됨으로 말미암아, 누가는 지상의 예루살렘에 집중하지 않고 오히려 그 관심을 로마로 향한다. 갈라디아서에서 바울은 예루살렘을 그의 메시지의 중심으로 받아들인다. 그렇지만 바울은 다메섹 도상에서 소명을 받은 후 즉시 예루살렘으로 향하지 않았다(1:17). 바울은 사실상 예루살렘 방문에 앞서 삼 년간을 기다렸다(1:18). 그러나 바울은 예루살렘의 가난한 자를 간절히 돕기 원했다. 그리고 바울은 예루살렘이 영적 중심지라는 사실을 이방인들이 깨닫기를 원했다.

갈라디아서 4:26에서 예루살렘과 관련된 재미있는 표현이 등장한다: "위에 있는 예루살렘", "회복된 종말의 예루살렘"이라는 사상이 구약 종말론의 상투적 표현이라 할지라도, "하늘의 예루살렘"이라는 개념은 중간기 시대 혹은 후기 유대 문헌 속에서는 두드러진 사상이 아니다. 이 사상은 주후 2세기까지 유대교 문헌 속에서는 나타나지 않는다(Lincoln, 1981:19-20). 그렇지만 이 사상은 성 요한의 계시록이 쓰여진 이후부터 매우 중요한 개념이 되었다. 바울은 지상 예루살렘의 중심성에 대해 강조해 왔던 그의 대적자들에 대해 답하기 위해 이사야에 그 성경적 근원을 두고 있는 하늘의 예루살렘을 언급하는 것 같다(갈 4:27; 히 12:18-24 참조). 사실상 시내산 언약과 새 언약을 대조시키는 바울의 논증의 대상은 이방인들이 아닌 유대인들인 듯하다(Robinson, 1965:41).

유대교 대적자들을 향해 아브라함의 육적 자손에 대한 의문을 제기한 후(3장), 바울은 지상의 예루살렘을 하늘의 예루살렘과 대조하면서 이 지상의 예루살렘(4:25)을 비난한다. 26절에서 신자들은 여전히 이 땅에 있기 때문에 하늘의 예루살렘은 교회가 아니다. 오히려 하늘의 예루살렘은 공간적인 용어로 설명된 새 시대를 뜻하며, 지금 교회를 통해 드러난 새 시대의 완전한 삶의 선취(先取)라 할 수 있다(Lincoln, 1981:25).

갈라디아서에서 바울은 구원을 통한 하나님 백성의 연합을 가르친다. 그리고 바울은 이방인의 회심이 더 이상 유대교에 대한 배교가 될 수 없다고 선언한다. 모세 언약이 유대교의 배타성을 초월하고 있음을 인식한 바울은 아브라함 언약의 폭넓은 효력을 선포한다. 이러한 언약을 통해, 모든 이들은 그리스도 안에서 하나가 된다. 또한 예수는 지금도 이 언약을 시행하고 계신다.

6. 에베소서

그리스도 안에서 계시된 한 몸인 교회 안에서 이루어진 유대인들과 이방인들과의 화해는 에베소서의 근본주제가 될 뿐만 아니라 전형적인 바울의 주 관심사라 할 수 있다. 그렇지만 이 서신의 종말론은 바울의 비(非)저작권을 나타내는 특징들 속에 종종 언급된다. 에베소서에서 신자들은 이미 살아났으며 하늘의 처소에 올리운 자들로 묘사된다(2:5-6; cf. 골 2:12; 3:1-3). 그리하여 사람들은 이 실현된 종말론이 바울의 서신과는 분명한 대조를 보여 준다고 말한다. 왜냐하면 바울의 서신 속에서 하늘처소로의 이동은 재림 때까지 일어나지 않기 때문이다.

그러나 에베소서의 종말론은 다른 서신의 종말론과 정말로 다르다고 할 수 있는가? 에베소서와 골로새서에서 그리스도인들은 그리스도와 함께 부활하여 오는 세대의 좋은 것들을 이미 맛보고 있는 자들로 이해된다.

그러나 이러한 이해는 바울에게 있어서 새로운 것이 아니다. 왜냐하면 바울은 현재적 구원의 중요성을 인식하고 있기 때문이다. 그래서 바울은 "자유"와 "양자"라는 그림언어를 통해 이 원리를 설명해 나간다. 그러므로 에베소서와 골로새서에 나오는 표현, 곧 살아서 하늘의 처소에로의 올려짐은 더 이상 칭의나 칭의의 결과, 즉 그리스도 안에서의 현재적 축복을 뜻하지 않는다. 예를 들면, 에베소서 2:5에서 우리가 살아났음을 선언한 바울의 표현 이후에, "너희가 그 은혜를 인하여 구원받았나니"라는 설명이 뒤따르고 있음에 주목해 보라(이와 비슷한 표현이 골 2:13; 3:1에 나타나고 있음을 참조하라).

바울은 이러한 신인과 설명을 통해 두 세대 속에 살아가는 신자들의 현재적 상태, 즉 바울이 선포한 복음의 일반적인 특징을 소개한다. 에베소서에서 이러한 표현은 미래를 부정하지 않은 채 구원의 현재적 국면을 설명해 준다. 왜냐하면 바울은 그리스도의 현재적 사역의 중요성이 분명히 인식될 필요가 있었던 상황에 직면했기 때문이다.

(1) 하나님의 경륜(엡 1:3-14; 3:1-13)

에베소서의 요약이기도 하며 서론 역할도 하는 에베소서 1:3-14은 하나님께 드리는 일종의 송영이다. 에베소서 1:3-14은 하나님을 찬양하면서 하나님께서 하신 일을 찬양의 이유로 제시한다. 영원 전부터 예비하신 하나님의 다섯 가지 사역들은 선택(1:4), 예정(5절), 구속(7절), 지혜를 부여하심(8절) 그리고 그리스도 안에서 모든 만물을 통일되게 하시는 하나님의 신비로운 계시(9-10절)이다. 이 사역들은 하늘의 선택에서 시작하여 피흘림 및 구속과 함께 이 땅으로 내려와 모든 만물의 통일과 함께 하늘로 다시 올라가게 된다(Caragounis, 1977:49).

하나님의 이와 같은 사역에 강조된 것은 하나님의 은혜이다(6-7절). 한때 숨겨진 하나님의 은혜는 신비의 계시를 통해 점차적으로 보여지다가 이제 그리스도를 통해 분명하게 드러났다. 하나님의 하신 일에서 우리가 경험한 것으로 방향을 옮기고 있는 11-14절은 드러난 구원과 회복의 신비를 소개해 준다. 이러한 구원과 회복은 이스라엘을 통해 이방인에게로 확대되기에 앞서 먼저 유대인들에게 전달되었다. 이 송영은 모든 만물을 통일시킬 우주적 그리스도에 초점을 맞추고 있다. 그리고 9절에 소개된 경륜은 우주 질서의 최종적 완성, 그리스도 아래 창조의 회복과 관련된다.

"경륜"이라는 단어는 3장에서 다시 등장한다. 3장에 등장하는 "경륜"은 서로가 하나가 되는 연합의 차원, 즉 이방인들이 유대인과 동일한 한 하나님 백성으로 연합하는 것과 관련되어 있다. 유대인들과 이방인들 사이에 가로막힌 옛 장애물들이 제거됨으로 말미암아 교회는 종족간에 새로운 일치를 드러내 주며, 또한 하나님의 각종 지혜를 나타내준다. 그러므로 일반적으로 에베소서에 나오는 하나님의 경륜은 인류의 연합이 이루어지는 시대를 통해 역사하시는 하나님의 모든 계획을 말한다. 또한 이러한 하나님의 계획은 그리스도 아래 이루어질 모든 만물의 종말론적인 회복 및 그 목적을 포함한다.

이러한 종말론적 목적 성취를 위한 필수조건 및 그 보증은 교회 안에서 이루어질 유대인들과 이방인들 사이의 연합이다. 왜냐하면 이러한 연합이 종말의 일치를 미리 보여 주기 때문이다(엡 3:10). 유대인들과 이방인들이 한 새사람이 되어서 그들의 특수성을 포기할 때(2:14-15) 그리고 모든 차별이 제거될 때, 바울의 종말론은 성취될 것이고 창세기의 목표는 이루어질 것이다.

모든 만물의 최고의 목적은 하나님의 영광을 찬양하는 것이다. 이것이야말로 종말의 궁극적인 목적이요 하나님의 자기 영광이 된다. 하나님의 계획 가운데 최고 절정은 그리스도의 죽음이었다. 그리스도의 죽음 이전에는 어둠, 무지 그리고 절망뿐이었다.

그러나 이러한 상황들은 완전히 바뀌게 되었다. 유대인과 이방인을 가로막는, 과거의 모든 차별들은 제거되었다. 이방인들이 이스라엘과 함께 후사가 된다는 이 신비의 계시는 유대인의 교만(3:4-6)을 꺾어 버렸고 권세들을 깨뜨려 버렸다(9-11절). 하나님의 지혜는 권세들의 지혜보다 훨씬 뛰어나다(고전 2:8). 그러나 이 권세들은 계속해서 반역을 일삼으며 인류를 자기들의 길로 향하도록 이끌고 있다(엡 2:2-3).

(2) 우주적 전투와 영적 싸움
  (엡 1:20-2:10; 3:10; 4:8-10; 6:10-20)

그리스도는 정사와 죄의 사슬을 끊어버리기 위해 이 땅에 오셨다. 그러나 바울이 가리키는 이 권세들은 무엇을 의미하는가? 에베소서뿐만 아니라 골로새서에서도, 바울은 권세들의 현상을 설명하기 위해 다음과 같은 다양한 표현방식을 사용한다: "권세들, 주권자들, 주관들, 정사들 그리고 보좌들(Yates, 1980:102)". 아마도 "민족의 천사들", "천군들" 그리고 "하나님의 아들들"과 같은 구약사상에 기원을 두고 있는 이러한 용어들은 유대교의 영향을 반영해 준다(예를 들면, 왕상 22:19; 욥 2:1; 38:7; 단 10:13, 19-21을 참조하라).

예를 들면, 다니엘서에 나타난 용어들을 살펴보라. 다니엘 7:27에서 우리는 "모든 권세 있는 자"가 다 인자(강조를 위해 추가됨)를 섬겨 복종하며, 패한 왕국들로부터 취한 "권세와 영광과 나라"(7:14)가 이 인자에게 주어졌음을 발견하게 된다. 헬라어 역본에서 "알콘테스"(권세자들)는 다니엘 10:13에 나오는 미가엘과 함께 싸우는 천사장들을 나타내는 단어이다. 먼저 에녹서 61:10은 하늘 권세자들의 목록을 제공해 준다. 바울이 특별한 설명 없이 이와 같은 다양한 용어들을 사용하고 있음은 이 용어들이 그 당시 일반적으로 사용되었고, 또한 그렇게 이해되고 있었음을 시사해 준다.

70인경과 필로의 저작에서 드러난 바와 같이, 영적 천사에 대한 유대인들의 지속적인 관심은 유대 사상과 헬라 사상이 그 영향을 서로 주고받은 중간기 시대의 사상이 바울시대에도 계속 지속되었음을 암시해 준다. 바울시대의 사람들은 자신들이 악한 세력의 우주적 통치 아래 놓여 있었던 것으로 이해했다. 초월적인 우주의 세력들, 천사들 그리고 인류를 우주적 통치 아래 속박할 수 있는 귀신의 존재들을 믿었던 이러한 신념은 유대 묵시 사상과 신약 사상의 한 부분이다.

신약은 다양한 악의 세력들을 증거한다. 이 세력들은 인간의 본성과 인류의 제도를 통해 그 실체를 드러낸다. 이 세력들은 창조되었으나 타락하고 말았다. 그러나 이 세력들은 그리스도의 죽음으로 말미암아 패배하고 말았다. 그렇지만 이 패배는 재림이 성취될 때까지 현재의 세상 가운데 여전히 숨겨져 있을 것이다. 비록 하나님과 권세들 사이에 벌어진 전투가 보이지 않는 영적 세계, 곧 천상의 세계에서 발생했다 할지라도, 이 전투는 그리스도의 재림이 임할 때까지 끝나지 않을 것이다. 왜냐하면 패배한 권세들이 여전히 존재하고 있기 때문이다. 그렇다 하더라도, 이 권세들은 그리스도 안에 있는 신자를 해치지 못한다. 또한 이들의 최종적인 멸망은 이미 결정되어 있다(고전 15:24-28).

바울은 이 권세들을 그리스도 아래 있는 창조 질서의 한 부분으로 이해한다. 바울은 악의 권세들이 문화, 사회 및 종교를 통해 신자들에게 다양한 압력을 행사한다고 말한다. 그러나 이 악의 세력들은 십자가와 부활로 말미암아 그 실체가 드러나 패배하고 말았다(엡 1:21; cf. 골 2:10, 15). 그러므로 이 악의 권세들은 "이미"와 "아직"이라는 종말론적 구도 속에 있는 것이다. 비록 이 권세들이 패배되었고 그 세력을 빼앗겨 버렸다 할지라도(엡 1:20-21; cf. 골 1:16; 2:14-15), 그들의 적대감은 계속 지속된다. 신자들은 세례를 통해 이 권세들의 세력으로부터 죽고, 그리스도로 말미암아 살아나서 그들의 통제로부터 자유롭게 된다(cf. 골 2:20; 3:1). 그렇지만 십자가의 완전한 성취가 재림을 통해 온전히 드러날 때까지, 이 권세들의 종국적인 멸망은 이루어지지 않을 것이다(엡 6:12; cf. 고전 15:24).

바울이 에베소서 1:20-21에서 서술한 바와 같이, 그리스도는 모든 이름 위에 뛰어나신 분이시다. 즉, 그리스도는 우리가 요청할 수 있는 그 어느 도움, 그 어떤 권세보다도 뛰어나신 분이시다. 바울이 인식하는 바와 같이, 하나님께서 그리스도를 하늘 보좌 오른편에 높이셔서 권세들의 권능보다 더 뛰어나게 하셨음은 이 권세들이 지상의 으뜸이 되는 주관자가 아님을 말해 준다. 그러나 다음에 소개될 6:12은 1:20-21의 표현에 대해 의구심을 던져준다: "우리의 씨름은 혈과 육에 대한 것이 아니요 정사와 권세와 이 어두움의 세상 주관자들과 하늘에 있는 악의 영들에게 대함이라."

그러나 그리스도는 모든 권세들 위로 높이 올리우셨다. 더욱이 그리스도의 승귀는 하늘 아래 인류를 구원할 이름이 없음을 말해 준다(행 4:12). 오직 그리스도의 이름을 부를 때에만 권세들과 충분히 맞설 수 있다. 바울은 권세들을 비신화화시키려거나 혹은 이것을 이 땅의 주관자들 혹은 일련의 영적 상황으로 설명하지 않는다. 독자는 그리스도 안에 있는 하나님의 능력을 알아야만 한다. 그리스도는 영적 전투를 감당해 낼 수 있는 능력을 신자들에게 약속해 주셨다. 이러한 약속이 실재가 되기 위해 필요한 하나님의 능력은 그리스도의 부활과 승귀-하나님 우편으로 올리우신 그리스도의 승귀로 말미암아 그리스도는 모든 권세들보다 뛰어난 분이 되셨다-를 통해 그 효력을 나타내었다.

바울은 에베소서 4:8-10에서 권세들의 또 다른 측면을 소개해 준다. 이 구절은 그리스도를 사로잡힌 자 곧 그가 취한 권세를 이끄시는 분으로 묘사한다. 8절에 나오는 바울의 시편 68:18 인용은 중요한 가르침을 제공해 준다. 왜냐하면 이 시편 구절에서 하나님은 사로잡힌 자들이 신의 승리를 상징하는 거룩한 산으로 오르도록 인도하신다. 바울은 에베소서 4:9에서 그리스도의 승리와 승천에 앞서, "지상 세계" 아래로의 강하(降下)가 필수적으로 선행되어야 했음을 암시해 준다. 더욱이 9절은 그리스도께서 그의 승리를 선포하시기 위해 지옥에까지 내려가셨음을 말해 준다. 그러므로 바울이 전하는 메시지는 그리스도께서 신적 존재들, 권세들, 하늘과 땅 아래 있는 그 무엇보다도 뛰어나신 분이라는 것이다.

유대 묵시 사상 속에 나오는 천상의 악한 권세들과의 우주적 전투는 미래에 일어날 것이다. 그러나 바울은 에베소서 6:10-20에서 이 전투의 범위를 현재에로까지 확대시킨다. 그렇다. 그리스도는 십자가에서 결정적인 승리를 쟁취하셨고, (마귀 권세기 드리니는) 보이지 않는 영적 세계의 실재 속에 나타나는 권세들은 그리스도를 우주의 주로 경배하였다. 그러나 6:10-11에서 바울은 신자들에게 이 권세들과 맞서서 싸워나갈 태세를 갖추라고 명령한다. 실로 그리스도인의 삶을 반영해 주는 이 전투 이미지는 바울 서신에 흔히 나타난다(롬 13:12; 고후 6:7; 10:3-5; 살전 5:8; Lincoln, 1981:164).

쿰란 공동체 또한 악의 세력에 맞설 전투를 예상하고 있었다. 그러나 그들은 물리적인 무기를 가지고 싸우는 전투를 예상했었다. 그러나 바울은 오직 영적인 무기를 사용하라고 명한다(6:13-18). 바울은 신자들을 향해 지금 하나님의 전신갑주를 입으라고 권고하면서, 이 전투의 때를 "악한 날"로 묘사한다(13절). 재림 때 있을 권세들의 완전한 멸망에 앞서 악한 날에 이 악의 세력은 절정에 달할 것이다(에녹1서 50:2; 63:8; 96:2). 13절은 바울의 "지금 그러나 아직"의 도식을 전형적으로 보여 준다. 왜냐하면 두 세대와 두 권세 곧 천상의 권세와 지상의 권세들 사이에 벌어지는 영적 전투를 교회가 수행하고 있기 때문이다.

에베소의 신자들은 현 세상 속에 나타나는 권세들의 악한 공격들에 대해 잘 깨닫고 있었던 것 같다. 하늘의 권세들이 그리스도의 통치 아래 있기 때문에, 그들은 더 이상 위협을 가하지 못한다. 바울은 신자들이 전투를 준비함에 있어서 그리스도의 승리로 말미암아 주어진 은혜를 사용하라고 권한다. 그러므로 하나님의 전신갑주는 신자들의 우주적인 역할을 성취하도록 해 준다. 교회는 지금 더 강한 능력을 가지고 악과 싸우는 중이다. 바울은 이미 이루어진 구원을 권세들로부터의 구원으로 서술하면서(엡 2:1-10), 또한 미래의 완성(1;10)과 구속(4:30)도 인식한다. 구원은 완전히 실현되지 않았다. 왜냐하면 신자들이 아직 온전한 지식을 얻지 못했고(4:13), 하나님의 충만하심에 이르지 못했기 때문이다(3:19). 그러므로 지금 현 세대는 영적 전투의 장(場)이다.

(3) 최종적인 구원(엡 1:22-23; 2:11-22; 4:1-16; 5:22-33)

비록 에베소서의 표현들이 현재의 삶과 관련된다 할지라도 바울은 "그러나 아직"(not-yet)의 구도(構圖), 곧 최종적인 구원과 우주의 구속을 바라본다. 바울은 에베소의 신자들에게 종말에 대해 설명하면서 다음과 같은 네 가지 이미지를 반복해서 사용한다: "그리스도의 몸, 교회(에클레시아), 새사람 그리고 성전." 이러한 이미지들은 서로 연관되어 있으며, 어떤 이미지는 현재적 의미뿐만 아니라 미래적 의미를 함축하고 있다. 이러한 이미지는 에베소 교인들이 살았던 시대와 우리가 지금 살고 있는 시대, 즉 "지금 그러나 아직"의 시대를 반영해 준다.

에베소서 1:10에 소개된 바와 같이 하나님의 궁극적인 목적은 하늘에 있는 것이나 땅에 있는 것들을 그리스도 아래 불러 모으는 것이다. 모든 만물들은 그리스도 안에 통일되었다. 그러나 이 통일은 현재 역사 속에서 그 모습을 드러내고 있는 중이다. 그리스도가 지금 수행하고 있는 사역에 대해 설명하는 1:22-23을 주목해 보라: "또 만물을 그 발 아래 복종하게 하시고 그를 만물 위에 교회의 머리로 주셨느니라 교회는 그의 몸이니 만물 안에서 만물을 충만케 하시는 자의 충만이니라." 그리스도는 지금 에클레시아(교회)를 포함한 모든 만물을 충만케 하신다(4:10 참조). 이러한 과정은 교회를 통해 점차적으로 드러나게 된다.

교회의 사역이 수동적인 반면, 그리스도의 역할은 능동적이다. 왜냐하면 그의 사역은 충만하기 때문이다(교회의 능동적 개념, 곧 그리스도를 충만케 한다는 사상은 신약의 사상과는 거리가 멀다). 그러므로 성도들이 하나님의 능력, 하나님의 유업을 함께 누릴 수 있는 길은 오직 그리스도의 사역으로 말미암는다. 이와 같이 하나님의 능력과 유업을 누림은 그리스도께서 주권자로서 자신의 역할을 감당하시면서 모든 만물들, 모든 창조세계를 충만케 하실 때 이루어진다.

그리스도께서 이루실 모든 일들은 그리스도의 몸, 곧 교회를 통해 성취되어가고 있다. 에베소서에서 바울은 우주적 구속을 향한 하나님의 목적 및 그 목적의 구도 안에서 교회의 위치를 조명하려 한다. 비록 바울이 소아시아의 지역 교회들에게 순회편지를 쓰고 있다 할지라도, 그는 전(全) 에클레시아에 초점을 둔다. 그렇다면 지역 교회는 무엇인가? 에베소서 1:22-23은 바울이 의미하는 바를 잘 나타내준다. 이 구절에서 "충만함"의 대상은 교회이다. 그러므로 교회는 신자들의 보편적인 교제를 나타낸다기보다는 오히려 구속받은 자의 종말론적 완전성을 상징한다. 바울은 진행 중인 교제를 설명하기 위해 "몸"이라는 단어를 사용한다. 그렇지만 종말이 되면 몸과 에클레시아는 서로 연합할 것이다.

에베소서 2:11-22에 나오는 "화해"에 대한 바울의 선포는 몸과 교회 이 두 가지 의미를 다 함축한다. 이 구절에서 그리스도는 우주적 평화의 예표로 묘사된다. 이 그리스도의 사역을 통해 우주가 화해되고, 하늘과 땅, 유대인과 이방인 사이의 막힌 담이 헐어진다(Lincoln, 1981:150). "새 왕국에 속한 시민권"이라는 표현이 이 단락을 지배하고 있나(cf. 빌 3:20). 차별이 철폐되었고(엡 2:14-16, 18) 새로운 연합, 곧 한 몸이 창조되었다. 과거의 윤리와 육체적 차별은 사라졌다(11-13절). 그리고 이전 이스라엘에게 주어졌던 혜택은 하나님의 새 백성—이 하나님의 백성은 새사람이 되어 장성한 분량이 충만한 데까지 성장해 나갈 것이다(4:13)—에게로 확대되었다. 차별을 야기시킨 옛 질서—이 질서 속에서 이스라엘은 토라를 소유했었다—는 구속받은 인류와 이스라엘 메시아와의 연합으로 말미암아 대체되었다. 십자가를 통한 화해로 말미암아 유대인들과 이방인들은 한 성령을 통해 하나님께로 나아가게 되었다. 그리고 이들은 새 공동체의 지체들이며, 이스라엘에게 주어졌던 약속의 보증이 된다.

바울은 에베소서 2:15에서 유대인들과 이방인들을 화목케 하시려는 하나님의 목적을 다음과 같이 설명한다: "이는 이 둘로 자기 안에서 한 새사람을 지어 화평하게 하시고." 이 새 인류는 부활하신 그리스도의 대리적 삶으로 말미암아 신자들을 통해 창조된다. 이렇게 이루어진 새사람, 곧 새 인류는 사실상 모든 신자들을 통해 나타나는 그리스도의 연합된 생명이다.

2:21에서 또 다른 이미지가 화목하게 된 인류를 암시해 준다. 모퉁이 돌되신 그리스도와 함께 거룩한 성전은 하늘과 땅을 연결해 준다(Jeremias, 1967:275). 신약의 사도들—이들은 항상 예언자적이었다—의 기초가 되었던 새 공동체(Grudem, 1982:93-105)는 한 성전 안에서 자라나는 한 가족으로 묘사된다. 다시 말해, 이 공동체는 성전으로서 그 역할을 수행하시는 하나님께서 최종적으로 거하시는 곳이다. 이전에 바울은 이 성전 이미지를 각 개개인의 신자들 혹은 회중들에게 적용시켰다(고전 6:19 참조). 하나님의 주되심을 보여 주는 분명한 표지가 되는 성전 이미지(고후 6:16-7:1)는 구약과 신약 사이의 관계와 마찬가지로, 성령과 하나님 나라 사이의 관계를 말해 준다.

성령의 내주는 신자들로 하여금 성전이 되게 한다. 그리고 하나님의 통치는 신자들을 통해 영적으로 드러나게 된다. 2:21에 나오는 "건물 아래 성장하는 성전" 이미지는 신자들의 영적 열망을 최고조로 표현해 준다. 왜냐하면 성전은 이스라엘을 다스리는 최종적인 하나님 나라의 권세를 상징했으며, 이스라엘을 하나님의 백성으로 규정해 주었기 때문이다. 구약에서 이 세상의 핵심이 되었던 예루살렘 성전은 이제 에베소서에서 하나님의 새 백성의 운명을 나타내는 상징이 된다.

"하나됨"이라는 의미를 전달해 주는 새로운 연합은 4:1-16의 주요 핵심이 된다. 한 몸 안에서 이루어지는 교제로 말미암아 나타나는 연합은 한 성령을 통해 이루어진다(4절). 이 연합은 하나됨을 위한 한 소망을 가진다(5절). 그리고 이 연합은 믿음에 참여하는 한 수단, 곧 한 세례에 의해 경험된다(5절). 1-6절은 몸의 구조를 결정짓는 연합의 원리들을 소개한다. 7-11절은 연합을 유지시켜줄 은사들을 설명한다. 그리고 12-16절은 이 은사들과 몸의 성장 사이의 관계에 대해 서술한다.

13절은 이 성장—기대되는 성숙의 세 단계는 재림 때 실현될 것이다—의 종말론적 목적을 보여 준다: "우리가 다 하나님의 아들을 믿는 것과 아는 일에 하나가 되어 온전한 사람을 이루어 그리스도의 장성한 분량이 충만한 데까지 이르리니." 비록 그리스도가 지향해야 할 목표가 되지만, 그는 또한 성장의 원천(16절) 곧 지체들간에 일치를 가져다 주는 모든 과정의 기원이 된다. 그리하여 마침내 하나가 된 새 인류는 변화된 우주 안에서 그리스도의 속성을 완전히 드러낼 것이다. 그렇다. 이 목표는 희망 곧 종말론적인 믿음이다. 그러나 바울의 권면은 이 목표가 거룩함을 추구하는 현재적 노력의 기초를 제공해 준다고 분명히 밝힌다.

5:22-33에 권면을 통해 바울은 몸 이미지와 신부 이미지를 서로 연결시킨다. 23절에서 역사적 이스라엘과 관련된 기본적인 이미지 중 하나가 "교회"에 적용된다: "이는 남편이 아내의 머리 됨이 그리스도께서 교회의 머리 됨과 같음이니 그가 친히 몸의 구주시니라"(cf. 사 54:5; 렘 3:8; 겔 16장; 호 1-3장). 그리스도는 교회의 머리가 되신다. 그러므로 그리스도는 교회의 원천이시며 구주가 되신다. 또한 그리스도는 교회와 구별되시지만 여전히 교회와 함께 하신다. 그리스도는 에클레시아를 사랑하며 소중히 여기신다. 왜냐하면 "우리들은 그 몸의 지체"(30절)이기 때문이다.

신부 이미지를 통해 바울은 교회를 흠도 없고 점도 없는 완전하고 순결한 종말론적 실재(實在)로 소개한다. "그리스도와 신자들과의 연합을 통한 교제"라는 본질적인 개념은 몸과 신부 이미지가 지니고 있는 공통점이라 하겠다. 결혼 비유는 약혼관계에 있는 자들의 신분과 그 특수성을 알려준다. 그리고 이 결혼과 관련된 이미지들은 바울의 "이미 그러나 아직"의 구도를 따른다. 에클레시아는 이제 그리스도의 몸이다. 그러나 아직 신부가 아니다. 왜냐하면 에클레시아는 마지막 신랑이 올 때를 예비해야 하기 때문이다(고후 11:2은 이 결혼을 미래적 관점에서 소개한다). 이 고대하는 완전한 성취는 분명히 미래에 이루어질 것이다.

에베소서는 바울의 종말론적 사상을 강화시킬 뿐만 아니라, 실로 그 절정을 이룬다. 바울은 그리스도 안에서 모든 만물을 통일시키려는 하나님의 목적이 지역 교회들을 통해 현재에도 이루어지고 있다고 선언한다. 어떤 점에서는 이전의 분열들은 이제 해소되었다. 바울의 초기 서신에 매우 현저하게 드러났던 유대인과 이방인 문제는 에베소서를 통해 그 해답이 제시되었다. 즉, 그리스도 안에서 화목케 된 새 인류의 출현은 이 문제의 해답이 된다. 그리고 이 새로운 인류의 출현은 십자가의 우주적 승리의 궁극성을 증명해 준다.

그러나 그리스도의 승리의 결실을 반영해 주는 교회는 그리스도의 재림 때 드러나게 될 실재, 곧 이미 하늘의 시민이 된 거대한 신자 공동체를 미리 보여 주는 공간적 모형이다. "이미 그러나 아직"이라는 상황이 아직 여전히 신자들에게 남아 있다는 것은, 신자들이 믿음을 지키기 위해 하나님의 전신갑주(全身甲冑)를 입어야 함을 말해 준다.

7. 빌립보서

빌립보 마케도니아 시(市)의 그리스도인에게 보내진 바울의 편지는 감사와 권면을 서로 연결시킨다. 비록 이 서신의 주 요지가 기독론(基督論)이라 할지라도, 이 서신은 그리스도인들로 하여금 미래에 대한 확신을 갖고(1:21; 3:20-21), 믿음의 경주에 인내하며 끊임없이 앞으로 전진하도록 요청한다. 바울의 종말론 사상은 감사와 권면, 특히 2:6-11의 찬송과 3장에 나오는 경고의 말씀 속에 나타난다.

빌립보서 2:6-11은 찬송의 형식을 통해 그리스도의 희생적 사역을 찬양한다. 선재(先在)하신 그리스도를 언급하는 6-7절 상반절은 그리스도를, 하나님의 본성을 공유하신 분으로 묘사한다. 또한 이 구절은 그리스도께서 하나님과 영원히 동등하신 분이시지만, 자신의 이 신적 신분을 자신의 유익을 위해 사용할 수 있는 그 무엇으로 여기지 아니하셨다고 증거한다. 하나님과 동등하지 않음에도 불구하고 하나님처럼 되려고 시도했던 아담과는 달리, 예수는 기꺼이 자신의 위엄을 포기했다.

예수의 "하나님과 동등됨"은 "획득되는 것"이 아니라 "주어지는 것"이다(Moule, 1970:267). 이 "하나님과 동등됨"은 그리스도를 대속의 고난으로부터 면케 해 주기보다는, 오히려 그로 하여금 그 고난의 사역을 감당하도록 해 주었다. 그리스도께서 "자기를 비우셨다"는 말은 신적 속성의 상실을 가리키지 않는다. 오히려 이 표현은 이 신적 속성에 대한 놀라운 재해석을 가리키는 말이다(7절 상반절; Wright, 1983:381).

7절 중반절-8절은 그리스도 예수의 성육신 곧 인간의 형상을 입으신 예수의 낮아지심을 묘사한다. 비록 하나님과 동등되심에도 불구하고 그리스도는 완전한 인간이 되셨다. 그리하여 그리스도는 악의 지배를 받는 이 세상에 태어나셔서 인간의 한계를 모두 짊어지셨고 타락한 인류의 일상적인 생활에 참여하셨다(Caird, 1969:122). 종의 형체를 통해 하나님의 형상을 드러내신 예수는 비천한 십자가 위에서 죽임을 당하시기까지 순종하셨다. 9-11절은 하나님의 결정적인 중재와 가장 높은 곳으로 올리우신 예수의 승귀를 서술한다. 왜냐하면 하나님은 "주"(主)라는 그 자신의 이름을 예수께 부여하셨기 때문이다. 이제 온 세상 만물-천사들, 주관자들, 권세들, 산 자와 죽은 자 모두-이 예수를 주로 고백한다. 예수는 이제 우주의 주로서 그 사역을 수행하신다. 그리고 신자들은 새 시대의 축복을 인식하면서 이 주되심에 반응한다.

3장에서 바울은 자신의 사역을 반대하는 대적자들을 조심하라는 경고를 빌립보 교인들에게 전달한다. 이 대적자들은 아마도 바울이 이전에 만났던 유대교 밀사들이었던 것 같다(cf. 갈 2:11-13과 고후 3:1-6; 11:113). 3-6절에서 사도 바울은 유대적 배경의 유익을 열거한다. 그렇지만 바울은 7-14절에서 새생명의 은혜가 과거의 혜택을 얼마나 더 많이 능가하는지를 설명해 나간다. 바울은 그리스도 안에 있는 새생명의 은택에 기초하여 빌립보 교인들을 향해 연합을 호소한다 (1:27-2:4; Caird, 1969:114). 이 새생명은 실현된 종말론을 암시해 주는가? 그렇지 않다. 이 새생명은 실현된 종말론을 암시하지 않는다. 왜냐하면 "경주하는 그리스도인" 이미지가 12절에 소개되어 있기 때문이다. 비록 지금까지 많은 일을 해왔다 하더라도, 신자들은 항상 앞으로 해야 할 일을 염두에 두어야 한다 (Cuird, 1969:141).

우리가 전진해 가야 할 목표는 이미 얻은 그 무엇이 아니라 그리스도인의 온전함이다. 그러나 빌립보 교인들은 그들이 본받고 있는 자들을 반드시 조심해야만 한다. 그리스도의 십자가의 대적들은 무수히 많다(17-18절). 그리하여 바울은 자신의 가르침을 대적하던 자들로 인해 발생한 숱한 좌절들을 상기하면서 눈물을 흘린다. 신자들은 믿음의 경주를 할 때, 육적인 태도를 지양해야만 한다 왜냐하면 거짓 교사들이 있기 때문이다. 또한 이들은 음식법 준수를 강조하면서 유대교의 유산을 자랑으로 여겼다. 그러나 이들은 심판 때에 수치를 당하게 될 것이다 (17-19절).

로마 시민으로서 로마의 식민지하(下)에 있는 빌립보 교인들에게 편지를 쓰고 있는 바울은 빌립보 교인들에게 그들이 지금 (그리스도가 계시는) 하늘의 시민권자들—종국적인 정치체계의 완성—임을 상기시켜 준다(20절 상반절). 그러나 이 시민권조차도 완전히 실현된 종말론의 증거가 되어서는 안 된다. 20절 중반절에 소개된 바와 같이 바울의 조망은 여전히 미래적이다: "거기로서 구원하는 자 곧 주 예수 그리스도를 기다리노니." 더욱이 바울은 우리가 지니고 있는, 연약함을 특징지워주는 현재의 몸이 변화될 것임을 예고해 준다. 바울은 완전히 새로운 상태를 기대하지 않는다. 오히려 바울은 현재 우리가 지니고 있는 그 몸의 변화를 기대한다(Lincoln, 1981:103). 지금 낙원은 우리에게 없다. 그러나 그 낙원은 분명히 임할 것이다.

바울은 그의 사역을 지원한 빌립보 교인들의 후원에 대한 감사와 아울러 마지막 교훈을 전달하면서 빌립보서를 끝맺는다. 우리는 이 서신을 통해, 하늘의 시민이 되도록 인도해 주신 둘째 아담 곧 예수의 역할을 확실히 깨닫게 된다. 우리는 믿음의 조성자(造成者)요 완성자이신 예수를 바라보면서 믿음의 경주를 인내로 경주할 수 있는 힘을 지니고 있다(히 12:1-2).

8. 골로새서

골로새서는 소(小) 아시아의 많은 종교 사상들의 비옥한 토양 속에서 일어난 이단의 세력을 경계한다. 유대 및 헬라적 요소를 내포하고 있었던 이 이단—그 당시 이러한 문화들이 철저하게 스며들어 있었기 때문에 이러한 현상은 그리 놀라운 일이 아니다—은 우주론과 기독론을 혼합시켰다. 특히 이 이단은 예수와 하나님과의 관계를 세상의 다른 권세들과 주관자들과의 관계와 혼합시켰다. 어떤 골로새 교인들은 인간과 하나님 사이의 교통이 주관자들과 권세들 곧 율법을 가져다 주었던 천사들에 의해 통제된다고 믿었다. 비록 골로새 교인들이 예수 안에서 죄 사함을 인식했었다 할지라도, 그들은 단지 이것을 물질계(物質界)에게만 적용시켰다. 왜냐하면 그들은 하나님의 "플레로마"(충만함)를 공유했었던 독자적인 정령들(elemental spirits)이 물질계와 하나님 사이에 존재했었다고 믿었기 때문이다.

그들에 따르면 예수는 이 정령 군(群) 가운데 가장 뛰어난 존재였지만 단지 다른 많은 정령들 가운데 하나에 불과했다. 그리하여 사람들은 이 정령 군을 인정하였고 유대교 율법 준수를 포함한 개인의 금욕생활을 통해 이 천사 군(群)을 달래주었다. 예수의 죽음과 부활에 참여하는 것은 필수적이었다. 그러나 이와 같은 다른 많은 요구조건들도 지켜야만 했었다. 골로새 교인들에게 있어서, 신자들의 구원 여행은 세례로부터 시작한다. 그러나 이 여행 과정에서 금욕생활도 필수적이었다. 그들은 이 금욕생활로 말미암아 물질계는 흔들리게 되어 마침내 어둠에서 빛으로 변화될 것이라고 믿었다.

(1) 그리스도의 주권(골 1:15-20)

골로새 교인들의 율법 준수의 원인이 거짓 기독론에 기인한다는 것을 깨달은 바울은 창조, 구속 그리고 새 창조에 드러난 그리스도의 주권적 역할을 설명하기 위해 1:15-20에서 기독론적 찬양을 소개한다.

바울은 골로새 교인들이 "그리스도 안에 지혜와 지식의 모든 보화가 감추어 있음"(2:3)을 깨닫기를 원한다. 더욱이 그리스도의 죽음은 골로새 교인들에게 두려움을 안겨 주었던 주권자들과 권세들을 정복했을 뿐만 아니라 모든 만물들로 하여금 그리스도와 화목케 해 주는 거대한 창조적 조화를 조성해 주었다. 타락의 참혹함은 이제 그리스도 안에서 회복되었다. 이러한 방식은 새 창조의 종말론적 실재—이것은 하나님께서 인류를 위해 계획하셨던 것이다—를 위해 분명히 드러나게 되었다.

이 세상을 조성하신 그리스도는 이제 새 창조 안에서 인류의 지위를 회복시키는 분이다(골 1:15-20). 버니(C. F. Burney)는 "태초"(beginning)라는 히브리어의 네 가지 의미와 "에"(in)라는 히브리어 전치사의 세 가지 가능한 의미를 소개하면서(1925-26:160-77), 바울이 1:15-20에서 창세기 1:1을 분명히 염두에 두고 있다고 그럴듯한 주장을 한다("태초에"; cf. 잠 8:22). 버니의 해석은 첫 창조와 새 창조의 대조에 더 많은 관심을 기울인다.

15-16절은 창조에 나타난 그리스도의 역할을 다룬다. 승귀하신 예수는 영원성을 말해 주는 15절의 동사 "이다"(is)를 통해 하나님의 영원한 형상으로 소개된다. 비록 예수가 인간 존재로서 선재(先在)한 것은 아니라 하더라도, 그는 영원 전부터 아버지와 교제를 가졌으며, 이것은 창조를 통해 드러날 인간을 위해 의도되었던 것이다(창 1:26-27). 그러므로 우리는 오직 성육신하신 그리스도 안에서 하나님의 완전한 자기 표현을 반영해 주는 인류를 보게 된다. 인류가 하나님의 형상에 따라 창조되었을 때 그리스도는 바로 그 형상이었다.

성육신하신 그리스도는 완전한 사람의 모습을 드러내셨을 뿐만 아니라, 그의 죽음으로 말미암아 생겨날 새사람을 암시해 주었다. 인간이신 그리스도는 하나님의 현현(顯顯)이셨을 뿐만 아니라 둘째 아담—우리는 반드시 이 둘째 아담의 형상으로 변화되어야만 한다—이기도 하셨다. 바울은 그리스도의 우월성을 소개한다: "모든 창조물보다 먼저 나신 자"(1:15).

시간(지혜로서 창세 전부터 선재하심; cf. 잠 8:27-31) 및 지위(구속과 새 창조를 통해 드러난 지위)적 관점에서 그리스도의 우월성을 설명해 주는 "선재(先

在)하신 자"라는 칭호는 구약 이스라엘 백성들(출 4:22; 렘 31:9)과 이스라엘의 대리자 곧 다윗과 같은 왕, 메시아(시 89:27)에게 주어진 칭호 가운데 하나이다. 그러므로 골로새서 1:15에서 바울은 그리스도를 아담과 이스라엘로 묘사한다. 그리스도는 아담의 죄를 이기시고 세상을 자신과 화목케 만드신다. 창조에 나타난 인간의 지위와 이스라엘에게 주어진 역할은 참 인간 곧 둘째 아담 예수의 자기 표현을 보여 주는 적절한 매개가 된다.

창조사역을 수행한 그리스도는 창조 사역에 주도적 역할을 수행하신다(골 1:16). 더욱이 그리스도의 구속의 사역으로 말미암아 그는 또한 모든 창조물의 목표가 된다: "모든 만물이 다 그로 말미암고 그를 위하여 창조되었고"(16절 중반절). 그러므로 그리스도는 심지어 골로새 교인들에게 두려움을 안겨주었던 완악한 귀신 세력들을 포함한 모든 만물의 주(主)가 되신다. 그렇지만 이 귀신의 세력들을 무찌른 그리스도의 승리는 독자적인 형태가 아닌, 새로운 공동체 안에 실현될 것이다. 왜냐하면 그리스도의 머리되심이 이 교회를 통해 드러날 것이기 때문이다(18절). 실로 교회의 현존은 악한 영들이 패배한 증거가 된다(cf. 엡 3:10).

17-18절 상반절는 창조를 통해 나타난 그리스도의 역할을 간략하게 요약해 줄 뿐만 아니라, 구속을 통해 나타난 그리스도의 역할을 소개한다. 17절에서 바울은 그리스도가 모든 창조물을 유지시키는 자임을 설명하면서, 그리스도의 또 다른 측면, 즉 그리스도를 지혜로 묘사한다(cf. 잠 8:22; 시락 24:8; 지혜서 6:22). 이 지혜는 "창조를 향한 하나님의 지혜로운 목적"이라는 개념을 상기시켜 준다. 18절 상반절에서 이러한 지혜 사상은 새 창조로 옮겨간다. 그리고 교회는 새 창조의 대리자이다: "그는 몸인 교회의 머리라.""머리"라는 단어는 그리스도와 몸 사이의 유기적인 연합을 뜻하지 않는다. 18절 중반절이 소개하듯이, 그리스도의 머리되심은 신자들 위에 뛰어나신 그분의 위대하심과 우월성에 기인한다(신자들은 그리스도의 영적 몸이 되기 위해 그리스도와 함께 새생명에 참여한다).

15-18절 상반절의 모티브들—창조, 구속, 그리고 교회—은 18절 중반절-20절에서 다함께 연결된다. 18절 중반절에 나오는 "태초"라는 단어는 창세기 1:1의 창조를 암시해 주며, 예수를 새로운 시작(new beginning)으로 소개한다. 바울은 18절 중반절에 등장하는 "먼저 나신 자"를 반복하면서, 그리스도를 통해 이루어지는, 옛 창조로부터 새 창조까지 이어지는 연속성을 암시해 준다. 또한, "죽

은 자들 가운데서 먼저 나신 자"이신 그리스도는 다가올 부활의 기초가 되신다. 즉, 그리스도는 다시 부활할 많은 신자들 가운데 제일 먼저 부활하신 자이다. 18절은 또한 그리스도의 주권을 선포한다. 우월성과 탁월성을 통해 몸의 머리가 되시는 그리스도는 골로새 교인들이 속해 있는 교회, 곧 새로운 친교를 다스릴 주권을 행사하신다. 그리스도께서 새 창조 가운데 탁월하신 이유는 19절에 잘 소개된다. 즉, 모든 만물에 나타난 하나님의 충만하심이 그리스도 안에 거하기 때문이다.

바울은 20절 상반절에서 하나님께서 그리스도 안에 거하시는 목적을 소개해 준다: "그로 말미암아 모든 만물들을 자기와 화목케 하기 위해." 20절 중반절은 화해의 성격을 우주적인 것으로 묘사한다. 즉 화해는 전 우주를 포함한다. 16절 상반절과 20절 중반절에 반복해서 등장하는 "하늘과 땅에 있는 모든 만물"이라는 모티브를 주목해 보라. 바울은 이 모티브의 반복을 통해 창조와 구속이 동일한 목표를 지향함을 알려준다. 하나님과 창조세계 사이에 놓여 있었던 그 어떤 장애라도 십자가 위에서 모두 다 제거되었다. 그러나 타락의 영향으로 말미암아, 우주는 종국적인 회복을 고대하고 있다(cf. 롬 8:18-23). 인류의 회복은 이제 교회를 통해 이루어진다. 그리고 이러한 인간의 회복은 재림과 우주의 조화로 인도할 것이다.

바울은 골로새 교인들이 그리스도의 위업을 깨닫기를 소원한다. 그리고 바울은 골로새 교인들이 그리스도를 확실히 바라볼 수 있는 길을 발견하기를 원한다. 그리스도의 구속사역은 몸 곧 교회의 탄생을 가져다 주었다. 그리하여 이 몸은 그리스도 없이는 살아갈 수 없다(비록 그리스도는 교회 없이 살 수 있다 할지라도). 창조와 구속사역의 증거가 되는 이 몸은 새 창조일 뿐만 아니라 구원받은 실재(實在)이기도 하다.

골로새서 1:15-20에 나오는 바울의 찬양은 신자들이 위협적인 권세들을 피하기 위해 유대인의 토라와 지혜가 필요치 않음을 강력하게 주장한다. 왜냐하면 그리스도께서 토라와 지혜를 성취하셨고 위협하는 세력들을 정복하셨기 때문이다(골 2:15). 결국 그리스도는 참 하나님의 완전한 현현이 되신다. 그러므로 우리는 골로새서 1;15-20에서 신약에서 가장 뛰어난 기독론을 발견하게 된다.

(2) 은혜의 원천(골 3:1-4)

그리스도 사역의 본질을 설명한 후(골 1:24-2:5), 거짓 가르침에 답하면서 모든 죄의 세력을 이기신 그리스도의 완전한 승리(2:6-23)를 강조한 바울은 3:1-4에서 그리스도인의 삶을 유지시키고 성장시켜 주는 은혜의 원천에 대해 소개한다. 그리스도인들은 그리스도 안에서 이미 그리스도와 함께 살아났으며 새사람 곧 참 하나님 형상의 일원이 되었다(3:10). 3:3의 "너희 생명"에서 4절의 "우리 생명"으로의 변화를 통해 이 새로운 관계의 연합적 성격은 분명해진다(이 영광의 선취〈先取〉는 그리스도의 재림 때 우리 것이 될 것이다). 그렇지만 우리 그리스도인의 소망은 단지 그리스도의 재림에 집중되기보다는 변화된 우주 속에서 일어날 신자 개개인의 변화에 집중된다(4절; Wright, 1986:133). 바울은 5-11절과 12-17절에서 3:1-4의 의미를 살펴본 후, 마지막 윤리적 교훈과 지침을 전달하면서 골로새서를 끝맺는다.

바울은 골로새서를 통해 골로새 교회에 침투한 유대 그리스도인의 가르침과 맞서 싸웠던 것 같다. 바울의 메시지는 분명하다. 모든 인간의 영적 필요는 그리스도를 통해 채워진다. 왜냐하면 그리스도 외에는 그 어떠한 대안도 있을 수 없기 때문이다. 빌립보서와 마찬가지로 이 서신도 그리스도인들에게 앞을 향해 전진하는 삶을 살도록 권면한다. 왜냐하면 그리스도 안에 있다는 것은 하늘의 시민이 되었음을 의미하기 때문이다. 또한 그것은 (재림 때 일어날 것이라 고대하는) 우리들과 세상의 변화가 그리스도인의 윤리적 자세를 결정함을 뜻한다.

9. 데살로니가전후서

데살로니가에 있는 그리스도인들에게 보내진 바울의 두 편지는 젊은 회중들을 많이 소개해 준다. 신자들은 예수와 그의 재림에 대한 바울의 초기 가르침에 고무되었다. 그러나 어떤 이들은 이 가르침에 너무 큰 자극을 받은 나머지 임박한 재림을 준비하기 위해 그들의 일자리를 모두 손놓고 말았다(살전 4:11; 5:14; 살후 3:6-15). 그리하여 바울은 데살로니가 교인들의 지나친 종말론적 열광주의를 교정하고, 재림, 재림 전에 죽은 자들 그리고 주님의 날에 대한 다양한 질문들에 답하려 한다.

(1) 섬기는 것과 기다리는 것(살전 1:9b-10)

바울은 듣고 받아들인 복음이 데살로니가 교인들에게 끼친 영향을 간략하게 요약한다: "저희가 우리에게 대하여 스스로 고하기를…너희가 어떻게 우상을 버리고 하나님께로 돌아와서 사시고 참되신 하나님을 섬기며 또 죽은 자들 가운데서 다시 살리신 그의 아들이 하늘로부터 강림하심을 기다린다고 말하니 이는 장래 노하심에서 우리를 건지시는 예수시니라"(살전 1:9 중반절-10). 바울은 데살로니가 교인들에 대해 서술할 때, 그리스도를 예수라 이름하는 역사적 인물, 왕 같은 메시아, 하나님의 아들, 현재와 종말의 주님, 심판자와 구세주로 묘사한다. 비록 이 기독론이 분명히 하나님을 예수보다 더 중요시 한다 해도, 이 기독론은 예수의 사역이 오는 심판 날에 우리를 구원해 줄 것임을 밝혀준다.

바울은 예수의 재림이 약간 지연될 것이라 예상했던 것 같다. 왜냐하면 바울이 데살로니가 교인들을 기다리는 자들로, 재림을 "노하심"으로 소개하고 있기 때문이다. 이 "노하심"은 무엇을 말하는가? 이것은 역사 속에서 이루어지는 비인 산석인 과성이 아니다. 오히려 이 "노히심"은 여사의 끝에 있을 하나님의 종말론적인 심판을 말한다. 그러나 구원은 지금도 이루어진다. 왜냐하면 최후 심판 판결이 이미 현재에 결정되었기 때문이다. 그러므로 바울의 종말론은 비록 전체적이지 않다 하더라도 부분적으로 실현되었다. 재림은 시작된 것을 완성시킬 것이다. 즉, 전(全) 구원은 미래에 달려 있다.

(2) 주님의 재림(살전 4:13-5:11)

바울이 데살로니가 교인들에게 가르쳤던 "이미 그러나 아직"이라는 종말론적 구도는 아마도 약간의 의문을 야기시켰던 것 같다. 그리하여 바울은 데살로니가 전서 4:13-5:11에서 이 의문에 답하려 한다. 바울이 집중했던 첫 번째 관심은 일반적으로 두 가지로 해석된다. 어떤 이들은 데살로니가 교인들이 고대하던 재림의 지연에 의문을 품었다고 주장한다(Best, 1972:183). 그렇지만 데살로니가 교인들이 제기했던 더 큰 의문은 바울의 방문 이후에 죽었던 신자들에 관한 문제였다. 다시 말해, 현재 살아 있는 신자들은 그들의 죽은 형제 자매들이 도래할 하나님 나라의 축복에 참여할 수 있는지에 대해 의문을 품었다. 5:1-11에 소개된 바울의 두 번째 관심은 그리스도 재림의 시기 문제와 관계된다.

바울은 13절에서 데살로니가로부터 전해들은 질문들에 대해 다음과 같이 대답한다: "형제들아 자는 자들에 관하여는 너희가 알지 못함을 우리가 원치 아니하노니 이는 소망 없는 다른 이와 같이 슬퍼하지 않게 하려 함이라." 13절과 18절의 표현방식이 바울의 반응과 그의 의도를 밝혀주고 있음을 주목해 보라. 바울은 데살로니가 교인들이 슬퍼하지 말고(13절) 서로 위로하기를 원한다(18절). 바울은 14-17절에서 이 같은 위로의 근거를 제시한다. 14절은 케리그마와 그 의미를 설명한다. 즉, 예수는 죽었다가 다시 살아나셨으며, 하나님은 그리스도 안에서 죽은 자들을 그리스도와 함께 데리고 오실 것이다.

죽은 자들에 대하여 바울은 그들이 그리스도와 함께 있다고 강조한다. 그러나 그들은 아직 부활하지 않은 상태이다. 그러나 14절의 강조는 바울의 임박한 종말론 사상이 부활의 미래적 소망을 흐리게 하지 않았음을 말해 준다. 만약 데살로니가 교인들이 예수가 죽고 부활했음을 믿는다면, 그들은 예수 안에서 죽은 자들의 미래도 보장되었음을 믿을 것이다. 더욱이 바울은 예수의 부활과 신자들의 부활을 연결시킨다.

사도 바울은 그리스도의 부활과 이미 죽은 그리스도인의 부활을 설명하기 위해 동일한 동사(아니스테미; 14, 16절)를 사용한다. 이뿐만 아니라 바울은 14절에서 그리스도의 부활이 그리스도인의 부활에 여러모로 영향을 끼친다고 본다. 14절에서 소개된 죽은 자의 미래에 대한 바울의 단순하고 간결한 진술은 바울이 이미 이 주제에 대해 데살로니가 교인들에게 이야기했음을 암시해 준다. 바울이 데살로니가 교인들에게 신자들의 부활에 대해 가르쳤다는 더 많은 증거는 미래 우주적 심판에 대해 자세히 설명하는 1:10에서 발견된다.

주의 말씀에 근거하고 있는 15-17절은 세 부분 곧 재림, 죽은 자들의 부활, 그리고 재림 이후의 삶에 대해 언급한다. 바울은 15절에서 "우리가 주의 말씀으로 너희에게 이것을 말하노니 주 강림하실 때까지 우리 살아 남아 있는 자도 자는 자보다 결단코 앞서지 못하리라"고 선언함으로써, 데살로니가 교인들을 재확신시켜 준다. 데살로니가 교인들은 "파루시아"라는 단어를, 바울이 선포한 케리그마의 한 부분으로 이해했던 것 같다.

헬라 세계에서 "파루시아"는 왕, 신, 제왕 혹은 천사, 심지어 대군(大群) - 물론 이들은 어떤 이의 출현을 도우는 자 혹은 조력자이기도 하다 - 의 출현을 뜻하기도 한다(Ware, 1979:110). 파루시아에 대한 이 같은 헬라적 이해는 3:13의 표현과 일치한다. 이 구절에서 예수는 하늘의 수행자 혹은 무리들과 함께 강림할 것이다. 헬라 세계에서 이 같은 출현은 화려한 팡파르, 군중들의 환호, 휘황찬란한 옷 및 왕관의 등장과 밀접히 연관된다. 바울은 그와 같은 방식을 통해, 예수의 재림을 최후 심판의 진노로부터 신자들을 구속하기 위해 예비된 놀라운 사건으로 소개한다(1:10).

15절은 종종 바울 자신이 재림 때까지 생존할 것이라 여겼음을 보여 주는 증거로 인용된다: "주 강림하실 때까지 우리 살아 남아 있는 자." 그러나 이 표현에 대해, 바울이 뜻하는 바는 무엇인가? 아마도 바울은 교회를 뜻하기 위해 15절의 "우리"라는 표현을 사용한 듯하다. 그러나 바울은 자신이 계속해서 생존할 것이라 기대하지 않았던 것 같다. 더욱이 15절은 재림의 시기에 초점을 맞추지 않는다. 바울은 데살로니가전서 5:1-11에서 이 재림의 시기에 대해 논의한다(cf. 살후 2:3).

바울은 데살로니가전서 4:16에서 재림 때 있을 예수의 강림에 대해 서술한다: "주(큐리오스)께서 호령과 천사장의 소리와 하나님의 나팔로 친히 하늘로 좇아 강림하시리니." 바울은 "큐리오스"라는 단어를 사용함으로써 재림 때 예수의 역할을 강조한다. 사실상 이 같은 역할은 메시아로서의 역할과는 대조된다. 왜냐하면 유대 사상 속에는 이러한 메시아적 역할이 나타나지 않기 때문이다(Best, 1972:196). 바울시대에 "큐리오스"라는 단어는 점차적으로 황제 숭배의 일환으로 사용되었다. 그리하여 바울은 이 단어를 사용함으로써 예수의 위격(位格)을 선언한다.

호령, 천사장의 소리, 그리고 하나님의 나팔 소리와 함께 임할 주의 강림은 하나님 나라의 시작을 알릴 것이다(Plevnik, 1975:246). 헬라시대 때 황제의 행차는 일반적으로 많은 대군들을 수행했기 때문에, 16절에 나타난 바울의 묵시적 이미지는 이 같은 모습을 반영해 준다. 더욱이 더 많은 요소들이 이미지를 증거해 준다. 구름, 나팔 그리고 주의 강림은 시내산 언약을 상기시켜 준다(출 19:10-18). 많은 성경본문들이 나팔소리와 종말을(사 27:13; 습 1:14-16; 마 14:31; 고전 15:52) 혹은 나팔소리와 성전(聖戰)의 개시(開始, 삿 3:27; 6:34;

삼상 13:3)를 연결시킨다. 선지자들은 이스라엘 원수들을 대항한 성전 사상을 취했다. 또한 그들은 그 성전을 이스라엘에 임할 심판의 날로 해석했다.

쿰란 공동체는 나팔소리를 종말의 전쟁의 시작을 알리는 뚜렷한 상징, 곧 신적 통치를 집행하시려는 하나님의 간섭하심의 상징으로 이해했다(Plevnik, 1975:248-49). 천사장의 소리는 의인의 부활을 다루는 다니엘 12:1-2과 관련된다. 구약의 신현(神顯)을 상징하는 천사들의 수행은 신약에 나오는 메시아의 강림과 연결된다(마 25:31). 계시록에서 천사의 소리는 심판을 수반한다(6:1, 3, 5, 7). 그러나 심판 모티브는 데살로니가전서 4:16-바울은 데살로니가전서 4;16에서 재림 때 모여들 선택받은 자에게 집중한다-에서는 나타나지 않는다.

16-17절에서 바울은 하늘로부터 임할 주의 강림과 구름 속으로 끌어 올려질 성도들에 대해 서술한다. 하늘과 구름은 구약과 신약에서 신현 가운데 나타나는 영광과 권능의 상징이다. 그러나 우리는 이 구절을 어떻게 해석해야 하는가? 바울은 요한계시록 11:11-12과 마찬가지로 성도들이 하늘 공중에 끌어 올려서 그리스도를 만나고, 그리스도 앞에 다 모일 것이라고 말하고 있는가? 그리스도 강림에 대한 바울의 설명은 사도행전 1:11에 나오는 두 천사들의 재림에 대한 표현을 단순히 상기시켜 주는 듯하다. 즉, 예수는 그가 가심 그대로 다시 오실 것이다.

비록 사도행전에서 구름이 예수의 승천을 가리우면서 예수를 하늘로 모셔가는 운송수단이 되지만, 이 구름은 또한 신자들-신자들도 그리스도처럼 동일한 곳으로 들어 올리워질 것이다-을 (특별히 언급되지 않은) 마지막 목적지로 옮겨줄 것이다(Foerster, 1964:472-74). 바울은 신자들이 공중에 머물러 있을 것인가에 대해 말하지 않는다. 그러나 헬라 문헌에 따르면, 이 신자들은 그리스도를 이 땅으로 모셔오는 역할을 수행할 것이다. 그러나 만약 그들이 하늘로 올리워진다면, 왜 그리스도께서 내려오셔야 하는가?(Best, 1972:200)

이미 죽은 그리스도인들이 먼저 부활할 것이다. 바울의 임무가 데살로니가 교인들을 재확신시켜 주는 것이기에, 자신이 악인의 운명을 언급하는 것은 불필요한 일이었다. 더욱이 바울은 부활한 신자들의 변화 및 그 본질에 대해 구체적으로 말하지 않는다. 물론 이러한 일은 분명히 일어날 것이다. 16절의 표현은 기독교의 일반적인 부활관을 간접적으로 소개한다. 그러나 바울이 이 부활교리를 제일 먼저 만들어낸 것 같지는 않다. 바울은 다시 한 번 데살로니가 교인들을 재확신시켜 준다. 비록 성경학자들은 데살로니가 교인들의 임박한 재림의 기대나 미래에 대한 염려로 인해 이 같은 재확신이 필요했다 해석하지만, 왜 그들이 이러한 재확신이 절실했는지는 불분명하다. 가장 바람직한 해석은 바울이 죽은 자들에 대한 데살로니가 교인들의 염려-데살로니가 교인들은 이미 죽은 그리스도인들이 재림의 기쁨에 동참하지 못할 것이라고 생각했던 것 같다-때문에 이러한 재확신을 한다고 보는 것이다.

데살로니가전서 5:1-11에서 바울은 주의 재림의 날의 시기와 관련된 문제들을 다룬다. 재림의 심각성을 강조하고 신자들이 이 재림을 준비해야 함을 권고하는 바울은, 동시에 그들의 구원을 확신시켜 준다. 기독교 전승과 일치하는 바울의 가르침은 주의 날 곧 재림을 하나님 백성을 위한 하나님의 결정적인 간섭하심으로 규정한다. 이 심판의 날은 평안하고 무사한 때에 도적같이 임할 것이다(살전 5:2-3). 비록 신자들이 이 심판으로부터 보호받을 것이라 하더라도, 신자들은 이 날을 위해 경성해야만 하고(4-5, 9-11절). 그리스도인의 전신갑주로 무장해야 한다(8절; Gundry, 1987:170). 만약 바울이 신자들이 주의 강림 전에 부활할 것이라 믿었다면, "경성"하고 "예비"하라는 바울의 권면은 결코 필요치 않았을 것이다. 그러므로 주의 강림을 고대하는 자들은 모든 주어진 일에 성실함으로 참여해야만 한다.

(3) 재림의 징조들(살후 2:1-12)

데살로니가 교회는 종말의 문제와 관련된 더 많은 의문들을 바울에게 전달했다. 그러므로 데살로니가후서는 이 질문에 대한 바울의 응답이다. 데살로니가후서 2:1-2에서 바울은 다음과 같은 이슈를 제기한다: "형제들아 우리가 너희에게 구하는 것은 우리 주 예수 그리스도의 강림하심과 우리가 그 앞에 모음에 관하여 혹 영으로나 혹 말로나 혹 우리에게서 받았다 하거나 편지로나 주의 날이 이르렀다(에네스테켄)고 쉬 동심하거나 두려워하거나 하지 아니할 것이라."

비록 많은 성경 역본들이 "에네스테켄"을 "이미 임했다"라고 번역한다 해도, 이 단어는 또한 "(현재에) 나타나다"(cf. 롬 8:38; 고전 3:22; 갈 1:4; 히 9:9)라는 뜻으로, 또는 "근접해 있다" 혹은 "도래하다"라는 의미로 번역될 수 있다(cf. 고전 7:26; 딤후 3:1; "에네스테켄"의 번역과 관련된 더 구체적인 연구를 살펴보려면, 브루스 1982:165를 참조하라). 이러한 재림의 질문은 기쁨의 상실로 인한 비탄에 의해 제기됐다기보다는, 주의 강림의 임박성으로 말미암은 동요—이 같은 동요는 광적 열광주의와 무질서를 야기시켰다—에 의해 발생됐던 것 같다.

3-12절에 나오는 재림의 의문사항들에 대한 바울의 답변은 이전에 그가 데살로니가 교인들에게 전달했던 가르침의 요약인 듯하다(5절). 그러나 우리는 바울이 데살로니가 교인들에게 전달했던 그 이전의 가르침을 알지 못하기 때문에, 바울이 회상하는 과거의 그 가르침의 요지를 확인하기란 여간 어려운 일이 아니다. 그러나 분명한 것은 개개인들에게 영향을 미치는 재림의 사건들은 반드시 순서대로 발생할 것이라는 것이다(3절). 바울은 재림의 임박성을 거절한다. 즉, 바울은 데살로니가 교인들이 처한 상황이 재림 때에 있을 박해로 간주될 수 없으며 (cf. 3:6-15), 특수한 혼돈상태가 재림 전에 발생할 것이라 주장한다: "누가 아무렇게 하여도 너희가 미혹하지 말라 먼저 배도(背道; 헬, 아포스타시아)하는 일이 있고 저 불법의 사람 곧 멸망의 아들이 나타나기 전에는 이르지 아니하리니"(3절).

정치적인 용어라기보다는 종교적 용어인 "아포스타시아"는 여기 데살로니가후서 2:3과 사도행전 21:21에서 발견된다. 이 구절에서 이 단어는 배교(背敎)를 뜻한다. 재림 전에 반드시 발생할 두 사건이 아직 일어나지 않았기 때문에, 바울은 주의 재림이 불가피하게 지연될 것임을 시사해 준다. "배도"와 "불법의 사람"에 대한 바울의 가르침은 이러한 징조들이 나타날 때 데살로니가 교인들이 이 징조들을 깨달을 것이라는 바울의 기대를 반영해 준다. 실로, "불법의 사람"의 정체는 현재 가장된 방식(신비로운 사건)을 통해 일어나는 일련의 사건들과 연루된다 (cf. Robinson, 1964:636). "불법의 사람"이라는 이미지—아마도 안티오쿠스 에피파네스와 주전 167년에 저지른 그의 불법한 행위(단 11:31-32)는 이 이미지의 전형(全形)이 된다—는 거짓 선지자 혹은 거짓 메시아(9절)와 같이 자신의 계시(아포칼룹시스; 살후 2:3), 자신의 재림(9절), 자신의 징조 및 이적뿐만 아니라 불법의 비밀(7절)을 소유한 적그리스도를 지칭한다.

데살로니가후서 2:5-6에서 바울은 신실한 믿음의 사람들이 이 "불법의 사람"을 제지하는 자를 알고 있음을 전제한다. 많은 이들이 이 "제지자"(制止者; 토 카테촌⟨어원은 카테초임⟩)를 성령으로 보며, 핍박의 시기는 (지금 교회를 통해 역사하시는) 성령이 떠나는 날까지 일어나지 않을 것이라 해석한다(Williams, 1991:126). 그렇지만 바울의 선례에 따르면, 6절의 중성 분사 용법은 성령을 가리킨다 할 수 없다. 더욱이 신약의 그 어디에도 성령의 떠남을 말하지 않는다.

다른 이들은 "제자자"를 이방인 선교사역 혹은 복음 선포와 동일시한다(Mearns, 1981:154-57). 그러나 만약 이 정의가 적절하다면, 왜 바울은 그렇게 애매하고도 은밀한 표현을 사용했는가?

다른 가능한 해석을 살펴보도록 하자. 만약 우리가 제지하는 힘을 법과 질서의 원리로 이해한다면, 이 힘(법과 질서)을 수행하는 자(7절의 호 카테촌)의 사라짐은 로마 통치의 철수를 틈타 유대인들이 반란을 일으켰던 주후 66-70년 예루살렘의 소동과 혼돈을 의미할 수 있다. 이와 흡사한 표현방식이 마가복음 13장에서도 나온다.

마가복음 13:8-10은 그 당시 지도자 아래 일어났던, 무질서한 예루살렘의 상황을 설명한다. 그리고 무법한 자는 그 당시 유대 지도자 배후에서 그들을 지시했던 영을 의미한다. 이 영은 제사장과 같은 지도자들에게 영향을 미쳤고(4절), 배교치 않은 유대인들을 계속해서 타락으로 유인했다(10절). "8절에 나오는 예수의 사역이 예루살렘 멸망과 관련된 예수의 경고를 가리키는가(눅 21:20-28), 아니면 재림 때 있을 악의 멸망을 가리키는가" 하는 문제는 여전히 의문으로 남아 있다. 그러나 어느 한쪽도 이 문맥과 온전히 부합하지 않는다. 하지만 마침내 무서운 진리, 곧 유대민족의 멸망을 가져다 주었던 하나님으로부터 온 유혹이 일어날 것이다(11절).

바울은 데살로니가전후서에서 종말론의 체계를 소개한 후 계속해서 윤리적 지침을 제공한다(살전 5:6-11, 12-22; 살후 3:1-5; 6:15). 비록 데살로니가 서신이 바울 서신 가운데 가장 먼저 쓰여졌다 할지라도, 우리는 이 두 서신을 통해 생생하고도 발전된 종말론―데살로니가후서의 종말론은 데살로니가전서의 종말론을 변경시키지 않는다―을 발견할 수 있다. 데살로니가전후서는 종말에 대한 가르침의 참 목적이 종말의 징조에 집착하도록 하기 위함이 아니라, 우리가 서로 화평 가운데 지내며, 악의 모든 모양이라도 버리도록 하기 위한, 놀라운 소망을 심어주기 위함임을 다시 상기시켜 준다(살전 5:12-22; 살후 3:6-15).

바울의 종말론은 "이미"와 "아직"의 구도를 형성한다. 마지막 날의 심판이 지금 현재 안으로 들어왔으며, 하나님의 신원(伸寃)하심이 신자들에게 선포되었다. 이 신자들은 현 죄악세대의 고난 속에서도 종말의 축복을 경험한다. 이방인의 빛이 되어야 할 구약 이스라엘의 사명은 이제 그리스도 안에서 성취되었다. 이 그리스도 안에서 이스라엘과 이방인 이 두 백성은 한 새사람이 되었다. 새로운 그리스도인 그룹은 민족 이스라엘을 위해 계획되었던 약속들을 받아 누린다(물론 이 약속은 여전히 민족 이스라엘을 위한 것이다). 그리고 기독교의 복음은 반드시 이스라엘 백성들에게 전파되어야만 한다. 이로 인해, 더 많은 신자들이 부름을 받을 것이다. 이제 현 지상 교회의 예배는 새 시대에 이루어질 예배의 선취(先取)가 된다.

그러나 "아직"이라는 구도가 남아 있다. 바울이 가르친 구원은 진행 중에 있다. 우리는 구원받았고, 구원받고 있으며, 최종적으로 구원받게 될 것이다. 마지막 심판은 신실한 신자들을 위한 신원하심의 실재-이 실재는 칭의를 통해 현재에 선취되었다-를 선고할 것이다. 그리스도는 마침내 우리들을 그의 형상으로 변화시켜 주실 것이다(이러한 변화는 현재에도 계속 진행중이다). 우리가 성령을 보증으로 받음으로써, 성령은 우리의 영광스런 부활체를 전적으로 통치하실 것이다. 그러나 이러한 완전한 통치는 아직 실현되지 않았다. 현 세대의 존재론적 갈등을 통해 오는 세대의 완전함이 이루어질 것이다.

그래서 바울의 종말론은 현저한 대조, 현재의 갈등, 미래의 기쁨을 함축하는 종말론이다. 그러나 이 종말론은 윤리적 기초가 된다. 왜냐하면 우리가 누구인지를 인식할 때에야 비로소 우리가 무엇이 되어야만 하는가를 생각할 수 있기 때문이다.

10. 목회서신(디모데전후서, 디도서)

"지금" 그러나 "아직"의 구도 속에 나타난 바울 종말론의 근본적인 긴장은 목회서신의 종말 사상을 압도한다(딛 2:12-13 참조). 사람들은 초대 교회가 종말의 열병을 앓고 있을 때, 이 목회서신이 쓰여졌다고 주장한다(Wilson, 1979:13). 그렇지만 거짓 가르침의 영향하에 계속되던 배교의 위험, 디모데전서 4:1-5에 나오는 종말의 징조들 그리고 4:6에 소개된 거짓을 버림 및 온전한 가르침의 위탁은 바울 자신이 처한 그 시대적 상황을 설명함을 의미한다.

우리 주 예수 그리스도께서 나타나실 때까지 책망받지 않도록 자신을 지키라는 디모데를 향한 바울의 권고는 임박한 재림의 기대를 암시한다(딤전 6:14-16). 그러나 이 본문은 아마도 종말의 정확한 시기에 집착하기보다는 오히려 종말의 실재에 대한 확신에 지나지 않는다. 디모데전서 4:1-5의 주제는 동일한 결론과 함께 디모데전서 3:1-9에서 다시 취급된다. 왜곡된 종말론을 방지하려는 분명한 경계의 말씀이 디도서(5절)에 소개된다. 이 경계의 말씀은 현 교회시대를 종말의 날로 보는 바울의 종말론, 곧 "이미"라는 종말의 긴장을 더욱더 강조한다. 재림에 대한 초대 교회의 기대는 디도서 2:13에 잘 드러난다(Kelly, 1963:15). 이 구절에서 바울은 도래할 종말이 우리의 크신 하나님 곧 구주 예수 그리스도의 현현과 밀접하게 연관되어 있음을 지적한다. 그러므로 이 구절에서 재림이 임박했다는 암시는 전혀 없다.

목회서신은 예수의 재림에 대한 확고한 신앙을 보여 준다. 그러나 이 서신은 재림의 임박성을 나타내는 그 어떠한 증거도 제시하지 않는다. 그렇지만 종말론은 여전히 목회서신의 기본적인 목적이 되며, 초대 교회의 지속적인 성장에 밑거름을 제공해 주었다.

THE SEARCH FOR ORDER

언약신학과
종말론

제12장
다른 종말론적 음성들

종말론은 신약의 히브리서, 야고보서, 베드로전후서 그리고 유다서에도 등장한다. 히브리서는 그리스도인들을 새 약속의 땅 가나안을 향해 전진하는 순례자들로 묘사할 뿐만 아니라 이스라엘보다 더 나은 언약과 약속을 소유한 자들로 설명한다. 분열된 유대 그리스도인 공동체를 향해 편지를 쓴 바울은 그리스도인의 고난과 시험 그리고 기쁨에 대해 고찰한다. 이 모든 일들은 새 시대의 도래 곧 종말이 임박함으로 말미암아 찾아온다(약 5:7). 비록 야고보서가 종말론에 큰 비중을 두지 않는다 해도, 분명히 종말론은 이 서신의 배경이 된다(Davids, 1982:39).

베드로전서는 신자들이 고대하던 하늘의 소망을 재확인시키면서, 소아시아의 흩어진 성도들을 향해 그들이 겪는 핍박을 이겨내도록 격려의 메시지를 전달한다. 심판이 하나님의 집에서 이루어지겠지만, 핍박받는 자들은 그리스도의 나타나실 때 영광의 면류관을 얻게 될 것이다. 거짓 선지자들과 거짓 교사들 문제를 다루는 베드로후서는 경계와 권고가 포함된 격려의 말씀을 소개한다. 비록 이 서신(베드로후서)이 재림의 시기에 대한 잘못된 판단을 언급하지만, 베드로가 이 서신을 통해 (우리가 이해하는 바와 같이) 예루살렘의 멸망을 언급하는지, 아니면 재림을 언급하는지는 명확하지 않다. 유다서는 에녹1서 및 모세 언약서—이 묵시록은 거짓 가르침이 하나님의 심판을 초래하고 심판의 임박성을 촉진시킨다고 보았던, 저자의 묵시적 관점을 뚜렷하게 보여 준다—와 같은 묵시사상(默示思想)을 반영해 준다.

1. 히브리서

히브리서 기자는 선포와 권고를 통해 (아마도) 로마의 유대 가정교회 신자들로 하여금 믿음의 순례를 인내로써 유지해 나가도록 북돋아 줌으로 말미암아, 마침내 그들이 하나님 앞에서 안식의 약속을 성취할 수 있도록 인도해 준다. 바레트 (C. K. Barrett)의 연구에 따르면, 히브리서 역시 종말론적 사상을 반영한다 (1956:366). 이 서신을 압도하는 사상은 예수의 사역으로 말미암은 종말론적 성취 개념이다. 비록 히브리서 기자가 이 종말론적 성취의 때를 마지막 날로 규정하지만(히 1:2), 이 히브리서는 일관된 미래적 종말론을 보여 준다. 왜냐하면 순례자들이 새 출애굽을 통해 종말의 천상적 실재가 가까이에 와 있지만, 아직도 그 실재 안으로 들어가지 못했기 때문이다.

히브리서의 기저(基底)가 되는 주제는 하나님께 드리는 참 예배와 그 예배를 가능케 해 주는 요소들이다. 그러므로 히브리서가 하나님 백성의 온전함과, 구속 받은 성도들이 드리는 천상의 예배와 하나님 백성과의 적합성에 집중하고 있음은 그리 놀라운 일이 아니다. 히브리서 기자는 "온전함"이라는 개념을 "정해진 목표에 도달함"으로 이해한다.

그렇다면 하나님께서 정하신 목적을 이루셔서 그 완성을 성취하신 그리스도는 믿음의 선구자시요 온전케 하시는 분이다(히 12:2). 순례자들에게 있어서 온전함이 비록 인간의 노력에 의해 성취되지 않는다 해도, 그것은 현재의 성취와 종말의 실재 이 둘을 포함한다. 다시 말해, 그리스도와 신자들은 하나님의 사역 곧 역사적인 십자가 사건으로 말미암아 온전케 되었다. 그렇지만 신자들은 하늘 하나님의 임재 처소에 들어가, 하늘의 안식을 참여할 때에야 비로소 최종적인 온전함에 이르게 될 것이다(Pfitzner, 1983:100).

히브리서 1-7장은 인류의 죄를 대속하신 후 하나님 보좌에 앉으셔서 그의 뛰어나심을 드러내셨던 예수의 위격(位格)에 집중한다. 8-10장은 그리스도의 사역을 살펴본다. 동시에 히브리서는 하나님의 새 백성을 유대교 및 그 제도들과 관련시켜본다. 그리하여 히브리서 기자는 예수를 사망의 권세를 깨뜨리고(2:14) 예레미야에 의해 약속된 종말의 언약을 창조하는 자(히 7:22; 8:6-13; 10:16-18)로 묘사한다. 그리고 신자들은 새로운 약속의 땅(4:1, 11)과 그곳의 안식을 향해 전진하는 출애굽의 여정 가운데 있는 순례자들이다. 히브리서는 언약적 용어들을 통해, 그리스도로 말미암은 성취의 중요성과 신자들에게 주어진 미래적 기대(12:18-24)를 함께 연결시킨다. 예수의 죽음은 신자들을 종말론적 실재 영역 안으로 이끌어 주었다(Hughes, 1979:67).

(1) 예수의 정체성(히 1장; 2:5-18; 3:1-6; 4:14-15:10; 7:1-18)

히브리서는 신앙의 위기 혹은 신앙의 문제들에 대해 언급한다. 1-7장이 밝히는 바와 같이, 히브리서 기자는 그리스도의 절대적 초월성을 신뢰하는 믿음을 지속시키려 했다. 결국 히브리서 기자는 예수와 성부와의 관계를 규명하고 예수를 메시아, 아들, 후사 또는 대제사장으로 소개한다.

히브리서 기자는 아래에 소개될 일곱 가지 신분을 통해 1:1-4에 나타난 그리스도의 종말론적 통치를 강조한다. 비록 과거에 하나님이 서로 다른 방식을 통해 우리에게 말씀하셨다 하더라도(히 1:1-2) 하나님은 지금도 아들을 통해 말씀하신다. 예수는,

- 모든 만물—지나간 옛 세상, 그리고 구속받은 인류보다 앞서 존재했던 천상 세계(구속받은 인류가 순례의 길을 향해 떠난 곳; 2절 중반절)—이 후사
- 창조의 대리자(2절 하반절)
- 하나님 영광의 광체시요 본체의 완전한 형상(3절 상반절)
- 우주를 유지케 하는 자(3절 중반절)
- 죄를 정결케 하시는 자(3절 중반절)
- 하나님 보좌에 계신 메시아(3절 하반절; cf. 시 110:1)
- 천사보다 뛰어나신 분(4절)

만유의 후사이신 그리스도는 그의 희생적인 죽음을 통해 단번에 하늘의 유업을 얻게 되었으며, 모든 신자들을 위해 하나님 나라의 문을 열어주었다.

히브리서 1:5-13에서 히브리서 기자는 히브리서 1:2-4에 나타난 기독론 사상을 일곱 개의 구약인용—이 구약인용들은 그리스도의 놀라우신 위엄을 "아들"과 연결시킨다—에 근거를 둔다. 구약에서 천사들은 하나님의 아들들로 불린다. 그러나 히브리서 기자는 그리스도께서 이 천사들보다 뛰어나신 분으로 강조한다. 5

절에 등장하는 두 개의 인용은 왕좌에 오른 왕 곧 메시아의 유일하심과 메시아와 성부와의 관계를 설정한다(cf. 시 2:7; 삼하 7:14; Thompson, 1976:355). 천사는 가변적이고 또한 그들이 예수를 경배하므로, 예수는 천사들보다 뛰어나신 분이다(6-7절; cf. 시 97:7; 신 32:43; 70인경, 시 104:4). 더욱이 예수의 통치하심은 영원하다(8절, 10-12절; cf. 시 45:6-7; 102:25-27). 히브리서 기자는 13절에서 우리의 관심을 천상에 계시는 메시아―이 메시아는 새 시대의 도래를 고대한다(cf. 시 110:1)―의 현재적 통치로 옮겨놓는다.

1장은 그리스도를, 신성과 연결시켜 강조하는 반면, 2장은 그리스도를 승귀하신 한 인간으로서 강조한다. 히브리서 기자는 5-18절에서 그리스도의 고난과 비하를 살펴 나간다. 그리스도는 잠시 비천하게 되어 천사보다 못한 자가 되셨다(5-9절; cf. 시 8:4-6). 그러나 예수는 하나님의 대리자로서 인류의 운명을 성취하셨다. 한 인간으로서 하나님 나라를 맞이한 예수는 창세기 1:26-27에 나타난 인류를 향한 하나님의 목적을 성취하셨다.

10-16절은 그리스도의 비하(卑下) 곧 성육신 사건에 집중한다. 그리스도의 온전하심을 미루어 볼 때, 그리스도는 구세주 및 대제사장(10절) 혹은 구원의 선구자로서 합당하신 분이다. (그리스도의) 구원의 선구자로서의 역할은 신자들이 지향하고 있는 목적지를 암시해 준다(13:14 참조). 다시 말해, 예수는 신자들을 그의 안으로 이끌어서 그들을 부끄러워하지 않으며 자랑스럽게 여길 것이다(2:11-12). 이 신자들―이들은 12:18-24에 등장하는 천상의 회(會)로 묘사된 종말의 신앙공동체이다―은 창 2-3장의 장면을 역전시킨다(Peterson, 1982:62). 비록 그리스도는 영원에 속한 자임에도 불구하고, 그는 이제 우리의 형제요 우리를 도우시는 자가 되셨다.

히브리서의 발전된 기독론의 다음 단계는 예수를 대제사장으로 인식하는 것(2:17)이다. 이러한 제의적 표현은 히브리서의 사상을 구체적으로 발전시켜 준다. 2:17에 소개된 히브리서 기자의 설명은 1-2장의 논지를 요약해 준다. 1-2장은 천사보다 뛰어나신 그리스도의 우월성에 집중하기보다는, 이제 하나님 보좌 우편에 좌정하셔서 우리의 대제사장이 되신 아들의 승귀(1장)와 비하(2장)에 집중한다(Attridge, 1989:17). 예수께서 기업으로 얻은 더욱 아름다운 이름(1:4)이 이제 알려진다. 예수는 "대제사장"이라는 새 칭호를 반영해 주는 영광과 존귀로 관을 쓰셨다(Vanhoye, 1986:85-87). 이 대제사장 직위는 인간이 되셔서 인간의 깊은 심연의 고통에 참여함으로 말미암아 얻게 된 예수의 새 직위이다. 그리스도의 성부와의 관계(1:14-15), 그리스도의 성육신, 그리고 그리스도의 수난은 그리스도를 인류와 하나님 사이를 중보하는 가장 합당한 적임자로 만들어 준다. 히브리서가 쓰여진 또 다른 목적은 구약 제도를 통해 전달된 명백한 약속들이 어떻게 "새 대제사장" 안에서 성취되는가를 보여 주는 것이다.

그리스도를 "자비하시고 충성스런 분"으로 소개하는 히브리서 2:17은 3:1-5:10에서 발전될 두 가지 이슈를 제공한다. 3:1-4:13은 우리의 대제사장 그리스도를 "충성스런 분", 신뢰할 만한 분 또는 하나님의 집보다 뛰어나신 분으로 소개한다(여기서 "집"이라는 표현은 더 이상 가시적 건축물을 뜻하지 않는 성전 혹은 성소를 말한다; cf. 벧전 2:5, 동시에 이 표현은 벤호에〈Vanhoye〉가 지적하는 바와 같이 메시아적 뉘앙스를 전달한다; 1986:96-107). 1:5에 인용된 사무엘하 7:14에 나오는 성전-이 성전은 문맥상 성전 건축물을 뜻한다-은 다윗 왕권의 계승을 뜻한다.

한편 히브리서는 예수와 모세 사이의 극명한 대조를 보인다(3:1-6). 또한 예수는 최종적으로 드러나게 될 하나님의 권위적 말씀을 구현한다(2:7-4:13). 히브리서 4:14-5:10은 그리스도를 자비하신 분, 가까이 다가갈 수 있는 분으로 설명한다. 구약의 제사장들과는 달리 그리스도는 권위를 행사할 수 있는 권리뿐만 아니라, 인간의 연약과 죄악을 체휼하는 무한한 자비를 지닌 분이시다(4:15).

대제사장이신 예수는 인류를 하나님으로부터 분리시켜 주는 다른 차원의 초월적 영역, 곧 천상계를 통과해 올라가셨다(Peterson, 1982:76). 현 질서에 속하지 않은 천상세계에서(히 9:11-12), 예수는 지금도 우리를 위해 계속해서 중보하신다(4:14; 7:25). 히브리서에 등장하는 이 "하늘"은 하나님의 거하시는 처소(9:23-24; 12:22-24), 하나님의 보좌(1:3, 13), 영원한 왕국의 원천(12:28), 순례자들의 도착지(12:28-29), 살아 계신 하나님의 도시(12:22-23), 그리고 온전케 된 의인의 영들이 거할 처소(12:23)를 의미한다. 더욱이 이 처소("하늘")는 그리스도께서 우리를 위해 들어가셨던 거룩한 처소이다(8:2; 9:2, 11-12, 23-26).

이 하늘 처소와 대조되는 창조된 지상세계는 예수의 권능으로 말미암아 유지되었고(1:3; Sharp, 1984:290), 결국 사라지고 말 것이다(1:10-12). 예수는 승귀(昇貴)하셨음에도 불구하고, 우리의 연약함을 체휼하시는 분이다(4:15). 그리스도의 중보를 통해 하늘에서 이루어지는 새로운 교제가 이제 우리들에게도 가능하게 되었다(4:16).

5:1-10은 예수의 대제사장으로서의 자격을 아론의 대제사장 직분과 비교한다. 아론과 같은 그리스도의 대제사장 직위는 하나님의 섭리 위에 근거한다(5:1-6). 히브리서 5:7-10은 인간이 되신 그리스도의 삶을 조명한다. 고통 가운데 있는 인간의 형상을 받아들이심으로 말미암아 그리스도는 완전한 인간이 되셨다(그러나 그리스도는 인간의 죄와는 무관하다, 4:15). 이것은 그리스도의 거룩한 희생을 의미한다(Vanhoye, 1986:130-33). 그리하여 항상 충만한 신성을 소유했던 그리스도는 온전함을 이루셨다. 다시 말하자면, 그리스도는 하나님 현존 앞으로 나아가기에 합당한 중보자가 되신다.

5:11-10:39은 그리스도와 아론의 제사장 직분 사이에 드러난 차이점을 부각시킨다. 독자들은 새롭고 질적으로 다른 대제사장 개념을 발견하게 되며, 이 새로운 개념의 특성을 이해해야만 할 필요가 있다(6:20; cf. 5:6, 10). 히브리서 기자는 이하 소개될 내용(5:11-6:20)의 난해함을 주지시킨 후(5:11), "멜기세덱"이라는 중요 인물을 재차 소개한다(사해문서 11Q로부터 나온 4Q의 멜기세덱과 비교해 보라; Attridge, 1989:192-94). 멜기세덱은 영광스런 새 대제사장과 흡사한 유비를 보여 준다. 7:1-3에서 멜기세덱은 영광스런 그리스도(성육신한 그리스도와는 대조됨)와 같이, 족보도 없고 시작도 끝도 없는 제사장 직분을 맡고 있었던 것 같다(멜기세덱의 제사장 직분은 항존성을 지녔다, 5:3).

또한 7:1-3에서 아론과 연결되는 아브라함이라는 인물은 (멜기세덱에게 바쳐진 십일조를 통해; 7:4-10) 멜기세덱의 제사장 직분이 아론의 직분보다 더 뛰어남을 알려주기 위해 소개된다. 히브리서 7:11-19은 이 새 제사장 직분의 우월성을 발전시킨다. 단지 아론의 후손들은 율법을 통해 그들의 제사장 직분을 수행할 수 있었다(7:11).

그러나 하나님으로 말미암아 선포된 이 새 제사장 직분(7:17; cf. 시 110:4)은 (모세 언약과의 대조적 관점에서 볼 때) 이전 율법의 요구들을 모두 일축함을 의미한다(Vanhoye, 1986:160-69). 그러므로 언약의 기초를 이루는 율법의 변화가 일어남으로 말미암아(7:12). 새 언약(8:8-13)의 탄생이 예상된다. 예수에게 부여된 이 새로운 직분에 대한 히브리서 기자의 논증은 7:27-28에서 마무리된다. 이제 우리는 히브리서의 또 다른 주요 단락(8:1-10:18)—이 단락에서 대제사장은 하늘의 거룩한 처소로 들어갈 수 있는 길을 열어주셨다—을 살펴볼 것이다.

(2) 새로운 대제사장의 사역(8:1-10:18)

그리스도—속죄의 날 대제사장 사역의 원형이 되신다—로 말미암아 성취된 희생에 대한 논의와 함께, 이제 히브리서 기자는 그의 논의가 최고조에 달했음을 알려준다(8:1). 레위 제사장 직을 대체한 그리스도의 사역은 지상의 성막이 아닌, 예수께서 하나님 우편에 좌정해 계신 하늘의 성소에서 이루어진다(8:2). 히브리서 8:3-9:10은 구약 제사의 폐기(廢棄)에 집중한다. 구약 제사는 다양한 희생 방법에도 불구하고, 제사를 바치는 자들에게 화평을 제공해 주지 못했다. 희생과 예물이 이 제사 제도를 규정해 주기 때문에(8:3). 예수의 희생의 중요성을 이해하는 것은 중요한 일이다. 옛 언약 아래 있는 제사장 사역은 단지 일시적일 뿐이었다(8:5).

그러나 새롭고 더 나은 제사장 직이 새롭고 더 나은 언약—이 새 언약의 시대는 예수의 죽음으로 말미암아 개막된다—으로부터 생겨난다. 이와 같은 새 언약과 새로운 대제사장 직의 필요는 구약에 예고되었다. 즉, 시내산 언약의 일시성은 분명하다. 예레미야 31:31-34은 히브리서 8:8-13 속에 인용된다. 히브리서 9:1-10은 옛 제사 제도—속죄의 날 대제사장의 성소 출입은 이 제도의 절정을 이룬다(9:6-7)—를 평가한다. 그러나 해마다 반복되는 대제사장의 성소 출입 곧 옛 제사 제도의 최(最)절정은 반(反)절정이 되고 말았다. 왜냐하면 옛 제사 제도가 인간의 필요를 충족시켜 주지 못했기 때문이다(9:9-10).

9:11-18에서 히브리서 기자는 그리스도와 그의 희생에 대해 언급한다. 우리는 그리스도와 그의 희생(9:11-14)을 통해, 하나님께로 나아갈 수 있는 모든 필수적인 요소들을 얻게 된다. 즉, 완전한 중보자이신 새 대제사장은 (완전한 희생으로서) 더 크고 더 완전한 성막—아마도 영광을 받으신 새 성전 그리스도는 모든 영광을 반영해 주며, 이전 지상의 성소에 의해 예표되었다(Vanhoye, 1986:189-96)—이 되신다. 아마도 우리는 "속죄의 날" 이미지를 확증하기 위해, 이 대제사장을 지상 성막의 천상적 혹은 영적 원형으로 이해해야만 할 것이다(Attridge, 1989:247).

"희생"과 "제사장"이라는 완전한 필요조건을 서로 통합시킨 그리스도는 성령을 통해(14절) 완전한 대속을 성취하셨다(옛 제사 제도하에 이 두 가지 필요들은 동시에 충족될 수 없었다. 왜냐하면 제사장들도 역시 자신들의 죄를 위해 희생을 드려야만 했기 때문이다). 그리스도는 이 같은 새로운 방식을 통해 새 언약이 맺은 새로운 관계의 기초를 제공해 주었다. 시내산 언약이 희생을 통해 이루어졌던 것과 마찬가지로, 새 언약은 그리스도의 피를 통해 이루어진다(마 26:28). 그리스도의 희생으로 말미암아 이루어진 참 성소에로의 출입은 이러한 그리스도 희생의 효력을 확증해 준다(24절). 그러므로 우리는 이제 하나님 앞에서 있으며(다시 말해, 우리는 그리스도와 함께 있기 때문에 하늘 성소에 참여한다), 대제사장의 재림을 고대하면서 기뻐할 수 있다(27-28절).

히브리서 10:1-18에서 옛 율법, 옛 언약, 옛 제사 제도는 마침내 무익한 것으로 판명되었다. 참 제사장 직은 의식이 아닌 개인의 순종에 근거한다(10:5-7). 하나님께 순종함으로 말미암아 성육신하시고 고난받는 인간이 되신 그리스도는 이제 단번에 완전히 드려진 그의 희생을 통해 우리를 변화시키신다(10:10). 또한 이 희생은 새 언약의 시대를 열어주었다.

(3) 신자들과 예수(히 2:1-4; 3:7-4:13; 10:19-13:25)

히브리서 기자는 히브리서 전체를 통해 기독론 사상 및 그리스도의 사역을 신자 개인의 삶과 연관시킨다. 히브리서 기자는 신자들의 삶에 비친 그리스도의 영향을 설명하고 믿음생활에 신실할 것을 당부한다. 그리하여 신자들은 "무엇(What)을 행할 것인가"라는 지침뿐만 아니라 "왜(Why) 행해야 하는가"라는 지침도 전달받는다.

히브리서 2:1-4은 1장의 기독론이 함의하는 바를 심각하게 받아들일 것을 독자들에게 권고한다. 왜냐하면 오는 세상이 인간 그리스도 예수 아래 복종되었기 때문이다(2:5). 이와 같은 (분명하고도 흡사한) 또 다른 세대 이해가 묵시사상, 랍비 문헌, 그리고 바울 서신에 등장하며, 그리스도 사역의 본질을 강조한다. 창조와 함께 시작된 현 세대는 그리스도의 재림(9:28)과 현 세상의 변화가 이루어질 때(1:11-12; 12:25-29) 종결된다. 우리는 현 세대 곧 마지막 날에 살고 있다(1:2). 전통적인 유대교에 따르면, 현 세대와 오는 세대는 연속해서 이어진다. 그러나 신약에서 이 두 세대는 분명히 서로 겹쳐져 있다. 신자들은 지금 오는 세대에 참여한다(6:4-5).

그러나 이것의 완전한 완성은 그리스도의 재림 후에 실현될 것이다. 이 점에 있어서 히브리서의 가르침은 바울서신의 가르침과 완전한 일치를 보여 준다. 그리스도 사건은 현 세대의 종말이 다가오고 있음을 분명히 밝혀준다(10:25, 37). 오는 세대는 아직 드러나지 않았지만, 예비되고 현실화되어 가는 한정적인 실재를 가리킨다.

히브리서 3:7-4:13은 하나님의 임재 가운데 안식(카타파우시스)에 참여하기 위해, 신자들이 반드시 드러내 보여야 할 성실함의 본질 및 그에 대한 권면을 소개한다. 히브리서 3:7-4:13의 기저(基底)를 이루는 핵심단어 "안식"은 히브리서에 나타난 중요한 종말론적 개념이다. 신자들이 고대하는 안식은 천상의 가나안-신약은 구약의 약속의 땅과 유비를 보여 준다-에서 하나님 임재를 누리는 것을 말한다.

히브리서 3:7-11에서 히브리서 기자는 다윗 왕조의 역사와 관련된 시편 95편을 인용하여 현 세대에게 이 본문을 적용시킨다. 이스라엘은 약속된 안식에 들어가지 못했다. 왜냐하면 이스라엘이 결코 약속의 땅을 완전하게 점령하지 못했기 때문이다. 심지어 다윗의 통치 및 그 결실조차도 약속된 안식을 가져다 주지 못했다. 비록 다윗이 7의 통치를 통해 안식의 가능성을 제시해 주었지만(이러한 일시적 안식도 다윗시대로 국한된다), 다윗이 그의 백성들에게 안식을 가져다 준 것은 아니다. 구약은 솔로몬 통치하에 이루어진 정치적 평안을 제외하고는 더 이상의 안식, 특히 영적인 안식에 대해서는 설명하지 않는다. 그러므로 (구약에서는) 하나님 백성을 위한 안식은 여전히 하나의 가능성으로서만 남아 있을 뿐이다.

히브리서 기자는 약속의 땅을 고대하며 광야를 유랑하다 결국 불신앙으로 멸망해버린 이스라엘 백성들과 현 세대를 비교하기 위해 시편 95편을 인용한다(히 3:18-19). 이 같은 논증은 4:1-11에서 더 많이 전개된다. 하나님은 안식의 약속을 철회하지 않으셨다(4:1-2). 특히 3-5절은 제칠일의 안식(카테파우센; 창 2:2⟨70인경⟩)을 재정의한다. 약속의 땅이 단지 에덴 모티브의 더 발전된 모티브이기 때문에, 시편 기자를 통해 약속된 안식은 창조시 인류에게 부여되었던 안식과 동일한 것이다. 창조의 안식-제칠일의 안식-은 여전히 하나의 가능성으로만 존재한다(9절). 그러나 이제 우리는 그리스도 안에서 하나님의 임재를 맛볼 수 있게 되었고, 다가올 미래적 삶을 고대할 수 있게 된다. 그리하여 히브리서 기자는 새 출애굽을 향해 전진하는 순례자들을 하늘 안식을 향하는, 하나님의 새로운 광야 백성이라 부른다.

히브리서 10:19-25은 신자들이 그리스도의 희생에 대한 올바른 지식을 사용할 것을 권고한다. 즉, 인류는 그리스도의 희생으로 말미암아 깨끗하고 정결케 되었다. 이로 인해 신자들은 그리스도 희생의 현재적 축복을 받아 누리게 된다. 신자들은 믿음을 통해 이미 새 세대의 종말론적 삶에 참여하고 있다. 그리스도의 육체는 새 휘장이 되셨고, 신자들은 이 새 휘장을 통해 하나님의 임재를 맛보게 된다(10:20). 왜냐하면 그리스도의 죽음이 하늘 성소로 향하는 길을 열어놓았기 때문이다.

하나님께로 가까이 다가갈 수 있는 온전함은 종말에 이루어질 축복이 된다(11:40). 종말의 성격을 규정해 주는 이러한 종말론적인 축복은 이제 신자들의 모임 속에 그 실재를 드러낸다(10:25). 새 언약의 약속이 개인의 경험 속에 실현될 때, 인류는 하나님과의 관계 속에서 온전케 될 것이다(Peterson, 1982:155).

히브리서 12:18-24은 두 개의 언약, 두 가지 중보자 및 (히브리서 이전 서신에 이미 언급된) 두 개의 제사를 서로 대조시키면서 하나님의 옛 백성과 새 백성을 연결시키는 종말의 파노라마를 그려준다(Käsemann, 1984:57). 18-21절은 우리의 시선을 하나님의 거처 곧 거룩한 시내산으로 집중시키면서 시내산 언약에 초점을 맞춘다. 히브리서 기자는 이 신현(神顯)으로 말미암은 두려움을 강조하기 위해 모세가 하나님 앞에 두려워 떨었던 때를 우리들에게 상기시켜 준다(21절; cf. 신 9:19).

그렇다면 22-24절에 나오는 장면들은 시내산 장면들과 어떻게 다른가? 22-24절은 심판자이신 하나님의 보좌 및 그 아들 앞에 서있는 종말의 회중(에클레시아), 곧 거대한 무리들을 소개한다. 히브리서 기자는 23절에서 이 교회를 장자들의 총회로 규정한다. 이 "장자"라는 용어는 출애굽기 4:22에서 발견되며 선택받은 특권을 뜻하는 말이다. 그러므로 이 구속받은 무리들―이들은 이스라엘에게 주어졌던 그 약속에 근거한다―은 종말의 승리한 교회를 뜻한다.

22-24절은 시내산 언약의 형태에 기초하고 있는 새 언약에 대해 서술한다. 그러므로 이 두 언약은 하나의 완전한 시내산 언약이 된다. 이 언약을 통해 이스라엘의 소명은 완전히 실현될 것이며, 온전한 하나님 백성 곧 유대인과 이방인은 서로 화합하게 될 것이다. 천사들, 총회, 주재하신 신, 그리고 중보자는 여호와

께서 시내산에 불러모았던 "카할"(회중)을 상기시켜 준다. 이 같은 그림을 통해 히브리서의 수신자들은 자신들이 하나님의 백성임을 자각하게 된다. 천상적(天上的) 역할을 감당하기에 합당하신, 온전케 된 예수는 이제 (그의 많은) 형제들의 회중 가운데 늘 계신다.

2:12에 이미 예고되었던 것이 이제 다시 생각날 것이다. 즉, 그리스도의 희생을 통해 온전케 된 신자들 곧 하늘 도성에 들어갈 수 있는 신자들이 하나님 앞에서 심판을 기다릴 것이다. 23절에 나오는 "온전케 된 의인들의 영"이라는 표현은 그리스도의 사역을 통해 의롭게 된 하늘의 회중을 말한다. 바로 이 표현("온전케 된 의인들의 영")은 히브리서 기자의 확신을 반영해 준다. 즉, 신자들은 하나님의 은총과 용납하심을 얻게 될 것이다. 이 같은 판결은 그리스도인의 죄 사함의 선물을 통해 이미 예고되었다.

히브리서 12:18-24에 등장하는 인상적인 이미지는 천상의 예루살렘을 향해 전진해 가는 순례자들의 모습을 그려준다. 22-24절에서 히브리서 기자는 어떻게 시내산 장면의 패턴이 이스라엘—훈련을 통해 연단받은 장자, 곧 이스라엘은 하나님의 재가로 말미암아 모여들게 되었고 중보자의 희생, 곧 언약의 피뿌림을 받아 새로운 교제에 참여케 되었다—을 통해 계속 지속되어 왔는지를 강조하려 한다. 아벨의 피가 분열을 조장한 반면(24절), 예수의 피는 화해를 가져다 준다.

종말론적인 역설은 히브리서의 마지막 부분에도 나타난다. 왜냐하면 순례자들이 도달한 하늘 도성(12:22)은 여전히 우리가 고대해야 할 도성이기 때문이다(13:14). 18:24에서 새 언약은 이미 세워졌다. 그러나 이 구절의 강조점은 시내산과 대위(對位)되는 시온이다. 약속의 땅은 언약과 분리될 수 없다. 순례자들을 위한 서신, 곧 히브리서에서 하나님 백성을 위한 가나안과 안식은 여전히 우리들을 향해 부르고 있다. 즉, 히브리서는 앞을 향해 바라보면서 이 서신을 끝맺는다.

우리는 이제 하늘 도성의 조성자시요 건축자가 바로 하나님이심을 살펴볼 것이다. 중요한 종말론적 사건 곧 그리스도의 죽음은 우리를 종말 안으로 끌어들였고, 이 종말은 그리스도의 재림을 통해 완전히 종결될 것이다. 그때에 우주는 변화될 것이고, 그리스도는 그의 대적을 통치할 것이며, 신자들은 그들의 약속된 기업에 참여할 것이다. 그러므로 현재는 동요할 때가 아니라 우리의 대제사장을 위해 열심히 헌신할 때이다.

2. 야고보서

야고보서는 유대 그리스도인들을 회복된 이스라엘, (곧 모이게 될) 흩어져 있는 열두 지파로 소개한다(1:1). 이 서신은 윤리와 종말론을 확고히 연결시킨다. 실로 이러한 연결은 야고보서의 뚜렷한 특징이 된다.

예수의 형제(야고보)는 다가올 불 같은 연단 및 그에 따른 승리에 대해 언급하면서 이 서신을 시작한다. 왜냐하면 이 같은 승리는 생명의 면류관(1:12), 곧 하나님 나라를 얻게 됨(2:5)을 뜻하기 때문이다. 심판을 위한 예수의 재림에 큰 관심을 나타내는 야고보는 예수를 문 밖에 서 계시는 심판자로 묘사한다(5:9). 그러므로 새 시대의 도래가 임박해 있다. 실로 가난한 자를 학대하던 자들을 위한 종말론적 심판이 매우 임박했기 때문에, 그들의 부는 이미 좀먹고 썩은 것이 되고 말았다(5:1-3; Davids, 1982:38).

야고보는 주님의 강림을 하나님의 강림과 동일시한다(5:1-8). 그리고 야고보는 재림의 연기에 대해 고려치 않고 있으며, 그 문제에 크게 집중하지 않는다. 더욱이 야고보는 재림의 날을 인내해야 할 이유로 소개한다(5:7). 이 재림을 예비하는 길은 그리스도인의 특징적인 삶을 이 현 세대에 나타내 보여 주는 것이다. 마가복음 13장이 거듭 가르쳐 주는 바와 같이, 신앙의 확고함은 기다림의 시간 속에서 믿음의 특징으로 드러나게 된다.

3. 베드로전후서

피터 데이비스(Peter Davids)는 "베드로전서는 종말론, 심지어 묵시적 사상을 그 특징으로 한다"라고 서술한다(1990:15). 첫 구절에 나타나는 바와 같이, 이 서신을 지배하는 그림언어는 "디아스포라"이다. 베드로에 따르면, 이 서신의 수신자들은 이미 종말론적 여행을 시작했다. 1:3-12에서 회화적(繪畵的)으로 서술된 이 여행은 수신자들의 중생과 함께 시작되어 종말의 구원받음으로 끝나게 된다. 비록 중생이 이미 일어났다 하더라도, 구원받음은 미래에 있을 것이다. 그러므로 현재의 (종말론적) 여행은 이 두 가지 사이에서 진행되고 있으며, 이 여행 중 여러 종류의 시험들이 찾아와 고통을 안겨다 준다(6절).

7-9절에서 베드로는 현재의 시험과, 최종 목적지에 도달했을 때 찾아오는 기쁨의 순간을 서로 대조시킨다. 이 목적지는 이미 이전부터, 그리스도의 고난이 영광을 가져올 것임(11절)을 예언한 옛 히브리 선지자들을 통해 연구되어 왔었다(10절). 그리고 이 같은 메시지는 다시 선언된다(12절). 일반적으로 베드로는 수신자들의 현재의 (종말론적) 여행에 관심을 집중시킨다.

베드로후서의 이슈는 그리스도인들을 미혹케 한 거짓 교사들의 출현이라 할 수 있다(2:1, 5, 20-22). 그들은 지지를 받아 왔으며(2:1-3, 14, 18), 특히 갓 믿은 자나 믿음이 연약한 자들로부터 지지를 얻게 되었다(2:14, 18). 물론 이들의 가르침은 또한 성숙한 신앙인도 미혹케 했다(3:17). 종말에 대한 회의는 거짓 교사들의 교리의 기초가 된다. 즉, 그들은 첫 세대가 지나갈 동안(3:4) 주님의 심판의 날(3:10)이 도래할 것이라 고대했다.

이 거짓 교사들이 심판을 부인하게 된 주요 원인은 바울 사상을 잘못 해석한 탓에 기인한다(3:16). 이 거짓 교사들은 심판에 직면할 것이며(2:1, 3, 12, 17), 그들의 멸망이 신속히 임할 것이다(2:1). 실로 이들의 출현과 이들의 조롱은 종말의 징조가 된다(3:3). 현재의 독자들은 또한 심판 때 임할 그리스도의 재림을 증거할 것이다(3:11-14). 3:11-14의 구체적인 표현은 예루살렘의 멸망과 이스라엘의 종말을 가리키는 듯하다.

(1) 그리스도의 사역(벧전 3:18-22)

종말론과 그리스도의 사역은 베드로전서 3:18-22에 나오는 난해한 표현 속에서 서로 만나게 된다. 비록 이 난해한 표현이 많은 해석을 불러일으킨다 할지라도, (핍박의 상황에서도 그리스도인들이 실천해야 할) 거룩한 행실의 본을 제시해 주는 문맥으로 이해함이 가장 바람직하다. 18절에서 그리스도의 죽음과 부활을 호소한 베드로는 계속해서 다음과 같이 설명한다: "저가 또한 영으로 옥에 있는 영들에게 전파하시니라 그들은 전에 노아의 날 방주 예비할 동안 하나님이 오래 참고 기다리실 때에 순종치 아니하던 자들이라 방주에서 물로 말미암아 구원을 얻은 자가 몇 명뿐이니 겨우 여덟 명이라"(19-20). 이 구절은 일반적으로 그리스도의 죽음과 부활 그 중간기 때 활동하신 그리스도의 사역을 가리킨다.

이때 그리스도께서 그의 가르침을 선포한 대상은 (1) 창세기 6:2-4(에녹1서

6-7장)에 기록된 범죄자로 옥에 갇혀진 천사들(하나님의 아들들) (2) 노아시대 때 죽은 자들 혹은 (3) 일반적으로 구약의 죽은 자들이다. 어떤 주석가들은 19-20절을 베드로시대의 박해 배후에 도사리고 있는 악의 세력을 무찌르신 그리스도의 승리를 선포하는 후기승천(postascension)에 대한 표현으로 해석한다(Dalton, 1965:141-42). 다른 이들은 여전히 이 구절을 노아시대에 선재(仙才)하셨던 그리스도께서 "영들", 곧 육체와 분리된 인간의 영혼들에게 선포하신 것으로 해석한다(Dalton, 1965:145-46).

비록 인간들이 육체와 분리되었을 때 그리스도께서 그 영혼들에게 선포하셨다 할지라도, 그들은 반응하지 못했으며 지금도 여전히 옥에 갇혀 있다(cf. 4:6). 이 선포의 결과로 겨우 몇 명만이 구원받았을 뿐이다. 실로 13절에 나타난 바와 같이, 이 난해한 표현의 요지는 박해 가운데서도 흔들리지 않는 "견고함"과 이 견고함을 고무시켜 주는 "격려"라 할 수 있다(Feinberg, 1986:303-36).

(2) 종말의 삶을 위한 권면(벧전 2:4-10; 4장)

베드로는 거룩함을 강조하는 문맥(1:13-2:10) 가운데 등장하는 베드로전서 2:4-10을 통해, 새로운 예배 공동체의 탄생을 알려준다. 6-9절이, 6-8절의 "돌"이라는 표현(cf. 사 28:16; 시 118:22; 사 8:14; Elliott, 1966:217-18)과 9절의 "택함받은 자들"이라는 표현(cf. 출 19:4-6)을 통해, 하나님의 택하심의 목적을 강조하고 있음을 주목해 보라. 우리는 이 구절을 통해 "영적 성장"이라는 이미지를 발견한다. 그러나 이 구절은 새 공동체를, 성전과 유비시키지 않는다(5절에 나오는 "오이코스"는 〈그 외 신약에 등장하는 "오이코스"라는 단어를 포함하여〉 결코 성전을 뜻하는 전문적인 용어로 사용되지 않는다). 새로운 제사장 공동체는 베드로전서의 사회법이 요구하는 영적인 희생을 감내함으로 말미암아 그들의 역할을 증명해 보일 것이다.

베드로는 신자들이 겪고 있는 핍박에 큰 관심을 기울인다. 그렇지만 그가 아는 바와 같이, 현 신앙의 위기는 도래할 하나님 백성의 구원의 전조가 될 종말의 심판보다 먼저 발생한다(2:12; 3:16; 4:4-5, 17-18). 먼저 베드로전서 4:1-11은 신자들이 종말 가운데서도 흔들리지 말 것을 권고하며, 그리스도의 고난과 이에 따른 영광스런 결과들을 제시한다. 이러한 제시는 죄를 끊어버리도록 격려해 준다. 이와 같은 종말의 이해와 함께 신자들은 그리스도께서 육체의 고난을 당하셨기 때문에(4:1) 그들의 고난을 감내해야만 한다.

실로 신자들은 임박한 종말의 빛 아래 살고 있다(7절). 이 종말이 "그리스도의 임박한 재림을 가리키는가", 아니면 "예루살렘의 멸망과 유대시대의 종식을 가리키는가"는 토론해야 할 문제이다. 여전히 불같은 시련이 다가오고 있으며(12-19절), 신자들은 종말의 메시아의 고난에 반드시 동참해야만 한다(다시 말하자면, 이 고난은 반드시 그리스도의 재림보다 먼저 일어나야만 한다; Davids, 1990:15). 그러므로 베드로전서 1장에 나오는 고난은 종말론적인 관점을 지닌다. 마지막 심판 때 살아 있는 자들뿐만 아니라 죽었던 자들도 심판받게 될 것이다(4:6; 여기서 죽은 자들은 복음을 듣고 난 이후에 죽었던 그리스도인들인 것 같다).

(3) 주님의 날(벧후 3장)

임박한 주의 날은 베드로후서 전체 저변에 깔려있다. 베드로는 3장에서 예수께서 약속하셨던 소위 "주의 날 강림"의 지연(遲延) 문제를 언급한다. 베드로는 마가복음 13장과 데살로니가후서 2장과 같은 방식에 따라 이 지연 문제를 다루어 간다(Moore, 1966:152). 또한 베드로는 구약 선지자들과 족장들을 하나님 목적에 대한 그분의 신실하심을 증거하는 증인들로 소개한다.

7절에 소개된 베드로의 표현을 주목해 보라: "이제 하늘과 땅은 그 동일한 말씀으로 불사르기 위하여 간수하신 바 되어 경건치 아니한 사람들의 심판과 멸망의 날까지 보존하여 두신 것이니라." 베드로는 지금 무엇을 가리키고 있는가? 베드로는 마가복음과 데살로니가후서가 말하는 바와 같이, 지금 예루살렘의 멸망을 언급하는 것 같다.

하나님께서 창세기 8:21을 통해 이 세상이 결코 다시는 물로 심판받지 않을 것임을 약속하셨기 때문에, 베드로후서 3:7은 이 세상의 종말보다는 베드로서의 독자들이 더 세심히 분별해야 할 그 무엇을 가리킨다. 비록 어떤 이들은 하늘과 땅의 사라짐을 말하는 7절의 표현이 보편적이고도 확대된 해석을 요구한다고 주장하지만, 마태복음 5:18에 나오는 이 어구(천지의 사라짐)가 현 세대의 종말을 언급함을 상기해 보라. 이 어구의 이 같은 용법은 동시대 유대 문헌 속에서도 규칙적으로 등장한다(Meyer, 1976:63; 사 51:15-16을 주목해 보라. 이 구절에서 하늘을 펴고 땅의 기초를 정한다는 표현은 옛 언약의 기간을 암시한다).

주후 70년 유대 세계는 멸망했으며, 유대인의 시대는 예루살렘의 멸망과 함께 종말을 맞이하고 말았다(마 13:39-40, 49; 24:3; 28:20; 고전 10:11; 히 9:26). 7절의 사상을 계속 이어가는 10-13절은 심판 때 드러날 하나님 현현의 전형적인 모습을 반영해 주는 장엄한 표현을 사용한다(cf. 사 13:10-13; 24:19; 34:4; 64:1-4; 66:16; 미 1:4). 우리는 또한 성경기자들이 은유적으로 사용한 "세상의 종말"이라는 표현—성경기자들은 자신들이 잘 알고 있었던 것을 설명하기 위해 이 표현을 사용한다—이 세상의 마지막 종말을 뜻하지 않았음을 상기해 보아야 한다(Caird, 1980:256).

베드로는 8절에서 하나님의 때를 예상하는 일이 불가능함을 독자들에게 상기시킨다. 정한 때가 다가올 때 이 멸망은 어느 날 갑자기 일어나게 될 것이다(10절). 예수께서 마가복음 13:32에 말씀하신 바와 같이, 베드로는 이때의 정확한 시기를 알 수 없다고 단언한다. 그러므로 마가복음 13장과 데살로니가후서 2장에 나타난 종말의 임박성과 종말에 대한 무지 사이의 균형이 여기서 유지되고 있다(Moore, 1966:154). 왜냐하면 이 종말의 지연은 복음을 듣고 그것을 받아들일 자들을 위한 구원을 뜻하기 때문이다(cf. 막 13:10).

4. 유다서

야고보와 주의 형제인 유다의 서신은 미혹된 신자들을 위협하는 거짓 교사들을 경계하기 위해 쓰여졌다. 이 서신은 믿음을 위해 싸우도록 부름받은 자들을 향해 권면한다. 이 서신의 주요 주제는 3-4절에 나타나며, 20-23절은 이 주제를 다시 다룬다. 5-19절은 거짓 교사들—이들은 성경이 일관되게 경고하는 종말의 불(不)경건한 백성들이다—에 맞서서 싸워야 할 필요성을 강조한다.

5-19절 가운데 네 가지 주요 단락들(5-7, 11, 14-15, 17-18절)은 이전에 이스라엘에게 전달된 거짓 교훈들을 재현시켜 준다. 이 네 단락들은 하나님의 심판 혹은 예상되는 개인의 반응과 관련된 해석을 포함하는 단락들을 수반한다(8-10, 12-13, 16, 19절). 이 짧은 서신의 곳곳마다 에녹1서의 내용이 소개된다. 이 에

녹1서는 악한 현 세대를 전복시킬 하나님의 심판을 향한 기대를 주요 주제로 삼는다. 유다는 5-19절에서 대적자, 곧 거짓 교사들이 주님의 강림으로 말미암아 심판받게 될 것임을 주장한다. 여기서 "강림"이 의미하는 바는 무엇인가? 유다서와 베드로후서간의 밀접한 관계와 이 서신들의 초기 기록 연대는 이 "강림"이 재림만큼이나 예루살렘 멸망을 언급하고 있음을 시사해 준다.

The Search for Order

언약신학과 종말론

제13장
요한계시록의 종말론

"요한계시록의 종말론"이라는 어구(語句)가 신약과 관련하여 사용될 때, 이 표현은 대부분 요한의 계시록을 가리킨다. 바벨론 세계의 통치 질서하에 새 예루살렘 시민이 되는 길을 분석하는 요한계시록(Mulhlland, 1990:88)은, 핍박으로 위협당하는 그리스도인들의 현재의 고난을 종말론적 맥락에서 설명함으로써 이들을 격려하려 한다. 이 책은 1:1에서 드러난 계시로 소개된다. 이러한 계시는 그 당시 세계로부터 얻을 수 있는 일반적 진리는 아니다. 이 책을 통해 얻을 수 있는 진리는 선지자들이 전해주었던 신리와 같이 만드시 필요한 진리이다. 그러므로 요한계시록 1:3이 이 책을 예언으로 소개하고 있음은 그리 놀라운 일은 아니다. 그렇지만 이 책의 표현방식은 예언과 묵시적 상징주의를 구분하지 않는다. 만약 하나님이 말씀하신 방식에 대한 이해 및 모든 분위기가 묵시와 예언의 차이점이 된다면, 요한계시록은 묵시에 더 가깝다 할 수 있다.

요한계시록은 핍박받는 그리스도인들을 위해 완성을 향해 나아가는 역사의 과정이라는 맥락 속에서 현재의 의미를 밝혀주려 한다. 요한계시록은 고난 중에 있는 구속받은 자들과 함께 시작하여 우주적 화해로 끝맺는다. 요한은 오직 예수의 한 가지 지상 사역—그의 죽으심—만을 언급한다. 왜냐하면 예수의 죽으심이 전(全) 역사를 이해하는 데 주축이 되기 때문이다. 예수의 죽으심은 역사를 주관하시는 하나님의 신적 통치의 증거이다. 왜냐하면 하나님은 어린양 예수의 죽으심을 통해, 죽음을 정복하셨기 때문이다.

하나님의 백성이 항상 직면해 왔던 한 가지 어려움은 악과 하나님 의지가 항상 병치(竝置)를 이룬다는 것이다. 요한은 계시록을 통해 이 사실을 하나님의 새 백성들에게 알려준다. 즉, 하나님은 악이 이 세상의 승리자 행세를 하고 있음을 알고 계신다. 그러나 하나님은 이에 대해 그분의 사역을 수행할 것이다. 요한에게 있어서, 하나님의 새 백성은 이전 민족 이스라엘에게 주어져 상속되어 왔던 그 약속들을 소유한 자들이다. 실로 요한은 1:6; 5:10 그리고 20:6에서 아담과 이스라엘의 제사장과 왕으로서의 유업을 신자들에게 적용시킨다.

개괄적 서론(1:1-3) 및 기독론적 서론(1:4-8)은 요한계시록의 핵심을 이루는 주요 기사, 곧 1:9-22:5 이전에 개괄적 결론(22:6-15) 및 기독론적 결론(22:16-21)은 1:9-22:5 이후에 위치한다. 요한은 세 번씩 순환되는 준엄한 심판을 통해, "우주적 싸움"—이 이야기 속에 등장하는 세상 나라는 질서에 대항하는 "혼돈"이라는 악의 세력을 상징한다—이라는 고전적 성경 이야기를 소개한다. 심판의 최종적 두 형태는 이 기사를 결론짓는다. 즉, 최종적 심판의 한 형태는 예수의 죽음과 연결되어 있는 천년왕국 통치를 통해 그 절정에 이른다. 그리고 또 다른 심판은 재림과 연결되어 있는 백보좌 심판을 통해 그 절정에 이른다. 이 두 종류의 심판 가운데 한 심판은 적그리스도를 이기신 참 메시아의 승리를 확증시켜 준다. 그리고 또 다른 한 심판은 악의 세력, 곧 사탄을 이기신 참 하나님의 승리를 보여 준다.

1. 예수에 대한 이해(계 1장)

기독론과 (연속되는 역사 속에서의) 예수의 역할은 요한계시록 이해를 위한 열쇠가 된다. 실로 요한계시록은 첫 시작부터 이 책을 예수의 계시—이 계시의 사건은 하나님의 뜻에 따라 이루어질 것으로 예정되어 있다—로 소개한다. 요한은 5절에서 세 가지 칭호를 예수에게 적용시킨다: "충성된 증인, 죽은 자들 가운데 먼저 나신 자, 왕들을 통치하는 자"(한글개역성경에는 "땅의 임금들의 머리가 되신 자"로 번역됨—역자주). 충성된 증인이신 예수는 이스라엘의 역할을 계승하신 자이며(cf. 사 49:6), (부활을 통해) 새 창조의 안내자요 대리자가 되신다. "왕들을 통치하는 자"라는 칭호는 신자들—이들은 새로운 메시아시대에 출애굽기 19:6에 소개된 아담과 이스라엘의 역할을 수행해왔던 자들이다—을 다스리는 그리스도의 통치를 말해 준다(계 1:6).

요한은 5절 중반절-6절 상반절에서 인류를 위한 그리스도의 사역을 알려준다. 즉, 그리스도는 우리를 사랑하시며, 우리를 속량해 주셨고, 그 결과로 우리들에게 왕권을 허락해 주셨다(Fiorenza, 1974:222-25). 그렇지만 그리스도께서 하셨던 사역은 장차 완성될 것이고 그리스도의 재림을 통해 완전하게 확증될 것이다. 그러므로 이 책은 재림을 바라보면서 시련 중에 있는 성도들에게 위로를 제공해 준다. 예수는 그가 가신 그대로 구름-구름은 종말의 심판을 집행할 인자, 곧 신의 표상이 된다(cf. 단 7:13)-과 함께 다시 오실 것이다.

요한계시록 1:9-20에 등장하는 "승귀하신 인자"에 대한 이상은 세상 심판과 성도의 신원(伸寃)을 함축하는 기독론적 표현이다. 스가랴 4장을 반영해 주는 1:12-16의 금촛대 이상은 현재의 구속받은 자들을 예수로부터 받은 빛을 어둔 세상에 비춰줄 새 성전과 동일시한다. 동시에 이 이상은 인자의 특성을 소개하기 시작한다. 왜냐하면 하나님의 백성은 전적으로 이 인자의 존귀함에 의존하기 때문이다. 예수는 발에 끌리는 옷-일반적으로 이 옷은 대제사장과 관련된 옷이다-을 입으셨다(Mulholland, 1990:81).

이 이상의 후반부에 언급될 예수의 제사장 직과 메시아 직은 처음부터 이스라엘에게 맡겨진 기대가 무엇인지를 분명히 보여 준다. 그리하여 예수와 함께 후사가 된 그리스도인들은 바로 이 지무들(왕, 제사장)을 수행하게 될 것이다(1:6; 5:10; 20:6; 22:4-5; cf. 출 19:5-6). 머리와 털의 희기가 흰 눈 같은 예수 (1:14)는 지존하신 신-종말의 심판자-곧 다니엘 7:9에 등장하는 신적 존재로서 나타나신다. 불꽃같은 눈과 풀무에 단련한 빛난 주석 같은 발을 가지신 예수는 도덕적 정결함과 신적 임재-이 같은 요소들은 예수가 교회의 주인되심이 적절함을 말해 준다-를 보여 주면서 교회의 중앙으로 옮겨가신다. 인자의 입으로부터 검이 나온다(16절). 이사야 11:4과 49:2을 반영하는 이 이미지는 인자를 종과 (다윗의 줄기에서 난) 메시아의 싹으로 간주한다(Beale, 1984:162).

16절은 인자의 얼굴을 다음과 같이 묘사하면서 이 구절을 끝맺는다: "그 얼굴은 해가 힘있게 비춰는 것 같더라"(cf. 마 17:2). 우리가 반드시 살펴보아야 할 이 인자의 정체는 의심의 여지가 없다. 즉, 이 인자는 부활하시고 승귀하셔서, 지금 그의 백성들을 통해 이 세상에 드러내신, 승리하신 그리스도이다. 요한계시록 1:17-18은 이 인자의 정체를 완결시킨다. 이 인자는 "처음이요 나중"이시며 (사 41:4; 44:6; 48:12), 사망과 음부(하데스)의 사슬을 끊고 죽음에서 일어나

올리우신 "산 자"이시다. 이 이상은 메시아적 왕으로서 그 사역을 영광스럽게 성취한 인자에 대한 이상이다. 그리고 20절은 일곱 금촛대와 별의 종말론적 비밀을 밝혀준다. 요한은 나머지 이 책을 통해, 이 이상이 어떻게 실재가 되는지를 살펴 나간다.

2. 현재에 대한 이해(계 2-5장)

분투하는 하나님 백성—유혹과 핍박에 맞서 분투하는 성도들—의 운명을 소개하는 일곱 편지가 2-3장에 등장한다. 서아시아 교회에 보내진 이 편지들은 요한 시대 당시 교회의 삶을 반영해 주는 포괄적인 전형(全形)으로 반드시 고려되어야만 한다. 신앙공동체를 위협했던 그 시대의 유혹과 위험은 물질주의(3:17), 핍박(2:13), 거짓 가르침(2:14-15), 성적 부도덕(2:20) 그리고 무감각한 신앙생활이었다. 4-5장은 역사시대를 마감한 뒤 하늘 이상을 향해 그 초점을 옮겨간다. 4-5장에 등장하는 이상은 1장에 나오는 그리스도의 직권을 확대시킨 이상이다. 왜냐하면 이 이상은 온전케 된 성도와 함께 계시는 그리스도의 우주적 통치를 보여 주기 때문이다. 모든 연약함 중에도 강한 자들(2-3장)인 아시아의 일곱 교회, 곧 그리스도의 백성에 대한 서술은 장차 이루어질 미래와 밀접해 있다(1장과 4-5장).

하늘의 문이 그리스도의 희생을 통해 열려졌기 때문에 요한은 4장에서 구약의 한 선지자와 같이 하늘 보좌로부터 부름을 받는다. 그리하여 요한은 하늘 보좌로 인도된다(Minear, 1981:69). 그러나 하늘 보좌와 그 주변세계를 보여 주는 이 특수한 장면은 유대 묵시적 이상에서는 발견되지 않는다. 새 예루살렘의 시민이요 신구약의 선택된 백성으로서 하나님의 완성된 목적을 상징하는 이십사 장로들이 보좌에 둘러 있다(계 4:4; Hurtado, 1985:114). 보좌를 에워싼 무지개는 노아와 맺은 하나님 언약의 필연적 결과이다(4:3중반절; 창 9:13).

창조를 향한 하나님의 목적이 드디어 이루어졌다! 왕들처럼 면류관을 쓰고 제사장처럼 흰옷을 입은 장로들은 선택된 이스라엘을 계승한 자로서 합당한 자들이다(4:4중반절; cf. 출 19:5-6). 더욱이 이 장로들은 시내산 언약 체결 당시 이스라엘 장로들처럼(출 24:10) 하나님의 이상에 참여한다. 보좌 주위에 있는 네 생물들은 창조 질서 속에 있는 전(全) 생명체를 상징한다. 한편, 보좌 앞에 있는 수정과 같은 유리 바다는 혼돈의 세력이 이제 길들여져 잠잠케 됐음을 보여 준다(6절 상반절). 하나님께서 늘 의도해 오셨던 완전한 질서가 마침내 이루어졌다.

4-5장에서 질서를 갖춘 창조세계를 주재하시는 하늘의 하나님에 대해 요한이 묘사하고 있는 장면은 구약을 반영해 주는 확실한 증거가 된다. 요한계시록 4:8에 등장하는 창조주 하나님을 경배하는 하늘에 속한 무리들과 이사야 6:2-3에 등장하는 이사야의 비전 사이의 일치점에 주목해 보라. 더욱이 요한의 이상은 다니엘 7장에 나오는 그 이상—이 이상에서 인자는 나라를 받게 되며, 성도들과 함께 나라를 다스릴 것이다—의 성취라 할 수 있다(Beale, 1984:227). 그러므로 우리는 다니엘 7장과의 비교를 통해, 책들이 펼쳐질 것과 심판이 이루어질 것과 이 세상의 나라가 그리스도의 나라가 될 것임을 고대할 수 있다. 그리하여 실로 성도의 다스림을 위한 하나님의 계획은 하나님의 주권적인 창조목적 및 그 배경과 균형을 이룬다. 그리고 이 창조목적은 존귀하신 어린양이 책을 펼칠 때 이루어질 것이다(계 5:1-5).

4장의 목가적 창조 영상은 5장의 구속과 균형을 이룬다. 죽임을 당한 어린양 예수는 구속을 이루셨다. 그러나 5장은 예수의 또 다른 특성을 소개한다. 요한은 먼저 예수를 사자, 이스라엘의 권능의 메시아, 이스라엘을 통해 드러난 하나님 복적의 성취로 소개한다(5절). 그렇지만 구속의 필요성으로 말미암아 이스라엘의 사자는 어린양으로 대체되며 이제 후로 어린양으로 이해될 것이다. 다면적 영상을 반영해 주는 어린양 이미지는 하나님의 완전한 목적들이 힘이 아닌, 고난과 희생을 통해 이루어질 것임을 암시해 준다. 더욱이 예수의 어린양 이미지는 역설적이다. 왜냐하면 예수는 일곱 뿔(충만한 권능)과 일곱 눈(신적 전지성)을 갖춘 분이기 때문이다. 사망을 이기신 예수는 승리하셔서 홀로 인봉된 책을 열기에 합당하신 분이다(6-9절). 예수는 그의 존귀함으로 말미암아 창조주와 함께 경배를 받으신다(9-10절; cf. 12-13절; Unnik, 1970:460; cf. Carnegie, 1982:251). 그리하여 요한은 그리스도의 구속사역을 더 많이 펼쳐진 하나님의 창조목적으로 소개한다. 왜냐하면 구속은 새 창조사역이 되기 때문이다.

유다의 사자, 다윗의 뿌리인 예수는 선재(先在)하신 이스라엘의 메시아이다. 그러나 요한계시록 5:6에서 예수는 하나님 보좌 우편 곧 권능의 보좌에서 죽임을 당하신, 다시 말해 희생당하시고 부활하신 어린양으로 서 계신다(Guthrie, 1987:48). 그리고 죽임을 당한 어린양 이미지는 희생뿐만 아니라 투쟁과 갈등도 반영해 준다. 그러므로 이 이미지는 예수의 승귀와 보좌에 앉으심을 강조하기보다는, 인봉된 책이 펼쳐짐으로 말미암아 시작될 심판을 강조한다. 이 어린양 이미지는 이사야 53:7과 유대 묵시사상에 그 뿌리를 두고 있다. 특히 유대 묵시 사상은 하나님의 백성을 하나님의 무리로, 구원자를 큰 뿔을 지닌 어린양 다윗-권능으로 다스리는 자-으로 이해했다(에녹1서 90:6-42).

요한이 밝혀주는 바와 같이 그리스도는 이제 하늘의 대리자요 메시아로서 통치하신다. 그리고 그의 백성들은 심판, 투쟁 그리고 그리스도인 공동체를 시험할 갈등에도 불구하고 이 세상을 이길 것이다. 어린양 되신 예수는 책-일곱 인으로 인봉된 이 책은 새 예루살렘에서 이루어질 영원한 하늘의 안식이 있기 전에 반드시 일어나야 할 일들을 알려준다-에 기록된 그리스도인 순교자들의 원형이 되신다.

3. 하나님의 계획(계 6:1 – 22:5)

요한계시록 6:1-22:5에서 요한은 하나님의 우주적인 창조 회복의 목적-이 목적은 그리스도의 희생에 근거한다-에 비추어 세상 역사의 중요성을 밝혀준다. 장차 이루어질 이 회복이 뜻하는 바는 이 땅에서 이루어질 구속받은 자들의 하나님 나라 통치와 열방의 최종적인 회심이다. 역사를 움직이는 내적 실체를 살펴볼 때마다, 우리는 악의 혼돈과 질서 사이의 충돌을 발견하게 된다. 우리는 6-16장의 재난의 세 주기 속에 나타나는 문제의 연속-이 세상을 계속해서 괴롭혀왔던 문제들-이 이 책의 마지막 장들에 나오는 하나님의 심판을 통해 종결됨을 분명히 알게 된다.

(1) 갈등의 주기(계 6-16장)

6-16장은 연속되는 인(印), 나팔 그리고 대접이라는 영상을 통해 역사의 내적 의미를 비춰주는 세 가지 창(窓)을 보여 준다. 그리고 이것은 주기적으로 반복된다. 왜냐하면 하나님의 목적에 대한 인간과 사탄의 반응이 항상 불변하기 때문이다. 그렇지만 각각의 영상(인, 나팔, 대접)은 역사에 대해 특별하고도 좀더 심오한 관점을 제공해 준다. 심판은 그 강도를 더해간다. 인의 주기는 분명히 예비적

인 성격을 지닌다. 즉, 마지막 인이 떼어질 때까지 책의 내용은 알려질 수 없다 (5장; Ulfgard, 1989:28).

요한계시록 6:1-7:17의 사건은 뒤따르는 이상의 서막이라 할 수 있다. 울프가드(1989:28)가 지적한 바와 같이, 여섯째 인(印)이 떼어지고 온 세상이 하나님의 진노를 당할 때까지는 어떠한 사건도 일어나지 않는다. 이어지는 사건들을 통해 이 땅에 대한 심판은 더욱더 그 강도를 더해간다. 그리하여 19장의 심판은 14:14-20의 심판보다 더 많이 이루어진다. 8-14장의 심판은 단지 부분적 심판에 불과하다. 그러나 15-19장의 심판은 완성된 최종적인 심판이다. 그러나 심판의 강도가 더해질수록 이 세상은 더욱더 회개치 않는다.

어린양 혹은 천사들과 같은 신적인 인물에 의해 시작되는 일곱 가지 재앙들— 이 재앙 이미지는 구약과 신약에 발견되는 묵시와 유사한 본문들을 반영해 준다—은 상징적인 성격을 지닌다. 첫 번째 각각의 네 재앙들은 자연세계와 정치구조에 타격을 입힌다. 그 다음 다섯 번째와 여섯 번째 재앙들은 도덕 혹은 종교적 영역에 타격을 가한다(O' Donovan, 1986:72).

요한계시록 6:1-17과 8:1-5의 첫 장면을 살펴보라. 스가랴의 네 말(馬) 탄 자이상에 의해 영감받은 첫 네 인(印)들(계 6:1-8; cf. 슥 1:8-10)은 인간의 연약한 형상의 결말을 보여 준다. 그러나 전쟁, 국제석인 싸움, 기근 그리고 역병은 하나님의 구속 계획의 비밀 가운데 한 부분이다. 과거와 미래의 순교자들을 증거하는 다섯 번째 인은 요한계시록이 기록될 당시 핍박받던 삶의 정황을 소개해 주며(6:9-11), 하나님 백성에게 닥쳐온 당혹감, 다시 말해 그리스도의 승리가 하나님 백성에게 고통을 안겨다 주었음을 증거한다. 이 첫 다섯 개의 인들은 이 세상과 관련된다. 그러나 여섯 번째 인은 우주적 성격을 띤다(12-16절). 이 우주적 재앙들은 하나님이 심판하시는 마지막 날을 미리 예견해 준다.

7장은 마지막 일곱째 인이 떼어지기 전 두 이상을 소개한다. 첫 번째 이상에서(1-8절) 인맞은 택함받은 자들은 사방의 바람을 붙잡고 있는 네 천사로부터 보호받는다. 두 번째 이상에서(9-17절), (어린양이 불러모은) 택함을 입은 자들은 악의 권세를 이기신 어린양의 승리를 기뻐하고, 왕이요 제사장으로서의 위엄이 드러난 보좌 앞에서 경배하며 즐거워한다(Ulfgard, 1986:78). 첫 번째 이상이 구약 이스라엘 백성에게 약속된 언약적 축복의 성취를 뜻한다면, 두 번째 이상은 새 언약의 완성을 의미한다.

요한계시록 8:1-5의 일곱째 인이 떼어질 때 우리는 종말을 예상한다. 그러나 또 다른 장면이 등장하기에 앞서 일종의 휴지(休止)가 있다. 하늘이 반시 동안쯤 고요해지며, 성도들의 기도가 상달되고, 하나님의 심판이 잠시 중단된다. 제단 곁 금 향로를 가진 천사(3절)는 하나님 백성의 핍박으로 말미암아 일어날 하나님의 심판을 예고한다. 나팔 재앙은 8:6-9:21과 11:15에 나타난다.

첫 네 나팔들은 이 세상을 고통 가운데 몰아넣을 초자연적 재앙들을 소개한다: "우박과 불, 피로 변한 바다, 별―바벨론을 상징함―이 떨어짐으로 말미암은 물의 오염(cf. 사 14:12-15)과 어두워진 하늘." 이 같은 재앙들과 출애굽기의 첫 번째 재앙, 일곱 번째 재앙, 그리고 아홉 번째 재앙 사이의 유사성(cf. 출 7:14-9:35; 10:21-29)은 하나님 백성을 위한 새 출애굽을 암시한다. 첫 네 나팔들과 함께, 이 땅은 정화되고 땅의 삼분의 일이 타격을 입게 된다. 그리고 난 뒤 하나님의 보호를 상징하는 한 독수리(cf. 출 19:4)가 마지막 세 나팔의 심판, 곧 우주적 재앙으로 다가올 여호와의 진노의 날을 선언하기 위해 하늘 중앙에 나타난다(13절). 다섯 번째 나팔이 울려퍼질 때 한 천사가 하늘로부터 떨어진다(9:1-12). 이것은 이사야 14:12-15에 언급된 계명성의 추락을 상기시켜 주는 듯하다.

그 후 이 천사는 무저갱(無底坑), 곧 인간 악이 축적된 곳을 열기 위해 하나님께 받은 열쇠를 사용한다. 그러므로 이 무저갱은 짧은 기간 동안 다시 인류에게 영향을 미칠 것이다. 그 후 요엘 1-2장의 메뚜기 재앙의 벌레와 흡사한 악한 자들이 나타난다(9:3-11). 9:13-21의 여섯 번째 천사가 나팔을 불매 유브라데에 결박당한 네 천사들이 풀려난다. 이 천사들은 유브라데로부터 벗어나 수많은 사람들을 살육한다.

이 이상은 에스겔 38-39장의 "곡"에 대한 예언을 반영한다. 한편으로 이 영상은 요한시대 당시 로마 제국의 정치적 위협을 암시해 주는 우주적 표현이라 할 수 있다. 비록 동쪽에서 온 마지막 위협의 세력이 활동하고 있으며 우주적 관점에서 볼 때 이 세력이 아마겟돈으로 변형된다 할지라도, 계속되는 재앙으로 말미암은 수많은 인명의 살상에도 불구하고 인간은 회개하지 않는다. 이 사건을 통해 전달된 경고들은 계속 무시된다.

요한계시록 10:1-4은 여섯 번째 나팔과 일곱 번째 나팔 사이의 막간을 제공한다. 이 구절은 종말의 경고를 가져다준다. 그러나 세상을 회개시키는 데 실패한 인의 심판과 나팔 심판은 결정적인 심판이라 할 수 없다. 오른발은 바다를 밟고

왼발은 땅을 밟고 있는 힘센 천사가 온 세상을 하나님의 심판 아래 놓아둔다 (10:1-3). 더욱이 심판에 대한 하나님의 숨은 목적 곧 7절에 나오는 "비밀"은 이제 드러나게 될 것이다. 그러나 먼저 요한은 천사의 손에 펴놓인 책을 먹어야만 한다(10:8-11). 이제 마지막 계시가 시작된다. 그 책의 쓰고 달콤한 맛은 재앙과 승리의 교차를 말해 준다. 요한의 이러한 경험은 이제 장차 일어날 일들을 예견해 준다.

11:1-2에서 요한은 성전—하나님의 백성들은 이 성전을 통해 시련 중에도 하나님의 보호를 받는다—을 척량(尺量)하라는 분부를 받는다. 그렇지만 2절 하반절에 소개된 거룩한 도성의 짓밟힘은 신자들이 순교당할 것임을 암시한다. 성전 주변 지역이 잠깐 동안 이방인들에게 주어질 것이기 때문에, 신자들의 연약함이 노출될 것이다. 모세와 엘리야와 같은 선지자들의 특징을 상기시켜 주는 두 증인들은 시련의 기간에 예언을 한다(3-6절). 왕 및 제사장과 같은 특징을 지닌 두 증인 (cf. 슥 3:1-4:14)은 택함을 입은 자들, 곧 구속받은 자들을 상징한다. 그러나 무저갱으로부터 나온 짐승이 이 두 증인을 집어삼키며, 이들의 몸은 순교자의 길가—예수가 죽은 도성, 하나님 백성을 대항하는 자를 상징함—에 버려진다(7-8절).

이 세상 끝에 가서 증인들은 예수와 같은 운명에 직면할 것이다. 이 세상에서 하나님의 진리를 선포한다는 것은 신자들에게 죽음을 의미한다. 즉, 이 증인들의 죽음은 상징적이다. 예수와 마찬가지로 이 두 증인들은 부활하고 승리하여 구름과 함께 하늘로 옮겨간다(11-12절). 13절은 큰 지진을 소개한다. 13절은 이 지진의 출처가 하나님이심을 시사해 준다.

요한계시록 11:15에서 일곱 번째 나팔이 울려 퍼진다. 택하신 목적—하나님의 백성들은 이 택하심을 통해 예정되었다—에 신실하신 하나님의 승리하심, 곧 이 세상을 정복한 승리는 시련을 통해 성취될 하나님 백성의 승리를 밝혀준다(15-19절). 이제 이 세상이 우리 하나님과 그리스도의 나라가 될 때가 왔다. 메시아의 나라를 도래케 할 하나님의 정하신 때가 바로 지금이다. 그리고 이 목적을 이루기 위해, 일곱 번째 나팔이 울려 퍼진다. 이 세상이 참 주인에게로 넘어갈 때 즈음에 메시아가 나타날 것이다. 시편 2편을 암시하는 17-18절의 찬송은 요한계시록의 나머지 내용들을 미리 그려준다.

하나님의 진노는 하나님 백성을 핍박한 민족들에게 임할 것이다. 죽은 자들이 심판받을 것이고 의인들은 그들의 상을 받을 것이다. 그리고 이 땅은 파괴자들의 손아귀에서 해방될 것이다. 그리고 난 뒤 하늘이 열릴 것이다. 19절의 언약궤 이상이 분명하게 보여 주는 바와 같이, 하나님의 성전이 열리게 된다. 그리하여 4장부터 11장까지 연속되어 온 하늘의 이상은 이제 막을 내린다. 지금까지 요한의 해석은 일반적인 평가였다. 다시 말해, 요한은 타락한 세상과 정치 세력 가운데, 신자들이 직면해야 했던 어려움들을 다루어 왔다. 그러나 이제부터 요한계시록 12-15장 내용의 대부분은 요한시대 당시 사탄의 세력 아래 있던 하나님 백성의 특성을 보여 준다.

12-14장은 하나님의 백성과 어둠의 세력간의 투쟁을 소개한다. 12:1-6에서 요한은 메시아의 출생, 죽음 그리고 부활, 어미 이스라엘의 탄생을 소개하며 구원 역사를 개관한다. 메시아의 승리와 승천으로 말미암아, 사단 곧 용(龍)과 그의 무리들은 어린양의 피에 의해 정복당하며 하늘로부터 땅으로 쫓겨난다(7-9절). 이 용은 자신의 영향력을 행사할 한 지상의 형상(여자-교회)을 찾는다(13-17절). 사단은 잠시 이 땅에서 그 권세를 행사할 것이다. 그렇지만 성도들은 그리스도의 구원의 승리를 신실하게 믿음으로 말미암아 사단을 이길 수 있다(12:11). 사단은 제국의 형상을 취한다.

그리고 이것은 일종의 종말론적 현상이라 할 수 있다(O'Donovan, 1986:79). 즉, 요한은 이 사단을 "짐승"이라 부른다(13:1). 바다-창조에 의해 정복된 무질서의 심연-로부터 올라온 이 짐승은 다니엘 7장의 네 제국들을 한 사단의 권세 안으로 모두 합쳐 버린다(13:1-2 전반절). 이 사단의 세력은 각 세대마다 메시아적 행세를 하는 사악하고 교활한 이 세상 제도들의 속임을 상징한다. 비록 사악한 정치적 무질서가 그리스도의 죽음 이후에도 계속된다 할지라도, 이미 이 같은 세상의 속임들은 그리스도의 십자가를 통해 치명적 타격을 입었다. 그러므로 이 같은 사단의 출현은 다니엘 7장-다니엘 7장은 인자의 도래로 말미암아 무질서가 종말을 고할 것임을 예언한다-에 일어날 사건들과 반전된다. 그리하여 용은 적그리스도의 권능을 행사할 수 있는 권세를 짐승에게 부여한다(2절 중반절). 이 사단의 제국이 혼란 중에도 질서를 부여하기 때문에(4-9절) 정치제도가 부활하는 것처럼 보인다.

그러나 이 같은 질서는 완전한 질서의 어설픈 모방에 불과하다. 땅으로부터 올라온 또 다른 짐승-13:11-15에 나오는 "제국의 이상과 원리"라는 거짓 선지자―은 적그리스도와 연합한다. 그리하여 이 악의 삼위일체에 속한 자들은 이마에 표를 받는다. 이것은 기독교의 성례에 대한 모방이요 모독이다(13:16-17). 요한시대에 있었던 황제 숭배는 이와 같은 악의 현시(顯示)라 할 수 있다. 비록 짐승이 권세와 능력을 지닌 듯하지만, 실제로 이 짐승은 사단의 불완전함을 보여 준다. 이 짐승의 숫자 곧 "666"은 인간의 불완전성을 상징한다(18절).

요한은 14장의 막간(幕間)을 통해 짐승에 맞서는 세력들을 소개한다. 어린양과 복음의 첫 열매, 곧 주의 구속받은 자들이 시온산을 다스리는 자들로 등장한다(14:1-5; cf. 히 12:18-24). 6-13절은 영원한 복음의 효력을 선포한다. 이 복음의 효력은 오는 세대와 관련되어 있으며, 세상을 심판하는 권세와 성도의 사망을 이기는 능력을 지닌다. 요한은 하나님 백성을 멸하려는 사단의 전략이 수포로 돌아갔음을 선포한 후, 종말의 이상 곧 인자가 추수할 왕으로 등장할 마지막 심판에 대해 소개한다(15:1-4).

옛 언약에서 새 언약까지 구속의 과정을 보여 주는, 요한계시록 14:1-5의 "새 출애굽의 승리"와 15:3-4의 "바다의 노래"(cf. 출 15:1-18)는 하나님의 마지막 진노를 예상한다(15:5-16:21). 이 진노는 하나님 언약의 율법에 따른 심판과 함께 시작된다(15:5). 재앙을 통해 임할 이 세상의 최종 심판의 때가 이르자 네 생물 중 하나가 내접들을 천사들에게 전해 준다(15.6-8).

확실한 회개를 불러일으키지 못했던 출애굽 재앙처럼 첫 네 대접들을 통해 일어난 사건들은 땅, 바다, 강, 그리고 하늘로부터 발생할 자연 재해를 보여 준다 (16:1-6). 이제 심판이 최절정에 이를 때가 되었다. 여섯 번째 대접 재앙 이후 심판이 연속해서 일어난다. 16:10-21의 마지막 세 재앙들로 말미암아 세상 제도는 몰락하고 짐승은 쫓겨난다.

(2) 다가온 종말(계 17:1-19:10)

요한계시록이 최절정에 이르게 되자 요한은 종말의 또 다른 관점을 자세히 소개한다. 즉, 현 세상 질서의 종말(계 17:1-19:10)은 동시에 그리스도를 통한 하나님의 최종 심판(19:11-20:15), 새 예루살렘의 도래(21:1-22:9; cf. Mulholland, 1990:276)를 가져다 준다.

요한은 17장에서 부패한 세상나라―요한은 이 나라를 "음행한 것"으로 간주한다—의 몰락을 살펴본다(O'Donovan, 1986:87). 비록 요한시대의 제국이 로마였다 할지라도, 그는 제국주의에 직면했던 이스라엘 경험의 연속성과, 바벨론과 로마간의 제국주의적 이상의 연속성을 보여 주기 위해 이 세상 나라를 바벨론이라 부른다(5절). "많은 물 위"—지중해의 군사 및 무역 해로—에 앉은 바벨론(1절)은 이 세상을 다스린다. 요한은 5절에서 바벨론을 음녀(淫女)로 소개한다. 이러한 음녀 이미지는 바벨론의 권세와 악함을 반영해 준다(3-4절). 그러나 바벨론의 통치는 영원한 것이 아니다. 왜냐하면 타락한 이 권세는 반드시 무저갱(無底坑)으로 다시 되돌아갈 것이기 때문이다(6-8절).

요한은 음녀가 앉아 있는 "일곱 산" 이미지를 통해, 로마의 통치가 더 많이 지속될 것임을 말해 준다(14절). 그러나 요한이 15-18절에서 말한 바와 같이, 이 음녀를 따르던 자들이 불가피하게 이 음녀—음녀를 따르던 자들의 짐승 우상 숭배로 말미암아, 이 음녀는 이들을 감싸준다—를 대적하여 공격할 것이다. 왜냐하면 악랄한 권세의 몰락은 내부로부터 일어날 것이기 때문이다(O'Donovan, 1986:88).

18장에서 요한은 바벨론의 멸망이 애통함을 초래할 것임을 보여 준다. 요한은 에스겔 27장의 "상고 두로"의 애가(哀歌)와 예레미야 27장의 "바벨론 멸망" 예언을 사용하면서, 로마 제국의 권세가 상업적 군사적 힘이 되어왔음을 밝힌다. 이 권세에 속한 자들(1-10절)과 상고들(11-20절)의 슬픔이 될 바벨론 멸망은 이 세상 사회 제도 및 기술과 문화의 종말을 의미한다(21-24절). 그러나 이와 같은 적그리스도 나라의 종말은 하나님 나라의 도래를 가져다 준다. 그리고 하늘은 도래할 하나님 나라의 통치와 어린양의 혼인잔치를 축하한다(19:1-8). 바벨론은 반드시 새 사회의 시작과 아울러 물러가게 될 것이다.

(3) 하나님 나라의 도래(계 19:11 - 20:15)

하늘 문이 열리고 백마를 탄 그리스도는 정결하신 권능을 수행하실 것이다(계 19:11). 사단에게 빼앗겼던 창조의 왕권을 위임받은 그리스도는 공의로써 대적을 심판하신다. 그리스도는 심판하는 권세를 가졌으며, 그의 눈은 모든 마음의 비밀을 감찰한다(11-12절). 요한은 피뿌린 옷을 입은 그리스도를 하나님의 말씀으로 묘사한다(13절). 예수가 자신의 피흘림을 통해 승리를 쟁취하셨기 때문에 결정적인 싸움이 일어났음을 알 수 있다(cf. 12:7-9). 사단에 대항한 또 다른 전쟁은 없을 것이다. 그리스도를 따르는 하늘의 승리자들이 혼인잔치를 위해 옷-이 옷은 전투를 위한 옷이 아니다-을 입고 있다(14절).

그리스도께서 필요로 하는 유일한 무기는 그의 입술에서 나오는 검, 곧 복음 선포이다. 이 검 앞에 열방이 멸망당한다(15절). 철장으로 다스리는 예수는 열방을 쳐서, 하나님 진노의 포도주 틀을 밟는다(15절; cf. 시 2:9; 사 11:3; 63:1-6). 그는 하나님의 적대적 세력으로부터 빼앗아 이 땅의 왕권을 빼앗아 만왕의 왕이 되신다. 놀라운 왕권을 나타내는 이 이름(만왕의 왕)은 그의 옷과 다리에 기록된다. 그리고 검은 이 옷에 달려 있을 것이다(16절). 17절에 소개된 하나님의 큰 잔치 선언(cf. 겔 39:4, 17-20)은 9절의 어린양 혼인잔치와 끔찍한 대조를 이룬다. 하늘의 새들을 향해 대학살을 명하는 천사는 저항의 무익함을 알려준다. 권능을 상실한 적그리스도와 거짓 선지자들은 사로잡힌 바 되어 불 못에 던져진다. 그리고 이들을 따르던 자들 역시 검, 곧 선포된 심판의 말씀에 의해 살육당한다(19-21절).

이제 앞으로 더 어떤 일이 발생할 것인가? 20장을 통해 아는 바와 같이, 아직 다음과 같은 네 사건이 남아 있다: (1) 사단의 결박(1-3절), (2) 그리스도의 부활과 재림 사이에 하늘에서 이루어질 성도의 통치(4-6절), (3) 사단의 풀려남과 완전한 멸망(7-10절), 그리고 (4) 마지막 심판(11-15절). 그러나 20장의 사건들이 필연적으로 19:11-21과 연대순으로 연결된다고 생각함은 착오이다. 왜냐하면 어떤 사건들은 요한이 이전에 소개한 사건을 다시 반복하기 때문이다(연대기 문제와 사건의 반복의 증거를 살펴보려면 White, 1989를 참조하라).

시간상 19:11-21보다 앞서는 요한계시록 20:1-3은 사단의 미혹〈迷惑〉으로부터 민족들을 보호하기 위해 취해진 일련의 조치들을 설명한다. 천사가 뱀을 결박하여 기독교시대 동안 무저갱에 가두어둔다. 1절에서 6절까지 확대되는 기독교시대는 신실한 자들이 그리스도와 함께 참여할 안식의 기간이다: "그들이 살아서 그리스도와 더불어 천년 동안 왕노릇하니"(4절 중반절). 요한이 이 구절에서 강조하는 바는 기간이 아니라 통치의 성격이다(에녹2서 33:1은 천년 동안 이 세상의 휴지〈休止〉가 있을 것이라 선언한다. 이것은 새 세상의 도래에 앞서 삶과 죽음 사이에 존재하는 이 세상의 휴지〈休止〉를 말하지 않는다).

요한은 20:4-6에서 하늘에서 다스리는 구속받은 자들의 통치에 대한 이상을 묘사한다. 4절은 많은 어려움을 야기시킨다. 보좌에 앉은 자들은 누구인가? 그리고 어떻게 이 첫 번째 절(節)이, 이 구절의 나머지 부분과 연관될 수 있는가? 본인은 20:4 첫 동사의 애매한 주어("보좌에 앉은 자들")를 "그리스도와 함께 구속받은 권속들"로 해석한다. 본인은 이 구절의 나머지 부분에 소개된 두 그룹들이 이들의 정체를 규명해 준다고 본다. "심판"(헬, 크리마)은 통치를 뜻하는 구약적 의미로 이해될 수 있다(Balz와 Schneider, 1991, 2:317). 즉, "심판", "다스림", "보좌에 앉음"은 사실상 구약의 표현과 흡사하다(Ulfgard, 1989:59, n. 252). 4절의 나머지 부분에 등장하는 두 그룹은 짐승의 우상에 경배하지 않았던 자들과 핍박당한 자들의 영혼들이다. 그들은 살아서 왕이요 제사장으로서 메시아와 함께 왕노릇한다. 이것은 첫째 부활을 뜻한다.

첫째 부활에 참여한 자들(5절)은 둘째 (영적) 사망—이 표현은 첫째 사망이 육체적 사망임을 전제한다—을 당하지 않는다(20:6). 둘째 (영적) 사망은 20:11-15에 잘 설명되어 있으며, 이 구절은 또한 심판 때 일어날 모든 육체적 부활—20:4에 나오는 두 그룹을 핍박한 자들의 둘째 부활도 함께 소개한다—에 대해 서술한다. 20:11-15은 둘째 영적 사망—첫째 육체적 사망 이후 일어나는 사망—을 당하게 된 자들이 첫째 (영적) 부활에 참여치 않았음을 전제한다.

"첫째 부활"(20:5)의 의미는 그리스도와 함께 살아서 왕과 제사장으로서 왕노릇함을 뜻하는 듯하다. 그러나 이러한 통치는 그리스도인의 현재적 경험을 의미한다(1:6; 5:10). 그렇다면 첫째 부활은 특별히 순교에 참여함을 뜻하기보다는, 회심을 통해 기독교 신앙에 참여함을 가리킨다. 그러므로 첫째 부활이라는 표현은 영적으로 해석되어야 한다. 비록 4-5절에 등장하는 "살아서"(헬, 자오)라는 단어가 두 가지 다른 의미로 이해된다 할지라도, 첫째 부활의 영적 해석에 대해 이의를 제기할 수 없다. 왜냐하면 "살아서"라는 단어의 완전히 구별된 체험들이 이 구절을 통해 설명되고 있기 때문이다(Ulfgard, 1989:58-65). 천년의 통치는 마지막, 천상의 안전을 상징하는 기간이다. 그러므로 사단의 결박, 성도들의 부활, 그리고 천년의 통치는 그리스도인의 현재적 상황을 보여 주는 그림언어이다. 우리가 기대했던 바대로, 주님의 날은 모든 대적들을 진압하여 신자들에게 평화를 가져다 주었다.

20:1-3에 천년 동안 결박당한 사단의 궁극적 종말은 20:7-10에 기술된다. 20:7-10은 대체적으로 19:11-21을 다시 요약해 준다. 특히 19:17-21은 재림 때

짐승과 거짓 선지자들의 멸망을 열거하고 있으며, 20:7-10 역시 사단의 멸망을 설명한다. 사단은 그의 종말에 앞서 성도들의 진과 사랑하시는 도성을 파괴하기 위해 마지막 시도를 꾀한다(9절). 그러나 천년왕국 성도들을 대항한 이 마지막 공격 곧 아마겟돈 전투(cf. 19:17-18)는 무의(無依)로 끝나고 만다.

19:17-18과 20:7-10의 표현은 에스겔 38-39장의 "곡"과 "마곡"에 대한 예언을 상기시켜 준다. 19-20에 소개된 두 전투 장면은 종말에 대한 동일한 이미지를 보여 주는 15-16장의 확대된 장면이다(White, 1989:327). 20:7-10에 등장하는 사단의 풀려남, 곡과 마곡으로의 이동, 구속받은 자에 대한 공격, 불 못에 던져질 사단의 운명은 마지막 때 그리스도의 권세를 강조해 주며 성도들의 안전을 재확인시켜 준다.

요한계시록 20:11-15은 죽은 자들의 심판과 아울러 이 세상의 심판에 대해 서술한다. 이 심판은 유대인과 그리스도인의 기대를 모두 충족시켜 준다. 이 심판 장면은 다니엘 7:9-10을 반영해 준다. 비록 요한은 심판자를 언급하지 않지만, 다니엘서는 이 심판자가 하나님이심을 분명히 밝힌다. 그리고 예수는 주 증인이 되신다. 12절 첫 시작부터 요한은 모든 죽은 자들의 부활에 대해 서술한다. 이와 동시에, 옛 창조세계는 사라진다. 기록된 책들이 펼쳐질 때 경건한 자들과 불경건한 자들 모두 그들의 행위에 따리 심판을 받는다.

그렇다면 이 책 안에는 무엇이 기록되어 있는가? 이 책의 내용은 하나님이 기억하시려는 것과 잊기로 하신 것에 의해 결정된다(18:5). 또한 동시에 생명책, 곧 어린양의 책이 펼쳐지기 때문에 은혜로우신 하나님의 경륜에 찬 목적이 이루어진다. 요한이 구원받지 못한 자들에 대한 심판의 본질을 소개하지 않고 있음을 주목해 보라. 그리고 난 뒤 인류와 하나님의 실질적 궁극적 원수들 곧 사망과 음부가 불 못에 던져진다. 사망이 그 권세를 잃어버렸기 때문에 이 세상은 반드시 다시 회복되어야만 한다.

(4) 새 예루살렘(계 21:1-22:5)

요한계시록 21:2에서 하늘로부터 내려오는 새 예루살렘은 바벨론, 타락으로 말미암은 정치적 무질서 사회 그리고 계시록의 일곱 교회시대의 종언을 뜻한다. 비록 아담—그는 둘째 아담으로서 메시아 역할을 수행한다—을 위해 이 땅에 출현할 하늘 낙원에 대한 기대가 유대사상 속에 발견된다 할지라도(Charles, 1920, 2:158; 에녹1서 90:29; 바룩2서 4:3; 2 Esd. 7:26; 10:54; 13:36), 앞선 요한계시록21장에 나오는 "새 예루살렘의 도래"와 같은 성경적 기대는 찾아볼 수 없다. 거룩한 도성은 새로워진(헬, 카이노스) 모든 만물의 구체적 형태이다. 왜냐하면 하나님께서 이제 이 도성 한가운데 거하시기 때문이다. 그렇지만 "카이노스"라는 단어가 옛 예루살렘에 대한 기대와 새 예루살렘 사이의 질적 연속성을 암시하고 있음에 주목해 보라.

새 예루살렘은 무엇인가? 새 예루살렘은 갈라디아서 4:26의 "위에 있는 예루살렘"이 아니다. 왜냐하면 새 예루살렘이 이 땅에 도래할 하늘의 성도임을 말해주는 증거가 없기 때문이다. 요한계시록 21:9-27에 나오는 이 도성에 대한 요한의 설명은 에스겔 40-48장에 소개된 성전 묘사와 유사하다. 그러나 요한은 이 도성을 하나님의 처소로 강조한다(21:13). 실로 새 예루살렘은 (구속받은) 백성, 처소(새 창조), 그리고 임재(하나님의 중보자)를 보여 준다. 그리하여 이 새 예루살렘은 하나님 나라와 동일한 듯하다. 새로워진 세상, 낙원, 거룩한 도성, 성전, 하늘과 땅을 이어주는 우주적 산, 성경의 모든 종말론적 기대들이 이제 실현되었다(Bauckham, 1993:132-43).

하나님은 그의 영광(쉐키나) 가운데 이 도성에 거할 것이다. 이 도성의 각 부분들은 하나님의 본성을 반영한다. 왜냐하면 이 도성의 존재 자체가 초자연적 사역과 집결되어 있기 때문이다. 새 예루살렘이 하나님으로부터 내려와 그의 영광으로 충만하기 때문에, 이 새 예루살렘은 성전인 동시에 도성이 된다. 한때 이스라엘의 왕들에게 붙여진 호칭인 "이기는 자들"이 새 예루살렘을 다스린다(21:7; cf. 삼하 7:14; 시 2:7). 그렇지만 그들의 다스림은 타인에 대한 복종으로 말미암지 않고, 구원과 충만한 삶을 통해 분명히 이루어진다. (하나님의 축복에서 제외된) 여러 사람들은 요한계시록 21:8, 27 그리고 22:15에서 언급된 새 예루살렘과 관련된 구체적 사항이 아니다. 오히려 이 구절들은 요한의 회중들을 향한 경고라 할 수 있다.

새 예루살렘의 도래는 구약의 시온과 관련된 종말론적 기대를 성취한다. 즉, 새 예루살렘의 도래는 구속으로 통일된 세상, 구원의 공동체, 곧 (창 3-11장과 분리될 수 없는) 한 하나님의 새 백성의 도래를 의미한다. 또한 하나님께서 백성들 가운데 거하심(계 21:3)은 신구약의 성전 신학을 완성한다. 요한은 21:3에서 옛 언약 형식과 흡사한 표현을 사용한다: "저희는 하나님의 백성이 되고 하나님은 친히 저희와 함께 계셔서."

요한은 이와 같은 언약형식을 사용함으로써 새 예루살렘이 그리스도의 죽음으로 시작된 새 언약의 완성임을 알려준다. 이때 유대인과 이방인은 완전한 조화를 이룰 것이며, 새 예루살렘 이미지가 암시하는 바와 같이 구속받은 자들은 공동체 안에서 살아 갈 것이다(Guthrie, 1987:90). 더욱이 처음 하늘, 처음 땅 그리고 적대적 요소 곧 바다가 사라짐으로 말미암아 새 창조의 여명이 시작된다. 이리하여 하늘과 땅의 구분 곧 첫 창조의 이분적 구도가 영원히 사라진다.

요한은 21:9-22:5에서 새 예루살렘에 대한 자세한 설명을 제공한다. 에스겔 40:1-2의 기대를 성취한 이 도성은 어린양의 신부로서 하나님의 선물이다. 그러므로 이 도성의 기원은 어린양의 자기 희생으로까지 소급될 것이다. 요한은 신부의 대적 곧 큰 음녀(淫女) 바벨론을 향해 진노의 대접을 부었던 동일한 천사에 이끌려 이 도성으로 인도된다(21:9-10; cf. 17:1-2; Minear, 1981:136). 요한은 21:12에서 이 도성에 이스라엘 열두 지파의 이름이 적혀 있는 열두 문(門)을 소개한다. 그러므로 이 도성은 신앙 공동체를 위해 하나님께서 만드신 특별한 언약의 결정체이다(Minear, 1981:137).

더욱이 모든 성도들에 대한 이야기들은 이 새 도성을 향한 소망 가운데 축약된다. 요한이 사용한 이 같은 상징이 뜻하는 바는 분명한 듯하다. 즉, 열두 사도의 이름이 적혀 있는 기초석(基礎石)들은 출입을 부여해 주는 메시지의 특성을 암시한다. 열두 문에 적혀 있는 열두 지파의 이름은 이 도성이 가져다 주는 구원이 유대인들의 구원임을 시사한다. 이 문들과 기초석들에 대한 세부적인 묘사는 전(全) 언약의 성취를 의미한다.

요한계시록 21:15-17에서 요한은 표현 불가능한 표현을 시도함으로써 언어의 제약을 뛰어넘는다. 이 도성은 창세기 11장의 바벨탑과 같이, 지상에서 하늘까지 이르는 완전한 사각형 모양을 이룬다. 이리하여 이 도성은 새 지성소가 된다. 그러나 새 지성소와 옛 지성소간에 차이점이 있다. 옛 지성소는 이스라엘 대제사장에 의해 한시적으로 사용되었다. 그러나 이 도성에 있는 새 공동체는 끊임없이 새 지성소에 참여할 것이다. 비록 요한이 15-17절에 척량(尺量)을 제공하고 있지만, 그의 이상을 충분히 설명할 수 있는 길은 없다. 이 도성은 금(金)으로 구성되어 있다(18절). 그러나 이 금은 지상의 금이 아니다. 왜냐하면 이 금은 하나님의 영광을 비춰 주면서 유리같이 맑고 깨끗하기 때문이다.

이 도성의 열두 기초석은 대제사장의 흉패에 달린 열두 보석과 두로왕이 지닌 이와 동일한 보석과 관련이 있는 듯하다(19-20절; cf. 70인경, 겔 28:13). 열두 진주문(門)은 이사야의 예언을 상기시켜 준다(21절; cf. 사 54:11-12). 이와 같은 다양한 유사표현들과 반영들은 요한의 이 이상이 구약의 모든 기대들이 성취되었음을 확증해 준다.

도성에 대한 묘사 및 도성의 척량을 열거한 요한은, 그가 보지 못했던 것, 곧 성전을 이제 22절에서 소개한다. 이 성전은 온 세상 질서의 성결(聖潔)—스가랴 14:20-21과 비교해 보라—및 전(全) 사회 정치 제도들과 이 도성과의 관련성을 나타내 준다. 24절은 열방이 하나님께로 돌아오며, 이 세상이 아브라함 언약의 충만한 축복을 받게 되었음을 암시한다. 우리는 24절을 통해 옛 질서가 더 이상 이 도성의 출입을 방해할 수 없음을 깨닫게 된다. 실로 이 도성의 문들은 항상 열려 있다. 그러나 이 문들은 바깥 세상을 향해 열려 있지는 않다.

우리는 정경의 끝에 이르러 모든 언약의 완성과 함께 다시 출발점으로 되돌아 왔다. 바벨탑 멸망 이후 분열은 인간 사회의 본성이 되어왔다. 그러나 유대인과 이방인 모두 곧 하나님의 새 백성은 이제 새로운 성소에 거하게 되었다. 이것이야말로 창세기 1-2장의 첫 시작이 지향하고자 했던 목표였다. 희망은 아담에서 이스라엘, 이스라엘에서 그리스도로 전달되어 발전해 왔다. 신자들은 그리스도의 희생을 통해 왕과 제사장으로서 왕노릇할 것이다. 이들은 아담이 상속받은 사명을 감당할 것이고 이스라엘의 시내산 언약을 성취할 것이다(출 19:5-6). 이 새 백성의 영생은 아담처럼 일시적인 영생이 아니다. 왜냐하면 이들은 어린양의 얼굴을 항상 볼 것이고 이 어린양의 형상으로 화(化)할 것이기 때문이다. 그리하여 하나님의 새 백성은 어린양 보좌 앞에서 어린양과 영원히 함께 있을 것이다.

구원의 역사는 이제 막을 내리게 된다. 지금까지 구원의 여정은 기나긴 여정이었다. 우리는 "창조와 아담"으로부터 시작하여 "이스라엘과 구속", "고난의 종 예수" 그리고 (예수의 십자가와 부활로 말미암은) "하나님의 새 백성의 창조"까지의 발전과정을 살펴보았다. 또한 우리는 "이방인의 부름받음"을 거쳐 "새 백성의 탄생"이 이루어지는 과정을 고찰해 왔다. 끝으로 우리는 공존하는 두 세대의 갈등을 지나 새 세대의 실재가 이루어지는 발전도 살펴보았다.

참고문헌

Aharoni, R. 1977. "The Gog Prophecy and the Book of Ezekiel." HAR 1:1-27.

Allison, D. C. 1985. *The End of the Ages Has Come: An Early Interpretation of the Passion and Resurrection of Jesus.* Philadelphia: Fortress.

Ambrozic, A. M. 1972. *The Hidden Kingdom: A Redaction-Critical Study of the References to the Kingdom of God in Mark's Gospel.* CBQMS 2. Washington, D. C.: Catholic Biblical Association.

Attridge, H. W. 1989. *The Epistle to the Hebrews.* Philadelphia: Fortress.

Baldwin, J. 1978. *Daniel: An Introduction and Commentary.* Leicester: Inter-Varsity.

Balz, H., and Schneider, G., eds. 1991. *The Exegetical Dictionary of the New Testament.* Grand Rapids: Eerdmans. English translation of *Exegetisches Wöterbuch zum Neuen Testament,* Stuttgart, 1981.

Banks, R. J. 1979. *Paul's Idea of Community: The Early House Churches in their Historical Setting.* Sydney: Anzea.

Barrett, C. K. 1956. "The Eschatology of the Epistle to the Hebrews." *In the Background of the New Testament and Its Eschatology,* ed.

W. D. Davies and D. Daube, 363-93. Cambridge: Cambridge University Press.

Bassler, J. M. 1982. *Divine Impartiality: Paul and a Theological Axiom.* SBLDS 59. Chico, Calif.: Scholars.

Bauckham, R. 1993. *The Theology of the Book of Revelation.* Cambridge: Cambridge University Press.

Bauer, D. R. 1988. *The Structure of Matthew's Gospel: A Study in Literary Design.* ISNTSup 31. Sheffield: Almond.

Baur, F. C. 1873. Paul, *The Apostle of Jesus Christ.* Vol. 1. London and Edinburgh: Williams and Norgate.

Beale, G. K. 1984. *The Use of Daniel in Jewish Apocalyptic Literature and in the Revelation of St. John.* Lanham, Md.: University Press of America.

_____. 1989. "The Old Testament Background of Reconciliationin 2 Corinthians 5-7 and Its Bearing on the Literary Problem of 2 Corinthians 6:14-7:1." *NTS* 35:550-81.

Beasley-Murray, G. R. 1986. *Jesus and the Kingdom of God.* Exeter: Paternoster.

Beker, J. C. 1980. Paul the Apostle: *The Triumph of God in Life and Thought.* Philadelphia: Fortress.

Best, E. 1972. *A Commentary on the First and Second Epistles to the Thessalonians.* London: A. & C. Black.

Beuken, W. A. M. 1972. "Mišpāt The First Servant Song and Its Context." *VT* 22:1-30.

_____. 1974. "Isaiah liv: The Multiple Identity of the Person Addressed." *OTS* 19:29-70.

Bird, P. A. 1981. "'Male and Female He Created Them': Gen. 1:27b in the Context of the Priestly Account of Creation." *HTR* 74:129-59.

Blank, J. 1964. *Krisis: Untersuchungen zur johanneischen Christologie* und *Eschatologie*. Freiburg, Ger.: Lambertus.

Bowers, W. P. 1976. "Studies in Paul's Understanding of His Mission." Dissertation, University of Cambridge.

Bowker, J. W. 1974. "Mystery and Parable: Mark 4:1-20." *JTS* 25:300-317.

Braun, M. A. 1977. "James' Use of Amos at the Jerusalem Council: Steps toward a Possible Solution of the Textual and Theological Problems(Acts 15)." *JETS* 20:113-21.

Brawley, R. L. 1987. *Luke-Acts and the Jews: Conflict, Apology, and Conciliation.* SBLDS 33. Atlanta: Scholars.

Brown, R. E. 1967. "The Paraclete in the Fourth Gospel." *NTS* 13:113-32.

_____. 1977. *The Birth of the Messiah: A Commentary on the Infancy Narratives in Matthew and Luke.* Garden City, N.Y.: Doubleday.

Bruce, F. F. 1974. "The Speeches in acts-Thirty Years After." In *Reconciliation and Hope: New TestamentEssays on Atonement and Eschatology Presented to L. L. Morris on His 60th Birthday,* ed. R. Banks, 53-68. Grand Rapids: Eerdmans.

_____. 1977. *Paul: Apostle of the Free Spirit.* Exeter: Paternoster.

_____. 1982. *1 & 2 Thessalonians.* Waco: Word.

Bultmann, R. 1952, 1955. *Theology of the New Testament.* 2 vols. Translated by Kendrick Grobel. London: SCM.

Burnett, F. W. 1981. *The Testament of Jesus-Sophia: A Redaction-Critical Study of the Eschatological Discourse in Matthew.* Lanham, Md.: University Press of America.

Burney, C. F. 1925-26. "Christ as the Arche of Creation." *JTS* 27:160-77.

Byrne, B. 1981. "Living Out the Righteousness of God: The Contribution of Rom. 6.1-8.13 to an Understanding of Paul's Ethical Presuppositions." *CBQ*, 43:557-81, 61.

Caird, G. B. 1969. *Paul's Letters from Prison: Ephesians, Philippians, Colossians, Philemon*. Oxford: Oxford University Press.

_____. 1980. *The Language and Imagery of the Bible*. London: Duckworth.

Calvin, J. 1949. *The Gospel According to St. John*. Vol. 2, 12-21. Translated by William Pringle. Grand Rapids: Eerdmans.

Caragounis, C. C. 1977. *The Ephesian Mysterion: Meaning and Content*. Con-BNT 8. Lund, Swed.: Gleerup.

_____. 1986. *The Son of Man: Vision and Interprietation*. WUNT 38. Tübingen, Ger.: J. C. B. Mohr.

Carlson, R. A. 1964. *David the Chosen King: A Tradition-Historical approach to the Second Book of Samuel*. Uppsala, Swed.: Almquist and Wiksell.

Carnegie, D. R. 1982. "Worthy Is the Lamb: The Hymns in the Revelation." In *Christ the Lord: Studies in Christology Presented to Donald Guthrie*, ed. H. H. Rowdon, 243-56. Leicester: Inter-Varsity.

Carroll, J. T. 1988. *Response to the End of History: Eschatology and Situation in Luke-Acts*. SBLDS 92. Atlanta: Scholars.

Carroll, R. P. 1979. "Twilight of Prophecy or Dawn of Apocalyptic." *JSOT* 14:3-35.

Casey, M. 1979. S*on of Man: The Interpretation and Influence of Daniel 7*. London: SPCK.

Catchpole, D. R. 1979. "The Poor on Earth and the Son of Man in Heaven." *BJRL* 61:355-97.

Charles, R. H. 1920. *Revelation*. 2 vols. ICC. Edinburgh: T. and T. Clark.

Childs, B. S. 1974. *The Book of Exodus: A Critical, Theological*

Commentary. Philadelphia: Westminster.

Chilton, B. D. 1978. "Regnum Dei Deus Est." *SJT* 31:261-70.

Clark, W. M. 1969. "A Legal Background to th Yahwist's Use of 'Good and Evil' in Genesis 2-3." *JBL* 88:266-78.

Clifford, R. J. 1972. *The Cosmic Mountain in Canaan and the Old Testament*. HSM4. Cambridge: Harvard University Press.

_____. 1983. "Isaiah 55: Invitation to a Feast." In *The Word of the LordShall Go Forth: Essays in Honor of David Noel Freedman in Celebration of His Sixtieth Birthday*, ed. C.L. Meyers and M. O'Connor, 27-35. Winona Lake, Ind.: Eisenbrauns.

_____. 1984. *Fair-Spoken and Persuading: An Interpretation of Second Isaiah*. New York: Paulist.

Clines, D. J. A. 1967. "The Image of God in Man." *TynB* 18:53-103.

_____. 1976. *I, He, We, and They: A Literary Approach to Isaiah 53*. Sheffield: JSOT.

Collins, J. J. 1974. "Apocalyptic Eschatology as the Transcendence of Death." *CBQ* 36:21-43.

_____. 1977. *The Apocalyptic Vision of the Book of Daniel*. HSM 16. Missoula, Mont.: Scholars.

_____. 1981. "Apocalyptic Genre and Mythic Allusions in Daniel." *JSOT* 21:83-100.

Combrink, H. J. B. 1983. "'The Structure of the Gospel of Matthew as Narrative." *TynB* 34:61-90.

Court, J. M. 1979. *Myth and History in the Book of the Revelation*. London: SPCK.

Cranfield, C. E. B. 1959. *The Gospel According to Saint Mark: An Introduction and Commentary*. Cambridge: Cambridge University Press.

_____. 1975. *A Critical and Exegetical Commentary on the Epistle to the Romans. Vol. 1, Introduction and Commentary on*

Romans 1-8. Edinburgh: T. and T. Clark.

Culpepper, R. A. 1980. "The Pivot of John's Prologue." *NTS* 27:1-31.

Dahl, N. A. 1958. "'A People for His Name'(Acts XV. 14)." *NTS* 4:319-27.

Dalton, W. J. 1965. *Christ's Proclamation to the Spirits*: A Study of 1 Peter 3:18-4:6. AnBib 93. Rome: Biblical Institute Press.

Davids, P. H. 1982. *Commentary on James*. NIGTC 39. Exeter: Paternoster.

─────── . 1990. *The First Epistle of Peter*. NICNT. Grand Rapids: Eerdmans.

Davies, P. R. 1985. *Daniel*. Sheffield: JSOT.

Davies, W. D., and D. C. Allison. 1988. *The Gospel According to St. Matthew*. ICC 1. Edinburgh: T. and T. Clark.

Day, J. 1985. *God's Conflict with the Dragon and the Sea: Echoes of a Canaanite Myth in the OldTestament*. Cambridge: Cambridge University Press.

De Boer, M. C. 1988. *The Defeat of Death*. JSNTSup 22. Sheffield: JSOT.

Deidun, T. J. 1981. *New Covenant Morality in Paul*. AnBib 89. Rome: Biblical Institute Press.

de Jonge, M. 1973. "Jesus as Prophet and King in the Fourth Gospel." *ETL* 49:160-77.

Delcor, M. 1971. *Le Livre de Daniel*. Paris: Gabalda.

Dodd, C. H. 1954. *The Interpretation of the Fourth Gospel*. Cambridge: Cambridge University Press.

Donaldson, T. L. 1985. *Jesus on the Mountain: A Study in Matthean Theology*. JSNTSup 8. Sheffield: JSOT.

Donfried, K. P. 1970. "A Short Note on Romans 16." *JBL* 89:441-49.

Duff, N. J. 1989. "The Significance of Pauline Apocalyptic for Theological Ethics." In *Apocalyptic and the New Testament: Essays* in Honour of J. L. Martyn, ed. J. Marcus and M. L. Soards, 279-96. JSNTSup 24. Sheffield: JSOT.

Dumbrell, W. J. "The Logic of the Role of the Law in Natt. 5:1-20." NovT 23:1-21.

━━━━━━. 1984. Covenant and Creation. Exeter: paternoster.

Dunn, J. D. G. 1980. Christology in the Making: A New Testament Inquiry into the Origins of the Doctrine of Incarnation. Philadelphia: Westminster.

━━━━━━. 1987. "A Light to the Gentiles: The Significance of the Damascus Road Christophany for Paul." In The Glory of Christ in the New Testament: Studies in Christology in Memory of George Bradford Caird, ed. L. D. Hurst and N. T. Wright, 251-66. Oxford: Clarendon.

Durham, J. I. 1987. Exodus. Word Biblical Commentary 3. Waco: Word.

Elliot, J. H. 1966. The Elect and the Holy: An Exegetical Examination of 1 Peter 2:4-10 and the Phrase($βασιλειονιρατευμα$). NovTSup 12. Leiden: Brill.

Elliott, N. 1990. The Rhetoric of Romans. JSNTSup 45. Sheffield: JSOT.

Eslinger, L. 1983. "Viewpoints and Point of View in 1 Samuel 8-12." JSOT 26:61-76.

Fee, G. D. 1987. The First Epistle to the Corinthians. NICNT. Grand Rapids: Eerdmans.

Feinberg, J. S. 1986. "1 Peter 3:18-20, Ancient Mythology, and the Intermediate State." WTJ 48:303-36.

Feinberg, P. D. 1981. "An Exegetical and Theological Study of Daniel 9:24-27." In Traditionand Testament: Essays in Honor of Charles Lee Feinberg, ed. J. S. Feinberg and P. D. Feinberg, 189-220. Chicago: Moody.

Ferch, A. J. 1979. *The Son of Man in Daniel 7*. Berrien Springs, Mich.: Andrews University Press.

Fiorenza, E. 1972. *Priester fuer Gott*. NTAbh NF 10. Münster, Ger.: Aschendorff.

_____ . 1974. "Redemption as Liberation: Apoc 1:5f. and 5:9f." *CBQ* 36:220-32.

Fitzmyer, J. A. 1979. "The New Testament Title 'Son of Man' Philologically Considered." In *A Wandering Aramean: Collected Aramaic Essays*, 143-60. Missoula, Mont.: Scholars.

Foerster, W. 1964. "$αρπάζω$" In *TDNT* 1:472-74.

Fokkelman, J. P. 1975. *Narrative Art in Genesis*. Assen, Neth.: Van Gorcum.

Forestell, J. T. 1974. *The Word of the Cross: Salvation as Revelation in the Fourth Gospel*. AnBib 51. Rome: Biblical Institute Press.

France, R. T. 1971. *Jesus and the Old Testament: His Application of Old Testament Passages to Himself and His Mission*. London: Tyndale.

_____ . 1984. "The Church and the Kingdom of God." *In Biblical Interpretation and the Church: The Problem of Contextualization*, ed. D. A. Carson, 30-44. Exeter: Paternoster.

Frankfort, H. 1948. *Kingship and the Gods: A Study of Ancient Near Eastern Religion as the Integration of Society and Nature*. Chicago: University of Chicago Press.

Franklin, E. 1975. *Christ the Lord: A Study in the Purpose and Theology of Luke-Acts*. Philadelphia: Westminster.

Gaston, L. 1970. *No Stone on Another: Studies in the Significance of the Fall of Jerusalem in the Synoptic Gospels*. NovTSup 23. Leiden: Brill.

Giblin, C. H. 1985. *The Destruction of Jerusalem According to St. Luke's Gospel: A Historical-Typological Moral*. AnBib 107. Rome:

Biblical Institute Press.

Gibson, J. C. L. 1981. *Genesis.* Daily Study Bible 1. Philadelphia: Westminster.

Gillman, J. A. 1988. "A Thematic Comparison: 1 Cor 15:50-57 and 2 Cor 5:1-5." *JBL* 107:439-54.

Gitay, Y. 1981. *Prophecy and Persuasion: A Study of Isaiah 40-48.* Bonn: Linguistica Biblica.

Goldingay, J. 1989. *Daniel.* Word Biblical Commentary 30. Waco: Word.

Gowan, D. E. 1987. *Eschatology in the Old Testament.* Edinburgh: T. and T. Clark.

Greenberg, M. 1984. "The Design and Themes of Ezekiel's Program of Restoration." *Int* 38:181-208.

Groenbaek, J. H. 1985. "Baal's Battle with Yam: A Canaanite Creation Fight." *JSOT* 33:27-44.

Grudem, W. A. 1982. *The Gift of Prophecy in 1 Corinthians.* Lanham, Md.: University Press of America.

Guelich, R. A. 1976. "The Matthean Beatitudes: 'Entrance Requirements' or Eschatological Blessings?" *JBL* 95:415-34.

―――― . 1982. "The Beginning of the Gospel." *BR* 27:5-15.

Gundry, R. H. 1967. "In My Father's House Are Many Μοναί In (John 14:2)." *ZNW* 58:68-72.

―――― . 1987. "The Hellenization of Dominical Tradition and Christianization of Jewish Tradition in the Eschatology of 1-2 Thessalonians." *NTS* 33:161-78.

Guthrie, D. 1983. *The Letter to the Hebrews: An Introduction and Commentary.* Leicester: Inter-Varsity.

―――― . 1987. *The Relevance of John's Apocalypse.* Exeter: Paternoster.

Hahn, F. 1969. T*he Titles of Jesus in Christology: Their History in*

Early Christianity. Translated by Harold Knight and George Ogg. London: Lutterworth.

Hansen, G. W. 1989. *Abraham in Galatians: Epistolary and Rhetorical Contexts.* JSNTSup 29. Sheffield: JSOT.

Hanson, P. D. 1975. *The Dawn of Apocalyptic.* Philadelphia: Fortress.

Hare, D. R. A. 1967. *The Theme of Jewish Persecution of Christians in the Gospel According to Saint Matthew.* SNTSMS 6. Cambridge: Cambridge University Press.

Harris, M. J. 1983. R*aised Immortal: Resurrection and Immortality in the New Testament.* London: Marshall, Morgan and Scott.

_____ . 1990. From Grave to Glory: Resurrection in the New Testament. GrandRapids: Zondervan.

Harvey, A. E. 1982. *Jesus and the Constraints of History.* London: Duckworth.

Hasel, G. F. 1974. The Remnant: *The History and Theology of the Remnant Idea from Genesis to Isaiah.* 2d ed. Berrien Springs, Mich.: Andrews University Press.

Hatton, H. J., and D. J. Clark. 1975. "From the Harp to the Sitar." *BT* 26:132-38.

Hays, R. H. 1985. "'Have We Found Abraham to Be Our Forefather According to the Flesh': A Reconsideration of Rom. 4:1." *NovT* 27:76-98.

Heidel, A. 1961. *The Babylonian Genesis: The Story of Creation.* 6th ed. Chicago: University of Chicago Press.

Hill, C. E. 1988. "Paul's Understanding of Christ's Kingdom in 1 Corinthians 15:20-28." *NovT* 30:297-320.

Hoehner, H. W. 1975. "Chronological Aspects of the Life of Christ, Pt 6: Daniel's Seventy Weeks and New Testament Chronology." *BSac* 132:47-65.

Holladay, W. L. 1978. *Isaiah, Scroll of Prophetic Heritage*. Grand Rapids: Eerdmans.

Hollenberg, D. E. 1969. "Nationalism and 'the Nations' in Isaiah xl-lv." *VT* 19:26-36.

Hooker, M. D. 1967. *The Son of Man in Mark: A Study of the Background of the Term "Son of Man" and Its Use in St. Mark's Gospel*. London: SPCK.

————. 1982. "Trial and Tribulation in Mark 13." *BJRL* 65:78-99.

Hort, F. J. 1900. *The Christian Ecclesia*. London: Macmillan.

Hughes, G. 1979. *Hebrews and Hermeneutics: The Epistle to the Hebrews as a New Testament Example of Biblical Interpretation*. Cambridge: SNTSMS 36. Cambridge University Press.

Hultgren, A. J. 1982. "The Johannine Footwashing(John 13:1-11) as Symbol of Eschatological Hospitality." *NTS* 28:539-46.

Hunter, A. V. 1982. *Seek the Lord!* Baltimore: St. Mary's Seminary and University.

Hurtado, L. W. 1985. "Revelation 4-5 in the Light of Jewish Apocalyptic Analogies." *JSNT* 25:105-24.

Hutter, M. 1986. "Adam als Gartner und Koning(Gen. 2:8,15)." *BZ* 30:258-62.

Janzen, W. 1965. Asre in the Old Testament." *HTR* 58:215-26.

Jeremias, Joachim. 1926. Golgotha. Leipzig: Pfeiffer.

————. 1967. "λιθος" In *TDNT* 4:268-80.

————. 1971. *New Testament Theology*. Vol. 1, The Proclamation of Jesus. Trans. J. Bowden. London: SCM

Jeremias, Jorg. 1972. משפט im ersten Gottesknechtslied(Jes. 42:1-4) *VT* 22:31-42.

Jervell, J. 1972. *Luke and the People of God: A New Look at Luke-Acts*. Minneapolis: Augsburg.

————. 1984. *The Unknown Paul: Essays on Luke-Acts and Early*

Christian History. Minneapolis: Augsburg.

Johnson, L. T. 1977. *The Literary Function of Possessions in Luke-Acts*. **SBLDS** 39. Missoula, Mont.: Scholars.

_____. 1982. "The Lukan Kingship Parable(LK 19:11-27)." *NovT* 24:139-59.

Juel, D. 1977. *Messiah and Temple: The Trial of Jesus in the Gospel of Mark*. SBLDS31. Missoula, Mont.: Scholars.

Kaiser, O. 1972. *Isaiah 1-12: A Commentary*. London: SCM.

Kaiser, W. C., Jr. 1974. "The Blessing of David: The Charter for Humanity." In *The Law and the Prophets: Old Testament Studies in Honor of O. T. Allis*, ed. J. H. Skilton, 298-318. Nutley, N.J.: Presbyterian and Reformed.

_____. 1983. *Toward Old Testament Ethics*. Grand Rapids: Zondervan.

Käsemann, E. 1969. *New Testament Questions of Today*. Philadelphia: Fortress.

_____. 1984. *The Wandering People of God: An Investigation of the Letter to the Hebrews*. Trans. R.A. Harrisville and I. L. Sandberg. Minneapolis: Augsburg.

Keck, L. E. 1966. "The Introduction to Mark's Gospel." *NTS* 12:352-70.

Kee, H. C. 1968. "The Terminology of Mark's Exorcism Stories." *NTS* 14:232-46.

Keil, C. F., and F. Delitzsch. 1975. *Commentary on the Old Testament*. Vol. 1, The Pentateuch. Grand Rapids: Eerdmans.

Kelly, J. N. D. 1963. *A Commentary on the Pastoral Epistles(1 Timothy, 2 Timothy, Titus)*. London: Adam and Charles Black.

Kik, J. M. 1948. *Matthew XXIV: An Exposition*. Philadelphia: Presbyterian and Reformed.

Kim, S. 1982. *The Origin of Paul's Gospel*. Grand Rapids: Eerdmans.

_____. 1983. *The "Son of Man" as Son of God*. WUNT 30. Tübingen, Ger.: J. C. B. Mohr.

Knierim, R. P. 1968. "The Messianic Concept in the First Book of Samuel." In *Jesus and the Historian, Written in Honor of Ernest Cadman Colwell*, ed. F. T. Trotter, 20-51. Philadelphia: Westminster.

Kohler, L., and W. Baumgartner. 1958. *Lexicon in Veteris Testamenti Libros*. Leiden: Brill.

Kourie, C. E. T. 1987. "'In Christ' and Related Expressions in Paul." *Th Ev* 20:33-43.

Krodel, G. 1986. *Acts*. Minneapolis: Augsburg.

Levenson, J. D. 1976. *Theology of the Program of Restoration of Ezekiel 40-48*. **HSM** 10. Missoula, Mont.: Scholars.

_____. 1985. *Sinai and Zion: An Entry into the Jewish Bible*. Minneapolis: Winston.

Lewis, C. S. 1962. *The Problem of Pain*. New York: Macmillan.

Lincoln, A. T. 1981. *Paradise Now and Not Yet: Studies in the Role of the Heavenly Dimension in Paul's Thought With Special Reference to His Eschatology*. SNTSMS 43. Cambridge: Cambridge University Press.

_____. 1985. "Theology and History in the Interpretation of Luke's Pentecost." *ExpT* 96:204-9.

Lindars, B., ed. 1972. *The Gospel of John*. New Century Bible. London: Oliphants.

_____. 1983. *Jesus, Son of Man: A Fresh Examination of the Son of Man Sayings in the Gospels in the Light of Recent Research*. London: SPCK.

Lohfink, N. H. 1969. *The Christian Meaning of the Old Testament*. London: Burns and Oates.

McCarter, P. K. 1984. II Samuel: *A New Translation with Intro-*

duction, Notes, and Commentary. Anchor Bible. Garden City, N.Y.: Doubleday.

McCarthy, D. J. 1972. "Běrît and Covenant in the Deuteronomic History." *VTSup* 23:65-85.

McConville, J. G. 1979. "God's 'Name' and God's 'Glory'." *TynB* 30:149-63.

McCurley, F. R. 1983. *Ancient Myths and the Biblical Faith: Scriptural Transformations*. Philadelphia: Fortress.

McKane, W. S. 1982. "The Eschatology of Jewish Apocalyptic." *OTWSA* 25:79-91.

Maddox, R. 1968. "The Function of the Son of Man According to the Synoptic Gospels." *NTS* 15:45-74.

────── . 1982. *The Purpose of Luke-Acts*. Edinburgh: T. and T. Clark.

Malamat, A. 1976. "Charismatic Leadership in the Book of Judges." In *Magnalia Dei, The Mighty Acts of God: Essays on the Bible and Archaeology in Memory of G. Ernest Wright*, ed. F. M. Cross, W. E. Lemke, and P. D. Miller, 152-68. Garden City, N.Y.: Doubleday.

Marshall, I. H. 1978. *The Gospel of Luke: A Commentary on the Greek Text*. Exeter: Paternoster.

────── . 1985. "The Hope of a New Age: The Kingdom of God in the New Testament." *Themelios*, n.s. 11, on, 3:5-15.

Martin, R. P. 1972. Mark, Evangelist and Theologian. Grand Rapids: Zondervan.

Mearns, C. L. 1981. "Early Eschatological Development in Paul: The Evidence of I and II Thessalonians." *NTS* 27:137-57.

Meeks, W. A. 1967. *The Prophet-King: Moses Traditions and the Johannine Christology*. NovTSup 14. Leiden: Brill.

Meier, J. P. 1976. *Law and History in Matthew's Gospel: A*

Redactional Study of Mt. 5:17-48. AnBib 71. Rome: Biblical Institute Press.

Mettinger, T. N. D. 1974. "Abbild oder Urbild? Imago Dei in traditionsgeschichtlicher Sicht." ZAW 86:403-24.

──────. 1976. King and Messiah: The Civil and Sacral Legitimation of the Israelite Kings. ConBOT 8. Lund, Swed.: Gleerup.

Meyer, B. R. 1979. The Aims of Jesus. London: SCM.

Meyer, M., ed. 1992. The Gospel of Thomas: The Hidden Sayings of Jesus. San Francisco: Harper.

Michaels, J. R. 1983. John. A Good News Commentary. San Francisco: Harper and Row.

Miller, P. D., Jr. 1969. "The Gift of God: The Deuteronomic Theology of the Land." Int 23:451-65.

Minear, P. S. 1981. New Testament Apocalyptic. Nashville: Abingdon.

Moberly, R. W. L. 1983. At the Mountain of God. JSOTSup 22. Sheffield: JSOT.

Moessner, D. P. 1988. "Paul in Acts:Preacher of Eschatological Repentance to Israel." NTS 34:96-104

Moloney, F. J. 1978. The Johannine Son of Man. 2d ed. Biblioteca de Scienze Religiose 14. Rome: LAS.

Monsengwo-Pasinya, L. 1980. "Deux textes Messianiques de la Septante: Gn 49,10et Ez21,32."Bib 61"357-76

Moore, A. L. 1966. The Parousia in the New Testament. NovTSup 13. Leiden: Brill.

Moore, G.F. 1932. Judaism in the First Centuries of the Christian Era. Cambridge: Harvard University Press.

Moule, C. F. D. 1970. "Further Reflections on Philippians 2:5-11." In Apostolic History and the Gospel, Biblical and Historical Essays Presented to F. F. Bruce on His 60th Birthday, ed. W. W. Gasque and R. P. Martin, 264-76. Exeter: Paternoster.

_____. 1974. "Neglected Features in the Problem of the 'Son of Man.' :" In Neues Testament und Kirche, fuer Rudolf Schnackenburg, ed. J. Gnilka, 413-28. Freiburg, Ger.: Herder.

Mulholland, M. R., Jr. 1990. Revelation: *Holy Living in an Unholy Land.* Grand Rapids: Zondervan.

Neyery, J. H. 1981. "John 3: A Debate over Johannine Epistemology and Christology." *NovT* 23:115-27,

_____. 1975. *The Passion According to Luke: A Redaction Study of Luke's Soteriology.* New York: Paulist.

Nicholson. G. C. 1973. *Death as Departure: The Johannine Descet-Ascent Schema. SBLDS 63.* Chico, Calif.: Scholars.

Nickelsburg, H. W. E. 1972. *Resurrection, Immortality, and Eternal Life in Intertestamental Judaism.* Cambridge: Harvard University Press.

Niditch, S. 1986. "Ezekiel 40-48 in a Visionary Contezt." *CBQ* 48"208-24.

Nolan, B. M. 1979. *The Royal Son of God. OBO 23.* Göttingen, Fer.:Vandenhoeck and Ruprecht.

Nolland, J. 1979. "Impressed Unbelievers as a Witness to Christ(Luke 4:22a)." *JBL* 98"219-29

_____. 1980. " A Fresh Look at Acts 15"10." *NTS* 27:105-15

_____. 1989. *Luke 1-9:20.* Dallas: Word.

O'Donavan, O. 1986. "The Political Thought of the Book of Revelation." *TynB* 37:61-94

Osborne, G. R. 1991. *The Hermeneutical Spiral.* Downers Grove,Ill.: Inter-Varsity.

O'Toole, R. F. 1978. "Luke's Notion of 'Be Imitators of Me as I Am of Christ' in Acts 25-26." *BTB* 8:155-61.

Pancaro. S. 1975a. *The Law in the Fourth Gosper: The Torag and*

The Gospel, Moses and Jesus, Judaism and Christianity According to John. NovTSup 42. Leiden: Brill.
──────. 1975b. "The Relationship of the Church to Israel in the Gospel of St. John." *NTS* 21:396-405.
Parker, J. 1978. *The Concept of Apokatastasis in Acts: A Study in Primitive Christian Theology*. Austin: Schola Press.
Parsons, M. C. 1987. *The Departure of Jesus in Luke-Acts: The Axcension Narratives in Context*. JSNTSup 21. Sheffield: JSOT.
Parsons, Michael. 1988. "'In Christ' in Paul." *Vox Ev* 18:25-44.
Parunak, H. v. D. 1980,: 'The Literary Architecture of Ezekiel's mar' ôt ʾelōhîm." *JBL* 99:61-74.
Patai, R. 1947. *Man and Temple in Ancient Jewish Myth and Ritual*. London: Nelson.
Patte, D. 1987. *The Gospel According to Matthew:A Structural Connentary on Matthew's Faith*. Philadelphia: Fortress.
Patterson. J. W. 1983. "Thermodynamics and Evolution." In *Scientists Comfront Creationism*, ed. L. R. Godfrey, 99-116. New Yoak: Norton.
Peterson, D. G. 1982. *Hebrews and Perfection:An Examination of the Concept of Perfection in the Epistleto the Hebrews*. SNTSMS 47. Cambridge: Cambridge University Press.
Pfitzner, V. C. 1983. *Hebrews*. Adelaide: Lutheran.
Phillips, A. 1979. "Torah and Mishpat: ALight to the Pepples." In *Witness to the Spirit: Essays in Revelation, Spirit, Redemption*, ed. W. Harrington. 112-32. Manchester: Koinonia Press.
Plevnik,J.1975. "The Parousia as Implications of Christ's Resurrection(An Exegesis of 1Thess 4:13-18).: In *Word and Spirit, Essays in Honor of David Michael Stanley, SJ, on His 60th Birthday*, ed J. Plevnik, 199-277. Willoudale, Ont.: Regis College Press.

Porter, P. A. 1983. *Metaphors and Monsters:A Literary Critical Study of Daniel 7and 8.* Lund, Swed.: Gleerup.

Pritchard, J. B., ed. 1969. *Ancient Near Eastern Texts Relating to the Old Testament.* 3d ed. Princeton, N. J.: Princeton University Press.

Pryor, J. W. 1990. "Jesus and Israel in the Fourth Gospel-John1:11." *BovT* 32:201-18

Przybylski, B. 1980. *Righteousness in Matthew and His World of Thought.* SNTSMS 41. Cambridge: Cambridge University Press.

Rabbinowitz., L. 1971. "Salt." In *EncJud* 14:710-11.

Richard. E. 1984."The Divine Purpose: The Jews and the Gentile Mission(Acts 15)". In *Luke-Acts:New Perspectives from the Society of Biblical Literature Seminar,* ed. C. H. Talbert, 188-209. New York: Crossroad NY.

Riches, J. K. 1980. *Jesus and the Trans formation of Judaism.* London: Darton, Longman and Todd.

Ridderbos, H.N. 1975. *Paul:An Outline of His Theology.* Trans. J. R. de Witt. Grand Rapids: Eerdmans.

Robinson, D. W. B. 1964. "Ⅱ Thess 2:6:1 'That Which Restrains' or 'That Which Holds Sway'?" In *SE,* ed. F. L. Cross, 2:635-38. Berlin: Akademie-Verlag.

_____.1965. "The Distinction Between Jewish and Gentile Belivers in Galatians." *ABR* 13:29-48.

_____.1967. "The Salvation of Israel in Romans 9-11."*RTR* 26:81-96.

Robinson, G. 1980. "The Idea of Rest in the Old Testament and the Search for the Basic Character of Sabbath." *ZAW* 92:32-42.

Robinson, J. A. T. 1956. "Expository Problems: The Second Coning-Mark 14:62." *ExpT* 67:336-40.

_____. 1961. *Twelve New Testament Studies.* London: SCM.

Robinson, J. M. 1982. *The Problem of History in Mark and Other Marcan Studies,* Philadelphia: Fortress.

Sakenfeld, K. D. 1975. "The Problem of Divine Forgiveness in Numbers 14." *CBQ* 37:317-30.

Sander, E. P. 1977. *Paul and Palestinian Judaism: A Comparison of Patterns of Religion.* Philadelphia: Fortress.

Sander, J. T. 1984. "The Salvation of the Jew in Luke-Acts." In *Luke-Act: New Perspectives from the Society of Biblical Literature Seminar,* ed. C. H. Talbert, 104-28. New York: Crossroad,

_____. 1987. *The Jews in Luke-Acts.* London: SCM.

Sarna, N. H. 1971. "Abraham." In *EncJud* 2:111-15.

Sawyer, J. F. A. 1984. Isaiah. Vol. 1, *Chps. 1-32.* Daily Study Bible. Philadelphia: Westminster.

Schaberg, J. 1982. *The Father, the Son, and the Holy Spirit: The Triadic Phrase in Matthew 28:19b.* SBLDS 61. Chico, Calif.: Scholars.

Schnackenburg, R. 1968-82. *The Gospel According to St. John.* 3 vols. London: Burns and Oates.

Schreiner, T. 1989. "The Abolition and Fulfillment of the Law in Paul." *JSNT* 35:47-74.

Schweitzer, A. 1931. *The Mysticism of Paul the Apostle.* Trans. W. Montgomery. London: Adam and Charles Black.

Seccombe, D, P. 1982. *Possessions and the Poor in Luke-Acts.* SNTSU 6. Linz, Aus.: Albert Fuchs.

Sharp, J. R. 1984. "Philonism and the Eschatology of Hebrews: Another Look." E Asia *J Th* 2:289-98.

Snodgrass, K. R. 1986. "Justification by Grace to the Doers: An Analysis of the Place of Romans 2 in the Theology of Paul." *NTS* 32:72-93.

Soares Prabhu, G. M. 1976. *The Formulary Quotations in the Infancy*

Narrative of Matthew. An Bib 63. Rome: Biblical Institute Press.

Stendahl, K. 1963. "The Apostle Paul and the Introspective Conscience of the West." *HTR* 56:199-216.

_____. 1960. "Quis et Unde: An Analysis of Matt. 1-2." In *Judentum, Urchristentum, Kirche*, ed. W. Eltester, 94-105. BZNW 26. Berlin: Topelmann.

Stenning, J. F., ed. 1947. *The Targum of Isaiah*. Oxford: Clarendon.

Strack, H. L., and P. Billerbeck. 1922. *Kommentar zum Neuen Testament, aus Talmud und Midrasch*. Vol. 1. Munich: C, H. Beck.

Stuhlmueller, C. 1970. *Creative Redemption in Deutero-Isaiah*. Rome: Biblical Institute Press.

Sweeney, M. A. 1988. *Isaiah 1-4 and Post-Exilic Understanding of the Isaianic Tradition*. BZAW 171. Berlin: Walter de Gruyter.

Swetnam, J. 1972. "Form and Content in Hebrews 1-6." *Bib* 53:368-85.

Tannehill, R. C. 1985. "Israel in Luke-Acts: A Tragic Story." *JBL* 104:69-85.

Tasker, R. V. G. 1961. *The Gospel According to St. Mathew*: An Introduction and Commentary. London: Tyndale.

Thompson, J. W. 1976. "The Structure and Purpose of the Catena in Heb 1:5-13." *CBQ* 38:352-63.

Tiede, D. L. 1980. *Prophecy and History in Luke-Acts*. Philadelphia: Fortress.

_____. 1986. "The Exaltation of Jesus and the Restoration of Israel in Acts 1." *HTR* 79:278-86.

Tödt, H. E. 1965. *The Son of Man in the Synoptic Tradition*. London: SCM.

Trvis, S. H. 1986. *Christ and the Judgment of God*. Basingstoke, U.

K.: Marshall Morgan and Scott.
Trilling, W. 1964. *Das Qahre Israel: Studien zur Theologie des Matthaus-Evangeliums.* SANT 10. Munich: Kosel-Verlag.
Trites, A. A. 1977. *The New Testament Concept of Witness.* SNTSMS 31. Cambridge: Cambridge University Press.
Tuckett, C. M. 1982. "The Present Son of Man (Mk 2:10, 28)." *JSNT* 14:58-81.
Turner, M. M. B. 1981. "Jesus and the Spirit in Lucan Perspective." *TynB* 32:3-42.
_____ 1982. "The Spirit of Christ of Christ and Christology." In *Christ the Lord: Studies in Christology Presented to Donald Guthrie,* ed. H. H. Rowdon, 168-90. Leicester: Inter-Varsity.
Tyson, J. B. 1992. *Images of Judaism in Luke-Acts.* Columbia, S. C.: University of South Carolina Press.
Ulfgard, H. 1989. *Feast and Future: Revelation 7:9-17 and the Feast of Tabernacles.* Lund: Almqvist and Wiksell.
van Unnik, W. C. 1970. "Worthy Is the Lamb: The Background of Apoc 5" In *Melanges bibliques en hommage au R. P. Bidaux,* ed. A. Deschamps et al., 445-61. Gembloux, Belg.: Duculot.
Vannoy, J. R. 1978. *Covenant Renewal at Gilgal: A Study of 1 Sam 11:14-12:15.* Cherry Hill, N. J.: Mack.
Vanhoye, A. 1986. *Old Testament and the New Priest: According to the New Testament.* Translated by J. Bernard Orchard, OSV. Petersham, Mass.: St. Bede's Publications.
Vellanickal, M. 1977. *The Divine Sonship of Christians in the Johannine Writings.* An Bib 72. Rome: Biblical Institute Press.
Vermes, G. 1973. Jesus the Jew: *A Historian's Reading of the Gospel.* London: Collins.
Via, D. O. 1987. "Ethical Responsibility and Human Wholeness in Matt 25:31-46." *HTR* 80:79-100.

von Rad, G. 1965. *Theology of the Old Testament.* Vol. 2, The Prophets. Trans. D. M. G. Stalker. London: Oliver and Boyd.

─────── . 1972. *Wisdom in Israel.* London: SCM.

Vorster, W. S. 1973. "A Messianic Interpretation of Gen 3:15: A Methodological Problem." *OTWSA* 116:108-18.

Wainwright, A. W. 1977. "Luke and the Restoration of the Kingdom to Israel." *ExpT* 89:76-79.

Wallace, H. N. 1985. *The Eden Narrative.* HSM 32. Atlanta: Scholars.

Walsh, J. T. 1977. "Genesis 2:4b-3:24: A Synchronic Approach." *JBL* 96:161-77.

Ward, J. M. 1978. "The Servant's Knowledge in Isaiah 40-55." In *Israelite Wisdom: Theological and Literary Essays in Honor of Samuel Terrien,* ed. J. G. Gammie et al., 121-36. Missoula, Mont.: Scholars.

Ware, P. 1979. "The Coming of the Lord: Eschatology and 1 Thessalonians." *Res Q* 22:109-20.

Watsos, F. S. 1986. *Paul, Judaism, and the Gentiles: A Sociological Approach. SNTSMS 56.* Cambridge University Press.

Watts, R. E. 1990. "Consolation or Confrontation? Isaiah 40-55 and the Delay of the New Exodus." *TynB* 41:31-59.

Weinfeld, M. 1972. *Deuteronomy and the Deuteronomic School.* Oxford: Clarendon.

─────── . 1981. "Sabbath, Temple and Enthronement of the Lord-The Problem of the Sitz im Leben of Gen. 1:1-2:3." In *Melanges bibliques et orientaus en l'honneur de M. Henri Cazelles,* ed. A. Caquot and M. Delcor, 501-12. AOAT 212. Kevelaer, Ger.: Butzon and Becker.

Weiss, M. 1966. "The Origin of the 'Day of the Lord' Reconsidered." *HUCA* 37:29-60.

Wenham, D. 1984. *The Rediscovery of Jesus' Eschatological Discourse*. Sheffield: JSOT.

Wenham, G. 1971. "Deuteronomy and the Central Sanctuary." *TynB* 22:103-18.

─────── . 1987. *Genesis 1-15*. Word Biblical Commentary 1. Waco: Word.

Westcott, B. F. 1958. *The Gospel According to St. John*. London: Clarke.

Westermann, C. 1984. *Genesis 1-11: A Commentary*. Trans. J. J. Scullion. Minneapolis: Augsburg.

White, R. F. 1989. "Reexamining the Evidence for Recapitulation in Rev. 20:1-10." *WTJ* 51:319-44.

Williams, D. J. 1991. *First and Second Thessalonians*. NIBCS. Peabody, Mass: Hendrickson.

Williams, S. K. 1980. "The 'Righteousness of God' in Romans." *JBL* 99:241-90.

Williamson, H. G. M. 1977. "Eschatology in Chronicles." *TynB* 28:115-54.

Wilson, A. 1986. *The Nations in Deutero-Isaiah: A Study on Composition and Structure*. Lewiston, N. Y.: Edwin Mellen.

Wilson, S. G. 1973. *The Gentiles and the Gentile Mission in Luke-Acts*. SNTSMS 23. Cambridge: Cambridge University Press.

─────── . 1979. *Luke and the Pastoral Epistles*. London: SPCK

─────── . 1983. *Luke and the Law*. SNTSMS 50. Cambridge University Press.

Wolff, H. W. 1966. "The Kerygma of the Yahwist." *Int* 20:131-58.

Woll, D. 1980. "The Departure of 'the Way': The Firist Farewell Discourse in the Gospel of John." *JBL* 99:225-39.

Wright, N. T. 1980. "Justification: The Biblical Basis and Its Relevance." In *The Great Acquittal: Justification by Faith and*

Current Christian Thought, ed. G. rEID, 13-37. Glasgow: William Collins.

_____. 1983. "Adam in Pauline Christology." SBLSP 22:359-89.

_____. 1985. "Jesus, Israel and the Cross." SBLSP 24:75-95.

_____. 1986. *The Epistiles of Paul to the Colossians and to Philemon.* Leicester: Inter-Varsity.

_____. 1988a. "Jesus." In *New Dictionary of Theology,* ed. S. B. Ferguson and D. F. Wright, 348-51. Leicester: Inter-Varsity.

_____. 1988b. *Jesus in History and Theology.* Audiotapes of Public Lectures Presented at Vancouver Summer School, Regent College. Vancouver, B. C., Canada, July.

_____. 1988c. "Paul." *In New Diictionary of Theology,* ed. S. B. Ferguson and D. F. Wright, 496-99. Leicester: Inter-Varsity.

_____. 1992. *The New Testament and the People of God.* London: SPCK.

Yates, R. 1980. "The Powers of Evil in the New Testament." *EvQ* 52:97-111.

Ziesler, J. A. 1981-82. "Salvation Proclaimed: Romans 3:21-26." *ExpT* 93:356-59.

_____. 1983. Pauline Christianity. Oxford: Oxford University Press.

주석서보다 먼저 읽어야 할
신·구약 각 권 해석 연구

신·구약의 신학적 해석

N.T. 라이트, 알버트 월터스, 로버트 건드리, 하워드 마셜, 폴 하우스 등
세계최고의 복음주의 신학자 49인의 성경 각 권 해석

추천 송영목 박사, 전성민 박사, 이승진 박사

- 구약의 신학적 해석
  케빈 J. 밴후저 편집/ 조승희 옮김/ 신국판/ 472면/ 20,000원
- 신약의 신학적 해석
  케빈 J. 밴후저 편집/ 이상규 옮김/ 신국판/ 384면/ 18,000원

주편집 케빈 J. 밴후저 Kevin J. Vanhoozer
『이 텍스트에 의미가 있는가?』(Is There a MEANING in This TEXT?, IVP 역간)
『성경의 신학적 해석을 위한 사전』(Dictionary for Theological Interpretation of the Bible)의 주편집자
Wheaton College Graduate School 성경신학과 교수

역자 이상규 남아공 University of the Free State(신약전공, Th. M., Th. D.)
부민교회 부목사
조승희 캐나다 밴쿠버 Regent College(M. Div.), 제자들교회 부목사

SALVATION BELONGS TO THE LORD
AN INTRODUCTION TO SYSTEMATIC THEOLOGY

JOHN M. FRAME
조직신학개론

존 M. 프레임 지음/ 김용준 옮김/ 신국판/ 504면/ 23,000원

**주권신학 시리즈의 저자 존 프레임의
조직신학 강의 노트!**

"구원은 주께 속한 것이다!"
신학 입문자 필독 도서

웨스트민스터신학교 **윌리암 에드거 교수**
합동신학대학원대학교 **이승구 교수 강력 추천!**

언약신학과 종말론

The Search for Order : Biblical Eschatology in Focus

2000년 1월 31일 초판 발행
2011년 12월 2일 개정판 발행
2016년 6월 24일 개정판 2쇄 발행

지 은 이 | 윌리엄 J. 덤브렐
옮 긴 이 | 장세훈

펴 낸 곳 | 사)기독교문서선교회
등   록 | 제16-25호(1980. 1. 18)
주   소 | 서울시 서초구 방배로 68
전   화 | 02) 586-8761~3(본사)   031) 942-8761(영업부)
팩   스 | 02) 523-0131(본사)   031) 942-8763(영업부)
홈페이지 | www.clcbook.com
이 메 일 | clckor@gmail.com
온 라 인 | 기업은행 073-000308-04-020, 국민은행 043-01-0379-646
         예금주: 사)기독교문서선교회

ISBN 978-89-341-1169-6 (93230)

※ 낙장·파본은 교환해 드립니다.